Bert Dodson

Meisterschule Zeichnen

48 Lektionen zum Selbststudium

Mit Checklisten
zur Selbstkontrolle

AUGUSTUS VERLAG AUGSBURG

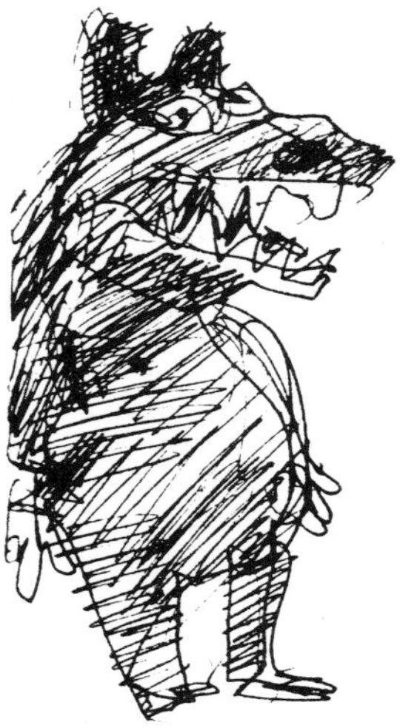

Anmerkungen

Ich möchte mich bei allen Künstlern, Schülern, Fotografen – zum größten Teil Freunde –, die Ihre Arbeiten für dieses Buch zur Verfügung stellten, bedanken; auch Fritz Henning gebührt mein Dank für die Unterstützung bei der Gestaltung des Buches sowie Bill Fletcher für die geduldigen Ermutigungen, Elihu Pearlman und Liz O'Neil für hilfreiche Ratschläge und vor allem meiner Frau Bonnie für ihre gründliche Durchsicht, Schreibarbeiten und Ratschläge.

CIP-Titelaufnahme der Deutschen Bibliothek

Meisterschule zeichnen: 48 Lektionen zum Selbststudium; mit Checklisten zur Selbstkontrolle / Bert Dodson. [Übers.: Klaus-Dieter Hartig]. – Augsburg: Augustus-Verl., 1991
Einheitssacht.: Keys to drawing <dt.>
ISBN 3-8043-0125-8
NE: Dodson, Bert; EST

Titel der amerikanischen Originalausgabe:
Keys to Drawing

zuerst veröffentlicht bei North Light Books,
Cincinnati, Ohio, U.S.A.

Übersetzung und Lektorat: Klaus-Dieter Hartig, Bremen
Umschlaggestaltung: Klaus Neumann, Wiesbaden
AUGUSTUS VERLAG AUGSBURG 1993

Gesamtherstellung: Wiener Verlag, Himberg bei Wien
Printed in Austria
ISBN 3-8043-0125-8

Für Bonnie mit Liebe und Dankbarkeit

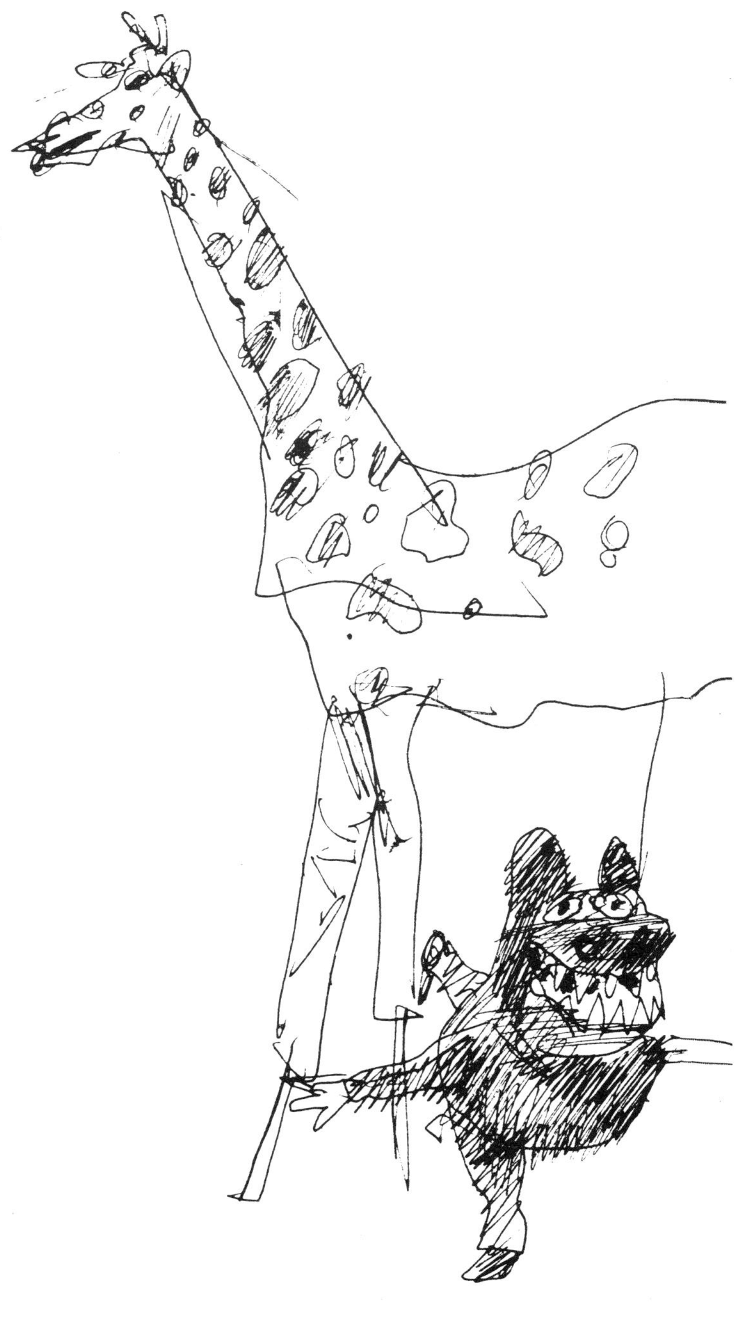

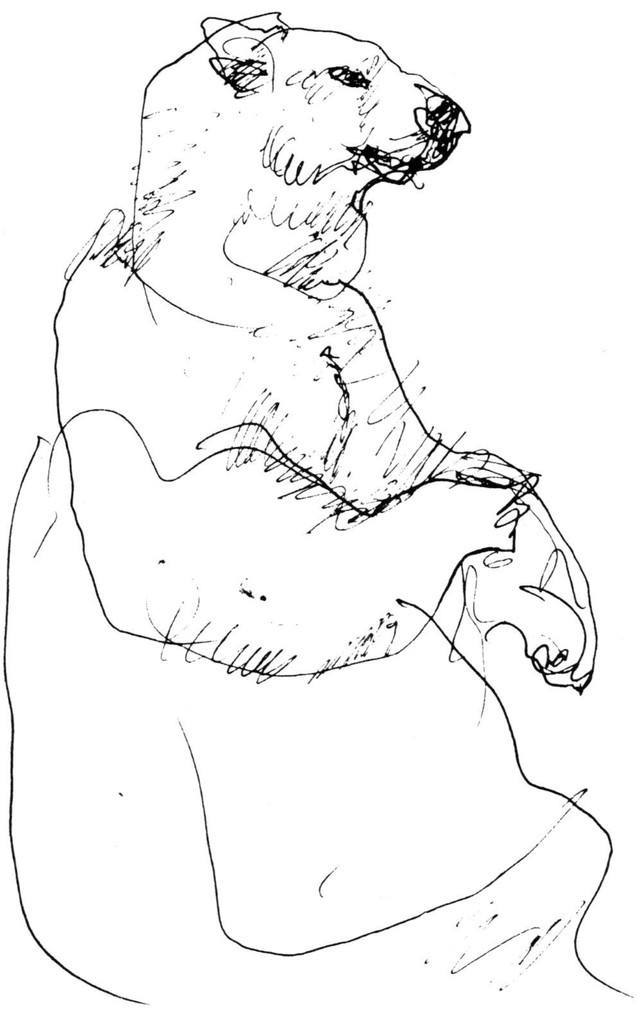

Inhalt

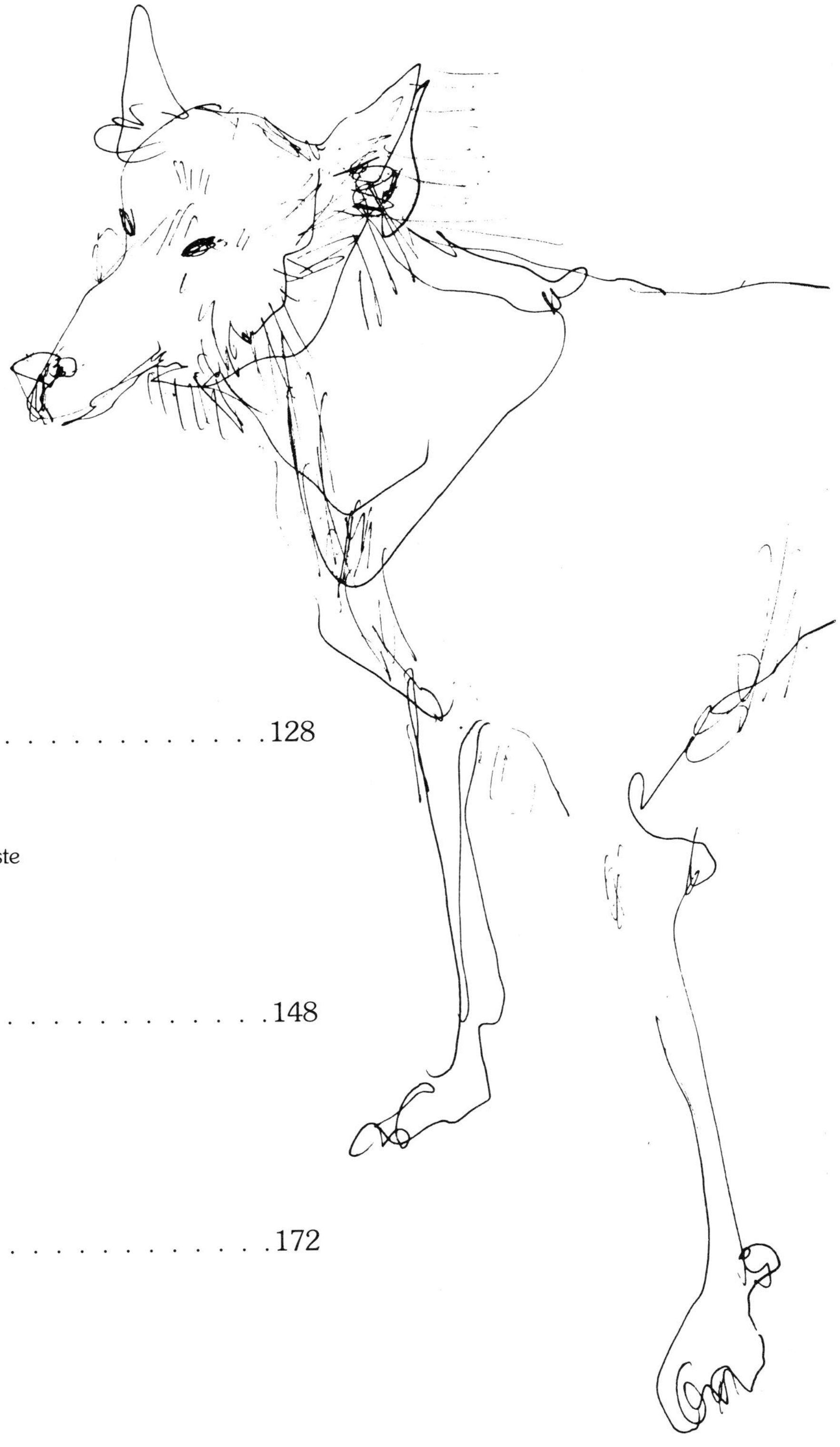

Einführung

Es gibt eine Szene in einem alten Western, in der Danny Kaye als Held des Films von einem gefährlichen Revolverschützen zum Duell herausgefordert wird. Er schreitet zur Tür des Saloons und tritt auf die Straße. Wohlmeinende Freunde geben ihm Tips, wie er die beste Chance zum Überleben habe. »Die Sonne steht im Westen, laß ihn im Osten stehen,« sagt ein älterer Bursche. »Er stellt sich aufrecht hin, gehe deshalb in die Hocke,« sagt ein anderer. Ein anderer Tip lautet: »Er schießt von rechts, weiche nach links aus.« Kaye versucht, sich diese Ratschläge zu merken, aber bis er die Schwingtür erreicht hat, ist er vollkommen verwirrt. Wir hören ihn murmeln: »Die Sonne steht aufrecht, ich weiche nach Westen aus . . . er hockt sich links hin, ziele nach oben . . . er steht östlich seiner rechten Seite, also ziele nach links . . .«

Beim Zeichnen kann es uns ähnlich ergehen wie Danny Kaye im Western, wenn man es mit einer Reihe von Vorschriften versucht, die alle zu beachten sind. Ich kenne niemanden, der so zeichnet, denn es ist schwierig, beim Zeichnen einen Wust von Regeln im Kopf zu behalten. Sie sollten sich einfach nur merken, daß es viele Vorgehensweisen beim Zeichnen gibt und daß Sie diese in diesem Buch finden. Mit Übung werden Sie Ihre eigene Methode des Zeichnens finden. Man kann nicht alles sofort im Kopf behalten. Wir können uns vor allem auf das Motiv konzentrieren und unseren Augen vertrauen. Dieses Buch will hauptsächlich das Vertrauen in die eigenen Augen vermitteln. Es gibt verschiedene Möglichkeiten, dieses Vertrauen zu stärken. Das Zeichnen ist in erster Linie ein Vorgang des Sehens, weniger eine strikte Anwendung von Regeln. Andere Verfahren – wie *Überarbeitung*, *Visualisierung*, *Verknüpfung* und *Kartierung* – sind eigentlich nur Nebenprodukte beim Umsetzen des Gesehenen in die Sprache des Künstlers. Sie können schrittweise in einem gemütlichen Tempo erlernt werden.

Neben dem Vertrauen in unsere Augen ist die *Neugierde* die Eigenschaft, die den stärksten Einfluß auf uns als Künstler ausübt. Ein mir bekannter Künstler fand vor einiger Zeit eine tote Ente. Er nahm sie mit in sein Atelier und fertigte Zeichnungen von ihr an. Er untersuchte die Anordnung der Federn der Flügel, um besser zu verstehen, wie der Vogel flog. Er beobachtete sie unter einem Haartrockner. Er fertigte Studien von den Beinen und Füßen an und stellte ihre Stellung am Körper fest – sie lassen nur ein schwerfälliges Laufen zu, sind aber sehr gut für das Schwimmen geeignet. Seine Zeichnungen halfen ihm, Enten *zu verstehen*. Für diesen Künstler ist das Zeichnen eine Möglichkeit, die *wissenschaftliche Neugierde* zu befriedigen. Ich kenne andere Künstler, die einfach das zeichnen, was ihnen ins Auge springt. Sie vertrauen darauf, daß sogar einfache Gegenstände außergewöhnliche Motive abgeben können. Diese Künstler werden gefesselt vom Wechselspiel der Formen, Tönungen und Texturen. Für sie befriedigt das Zeichnen eine *visuelle Neugierde*. Ob Ihr Interesse wissenschaftlicher oder visueller Art oder beides ist, ist nicht entscheidend; der bloße Umstand, daß Sie der Welt mit aufmerksamem Staunen entgegentreten, wird Ihren Zeichnungen Aussagekraft und Schönheit verleihen, die auf anderem Wege nicht zu erreichen sind.

Jedes Kapitel dieses Buches enthält Aufgaben, sogenannte *Projekte*, die dem Leser Erfahrung mit den wichtigen Schritten, die besprochen werden, vermitteln sollen. Am Ende der Kapitel finden Sie einen *Rückblick* und eine *Selbstbewertung* als Aufgabenstellung. Die Projekte sind eng gefaßt und begrenzen die jeweils zu lösenden Probleme. Manche haben seltsame oder ungewöhnliche Ansichten von Gegenständen, ungeordnete Kompositionen oder eine übertriebene Darstellung der Realität zum Inhalt. Das Ziel ist es nicht, hübsche Zeichnungen anzufertigen, sondern Sie mit neuen Möglichkeiten des Sehens und des Reagierens vertraut zu machen.

Die Beispiele, die in diesem Buch zu finden sind, umfassen eine Vielfalt von unterschiedlichen »Zeichnungstypen« – schnelle Wiedergaben von Gesten, rasch hingeworfene Skizzen, Studien aus Skizzenbüchern und vollständig ausgeführte Kompositionen. Wenn Fotos als Vorlagen verwendet wurden, wird darauf hingewiesen, damit keine falschen Eindrücke entstehen. Wenn nicht anders angegeben, stammen die Zeichnungen vom Verfasser.

Die Kapitel und Projekte sind so konzipiert, daß sie nacheinander bearbeitet werden können. Trotzdem möchte ich den Leser einladen, eine Reihenfolge zu wählen, die ihm am besten paßt.

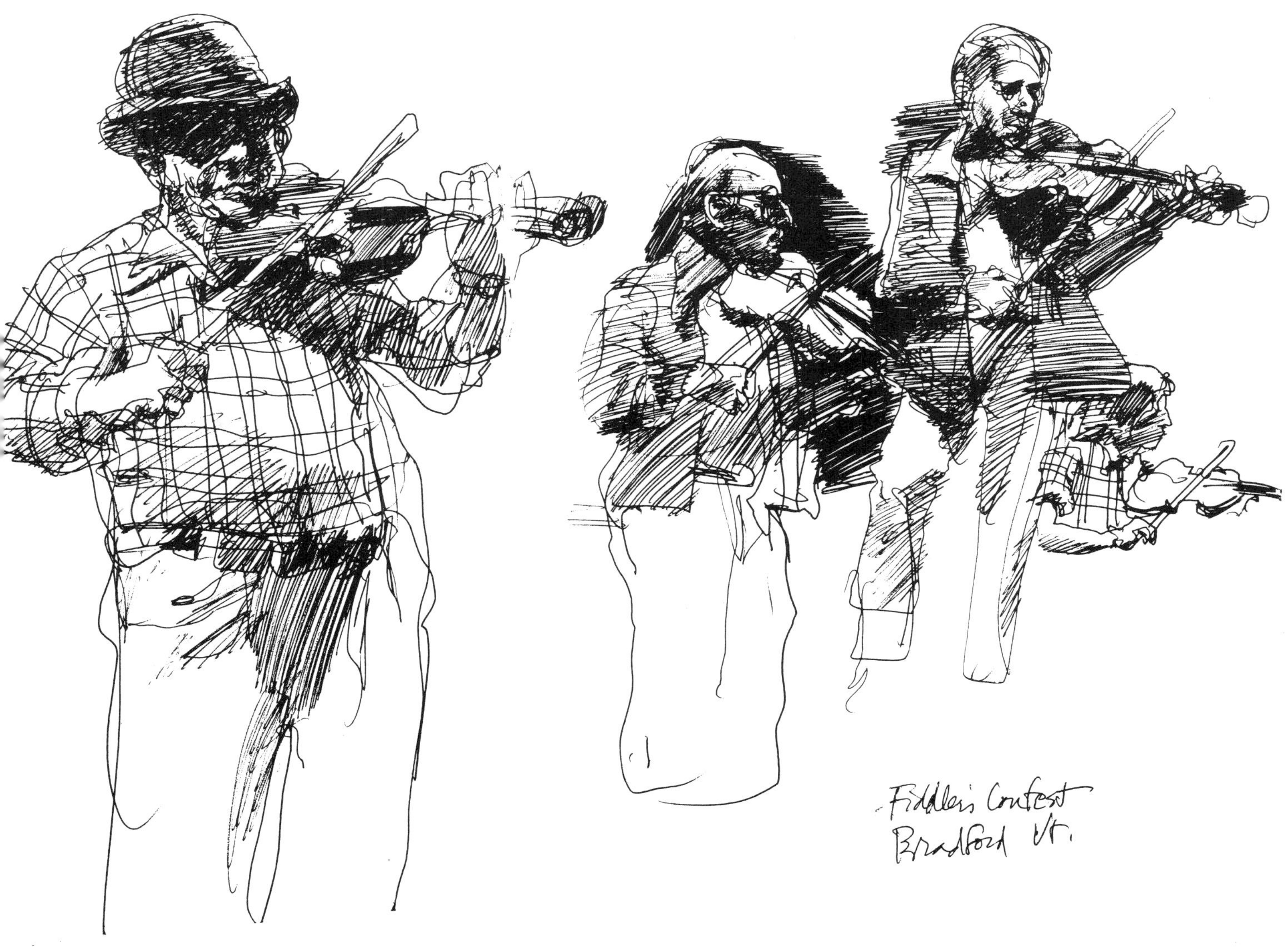

1 Der Zeichenprozeß

Verinnerlichung des praktischen Dialogs • Auslösende Wörter • Blindes Zeichnen • Überarbeitung • Sehen statt wissen • Individualisierung • Blinzeln • Bewußte Wahrnehmung der Formen

Ein innerer Dialog

Die Kunst des Zeichnens ist ein Vorgang kaum zu begreifender Koordination zwischen der Hand, dem Auge und dem Gehirn. Er wird von der Übung und der Gewohnheit bestimmt. Bei Anfängern lassen sich Fortschritte dadurch erreichen, daß man schlechte Gewohnheiten überwindet und sie durch neue, nützliche ersetzt. Zum Beispiel: Woran denken Sie beim Zeichnen? Können Sie sich erinnern? Vielleicht schweifen Ihre Gedanken ab. Vielleicht denken Sie auch an gar nichts. Wenn Sie jedoch so sind wie die meisten Menschen, dann führen Sie gelegentlich innere Dialoge bei der Arbeit. Dieser Dialog kann Ihre Zeichenfähigkeiten entweder unterstützen oder behindern, je nachdem, zu welchem der beiden Grundtypen er gehört.

Kritischer Dialog

»Dieser Arm sieht nicht richtig aus.«

»Der Fuß kann überhaupt nicht so gedreht werden.«

»Mir gelingen die Beine nie.«

»Warum habe ich so viele Schwierigkeiten mit den Gesichtern?«

Praktischer Dialog

»Wie sieht die Form aus?«

»Ist diese Schulterlinie horizontal oder leicht geneigt?«

»Ist die Entfernung zwischen dem Knie und dem Fuß größer oder kleiner als jene zwischen Knie und Taille?«

»Wie verläuft diese Kontur?«

Der Unterschied zwischen den beiden Dialogformen wird deutlich. Sie werden zustimmen, daß der praktische Dialog dem kritischen vorzuziehen ist. Selbst wenn Sie sich bereits die kritische Form angewöhnt haben, wird es nicht schwer sein, diese Gewohnheit abzulegen.

Wohin schauen Sie beim Zeichnen? Schauen Sie auf die Zeichnung oder zum Gegenstand? Wenn Sie sich nicht sicher sind, sollten Sie folgendes Experiment durchführen. Lassen Sie jemanden Ihre Augen beobachten, wenn Sie zeichnen. Blicken sie die meiste Zeit auf die Zeichnung oder auf das Objekt? Dies ist eine wichtige Frage und ein Schlüssel zum Fortschritt. Wenn die Augen hauptsächlich auf den *Gegenstand* gerichtet sind, zeichnen Sie besser, als wenn Sie sich vor allem auf die *Zeichnung* konzentrieren. Warum ist das so? Wir kommen auf die beiden Dialogtypen zurück. Wenn man sich zu sehr auf die Zeichnung konzentriert, besonders am Anfang, dann *beurteilt* man seine Bemühungen. Dies führt zu einer selbstkritischen, persönlich engagierten Haltung; die Dinge sind in dieser Zeichnung »falsch« oder »sehen einfach nicht richtig aus«. Viele Anfänger neigen dazu, sich auf Formeln und bestimmte Techniken, die sie schon kennen, zu verlassen, statt das zu zeichnen, was sie tatsächlich sehen. Sie werden

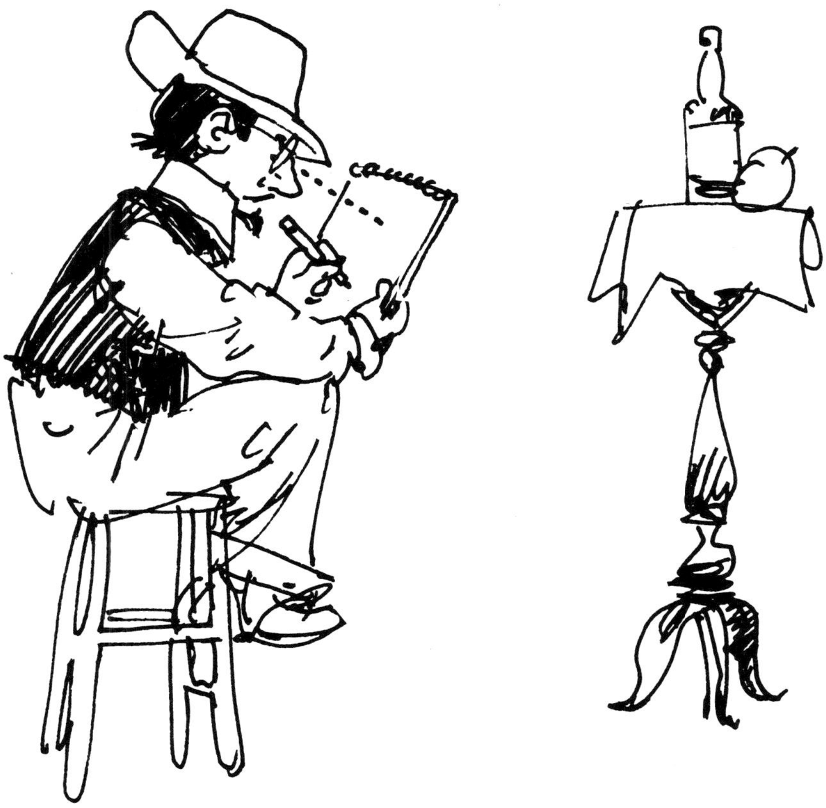

Eine weitverbreitete Praxis, die zu unbefriedigenden Ergebnissen führt, ist die zu starke Konzentration auf das Papier. Der Gegenstand wird zu wenig betrachtet.

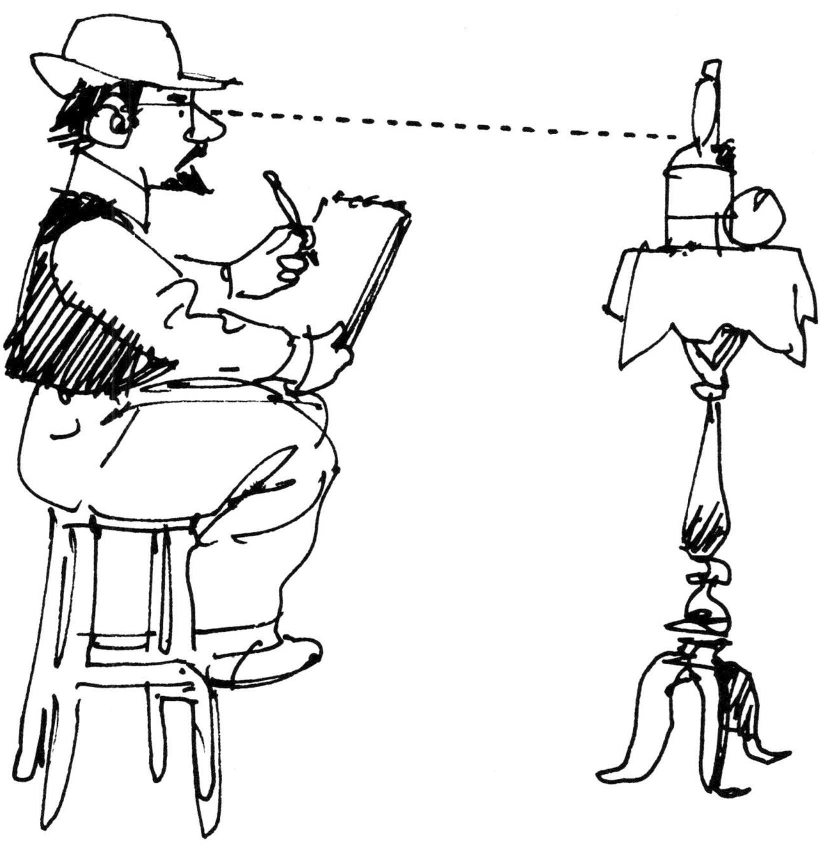

Ihre Zeichenfertigkeiten werden sich deutlich weiterentwickeln, wenn Sie sich auf Ihren Gegenstand konzentrieren und nur gelegentlich auf das Papier blicken, damit die Striche an die richtige Stelle gesetzt werden.

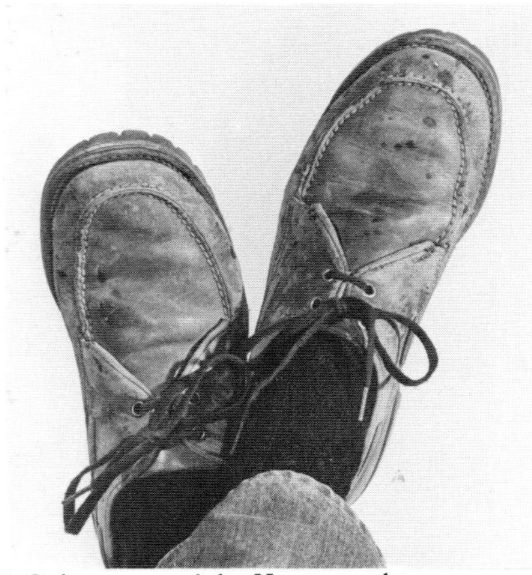

1 Schauen, auf die Kontur achten . . .

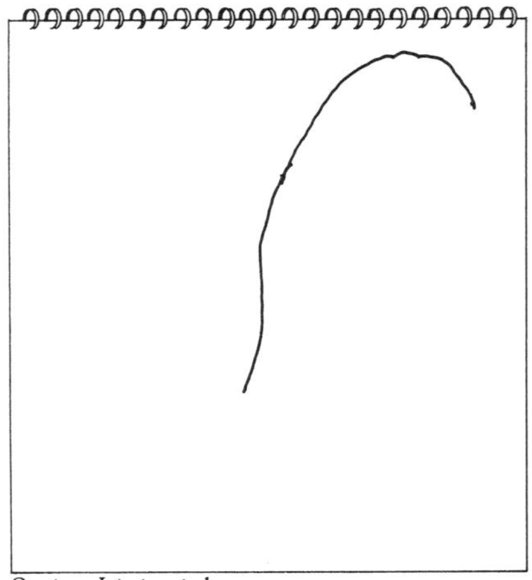

2 eine Linie ziehen . . .

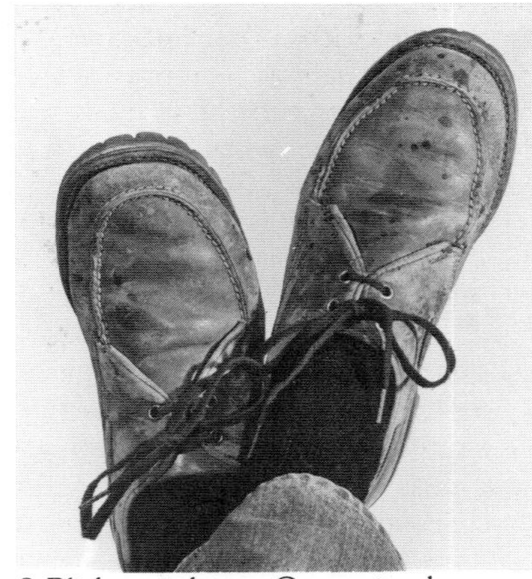

3 Blick zurück zum Gegenstand . . .

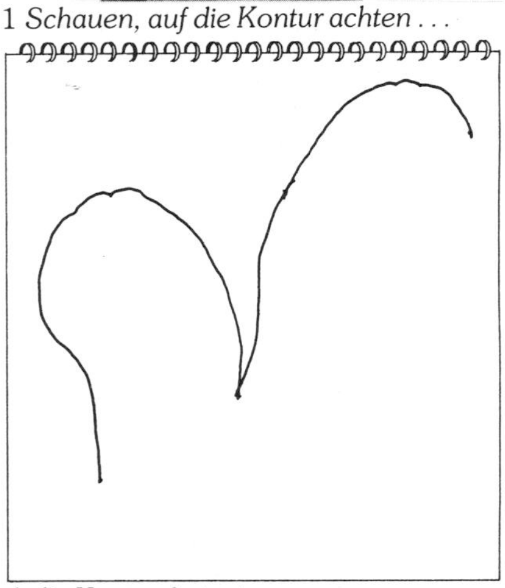

4 die Kontur fortsetzen . . .

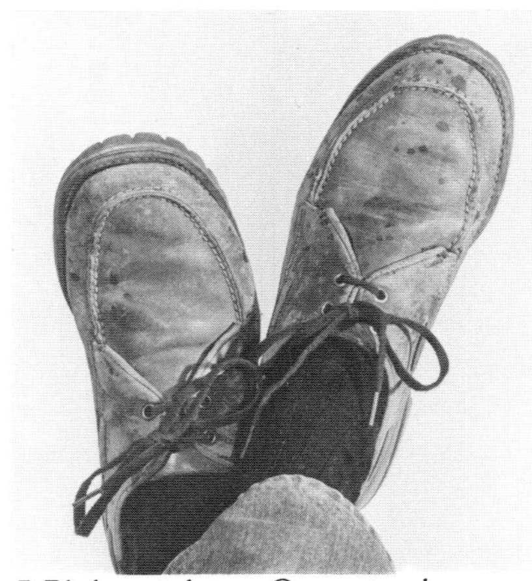

5 Blick zurück zum Gegenstand . . .

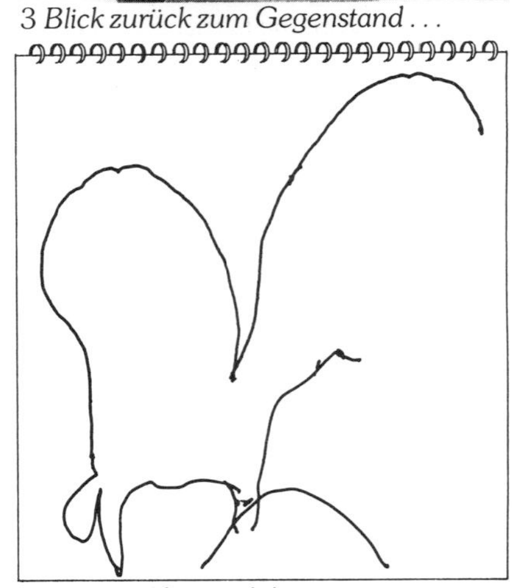

6 weiterzeichnen, dabei zum . . .

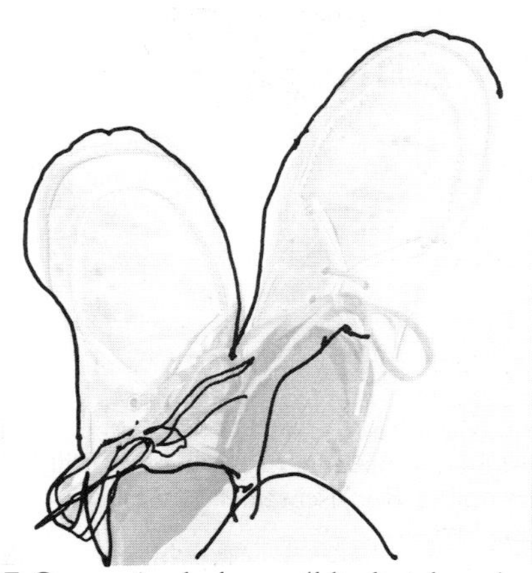

7 Gegenstandschauen (blindzeichnen) . . .

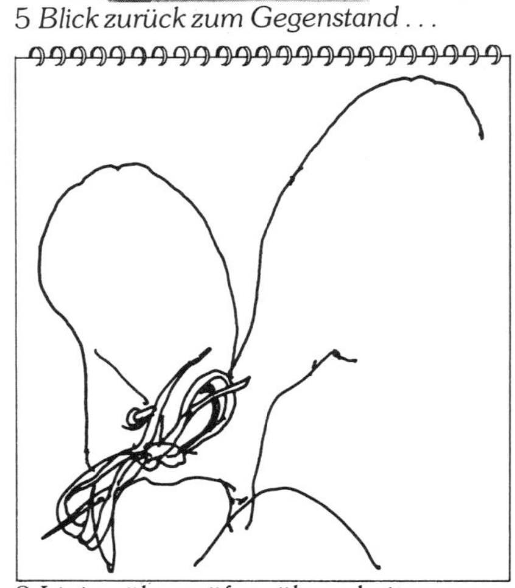

8 Linien überprüfen, überarbeiten . . .

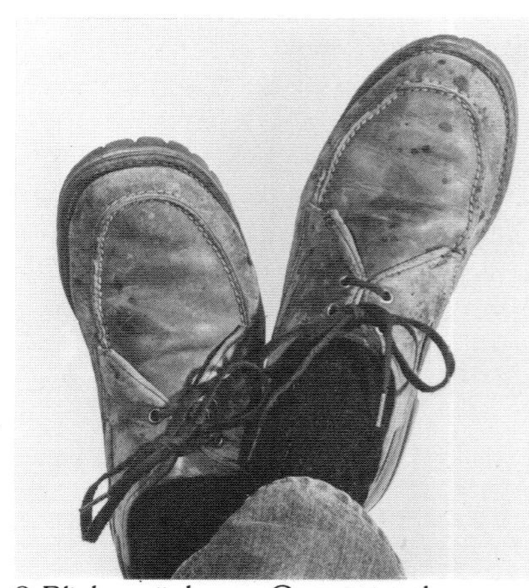

9 Blick zurück zum Gegenstand . . .

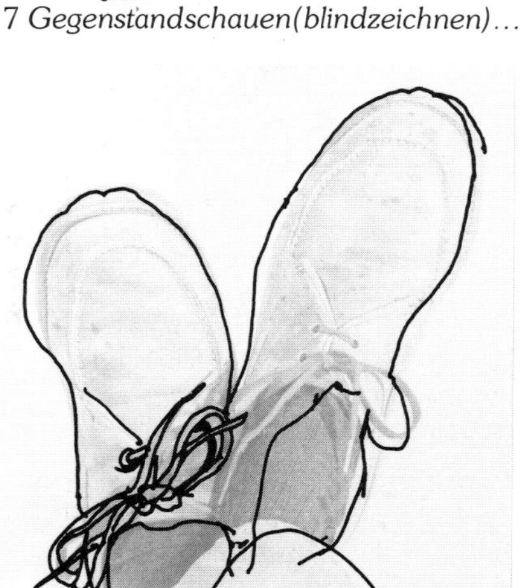

10 so weitermachen . . .

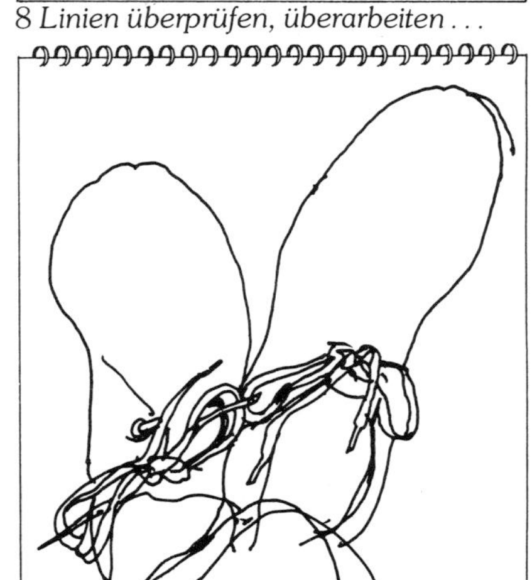

11

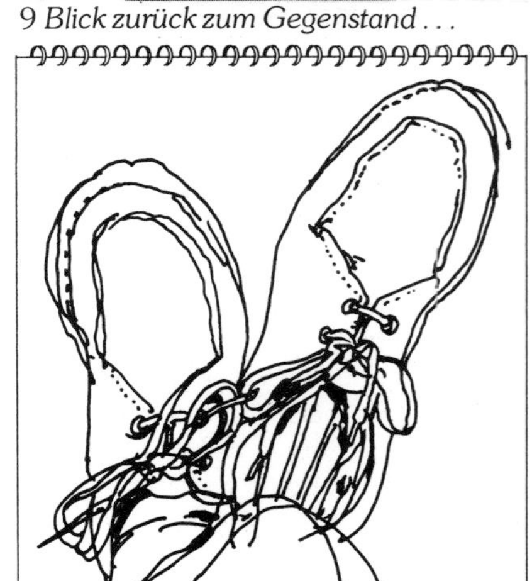

12 bis die Zeichnung fertig ist.

Fotos von Flying Squirrel Graphics

eventuell ungeduldig. Anfänger finden sich oft nicht mehr zurecht oder sind verwirrt, wenn sie sich auf den kritischen Dialog verlassen. Er belastet aber den Kopf und kann möglicherweise alle Freude am Zeichnen nehmen.
Der praktische Dialog entsteht, wenn man sich hauptsächlich auf den Gegenstand konzentriert. Es handelt sich dabei tatsächlich um einen Dialog zwischen Ihnen und dem Gegenstand. Er liefert Informationen über die Formen, Winkel und Maße, die man in Form von Linien auf das Papier übertragen kann.

Manchmal besteht der praktische innere Dialog nur aus der Wiederholung eines einzigen Worts, das den Eindruck vom Gegenstand beschreibt, den man festhalten und zu Papier bringen möchte. Diese sogenannten »*auslösenden Wörter*« helfen, in einem Augenblick zu verweilen. Wenn man Wörter wie »eckig«, »scharf«, »lang«, »abgerundet«, »schwierig« oder »struppig« leise zu sich selbst sagt (oft mehrmals wiederholend) und dabei die Hand über das Papier bewegt, kann man den Eindruck, den man beim Betrachten des Gegenstands hat, erhalten. Dadurch fällt es leichter, die entsprechende Wirkung tatsächlich zu erzielen.

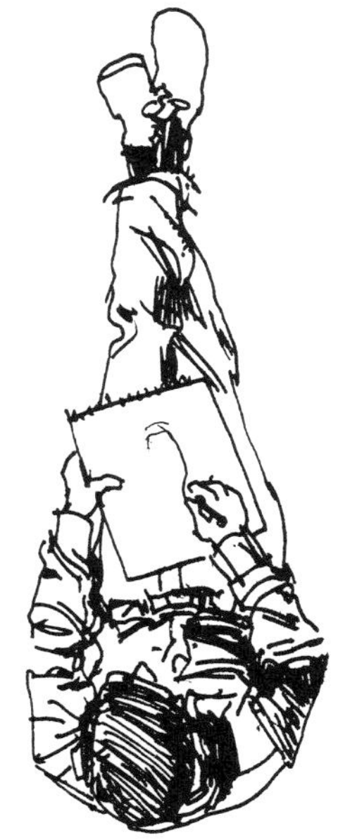

Schauen, behalten, eine Linie zeichnen

Das Zeichnen kann recht einfach beschrieben werden: den Gegenstand *anschauen* und die Kontur oder Form wahrnehmen; diese Kontur oder Form für einen Augenblick lang im Kopf *behalten* und sie *zeichnen*, so lange sie noch frisch im Gedächtnis ist. *Schauen, behalten, zeichnen. Schauen, behalten, zeichnen.* Zu beachten ist, daß in dieser Folge nicht »darüber nachdenken« enthalten ist. In der Tat kann man das Zeichnen als einen Vorgang betrachten, der an bewußtem Denken und Wissen vorbeiläuft. Der Künstler und Autor Frederick Frank drückte dies in seinem Buch »*My Eye is in Love*« so aus: »Die Hand hat nicht mehr zu sein als ein Seismograph, der keine Fragen stellt und etwas zu Papier bringt, dessen Bedeutung er nicht kennt. Je weniger die bewußte Persönlichkeit des Künstlers eingreift, um so genauer und individueller wird die Zeichnung.«

Die Illustrationen auf der linken Seite beschreiben den Zeichenprozeß mit den aufeinanderfolgenden Schritten. Wir schauen auf den Gegenstand, zwei Füße (Abb. 1), stellen die Kontur am oberen Ende des rechten Schuhs fest und übertragen die entsprechende Linie auf das Papier (Abb. 2). Nun geht der Blick zurück zum Gegenstand (Abb. 3); wir suchen den Punkt, an dem die Linie die Kontur des anderen Fußes trifft und zeichnen sie (Abb. 4). *Schauen, behalten, zeichnen. Schauen, behalten, zeichnen.* Ein natürlicher Rhythmus setzt sich durch. Die Geschwindigkeit Ihrer Hand wird mit den unterschiedlichen Konturen variieren.

Blind zeichnen

Es ist möglich, die drei Schritte des Zeichenvorgangs in einem Arbeitsgang, den wir *blindes Zeichnen* nennen, zusammenzufassen. Dabei zeichnet die Hand weiter, während die Augen auf den Gegenstand gerichtet bleiben. Dies passiert oft automatisch, wenn man sich in die Aufgabe vertieft. Bis das blinde Zeichnen zur Gewohnheit wird, sollte man es üben.

In Abbildung 3 betrachten wir die Kontur des zweiten Schuhs. In Abbildung 4 beginnen wir damit, ihn zu zeichnen. Bei der siebten Abbildung schauen wir wieder zum Gegenstand, *nehmen den Bleistift aber nicht vom Papier und zeichnen weiter.* Blind zu zeichnen ist eine gute Methode, um die Koordination von Auge und Hand zu verbessern. Das Ergebnis ist eine sensiblere Aufzeichnung der Konturen. Allerdings wird dies etwas auf Kosten der Genauigkeit der Proportionen erzielt. Das blinde Zeichnen gelingt am besten mit schnellen, kurzen Strichen und mit gelegentlichem Blick auf das Papier. Im frühen Stadium einer Zeichnung ist es am wirkungsvollsten.

Projekt 1 – A Füße

Fertigen Sie eine Zeichnung Ihrer übereinander liegenden Füße an und stellen Sie dabei die Umrisse und die Details möglichst genau dar. Es soll eine Strichzeichnung entstehen – entweder mit spitzem Bleistift, Federhalter, Kugelschreiber oder Filzstift (feine Spitze).

Setzen Sie sich gemütlich hin und lassen Sie die Füße vor sich auf dem Boden ruhen. Ein Block oder ein Stück Papier befindet sich mit Unterlage auf Ihrem Schoß, so daß Sie einen freien Blick auf Ihre Füße haben. Mit den hier besprochenen drei Schritten »schauen, behalten, zeichnen« sollen die Füße so genau wie möglich wiedergegeben werden. Dabei sollten Sie darauf achten, daß Sie häufiger zum Gegenstand schauen als zur Zeichnung. Beim Zeichnen sollten Sie mindestens drei- oder viermal versuchen, »blind zu zeichnen«. Radieren Sie nicht, sondern führen Sie zwei oder mehr »Überarbeitungen« der Zeichnung durch. Lassen Sie sich mindestens eine halbe Stunde Zeit für das Projekt.

Überarbeitung

Die meisten von uns haben eine negative Haltung gegenüber unseren Fehlern. Für einen Zeichner ist eine solche Einstellung nicht sehr nützlich; sie sollte geändert werden. Versuch und Irrtum sind *wesentliche Bestandteile* des Zeichenvorgangs. Man bringt Linien zu Papier und vergleicht diese mit den Konturen des Gegenstands. Zweifelsohne werden Abweichungen auftreten, und einige von diesen werden Sie korrigieren oder an die Wirklichkeit anpassen wollen. Man könnte die entsprechenden Linien ausradieren, aber es ist zunächst besser, sie stehen zu lassen und die treffenderen Linien daneben zu zeichnen. Dieser Vorgang, den wir »Überarbeitung« nennen, hat zwei Vorteile: (1) Man verschwendet keine Zeit mit dem Radieren; man kann sie für die Beobachtung des Objekts nutzen, und (2) wirkt die Zeichnung mit allen Überarbeitungen lebendiger und spannungsvoller. Die Zeichnung von Degas auf Seite 51 weist zahlreiche Überarbeitungen bei den Armen und beim Körper auf. Die Zeichnung unten zeigt eine große Zahl von Überarbeitungen.

Anhand der Überarbeitungen können wir den Zeichenprozeß nachvollziehen, das Herausarbeiten der Formen, die Suche nach genaueren Konturen, die Anpassungen und Korrekturen.

Es sollte Sie nicht stören, wenn die Linien der Überarbeitung das Bild lebhaft erscheinen lassen.

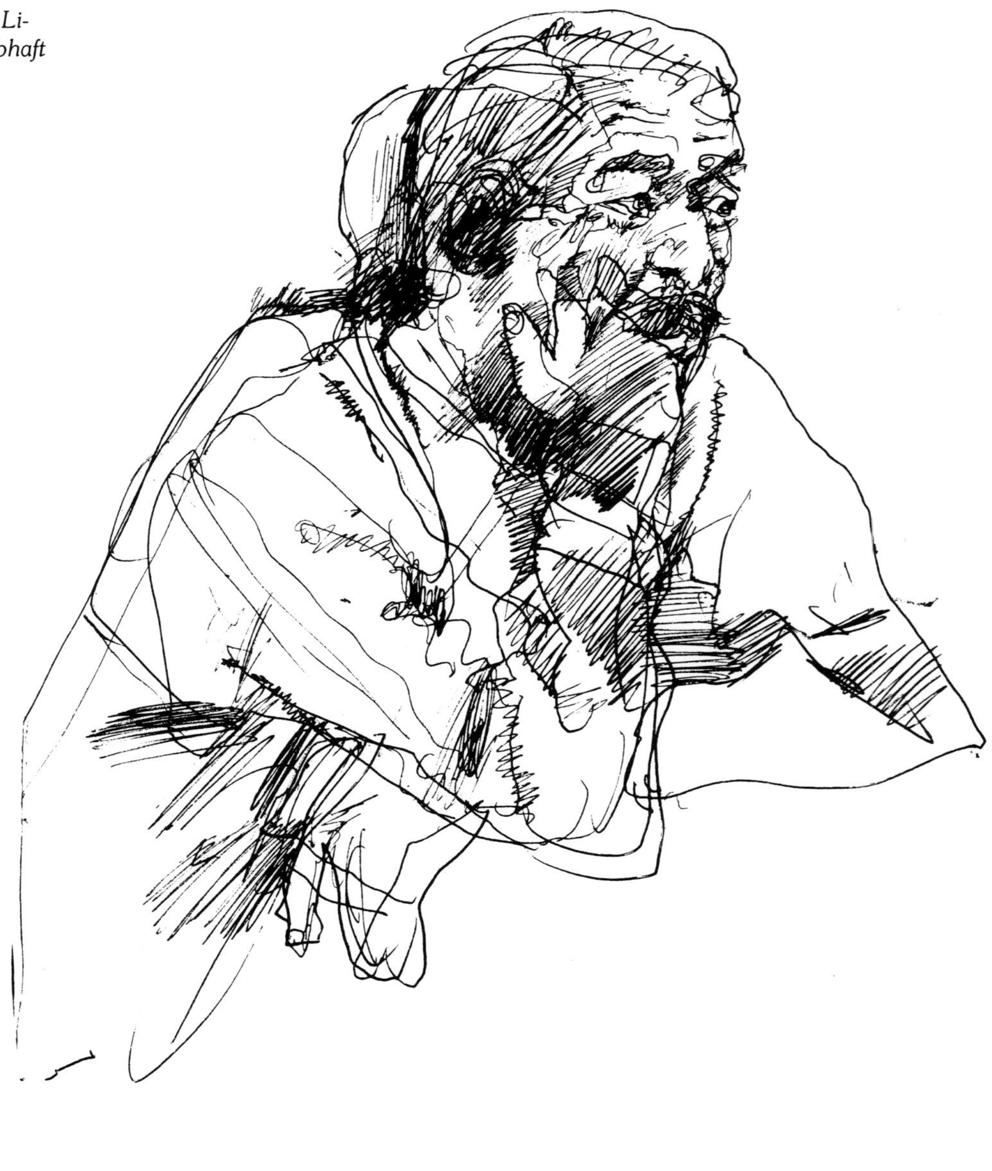

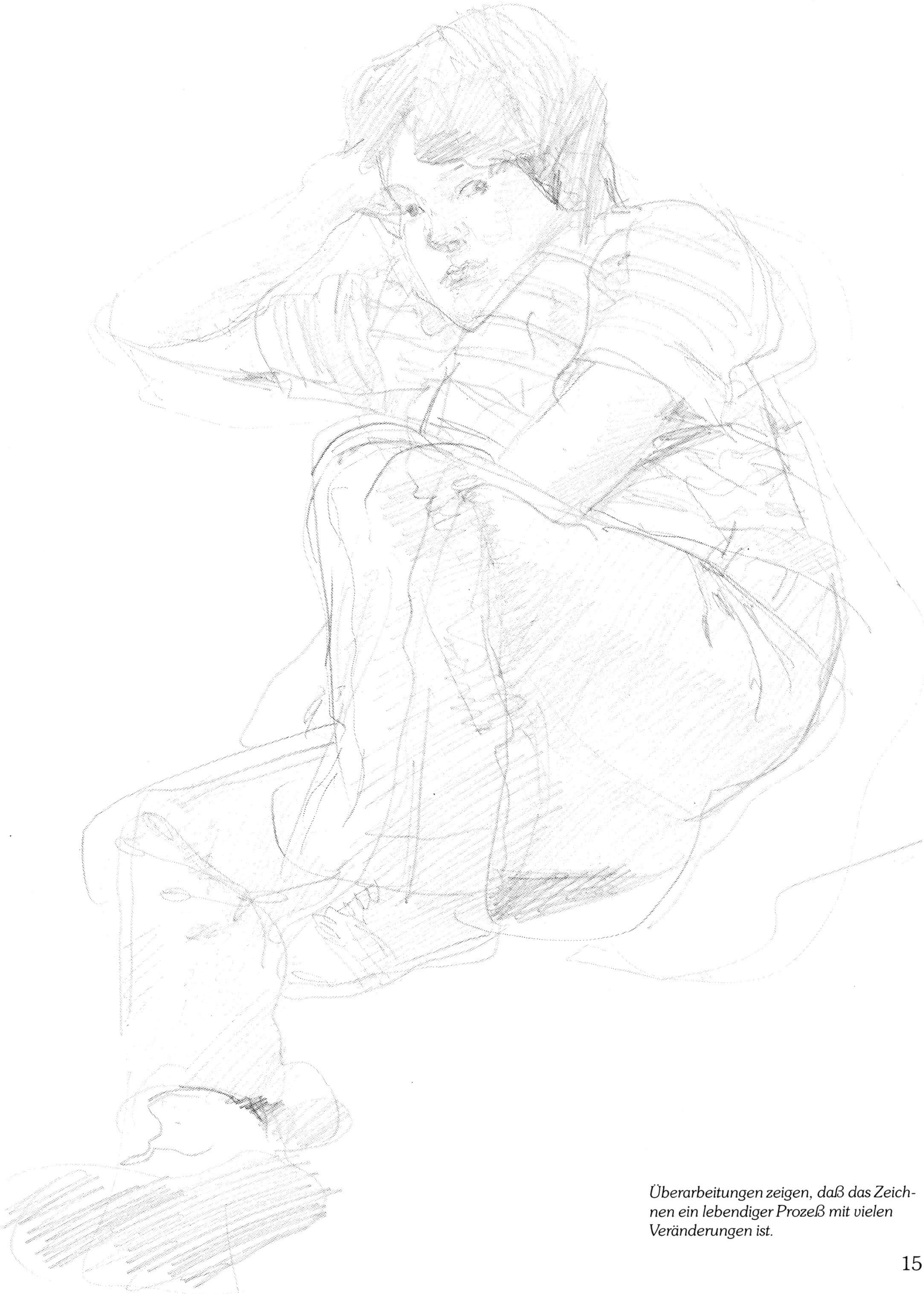

Überarbeitungen zeigen, daß das Zeichnen ein lebendiger Prozeß mit vielen Veränderungen ist.

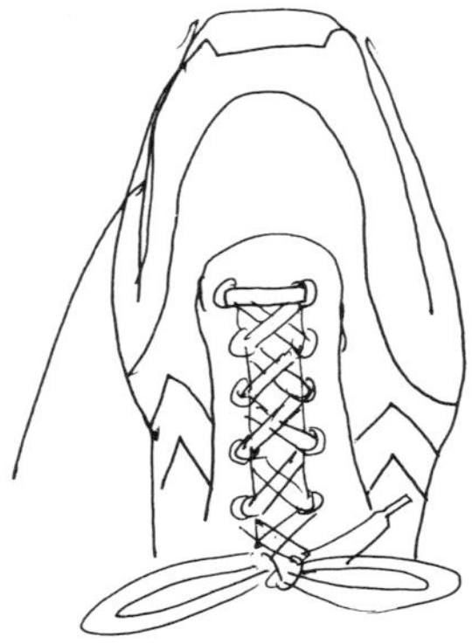

Aufgrund von »Wissen« gezeichnete Schnürsenkel. Es fällt die mechanische Darstellung der sich kreuzenden Schnürsenkel auf.

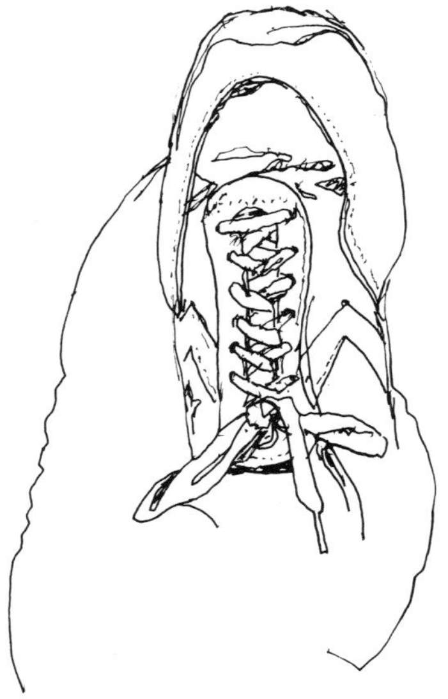

Diese Schnürsenkel wurden nach Beobachtung gezeichnet. Jede Form ist individuell dargestellt. Dies erfordert mehr Geduld, aber das Ergebnis ist viel interessanter und realistischer.

Sehen statt wissen – ein Konflikt

Beim Zeichnen werden Sie oft mit Konflikten zwischen dem, was Sie sehen, und Ihrem Wissen über die Dinge konfrontiert. In der schnellen Skizze auf der rechten Seite wurde der Kopf des Jungen so weit geneigt, daß er sich unterhalb der Schultern befindet – aus unserer Sicht eine perspektivische Verkürzung. Die Verkürzung widerspricht der erwarteten Ansicht der Dinge. Der Kopf befindet sich unterhalb der Schulter und berührt den Oberkörper. In diesem Fall neigt man dazu, das zu zeichnen, was man weiß, damit »alles richtig aussieht«, statt das zu zeichnen, was man sieht. Es ist wichtig, dieser Versuchung zu widerstehen. Das Ziel des Zeichnens nach der Beobachtung ist es, die Fülle und Vielfalt der *visuellen* Erfahrung einzufangen. Wir sollten – zumindest noch im Augenblick – so zeichnen, als wüßten wir nichts und als würden wir nur das befolgen, was uns unsere Augen sagen. Dies ist der Schlüssel zum natürlichen, lebensnahen Zeichnen. Damit versteht man, daß es unmöglich ist, zu wissen, wie man etwas zeichnet. Manchmal wird man gefragt: »Können Sie Hände zeichnen – oder Pferde – oder Bäume?« Die Antwort lautet: Wir zeichnen überhaupt keine »Dinge«, nur Linien. Um die Dinge, die wir auf dem Papier sehen, zu reproduzieren, müssen wir das übersetzen, was wir in einer nützlichen Sprache erkennen, der *Sprache der Linien*. Die Sprache beinhaltet Ecken, Formen, Tönungen und Maße. Jede andere Sprache (die Sprache der »Dinge«) hat keinen unmittelbaren Nutzen für uns. Immer wenn man versucht, in zwei verschiedenen Sprachen gleichzeitig zu sprechen, kommt Verwirrung dabei heraus.

Der Leser könnte an dieser Stelle einwenden: »Ja, ich habe erkannt, wie die Kenntnis bestimmter Tatsachen uns durch bestimmte Vorstellungen daran hindern kann, Dinge klar zu sehen. Aber was ist mit der Kenntnis von Prinzipien des Zeichnens – Perspektive, Anatomie, perspektivische Verkürzung, Licht und Schatten? Ist dieses Wissen beim Erstellen einer guten Zeichnung nicht nützlich oder eine Behinderung?« Tatsächlich wurden diese Prinzipien entwickelt, damit man das Gesehene besser verstehen kann. Aber sie stehen nicht an erster Stelle. Das Schauen kommt zuerst. Wenn Regeln mit dem Gesehenen im Widerspruch stehen, sollte man sie vergessen und das zeichnen, was man sieht. Dies ist damit gemeint, wenn man davon spricht, einen »unbelasteten Blick« beizubehalten. D. h., Gegenstände werden so betrachtet, als hätte man sie noch nie vorher gesehen. Dabei wird man nicht durch Annahmen über das mögliche Aussehen irritiert. Die einfache Regel, die zu befolgen ist, lautet: Bei Unzufriedenheit oder Unsicherheit soll man sich fragen: »Was sehe ich?«

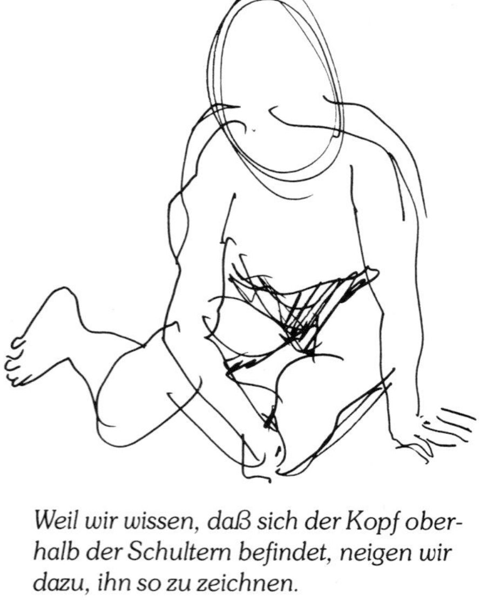

Weil wir wissen, daß sich der Kopf oberhalb der Schultern befindet, neigen wir dazu, ihn so zu zeichnen.

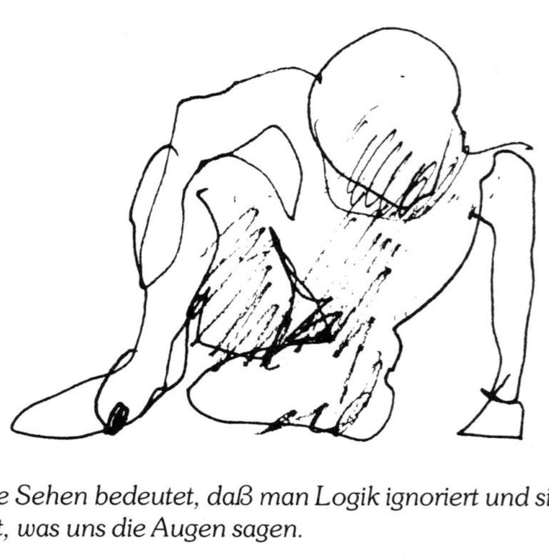

Das richtige Sehen bedeutet, daß man Logik ignoriert und sich ganz auf das verläßt, was uns die Augen sagen.

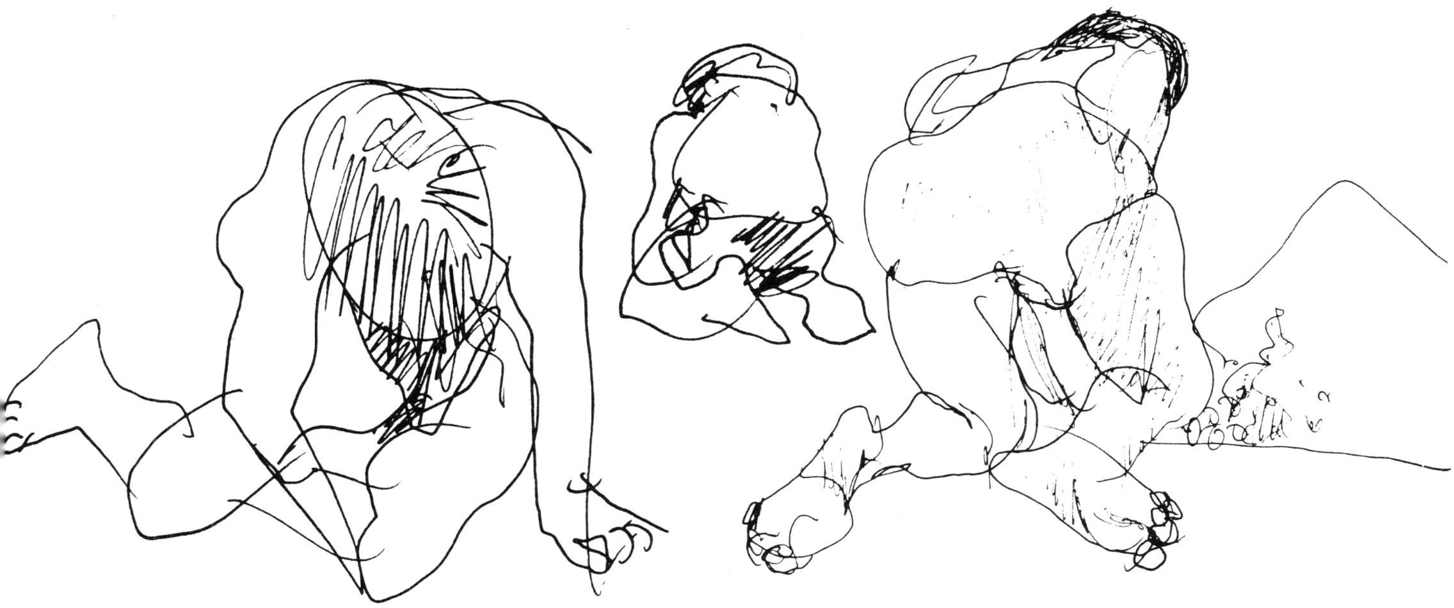

Es braucht etwas Mut, das Wissen zu unterdrücken und sich allein auf das einzulassen, was man sieht.

Blinzeln

Wenn Sie schon einmal gezeichnet haben, wird Ihre ganze Aufmerksamkeit wahrscheinlich das eine oder andere Mal von einem Detail des Gegenstands beansprucht worden sein. Das Zusammenkneifen der Augen ist eine sehr gute Möglichkeit, den Gegenstand zu vereinfachen und ihn sofort darstellbar zu machen. Deshalb wird diese Methode auch von vielen Künstlern angewendet. Weil es eine nützliche Angewohnheit ist, wird in diesem Buch häufig auf das Blinzeln hingewiesen.

Was ist es?

Eine der schwierigsten Aufgaben beim Zeichnen ist es, sich zu zwingen, der eigenen Beobachtung zu folgen, wenn es nicht richtig aussieht. Das Zeichnen der eigenen Hand von vorne bereitet ein entsprechendes Problem. Wir »wissen«, daß die Hand Finger einer bestimmten Länge haben muß. Sonst sieht sie, wie in dieser Ansicht, »nicht richtig aus«. Das Bild entspricht nicht der Vorstellung eines Symbols der Hand! Es erfordert Mut, sich auf den eigenen Blick zu verlassen statt auf das Aussehen. Wenn Sie als Künstler Fortschritte machen wollen, müssen Sie diesen Mut aufbringen.

Befassen Sie sich einen Augenblick mit der Zeichnung von Projekt 1-B, wenn sie abgeschlossen ist. Wenn sie einer Hand sehr ähnlich ist, haben Sie sie nicht absolut gerade und genau in Augenhöhe gehalten oder Sie sind nicht dem gefolgt, was Sie sahen. (Oder Sie sind ein wirklich hervorragender Zeichner.) Wenn die Finger zu lang wurden, war die Hand während des Zeichnens entweder zu stark geneigt oder Sie haben sich zu stark vom Wissen leiten lassen und weniger vom Gesehenen. In beiden Fällen haben Sie das Problem nicht gelöst – schauen statt wissen – Sie sollten es noch einmal versuchen.

Projekt 1 – B Hand

Fertigen Sie eine Zeichnung Ihrer Hand an mit Blick auf die Fingerspitzen. Dabei sollen die Hand und die Finger direkt auf die Augen zeigen. Arbeiten Sie die Konturen und Details genau heraus. Machen Sie nur Striche mit einem spitzen Bleistift, Federhalter oder einem feinen Filzstift. Legen Sie ein Stück Papier vor sich auf eine flache Oberfläche und halten Sie Ihre Hand daneben in etwa 30 cm Entfernung von den Augen. Beim Zeichnen wird ein Auge geschlossen. Denken Sie daran, mehr auf den Gegenstand zu schauen als auf die Zeichnung. Versuchen Sie bei der Arbeit mindestens drei- oder viermal »blind zu zeichnen«. Radieren Sie nicht, sondern nehmen Sie zwei oder mehr »Überarbeitungen« in der Zeichnung vor. Lassen Sie sich mindestens fünfzehn Minuten Zeit für das Projekt.

Versuchen Sie, sich einen »unbelasteten Blick« zu bewahren. D.h., zeichnen Sie genau das, was Sie sehen. Da dies eine unkonventionelle Ansicht einer Hand ist, sollten Sie vorgewarnt sein, daß das Ergebnis kaum so aussehen wird, wie Sie es von einer Hand erwarten.

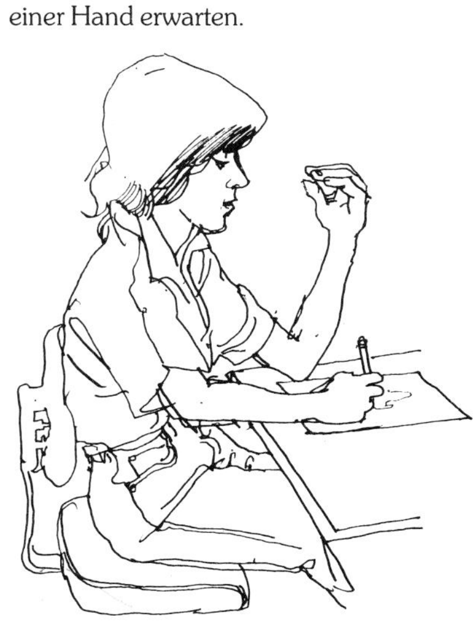

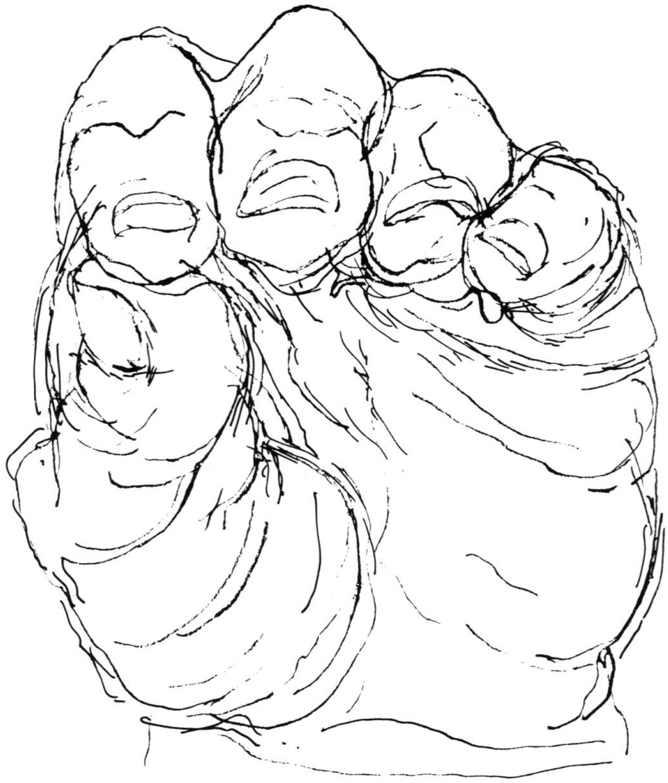

Die Beispiele auf dieser Seite stammen von Zeichenschülern mit unterschiedlicher Fähigkeit und Erfahrung. Sie konzentrierten sich aber alle nur darauf, das zu zeichnen, was sie sahen. Zu beachten ist die Zahl der Überarbeitungen in jeder Zeichnung.

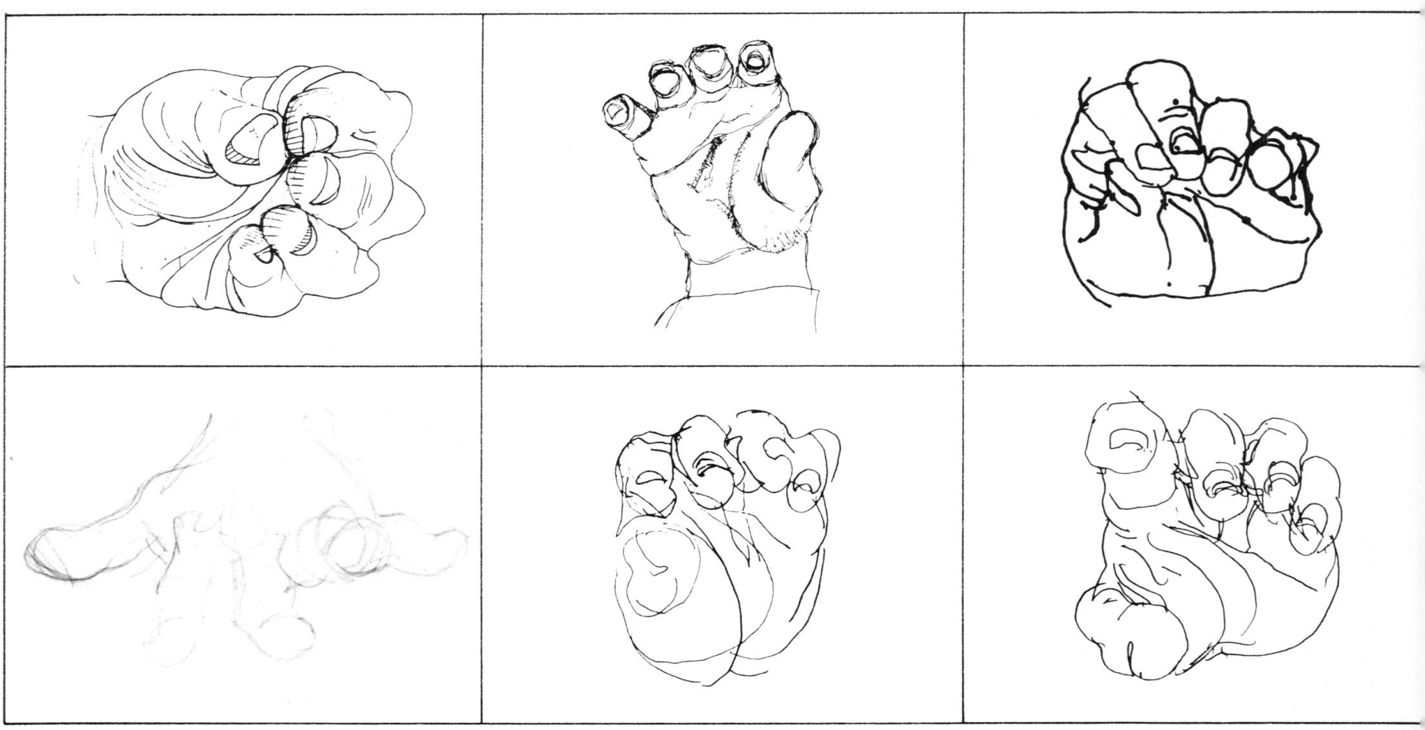

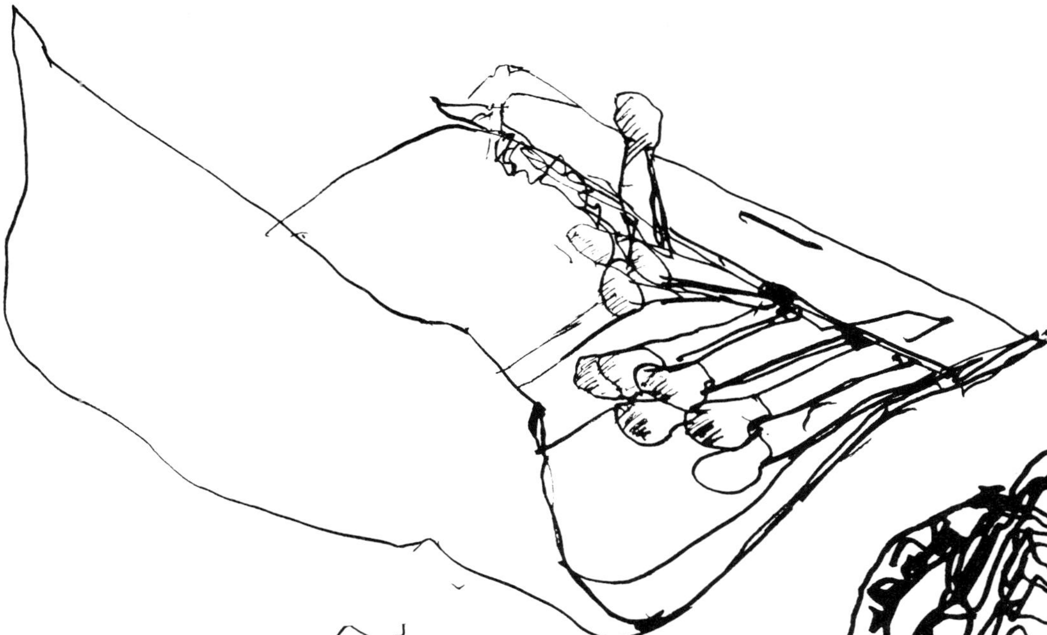

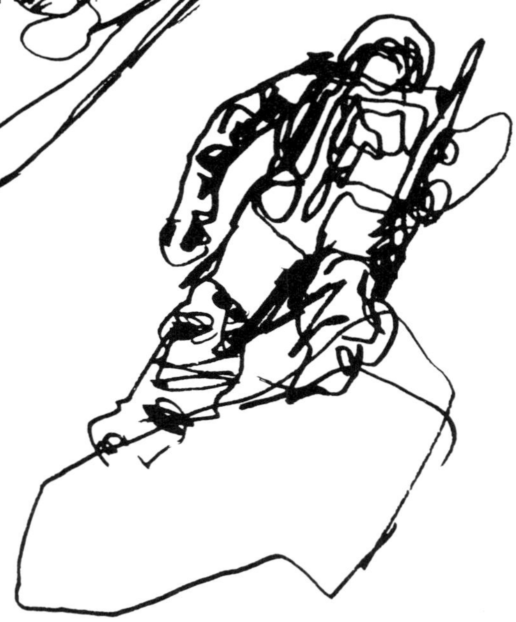

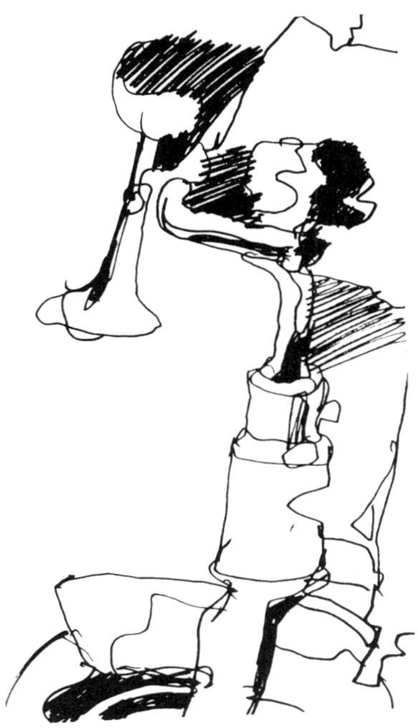

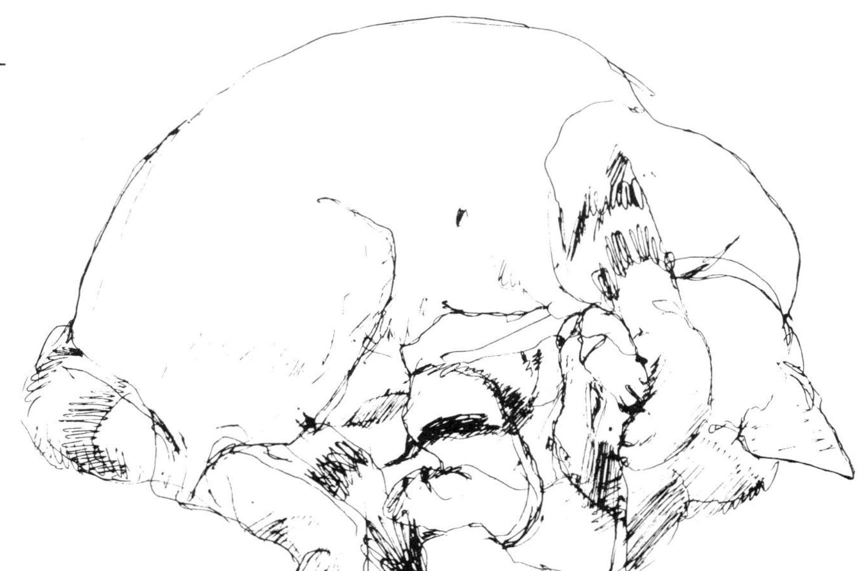

Das Zeichnen von ungewöhnlichen Gegenständen oder von unkonventionellen Ansichten ist eine gute Möglichkeit, die Gewohnheit des Zeichnens, das dem Wissen folgt, zu überwinden. Oben abgebildet sind eine Katze, ein Spielzeugsoldat, ein Dreirad und ein Streichholzheftchen.

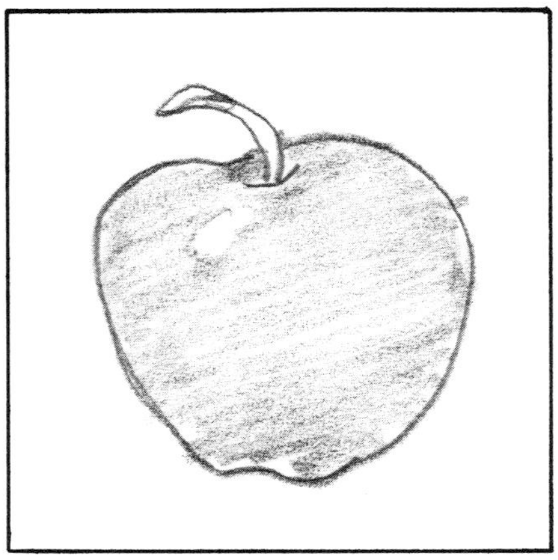

Ein »symbolischer Apfel«, der aus dem Gedächtnis gezeichnet wurde.

Sehen statt wissen – Bilder im Kopf

Wir tragen mentale Bilder mit uns herum, d. h. Bilder im Kopf, die auf unseren Vermutungen beruhen, wie bestimmte Dinge aussehen. Diese Bilder sind Rekonstruktionen aus dem Gedächtnis. Wir können uns leicht eine Kartoffel oder ein Pferd oder das Gesicht eines guten Freundes vorstellen. Manchmal meinen wir, unsere mentalen Bilder seien exakte Wiedergaben der realen Gegenstände. Wenn wir jedoch versuchen, diese Bilder aus dem Kopf zu zeichnen, erkennen wir schnell, daß wir kaum genügend Informationen über die Formen, Proportionen, Konturen oder Texturen besitzen, um die Aufgabe mit großer Genauigkeit und Ausdruck zu erledigen.

Man kann das an drei Beispielen zeigen. Die Äpfel in den Kästen wurden aus dem Gedächtnis gezeichnet, die anderen Äpfel nach Beobachtung. Der Unterschied zwischen den Zeichnungen wird sofort deutlich und zeigt, daß die mentalen Bilder wirklich nur Symbole der Realität sind. Das Gedächtnis kann unmöglich alle Informationen speichern, die notwendig sind, um Äpfel auf überzeugende Weise zu zeichnen. Das soll es auch nicht. Dies ist eine Aufgabe der Augen: sie verfolgen sorgfältig die Konturen, nehmen die ungleichmäßig gefärbte Oberfläche der glänzenden Schale wahr sowie die Unregelmäßigkeiten und das Spiel von Licht und Schatten. Dieser Information, die nur das Auge liefern kann, folgt die Hand dann ohne weiteres.

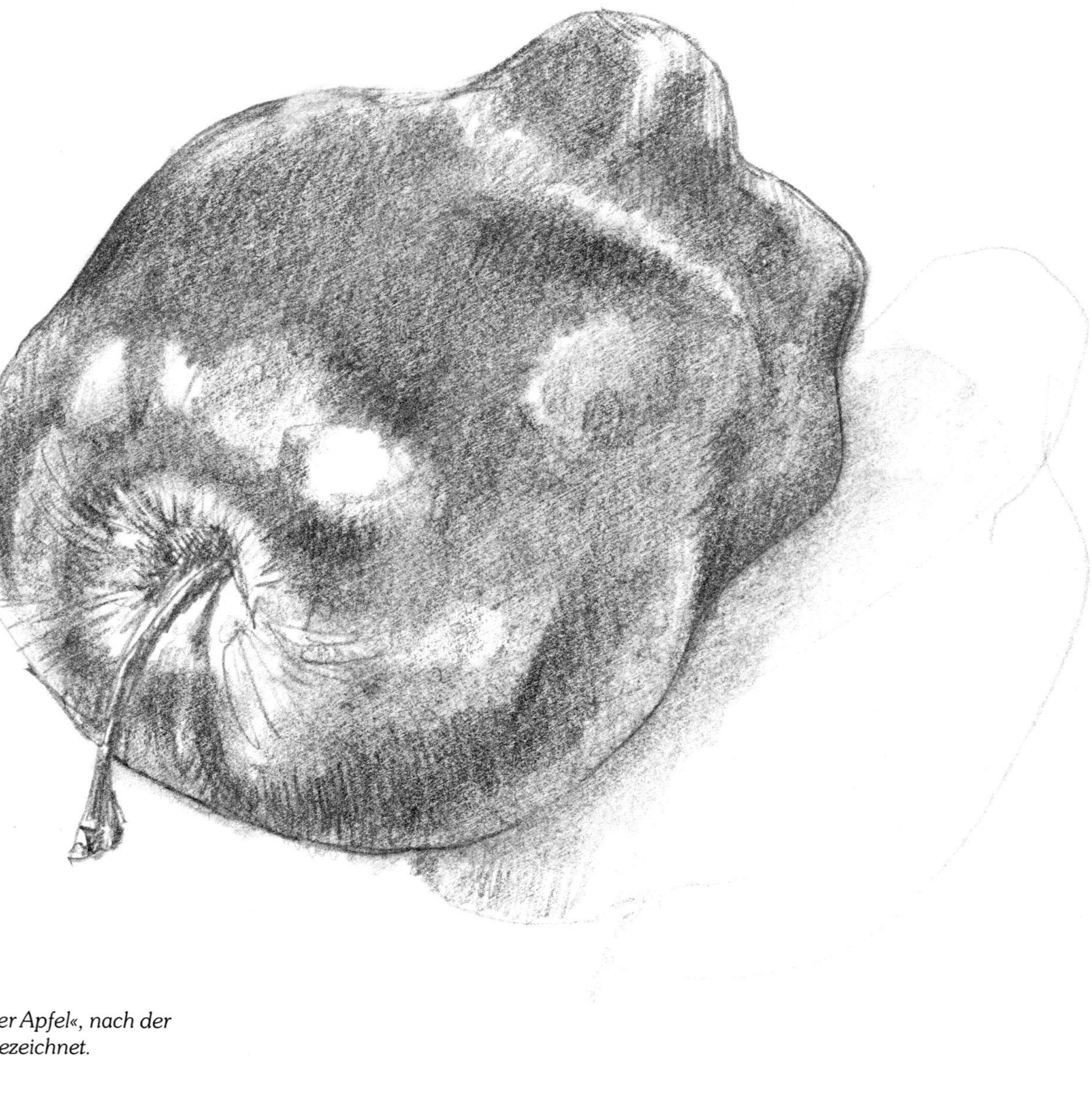

Ein »individueller Apfel«, nach der Beobachtung gezeichnet.

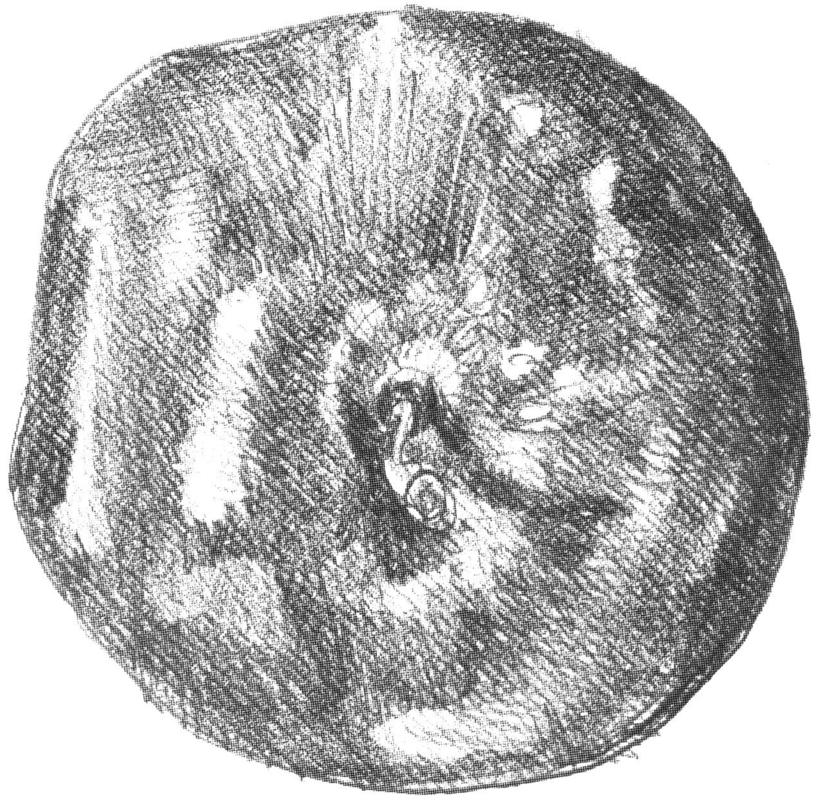

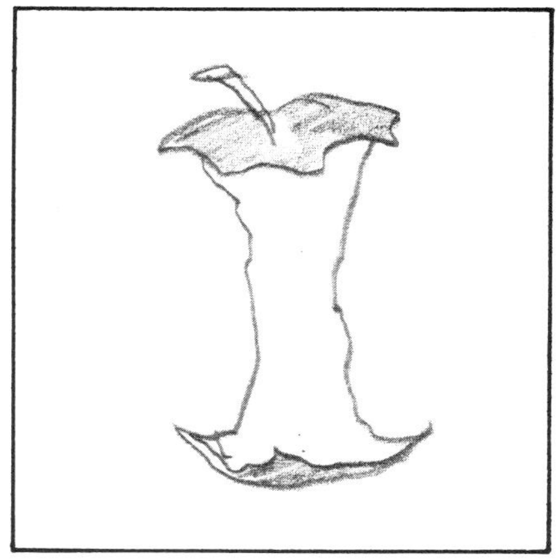

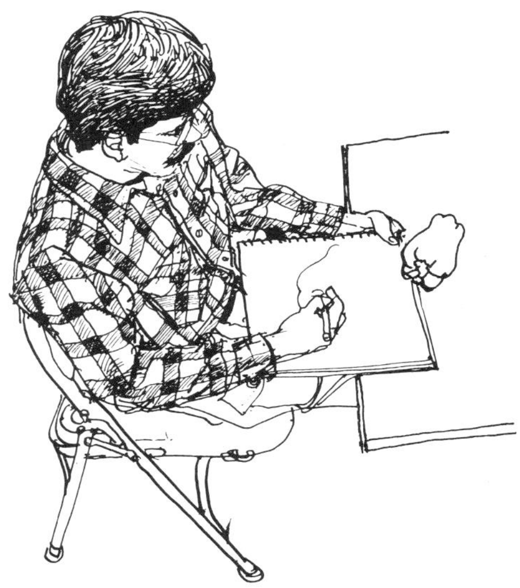

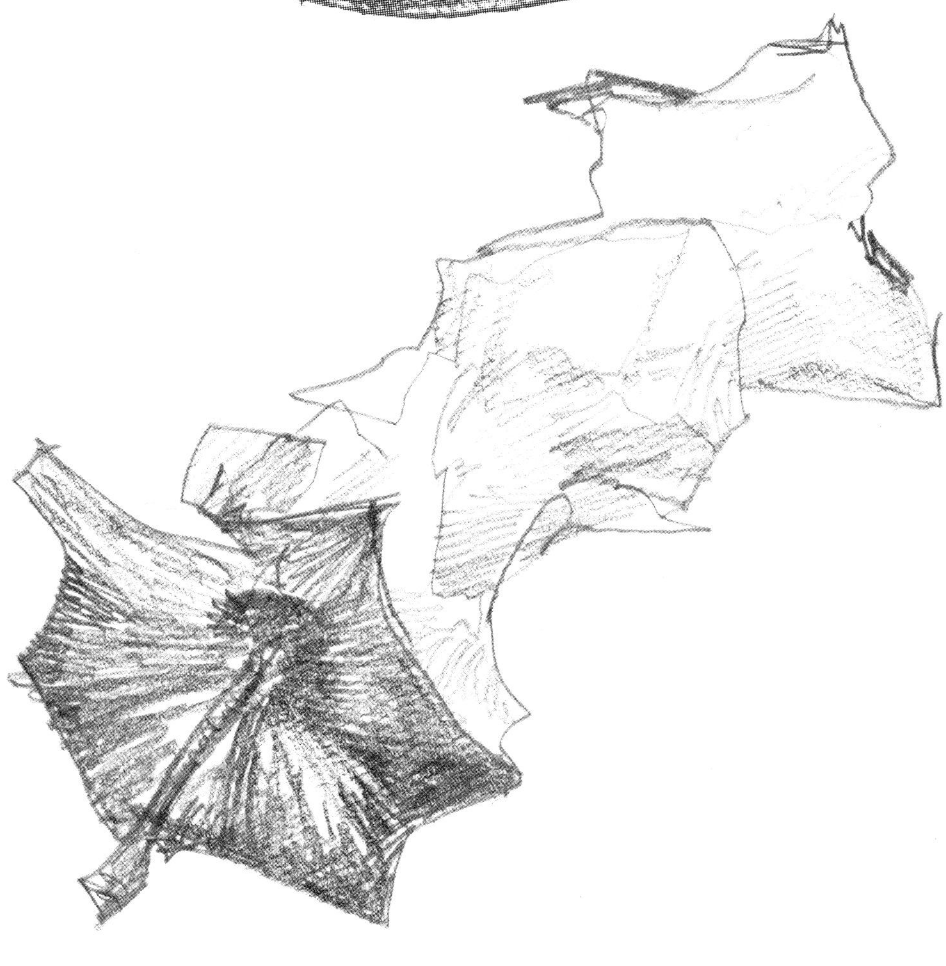

Projekt 1 – C Paprikaschote

Fertigen Sie zwei Zeichnungen von grünen Paprikaschoten an. Bei der ersten Zeichnung soll eine Paprikaschote nach dem mentalen Bild so genau wie möglich dargestellt werden. Sie soll ohne Vorlage aus dem Gedächtnis angefertigt werden. Geben Sie alle Details, an die Sie sich nach längerer Zeit erinnern können, wieder. Bei der zweiten Zeichnung legen Sie eine Paprikaschote direkt vor sich hin und zeichnen sie so genau wie möglich ab, während Sie sie beobachten. Arbeiten Sie mit Linien und Tönungen (Schattierungen), um die Darstellung realistischer zu gestalten. Versuchen Sie mindestens zwei- oder dreimal »blind zu zeichnen«. Führen Sie zwei oder mehr Überarbeitungen durch.

Verwenden Sie ein beliebiges Zeichenmedium und lassen Sie sich mindestens vierzig Minuten Zeit für die beiden Zeichnungen. Sie sollen lebensgroß oder größer gezeichnet werden.

Individualisierung

Wie unzulänglich ist das Erinnerungsvermögen im Vergleich zur Fülle und Vielfalt der direkten visuellen Erfahrung! Die Formen, Tönungen und Texturen, die man benötigt, um Gegenstände auf überzeugende Weise zu zeichnen, werden durch die Augen wahrgenommen. Wir gelangen zu einer individuellen Darstellung, indem wir nach dem Leben zeichnen.

Versuchen Sie alte Gewohnheiten des Sehens zu überwinden: Vergessen Sie Ihre Annahmen über den Gegenstand. Betrachten Sie ihn mit weniger Logik und größerer Neugierde. Man sollte die mentalen Bilder aus dem Spiel lassen und sich nur mit dem Gegenstand selbst befassen. Wenden Sie den praktischen Dialog an, um Fragen zum Objekt zu stellen. Gehen Sie von der Sprache der Dinge über zur Sprache der Linie und Form. Es gibt Ihren Werken Ausdruckskraft und Schwung, wenn Sie die einmaligen Eigenschaften Ihrer Objekte individuell darstellen.

Eine Übung zur Individualisierung

Versuchen Sie, ein mentales Bild Ihrer eigenen Augen entstehen zu lassen. Sie wissen, daß ein Auge eine Kugel ist, die in einer Augenhöhle ruht und oben und unten von Lidern umgeben wird. Die Öffnung hat die Form von Mandeln oder Tränentropfen. Die Kenntnis dieser allgemeinen Eigenschaften und einiger Details der Iris, Pupille und Wimpern wird fast alle Menschen in die Lage versetzen, ein Augenpaar in einigermaßen überzeugender Weise zu zeichnen, besonders wenn sie direkt von vorne gesehen werden (siehe oben).

Ohne Übung ist es allerdings fraglich, ob Sie eine genaue Darstellung Ihrer *eigenen* Augen oder eines anderen Augenpaares aus dem Gedächtnis anfertigen könnten. Es kommt hinzu, daß sich die Formen der Augen, Lider und Augenbrauen verändern, wenn der Kopf nach hinten oder vorne geneigt ist oder eine Drei-Viertel-Ansicht bietet. Unsere mentalen Bilder reichen nicht aus, alle diese Informationen aufzunehmen.

Als nächstes sollen Sie Ihre eigenen Augen im Spiegel betrachten. Versuchen Sie beim Betrachten ihrer Formen und Konturen folgende Fragen zu beantworten:

- Sind beide Augen *genau* gleich oder gibt es kleine Unterschiede? Wenn sie sich unterscheiden, was sind die Unterschiede?
- Liegen Ihre Augen mehr oder weniger eine Augenbreite auseinander?
- Welchen Anteil hat die Iris am geöffneten Auge? Ein Drittel? Die Hälfte?
- Welche Form hat das obere Augenlid? Ist es symmetrisch oder asymmetrisch?
- Wo liegt der höchste Punkt des Bogens der Augenbrauen?
- Wo liegen die zwei oder drei auffallendsten Charakterlinien oder Falten?
- Wo befinden sich die dunkelsten Schatten? Die hellsten Stellen?
- Drehen Sie Ihren Kopf so, daß eine Drei-Viertel-Ansicht entsteht. Erkennen Sie, wie sich die Augenformen so verändern, daß eine noch deutlichere Tränentropfen-Form entsteht?

- Können Sie feststellen, wie der Unterschied zwischen den beiden Augenformen noch stärker betont wird?
- Wieviel wird von dem einen Auge durch den Nasenrücken verdeckt?
- Falls Sie eine Brille tragen: Können Sie feststellen, wie sich die Größe und Form der Linsen in einer Drei-Viertel-Ansicht unterscheiden? Die näher gelegene Linse ist größer und hat eine offenere Form.

Diese und zahllose andere Fragen werden oft automatisch gestellt und beantwortet, wenn man nach Beobachtung zeichnet. Bei diesem Vorgang hält man nicht einfach nur »ein Augenpaar« auf dem Papier fest, sondern es entsteht eine einfühlsame und genaue Zeichnung eines *einmaligen, individuellen* Augenpaares.

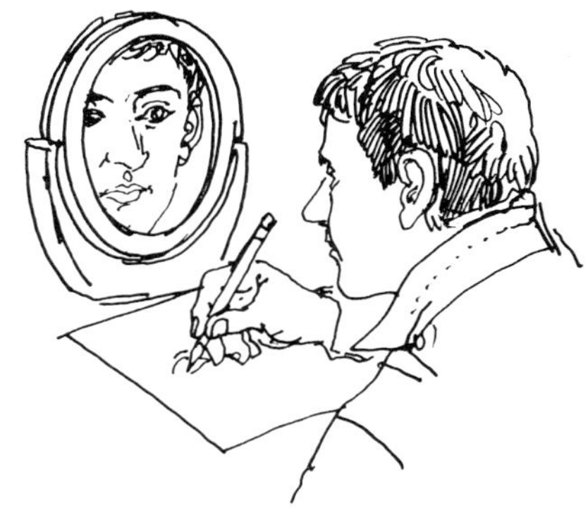

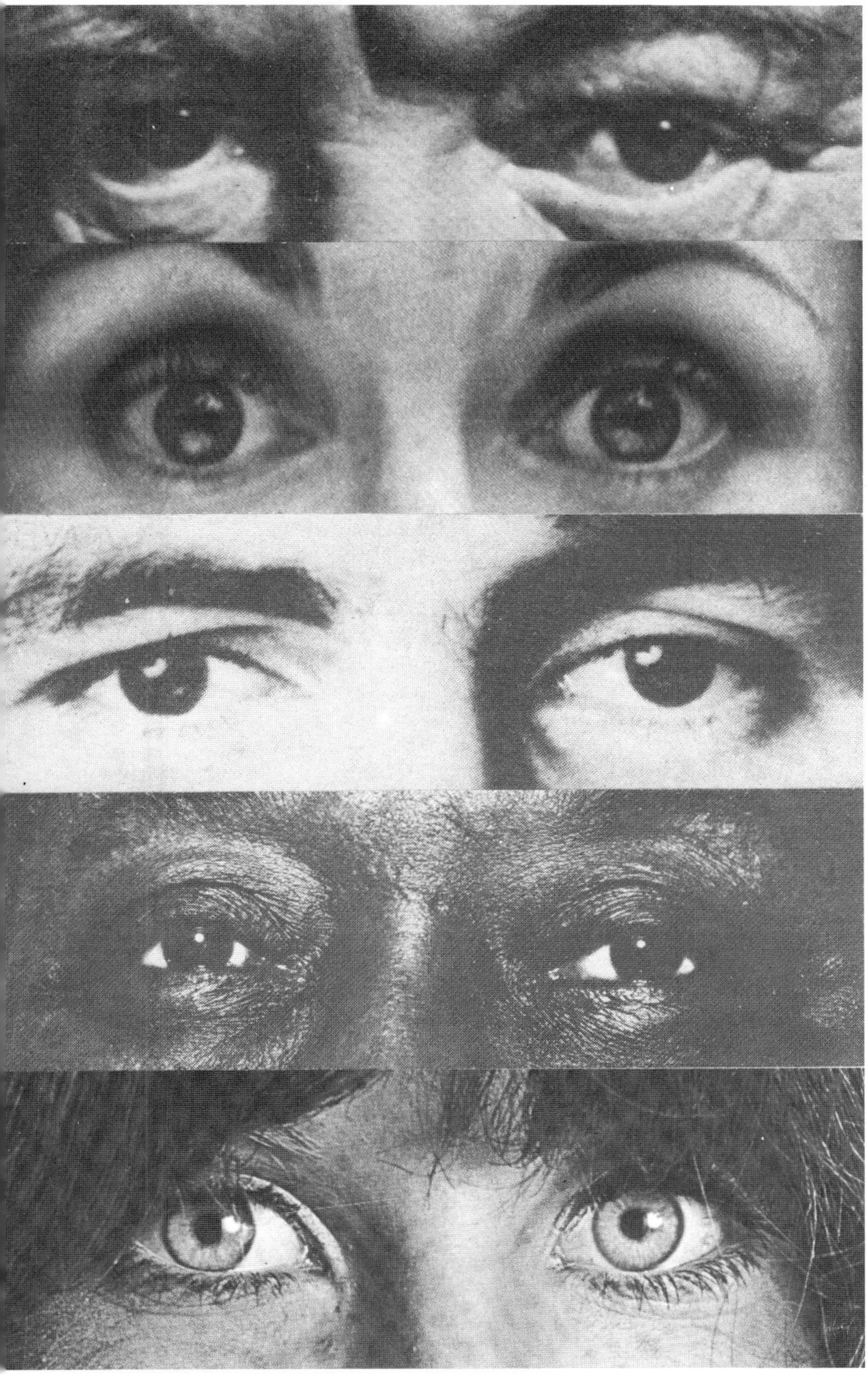

Projekt 1 – D Augen

Zeichnen Sie Ihre eigenen Augen, so wie Sie sie im Spiegel sehen. Halten Sie Ihren Kopf dabei so, daß eine Drei-Viertel-Ansicht entsteht (halbe Drehung zwischen Vorderansicht und Seitenansicht). Zeichnen Sie nur den Bereich der Augen, Augenbrauen und Nase so sorgfältig wie möglich. Achten Sie besonders darauf, daß Sie immer nur das zeichnen, was Sie sehen und nicht das, was Sie wissen. Es soll ein spitzer Bleistift mit dem Härtegrad 2B oder HB benutzt werden.

Arbeiten Sie vorwiegend mit Strichen und gelegentlichen Tönungen (Schattierungen), um die helleren und dunkleren Stellen, die Sie sehen, darzustellen. Lassen Sie sich mindestens zwanzig Minuten Zeit. Es soll zwei- oder dreimal blind gezeichnet werden. Mindestens zwei Überarbeitungen sind durchzuführen.

Bewußte Wahrnehmung von Formen

Der Maler Edouard Manet beobachtete einmal: »In der Natur gibt es keine Linien, nur farbige Bereiche, einer neben dem anderen.« Die Bedeutung dieser einfachen Feststellung für den Künstler kann kaum überbewertet werden. Sie bietet einen wichtigen Schlüssel zum Fortschritt beim Zeichnen. Jeder »Farbbereich« hat eine Form – ist eigentlich eine Form – für unsere Zwecke.

Das Zeichnen von Formen ist leichter – viel leichter – als Dinge zu zeichnen. Versuchen Sie folgendes: Wählen Sie einen Gegenstand in Ihrer unmittelbaren Umgebung. Halten Sie nun einen Bleistift in Ihrer Hand, schließen Sie ein Auge und folgen Sie dem Umriß des Gegenstands mit dem Stift in der Luft, so als würden Sie tatsächlich an seinem äußeren Rand entlangzeichnen. Fangen Sie an einem beliebigen Punkt an und umfahren Sie den ganzen Gegenstand bis Sie wieder am Ausgangspunkt ankommen. Haben Sie gemerkt, daß man dabei an nichts denken muß? Ihr Auge und Ihre Hand machen die Arbeit ganz alleine. Es handelt sich um einen ersten, kleinen Schritt zur eigentlichen zeichnerischen Darstellung der Form.

Richten Sie Ihr Auge auf den Gegenstand, den Sie zeichnen, und blicken Sie beim Arbeiten nur kurz auf das Papier. Dies ist das Arbeiten mit »der Sprache der *Linien*« oder, wie wir inzwischen genauer sagen können, Arbeiten mit »der Sprache der *Formen*«. Die Schönheit dieser Sprache besteht darin, daß sie das bewußte Denken und den kritischen Dialog umgeht und uns erlaubt, nur das festzuhalten, was wir sehen. Unser *gelegentlicher* innerer Dialog ist praktischer Art:

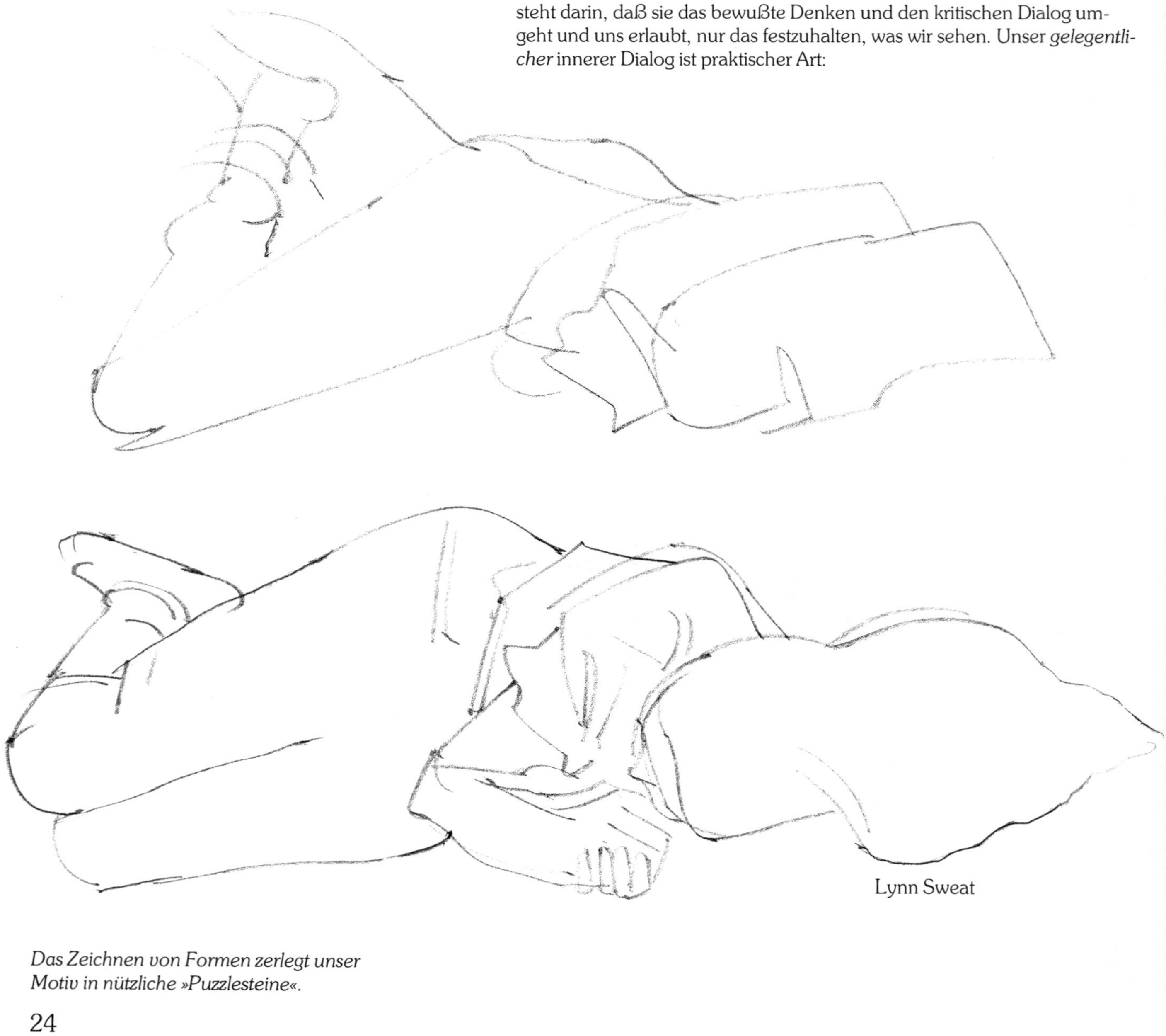

Lynn Sweat

Das Zeichnen von Formen zerlegt unser Motiv in nützliche »Puzzlesteine«.

»Läuft diese Form spitz auf einen Punkt zu?« »Ist jene Seite gerade oder ist sie etwas gebogen?« »Wie sieht die Form im Vergleich zur benachbarten Form aus? Ist sie kleiner oder größer?« Sie werden feststellen, daß wir mit diesen Fragen die Sprache der *Dinge* verlassen (»Ozeane«, »Bäume«, »Hände«, »Haar«) und zur Sprache der *Formen* kommen (»längliches Dreieck«, »rechter Winkel«, »Halbmond«, »Oval«).
Wenn wir mit dieser Sprache arbeiten, ergibt es sich, daß unsere Bilder schließlich Ozeane, Bäume, Hände, Haar usw. darstellen. Es ist wie ein Zauberkunststück. Je öfter wir in der Sprache der Formen bleiben und die Sprache der Dinge vermeiden, um so mehr ähneln die entstehenden Zeichnungen der Realität der Gegenstände, die wir beobachtet haben.

Deshalb macht es wirklich keinen Unterschied, *was* wir zeichnen. Wenn wir lernen, die Dinge in bezug auf ihre Formen zu sehen, können wir jeden Gegenstand gut zeichnen: Menschen, Gebäude, Papageien, Landschaften und Hydranten werden gleich behandelt. Wir sind keine Spezialisten.

Vier Regeln der Form

Ich habe vier Regeln formuliert, die helfen sollen, die Sprache der Dinge zu überwinden und sich an die Sprache der Formen zu gewöhnen. Obwohl sie eigentlich nur nützliche Hinweise sind und weniger Regeln, wollen wir sie als Regeln bezeichnen, um die Aufforderung zu unterstreichen, sie zu lernen.

1. Zeichnen Sie die großen Formen zuerst, dann die kleinerern.
2. Suchen Sie Formen, die den Ausdruck verstärken, einschließlich der hellen Stellen, Schatten, Reflexionen, Muster und Texturen.
3. Verbinden Sie die Formen.
4. Zeichnen Sie eine »eingeschlossene« Form, wenn Sie sie sehen.

Diese Regeln werden, wenn sie einmal verstanden wurden, nicht nur das Zeichnen erleichtern, sondern auch zu einer frischen und originellen Sichtweise der Dinge führen. Wir werden sehen, wie das funktioniert.

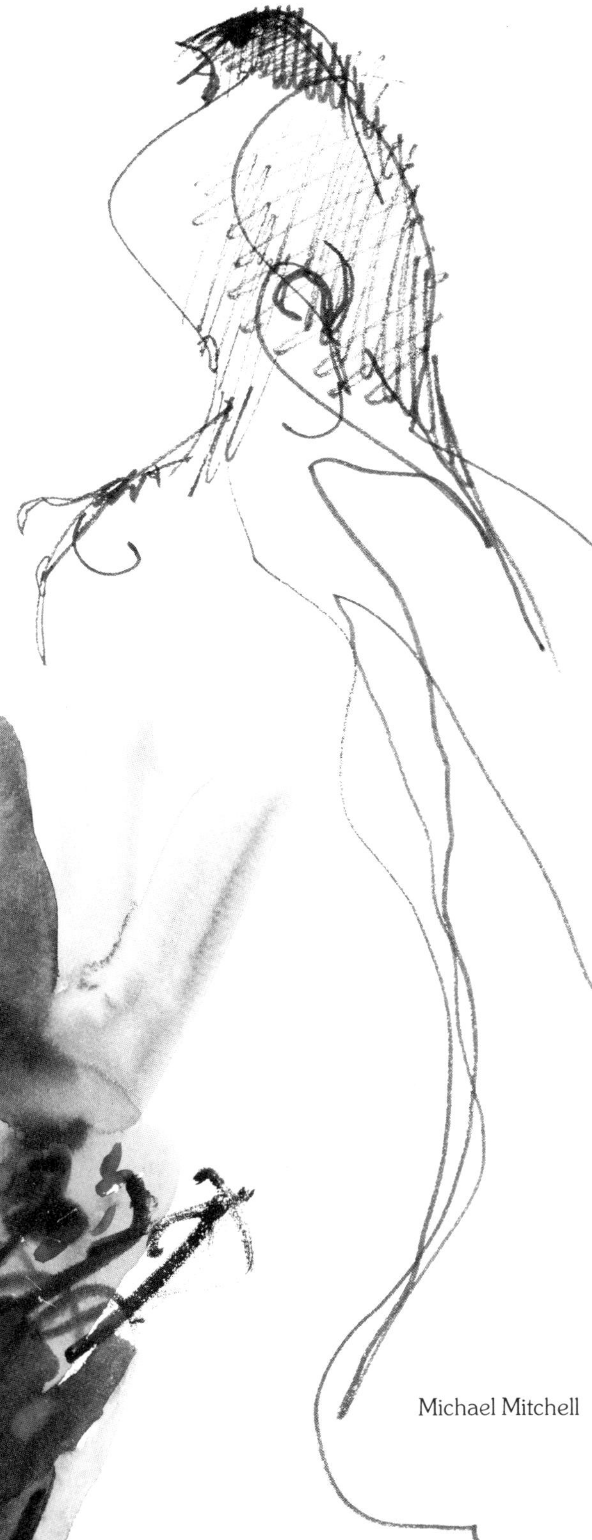

Michael Mitchell

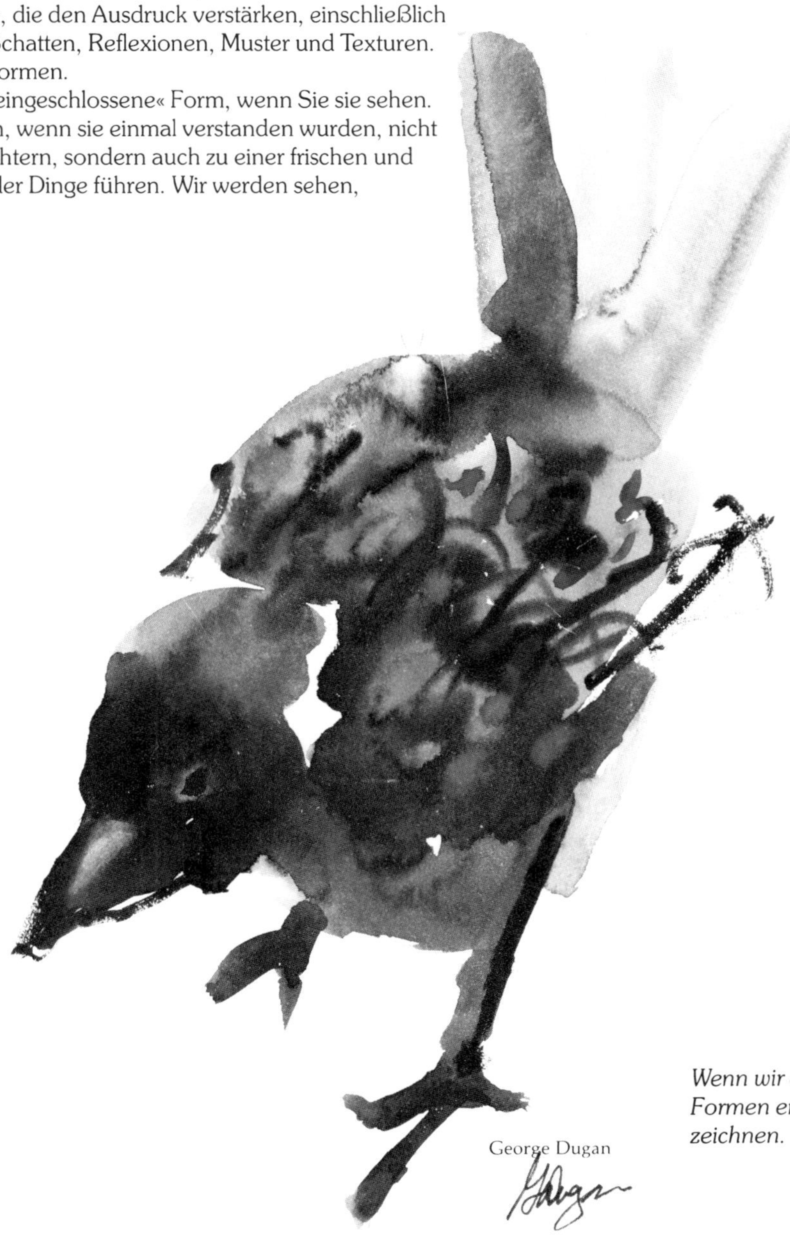

George Dugan

Wenn wir ein ausgeprägtes Gefühl für Formen entwickeln, können wir alles zeichnen.

Man kann mehrere Gegenstände in einer einzigen Form zusammenfassen.

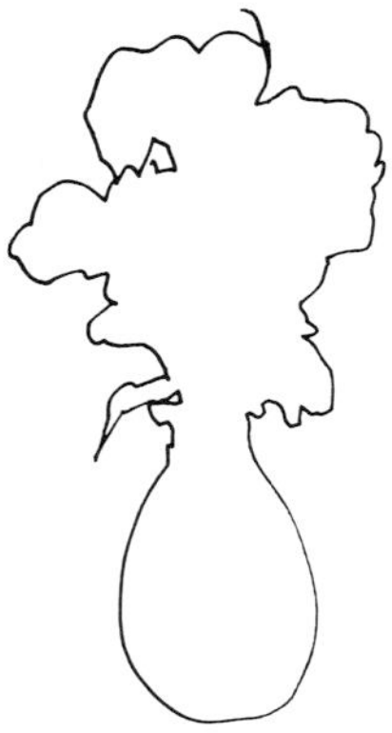

a. Blumen und Vase

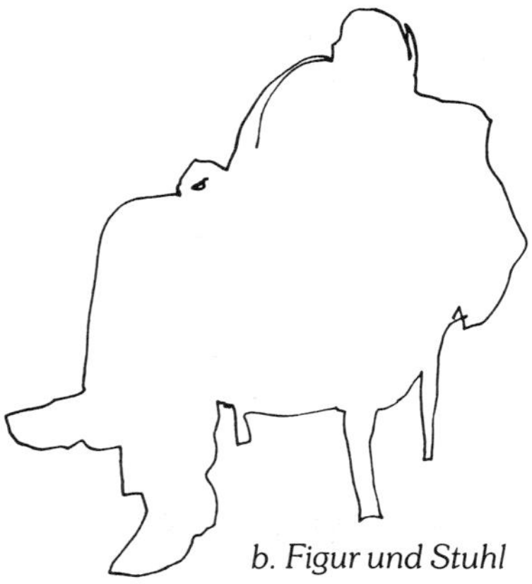

b. Figur und Stuhl

Regel Nr. 1: Zeichnen Sie die großen Formen zuerst, dann die kleineren.

Manchmal stellt der Anfang einer Zeichnung das größte Problem dar. Der Gegenstand befindet sich vor unseren Augen, das weiße Stück Papier starrt uns an und der Bleistift wird in der Hand gehalten. Jetzt müssen wir nur noch anfangen. Aber wo? Wie? Regel Nr. 1 fordert dazu auf, vom Allgemeinen zum Spezifischen zu arbeiten und nicht umgekehrt. Man fängt mit der größten Form, die man sieht, an. Vergessen Sie alles andere und zeichnen Sie diese Form. Es kann die Silhouette einer Person oder eines Gegenstands sein oder der Umriß, der mehr als einen Gegenstand umfaßt. Egal was es ist, damit sollte man anfangen.

Wir nehmen zum Beispiel an, daß Sie Blumen in einer Vase zeichnen. Anstatt erst jede einzelne Blume und dann die Vase einzeln zu zeichnen, könnte man zuerst die gesamte Silhouette als eine einzige Form zeichnen. Damit werden »Blumen/Vase« als *eine Einheit* erfaßt. Die Zeichnung muß jedoch nicht sorgfältig ausgeführt werden. Auf diese Weise kann man schnell die Maße des Gegenstands feststellen. Auf diese Form kann man nun aufbauen, man kann sie überarbeiten, sie mit den sie umgebenden Formen vergleichen, sie in kleinere Formen unterteilen usw.

Bei einem gegeben Gegenstand gibt es keine festgelegte Zahl der Hauptformen. Die Wahl der großen Formen eines Objekts liegt bei Ihnen. Wenn sich Zweifel ergeben, kann das Blinzeln hilfreich sein. Zeichnen Sie dann zuerst jene Formen, die Sie mit zusammengekniffenen Augen sehen.

Das ganze Zeichnen ist ein *Prozeß*. Sie bringen Striche zu Papier. Diese Striche sind Orientierungshilfen, um weitere Striche zu machen. Oft weiß man vorher nicht, was dabei herauskommt. Eine große Form ist der Anfang.

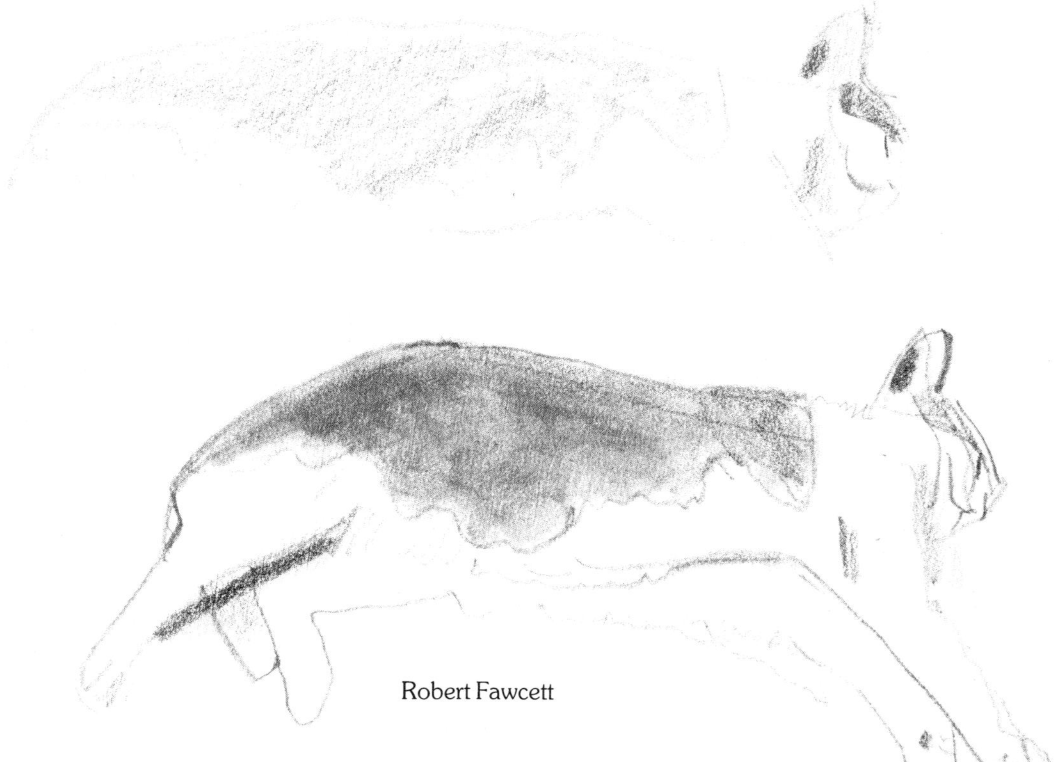

Robert Fawcett

Anfangs können Formen ganz einfach gezeichnet werden. Man sollte mit den deutlichsten Formen beginnen.

Regel Nr. 2: Suchen Sie Formen, die den Ausdruck verstärken, einschließlich der hellen Stellen, Schatten, Reflexionen, Muster und Texturen.

Diese Regel führt uns zu einem der interessantesten Aspekte des Zeichnens. Schatten, Reflexionen und ähnliches, die die Formen betonen und ihnen Gestalt geben, sorgen für Lebendigkeit und Vielfalt unserer visuellen Erfahrung. Sie haben die gleiche Bedeutung für unsere Zeichnungen.

Am Anfang mag es für Sie schon ein großer Fortschritt sein, sie einfach als Formen zu sehen. Solche Dinge wie ein Lichtstrahl, der auf den Boden fällt, oder der dunkle Schatten auf dem Gesicht, der durch die Krempe eines Huts entsteht, oder eine verzerrte Reflexion auf einem glänzenden Gefäß aus Chrom sind in der Tat zweidimensionale Formen. Wenn man sie sich noch einmal gut anschaut, wird man schnell erkennen, daß es sich um selbständige geometrische Figuren handelt – gestreckte Dreiecke, verformte Vierecke, eingedrückte Kreise – *Formen* mit eigenen, spezifischen Umrissen.

Das Zusammenfügen dieser kleinen Teile und Stücke der Formen ist wie eine Komposition. Jeder Glanzpunkt oder jede Reflexion ist ein Detail, das eingefügt wird, um die Gesamtwirkung Ihres Werkes zu steigern. Diese Formen lassen die Zeichnung für den Betrachter oft erst »realistisch« aussehen, ausdrucksstark und schön.

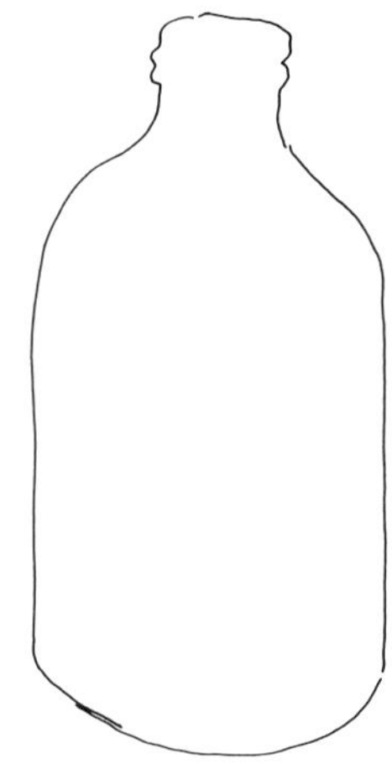

Eine Flasche hat einen einfachen Umriß.

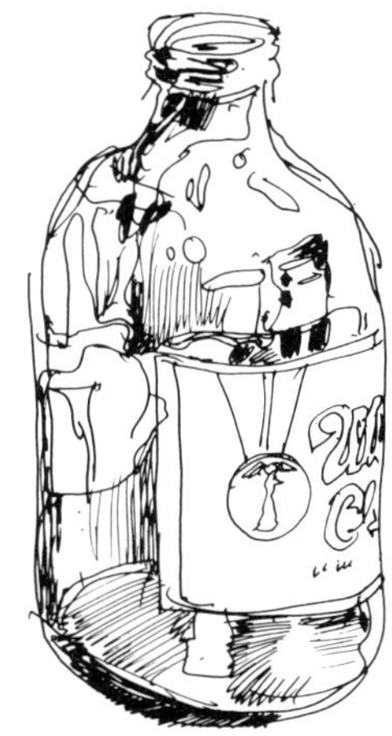

Aber die Formen im Innenbereich sind komplex.

Die Vielfalt der ausdrucksstarken Formen bei diesen Händen gibt der Zeichnung eine besondere Qualität.

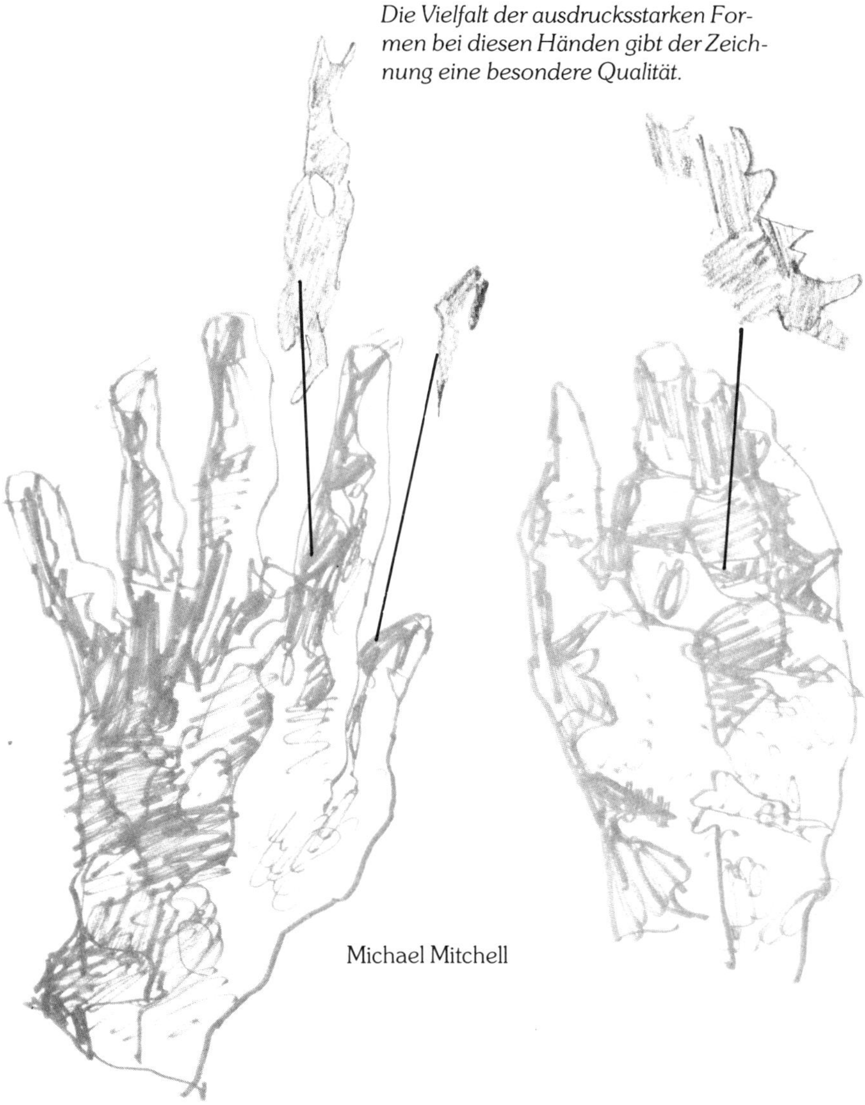

Michael Mitchell

Projekt 1 – E Getöntes Glas

Nehmen Sie ein Gefäß oder eine Flasche aus getöntem Glas. Legen Sie den Gegenstand auf die Seite und in einem Winkel (etwa Drei-Viertel-Ansicht) vor sich hin. Zeichnen Sie ihn so sorgfältig wie Sie können ab und beachten Sie besonders die Formen, die Sie sehen. Zeichnen Sie zuerst die Hauptformen, dann die weiteren Formen, berücksichtigen Sie auch die vielen Formen der Reflexionen auf dem Glas. Wenn die Flasche ein Etikett besitzt, sollten einige der Buchstabenformen gezeichnet werden. Benutzen Sie einen spitzen Bleistift (HB, B oder 2B). Es sollen vor allem Striche gesetzt werden, ergänzt durch gelegentliche Tönungen, die die hellen und dunklen Bereiche darstellen. Versuchen Sie mindestens drei- oder viermal blind zu zeichnen. Führen Sie zwei oder mehr Überarbeitungen durch. Setzen Sie etwa zwanzig Minuten für die Zeichnung an. Es macht aber nichts, wenn es länger dauert. Das zeigt nur, daß Sie fleißig bemüht sind, Formen zu erkennen. Zeichnen Sie lebensgroß oder größer.

1 Der Zeichenprozeß

Der gesamte Umriß wird zuerst gezeichnet.

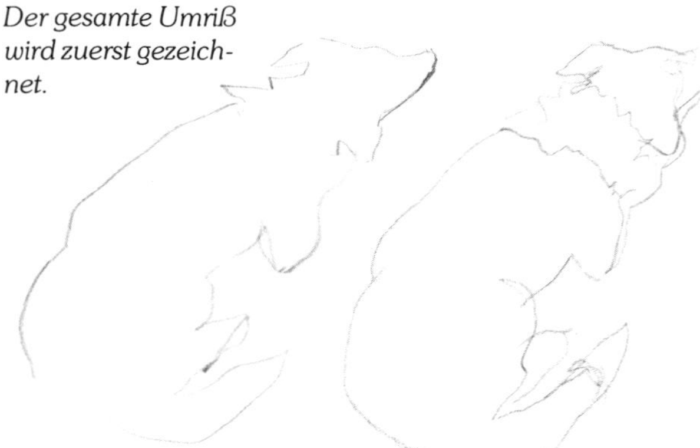

Leichte Striche erleichtern es, die Form in günstige Sektionen aufzuteilen.

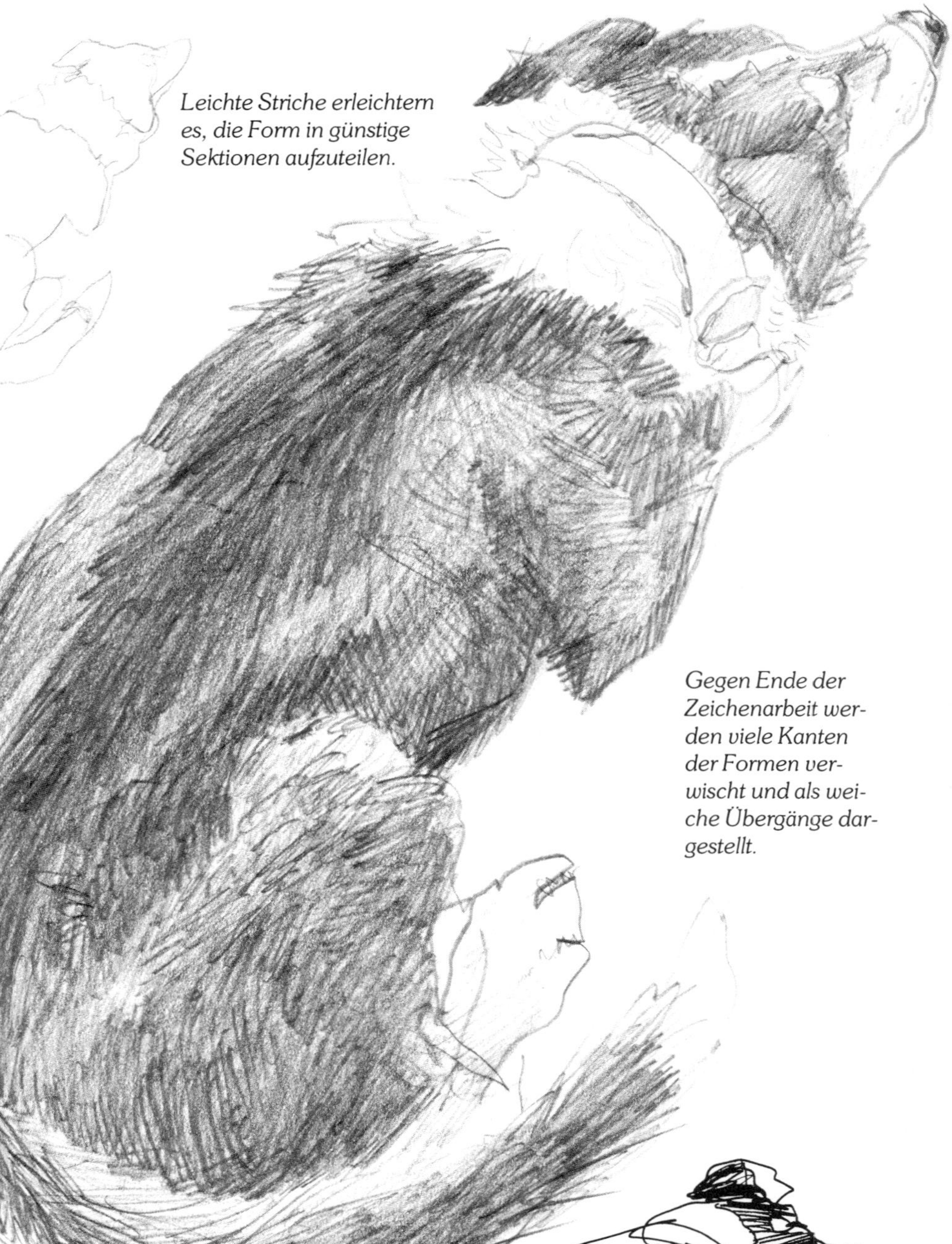

Der Rücken des Hundes mit seinen hellen Stellen läßt sich in schwarze und graue Formen unterteilen. Zunächst werden sie so gezeichnet, als wären sie Flächen auf einer Landkarte.

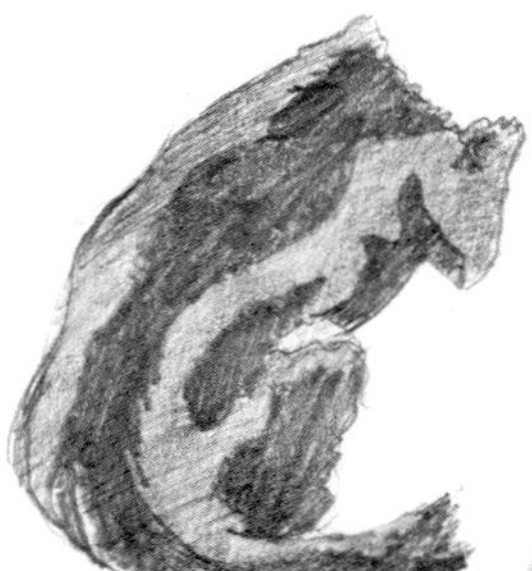

Gegen Ende der Zeichenarbeit werden viele Kanten der Formen verwischt und als weiche Übergänge dargestellt.

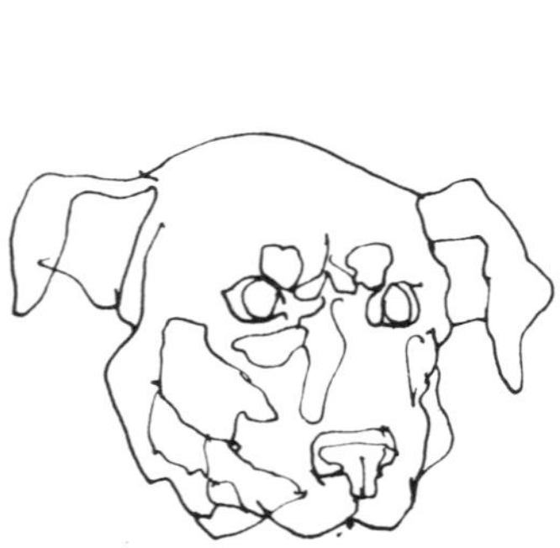

Ihre Zeichnung wird am Anfang aussehen wie eine Landkarte oder ein Puzzle.

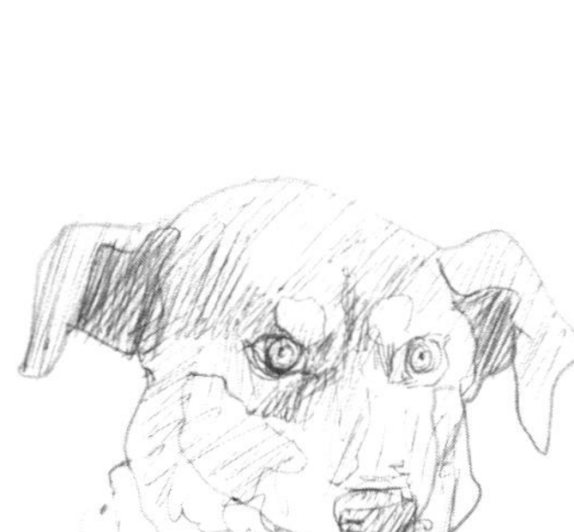

Manche Formen werden betont, andere werden flüchtig schraffiert oder auf andere Weise untergeordnet.

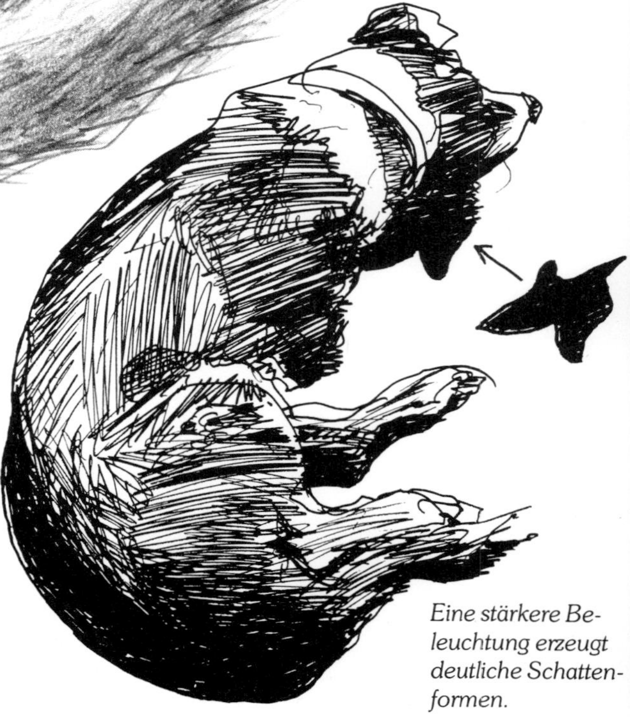

Eine stärkere Beleuchtung erzeugt deutliche Schattenformen.

Der Umriß wird zuerst gezeichnet.

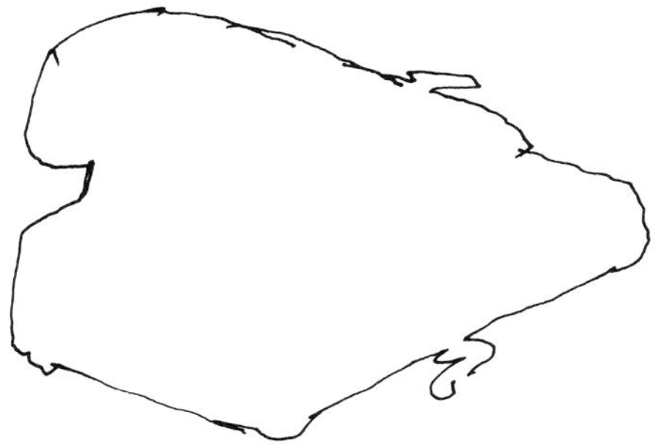

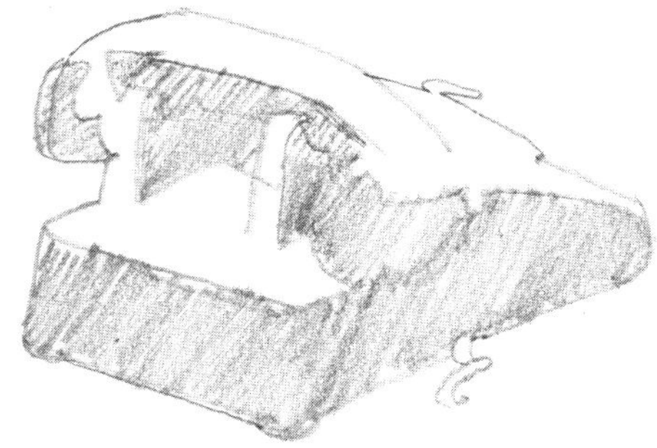

Durch das Zusammenkneifen der Augen sehen wir alle Formen nur noch als helle oder dunkle Muster. Dadurch werden die Formen des Gegenstands und der Lichteffekte vereinfacht, was die ersten Schritte der Zeichnung erleichtert.

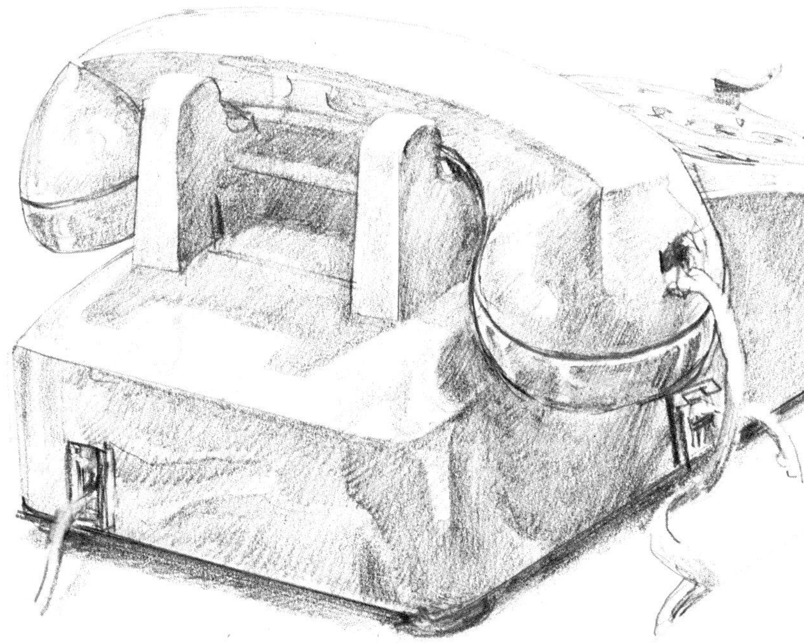

Einige der hellen Stellen werden mit dem Radiergummi herausgearbeitet.

Die Formen der Lichteffekte werden mit Geduld aufgebaut. Es macht aber Spaß, wenn man die großen Formen gut gezeichnet hat. Es ist zu erkennen, daß manche Kanten hart und andere weich sind.

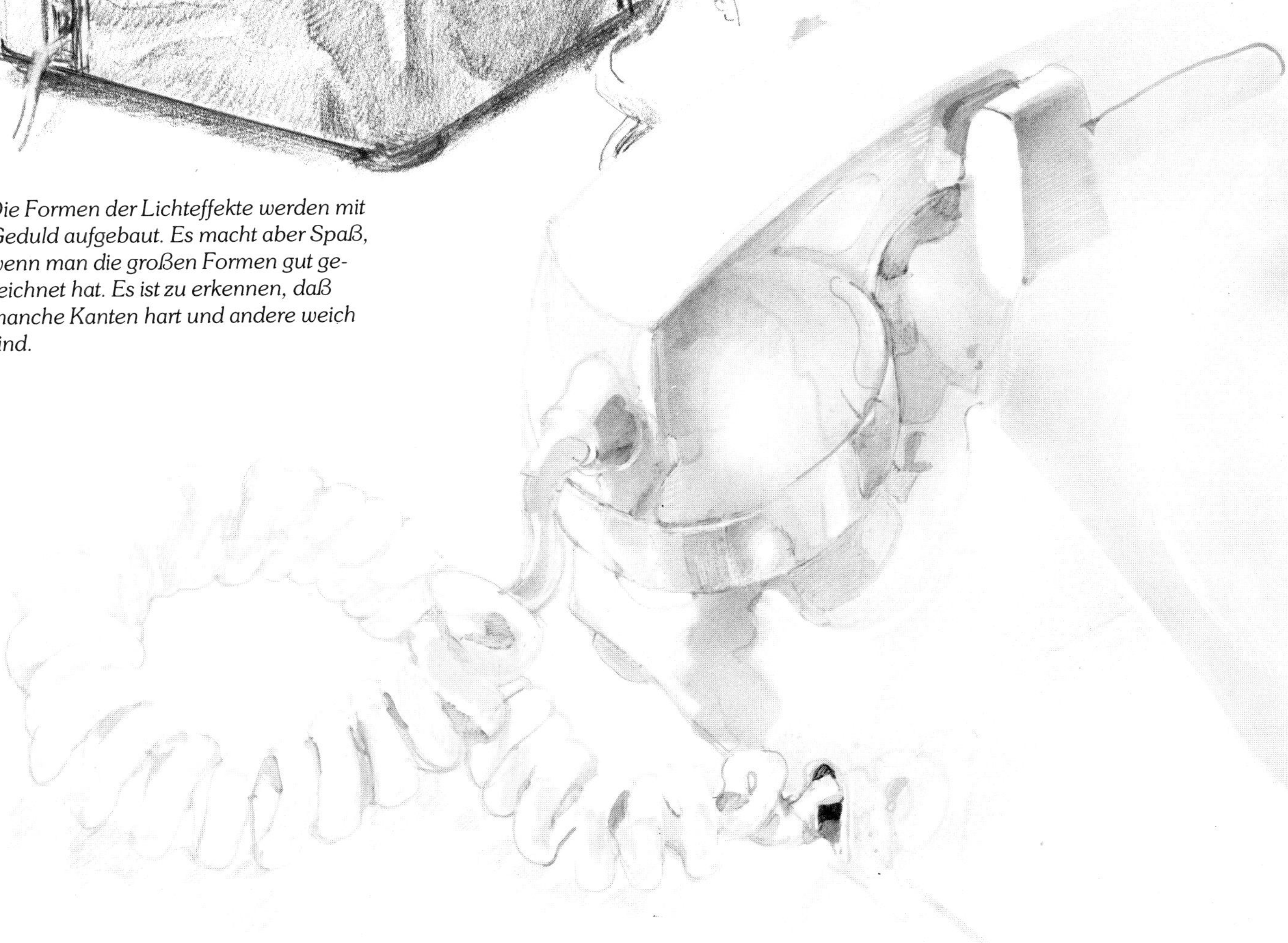

Sogar die einfachsten Gegenstände bieten Möglichkeiten für ein interessantes Spiel der Formen. Beachten Sie die Vielfalt der Formen bei der Schnur, die durch Lichteffekte entstehen.

Regel Nr. 3: Verbinden Sie die Formen.

Regel Nr. 3 besagt, daß Dinge miteinander verbunden werden sollen. Die Teile des Bildes werden zusammengebracht, damit ein zusammenhängendes Ganzes und eine Einheit entsteht. Die Zeichnung der Kühe auf dem unteren Teil dieser Seite verdeutlicht dies. Die schwarzen Formen der Musterungen gehen ineinander über, ohne daß eine Grenzlinie zwischen den einzelnen Kühen zu sehen ist. Der Künstler hat dadurch ein einheitliches Muster geschaffen. Dies ist ein wunderbares Mittel für den Entwurf: Wir sehen einzelne Kühe und dennoch erkennen wir gleichzeitig eine kontinuierliche, ununterbrochene schwarze Form, die durch die Herde läuft. In solchen Bildern werden gegensätzliche Aussagen gleichzeitig vorgeführt. Andere Beispiele werden später noch genauer betrachtet. Wir wollen jetzt ein anderes Beispiel für die Verschmelzung dunkler Formen untersuchen: Der Mantel des Manns und der dunkle Hintergrund. Selten werden Formen auf diese Weise *vollkommen* miteinander verschmolzen. Ich zeige das Beispiel, weil es so umwerfend ist.

Die andere Zeichnung rechts unten illustriert eine Art der Zusammenfügung von Formen, die häufiger anzutreffen ist. Hier werden die beiden schwarzen Formen der Kleider der Frauen miteinander verbunden. Am Knie gehen sie ineinander über, aber im Bereich der Schultern sind sie deutlich getrennt. Häufig reicht es aus, die Formen an nur einer oder zwei Stellen miteinander zu verbinden.

Die Regel Nr. 3 kann immer dann angewandt werden, wenn zwei benachbarte Formen dieselbe oder fast dieselbe Tönung haben. Wir verschmelzen häufig dunkle Formen, aber weiße Formen oder solche mittlerer Tönung können auch wirkungsvoll miteinander verbunden werden. Wir werden das Verbinden von Licht- und Schattenformen in Kapitel 4 betrachten.

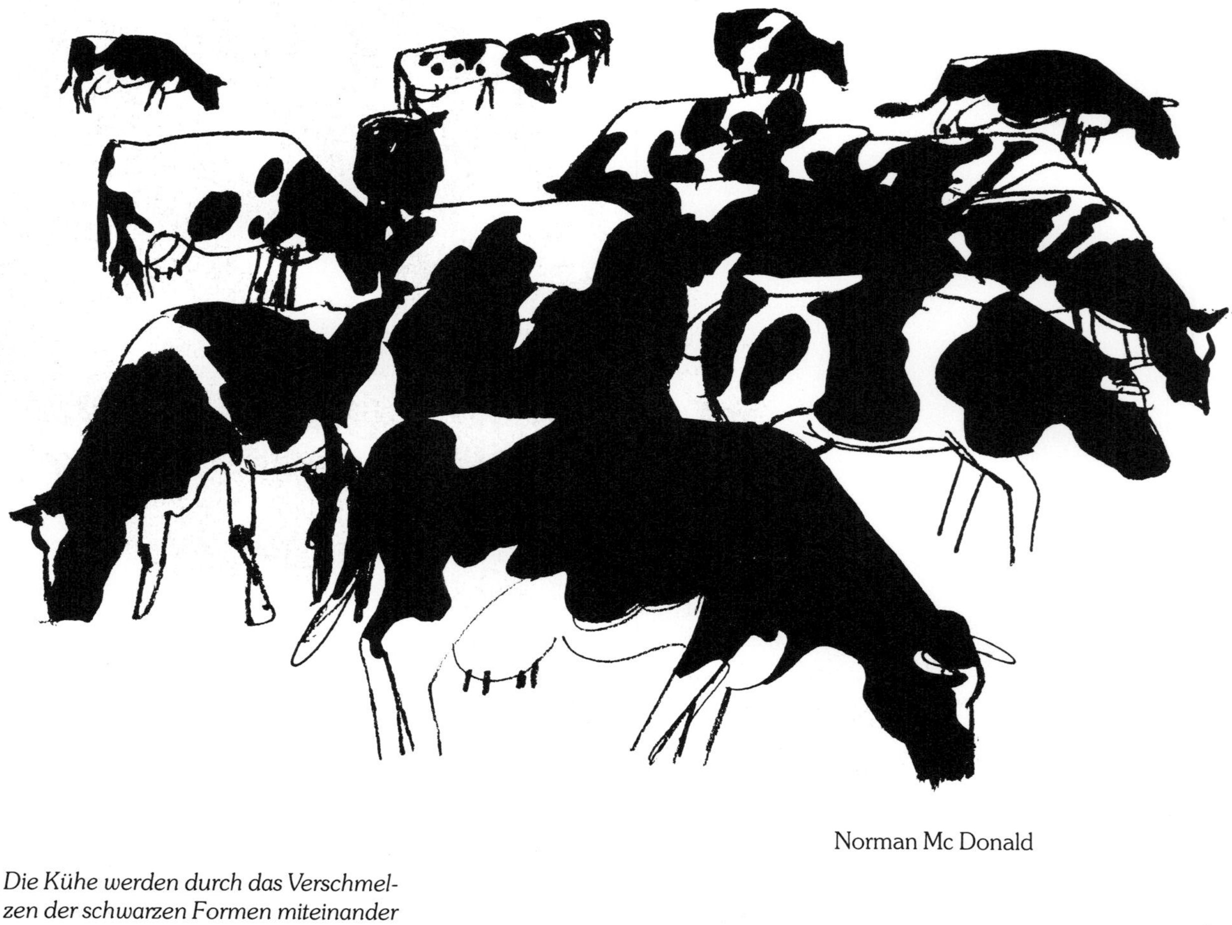

Norman Mc Donald

Die Kühe werden durch das Verschmelzen der schwarzen Formen miteinander verbunden.

Eine besondere Wirkung wird dadurch erzielt, daß die Kleidung des Mannes vom Hintergrund nicht mehr zu unterscheiden ist.

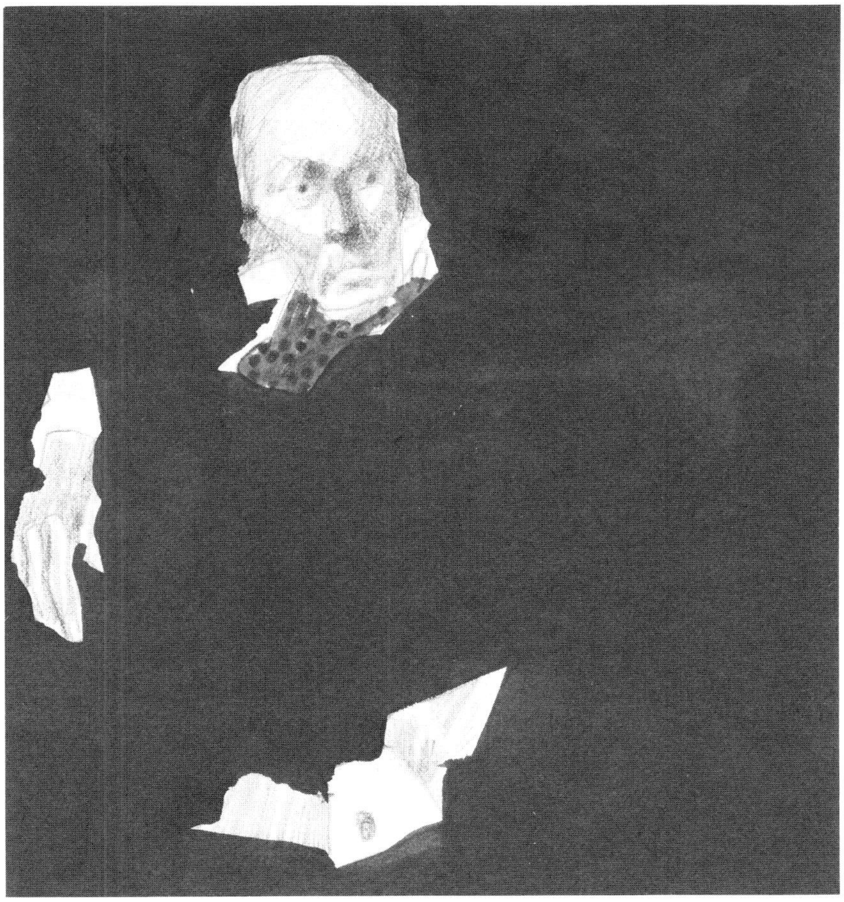

Robert Baxter

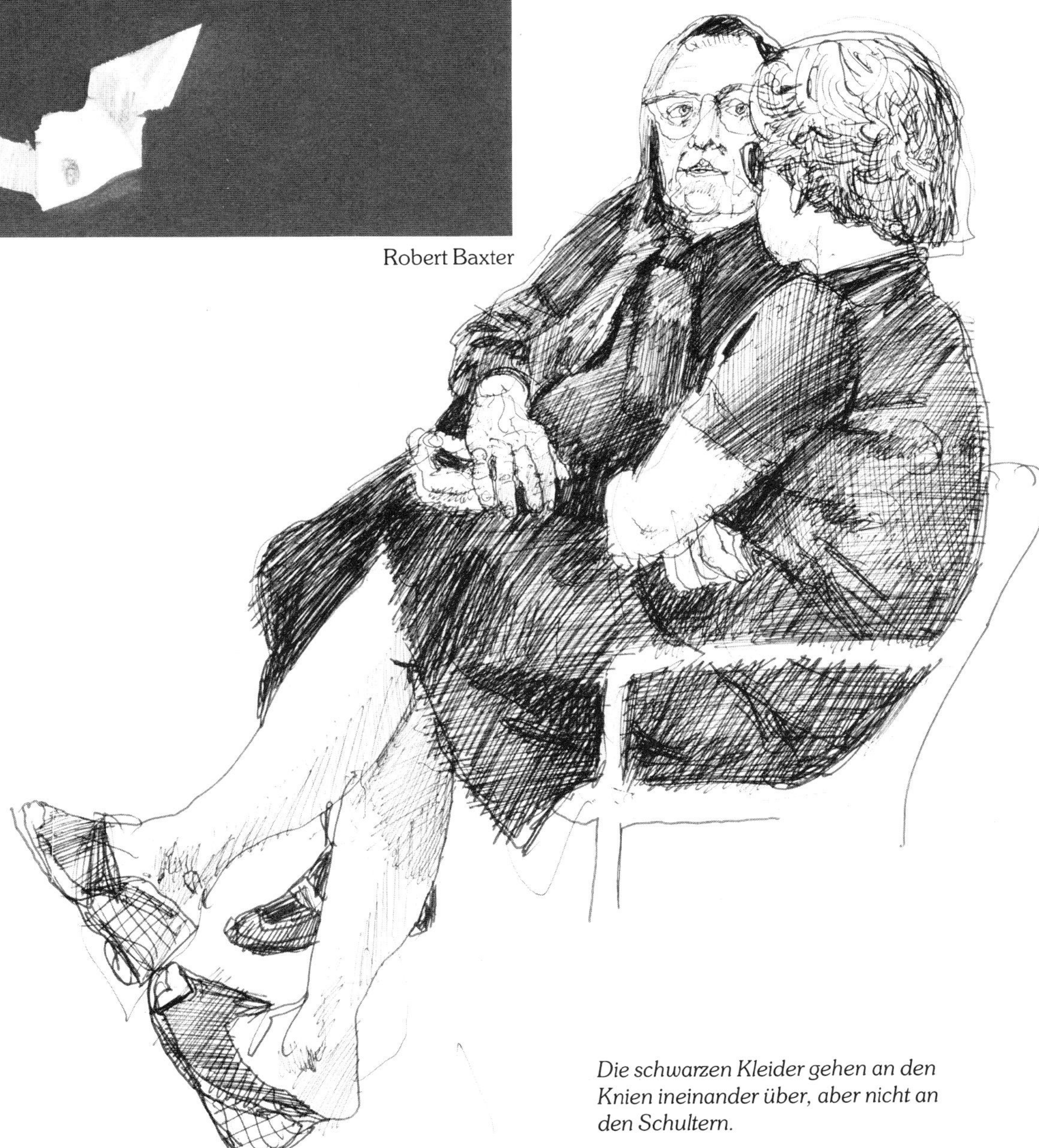

Die schwarzen Kleider gehen an den Knien ineinander über, aber nicht an den Schultern.

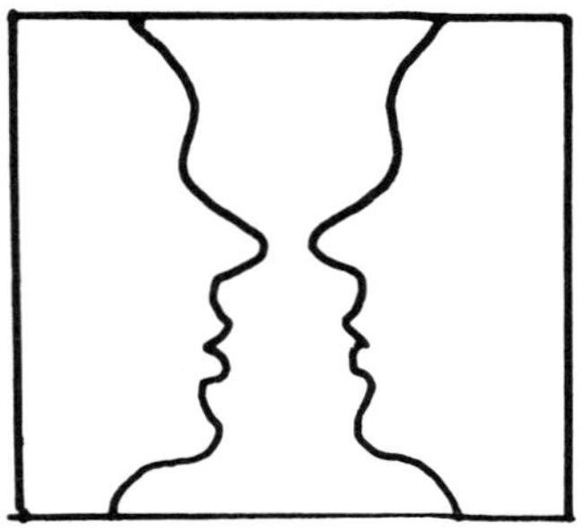

Die Zeichnung zeigt zwei Gesichter und eine eingeschlossene Form zwischen ihnen oder eine Vase mit einer eingeschlossenen Form auf jeder Seite. Mit der einen Form zeichnet man gleichzeitig die andere.

Regel Nr. 4: Zeichnen Sie eine »eingeschlossene« Form, wenn Sie sie sehen.

Wenn Sie den Daumen und den Zeigefinger so halten, daß ein O entsteht, haben Sie eine »eingeschlossene« Form in dem kleinen Raum, der von den Fingern begrenzt wird, gebildet. Auf den ersten Blick sieht die Form wie ein O aus, aber bei genauerem Hinsehen werden Sie feststellen, daß es Besonderheiten gibt: Es läuft oben spitz zu, an den Seiten gibt es Unregelmäßigkeiten usw. Wenn Sie diese Form zeichnen sollten, könnten Sie es wahrscheinlich ziemlich genau und ohne große Mühe, denn es handelt sich nicht um ein spezielles »Ding« – es ist nur eine *Form*, die, wie wir wissen, immer einfacher zu zeichnen ist.

Normalerweise findet man eingeschlossene Räume oder Formen in irgendwelchen Kombinationen von Figuren und Hintergrund. Das Stück Himmel zwischen den Blättern eines Baums, die Räume zwischen den Streben eines Liegestuhls, der Bereich des Halses zwischen Kragen und Kinn – es sind eingeschlossene Räume, genau wie das Weiß des Auges und die Form innerhalb des Griffs einer Teekanne. Eine stehende Figur mit

Alle Zwischenräume bilden eine Form. Es ist eine geschickte Vorgehensweise, abwechselnd die Formen der Streben und die der Zwischenräume zu zeichnen.

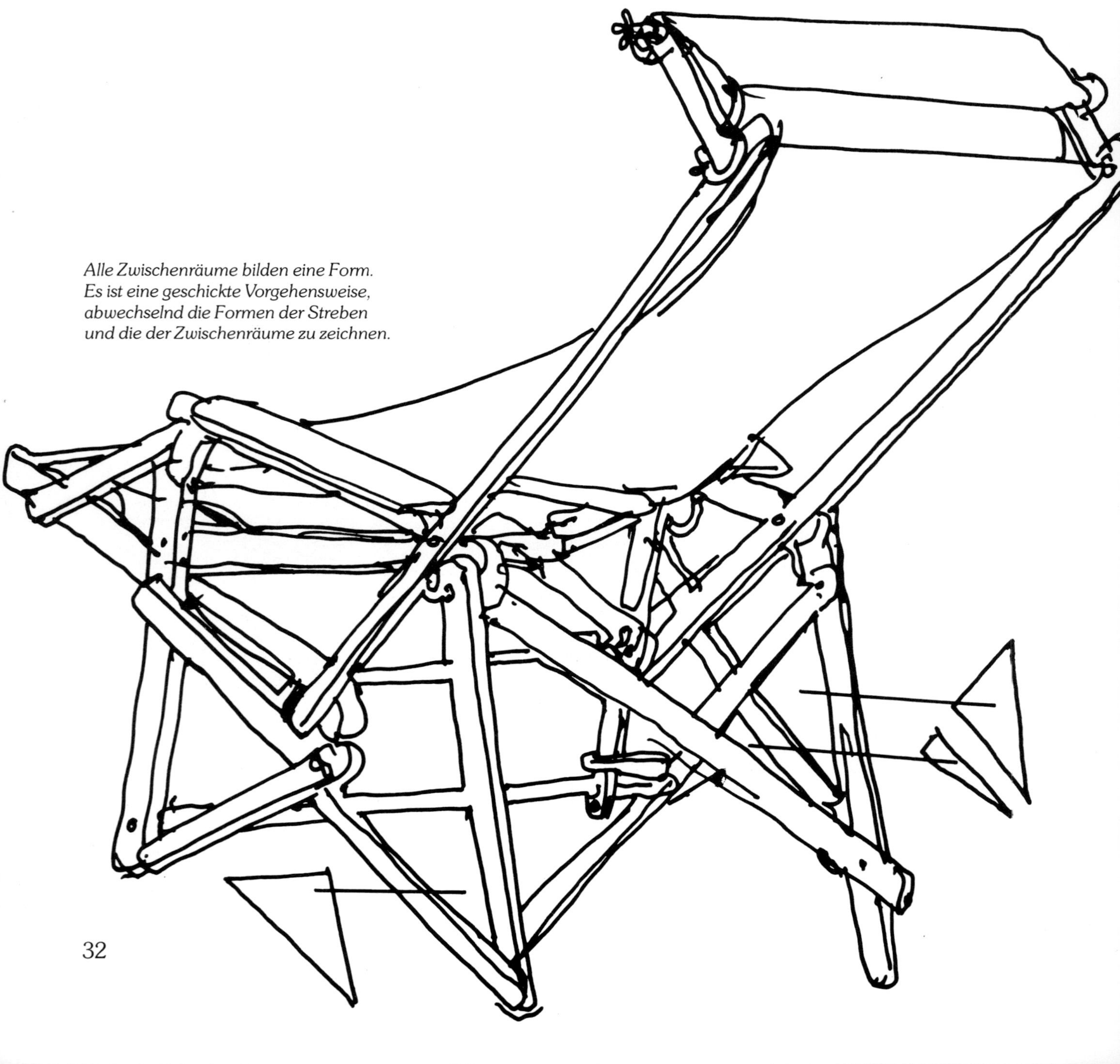

auf die Hüfte gelegter Hand bildet eine Form genau wie das kleine Dreieck des Raums, der vom Arm und Körper begrenzt wird. Solche Formen werden manchmal als »negative Formen« oder »Hintergrund« oder »Zwischenräume« bezeichnet, aber sie bleiben Formen.

Wenn es sich immer um Formen handelt, bleibt es gleich, welchen Aspekt wir zeichnen: Den Umriß des Arms und des Körpers oder die eingeschlossene Form, die sie begrenzen. Weil diese Formen eine *gemeinsame Grenzlinie* besitzen, zeichnet man mit der einen Form auch die andere. Da es leichter ist, Formen statt Dinge zu zeichnen, sollte man immer die eingeschlossenen Formen zeichnen, wenn man sie sieht. Auch sollte man sich angewöhnen, abwechselnd Gegenstände und eingeschlossene Formen zu zeichnen, damit man einen flüssigen und flexiblen Zeichenstil entwickelt.

Auf ähnliche Weise dienen aneinander grenzende Formen als Hilfe bei der Überprüfung der Proportionen. Wenn man Probleme mit einer Form hat, kann man sich stattdessen mit der angrenzenden Form auseinandersetzen.

Ich kenne einen Künstler, der sich eine Landschaft, bevor er sie zu malen beginnt, über Kopf zwischen seine Beine hindurch anschaut. Er ist der Meinung, daß er dadurch in die Lage versetzt wird, sie unbelastet mit neuen Augen zu sehen. Das Zeichnen der eingeschlossenen Formen hat genau den gleichen Effekt, indem unsere gewohnheitsmäßige, logische Sichtweise der Dinge gestört wird. Wir sollten immer versuchen, neue Möglichkeiten der Beobachtung zu finden.

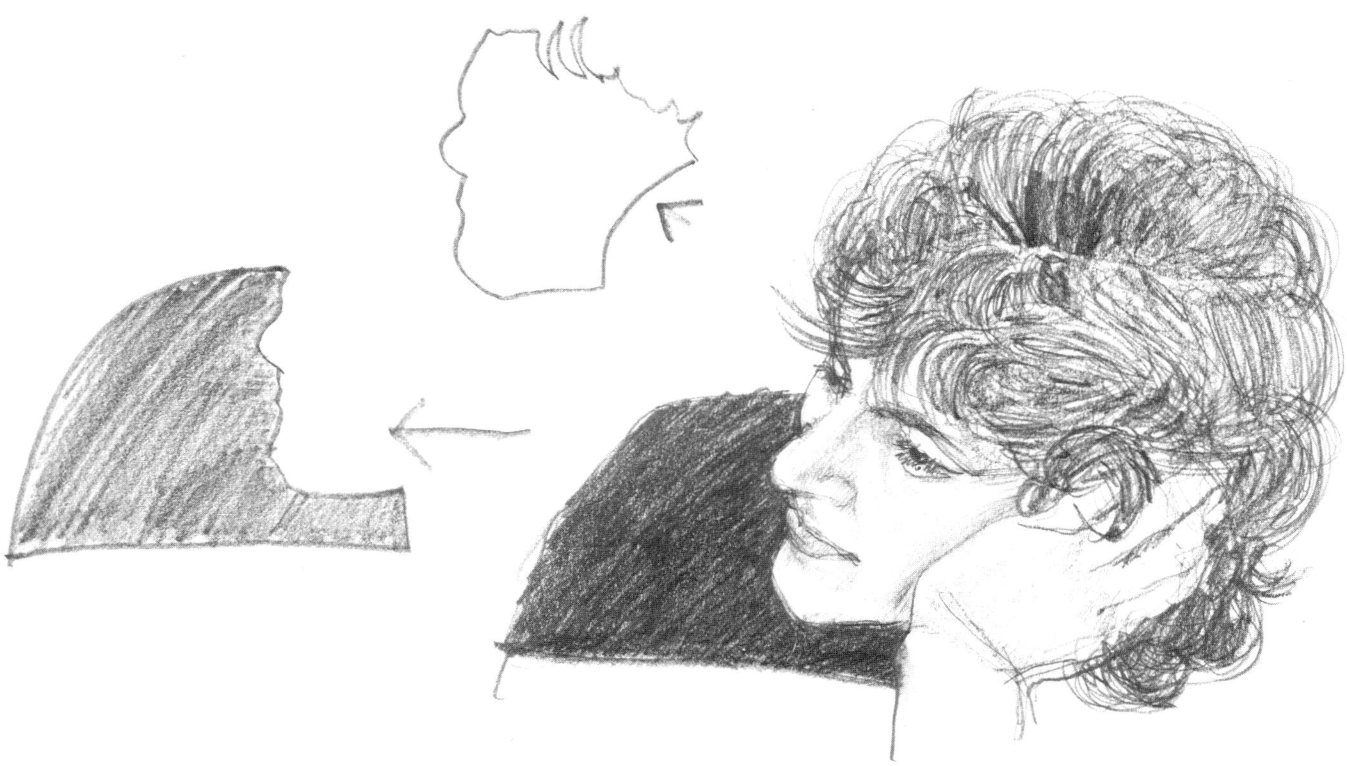

Die dunkle Form der Bluse ist eine eingeschlossene Form. Wenn man sie zeichnet, zeichnet man auch einen Teil des Profils des Modells.

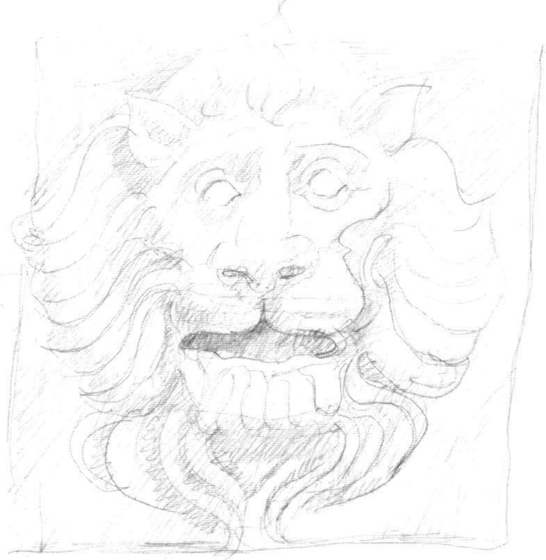

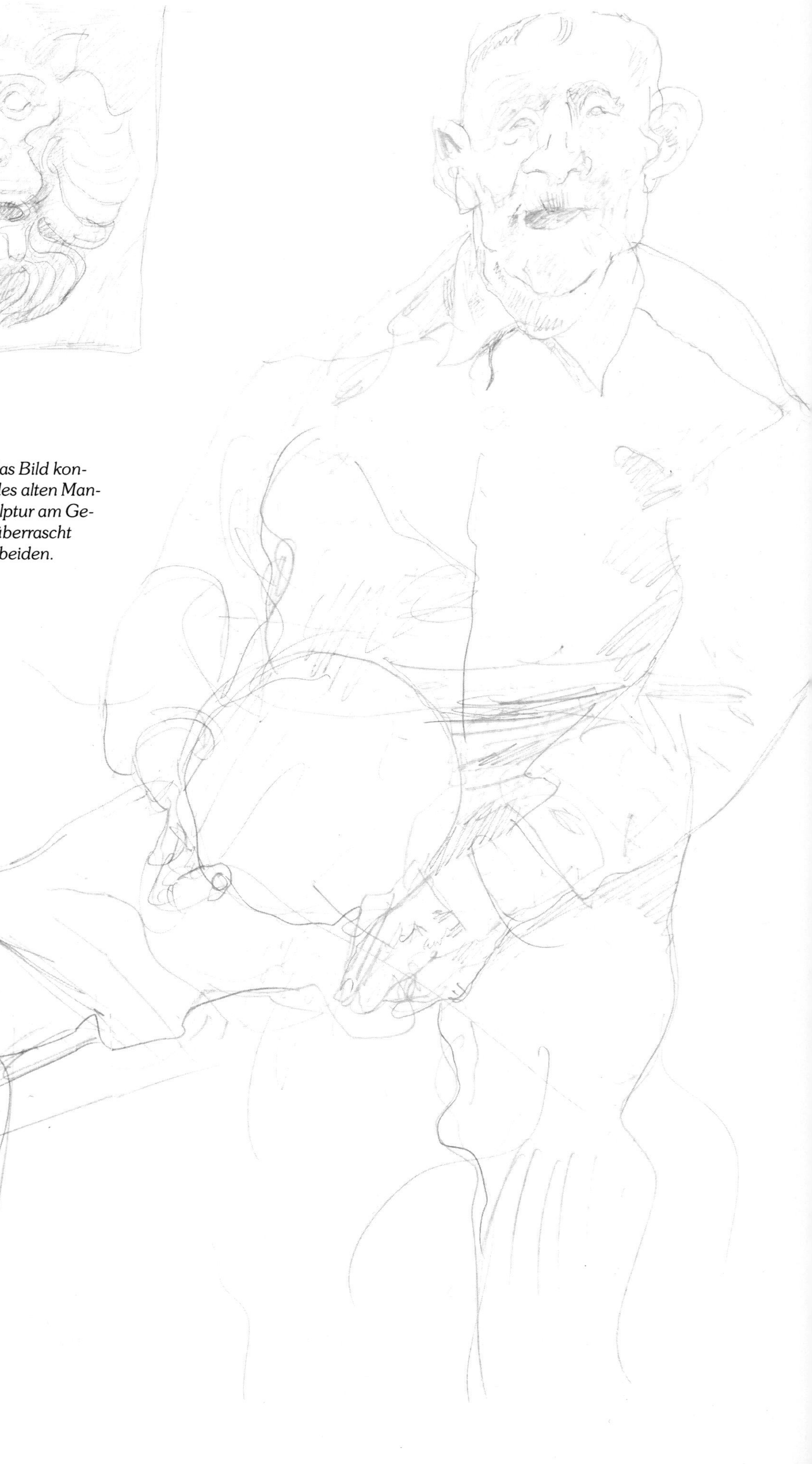

Die Bereiche, auf die sich das Bild konzentriert, sind das Gesicht des alten Mannes und die Löwenkopfskulptur am Gebäude hinter ihm. Ich war überrascht von den Ähnlichkeiten der beiden.

Beobachtung und Ermüdung

Inzwischen werden Sie wahrscheinlich erkannt haben, daß intensive Beobachtung ein hartes Stück Arbeit ist. (Wir behaupteten ja nicht, daß es leicht sein würde!)

Ermüdung ist unvermeidbar. Sie tritt häufig schon ein, bevor man es bemerkt. Es gibt jedoch mehrere Anzeichen, auf die man achten kann. Ein Hinweis ist es, wenn man plötzlich die Zeit wahrnimmt. Normalerweise ist das Vertieftsein in eine Zeichnung so, als wäre man in einen Traum versunken. Man nimmt selten wahr, wie die Zeit vergeht. Aber wenn man sich erst einmal der Zeit bewußt wird, wird man wahrscheinlich müde. Andere Anzeichen sind abschweifende Gedanken und die Neigung, nicht mehr nach Beobachtung zu zeichnen, sondern in die alte Gewohnheit zu verfallen, dem Wissen zu folgen. Zu diesem Zeitpunkt ist es am besten, einfach mit dem Zeichnen aufzuhören.

Die Ermüdung läßt sich am besten mit der Technik des »Fokussierens« überwinden. Bevor die Müdigkeit eintritt, konzentriert man sich auf die interessantesten Teile des Gegenstands. Wählen Sie vor der Zeit bestimmte, interessante Bereiche Ihres Gegenstands. Konzentrieren Sie sich darauf, diese Teile zuerst zu entwickeln, auf Kosten anderer Bereiche, die nur kurz behandelt werden.

Das »Fokussieren« erlaubt es, sowohl Energie als auch Zeit zu bündeln und nur für wenige Bereiche einzusetzen. Bei einer Figur könnten zum Beispiel die Hände und der Kopf die interessanten Bereiche sein. Der Rest der Zeichnung wird ganz einfach dargestellt.

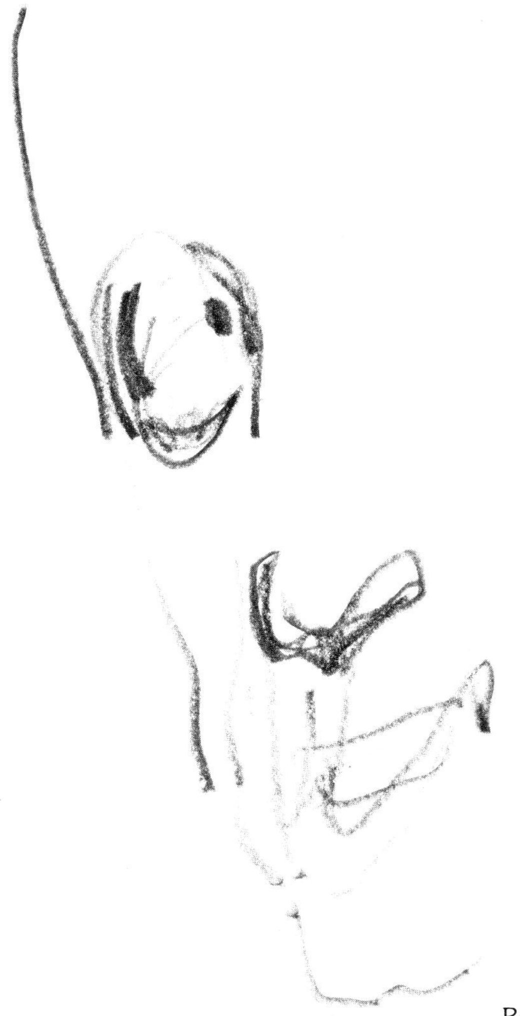

Robert Levers

Mit wenigen Strichen wird ein Gesicht angedeutet. Die Vorstellung ergänzt den Rest.

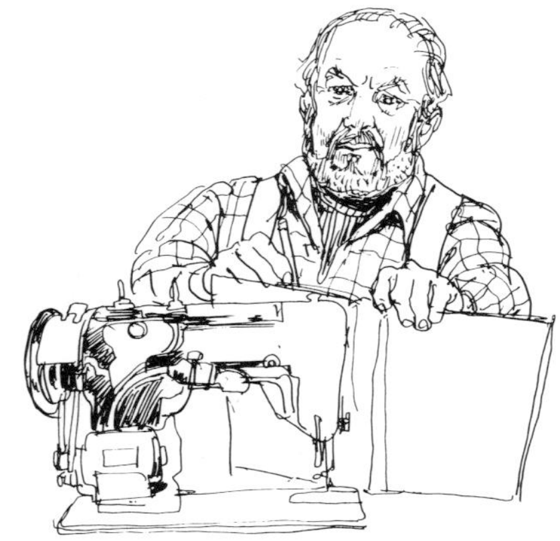

Projekt 1 – F Mechanische Geräte

Fertigen Sie eine Zeichnung von einem komplizierten mechanischen Gerät an – ein Schneeschläger, eine Nähmaschine, eine Schreibmaschine usw. Nehmen Sie einen Bleistift (2B oder HB) und zeichnen Sie immer mit gespitzem Stift. Wenden Sie das Fokussieren in Ihrer Zeichnung an: Wählen Sie ein oder zwei Bereiche aus und arbeiten Sie sie bis ins Detail aus. Der Rest der Zeichnung wird mit einfachen Konturen und Formen dargestellt. Schauen Sie häufiger zum Gegenstand als zur Zeichnung. Suchen Sie die Hauptformen und die untergeordneten Formen. (Hier kann das Blinzeln nützlich sein.) Versuchen Sie beim Arbeiten mindestens drei- oder viermal blind zu zeichnen. Radieren Sie nicht. Zwei oder mehr Überarbeitungen sollten stattdessen durchgeführt werden. Die Zeichnung soll den Gegenstand größer darstellen, als er tatsächlich ist.

Mit dem Fokussieren können Sie die besten Stellen erfassen bevor Ihre Energien verbraucht sind. Das Ergebnis, bei dem dem Betrachter überlassen wird, mit Phantasie die weniger ausführlich dargestellten Bereiche auszufüllen oder zu ergänzen, macht einen großen Teil des Werkes aus.

Auf diesen Seiten finden wir Beispiele für das Prinzip des Fokussierens, das auf unterschiedliche Weise angewandt wurde. Die Bilder konzentrieren sich auf bestimmte Stellen auf Kosten anderer. Anhand der Beispiele sehen wir, daß das Fokussieren sowohl bei skizzenhaften als auch bei präzisen Zeichnungen eingesetzt werden kann. Die Entscheidung, was eine »interessante« Stelle ist, ist vollkommen subjektiv. Was man für interessant hält, ist es nicht unbedingt für andere. Es kommt darauf an, daß bestimmte Bereiche gegenüber anderen hervorgehoben werden.

Einer der besonderen Vorteile des Zeichnens gegenüber der Malerei oder Bildhauerei ist die Möglichkeit, daß man an jedem beliebigen Punkt aufhören kann. Es gibt wirklich keinen Druck, das Bild zu beenden, so daß man so lange daran arbeiten kann, wie es die Umstände und die Energie erlauben. Manchmal wird das Zeichnen zu einem komischen Wettrennen zwischen diesen Elementen und Ihren Fähigkeiten, zu beobachten und darzu-

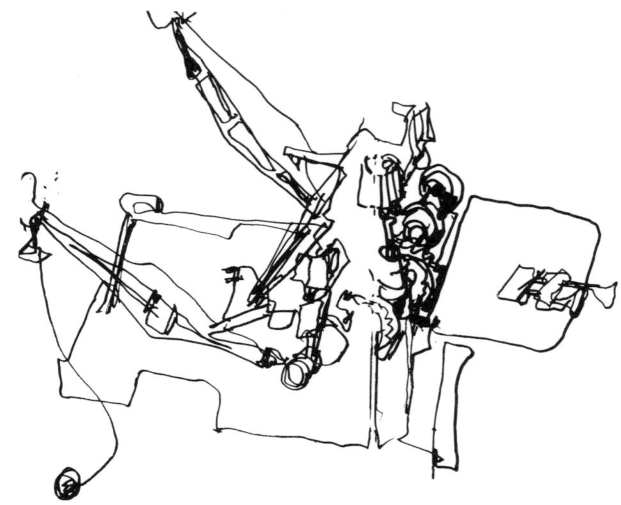

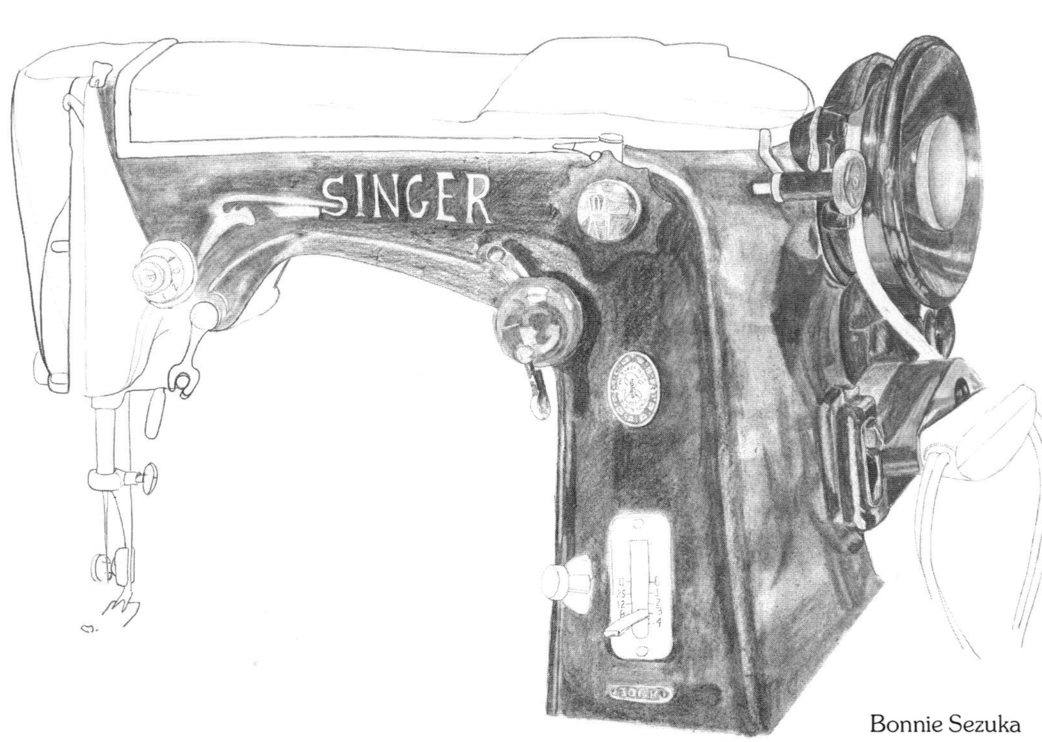

Bonnie Sezuka

stellen. Bei einigen dieser Zeichnungen wurde das Rennen verloren, aber nicht der Spaß an der Sache. Es ist nicht so wichtig, ob man dieses Rennen gewinnt oder verliert, entscheidender ist, daß man sich darauf einläßt.

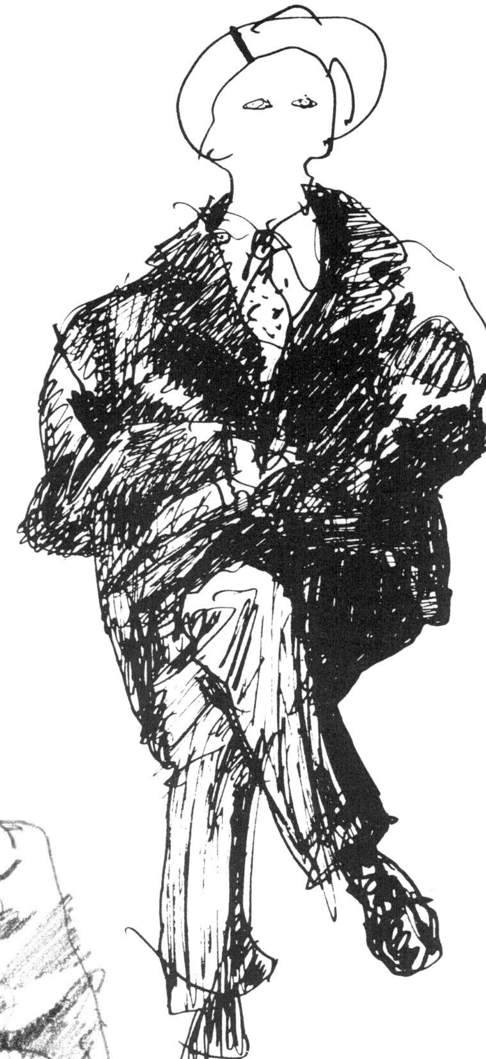

Selbstkritik

Ein entscheidender Punkt bei der Entwicklung zum Künstler ist die Fähigkeit, das eigene Werk zu beurteilen. Das bedeutet nicht, daß man eine selbstkritische Haltung einnimmt oder daß man eine bestimmte Zeichnung als *gut* oder *schlecht* einstuft. Ihr Werk wird ganz automatisch bestimmte Stärken und Schwächen aufweisen. Sie werden daran interessiert sein, zu

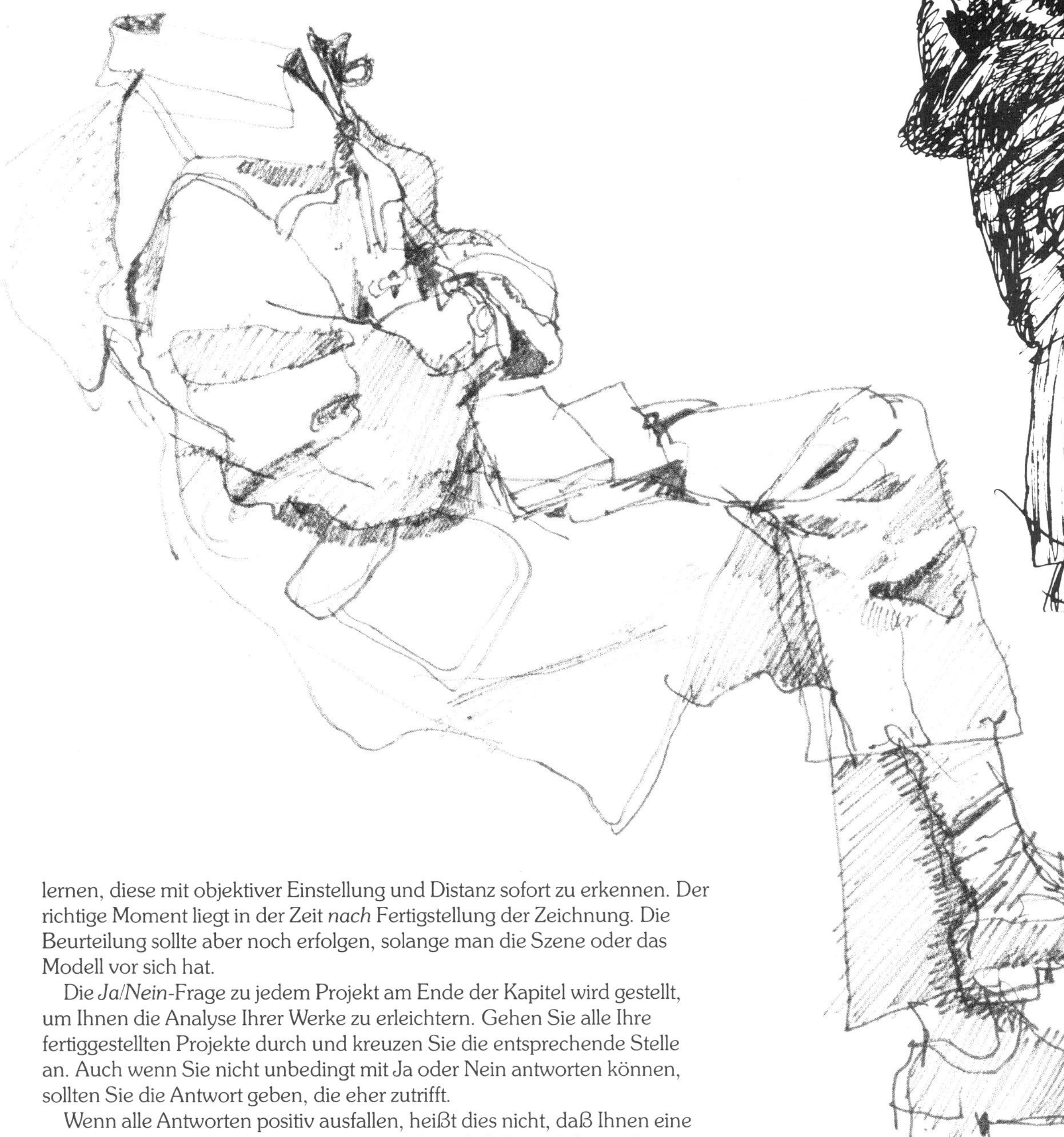

lernen, diese mit objektiver Einstellung und Distanz sofort zu erkennen. Der richtige Moment liegt in der Zeit *nach* Fertigstellung der Zeichnung. Die Beurteilung sollte aber noch erfolgen, solange man die Szene oder das Modell vor sich hat.

Die *Ja/Nein*-Frage zu jedem Projekt am Ende der Kapitel wird gestellt, um Ihnen die Analyse Ihrer Werke zu erleichtern. Gehen Sie alle Ihre fertiggestellten Projekte durch und kreuzen Sie die entsprechende Stelle an. Auch wenn Sie nicht unbedingt mit Ja oder Nein antworten können, sollten Sie die Antwort geben, die eher zutrifft.

Wenn alle Antworten positiv ausfallen, heißt dies nicht, daß Ihnen eine perfekte Zeichnung gelungen ist. Es zeigt aber, daß Sie auf dem richtigen Wege sind. Vielleicht brauchen Sie noch mehr Übung. Auch wenn Sie mehrfach mit *Nein* antworten müssen, können Sie an das nächste Projekt gehen, wenn Sie mit Ihrem Ergebnis zufrieden sind. Wenn Sie unzufrieden sind, wäre es klug, sich besonders mit den Fragen auseinanderzusetzen, die mit *Nein* beantwortet wurden. Hier liegen die größten Chancen für Fortschritte.

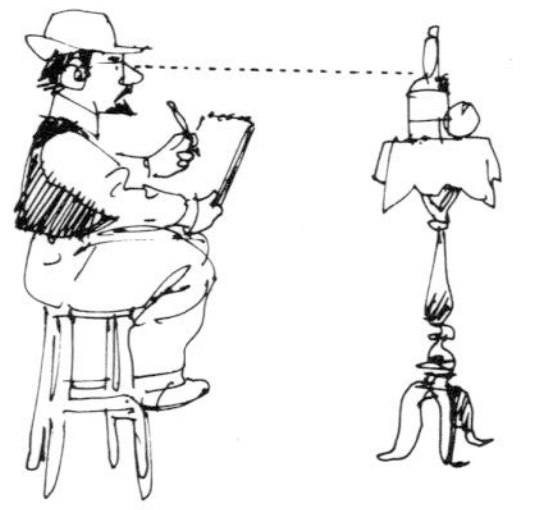

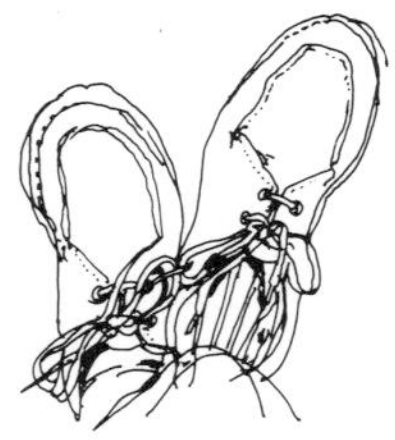

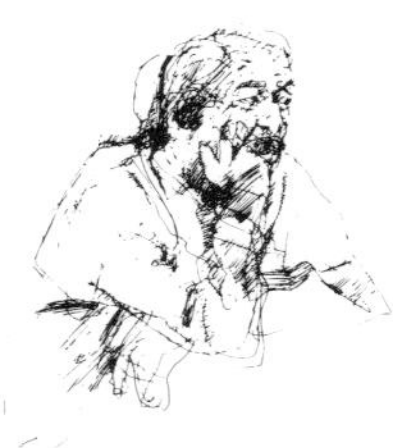

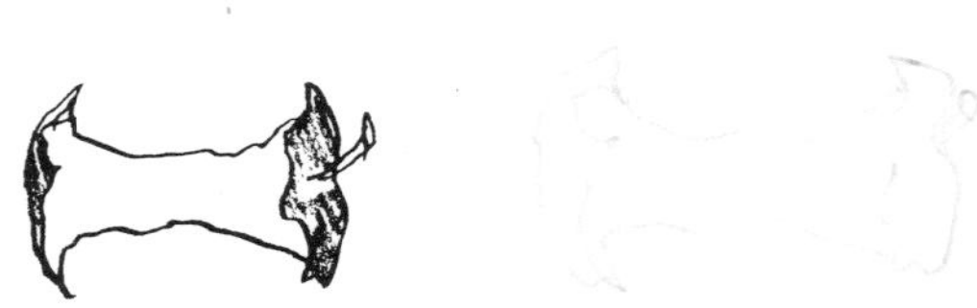

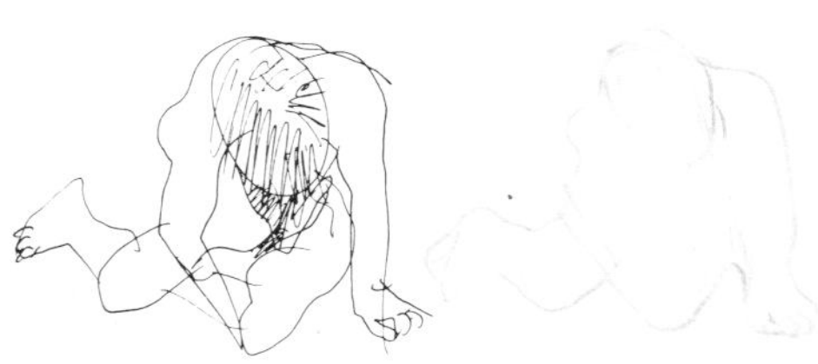

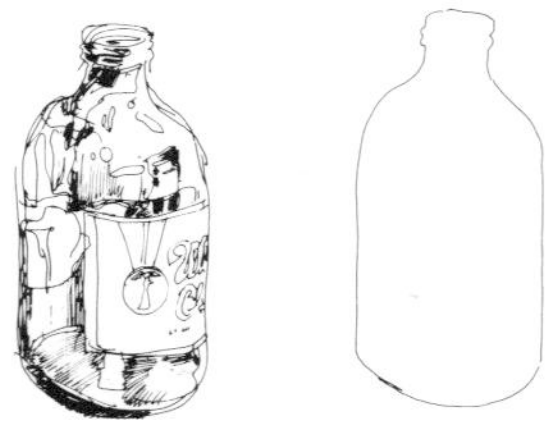

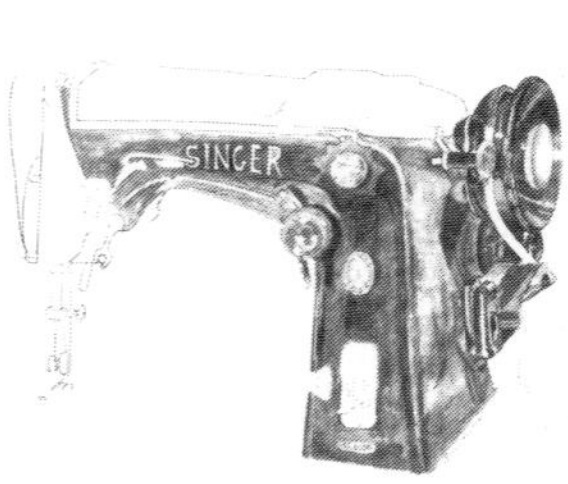

Schritte im Kapitel 1

Der Zeichenprozeß

Kapitel 1 behandelt das Zeichnen als eine Fähigkeit, die in hohem Maße erlernbar ist. Betont wird dabei die besondere Bedeutung des Zeichnens nach der Beobachtung. Es ist wichtig, an folgende Punkte zu denken:

- Führen Sie einen praktischen Dialog. Beim Zeichnen sollten Sie ein Selbstgespräch in der Sprache der Linien und Formen führen und nicht in jener der Dinge. Es sollte von neugierigen Fragen und nicht von kritischen Kommentaren bestimmt werden.
- Nutzen Sie auslösende Wörter, um Ihre Hand beim Zeichnen zu führen. Leise wird ein Wort wiederholt, das die Eigenschaft der Kontur ausdrückt, die Sie wiedergeben wollen.
- Zeichnen Sie blind. Richten Sie von Zeit zu Zeit Ihre Augen beim Zeichnen länger auf den Gegenstand.
- Mehr überarbeiten, weniger radieren. Wenn Sie Fehler oder Verzerrungen korrigieren, sollten Sie einfach neue Linien neben die alten setzen – die nicht ausradiert werden.
- Sehen statt wissen. Lernen Sie, sich mehr auf Ihren Gegenstand zu konzentrieren und weniger auf Ihre Zeichnung.
- Individualisieren Sie durch eine genaue Wiedergabe des Gesehenen. Sie werden in der Lage sein, anstelle von symbolischen Verallgemeinerungen besondere, einmalige Dinge zu zeichnen.
- Vereinfachen Sie Formen. Wenn die Gefahr besteht, daß Sie zu stark von einzelnen Details des Gegenstands beeindruckt werden, kann das Blinzeln ihre Darstellung erleichtern.
- Achten Sie auf Formen. Lernen Sie, Ihren Gegenstand als eine Abfolge von zusammenhängenden Formen zu sehen. Zeichnen Sie die Hauptformen zuerst, dann die weiteren Formen, die der Darstellung Ausdruck verleihen. Achten Sie auf eingeschlossene Formen.
- Fokussieren. Konzentrieren Sie sich vor allem auf die interessanten Teile des Gegenstands. Sie erhalten besondere Aufmerksamkeit, während die übrigen Bereiche nur flüchtig dargestellt werden.

Selbstkritik Ihrer Projekte

Versuchen Sie, folgende Fragen sorgfältig zu beantworten, um zu einer angemessenen Selbstkritik zu gelangen. Es geht nicht darum, die eigenen Zeichnungen als »gut« oder »schlecht« zu beurteilen. Wichtig ist es, wie gut die genannten Kriterien erfüllt wurden.

Projekt 1 – A Füße	JA	NEIN
• Haben Sie genauso lange auf den Gegenstand geschaut wie auf die Zeichnung?	☐	☐
• Haben Sie mindestens drei- oder viermal versucht, »blind« zu zeichnen?	☐	☐
• Haben Sie versucht, die Zeichnung zu überarbeiten?	☐	☐
• Sind Sie der Auffassung, daß die Zeichnung treffende Konturen und Details aufweist, die dem beobachteten Gegenstand ähneln?	☐	☐

Projekt 1 – B Hand	JA	NEIN
• Haben Sie genauso lange auf den Gegenstand geschaut wie auf die Zeichnung?	☐	☐
• Haben Sie mindestens drei- oder viermal versucht, »blind« zu zeichnen?	☐	☐
• Haben Sie versucht, die Zeichnung zu überarbeiten?	☐	☐
• Sind Sie der Auffassung, daß die Zeichnung treffende Konturen und Details aufweist, die dem beobachteten Gegenstand ähneln?	☐	☐

Projekt 1 – C Paprikaschote	JA	NEIN
• Haben Sie die erste Zeichnung angefertigt, ohne eine Frucht zu betrachten oder vorher eine Frucht studiert zu haben?	☐	☐
• Haben Sie bei der zweiten Zeichnung genauso lange auf den Gegenstand geschaut wie auf die Zeichnung?	☐	☐
• Haben Sie bei der zweiten Zeichnung mindestens drei- oder viermal versucht, »blind« zu zeichnen?	☐	☐
• Haben Sie bei der zweiten Zeichnung versucht, die Darstellung zu überarbeiten?	☐	☐
• Sind Sie der Auffassung, daß die zweite Zeichnung treffende Konturen, Tönungen und Details aufweist, die dem beobachteten Gegenstand ähneln?	☐	☐
• Sind Sie der Auffassung, daß zwischen den beiden Zeichnungen ein deutlicher Qualitätsunterschied besteht?	☐	☐

Projekt 1 – D Augen	JA	NEIN
• Haben Sie genauso lange auf den Gegenstand geschaut wie auf die Zeichnung?	☐	☐
• Haben Sie mindestens drei- oder viermal versucht, »blind« zu zeichnen?	☐	☐
• Haben Sie versucht, die Zeichnung zu überarbeiten?	☐	☐
• Sind Sie der Auffassung, daß die Zeichnung treffende Konturen und Details aufweist, die dem beobachteten Gegenstand ähneln?	☐	☐

Projekt 1 – E Getöntes Glas	JA	NEIN
• Haben Sie genauso lange auf den Gegenstand geschaut wie auf die Zeichnung?	☐	☐
• Haben Sie Ihren Gegenstand in Formen unterteilt und zuerst die Hauptformen gezeichnet, dann die untergeordneten Formen?	☐	☐
• Ist es Ihnen gelungen, Formen der folgenden Kategorien zu zeichnen: Reflexionsformen, Schattenformen, Etiketten- und Buchstabenformen?	☐	☐
• Haben Sie mindestens drei- oder viermal versucht, »blind« zu zeichnen?	☐	☐
• Haben Sie versucht, die Zeichnung zu überarbeiten?	☐	☐
• Sind Sie der Auffassung, daß die Zeichnung treffende Formen, Konturen und Tönungen aufweist, die dem beobachteten Gegenstand ähneln?	☐	☐

Projekt 1 – F Mechanische Geräte	JA	NEIN
• Haben Sie genauso lange auf den Gegenstand geschaut wie auf die Zeichnung?	☐	☐
• Haben Sie Ihren Gegenstand in Formen unterteilt und zuerst die Hauptformen gezeichnet, dann die untergeordneten Formen?	☐	☐
• Haben Sie versucht, die Zeichnung zu überarbeiten?	☐	☐
• Sind Sie der Auffassung, daß die Zeichnung treffende Formen, Konturen und Tönungen aufweist, die dem beobachteten Gegenstand ähneln?	☐	☐
• Haben Sie das Prinzip des Fokussierens angewandt und sich dabei auf ein oder zwei Teile konzentriert, während andere Bereiche nur einfach dargestellt wurden?	☐	☐

2 Die Handschrift des Künstlers

Trennung der beiden Handschriften • Befreiung der Hand • Kontrolle der Hand • Kopieren • Nachahmen • Erkundung von Medien • Radieren

Im 19. Jahrhundert war der italienische Kunstkritiker Giovanni Morelli außergewöhnlich erfolgreich beim Zuordnen nicht identifizierter oder falsch signierter Werke, deren richtige Künstler er herausfand. Seine Methode war einfach. Er untersuchte, wie sich der jeweilige Meister mit den unwichtigeren Details der Gemälde und Zeichnungen auseinandersetzte. Er stellte dabei fest, daß der Stil in allen Details sowohl gleich als auch einmalig war. In solchen Nebensächlichkeiten wie Finger und Ohren entdeckte er so etwas wie eine Unterschrift. Jeder, der zeichnet, offenbart auf diese Weise seine Handschrift. Morelli hatte gelernt, sie zu lesen.

Genauso wie jeder Meister einmalig ist, sind auch wir in unseren Darstellungen einmalig. Unsere Schrift hat eine eigene, unterscheidbare Persönlichkeit. Manche betonen gerne die Unterlängen, andere schreiben locker. Manche neigen zu weit ausholenden Buchstaben, zu schräger oder enger Schrift. Unbewußt drücken wir uns mit diesen außergewöhnlichen Zügen aus. Die Handschrift sagt eindeutig: »Das bin ich.« Dennoch unterscheidet sich unsere Schrift, wenn wir z.B. eine kurze Notiz für uns hinkritzeln oder eine Mitteilung für einen Freund schreiben. Man könnte sie als »frei« bzw. »kontrolliert« bezeichnen.

Es ist nützlich, sich vorzustellen, daß beim Zeichnen zwei Arbeitsweisen wirksam werden: die intuitive und die analytische. Die erste Art ist frei und die zweite ist kontrolliert. Wir benötigen unsere intuitiven Fähigkeiten, um das Wesentliche des Motivs zu erfassen, um den Inhalt und den Ausdruck zu erfassen. Unsere analytischen Fähigkeiten kommen ins Spiel, wenn wir präzisieren, verfeinern und hervorheben wollen. Es werden Eigenschaften aufgelistet, die mit den beiden Handschriften verbunden sind:

Intuitiver Modus (frei)

schnell, skizzenhaft, ausdrucksvoll
unruhig, schwungvoll
impulsiv, locker, verbunden

Analytischer Modus (kontrolliert)

präzise, fein, sorgfältig
ruhig, überlegt
planmäßig, fragmentarisch

Probleme tauchen auf, wenn wir diese beiden Arbeitsweisen gleichzeitig anwenden wollen. Analytisches Vorgehen blockiert die gelöste Haltung, die für die Intuition erforderlich ist. Die Intuition beeinträchtigt die Eigenschaften, die der Künstler für die analytische Arbeitsweise braucht. Damit er richtig funktioniert, muß der jeweilige Modus alleine zur Wirkung kommen. Deshalb wollen wir zunächst davon ausgehen, daß Sie nicht einen, sondern zwei Stile der Handschrift haben. Wenn Sie üben, sie genau auseinander zu halten, werden Sie in der Lage sein, sie wahlweise bei der Anfertigung einer Zeichnung und bei entsprechenden Gelegenheiten einzusetzen.

In diesem Kapitel werden wir die Handschrift von sechs großen Künstlern untersuchen, um zu erkennen, wie sich freie und kontrollierte Gestaltung in ihrem Werk verbinden. Wir werden versuchen, ihre Arbeiten zu kopieren und nachzuahmen. Auf diese Weise wollen wir zu unserer eigenen Handschrift finden. Wir werden uns auf die beiden Typen der Handschrift konzentrieren. Zuerst wird vollständig in dem einen Modus gezeichnet, dann in dem anderen. Schließlich werden die beiden Typen kombiniert. Da die Medien beim Aussehen einer Handschrift eine Rolle spielen, befinden sich am Ende des Kapitels Anmerkungen zu ihrer Anwendung und Handhabung.

Handschrift der Meister

Wenn man genauer hinschaut, sehen die Striche der großen Meister genauso ungeordnet aus wie das zufällige Gekritzel, das jeder von uns zu Papier bringen könnte.

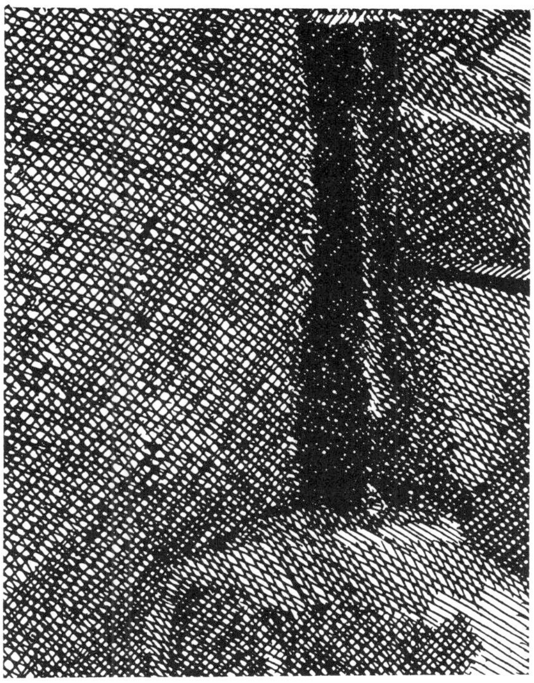

Giorgio Morandi

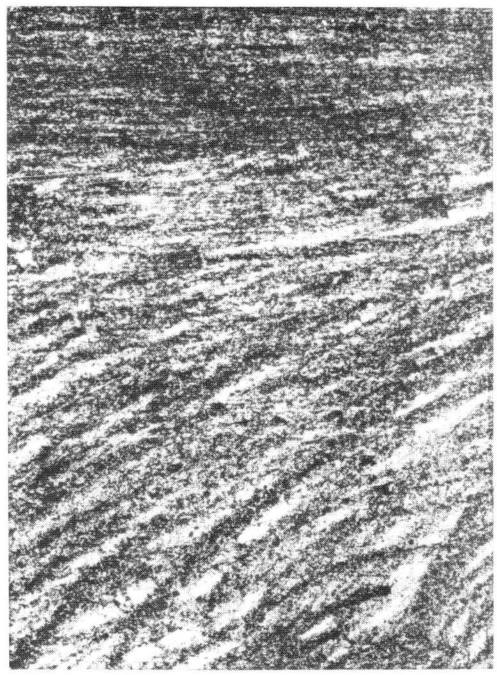

Edgar Degas

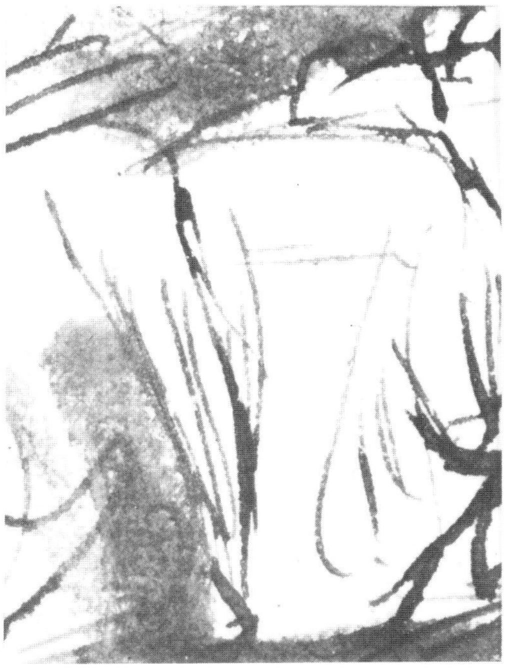

Rembrandt

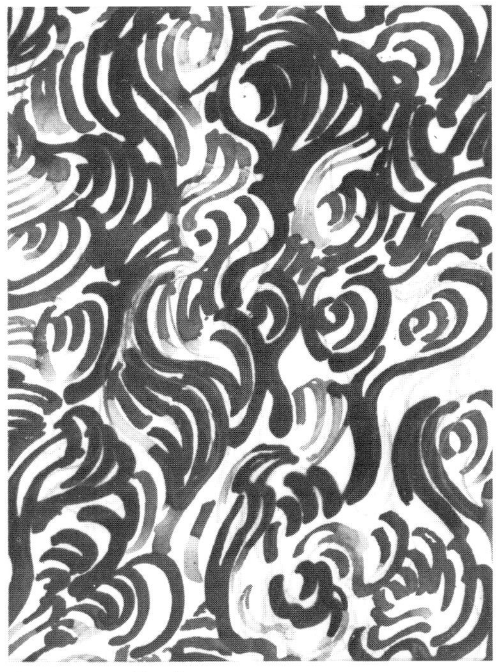

Vincent van Gogh

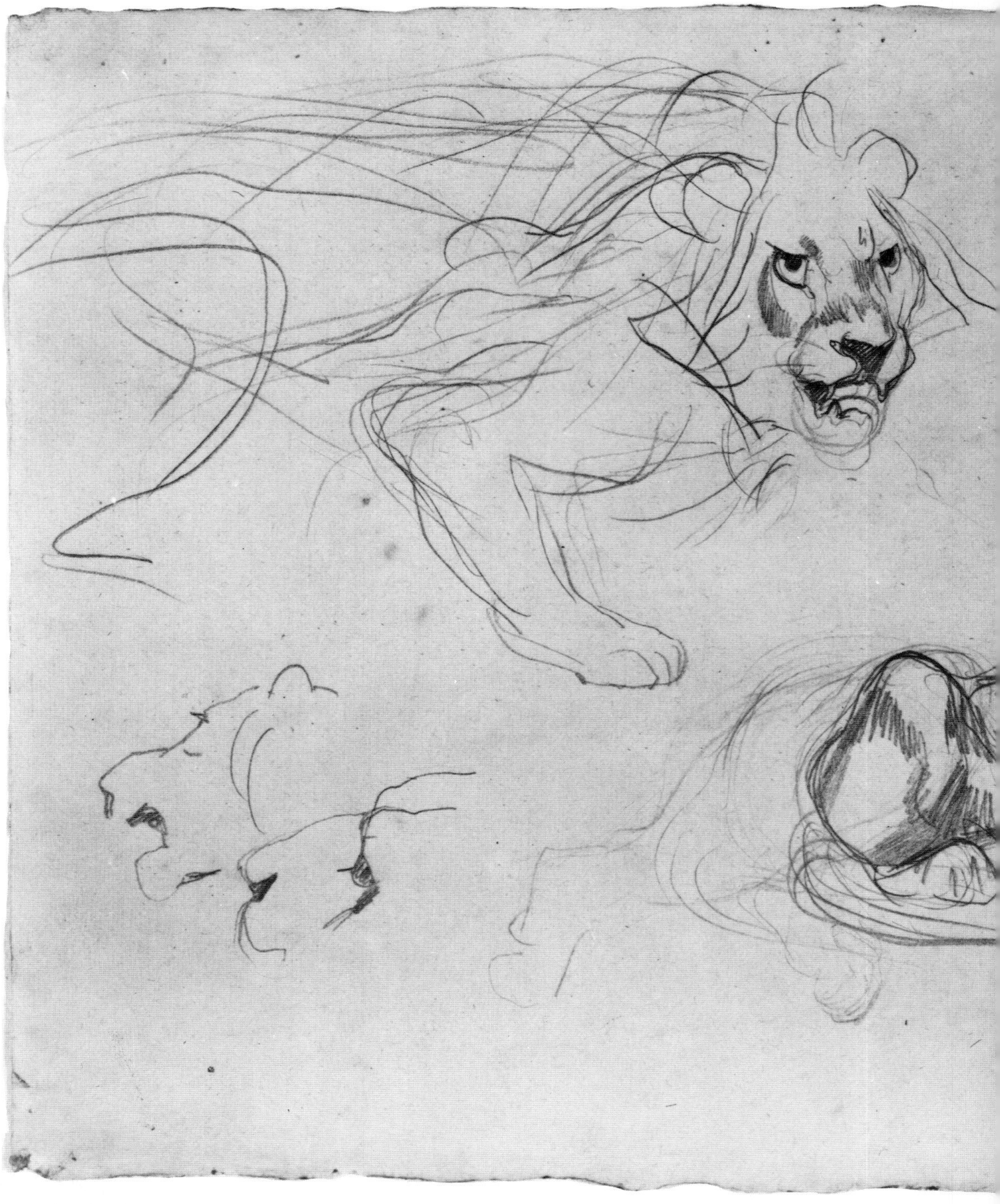

Eugene Delacroix. *Löwenstudie*. Graphit.
David Adler Collection, Art Institute of Chicago.

Eugene Delacroix (1798 – 1863) – *Nutzbarmachung eines Gewirrs von Linien*

Delacroix' *Löwenstudie* zeigt deutlich, wie die freie Hand und die kontrollierte Hand zusammenarbeiten. Beim Arbeiten nach lebendigen, sich bewegenden Objekten nutzte der Künstler seine *Handschrift*, um die Formen zu ertasten. Er begann mit einer Reihe von nahezu zufälligen, frei fließenden Linien. Sie bilden bewegte Büschel von Linien, besonders gut beim Löwen oben links zu erkennen. Einige Linien scheinen sich zu verbinden. Wiederholte, schnelle Striche über das Vorderbein und die Seite unterstreichen die Form.

In der unteren Zeichnung wird die kontrollierte Hand deutlicher. Muskeln und andere Details treten bei der Modellierung des Tierkörpers stärker hervor. Diese energischen Striche sind dunkler und mit mehr Nachdruck gezeichnet als jene in der anderen Zeichnung.

Diese beiden Zeichnungen illustrieren sehr gut das Prinzip der Wechselwirkung der Handschrift. Die ersten Linien sind vage und leicht. Sie geben den folgenden, genaueren Linien Richtung. Vermutlich bewegte sich der

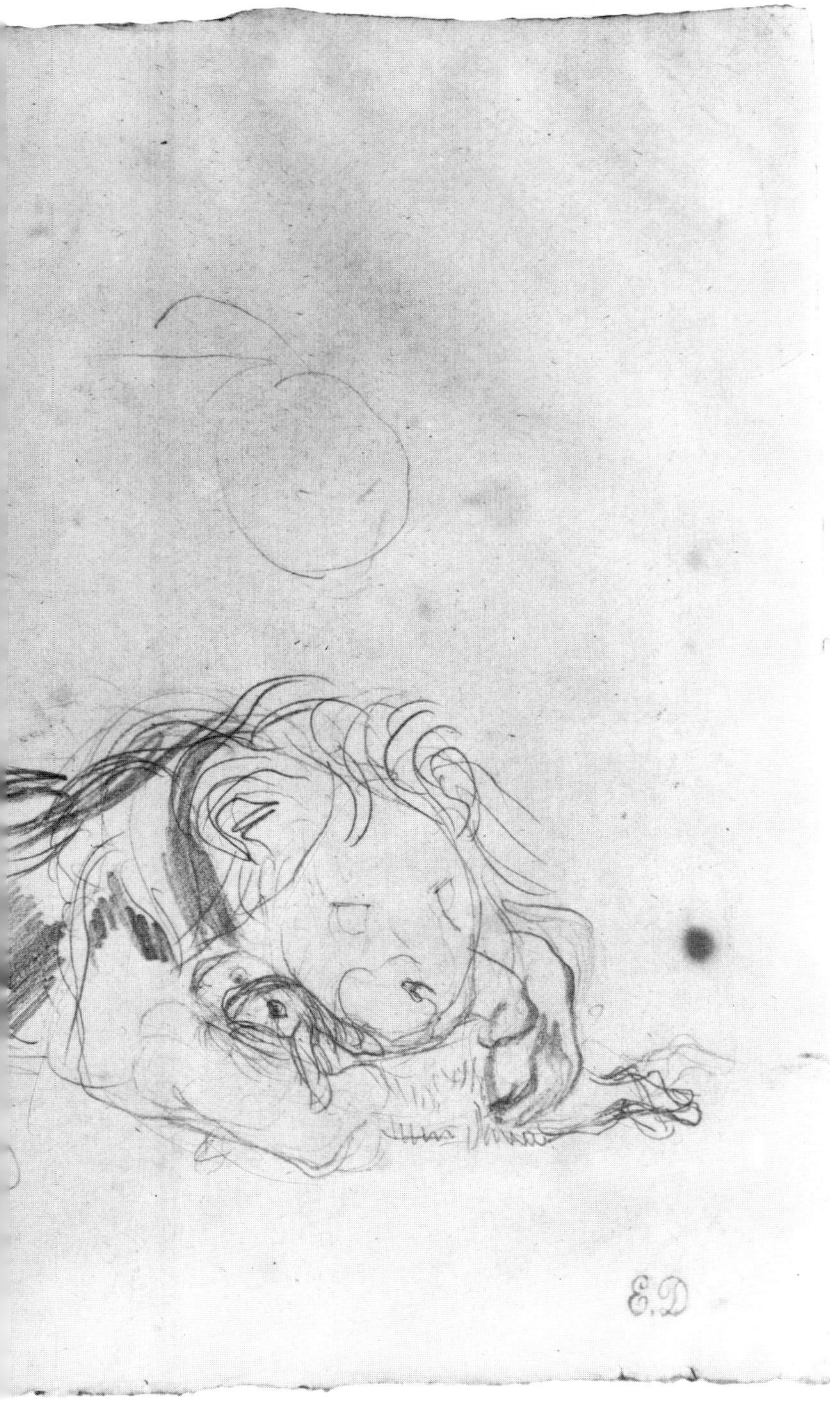

Mit leichten Bleistiftstrichen wird Tönung aufgebaut.

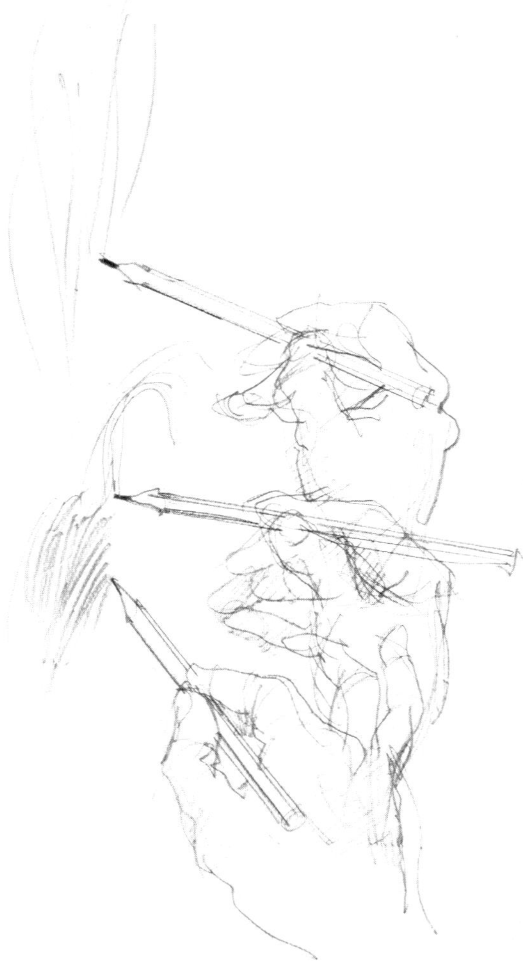

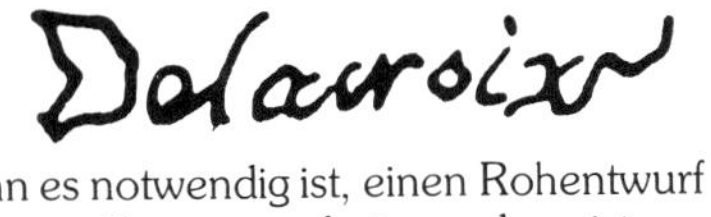

Löwe, als Delacroix ihn zeichnete, wie an der veränderten Position der Hinterbeine in der unteren Zeichnung zu erkennen ist. Es ist leichter, solche Veränderungen durchzuführen, wenn erst wenige skizzenhafte Striche gemacht wurden und noch nicht viel Arbeit und Zeit in einzelne Ausführungen investiert wurden. Am Kopf des oberen Löwen und am Körper des unteren Löwen können wir erkennen, daß der Künstler mit dem Prinzip des Fokussierens gearbeitet hat.

Versuchen Sie einmal folgendes: Nehmen Sie Ihren Bleistift und führen Sie ihn, ohne die Seite zu berühren, über Teile der Zeichnung. Versuchen Sie mit der gleichen Geschwindigkeit zu zeichnen, mit der Delacroix vermutlich gearbeitet hat – schnelle Bewegungen bei den frei fließenden Linien, ein wenig langsamer bei den fokussierten Bereichen. Verbinden Sie dieselben Konturen, die er verbindet, unterbrechen Sie dort, wo er unterbricht, führen Sie dieselben Überarbeitungen durch.

Viele herantastende Linien, einige falsche Anfänge, manche Detailstudien und ausgeprägte Fokussierungen beweisen Delacroix' Impulsivität, Energie, Flexibilität und Selbstvertrauen.

»Wenn es notwendig ist, einen Rohentwurf mit einem Besen anzufertigen, dann ist es erforderlich, die Arbeit mit einer Nadel abzuschließen.«

Delacroix war einer der ersten Künstler, die die Handschrift als einen lebendigen Bestandteil der Kunst zelebrierten. Sie sollte nicht nur in der Zeichnung sichtbar bleiben, sondern auch in dem fertigen Gemälde. Als Romantiker betonte er das Gefühl gegenüber dem Intellekt. Kritiker haben auf seine »fliegende« *Handschrift* hingewiesen und auf seine »dämonische Fähigkeit, die Bildoberfläche zum Vibrieren zu bringen.« Seine besondere Begabung lag bei der Wiedergabe der Kraft und Anmut von Tieren, die er oft im Jardin des Plantes in Paris skizzierte, um sie in stürmischen und phantasiereichen Gemälden aufzunehmen.

2 Die Handschrift des Künstlers

Leichte Pinselstriche mit etwas Wasserfarbe ergeben eine Tönung.

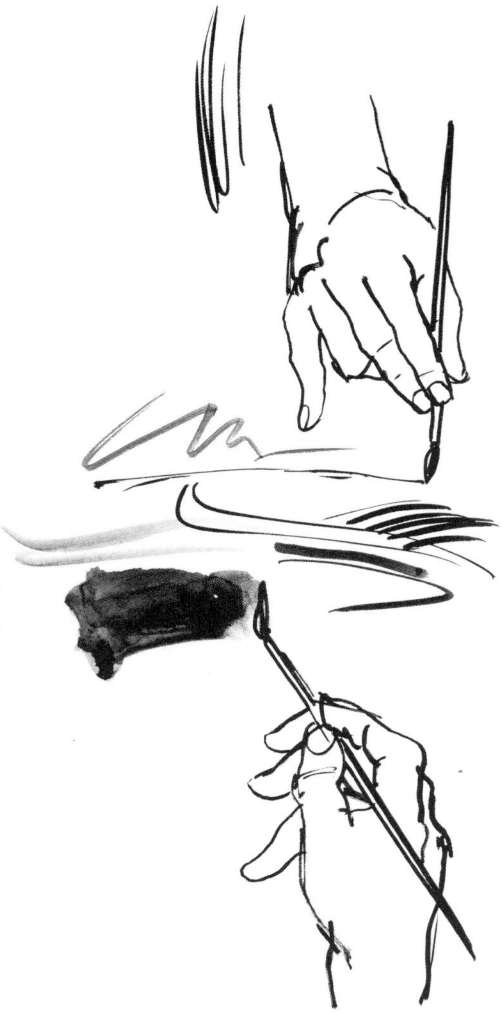

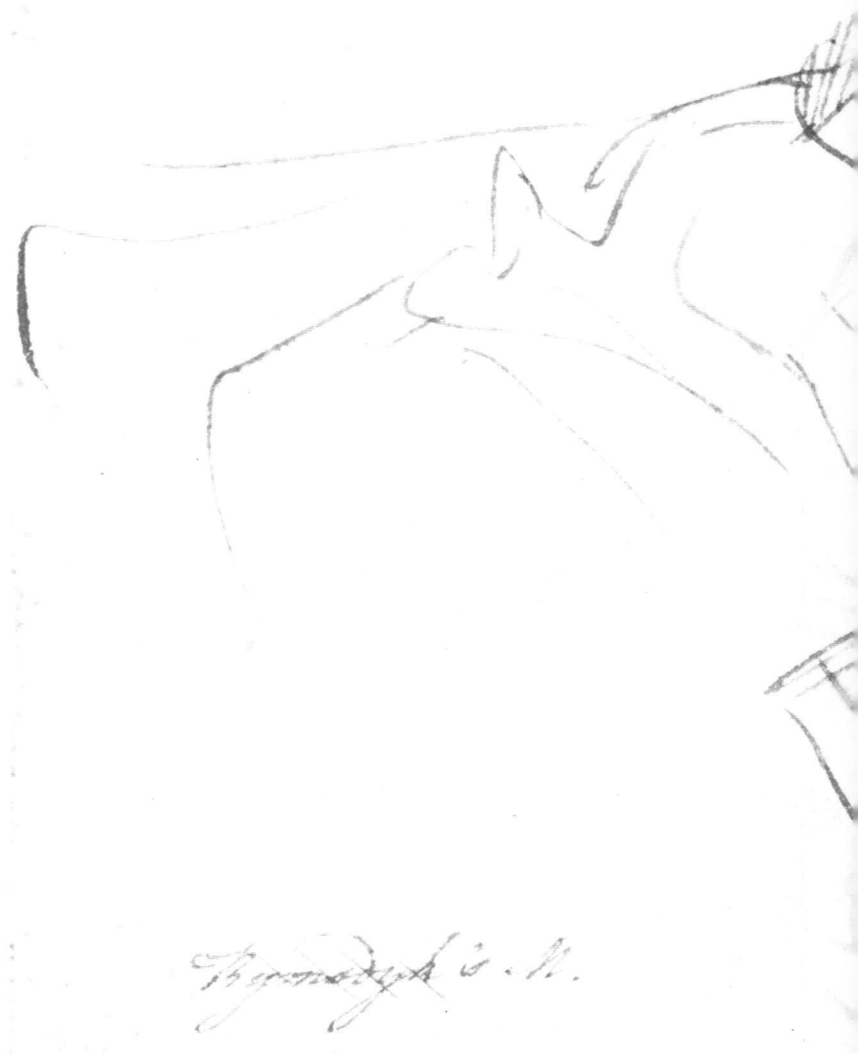

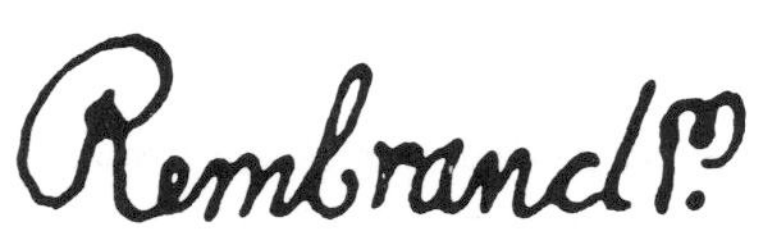

Rembrandt war ein sehr vielseitiger Zeichner. Er beherrschte die schnellen Pinsel- und Tuschezeichnungen, wie die hier abgebildete, aber auch die kleinen, präzisen Radierungen. Rembrandt befaßte sich nicht mit Kunsttheorien. Er glaubte an eine unmittelbare Reaktion auf die Natur und war stark von den Wirkungen von Licht auf Formen beeindruckt. Seine Handschrift zeigt eine Vielfalt der Medien und kurze Striche, sowohl dicke als auch dünne, spontane und kontrollierte. Er verwendete häufig einen halbtrockenen oder trockenen Pinselstrich, der die Textur des Papiers betont.

Rembrandt van Rijn (1606-1669) – *Ein schneller, genauer Pinselstrich*

Diese Tuschezeichnung hat viel Ähnlichkeit mit dem Werk von Delacroix auf der vorherigen Seite. Beide Arbeiten sind in erster Linie Studien, die dazu dienten, Informationen für ein größeres Werk zu sammeln. Obwohl es Bereiche gibt, in denen kontrolliert gearbeitet wurde, sind beide Arbeiten doch zu einem großen Teil Ergebnisse einer freien und beweglichen Hand. Das sich verändernde Gewicht der Linien und die Struktur der Striche geben der Skizze eine besondere Vitalität. Da sie mehr Möglichkeiten eröffnete als Bleistifte, war Tusche, mit Pinsel oder Federhalter aufgetragen, ein Medium, das von Rembrandt offensichtlich bevorzugt wurde. In diesem Beispiel wird er Feder und Pinsel kombiniert haben, da die Striche beim Kissen, bei der Decke und den Details des Gesichts sehr fein sind, bei den Falten und Schatten jedoch breit und großzügig. Auffallend sind die dicken, schwarzen Akzente unter dem Kopf, Arm und Kissen. Weichere Töne umgeben den unteren Teil der Figur; sie können mit dem Pinsel und

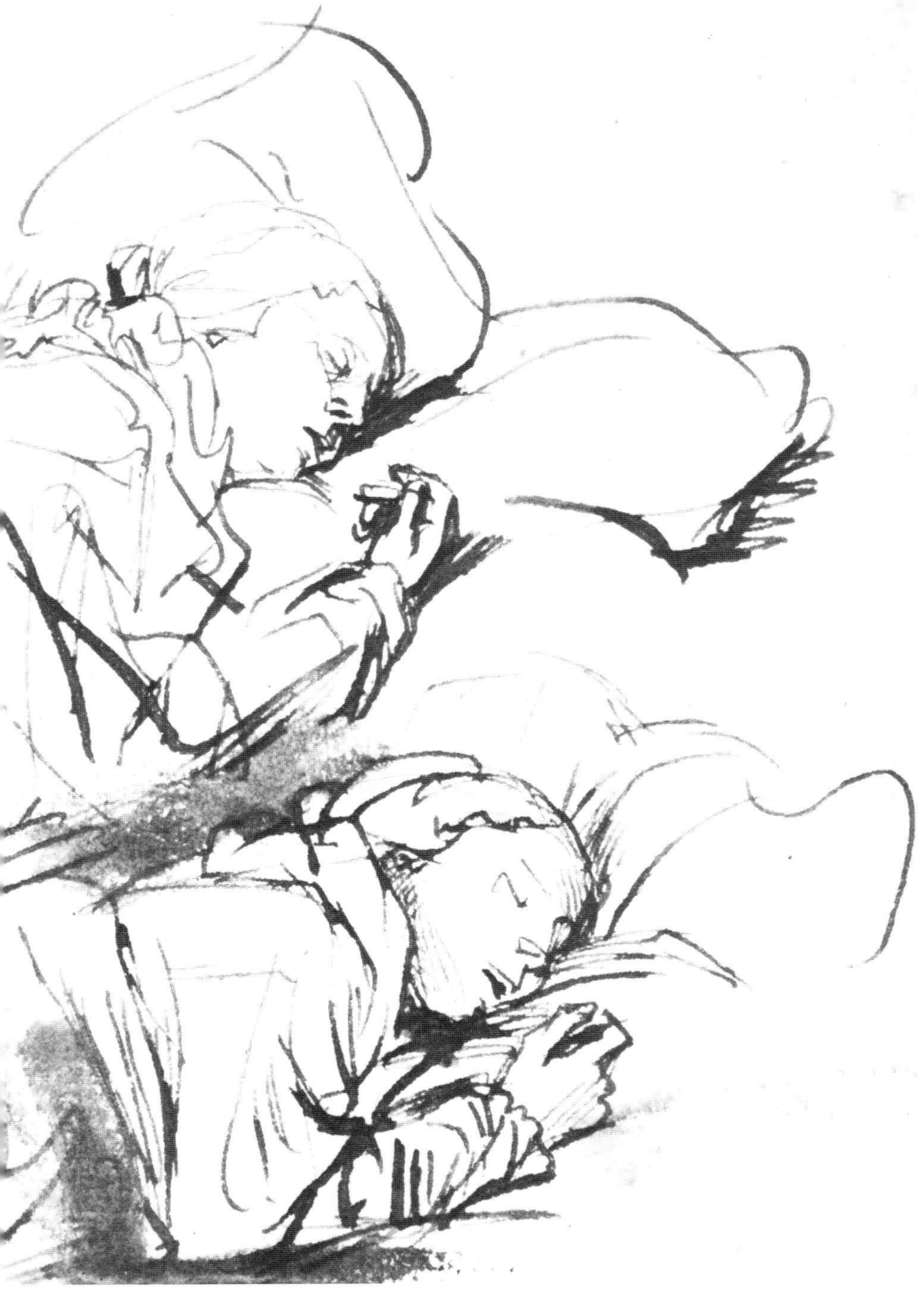

Rembrandt van Rijn. *Schlafende Saskia.*
The Pierpont Morgan Library, New York.

verdünnter Tusche oder mit der Hand oder dem Finger verwischt worden sein. Diese Betonung von Licht und Schatten ist ein besonderes Kennzeichen sogar der skizzenhaften Arbeiten Rembrandts.

Wir können Rembrandts Übergang zur kontrollierten Hand im Bereich von Saskias Gesicht und Hand feststellen. Er setzte hier kürzere Pinselstriche ein und arbeitete zweifelsohne langsamer, um solch eine Genauigkeit zu erreichen. Nachdem wir das Bild auf diese Weise untersucht haben, erkennen wir, daß eine Zeichnung, die den Eindruck unbegrenzter Freiheit vermittelt, durchaus Bereiche sorgfältiger Ausarbeitungen aufweisen kann, die einen Ausgleich zu schwungvollen Strichen an anderer Stelle bilden.

Versuchen Sie, Rembrandts Strichen mit einem kleinen, trockenen Pinsel zu folgen und ein Gefühl dafür zu bekommen, wie sich die Geschwindigkeit des Zeichnens von den sorgfältigen, überlegten Strichen bei dem Gesicht und der Hand zu den schnellen Pinselstrichen der anderen Bereiche verändert. Die Unterschiede der Strichstärken können dadurch erreicht werden, daß man den Pinsel bei dicken Strichen nach unten drückt und nur die Spitze benutzt, um dünne Linien zu zeichnen.

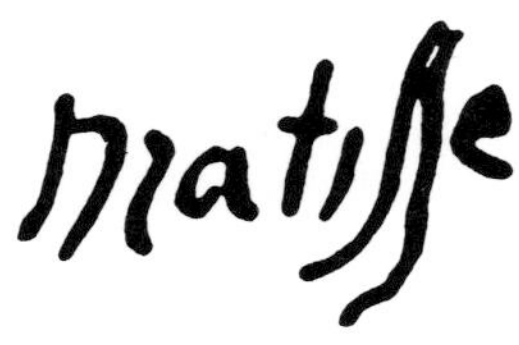

»Ich träume von einer Kunst der Ausgewogenheit, der Klarheit und Heiterkeit, die frei ist von beunruhigenden und bedrückenden Themen.«

Matisse liebte die geschwungene, dekorative Linie. Bei seiner Unterschrift spüren wir seine Vorliebe für kurvenreiche Formen durch die übertriebene Größe des »S«. Die Handschrift verdeutlicht die Einfachheit und Eleganz seiner Linie. Matisse wird nur dann methodisch, wenn es um ein Muster oder ein dekoratives Motiv geht. Seine Striche sind lang. Er zeichnet auf, als wäre sein Federhalter ein Seismograph, der jede Kurve und jede Ausbuchtung der Kontur festhält. Er bevorzugt einen feinen Federhalter oder eine gleichmäßige Bleistiftlinie, obwohl Matisse, wie wir wissen, experimentierfreudig war und auch Zeichnungen mit dicken Pinseln und breiten Federstrichen ausprobierte. Seine Zeichnungen waren in gewisser Weise spontan, indem er einzelne, lange Linien zeichnete und ihnen einfach folgte, wohin sie ihn auch führten. Er scheint Kontrolle durch eine gemäßigte, überlegte Geschwindigkeit ausgeübt zu haben.

Henri Matisse (1869 – 1954) – *Eine dekorative, elegante Linienführung*

Die Zeichnungen von Matisse sind gekennzeichnet durch ihren dekorativen Reiz. Die mit dem Federhalter gezogenen Tuschelinien in der Zeichnung, die rechts zu sehen ist, sind klar und graziös. Die langen, fließenden Linien und das offensichtliche Fehlen einer Planung machen die spontanen Elemente seines Werkes aus. Die Konturen sind wichtiger als die korrekten Proportionen. Es machte ihm nichts aus, daß der Kopf und die obere Hand im Verhältnis zum Körper zu klein gezeichnet wurden. Auch kümmerte sich Matisse wenig um Licht und Schatten, Perspektive oder um genaue Züge. Die Linie war für ihn alles. Er begeisterte sich für dekorative, lineare Muster, so wie sie auf dem Kleid und im Haar der Frau zu sehen sind. Man beachte, mit welch anmutiger, geschwungener Linie Matisse den sich verändernden Umrissen ihres Arms folgt. Er führte keine Überarbeitungen durch. Wenn eine Linie zu Papier gebracht worden war, wurde sie nicht mehr geändert. Die Gesichter, die Matisse zeichnete, hatten selten Ausdruck oder einen individuellen Charakter. Sie haben eher Ähnlichkeit mit jenen Darstellungen auf griechischen Vasen. Sie werden feststellen, daß er mehr Zeit und Mühe für das Kleid des Modells aufwendet als für das Gesicht. Und die wenigen dekorativen Elemente des Stuhls und des Schmucks odes Haares fanden sein Interesse.

Versuchen Sie, mit dem Federhalter in der Luft über Teile der Zeichnung zu fahren. Probieren Sie einmal aus, ob Sie die Geschwindigkeit und den Druck der langen, geschwungenen Pinselstriche von Matisse nachempfinden können. Zeichnen Sie die Lebendigkeit der Haar- und Schmuckdekorationen und Stuhlverzierungen nach. Folgen Sie der knappen Darstellungsweise, mit der Matisse die Gesichtszüge des Modells zeichnete. Beim Zeichnen sollen Sie sich in den Künstler hineinversetzen.

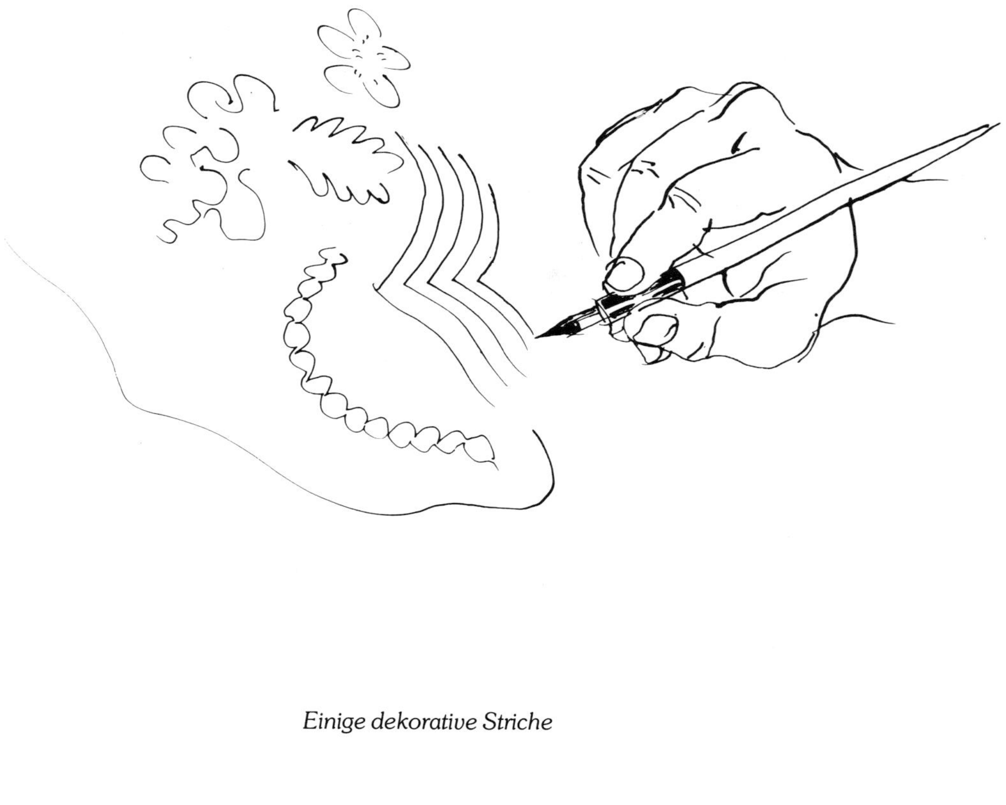

Einige dekorative Striche

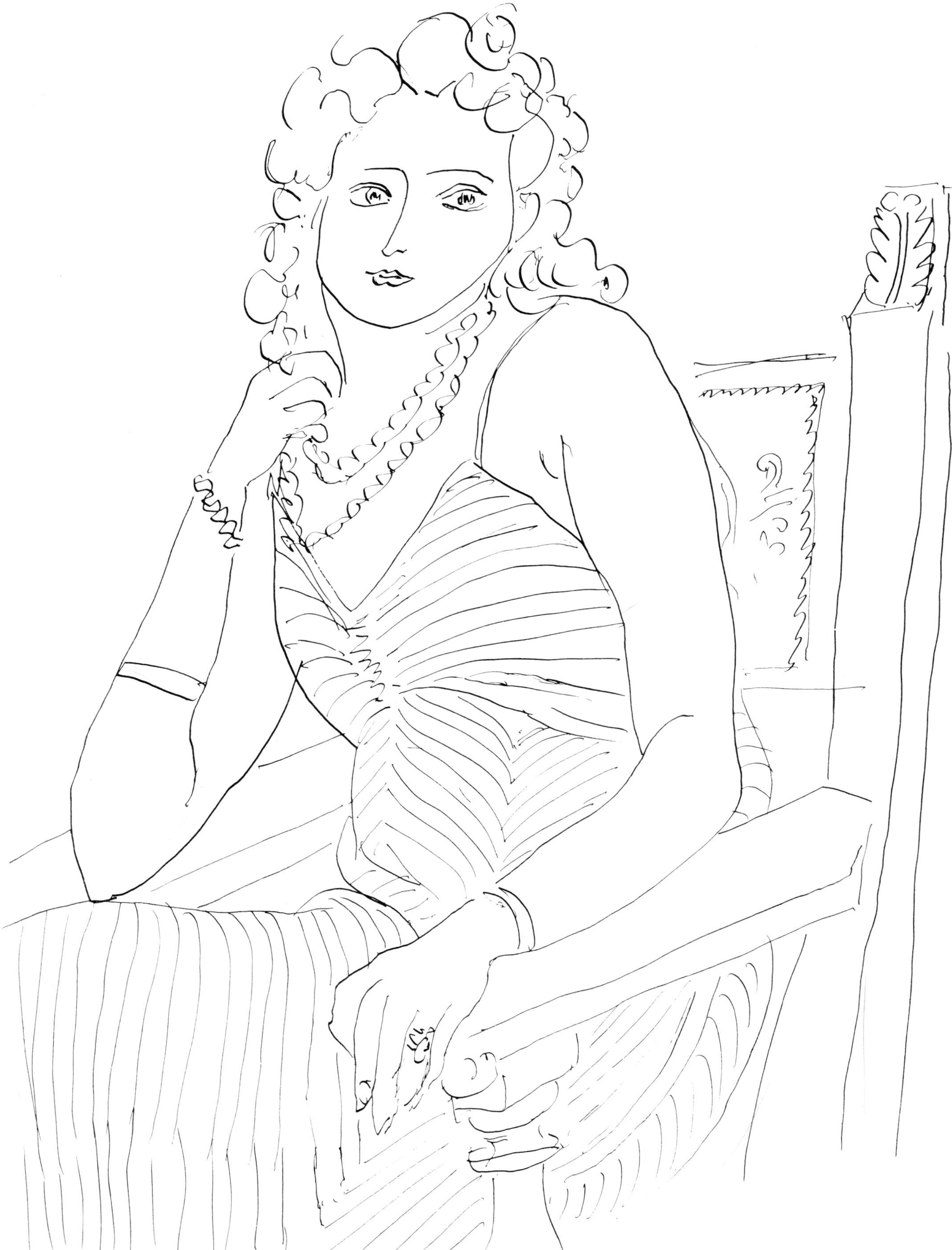

Henri Matisse

»Manchmal sind die Gefühle so stark, daß man arbeitet, ohne es zu merken... und die Striche kommen in einer Folge und Dichte wie Wörter in einer Rede oder in einem Brief.«

Obwohl van Gogh von Haus aus kein Zeichner war – seine frühen Zeichnungen wirken oft unbeholfen und schwerfällig – gelang es ihm, ein wunderbares Werk zu schaffen, indem er die spontane Intensität seiner Sichtweise mit seinem breiten Repertoire von Strichen verband. Seine späteren Zeichnungen sind ein richtiger Katalog der Stricharten: gerade, parallele Striche, Schraffuren, wirbelnde Schnörkel, wogende, wellenförmige Striche und kleine Punktierungen. Van Gogh fertigte seine Zeichnungen in der Regel mit Bleistift an und überarbeitete sie mit einer Rohrfeder, um an japanische Kunstwerke zu erinnern. Er bevorzugte eine breite, flache Federspitze. Aber manchmal wählte er auch andere Spitzen und sogar einen Pinsel, Zeichengeräte, die er alle in einer Zeichnung einsetzte. Er fügte auch Striche mit verdünnter Tusche ein.

Vincent van Gogh (1853 – 1890) – *Unruhige, wirbelnde Striche*

Kein Künstler der Geschichte ist so bekannt dafür, die ganze Emotionalität seiner Persönlichkeit in seine Handschrift zu legen, wie Vincent van Gogh. Viel wurde geschrieben über die kräftigen, qualvollen Pinselstriche van Goghs. Sogar die Zeichnungen von Blumen oder des Briefträgers bestanden aus den dicken, bewegten Linien und intensiven Wirbeln eines besessenen Mannes. Ein großer Teil der Schönheit von van Goghs Zeichnungen liegt in der spontanen Leidenschaft seiner Handschrift. Was jedoch manchmal übersehen wird, sind seine bewußten Bemühungen, mit einer Vielfalt von Strichen unterschiedliche Texturen zu erzeugen. Er verwendet dicke, enge Wirbel für Zypressen, leichtere, fließende Wirbel für Wolken, kurze, parallele Striche für Weizenfelder und Punkte für gemähte Felder. Van Gogh war sicherlich ein impulsiver Zeichner, aber man sollte nicht vergessen, daß er diese Eigenschaft ausglich, indem er ausgiebig mit einer Vielzahl von Federhalterspitzen und Pinselwirkungen experimentierte.

Nehmen Sie einen Federhalter mit einer breiten Spitze und tun Sie so, als würden Sie alle diese Texturen zeichnen, indem Sie in der Luft über van Goghs Zeichnungen fahren. Versuchen Sie, den Rhythmus und Schwung der verschiedenen Stricharten herauszufinden.

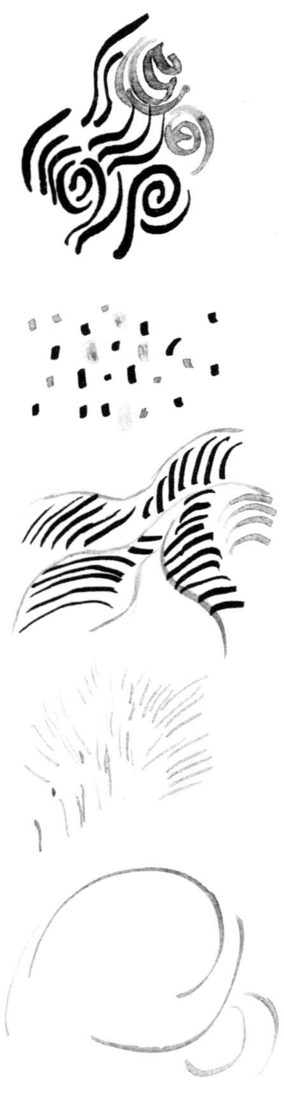

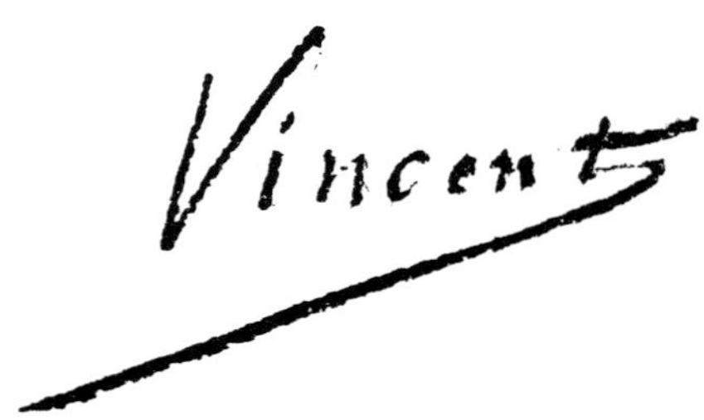

Vincent van Gogh, *Zypressen, Saint-Remy.* 1889. Rohrfeder und mit Bister gefärbte Tusche, mit Bleistift vorgezeichnet, ca. 60 x 80 cm.

The Brooklyn Museum , Frank L. Babbott and A. Augustus Hraly Funds.

Vincent van Gogh, *Ansicht von Arles.* 1888.

Museum of Modern Art, Rhode Island School of Design. Geschenk von Mrs. Murray S. Danforth.

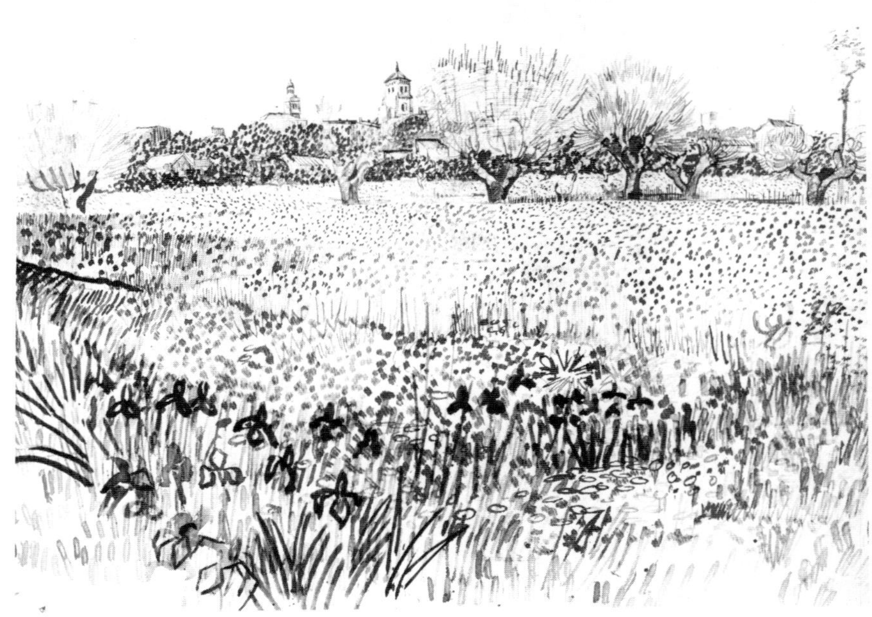

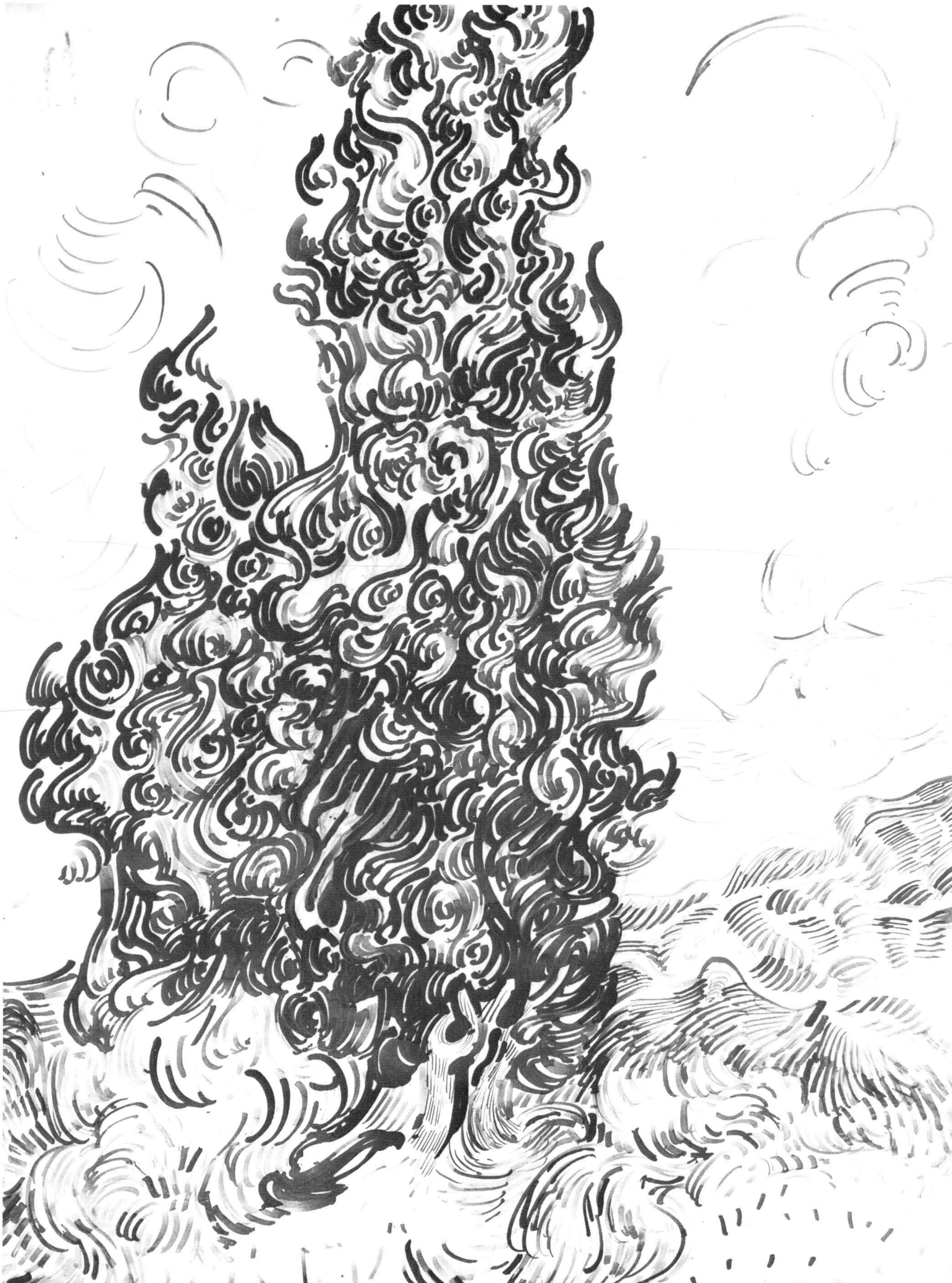

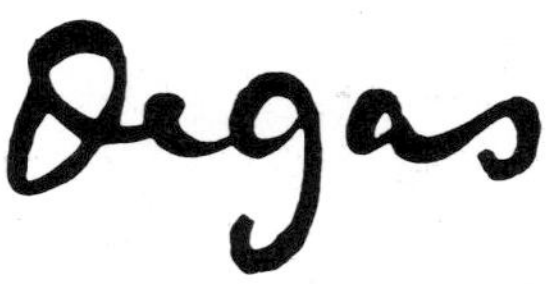

»Meine Arbeiten sind das Ergebnis des Nachdenkens und des Studiums alter Meister. Von Inspiration, Spontaneität und Temperament verstehe ich nichts.«

Diese Aussage von Degas ist genau das Gegenteil der Auffassung van Goghs. Es ist klar, daß er den Studien und der Disziplin mehr vertraute als der Intuition, aber wir können dies nicht allzu wörtlich nehmen, denn seine Handschrift zeigt viele Passagen, in denen er sich an den Gegenstand herantastet.

Degas verband eine sorgfältige, aber anmutige Linie mit parallelen, Tönungen erzeugenden Strichen. Manchmal werden sie mit einem feinen, spitzen Bleistift ausgeführt; bei anderen Arbeiten werden dicke Kreide- und Pastellstifte verwendet. Ein typisches Merkmal der Handschrift von Degas sind die vielen Überarbeitungen im schnell gezeichneten, skizzenhaften Umriß eines Arms, eines Beins oder Mantels bei präziser und sorgfältiger Ausführung der Hand oder des Gesichts. Somit sehen wir die glückliche Verbindung von kontrolliertem und spontanem Arbeiten.

Edgar Degas (1834 – 1917) – *Eine geschickte Linienführung und ein kontrolliertes Gekritzel*

In Degas' Werk erkennen wir ein schönes Gleichgewicht zwischen Spontaneität und Kontrolle. Wie Rembrandt kombiniert Degas freie und schwungvolle Pinselstriche in der gleichen Zeichnung mit Strichen, die sorgfältiger geführt werden. Beachtenswert sind seine »Tönungstriche«, die sich aus einer Reihe von schnell ausgeführten, parallelen Markierungen ergeben. Beim Gesicht, Haar, Arm und Körper sind diese Striche kurz und gleichmäßig angeordnet. Im Hintergrund sind sie fast gekritzelt. Dort verändert Degas auch häufiger die Richtung, indem er das Handgelenk bewegt. Bei den Schraffuren, die Degas hier einsetzt, wird die dunkle oder helle Wirkung entweder durch Variation des Drucks oder durch Veränderung der Abstände zwischen den Strichen erreicht.

Fahren Sie in der Luft mit einem Bleistift oder einem spitzen Kreidestift über dieses Bild, um Degas' Tönungen nachzuvollziehen. Verfolgen Sie dabei die Richtungswechsel, besonders im Hintergrund.

Degas hat zwei unveränderliche Merkmale. Das eine ist das »Fokussieren«. Man beachte, wie genau und sorgfältig die Gesichtszüge im Verhältnis zum Rest gezeichnet wurden. Das andere Merkmal ist das »Überarbeiten«. Wenn man genau hinschaut, wird man zahlreiche Korrekturen am Oberarm und Unterkörper der Sängerin erkennen. Genau wie die wirren Tönungslinien sind die Überarbeitungen ein sicherer Hinweis auf seine Spontaneität.

Degas wurde stark von Ingres beeinflußt, dem großen Meister der Perfektion, aber er fühlte sich auch zu Delacroix hingezogen, dem unruhigen Romantiker. Er war, wie der Kritiker Valery es ausdrückte, »gefangen zwischen den Geboten des Monsieur Ingres und den exotischen Reizen von Delacroix.« Dies beschreibt das Gleichgewicht zwischen Kontrolle und Spontaneität treffend, das seine Werke auszeichnet.

Den Bleistift hin und her bewegen, wechselnde Richtungen.

Edgar Degas, *La Chanson du Chien*. Lithographie.

Geschenk von W. G. Russell. Mit freundlicher Genehmigung, Museum of Fine Arts, Boston.

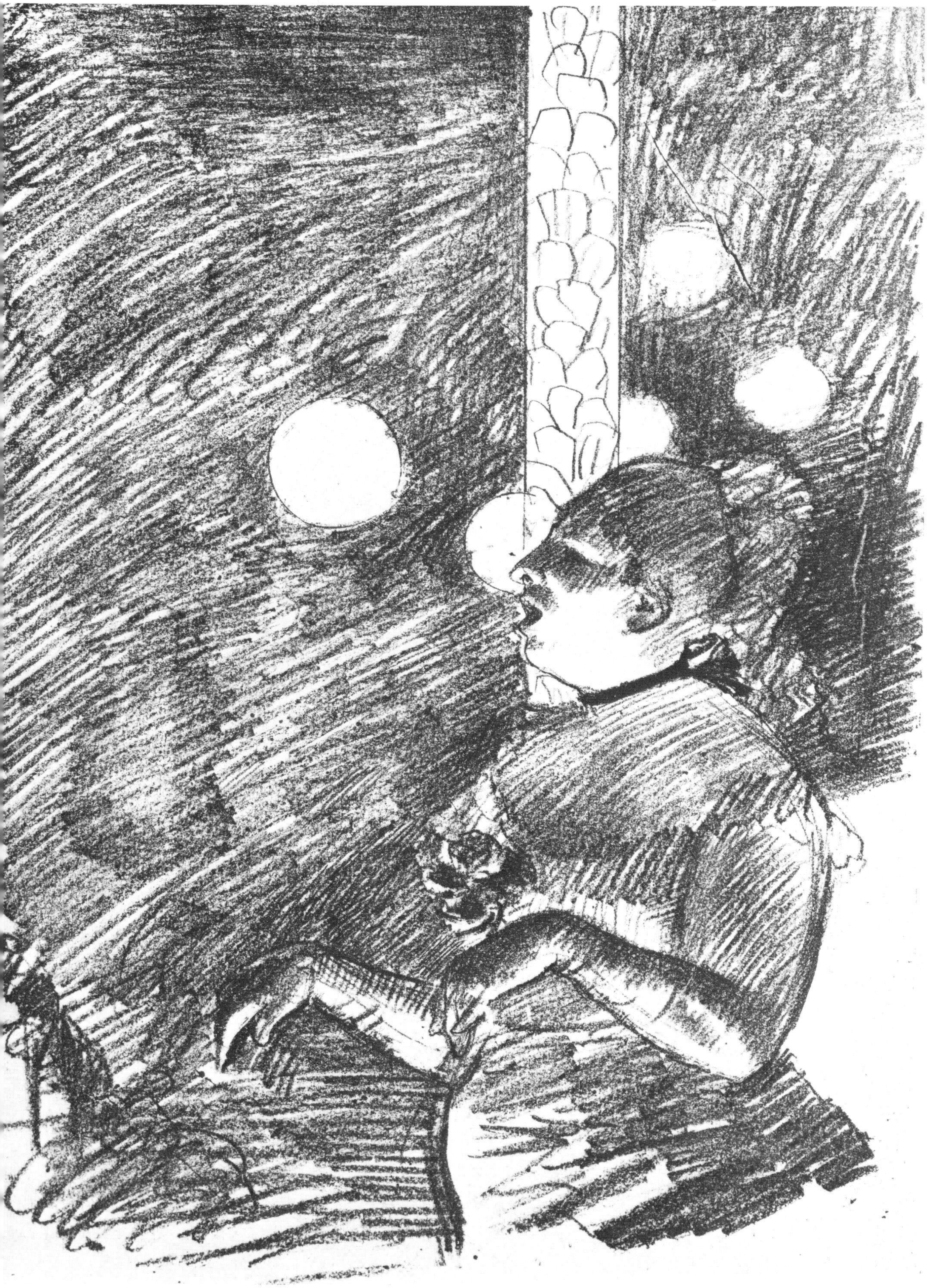

Giorgio Morandi (1890 – 1964) – *Eine ausdauernde Kreuzschraffur*

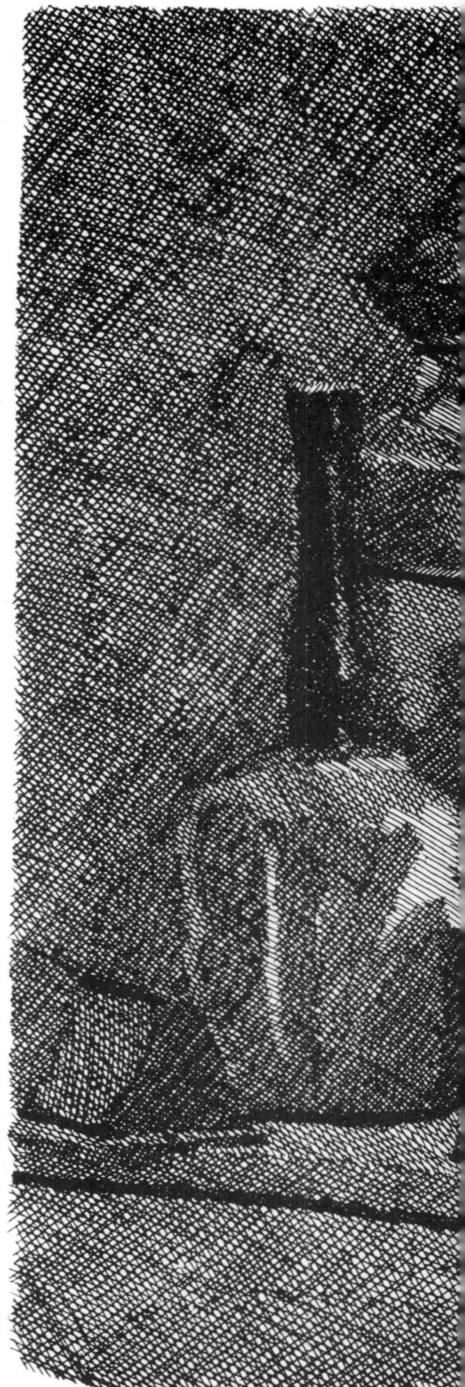

Giorgio Morandi, *Stilleben*. 1933. Radierung, schwarzer Druck. Platte: ca. 30 x 40 cm.

The Museum of Modern Art, New York. Mrs. Bertram Smith Fund.

Mit Morandi lernen wir eine Handschrift kennen, bei der die Planung Oberhand gegenüber der Spontaneität gewinnt. Er führt einen systematischen Aufbau der Tönung mit Hilfe eines Vorgangs durch, den man als *Schraffieren* bezeichnet. Beim Schraffieren wird eine helle Tönung durch eine Reihe kurzer, paralleler Strich erzeugt. Um eine dunklere Tönung zu erzielen, wird eine zweite Gruppe von Strichen meist im rechten Winkel über die erste gelegt. Man spricht dann von *Kreuzschraffur*. Eine noch tiefere Tönung entsteht, wenn man noch eine weitere Gruppe in einem anderen Winkel hinzufügt, und so weiter. Auf diese Weise wird ein Bild langsam und mit Geduld aufgebaut, Stück für Stück. Diese Striche sind kurz, selten länger als 2,5 cm, damit eine gleichmäßige Tönung sichergestellt werden kann.

Wie viele Künstler, die in dieser Stilart arbeiten, bevorzugte Morandi Federhalter und Tusche oder Radierungen gegenüber allen anderen Techniken, weil diese Medien feine Linien erzeugen. Die Schraffur ist die Handschrift einer überlegten, methodischen Vorgehensweise. Man braucht viele Stunden, vielleicht sogar Tage, um eine Zeichnung im Stile Morandis fertigzustellen.

Versuchen Sie einmal, den Linien in einem Ausschnitt der Zeichnung mit einer trockenen Feder zu folgen. Dabei werden Sie feststellen, in welch hohem Maße ein kontrolliertes Arbeiten erforderlich ist.

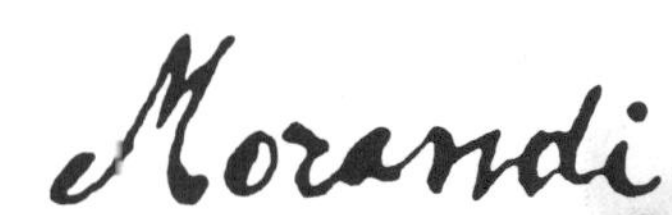

Morandis Handschrift betont die Kontrolle und das planmäßige Vorgehen. Er setzte seine Schraffurlinien ein, um nur etwa vier Tonwerte zu erzeugen. Er vermeidet geschlossene schwarze Flächen. Hier und da kann man eine feine Umrißlinie, mit dem Federhalter gezogen, erkennen. Er vermeidet aber ein Hervortreten der Umrißlinien; die Tönungen übernehmen diese Aufgabe. Wenn man Morandis Arbeiten mit fast zugekniffenen Augen oder aus größerer Entfernung betrachtet, verschwindet der Eindruck von Linien und es sind nur noch weiche, graue Schattierungen zu sehen.

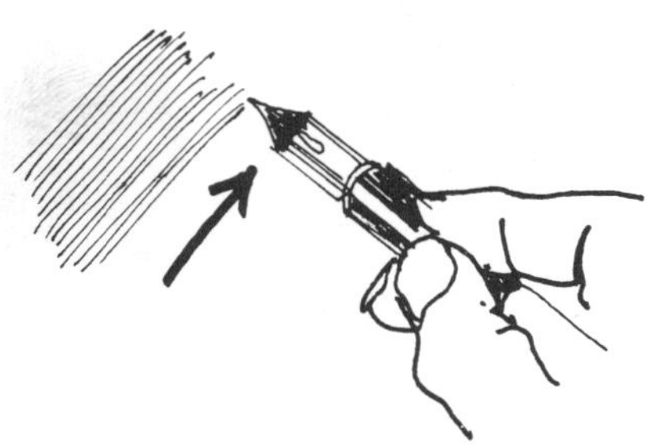

Schraffur

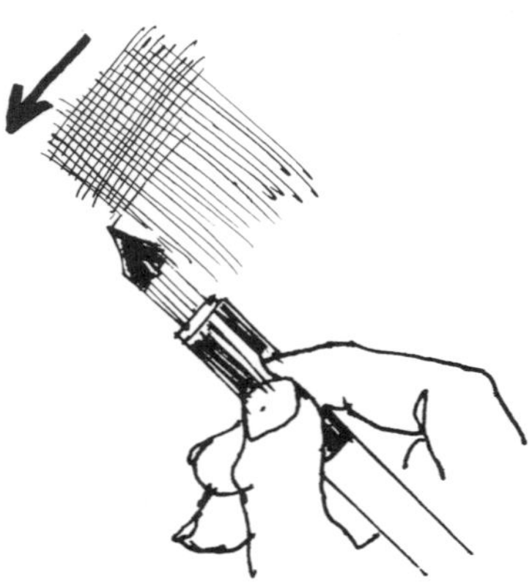

Kreuzschraffur

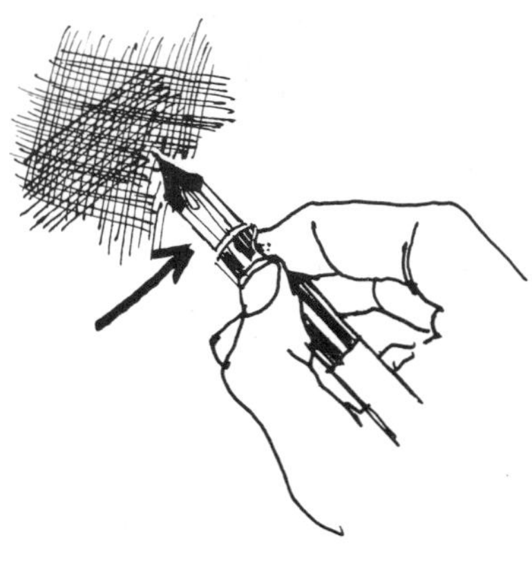

Tönungen werden langsam aufgebaut.

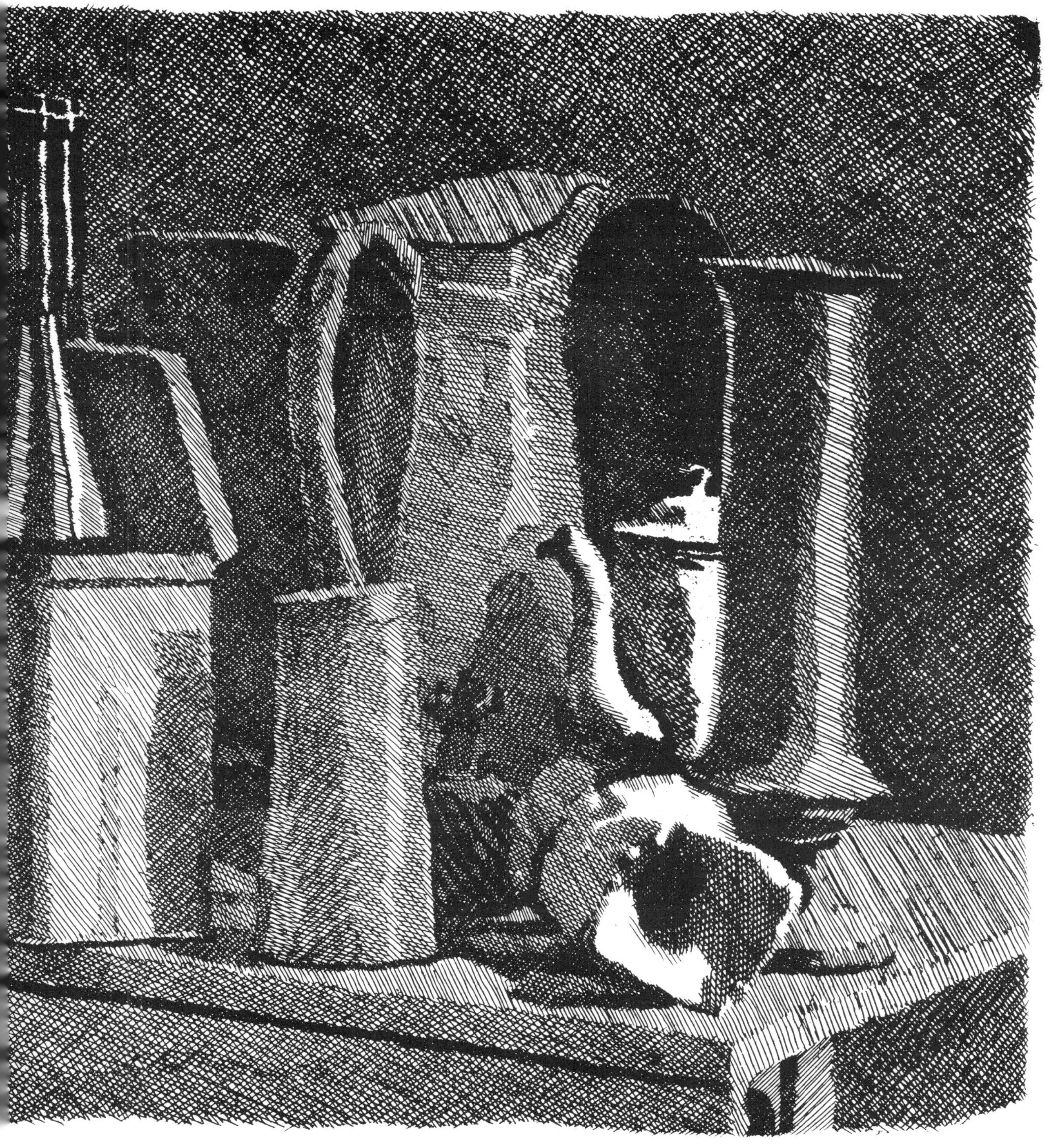

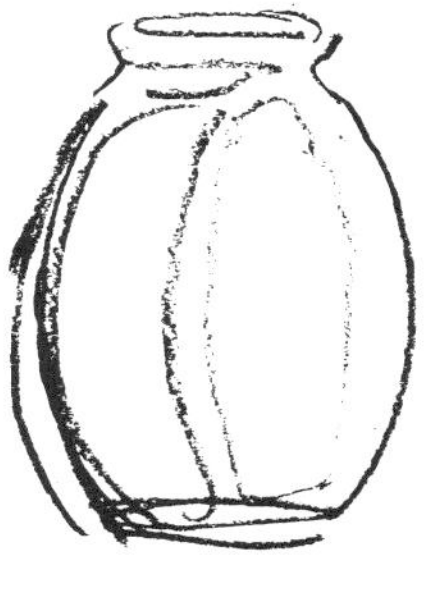

Formen werden mit Bleistift gezeichnet . . .

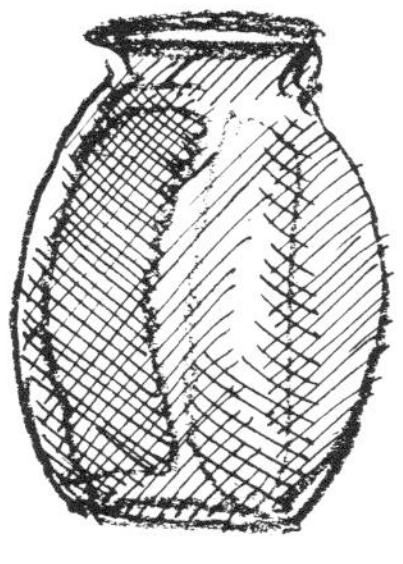

Tönungen werden durch Schraffur hinzugefügt . . .

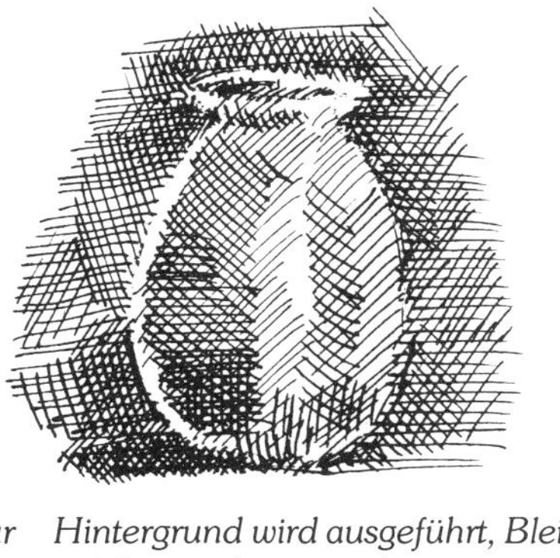

Hintergrund wird ausgeführt, Bleistiftstriche werden ausradiert.

»Mein ganzes Leben lang habe ich ein Gespräch mit dem Tod geführt.«

Mit dunklen Tönungen und traurigen Themen drückte Käthe Kollwitz ihre realistische, mahnende Grundhaltung aus. Nur wenigen Künstlern ist es gut gelungen, das Leben und die Kunst miteinander zu verbinden. Meisterhaft stellte sie die Opfer von Armut, Industrialisierung, Krieg und Tod in dunklen Farben und subtilen Grautönen dar. Als Künstlerin der dramatischen Darstellungen war Kollwitz in der Lage, sogar in dem leidvollen und vorwurfsvollen Blick ihres Selbstporträts Gefühle darzustellen. Für sie waren die Tönungen ein Mittel, Stimmungen zu vermitteln.

Käthe Kollwitz (1867 – 1945) – *Weiche Töne und klare Ränder*

Obwohl Kollwitz häufig schnelle Zeichnungen mit dicken Kreidestiften oder flinken Tuschelinien anfertigte, ist dieses Selbstporträt bemerkenswert wegen seiner subtilen und planvollen Ausführung. Für mich scheint es eine nahezu perfekte Zeichnung zu sein – jede Linie erfüllt ihren Zweck. Es ist erstaunlich, daß es so gut wie keine Striche gibt, die sich an den Gegenstand herantasten. Große Flächen konnte sie schnell bearbeiten, indem sie die Seite der Kreidestifte benutzte und nicht die Spitze. Beachtenswert ist, wie Kollwitz die Hohlformen und Falten des Gesichts herausmodelliert, indem größerer Druck in den schattigen, dunklen Partien und geringerer Druck in den anderen Bereichen eingesetzt wird. Der Druck bestimmt die dunklen Tönungen, obwohl hier und da Tönungen durch mehrere Schichten aufgebaut wurden.

Ein anderes Merkmal der Handschrift der Künstlerin ist der Einsatz rasierklingenscharfer Linien, die der Darstellung der Gesichtszüge in den weichen Formen dienen. Besonders deutlich wird dies beim Mund, bei den Falten der Stirn und der Umrißlinie des Kopfes. Diese Striche entstehen, wenn die scharfe Kante des Kreidestifts eingesetzt wird. Eine Rasierklinge oder ein scharfes Messer könnte verwendet worden sein, um die scharfen, weißen Kanten der hellen Stellen auf der Nase und der Unterlippe herauszukratzen. Schließlich sollten Sie darauf achten, wie das Gesicht langsam in das Weiß des Hintergrunds übergeht. Mit wenigen weichen Strichen endet die Zeichnung einfach, wodurch das Bild noch rätselhafter wirkt.

Versuchen Sie, einen Ausschnitt des Selbstporträts von Kollwitz auf einem gesonderten Blatt Papier nachzuzeichnen, um diese Handschrift zu erfahren. Sie brauchen eine Stange Zeichenkohle oder Künstlerkreide. An den dunklen Stellen wird fester gedrückt, an den hellen Partien wird nur leichter Druck ausgeübt. Versuchen Sie auch, Variationen der Tönungen zu erreichen, indem Sie diese schrittweise aufbauen. Die Textur des Papiers wirkt sich darüber hinaus auf das Aussehen aus, weil sie kleine weiße Stellen in den Zwischenräumen entstehen läßt (oder nicht). Probieren Sie aus, ob es Ihnen gelingt, die Variationen von scharfen Linien und weichen Tönungen wiederzugeben.

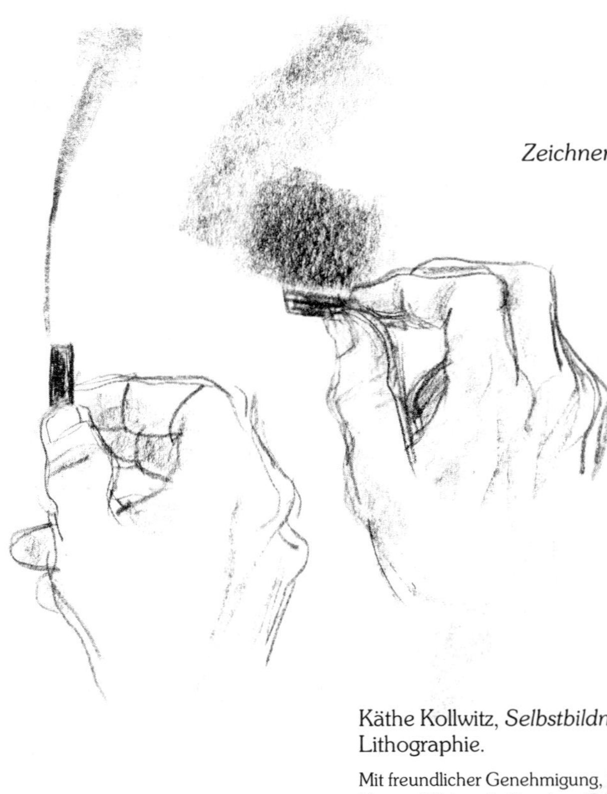

Käthe Kollwitz, *Selbstbildnis.* 1924. Lithographie.

Mit freundlicher Genehmigung, Fogg Art Museum, Harvard University Purchase Friends of the Fogg.

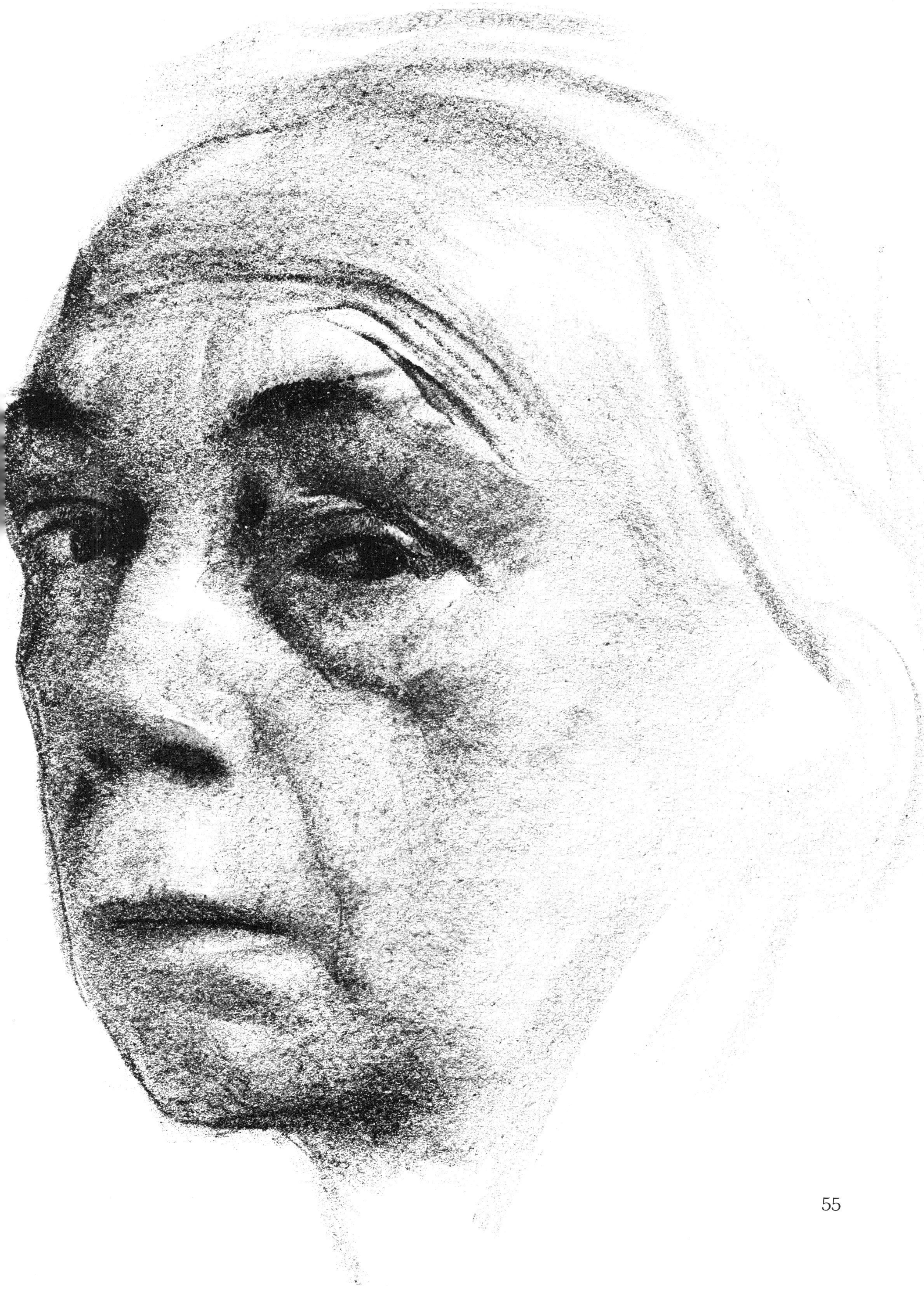

Projekt 2 – A Kopieren der Zeichnung eines Meisters

Wählen Sie eine der sieben gerade besprochenen Zeichnungen großer Meister und kopieren Sie diese. Benutzen Sie dasselbe Medium. Um die Handschrift des Künstlers genau zu reproduzieren, sollten Sie besonders auf die Länge der einzelnen Striche achten und dort verbinden oder unterbrechen, wo es der Künstler machte. Bemühen Sie sich, den gleichen Rhythmus zu finden, mit dem der Künstler vermutlich gearbeitet hat, auch wenn dies zum Teil auf Kosten der Genauigkeit der Proportionen erfolgt.

Arbeiten Sie in Originalgröße oder größer. Lassen Sie sich etwa 20 Minuten Zeit, wenn Sie eines der drei ersten Beispiele wählen; bei den anderen Zeichnungen haben Sie 30 Minuten Zeit. Wenn Sie sich für die Arbeit von Morandi entscheiden, können Sie nur einen Ausschnitt kopieren, weil die Technik der Kreuzschraffur sehr zeitraubend ist.

Kopieren

Ein Freund erzählte mir, daß er auf einmal viel besser Ski fahren konnte, als er einem guten Skifahrer folgte und, ohne darüber nachzudenken, seinen Stil und seine Bewegungen nachahmte. Diese Fähigkeit, sich in eine andere Person hinein zu versetzen, wird Einfühlungsvermögen genannt. Es bietet uns wertvolle Möglichkeiten. Beim Kopieren der Zeichnung eines Meisters hat man die Möglichkeit, an der Erfahrung des Künstlers teilzuhaben, sich in den Künstler und sein Werk hineinzuversetzen. Wenn Sie die Striche des Künstlers wiederholen, bekommen Sie ein Gefühl dafür, was die *Handschrift* wirklich ausmacht. Ihr Verständnis wächst. Man beginnt damit, die Zeichnung eines Meisters Strich für Strich nachzuzeichnen. Dies macht man automatisch und mit Fleiß. Je länger man zeichnet, um so leichter fällt die Aufgabe. Man lernt die Handschrift kennen. Man macht die Striche, ohne darüber nachzudenken. Dies ist der Punkt, an dem man den Einstieg geschafft hat und das gute Gefühl bekommt, daß man auf dem richtigen Weg ist.

Als Kind habe ich gerne kopiert – und ich hatte immer ein schlechtes Gewissen dabei. Ich erinnere mich, daß ich die Figuren von Disney aus Heften nachzeichnete, um die Bilder dann zu verstecken und die Beweisstücke zu vernichten. Mein Nachbar Bobby Johnson hatte dies gemerkt. Jedesmal wenn er mich beim Zeichnen erwischte, suchte er nach der Vorlage, bis er sie dort gefunden hatte, wo ich sie schnell versteckt hatte. Es war natürlich eine Schande für mich, und ich wußte, ich war ein Schwindler und kein Künstler. Dieses Gefühl verdarb mir die Freude an dem Lob, das ich in späteren Schuljahren erhielt. An der Hochschule kopierte ich viele verschiedene Künstler, besonders jene, die die Titelseiten für das *Time* Magazin gestalteten. Damals hatten die Künstler, die für die Zeitschrift arbeiteten, einen sehr ähnlichen Stil, aber ich konnte einen Ernest Hamlin Baker sofort von einem Boris Chaliapin unterscheiden.

Inzwischen hatten meine Zeichenfähigkeiten beträchtliche Fortschritte gemacht, aber ich vertraute ihnen nicht, weil ich sie nach meiner Meinung mit unrechten Mitteln erlangt hatte. Erst spät akzeptierte ich, daß ich tatsächlich eine eigene Handschrift hatte. Zu einem großen Teil hatte sie sich dank der frühen Kopierversuche entwickelt und nicht trotz des Kopierens. In einem gewissen Umfang entwickelt sich die Handschrift immer noch mit Hilfe des Kopierens weiter. Die anderen Künstler, deren Werke in diesem Buch abgebildet werden und die zum großen Teil Freunde sind, üben

Beim Kopieren sollten Sie versuchen, die Handschrift des Meisters zu erfahren.

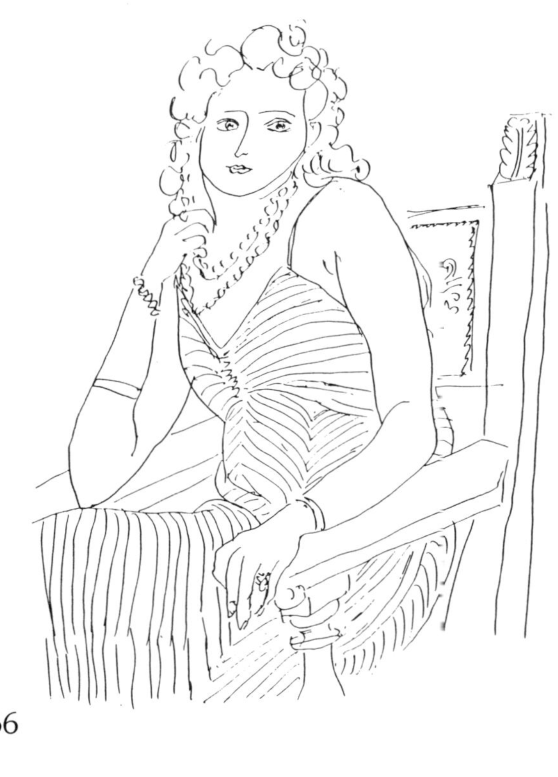

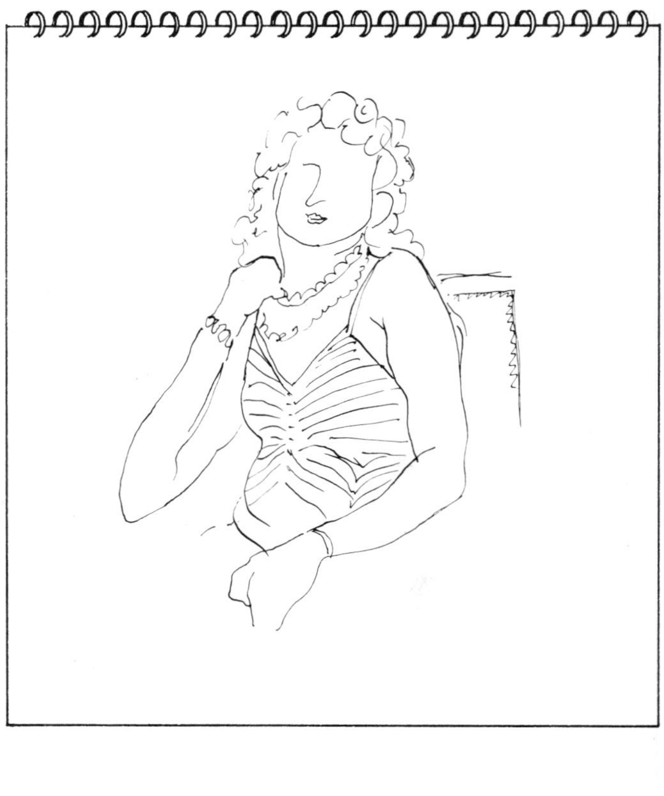

weiterhin einen Einfluß auf meine Handschrift aus. Dies macht mir nicht mehr zu schaffen. Wenn wir daran denken, daß Degas, Eakins, Cézanne und die meisten Meister kopierten, können wir das Kopieren als einen Schlüssel zum Lernerfolg betrachten.

Nachahmen

Das Nachahmen geht einen Schritt über das Kopieren hinaus; man fertigt eine eigene Zeichnung in der Handschrift eines anderen an. Zuerst muß man sich mit der Handschrift eines Künstlers, den man bewundert, durch das Untersuchen oder Kopieren vertraut machen. Zu beachten sind die Art der Linienführung, das verwendete Zeichengerät und die Mischung aus freiem und kontrolliertem Arbeiten. Entwerfen Sie ein Motiv, das dem des Künstlers ähnelt. Tun Sie beim Zeichnen so, als wären Sie der Künstler. Machen Sie alles das, was der Künstler tun würde. Das Nachahmen soll Ihnen den Druck nehmen, »Sie selbst« sein zu müssen. Es ist eine Erleichterung, sich in die Lage eines anderen zu versetzen und ihn alle Entscheidungen treffen und alle Risiken tragen zu lassen. Im Zweifelsfall können Sie einfach das zeichnen, was Sie sehen.

Hin und wieder drücken Zeichenschüler die Befürchtung aus, daß sie ihre Individualität durch Kopieren und Nachahmen verlieren. »Ich befürchte, daß ich nicht herausfinde, wer ich bin, wenn ich so wie ein anderer zeichne,« oder: »Ich möchte nicht den Stil eines anderen Künstlers weiterentwickeln.« Diese Bedenken verraten, daß die Vitalität der Identität unterschätzt wird. Ich glaube nicht, daß wir jemals genau sagen können, wer wir sind. Unsere eigene Neugierde und unsere Neigung, uns mit anderen zu identifizieren, sind ein ständiger Antrieb zu kreativem Wandel.

Das Kopieren und Nachahmen wird Sie nicht mehr beeinträchtigen, als der Versuch, etwas genau so zu zeichnen, wie Sie es sehen, Ihre Kreativität unterdrücken wird. Die Individualität bahnt sich ihren Weg. Wenn es Ihnen nicht paßt, daß Sie zu viele Manierismen von einem bestimmten Künstler übernehmen, sollten Sie sich mit einem Künstler befassen, der einen ganz anderen Stil hat. Etwas von Ihnen wird immer einfließen. Ja, Künstler zeigen schließlich ausgeprägte Handschriftmuster, aber selbst dieser ausgereifte Stil entwickelt sich mit der Zeit weiter. Ein Künstler befindet sich in einem permanenten Prozeß der Entfaltung neuer Ausdrucksmöglichkeiten.

Projekt 2 – B Nachahmung der Handschrift eines Meisters

Fertigen Sie eine eigene, originale Zeichnung an und ahmen Sie dabei die Strichführung und den Charakter nach, den Sie beim Kopieren einer Zeichnung bei Projekt 2 – A erkundet haben. Wählen Sie ein ähnliches Motiv und Medium, aber arbeiten Sie nach Beobachtung eines Gegenstandes. Man kann ein Tier nehmen, wenn man Delacroix nachahmt, einen Baum bei dem Beispiel von van Gogh, ein Stilleben bei Morandi. Bei den anderen Beispielen können Freunde Modell sitzen.

Die Skizze links unten deutet an, wie die Übertragung, die Sie vornehmen sollen, aussehen könnte. Bei diesem Projekt müssen Sie ganz und gar von der normalen Vorgehensweise abweichen und sich vorstellen, daß Sie mit der Hand eines anderen Künstlers arbeiten. Führen Sie die Striche genauso aus wie es der Künstler tun würde. Genau wie bei Projekt 2-A werden Ungenauigkeiten der Proportionen in Kauf genommen, um die Handschrift gut zum Ausdruck zu bringen. Arbeiten Sie wieder in gleicher Größe. Sie haben wieder 20 bis 30 Minuten Zeit, außer Sie ahmen Morandi nach, wobei Sie länger brauchen werden.

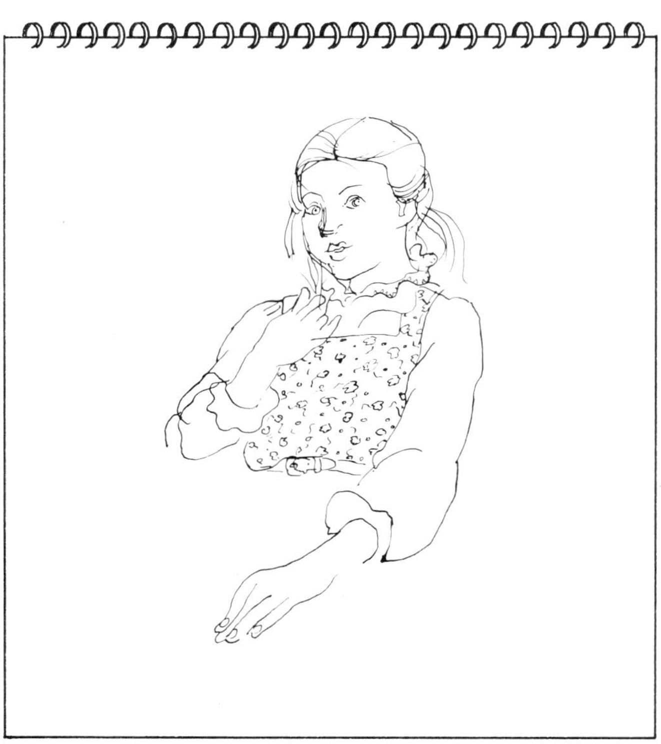

Wenn Sie nachahmen, sollten Sie mit dieser Hand eine Originalzeichnung anfertigen.

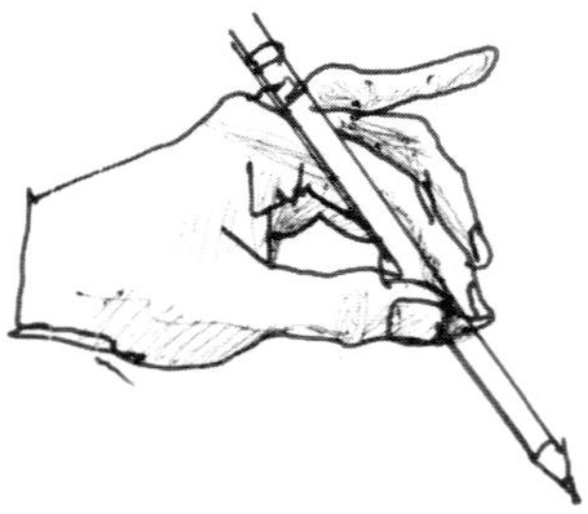

Bei der freien Handschrift wird der Bleistift locker und mit Abstand zur Spitze gehalten . . .

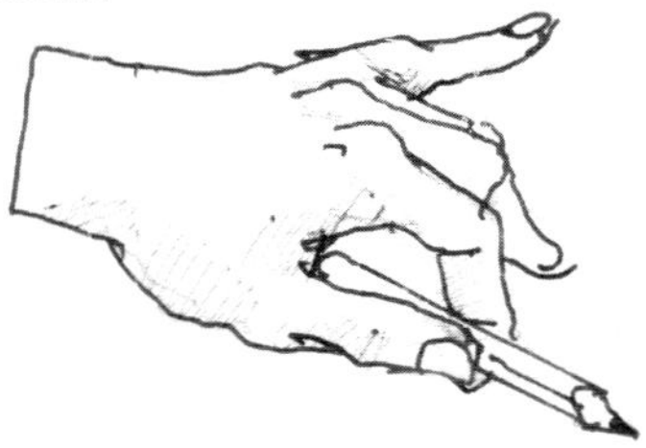

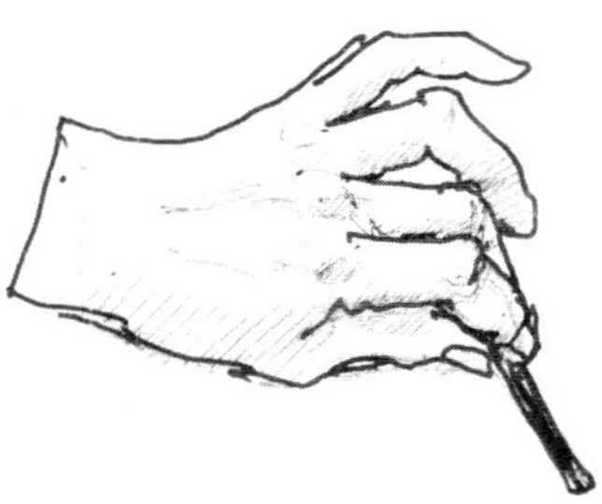

Ellenbogen und Schulter werden eingesetzt . . .

Freie Handschrift

Der Weg zum Zeichnen führt oft über eine *freie* Handschrift. Viele Künstler haben herausgefunden, daß es die beste Vorgehensweise am Beginn einer bestimmten Zeichnung ist, sie nicht zu planen oder vorzubereiten, sondern einfach den Bleistift zu bewegen, schnelle, sich herantastende Striche zu machen, die auf den Gegenstand reagieren.

Um zur richtigen Einstellung zu finden, sollten wir uns noch einmal die Eigenschaften, die wir mit der freien Handschrift verbinden, vor Augen führen: Schnell, skizzenhaft, ausdrucksvoll, unruhig, schwungvoll, verbindend, impulsiv und locker. Merken Sie die damit verbundene Haltung: »Es kommt nicht so darauf an, was dabei herauskommt«? Machen wir uns hier keine Gedanken über das Endprodukt. Statt dessen sollen Sie die oben genannten Eigenschaftswörter als auslösende Wörter benutzen, wenn Sie die folgenden drei Techniken ausprobieren. Halten Sie Ihren Bleistift locker und weit hinten, so daß er praktisch leicht in der Hand hängt. Damit wird Kontrolle zugunsten von Mobilität und Geschwindigkeit aufgegeben. Setzen Sie auch den Ellenbogen und die Schulter ein, um der Linie mehr Schwung und eine fließende Bewegung zu verleihen. Die Seite der Hand sollte nur leicht, wenn überhaupt, auf dem Papier liegen.

Die Umrißskizze

Mit der Körperhaltung wird einfach das Wesentliche der abzubildenden Figur auf schnelle und ökonomische Weise dargestellt. Diese Zeichnungen bestehen aus flüchtigen Strichen, die weniger ausdrücken sollen, was ein Subjekt *ist*, sondern was es *macht*. Die Umrißskizze ist besonders wirkungsvoll, wenn es darum geht, das Lebendige darzustellen, vor allem Menschen und Haustiere, aber auch andere Gegenstände, die Gefühle wecken, z. B. ein alter Baum oder eine über einer Stuhllehne hängende Jacke, sind geeignete Themen für Umrißskizzen. Lassen Sie sich nicht mehr als eine Minute Zeit für jede Zeichnung. Der Bleistift soll ständig in Bewegung bleiben.

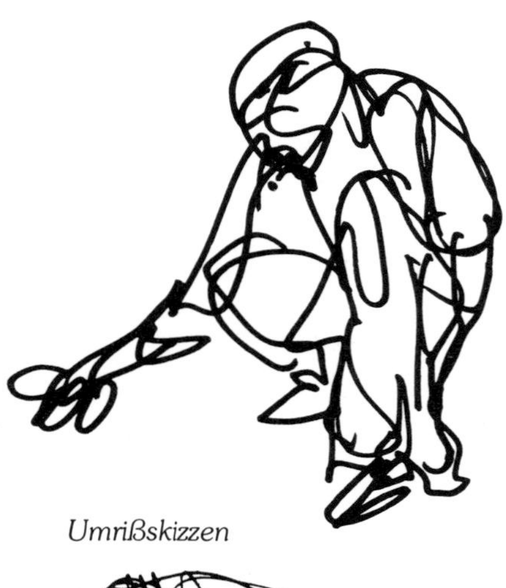

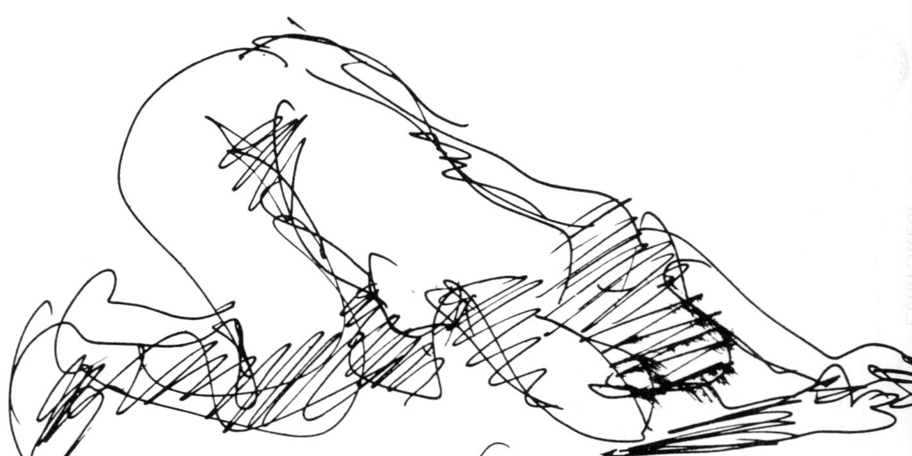

Umrißskizzen

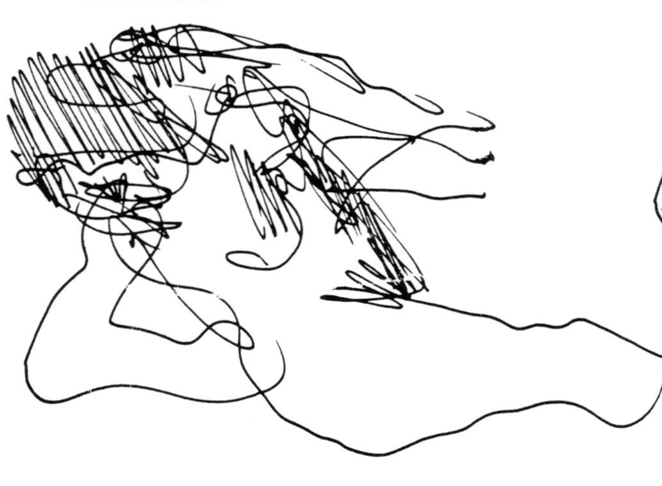

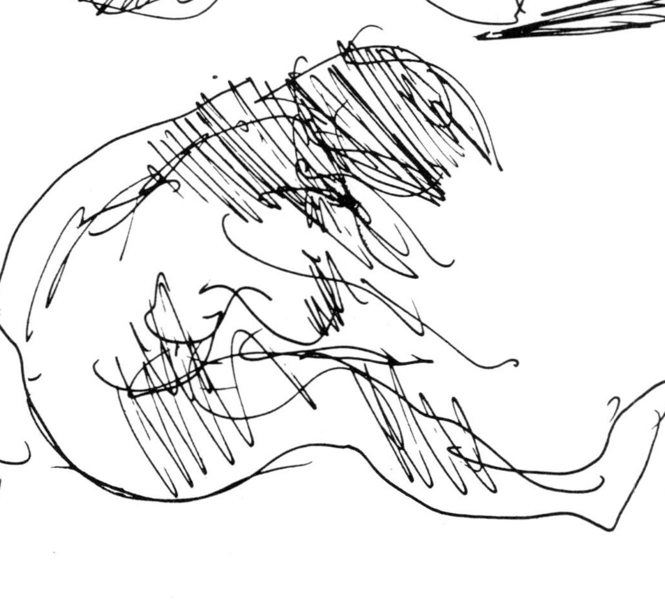

Verbundene Linien

Eine andere Methode des schnellen Skizzierens, das Zeichnen verbundener Linien, verfolgt ähnliche Ziele wie die Umrißskizze, wird aber ganz in kontinuierlichen Linien ausgeführt. Auch hier geht es nicht darum, genau zu sein, sondern nur darum, die verschiedenen Ecken und Kurven auf spontane Art festzuhalten. Es sind keine Umrißzeichnungen. Wandern Sie mit dem Stift innerhalb und außerhalb des Gegenstandes herum, folgen Sie den Konturen und setzen Sie den Bleistift dabei nicht ab. Menschen, Autos, Möbel und Pflanzen sind geeignete Gegenstände.

Die Fünf-Minuten-Skizze

Die Regeln für die Fünf-Minuten-Skizze sind einfach. Schauen Sie in eine beliebige Richtung und zeichnen Sie *ohne Unterbrechung* das, was Sie vor sich haben. Denken Sie nicht über Gestaltung, Thema, Genauigkeit oder Stil nach. Sie sollen in Ihrem Blickfeld so viel festhalten wie Sie können. Je komplizierter, um so besser. Schauen Sie in die Ecken Ihres Raumes, auf einen unordentlichen Tisch oder eine belebte Straße. Diesmal können Sie den Bleistift absetzen.

Zur *freien* Handschrift gehören kurze, aber konzentrierte Explosionen und das Abschalten der bewußten Kontrolle. Fertigen Sie viele dieser lockeren, schnellen Skizzen an, besonders wenn Sie etwas verkrampft oder umständlich zeichnen. Sie werden lernen, das Bild schnell festzuhalten. Es ist gut geeignet für Skizzen von sich bewegenden Gegenständen, wie z. B. Kinder, Tiere, Menschen oder Busse. Auf diese Weise werden Ihnen vielleicht einige interessante, ausdrucksstarke Zeichnungen gelingen, aber das ist nicht das Ziel. Sie sollten sich nicht mit einer eingehenden Bewertung Ihrer Freihand-Zeichnungen befassen und sie auch nicht kritisieren oder kommentieren. Wenn man die freien Arbeiten als eine langfristige Übung zur Weiterentwicklung betrachtet, dann sind gelegentliche »Perlen«, die man auf diese Weise herstellt, als glückliche Zufälle zu sehen.

Projekt 2 – C Freihand-Zeichnung

Bei diesem Projekt sollen Sie die drei beschriebenen Methoden nutzen, um einige Freihand-Zeichnungen anzufertigen.

1) Sechs Umrißskizzen: Lassen Sie einen Freund jeweils für eine Minute verschiedene Haltungen einnehmen (beugen, lehnen, ausstrecken, knien usw.) und halten Sie diese in einer Reihe von flüchtigen Skizzen auf demselben Blatt Papier fest.

2) Drei Zeichnungen mit verbundenen Linien: Wieder wird ein Modell eingesetzt. Es sollen drei zweiminütige Zeichnungen entstehen, ohne daß der Bleistift vor Fertigstellung der jeweiligen Zeichnung vom Papier genommen wird.

3) Eine Fünf-Minuten-Skizze: Suchen Sie sich einen unordentlichen Tisch oder eine vollgestellte Ecke eines Raumes aus und zeichnen Sie den Gegenstand so schnell wie möglich in fünf Minuten. Unterbrechen Sie den Zeichenvorgang nicht, um die Komposition oder die Genauigkeit zu prüfen.

Halten Sie den Stift locker in der Mitte oder am oberen Ende. Sie können ein Zeichengerät verwenden, mit dem Sie gerne arbeiten. Machen Sie sich keine Gedanken darüber, wie die Zeichnung am Ende aussehen wird. Mit dieser Übung soll erkundet werden, was die Augen und die Sinne wahrnehmen, während die Hand die Bilder in ungehinderten, natürlichen Bewegungen der Handschrift verfolgt und interpretiert.

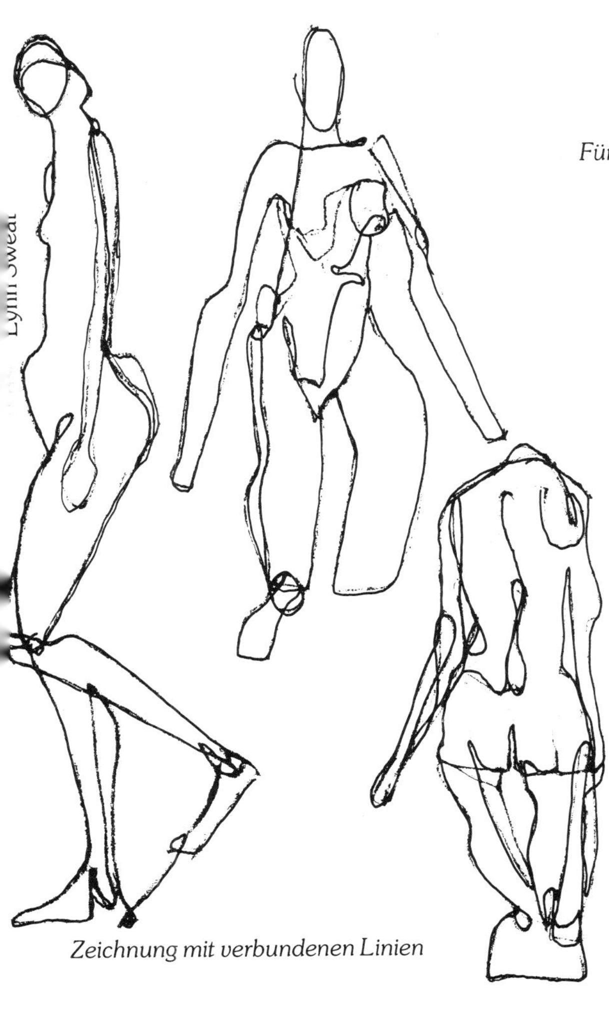

Zeichnung mit verbundenen Linien

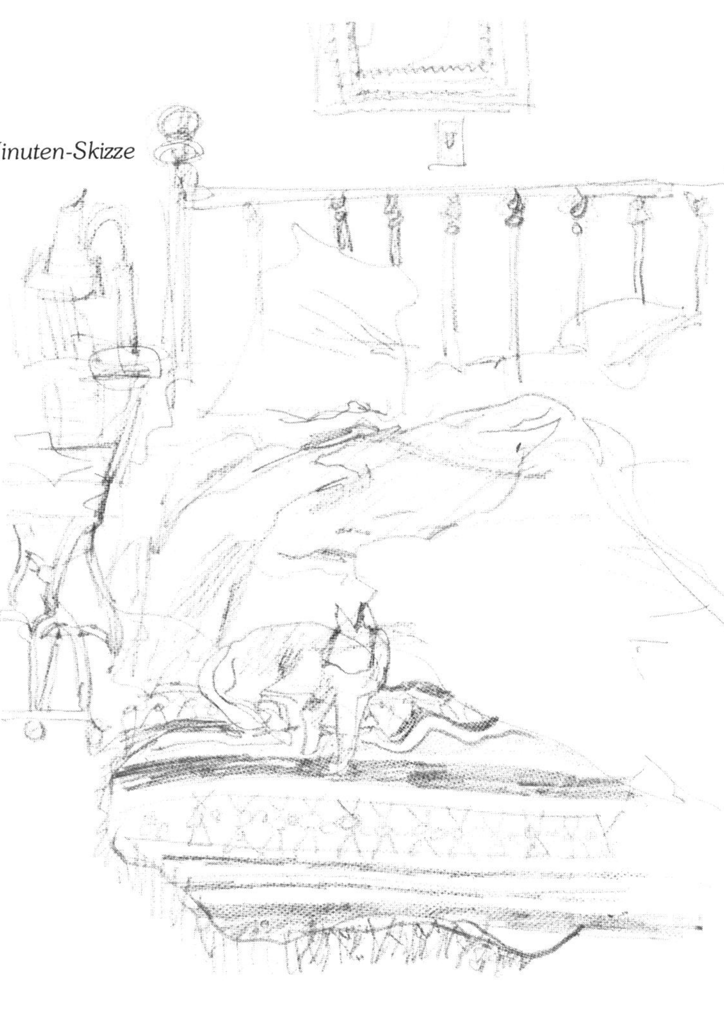

Fünf-Minuten-Skizze

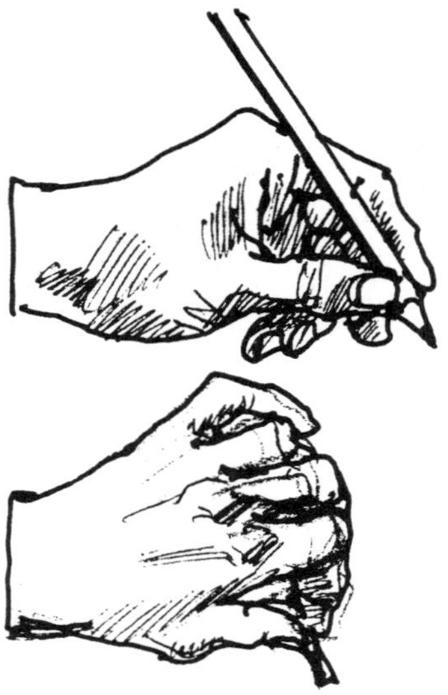

Beim festen Griff wird der Bleistift in der Nähe der Spitze gehalten. Die feinen Muskeln der Finger und des Handgelenks werden eingesetzt.

Kontrollierte Handschrift

Wenn die freie Handschrift der Hase ist, dann ist die kontrollierte Handschrift die Schnecke. Sie erfordert mehr Zeit, aber ihr gemächliches Tempo ist entspannend. Sie müssen damit rechnen, sich längere Zeit auf diese Projekte zu konzentrieren. Sie werden Ihr Ausarbeitungsgeschick und Ihre feinmotorischen Fähigkeiten trainieren, um zu einer präzisen, subtilen, sorgfältigen, geduldigen und überlegten Gestaltung zu finden. Behalten Sie diese Eigenschaften als auslösende Wörter im Kopf. Halten Sie Ihr Zeichengerät in der Nähe der Spitze fest, um eine größere Kontrolle zu haben. Sie werden kürzere, genauere Striche machen. Arbeiten Sie langsam und mit scharfer Spitze. Überprüfen Sie Ihren Fortschritt von Zeit zu Zeit. Sie können selbst beurteilen, ob Ihnen eine gleichmäßige Abstufung der Tönung gelungen ist, ob die weichen Kanten gleichmäßig sind oder die gezeichneten Details zutreffen.

Tönungsstreifen

Diese Übung ist wichtig, wenn man Tönungen beherrschen will. Innerhalb eines Rechtecks (2,5 x 20 cm) wird eine gleichmäßig abgestufte Tönung geschaffen, die von Schwarz am einen Ende bis Weiß am anderen läuft. Ich empfehle, zuerst einen Bleistift mit dem Härtegrad HB oder B zu nehmen. Arbeiten Sie mit der Spitze, mit der Seite oder mit beiden Möglichkeiten, um die gewünschten Ergebnisse zu erzielen. Die Tönungen sollten langsam aufgebaut werden. Vermeiden Sie den Fehler, in der hellen Hälfte des Streifens zu dunkel zu tönen. Prüfen Sie Ihren Fortschritt regelmäßig, indem Sie blinzeln oder zurücktreten. Der fertige Streifen sollte gleichmäßig vom Hellen zum Dunkeln übergehen. Sie können Ihr Ergebnis mit den Beispielen oben vergleichen, aber seien Sie nicht überrascht, wenn es Ihnen besser gelungen ist.

Tönungsstreifen: Der Druck der Striche wird verändert.

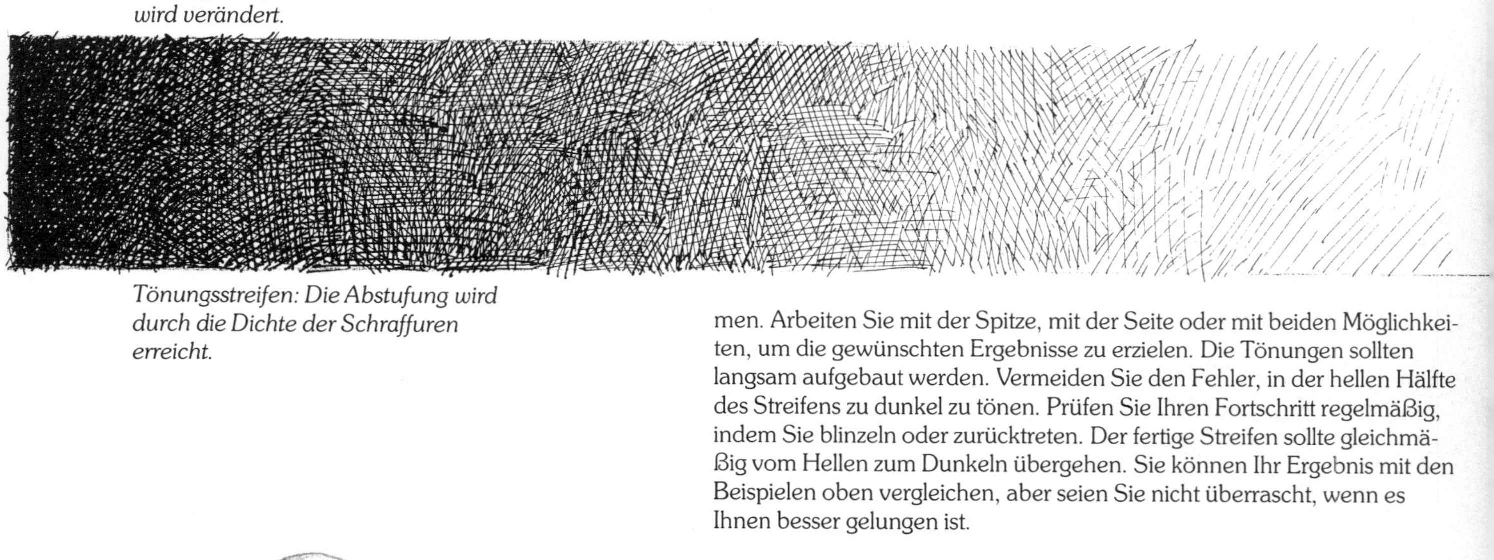

Tönungsstreifen: Die Abstufung wird durch die Dichte der Schraffuren erreicht.

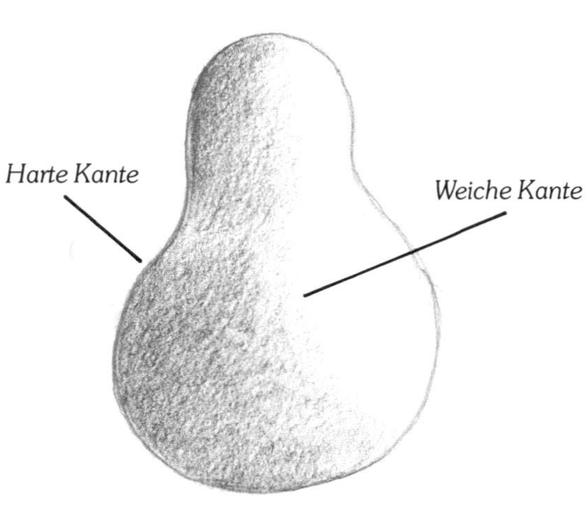

Harte und weiche Kanten

Eine harte Kante bildet eine scharfe Grenze; eine weiche Kante verschwindet allmählich. Die meisten Zeichnungen mit Tönungen weisen sowohl harte als auch weiche Kanten auf. Zeichnen Sie bei dieser Übung eine Birnenform mit leichten Strichen in ein Rechteck. Die Birne sollte auf der einen Seite dunkel sein und zur anderen Seite hin langsam hell werden (weiche Kante). Der äußere Rand der Birne wird auf der ganzen Seite scharf dargestellt (harte Kante). Im Hintergrund befindet sich ein mittleres Grau. Wenn Sie die Aufgabe noch etwas schwieriger haben wollen, können Sie den Hintergrund hinter der helleren Seite der Birne dunkel gestalten und ihn zur anderen Seite hin heller werden lassen.

Darstellung von Tönungen

Die Herausforderung bei dieser Übung besteht darin, die Tönungen und Kanten einer Schwarz-Weiß-Fotografie genau wiederzugeben. Zuerst wird der Umriß des Gesichts (unten) mit leichtem Strich durchgepaust oder kopiert. Dann wird die Umrißzeichnung neben das Foto gelegt. Zeichnen Sie nun alle Tönungen und Kanten möglichst genau ab. Durch geduldiges Aufbauen und häufiges Blinzeln werden Sie in der Lage sein, die dunklen, hellen und mittleren Tönungen gut wiederzugeben. Achten Sie besonders auf die harten Kanten, die weichen Kanten und die anderen Übergänge. Treten Sie gelegentlich zurück und vergleichen Sie Ihre Zeichnung mit der Fotografie. Diese Übung erfordert mindestens 15 bis 20 Minuten.

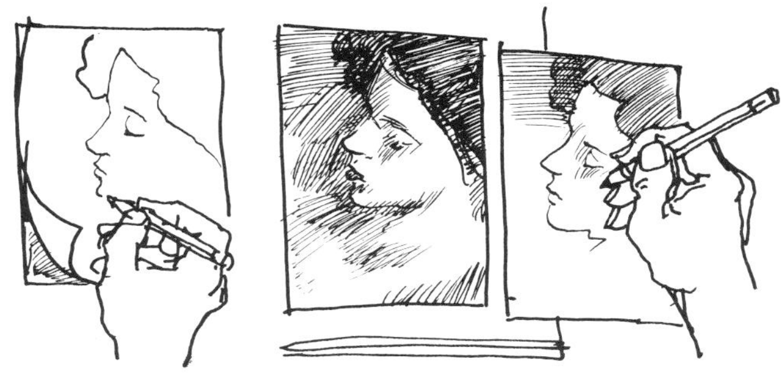

Kopieren oder pausen Sie die wichtigsten Formen der Fotografie durch. Legen Sie beide Abbildungen nebeneinander und übertragen Sie die Tönungen des Fotos.

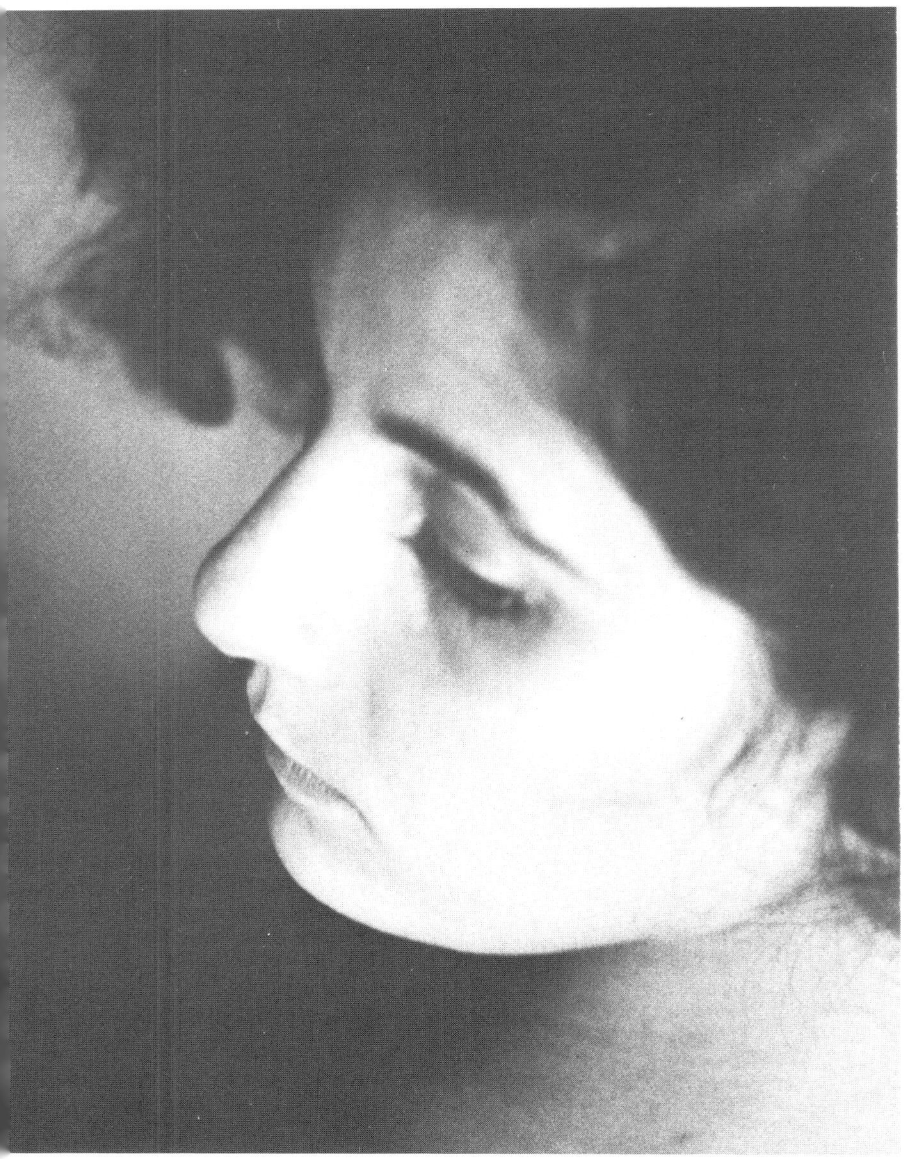

Howard Search

Projekt 2 – D Anfertigen eines Tönungsstreifens

Zeichnen Sie ein Feld mit den Maßen 2,5 x 20 cm und gestalten Sie darin eine gleichmäßig abgestufte Tönung von Schwarz bis Weiß. Die Tönung soll mit einem weichen Bleistift planmäßig und mit Geduld aufgebaut werden. Blinzeln Sie hin und wieder, um die Entwicklung zu prüfen. Bemühen Sie sich um einen fließenden Übergang der Tönung und vermeiden Sie dunklere oder hellere Stellen. Der mittlere Ton (50% Schwarz) sollte sich in der Mitte des Streifens befinden. Sie haben 30 Minuten Zeit.

Wenn Sie an Federhalter und Tusche interessiert sind, sollten Sie versuchen, einen zweiten Streifen mit der Schraffur-Methode anzufertigen. Die Tönungen werden etwas gröber sein als bei der Bleistiftversion, aber wenn Sie den Streifen aus größerer Entfernung betrachten, sollte die Wirkung gleich sein. In den hellen Bereichen müssen die Federhalterstriche allmählich weniger werden und weiter auseinander liegen. Bei der Übung können Sie sich an den beiden Beispielen auf der gegenüberliegenden Seite orientieren.

Projekt 2 – E Darstellung der Tönungen

Geben Sie so genau und sorgfältig wie möglich die Tönungen dieser Fotografie wieder. Sie können die wichtigsten Formen zunächst durchpausen und dann das Blatt Papier neben das Foto legen, um die Tönungen abzuzeichnen. Bauen Sie die Striche langsam und mit Geduld auf. Es ist besonders darauf zu achten, ob die Kanten hart oder weich sind. Blinzeln Sie häufiger, um Ihr Werk mit dem Foto zu vergleichen. Arbeiten Sie mit einem weichen Bleistift. Für die Aufgabe sollte man 30 Minuten ansetzen.

Der genaue Ausschnitt

Bei dieser Übung geht es um die Genauigkeit der Tönung und um kleine Details. Es soll eine präzise Zeichnung eines unwichtigen Ausschnitts angefertigt werden – zum Beispiel ein Teil einer Maschine oder eine Türangel. Arbeiten Sie langsam und bemühen Sie sich um eine peinlich genaue Zeichnung. Das Zeichengerät soll weit vorne gehalten werden.

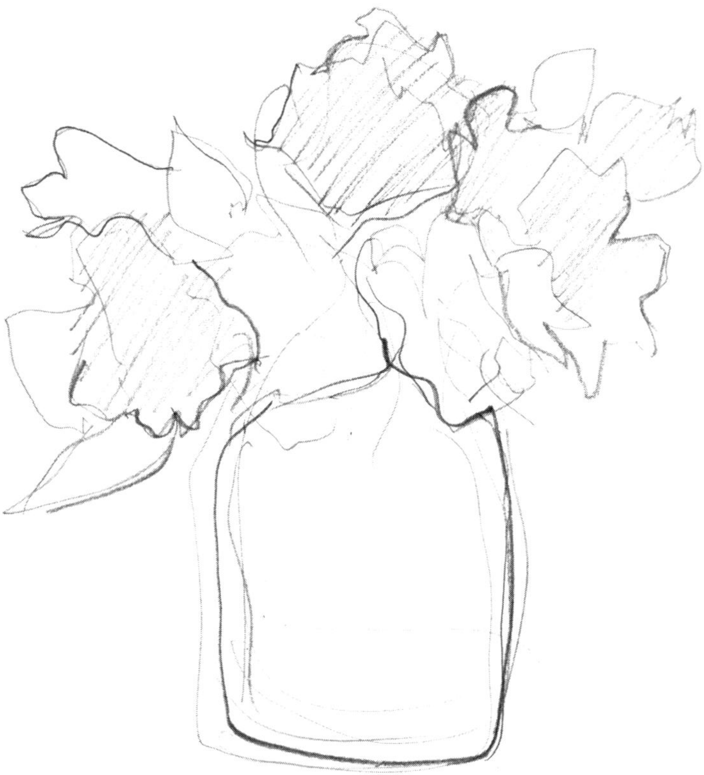

Im frühen Stadium der Zeichnung hält man den Stift weit hinten.

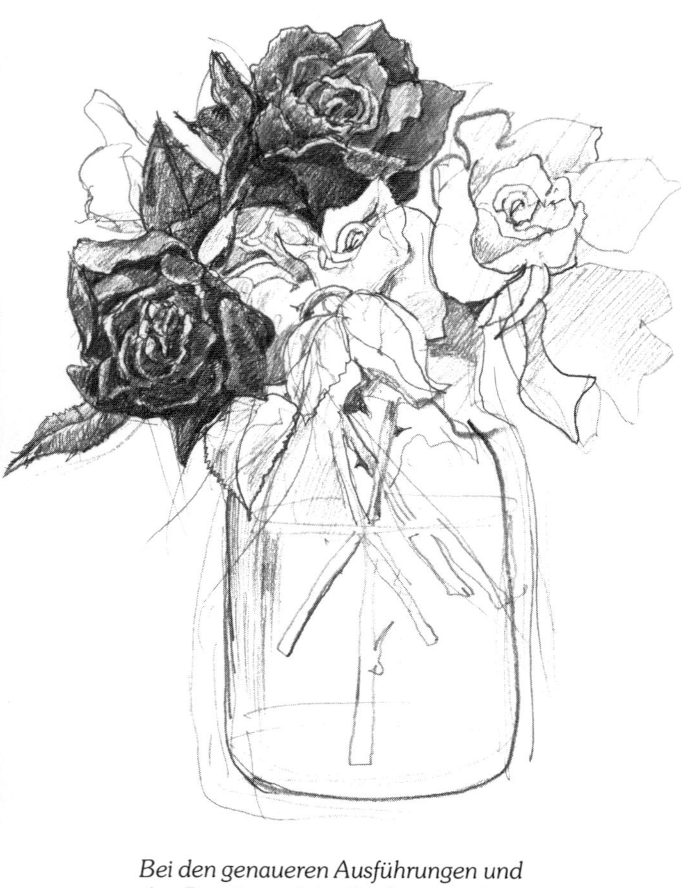

Bei den genaueren Ausführungen und den Details wird das Zeichengerät fester und weiter vorne gehalten.

Die freie Hand und die kontrollierte Hand im Zusammenspiel

Die Beziehung zwischen der freien Hand und der kontrollierten Hand wird vom Bildhauer Henry Moore klar beschrieben: »Ich beginne die Zeichnung manchmal ohne ein Problem, das zu lösen wäre, nur mit dem Bedürfnis, einen Federhalter und Papier zu gebrauchen, Linien, Tönungen und Formen ohne ein bewußtes Ziel zu gestalten; aber sobald die Gedanken erfassen, was auf diese Weise entsteht, wird ein Punkt erreicht, an dem sich Ideen kristallisieren. Dann gewinnen planmäßiges Vorgehen und Ordnung die Oberhand.«

Die freie Hand unternimmt die Streifzüge über das Papier und trägt das Risiko; die kontrollierte Hand führt die Verfeinerungen durch und baut das Territorium aus. Risiko und Konsolidierung erfordern als ein Prozeß der Fluktuation eine ständige geistige und körperliche Umstellung. Beim Wechsel zwischen freier und kontrollierter Arbeitsweise wird sich die Art und Weise, wie man das Zeichengerät hält, ständig ändern: Ein Wechsel zwischen lockerem Griff und festem Griff, mit dem das Zeichengerät gehalten wird.

Es wird am Anfang vielleicht etwas komisch aussehen, besonders der Wechsel der Stifthaltung, aber mit etwas Übung wird die ständige Änderung der Arbeitsweise automatisch erfolgen. Es gibt Künstler, die behaupten, sie würden diesen Wechsel nur einmal vornehmen – nämlich wenn sie die Umrißskizze abgeschlossen haben und sich mit den Details befassen. Dies ist zwar das allgemeine Schema, aber eine größere Flexibilität wird erreicht, wenn man während der ganzen Arbeit hin und her wechselt.

Jeder Wechsel ist ein ungeplanter Vorgang. Während der freien Arbeitsweise entsteht eine Reihe leichter Linien. An einem bestimmten Punkt erscheinen einige dieser Linien vielversprechend; der Künstler wechselt instinktiv seine Arbeitsweise, um diese Linien weiter zu entwickeln. Diese genauere Ausführung kann nur wenige Augenblicke dauern; die Hand hält den Stift dann wieder locker, und in freier Arbeitsweise werden neue Bereiche erkundet. Schließlich wird die Zeichnung in kontrollierter Weise abgeschlossen, aber nicht ohne daß vorher die ganze Zeit zahlreiche Wechsel stattgefunden haben.

Ich habe in etwas umständlicher Form einen Vorgang beschrieben, der zum größten Teil unbewußt abläuft. Natürlich werden Ihnen Ihre ersten Versuche des Wechsels der Arbeitsweise etwas umständlich und mechanisch erscheinen. Deshalb sollten Sie sich bei jeder Zeichnung zunächst nur hin und wieder zwingen, es zu versuchen, bis Sie sich daran gewöhnt haben. Es wird sich als eine wertvolle Technik herausstellen.

Projekt 2 – F Wechselnde freie und kontrollierte Hand

Der Zweck dieses Projekts ist es, den Wechsel von der freien Hand zur kontrollierten Hand zu üben. Stellen Sie eine Vase mit Blumen vor sich hin und beginnen Sie mit einer freien Umrißskizze des ganzen Gegenstandes. Führen Sie bestimmte Bereiche weiter aus und wechseln Sie dann zur kontrollierten Arbeitsweise, um hier dann einige der Blütenblätter, Blätter, Schatten und Tönungen genauer auszuführen. Lassen Sie einige Bereiche noch angedeutet und wenig ausgearbeitet. Wechseln Sie die Arbeitsweise beim Zeichenvorgang mindestens viermal. Sie können mit einem beliebigen Medium arbeiten und haben 30 bis 40 Minuten Zeit.

Anmerkungen zu den Zeichenmedien

Eine komplette Auflistung der unterschiedlichen Einsatzmöglichkeiten und Eigenschaften der einzelnen Zeichenmedien auf verschiedenen Oberflächen würde einen dicken Band füllen. Für die meisten von uns wird jedoch eine allgemeinere Darstellung genügen. Um die Medien einordnen zu können, habe ich sie in zwei grobe Kategorien eingeteilt, die ich Tusche- und Pulvermaterialien nenne.

Zweifellos besteht ein Zusammenhang zwischen der Handschrift und den verwendeten Materialien. Ich möchte Sie ermutigen, diesen Zusammenhang zu erfahren, indem Sie die folgenden Experimente mit verschiedenen Medien ausprobieren und die Ergebnisse vergleichen. Bleiben Sie beim gleichen Gegenstand – ein kleiner Ausschnitt oder eine kopierte Fotografie reichen aus – und halten Sie ihn einfach. Vergleichen Sie nicht nur die Endresultate, sondern auch, wie Ihnen die verschiedenen Medien liegen. (Einige der Wirkungen werden in Großaufnahme in Kapitel 6 gezeigt.)

Tuschematerialien

Diese Gruppe umfaßt Pinsel, Federhalter und Filzstifte unterschiedlichster Art. Die von diesen Zeichengeräten erzeugten Linien sind fließend, anmutig und scharf. Die Spitzen können sowohl sehr breit als auch fein sein und erzeugen klare schwarze Linien. Tönungen können mit Tuscheüberzug oder mit Schraffur erzeugt werden.

Federhalter und Tusche (feine Stahlfeder). Große Vielfalt der Linien, Dicke verändert sich mit Druck. Gut geeignet für feine Texturen und scharfe Details.

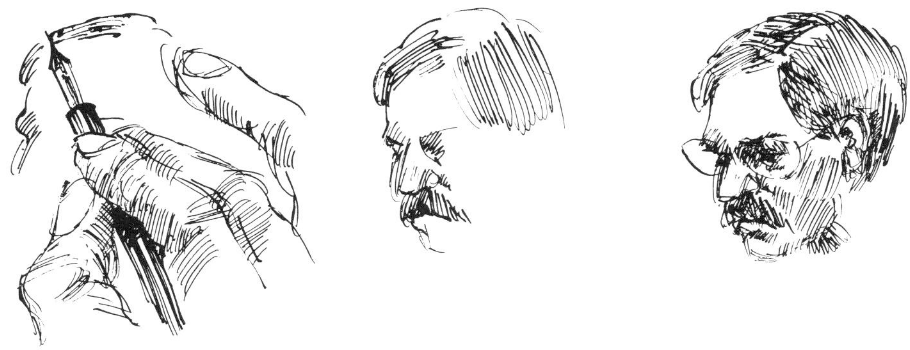

Federhalter und Tusche (Patronenfüllfederhalter). Der kontinuierliche Tuschefluß ist sehr praktisch. Abgerundete Spitze (Kugelspitze) ermöglicht eine leichte Richtungsänderung. Leicht mitzunehmen.

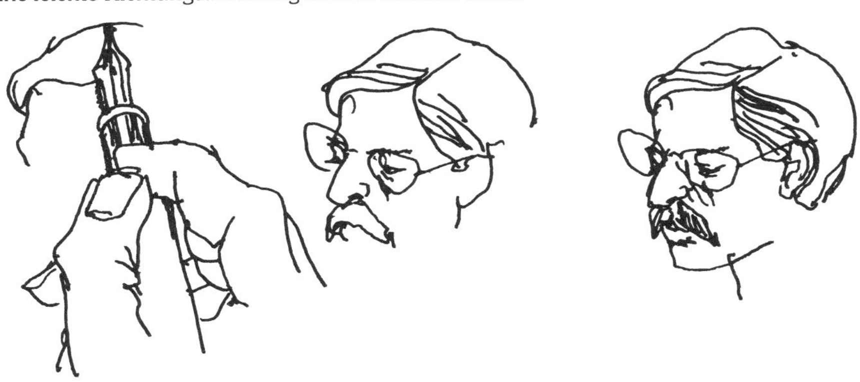

Filzstift (wasserlöslich). Er ist vergleichbar mit dem wasserfesten Filzstift, seine schwarzen Linien sind allerdings blasser. Man kann Tönungseffekte erzeugen, indem man sie mit feuchtem Finger verwischt.

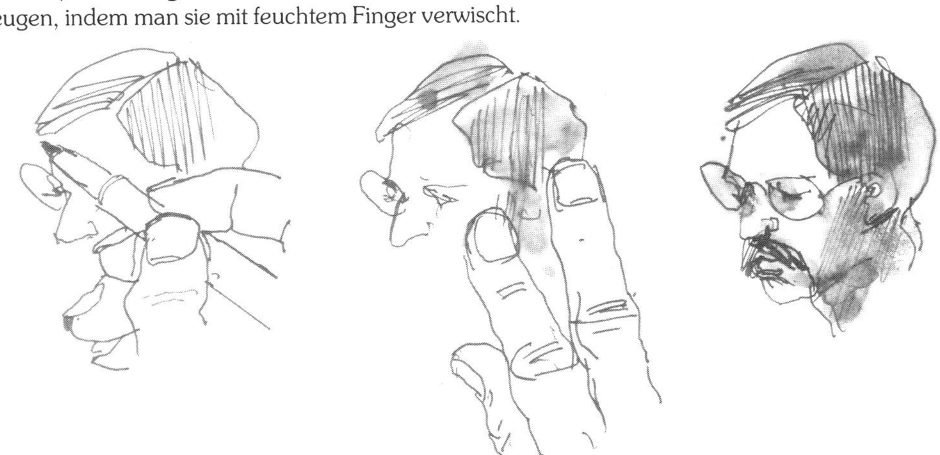

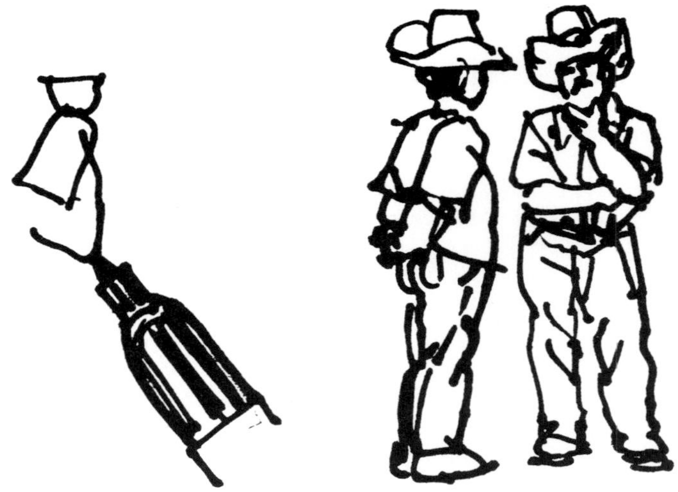

Filzstift (wasserfest). Grobe, deutliche Striche. Kräftiges Schwarz. Man kann die Breite der Striche variieren, indem man mit der Seite der Spitze zeichnet.

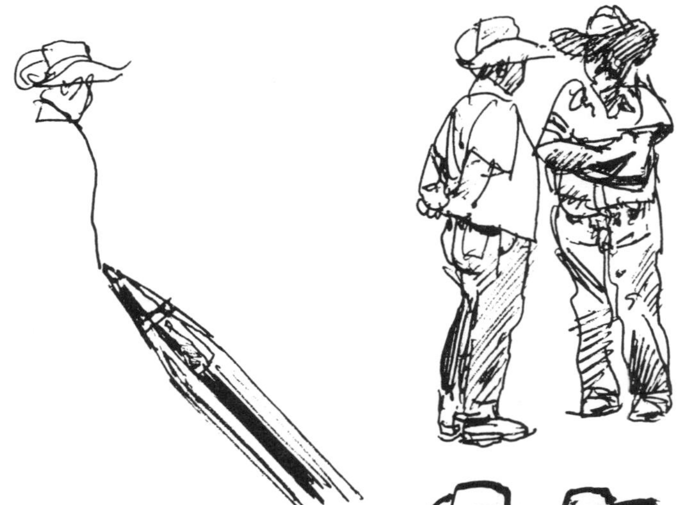

Tintenkugelschreiber. Außergewöhnlich vielseitig. Erzeugt sowohl dunkle als auch helle Linien, je nachdem, welcher Druck ausgeübt wird. Schmiert nicht. Leicht mitzunehmen.

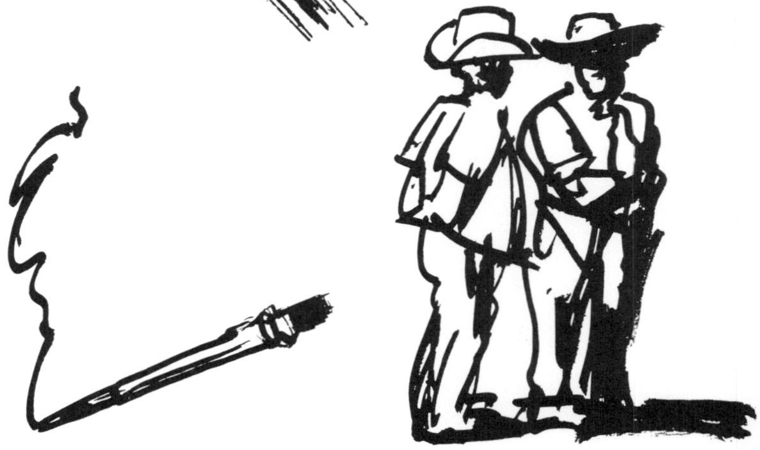

Pinsel und Tusche. Sehr frei. Gut geeignet für überraschende Effekte. Große, schwarze Flächen können schnell angelegt werden. Interessante Effekte mit trokkenem Pinsel auf rauhem Papier. Läßt sich gut mit Wasser und Grautönen mischen.

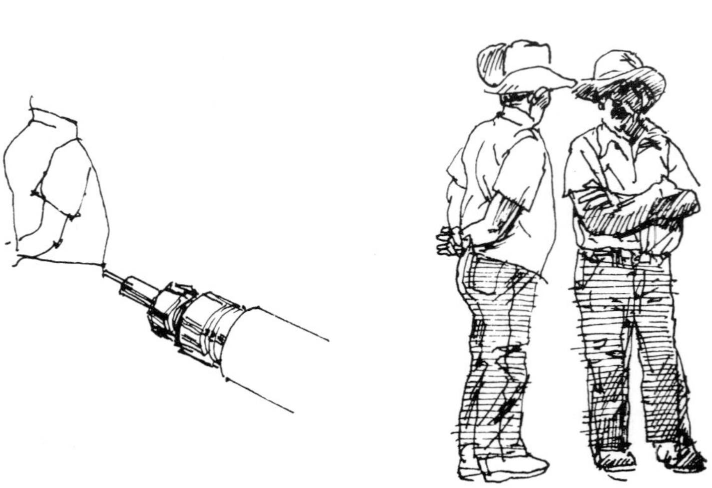

Tuschefüller (feine Strichstärke). Gleichmäßige Linie, kontinuierlicher Tuschefluß. Gut geeignet für lange, miteinander verbundene Linien und Kreuzschraffur. Hervorragend geeignet für sehr kleine Zeichnungen.

Pulver- oder trockene Materialien

Diese Gruppe umfaßt Bleistifte (Graphit), Zeichenkohle,Schwarzkreide, Pastellstifte und Kreide. Im allgemeinen sind diese Materialien trocken, im Aufstrich weich und geschmeidig, zerbrechlich und geeignet für schwungvolle Striche. Obwohl sie alle als Stange oder Stift erhältlich sind, denke ich bei Zeichenkohle, Pastell und Kreide normalerweise an Stangen. Sie eignen sich gut für großflächiges Arbeiten. Mit ihnen kann man intensive, schwarze Linien zeichnen oder Tönungen mit der Seite herstellen. Als Stange sind sie zwar unsauber, aber es ist ein Vergnügen, mit ihnen zu arbeiten. Für saubere Fingernägel gibt es keinen Preis zu gewinnen.

Bleistifte sind schwer einzuordnen, weil man mit ihnen fast alles machen kann. Das Piano der Zeichengeräte; man komponiert, denkt, skizziert und vollendet schöne Arbeiten mit dem Bleistift.

Bleistift. Das vielseitigste Zeichengerät, gleichermaßen einsetzbar für scharfe Linien und weiche Tönungen sowie für alle Zwischenstufen. Erhältlich mit weichen (B) und harten (H) Minen. Preisgünstig, praktisch und leicht mitzunehmen.

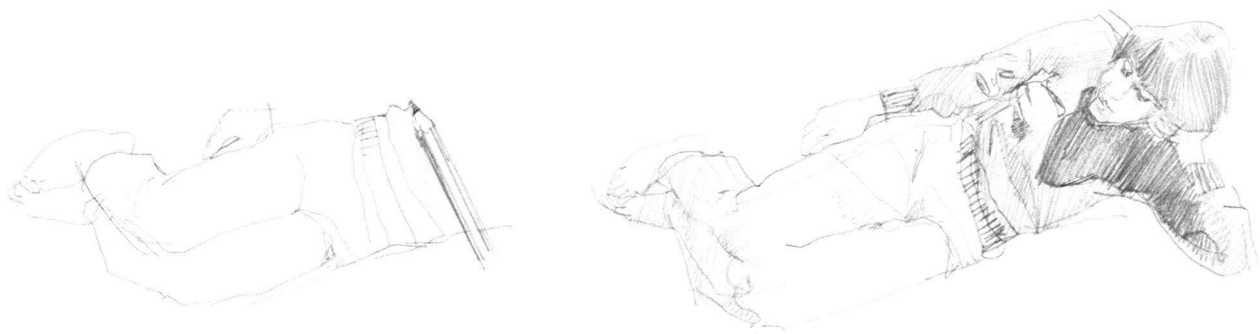

Zeichenkohle. Sehr weiche Wirkungen, eher grau, sehr gut gestaltbar, subtil, schlecht auf dem Papier haftend.

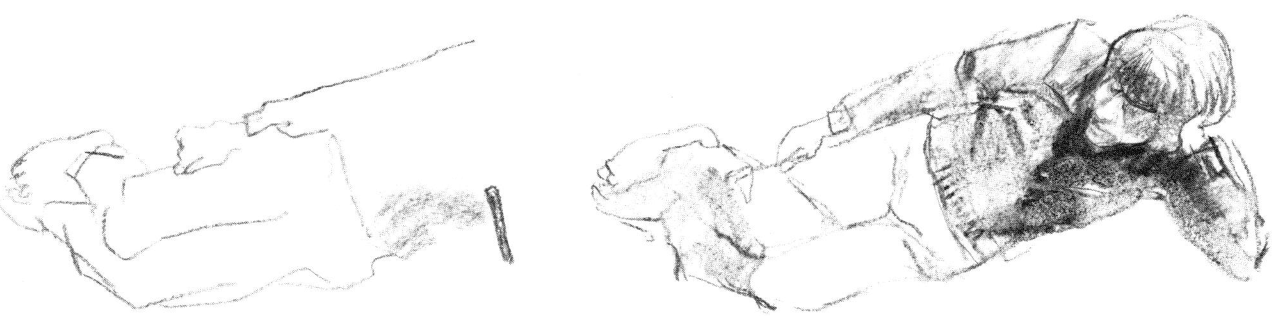

Schwarzkreide. Tiefschwarze, kühne Striche, gut zum Anlegen von Flächen geeignet, Kanten verwischen schön.

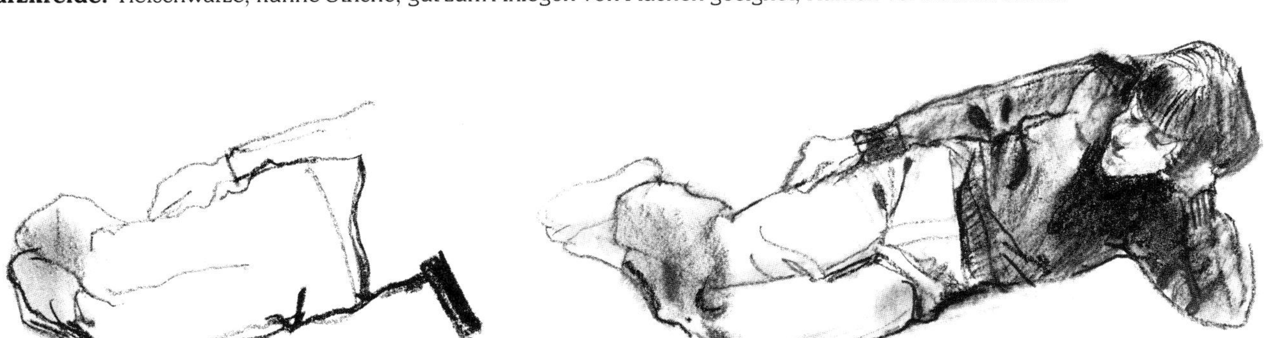

Künstlerkreide. Große Vielfalt von Effekten zu erzielen durch Zeichnen mit der Spitze oder der Seite. Bringt die Textur des Papiers gut zur Geltung. Geeignet für den langsamen Aufbau der Tönungen.

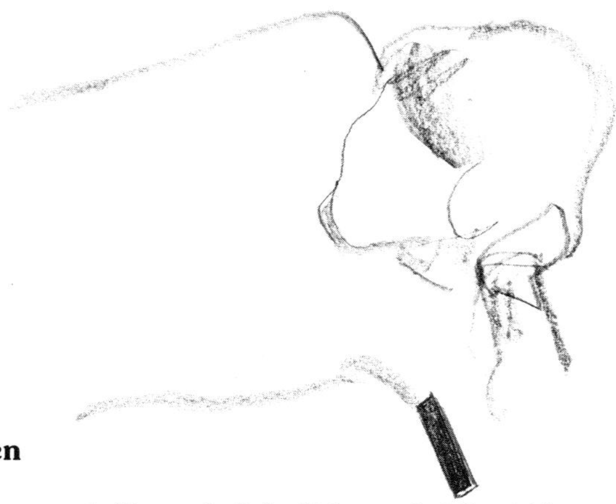

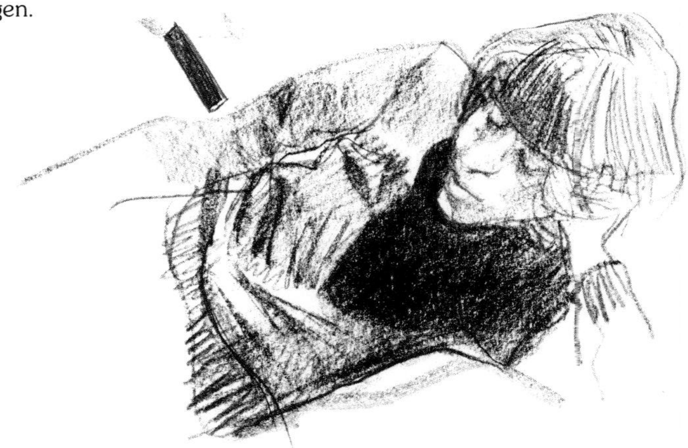

Verreiben

Eine hervorragende Eigenschaft der Pulvermaterialien ist ihre gute Gestaltbarkeit. Durch Schmieren, Verwischen und Verreiben können schnell reizvolle Effekte erzielt werden.

Mit Daumen oder Finger . . . kann eine Kante verwischt. . .oder können zwei Formen verbunden werden.

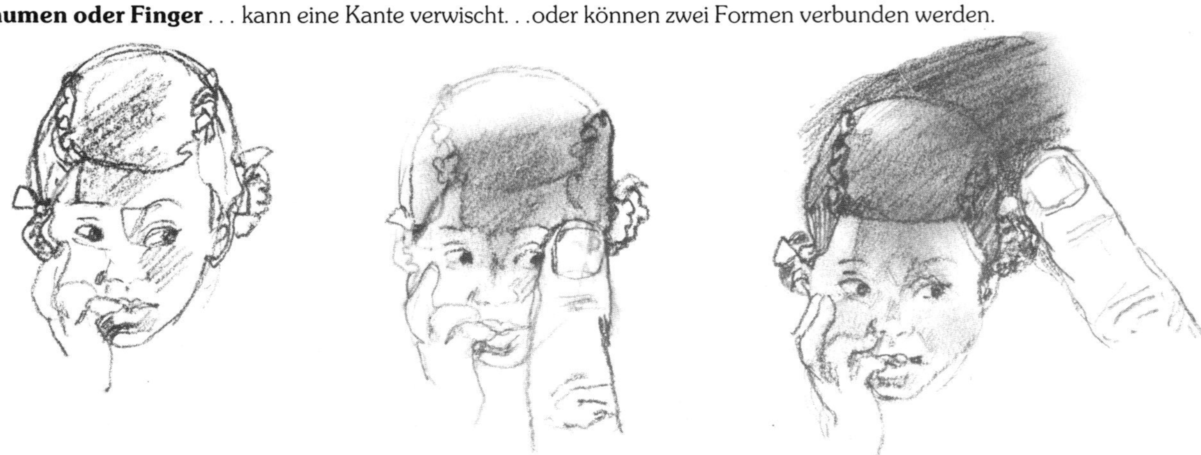

Mit einem Papierwischer . . . kann man Details weicher darstellen . . . oder zeichnen.

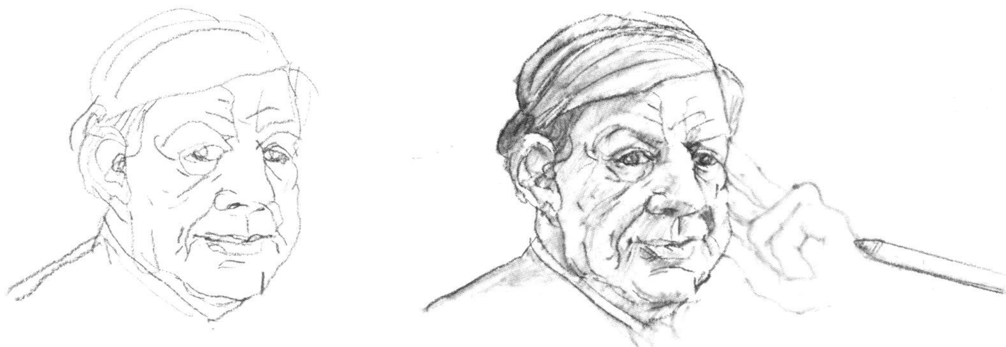

Mit einer Hand oder einem Papiertuch . . . läßt sich eine Tönung aufhellen . . . oder dämpfen.

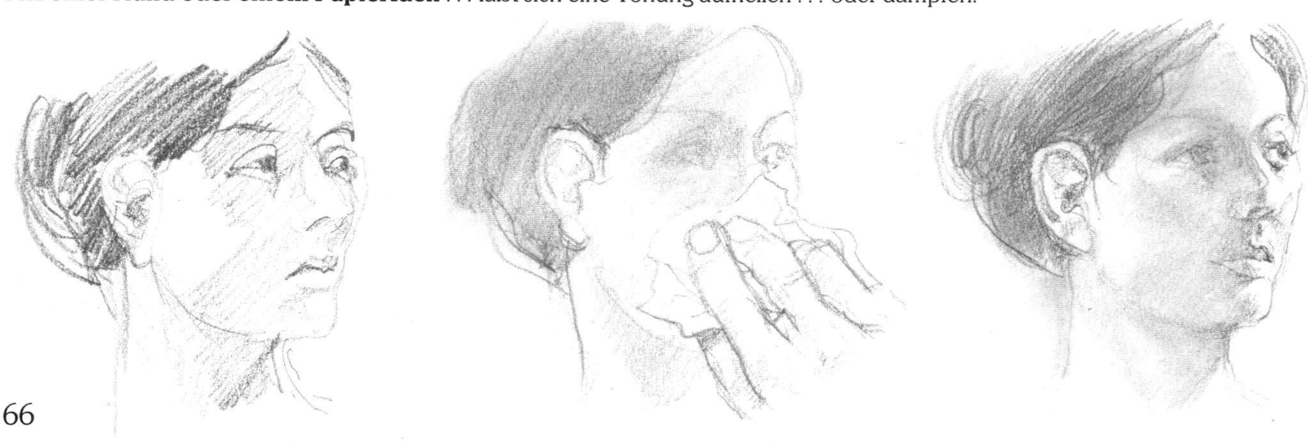

Radieren als Zeichenmethode

In Kapitel 1 wurden Sie vor dem Radieren gewarnt, aber nun wollen wir den Radiergummi als ein Zeichengerät kennenlernen.

Striche entfernen. Wenn eine Stelle ein Gewirr von Strichen ist . . . sollte man sie ausradieren, ohne sie ganz verschwinden zu lassen . . . so daß die Überarbeitung weniger Konkurrenz hat.

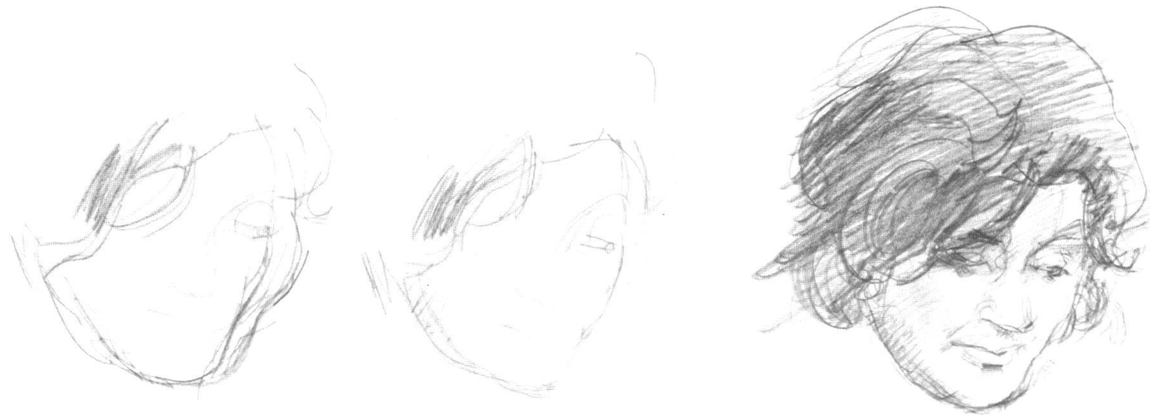

Helle Stellen herausarbeiten. Es wird eine Fläche mit Tönung angelegt . . . der Knetgummi wird so geformt, daß eine Spitze oder eine scharfe Kante entsteht . . . mit der helle Stellen herausradiert werden.

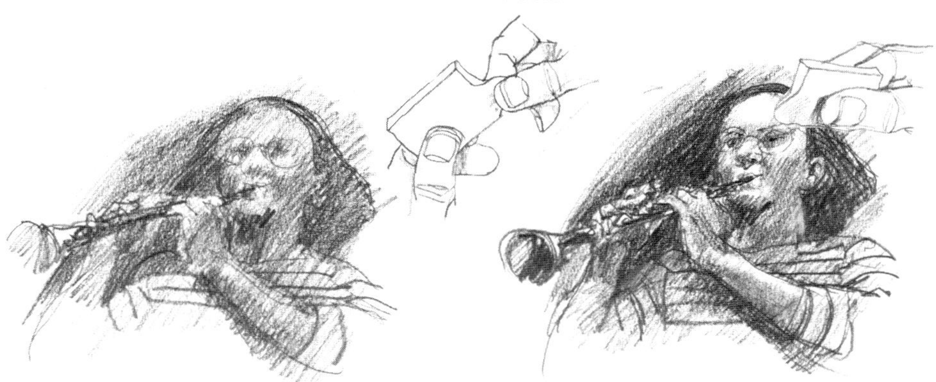

Maske. Wenn scharfe Kanten gebraucht werden . . . kann eine entsprechende Form aus einem Stück Karton herausgeschnitten werden . . . und durch das Fenster radiert werden.

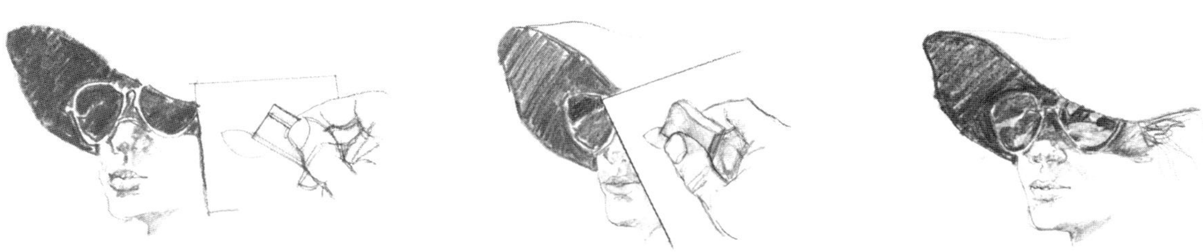

Radieren mit einer Rasierklinge. Leichtes Kratzen reduziert die Tönung. Scharfe Details können herausgekratzt werden, besonders gut bei Künstlerkreide. Diese Technik funktioniert genausogut bei Tusche.

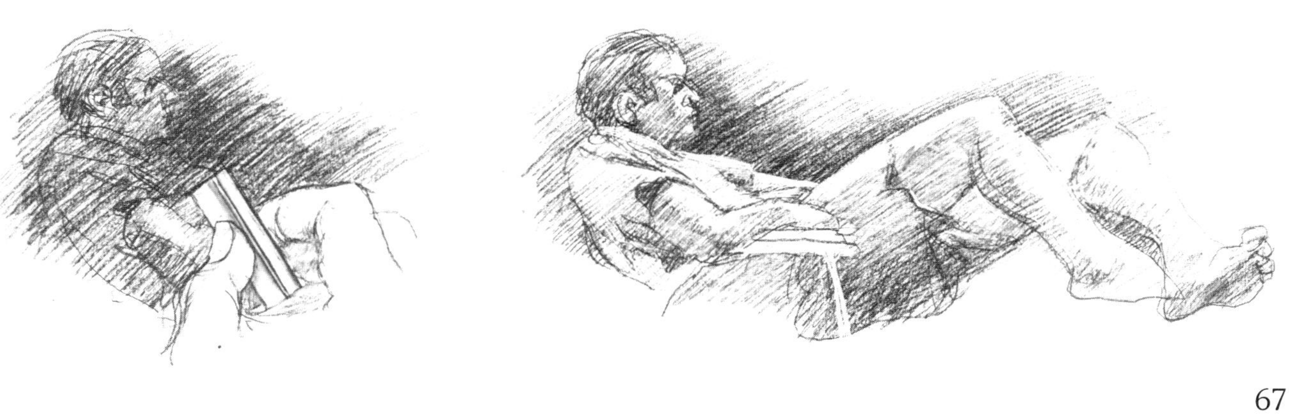

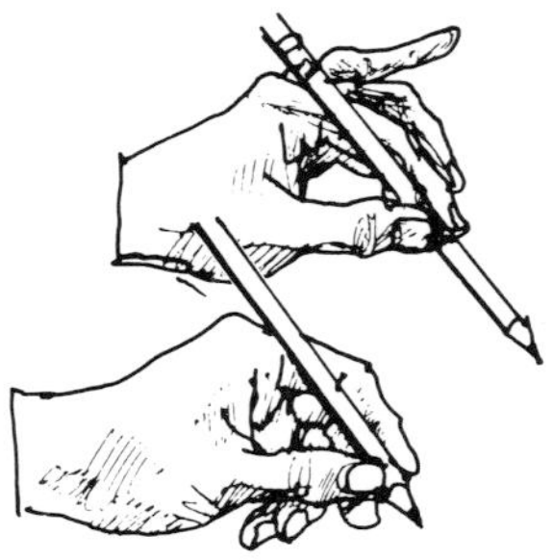

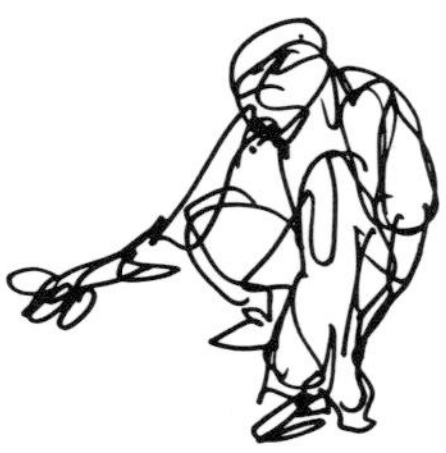

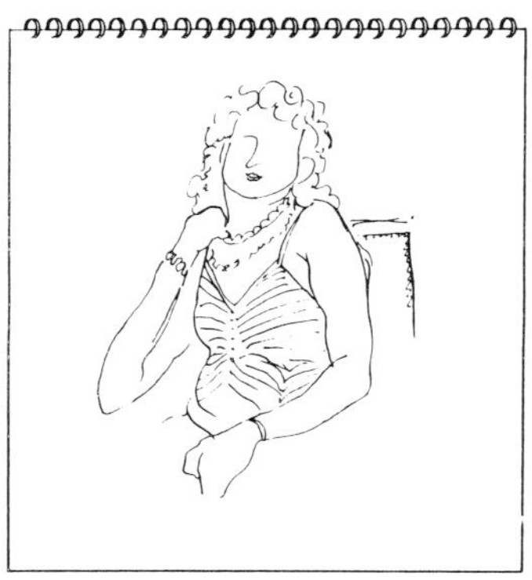

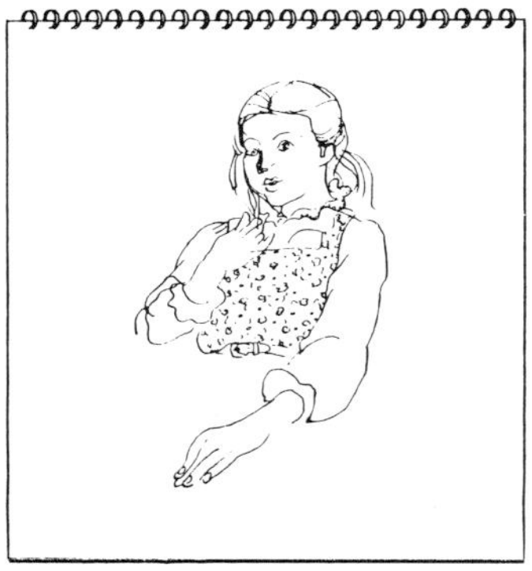

Schritte im Kapitel 2

Die Handschrift des Künstlers

- Trennen Sie Ihre »beiden Handschriften«. Bedenken Sie, daß Sie eine intuitive »freie Handschrift« und eine untersuchende »kontrollierte Handschrift« haben. Jede wird durch eine Reihe unterschiedlicher Einstellungen und ein anderes Halten des Zeichengeräts bestimmt. Machen Sie sich mit den Eigenarten jeder Handschrift vertraut und üben Sie den Wechsel.
- Befreien Sie Ihre Hand. Versuchen Sie mit wenigen flinken Strichen die Gesamtwirkung Ihres Gegenstandes festzuhalten. Auf die richtigen Proportionen und die genauen Details kommt es nicht so sehr an.
- Kontrollieren Sie Ihre Hand. Arbeiten Sie sorgfältig an kleinen Ausschnitten. Verfeinern Sie die Linienführung und zeichnen Sie die Tönungen des Gegenstandes. Überprüfen Sie Ihre Arbeiten durch häufiges Blinzeln oder Zurücktreten.
- Kopieren. Um ein Gefühl dafür zu bekommen, was mit dem Begriff Handschrift gemeint ist, und um sich mit einem Künstler, den Sie bewundern, besser vertraut zu werden, sollten Sie ein Kunstwerk wählen und es nachzeichnen.
- Nachahmen. Nach dem Kopieren eines Kunstwerkes sollten Sie versuchen, eine Originalzeichnung mit der Hand des Künstlers anzufertigen. Dadurch, daß man sich in eine andere Person hineinversetzt, wird man ein erstaunlich frisches und interessantes Werk schaffen.
- Experimentieren Sie mit Medien und Techniken. Erkunden Sie die Vorteile der verschiedenen Medien mit Hilfe unterschiedlicher Versionen des gleichen Gegenstandes.
- Benutzen Sie Ihr Radiergummi und Ihre bloße Hand als Zeichengeräte. Das Reiben, Schmieren, Wischen und Radieren sind wirkungsvolle Möglichkeiten der zeichnerischen Gestaltung. Setzen Sie diese ein, um die Linien weicher darzustellen, zu modellieren, aufzuhellen und Teile aus der Zeichnung herauszunehmen.

Selbstkritik Ihrer Projekte

Projekt 2 – A Kopieren der Zeichnung eines Meisters

	JA	NEIN
• Haben die Linien und Striche die gleiche Länge wie jene in der Zeichnung des Meisters?	☒	☐
• Haben Ihre Linien und Striche eine ähnliche Stärke (Dicke)?	☒	☐
• Haben Ihre Linien und Striche eine ähnliche Dichte (Dunkelheit)?	☒	☐
• Konnten Sie zumindest bei einigen Linien und Strichen einen ähnlichen Schwung (Freiheit) erzielen?	☒	☐
• Erfolgte das Kopieren zumindest zeitweise auf natürliche und instinktive Weise?	☒	☐

Projekt 2 – B Nachahmung der Handschrift eines Meisters

	JA	NEIN
• Haben Sie zumindest zeitweise gespürt, daß Sie mit der Hand eines anderen Künstlers arbeiten?	☒	☐
• Wenn Sie Ihre Zeichnung mit der Originalzeichnung vergleichen, sehen Sie Ähnlichkeiten bei den Linien und Strichen in folgenden Punkten:		
Länge?	☒	☐
Stärke?	☒	☐
Dichte?	☒	☐
Schwung?	☒	☐
• Wurden Sie dadurch, daß Sie mit der Hand eines anderen arbeiteten, etwas von der Verantwortung für das Ergebnis befreit?	☒	☐

Projekt 2 – C Freihand-Zeichnung

	JA	NEIN
• Sind Ihre Gestaltskizzen locker und flüchtig?	☒	☐
• Halten sie im wesentlichen die Handlung bzw. die Haltung fest?	☒	☐
• Haben Sie den Bleistift bei den Zeichnungen mit verbundenen Linien nicht vom Papier genommen?	☒	☐
• Haben Sie bei der Fünf-Minuten-Skizze schnell und ohne Unterbrechung gezeichnet?	☒	☐
• Haben Sie den Stift bei allen Übungen weiter hinten gehalten?	☒	☐

Projekt 2 – D Anfertigen eines Tönungsstreifens

	JA	NEIN
• Betrachten Sie Ihren Tönungsstreifen aus etwa einem Meter Entfernung. Gibt es einen gleichmäßigen Übergang vom Hellen zum Dunklen?	☒	☐
• Befindet sich die Tönung des mittleren Graus genau in der Mitte?	☒	☐
• Haben Sie die meisten zu hellen und zu dunklen Stellen ausgeglichen?	☒	☐
• Haben Sie die Tönungen langsam und mit Geduld aufgebaut und dabei sowohl mit der Spitze als auch mit der Seite des Bleistifts gearbeitet?	☒	☐

Projekt 2 – E Darstellung der Tönungen

	JA	NEIN
• Legen Sie Ihre Zeichnung und das Foto nebeneinander und blinzeln Sie. Haben sie ähnliche Tönungen?	☒	☐
• Gibt es in Ihrer Zeichnung sowohl harte als auch weiche Kanten?	☒	☐
• Haben Sie die harten Kanten mit scharfer Bleistiftspitze gezeichnet?	☒	☐
• Ist es Ihnen gelungen, weiche Übergänge bei den abgestuften Tönungen ohne zu dunkle oder zu helle Stellen herzustellen?	☒	☐
• Haben Sie die Tönungen schrittweise aufgebaut?	☒	☐

Projekt 2 – F Wechselnde freie und kontrollierte Hand

	JA	NEIN
• Haben Sie die Haltung des Stifts mindestens viermal gewechselt?	☒	☐
• Läßt sich der unterschiedliche Griff in Ihrer Zeichnung nachweisen?	☒	☐
• Haben Sie den Unterschied zwischen der freien und der kontrollierten Arbeitsweise gespürt?	☒	☐
• Weist Ihre Zeichnung Stellen auf, an denen Sie den Gegenstand genauer dargestellt haben?	☒	☐

3 Proportionen: Die Größenverhältnisse der Dinge

Peilen • Suche der Mitte • Arbeiten mit der Senkrechten und Waagerechten • Maße vergleichen • Perspektivische Verkürzung • Übertreibung der Proportionen

Alle begabten Zeichner scheinen ein fast unfehlbares Auge zu besitzen. Ich beobachtete einmal eine Demonstration eines Illustrators, der für seine außergewöhnlichen Zeichenfähigkeiten bekannt war. Er zeichnete nach einem Modell. Zuerst machte er einen Strich fast am oberen Rand des Papiers, dann eine weitere Markierung am unteren Rand. Er begann mit dem höchsten Punkt des Kopfes bei der oberen Markierung und zeichnete schnell von oben nach unten, um schließlich mit der Spitze des Fusses genau bei der Markierung am unteren Rand abzuschließen. Natürlich war alles zwischen den beiden Punkten treffend wiedergegeben. Diese Leistung ist zwar einfach zu beschreiben, aber äußerst schwierig auszuführen. Ich habe oft einen meiner Freunde beobachtet, der über noch erstaunlichere Fähigkeiten verfügt, schwierige Passagen zu zeichnen, ohne seine Zeichenkohle vom Papier zu nehmen. Mit einer einzigen, schönen Linie konnte er die Hüfte des Modells zeichnen, dann dem Bein nach unten folgen, alle Kurven der Muskeln und alle hervortretenden Partien der Knochen erfassend, um am Fuß scharf die Richtung zu ändern und alle Zehen darzustellen, dann zum anderen, darüber liegenden Fuß zu wechseln und am anderen Bein nach oben zu fahren – alles mit größter Präzision.

Wie inspirierend diese virtuosen Vorführungen auch sind, sie geben auf jeden Fall die Gewißheit, daß das Auge und die Hand so trainiert werden können, um solche Leistungen zu zeigen – nicht unbedingt im gleichen Stil, mit der gleichen Anmut oder Intensität der meisten begabten Künstler, aber mit beachtlicher Genauigkeit. Tatsächlich ist das Zeichnen der richtigen Proportionen wohl der Aspekt der Zeichenkunst, bei dem man mit Übung und Praxis am deutlichsten Fortschritte erreichen kann. Proportionen sind die Größenverhältnisse – zwischen einzelnen Teilen und aller Teile zum Ganzen. Obwohl sie bei allen guten Zeichnungen zu beachten sind, ist die Genauigkeit bei der Darstellung des Menschen sehr wichtig, weil der normale Betrachter die Form des menschlichen Körpers intuitiv kennt. Die Proportionen sind ein Aspekt, den zu beurteilen sich jeder in der Lage fühlt. »Das ist eine schöne Zeichnung, aber ist (der, die, das . . .) nicht ein wenig zu (klein, groß . . .)?« Wenn die Proportionen nicht stimmen, wirkt sich das auf die Bewertung der anderen Qualitäten des Bildes durch den Beobachter aus. Wenn die Proportionen richtig gezeichnet werden, wird dies kaum bemerkt – das wird einfach erwartet.

In diesem Kapitel werden wir drei einfache Methoden kennenlernen, um die genauen Maße festzustellen. Jedes Mal wird der Zeichenstift als Meßinstrument mit einer Methode, die man *Peilen* nennen kann, eingesetzt.

Um die unmittelbaren Vorteile des Peilens zu demonstrieren, bat ich eine Zeichenschülerin, eine Umrißzeichnung von mir anzufertigen. Die linke Zeichnung (oben) war das Ergebnis. Ich erklärte dann eine der Peiltechni-

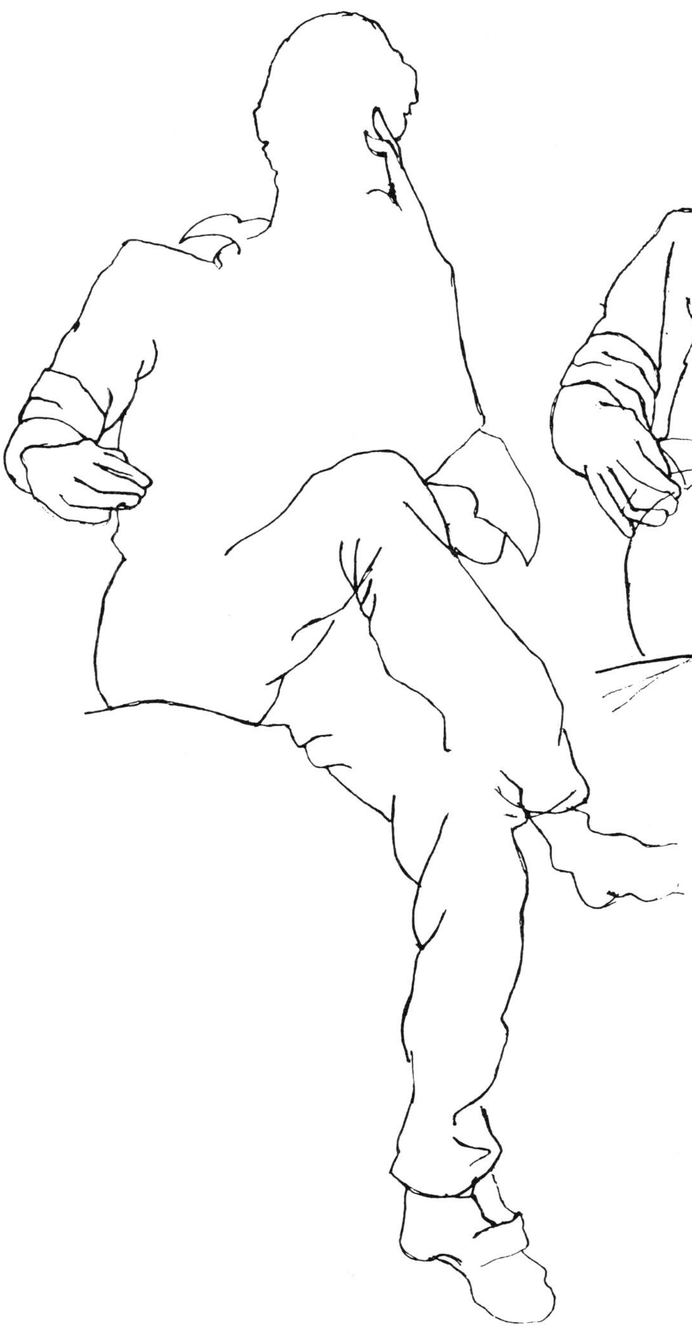

Diese Zeichnung wurde ohne Peilverfahren angefertigt. Es fallen die kurzen Beine und der zu lange Oberkörper auf.

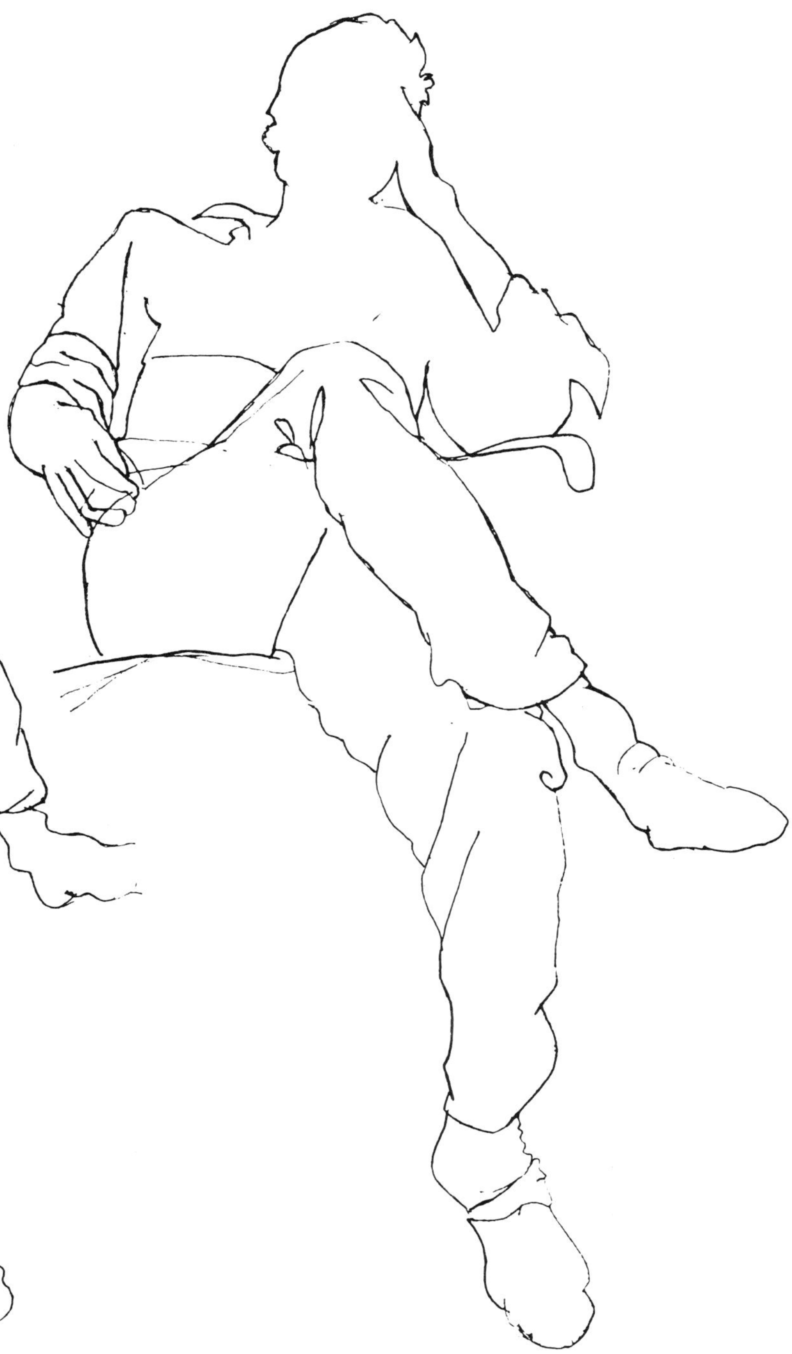

Diese Zeichnung stammt von der gleichen Zeichenschülerin. Sie hat die Mitte bestimmt. Die Größenverhältnisse der Beine und des übrigen Körpers sind glaubwürdig und die Haltung wirkt natürlicher.

ken – Bestimmung der Mitte – und bat sie, es noch einmal zu versuchen. Der Unterschied ist erstaunlich. Im ersten Fall ist der Rumpf viel zu lang und die Beine sind zu kurz. Diese Fehler wurden in der zweiten Zeichnung korrigiert, in der nicht nur die richtigen Größenverhältnisse dargestellt wurden, sondern auch eine natürliche und ansprechende Körperhaltung. Ich hoffe, Sie stimmen mir zu, daß die zweite Zeichnung insgesamt wirklichkeitsnäher ist.

Nach Augenmaß zeichnen

Alle Methoden, die wir in den ersten beiden Kapiteln diskutiert haben, laufen darauf hinaus, nach Augenmaß zu zeichnen. Die meisten von uns haben ein recht gutes Auge, das genauer sieht, als wir denken. Wenn wir beurteilen sollen, welches Kuchenstück größer oder ob ein Boden eben ist oder – für mich unmöglich – ob eine Couch durch eine Tür paßt, sind wir auf die gleichen Fähigkeiten des Abschätzens angewiesen, die beim Zeichnen benötigt werden. Das sind die Fähigkeiten, die wir bis jetzt entwickelt haben. Nun sind wir bereit, uns mit einigen objektiven Möglichkeiten des Messens vertraut zu machen.

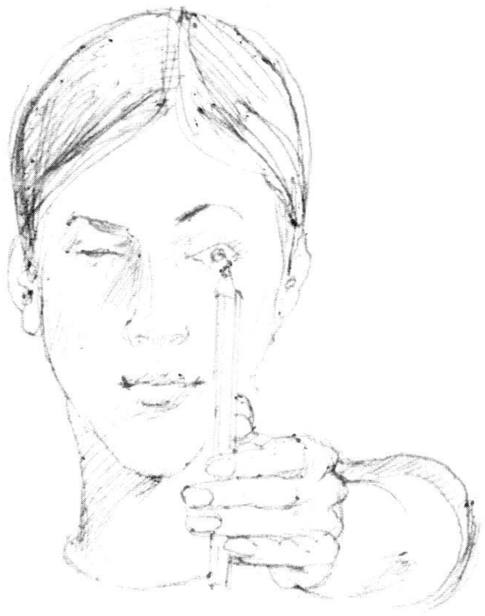

Senkrechtes Maßnehmen

Peilen – eine Technik des Messens

Indem Sie Ihren Zeichenstift vor sich halten und an ihm entlangpeilen, haben Sie einen Anhaltspunkt für die richtigen Proportionen. Das Verfahren geht wie folgt: Man hält den Bleistift mit dem Daumen und den ersten beiden Mittelfingern so, daß der größte Teil des Stifts senkrecht zu sehen ist. Er wird mit ausgestrecktem Arm gehalten. Der Kopf wird ruhig gehalten und ein Auge geschlossen. Am Bleistift entlang wird der Gegenstand betrachtet. Dies ist die Grundposition der Meßtechnik, die wir »peilen« nennen.

Der Einfachheit halber benutze ich den Begriff *Bleistift*; die folgenden Darstellungen gelten ebenso für Federhalter, Künstlerkreide oder Zeichenkohle.

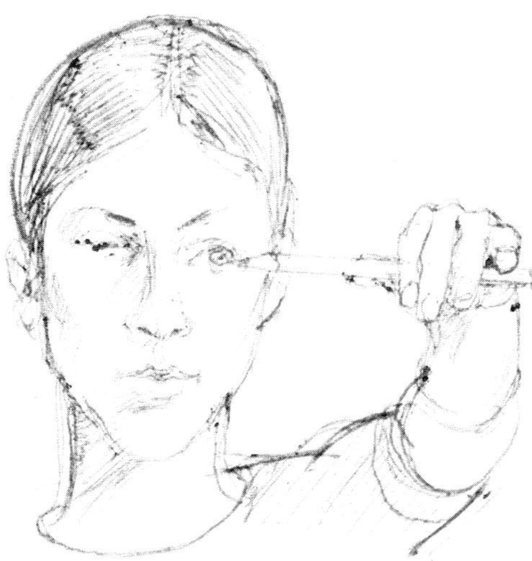

Waagerechtes Maßnehmen

Drei Strategien des Peilens:

1. Bestimmung der Mitte
2. Arbeiten mit der Senkrechten und Waagerechten
3. Maße vergleichen

Diese besonders nützlichen und vielseitigen Verfahren ermöglichen schnelle und wirkungsvolle Ergebnisse. Sie werden lernen, Proportionen so zu messen, wie Sie sie *sehen*, und nicht, wie sie tatsächlich sind. Natürlich wissen wir, daß die Gegenstände aufgrund ihrer Form so erscheinen, wie sie es tun, aber wir werden das zeichnen, was wir sehen und *weniger das, was wir wissen.* Es ist eine Tatsache, daß die Körpergröße eines durchschnittlichen Menschen etwa dem Siebenfachen der Kopfhöhe entspricht, aber wenn das Modell locker auf einem Stuhl sitzt und die Beine zum Künstler zeigen, ist diese Information wenig hilfreich. Die drei Peilmethoden werden sich als eine direkte Möglichkeit, mit der man Genauigkeit in der Zeichnung erreichen kann, erweisen.

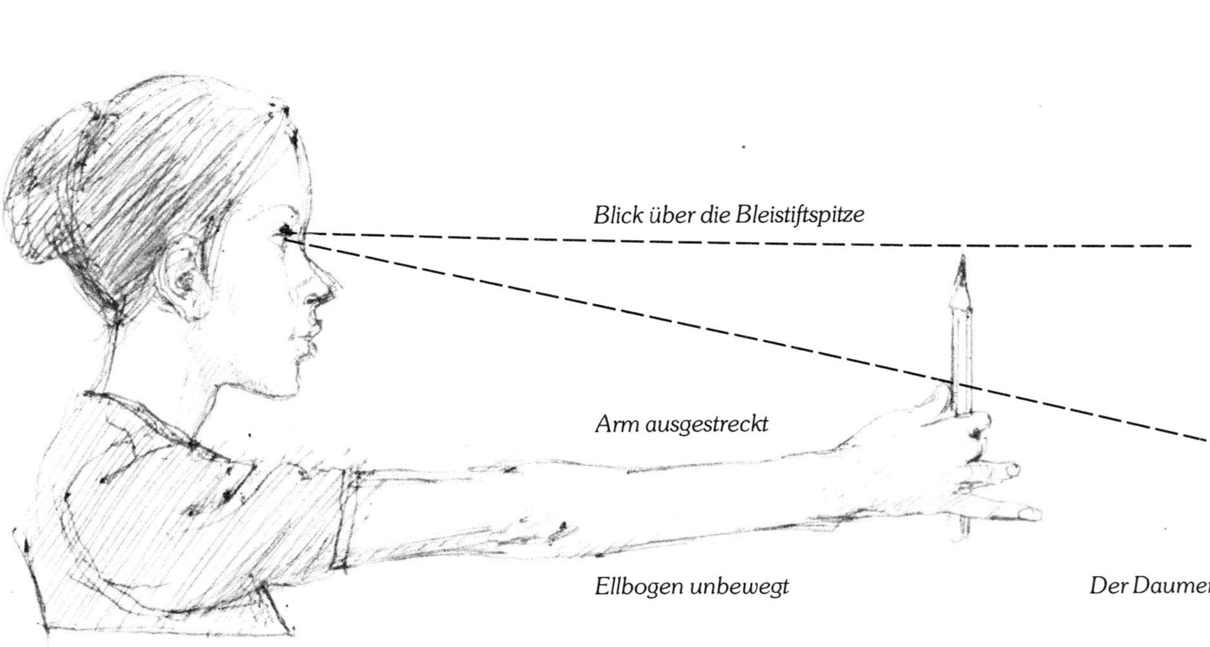

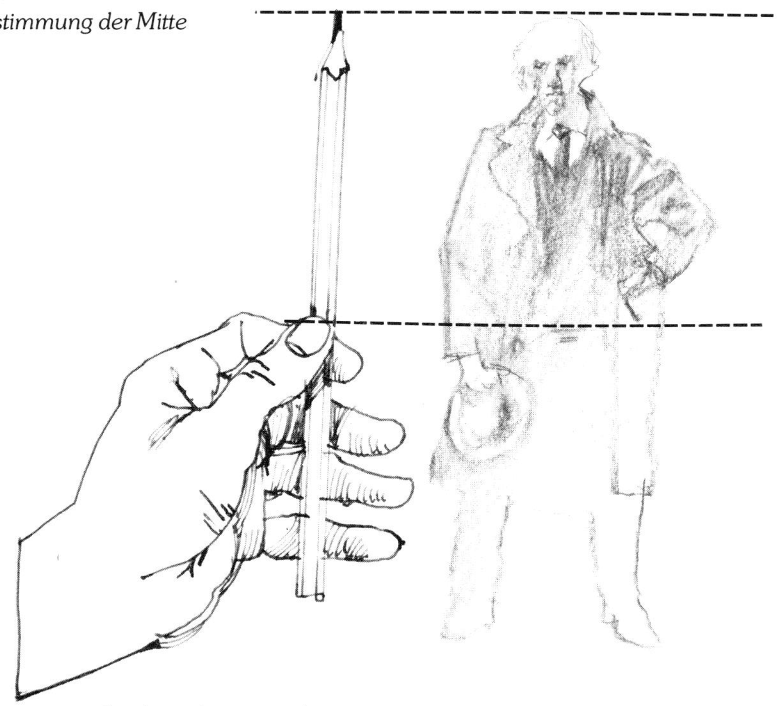

Bestimmung der Mitte

Bestimmung der Mitte

Stellen Sie sich den Gegenstand als eine Form vor, die in der Mitte geteilt ist. Die Hälfte oberhalb der Mitte muß in die oberen 50% der Zeichenfläche passen und die untere Hälfte in die unteren 50%. Indem man die Mitte sorgfältig bestimmt, kann man sicherstellen, daß jede Hälfte aller möglichen Gegenstände im richtigen Größenverhältnis zur anderen steht.

Arbeiten mit der Ausrichtung an der Waagerechten

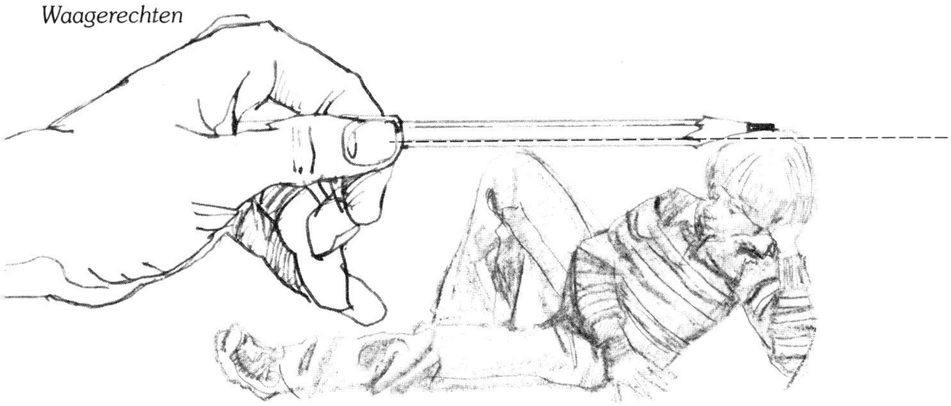

Arbeiten mit der Senkrechten und Waagerechten

Indem man den Bleistift wie eine Wasserwaage benutzt, kann man die senkrechten und waagerechten Begrenzungslinien des Gegenstands festlegen und sie nacheinander auf das Papier übertragen. Diese Strategie ist besonders nützlich, wenn man die Haltung der Positur festhalten will.

Feststellung der Kopfmaße, um sie mit anderen Teilen zu vergleichen.

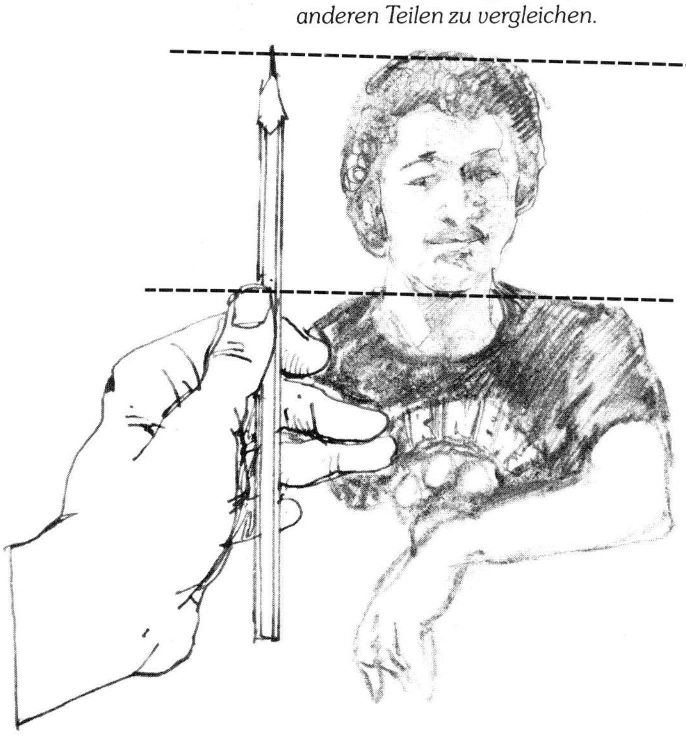

Maße vergleichen

Bei dieser Technik wird mit dem Bleistift die Länge eines Teils des Gegenstandes gemessen und mit der Länge eines anderen Teils verglichen. Der Kopf wird zum Beispiel häufig als eine Maßeinheit verwendet und kann mit der Länge des Oberarms oder der Breite der Schulter verglichen werden. Dieses Verfahren ist grundlegend für die Bestimmung der richtigen Proportionen.

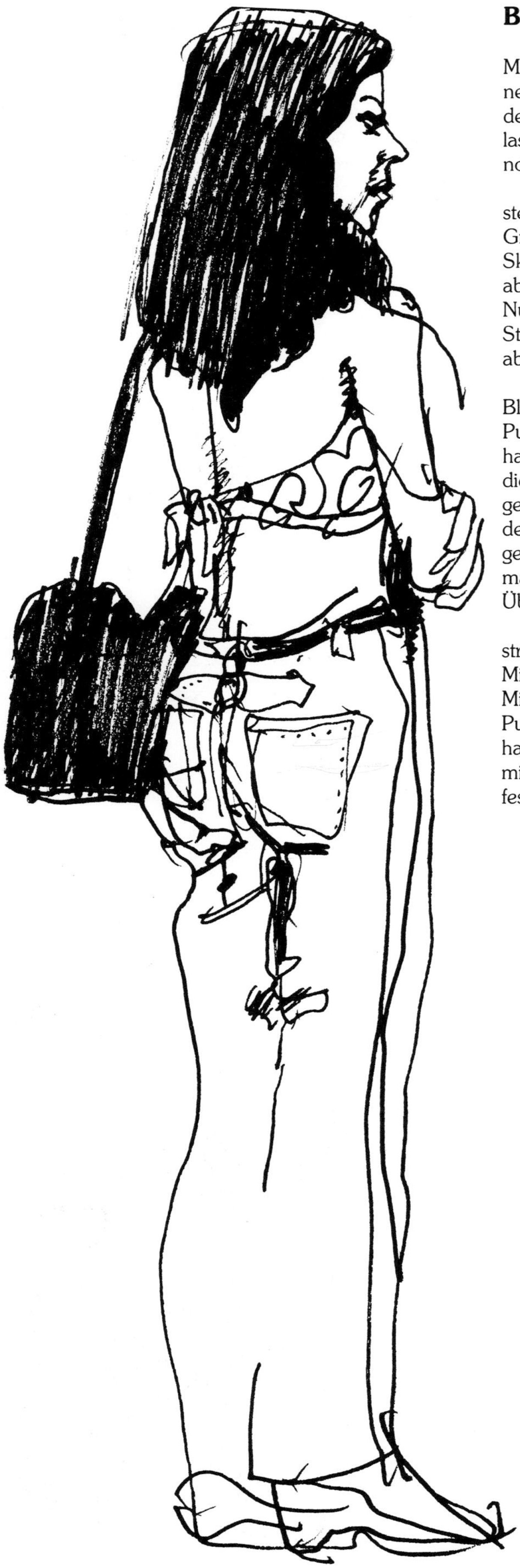

Bestimmung der Mitte

Mit der Bestimmung der Mitte lösen Sie das größte Problem der Proportionen am Anfang der Zeichenarbeit. Ihr Gegenstand wird in zwei Hälften, mit denen man gut arbeiten kann und die sich richtig auf dem Blatt plazieren lassen, aufgeteilt. Diese Abmessung wird in einem frühen Stadium vorgenommen und erspart später sehr viele Probleme.

Um die Mitte zu finden, wird der Gegenstand – in diesem Fall eine stehende Figur – zuerst als eine Form betrachtet. Die Form wird in der Größe, die sie auf dem Blatt haben soll, leicht und locker skizziert. Diese Skizze muß nicht viel mehr als eine unförmige Andeutung sein. Dabei soll aber das obere und untere Ende der Form deutlich dargestellt werden. Nun wird der Gegenstand wieder genauer betrachtet und die Mitte der Strecke zwischen dem höchsten Punkt des Kopfes und den Schuhsohlen abgeschätzt. Den Punkt merkt man sich.

Um festzustellen, ob der Punkt genau in der Mitte liegt, wird mit Hilfe des Bleistifts gepeilt. Man hält den Stift so, daß sich die Spitze im höchsten Punkt des Kopfes befindet. Mit dem Daumennagel wird die Stelle festgehalten, an der man den Mittelpunkt vermutet. Nun wird der Bleistift ohne die Lage des Daumens zu verändern an den unteren Teil der Figur so gehalten, daß sich die Bleistiftspitze in der Mitte befindet. Wenn die Stelle des Daumens genau mit den Füßen abschließt, ist es gelungen, das Modell genau in zwei gleiche Abschnitte zu teilen. Wenn es nicht hinkommt, muß man einen neuen Punkt suchen und es noch einmal versuchen; mit der Übung verbessert sich das Augenmaß.

Denken Sie daran, den Kopf gerade zu halten und den Arm ausgestreckt, so wie bei allen Abmessungen, die man vornimmt. Wenn Sie die Mitte gefunden haben, wenden Sie sich wieder dem Papier zu, um die Mitte der Form zu bestimmen, die Sie gezeichnet haben. Markieren Sie den Punkt leicht, der der Mitte der Figur entspricht. Skizzieren Sie sie. Nun haben Sie sowohl den Gegenstand als auch die Zeichnung in zwei Hälften, mit denen man gut arbeiten kann, aufgeteilt. Die Grenzlinien sind somit festgelegt. Es kann weitergearbeitet werden.

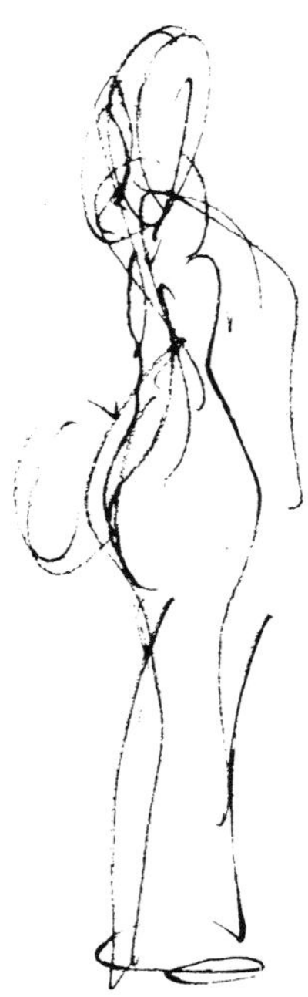

Zunächst wird die Größe und die Lage des Gegenstands auf dem Papier angedeutet.

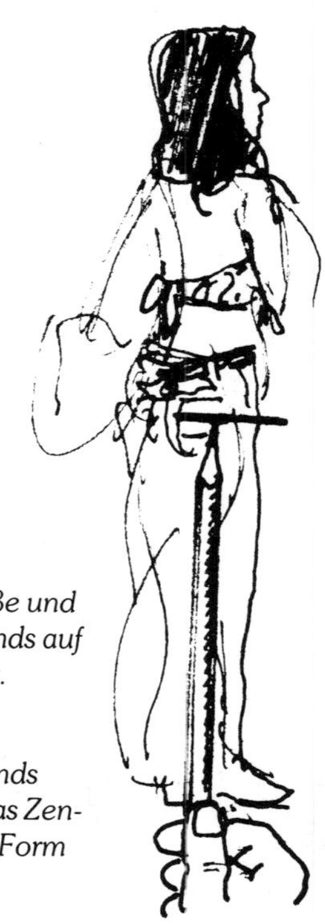

Die Mitte des Gegenstands wird bestimmt und in das Zentrum der angedeuteten Form übertragen.

Bestimmung der Mitte

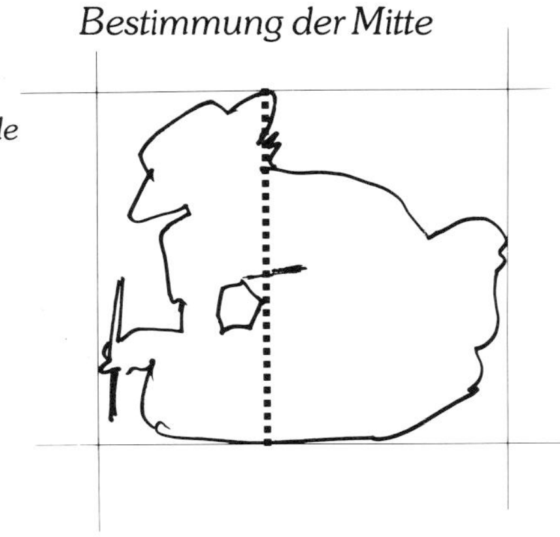

Mit der vergleichenden Abmessung sollte man prüfen, ob der zu zeichnende Gegenstand eine überwiegend senkrechte oder waagerechte Form besitzt. Überraschenderweise handelt es sich hier um eine waagerechte Form. Die Mitte befindet sich etwas oberhalb der eingeschlossenen Form.

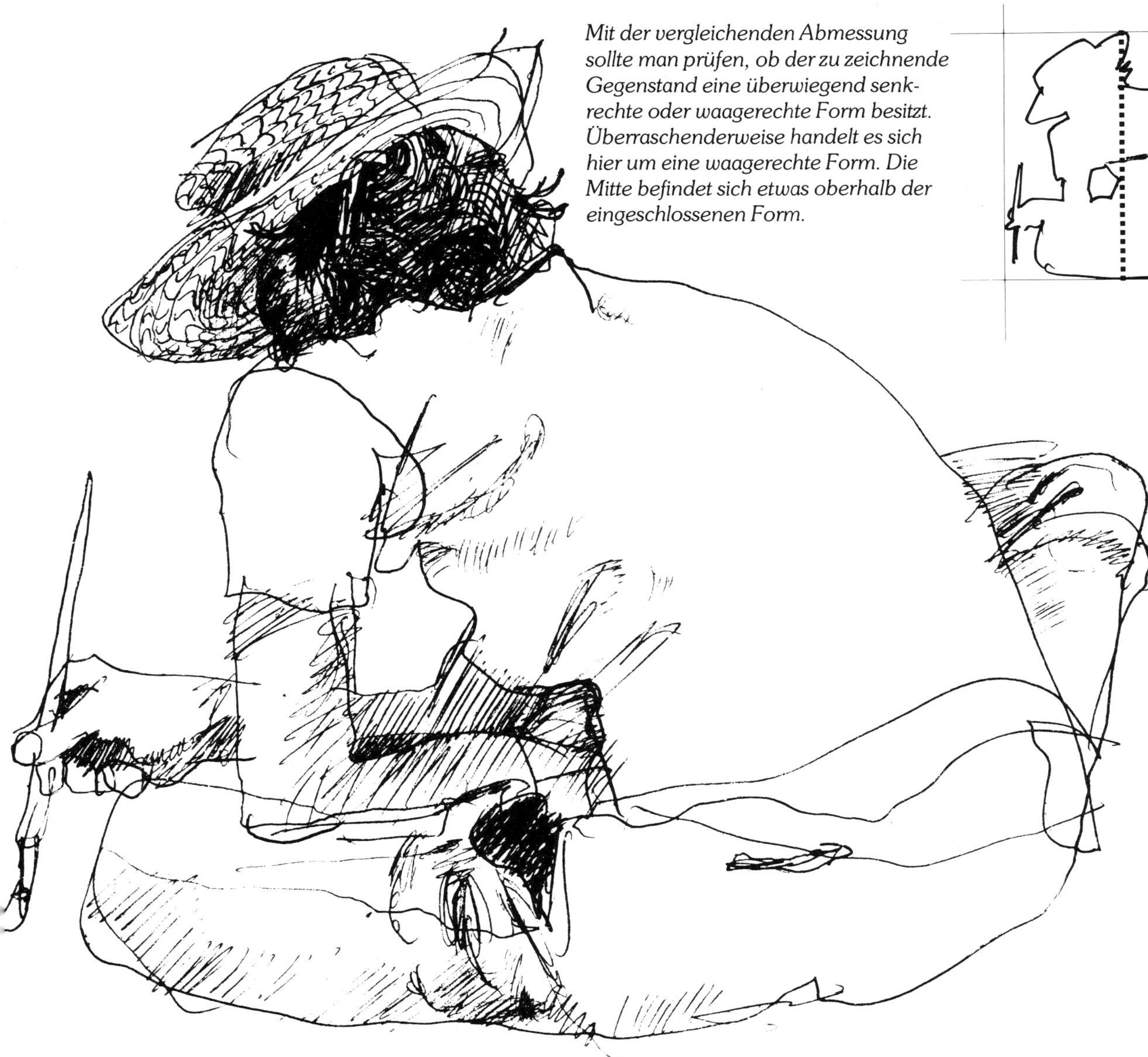

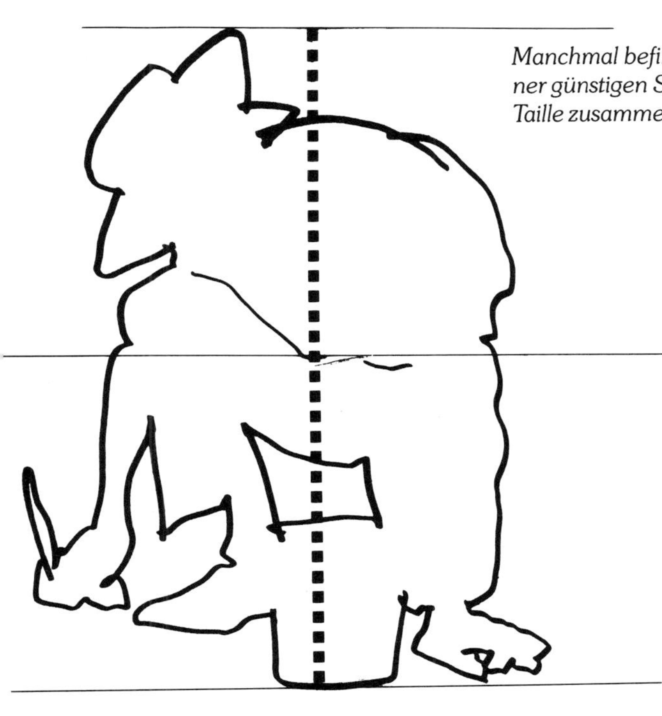

Manchmal befindet sich die Mitte an einer günstigen Stelle. Hier fällt sie mit der Taille zusammen.

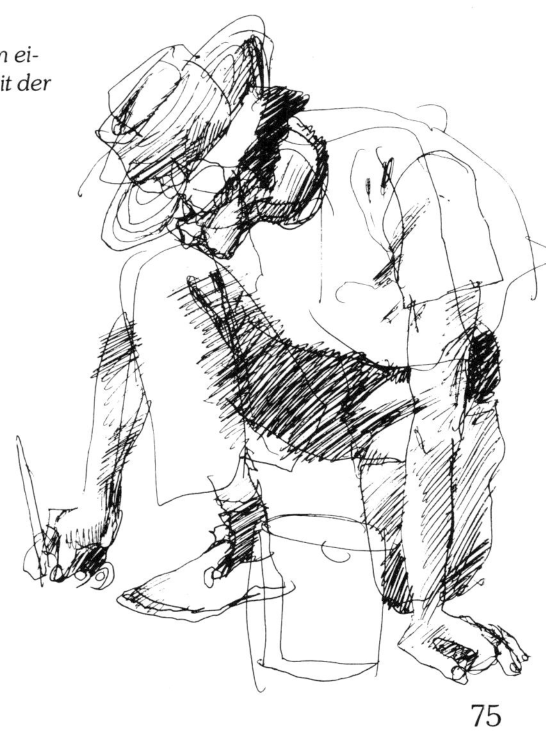

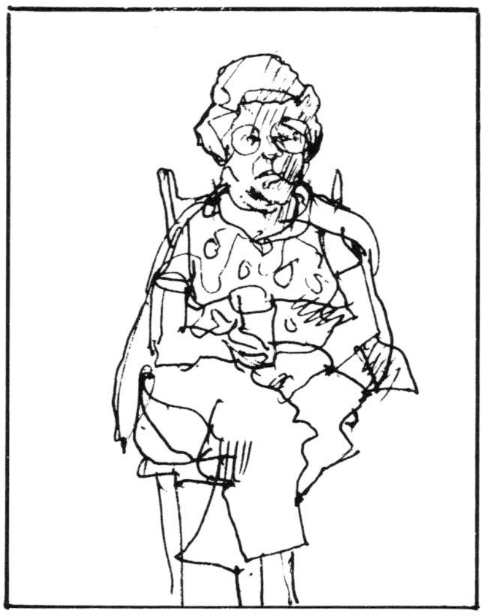

Figur, die an den Knöcheln abgeschnitten wurde.

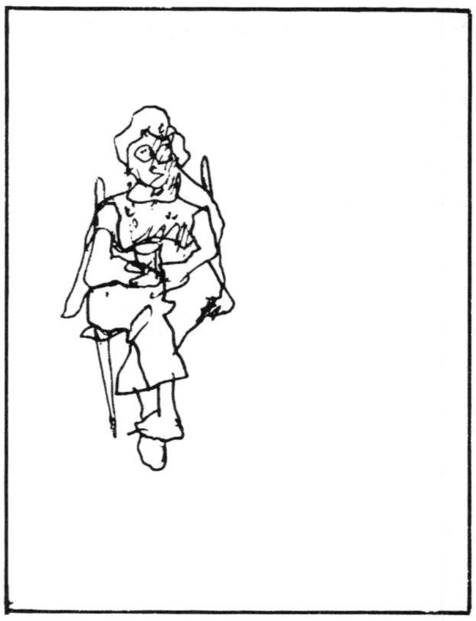

Figur, die im Verhältnis zum Format der Zeichnung zu klein gezeichnet wurde.

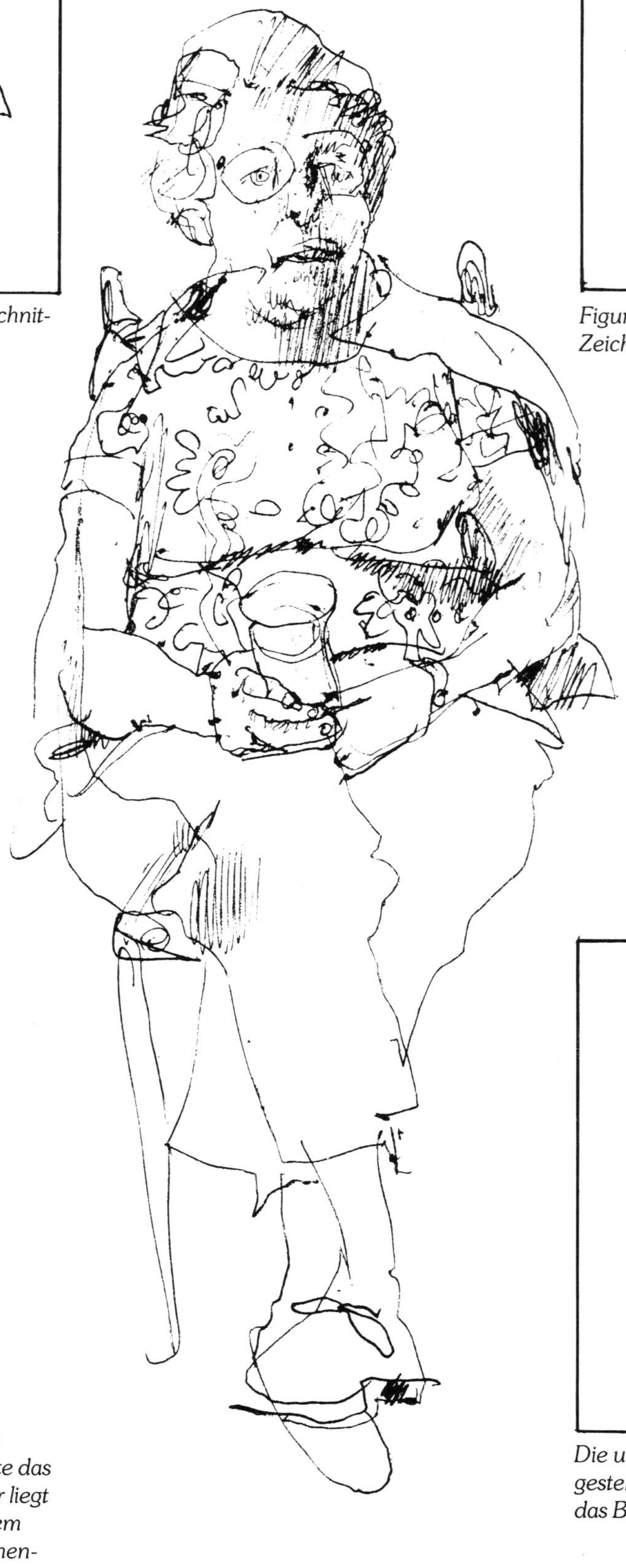

Damit der Zeichnung eine opimale Größe gegeben werden kann, sollte das Zentrum der Form (bei dieser Figur liegt es bei den Fingern der Frau) mit dem Zentrum des Zeichenblatts zusammenfallen.

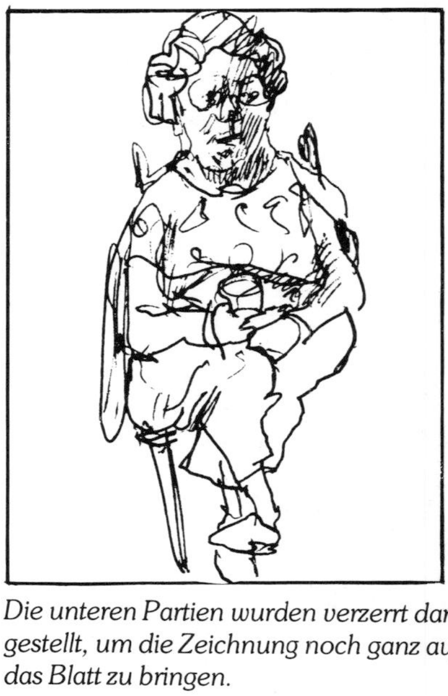

Die unteren Partien wurden verzerrt dargestellt, um die Zeichnung noch ganz auf das Blatt zu bringen.

Warum wird die Mitte gesucht?

Ich erinnere mich noch gut an meinen Kunstlehrer, der durch die Reihen der Zeichentische schritt und dabei seine Aufforderung häufig wiederholte: »Fertigt keine kleinen Zeichnungen in der Mitte des Blatts an. Füllt die ganze Seite aus.« Es war ein guter Rat, aber wir erkannten schnell, worin das Problem lag, die ganze Seite auszufüllen *und* alles unterzubringen. Immer wieder stand ich am Ende der Zeichnung vor der Entscheidung, entweder etwas abzuschneiden (normalerweise die Füsse) oder die Proportionen zu verkürzen (normalerweise bei den Beinen), weil die freie Fläche auf dem Papier knapp wurde. Während einer längeren Zeit hatten alle Pferde, die ich zeichnete, entweder keine Hufe oder zu kurze Beine.

Einer der großen Vorteile der Bestimmung der Mitte liegt darin, daß dadurch die Plazierung der Zeichnung auf der Seite erleichtert wird. Ohne die Markierungen am oberen und unteren Ende und in der Mitte des Blatts ist es schwierig, eine Figur vom Kopf bis zum Fuß so zu zeichnen, daß sie die ganze Fläche ausfüllt. Wenn man die Mitte gefunden hat, sind die Probleme gelöst, daß am Ende Platz fehlt oder noch zu viel vom Blatt leer ist. Wenn Sie den Kopf und den Rumpf mit wenigen Strichen angedeutet haben und feststellen, daß Ihre Zeichnung über die markierte Mitte auf dem Blatt hinausgeht, zeichnen Sie zu groß. Wenn Sie oberhalb des Zentrums bleiben, zeichnen Sie zu klein. In beiden Fällen können Sie der Zeichnung durch Überarbeitung schnell die richtige Größe geben.

Natürlich gibt es Gelegenheiten, bei denen Sie das Blatt nur mit einem Teil der Figur ausfüllen möchten oder die Figur ganz klein in einem großen, leeren Raum zeichnen wollen. Auch hier hilft die Bestimmung des Mittelpunktes dabei, den Gegenstand genau dort zu plazieren, wo er sich befinden soll. Wenn Sie wollen, können Sie die Methode auch einsetzen, um jede Hälfte noch einmal für genauere Betrachtungen zu unterteilen.

Projekt 3 – A Stehende Figur

Zeichnen Sie eine in den Proportionen korrekte Figur, die die Seite von oben bis unten ausfüllt. Überreden Sie jemanden, sich in etwa 3 m Entfernung hinzustellen. Legen Sie zwei Punkte auf dem Blatt Papier fest, einen in der Nähe des oberen Randes, den anderen am unteren Rand. Sie sollen die größte Ausdehnung der Figur darstellen. Zwischen diesen beiden Punkten wird die Mitte markiert. Dann sollen Sie in einer knappen Minute in einer sehr flüchtigen Skizze mit großzügig angelegten Linien den Kopf, die Schultern, Hüfte, Beine und Füße andeuten. Bestimmen Sie nun mit Hilfe der Peilmethode die Mitte Ihres Modells. Dieser Punkt entspricht dem Zentrum auf dem Blatt Papier. Arbeiten Sie die Zeichnung der Figur in der oberen und in der unteren Hälfte im Detail aus. Benutzen Sie einen Bleistift oder Zeichenkohle und überarbeiten Sie, wenn erforderlich. Schließen Sie das Projekt in 30 bis 40 Minuten ab.

Die Methode der Bestimmung der Mitte läßt sich sowohl bei senkrechter als auch bei waagerechter Ausdehnung anwenden. Hier befindet sich die Mitte beim Hüftknochen.

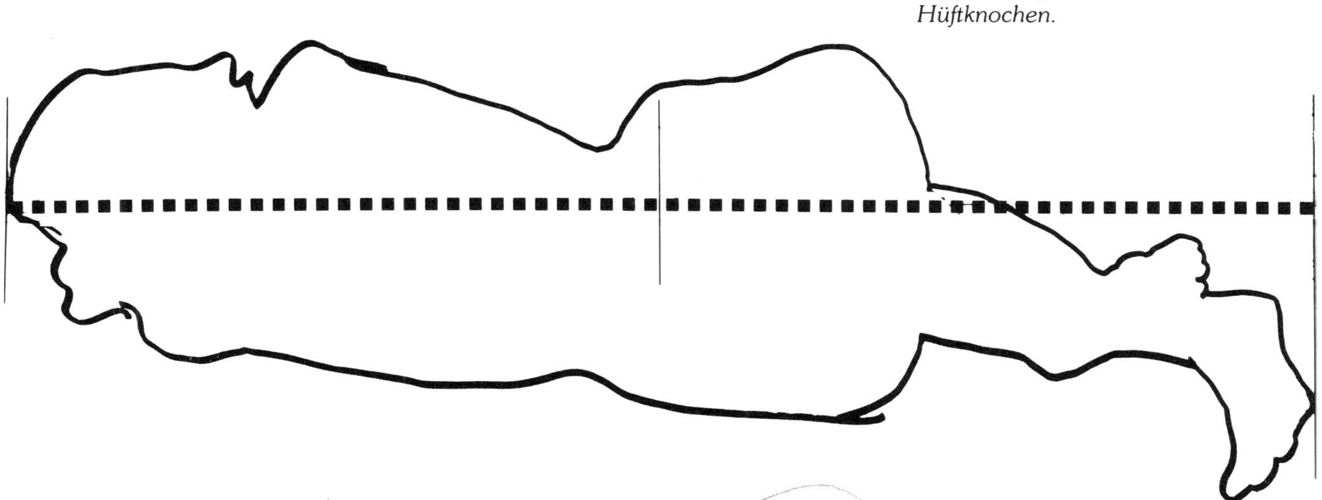

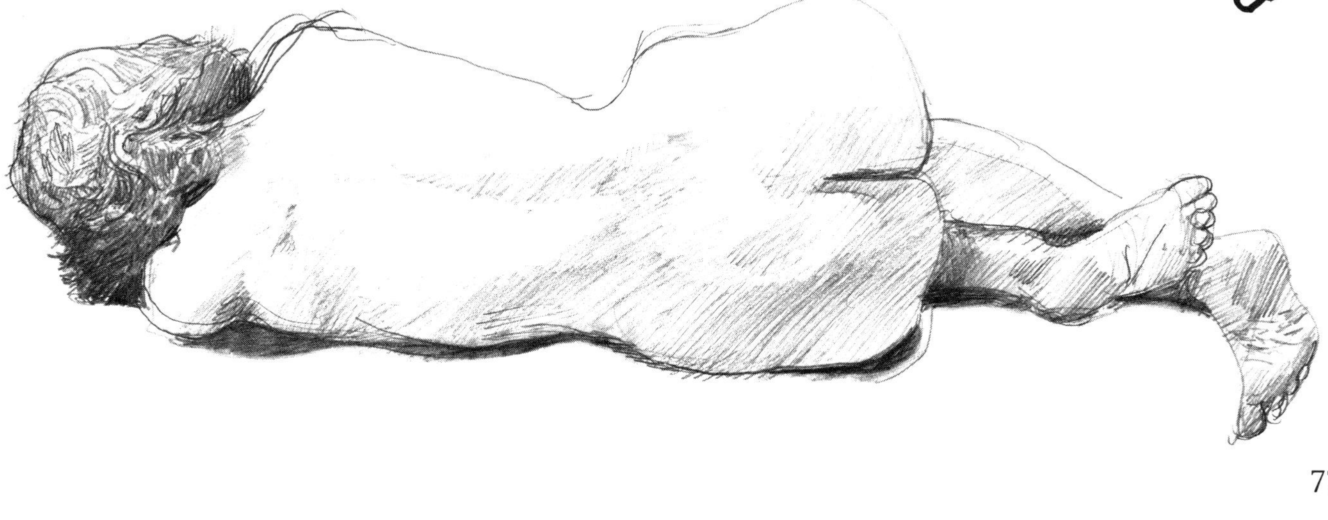

Arbeiten mit der Senkrechten und Waagerechten

Die richtige Anwendung der Ausrichtung an Senkrechten und Waagerechten wird es ermöglichen, die Haltung einer Positur festzuhalten. Wir können mit Hilfe unseres Gleichgewichtssinns und unserer Sinnesorgane senkrechte und waagerechte Linien ziemlich gut abschätzen. Wieder benutzen wir unseren Bleistift als Meßinstrument. Wir halten ihn einfach vor den Gegenstand. An zentralen Punkten des Modells wird er so gehalten, daß man sieht, was auf einer Senkrechten bzw. auf einer Waagerechten liegt.

Die Figur in der Zeichnung, die wir unten sehen, hat eine besondere Haltung. Wir können diese Positur erfassen, indem wir die vereinfachte Form oder Gestalt leicht skizzieren und dann mit der Ausrichtung an Senkrechten und Waagerechten arbeiten. Alle vorspringenden Körperteile wie Knie, Schulter, Hüfte, Ellenbogen, Zehenspitze oder Kinn sind potentiell gut geeignete Stellen, an die man den Bleistift halten kann. Auf der gegenüberliegenden Seite habe ich mit Hilfe von Diagrammen die Ausrichtungen an der Senkrechten und Waagerechten, die bei der Zeichnung unten vorgenommen wurden, dargestellt.

Nach einer vorbereitenden Skizze, die die Plazierung der Figur anzeigt, habe ich eine waagerechte Linie auf der Höhe des Knies angepeilt. Dabei habe ich festgestellt, daß sich die Nase des Modells auf der gleichen Linie befindet. Dies war eine wichtige Lagebestimmung, weil nach der Plazierung der Nase die Lokalisierung des ganzen Kopfes möglich wurde. Diese Information wurde auf meine Zeichnung übertragen, in der die Senkrechten und Waagerechten leicht parallel angeordnet werden konnten durch Orientierung an den Kanten des Blatts.

Mit dieser ersten Ausrichtung fiel es leichter, den Kopf, die rechte Schulter und den Stuhl in der Zeichnung zu skizzieren. Auch der Stuhl lieferte weitere Information. Durch das Anlegen des Bleistiftes an Lehne und Beine konnte ich Schnittpunkte mit der Figur erkennen. Ich entschloß mich dann, die Senkrechte, die von der Nase nach unten läuft, zu betrachten, und ich sah den Punkt, an dem der Rücken des Modells das Stuhlbein schneidet. Eine weitere horizontale Linie wird durch den rechten Ellenbogen und den Berührungspunkt von linkem Arm und Stuhlbein gebildet. Eine vom Knie ausgehende Senkrechte half mir, die Lage des rechten Fußes zu bestimmen.

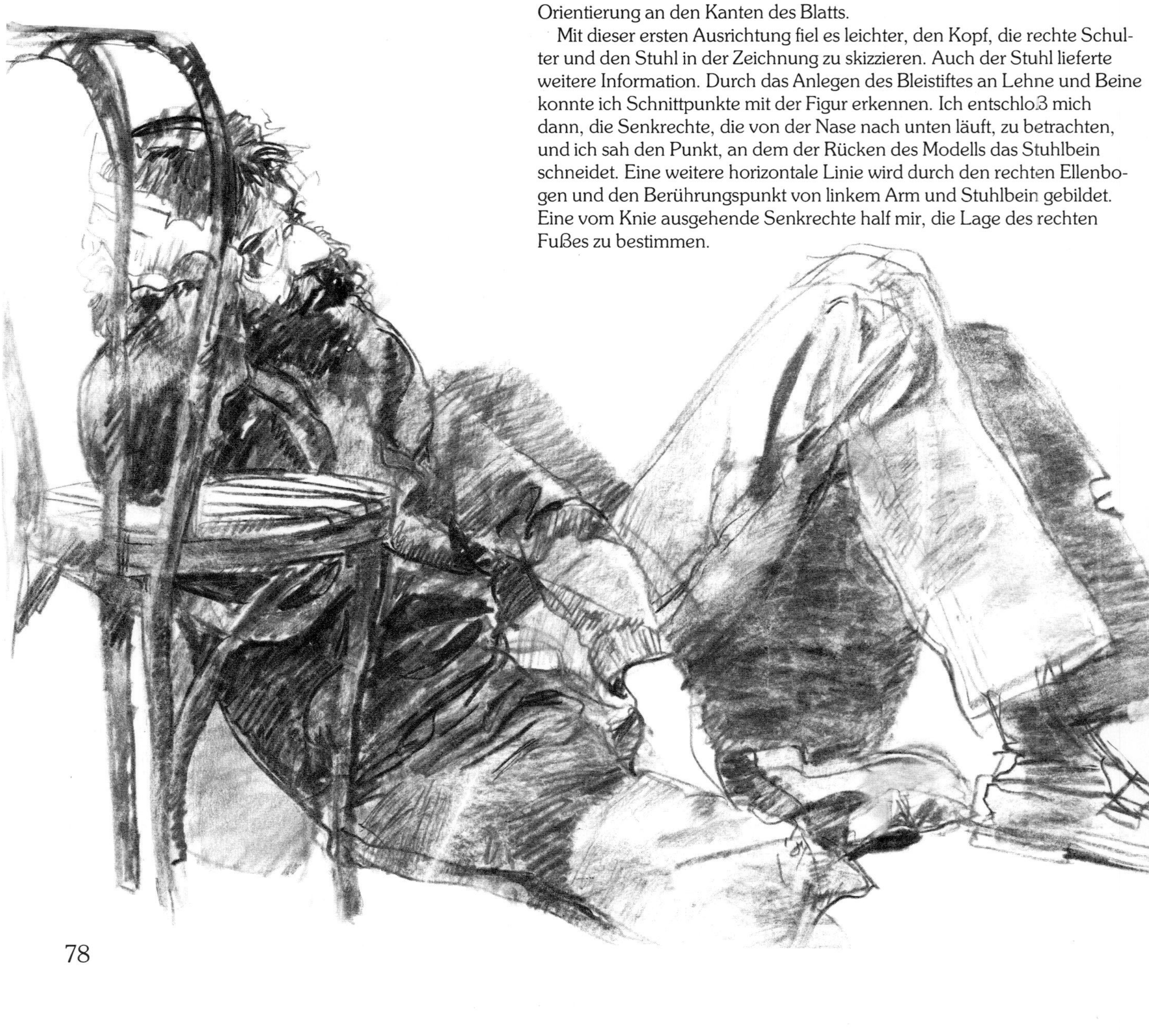

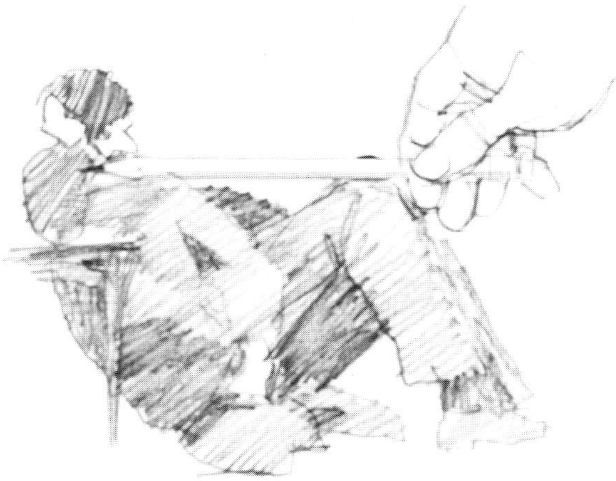

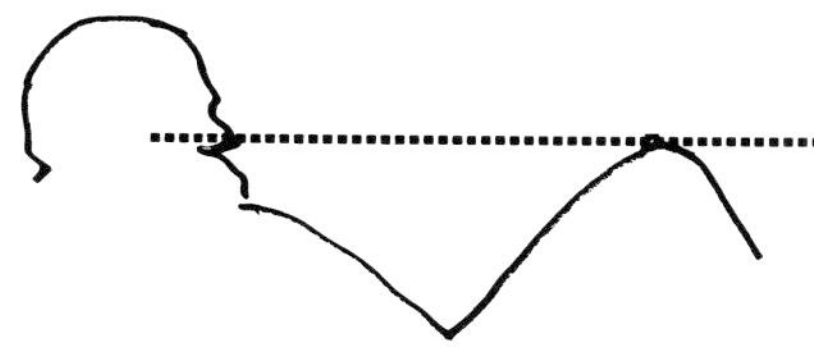

Nase und Knie liegen auf einer Waagerechten.

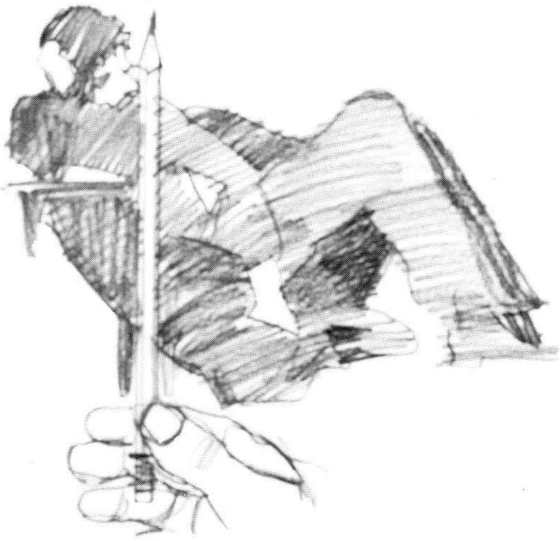

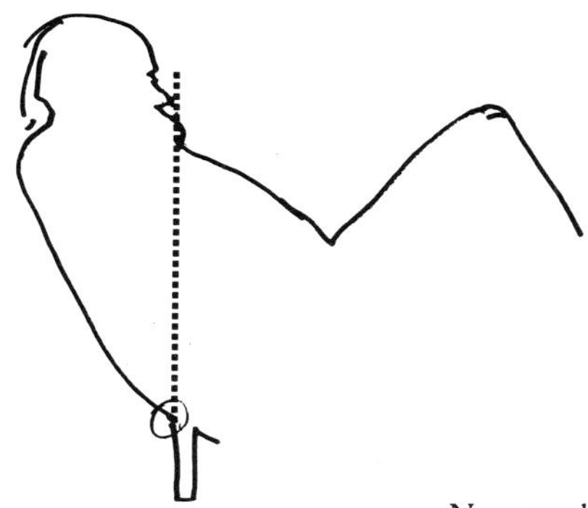

Nase und Stuhlbein liegen auf einer Senkrechten.

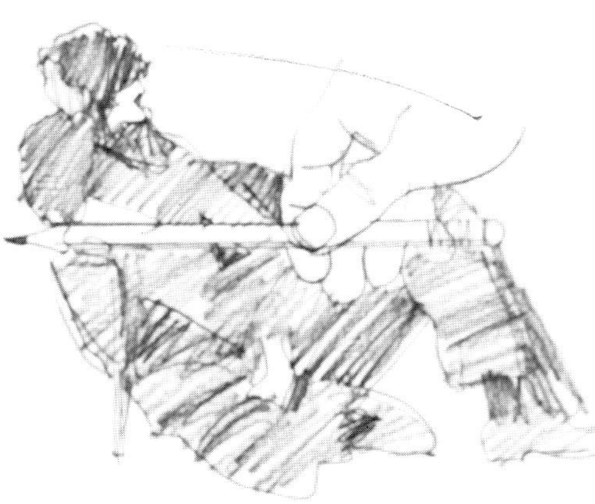

Spann und Knie liegen fast auf einer Senkrechten.

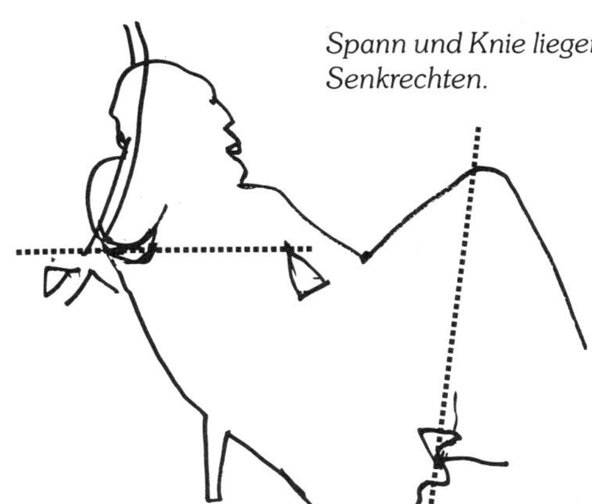

Der Ellenbogen und der Schnittpunkt von Arm und Stuhlbein liegen auf einer Waagerechten.

Projekt 3 – B Figur im Liegestuhl

Fertigen Sie eine Zeichnung eines sich etwas zurücklehnenden Modells an. Die Figur soll sich auf einen Ellenbogen stützen und ein Knie etwas angehoben haben. Plazieren Sie die Figur mit leichten und lockeren Bleistift- oder Zeichenkohlestrichen auf dem Papier, wobei Sie nach Augenmaß zeichnen. Dann werden die Proportionen mit Hilfe der Peiltechniken erfaßt. Bestimmen Sie die Mitte in horizontaler Richtung. Arbeiten Sie mindestens jeweils zweimal mit den Senkrechten und Waagerechten und dem vergleichenden Maßnehmen. Überarbeiten Sie, falls erforderlich. Schließen Sie das Projekt in 30 bis 40 Minuten ab.

Wir können hier erkennen, wie nur wenige senkrechte und waagerechte Linien, die angelegt werden, die Haltung festlegen und außerdem dabei hilfreich sind, bessere Proportionen zu schaffen. Allerdings möchte ich mit diesen Erläuterungen und Diagrammen nicht den Eindruck vermitteln, daß eine Zeichnung auf irgendein automatisches System reduziert werden könnte oder sollte. In der Praxis wird das Verfahren der Ausrichtung vermischt mit einem lebhaften Potpourri von kurzen, gestaltenden Strichen, Überarbeitungen, blindem Zeichnen, Verwischungen und Radierereien. Von dem jeweiligen Zweck hängt es ab, wie oft Sie von diesem speziellen Verfahren Gebrauch machen. Sie werden es häufiger anwenden, wenn Sie größere Genauigkeit erzielen wollen.

Bei einfachen Studien im Skizzenbuch, wie sie auf diesen Seiten zu sehen sind, werden Sie das Verfahren der Ausrichtung vielleicht nur einoder zweimal anwenden. In solchen Fällen sollte man auf ungewöhnliche Beziehungen achten, wie zum Beispiel auf die Schulter, die sich auf gleicher Höhe mit dem Knie befindet, den Rand einer Schirmmütze, der mit der Wölbung des Bauches auf einer Senkrechten liegt, oder eine dicke Unterlippe, die so weit vorspringt wie die Nase. Ihr Auge wird allmählich die Fähigkeit entwickeln, diese Beziehungen automatisch abzuschätzen.

Schulter und Knie liegen auf einer Waagerechten.

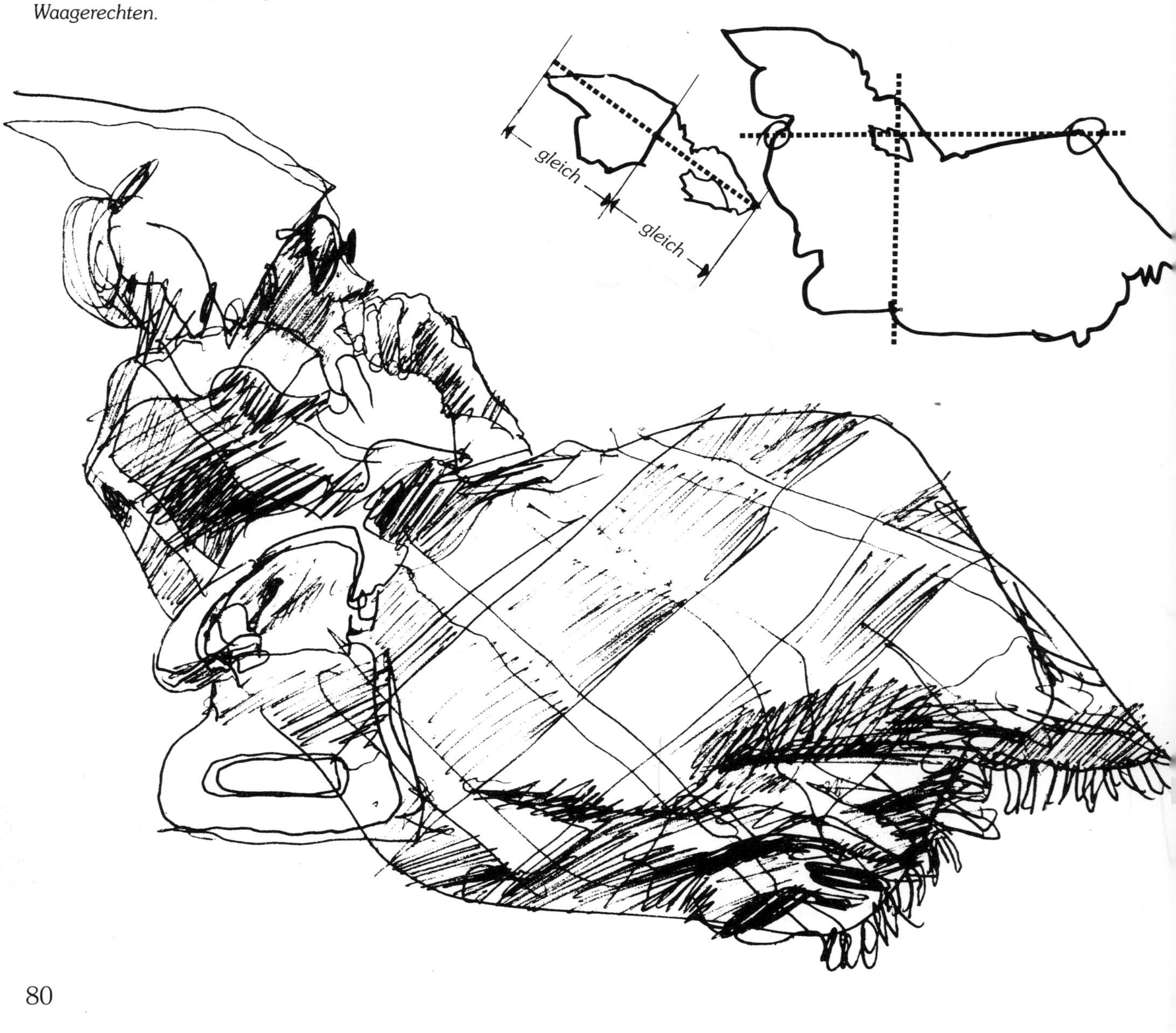

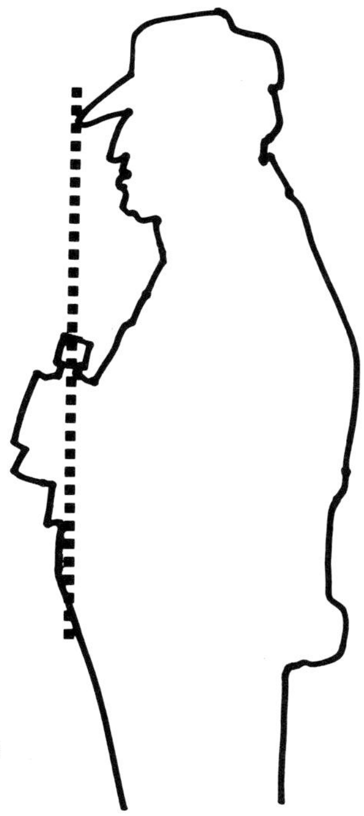

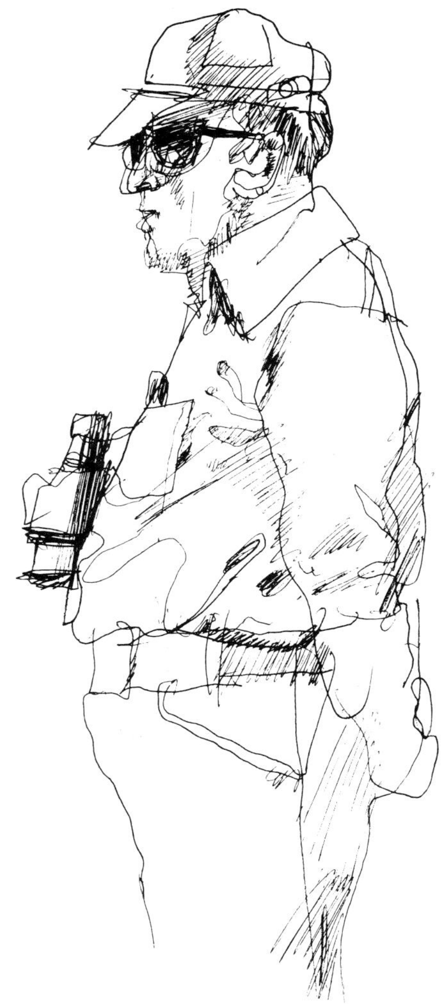

Achten Sie auf senkrechte oder waagerechte Linien, die einen Ellenbogen, eine Nasen- oder Kinnspitze, eine Schulter, ein Knie oder sogar, wie in diesem Fall, den Schirm einer Mütze berühren.

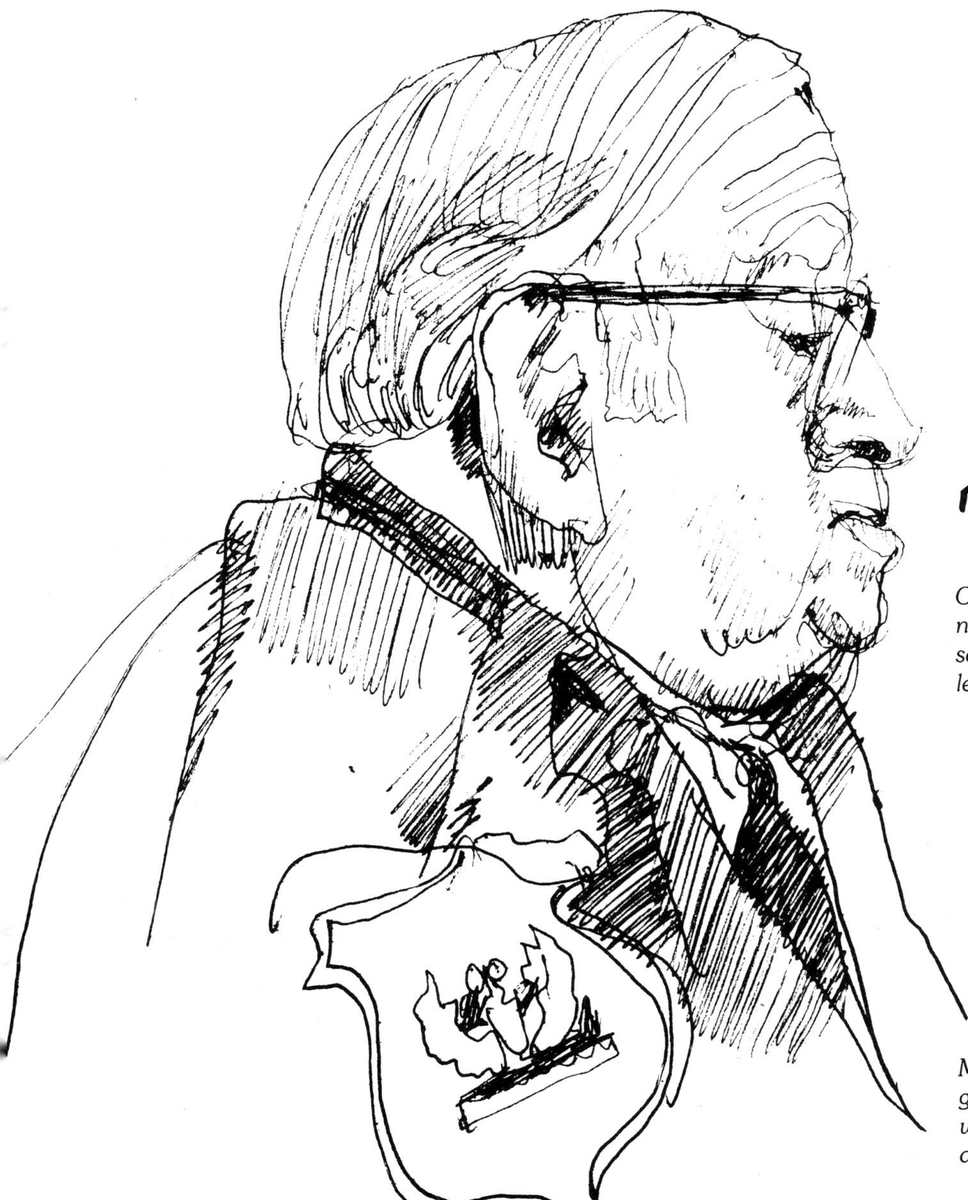

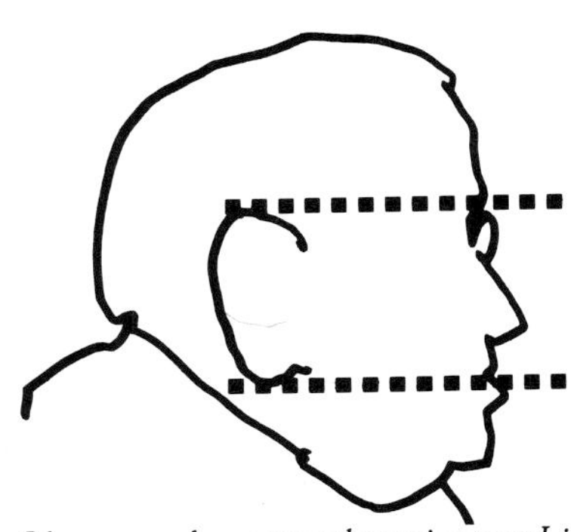

Ohren werden normalerweise von Linien in Höhe von Augenbrauen und Nasenspitze begrenzt, dieser Mann hat allerdings außergewöhnlich große Ohren.

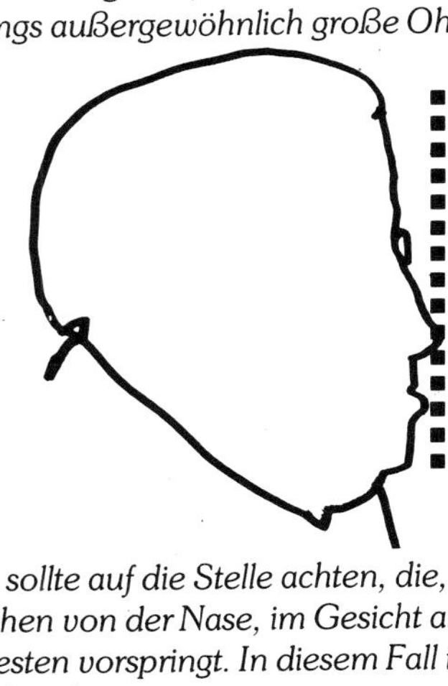

Man sollte auf die Stelle achten, die, abgesehen von der Nase, im Gesicht am weitesten vorspringt. In diesem Fall ist es die Unterlippe.

Maße vergleichen

Der häufige Vergleich der Maße bietet eine gute Möglichkeit, die Proportionen während der Zeichenarbeit zu überprüfen. Man benutzt den Bleistift als ein Meßinstrument und vergleicht die Länge eines Teils des Gegenstandes mit der Länge eines anderen Teils. Dadurch gewinnt man eine Vorstellung von den Größenverhältnissen.

Obwohl man für diesen Zweck beliebige Teile des Gegenstandes vergleichen kann, wird der Kopf normalerweise als Maßeinheit genommen. Deshalb wollen wir ihn als Beispiel heranziehen. Es wird mit der Peilmethode gearbeitet: Der Bleistift wird senkrecht gehalten, der Arm ist ausgestreckt, ein Auge ist geschlossen. Die Spitze des Bleistifts wird an den höchsten Punkt des Kopfes gehalten und die Stelle der Kinnspitze wird mit dem Daumen festgehalten. Damit hat man jetzt ein Mittel, diese Entfernung mit anderen Teilen des Modells zu vergleichen – zum Beispiel mit der Länge des Oberarms oder der Breite der Schulter.

Die gemessene und auf dem Bleistift festgehaltene Entfernung kann nur mit Blick *auf das Modell* genutzt werden. Sie läßt sich nicht direkt auf das Papier übertragen, außer man fertigt eine Zeichnung an, die der Sichtgröße entspricht. Es ist aber sehr wahrscheinlich, daß man den Gegenstand proportional größer oder kleiner zeichnet, als man ihn sieht. Die mit dem Bleistift festgehaltenen Maße zeigen Größenverhältnisse innerhalb des Modells, die man sich sofort merkt.

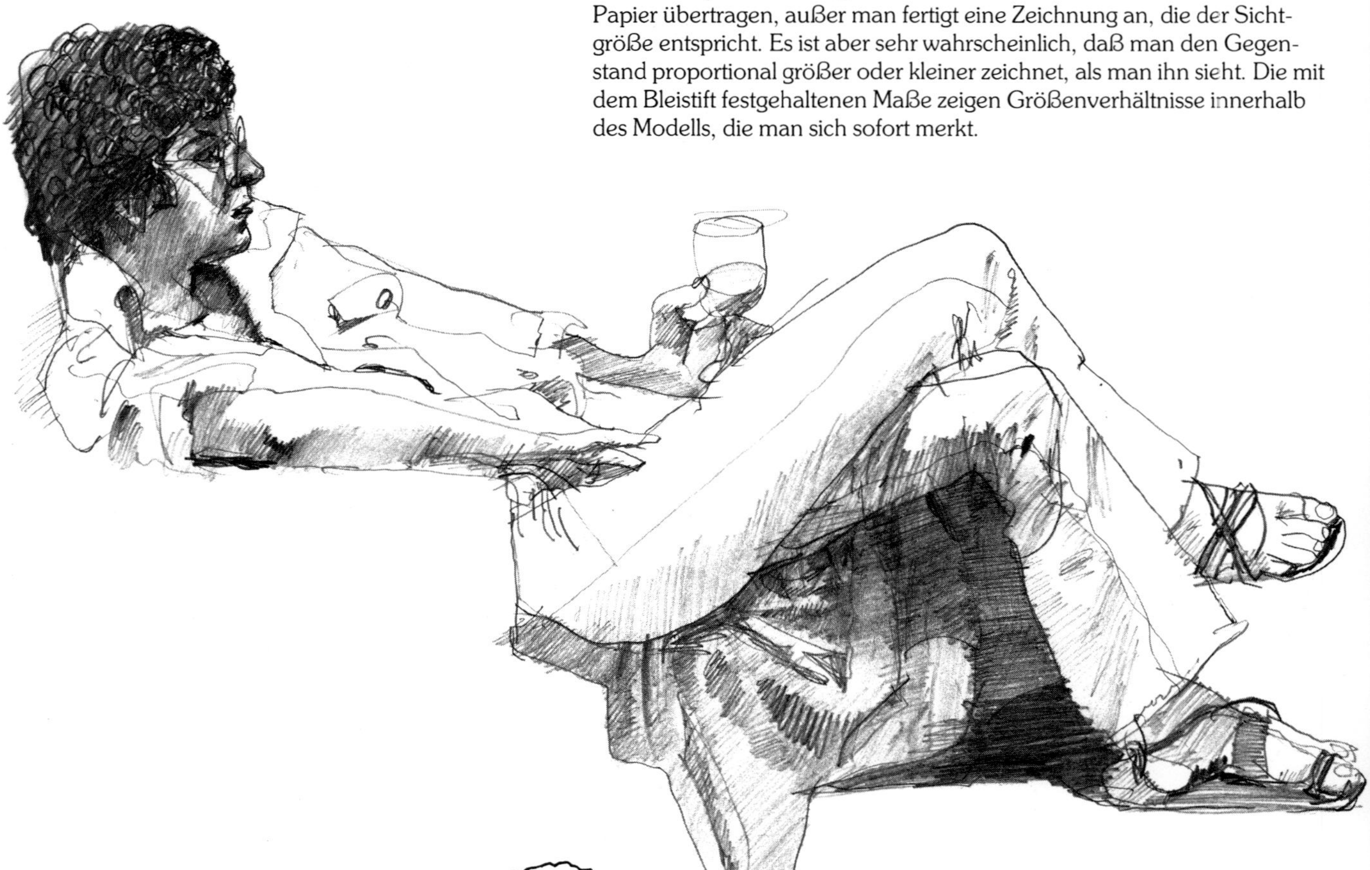

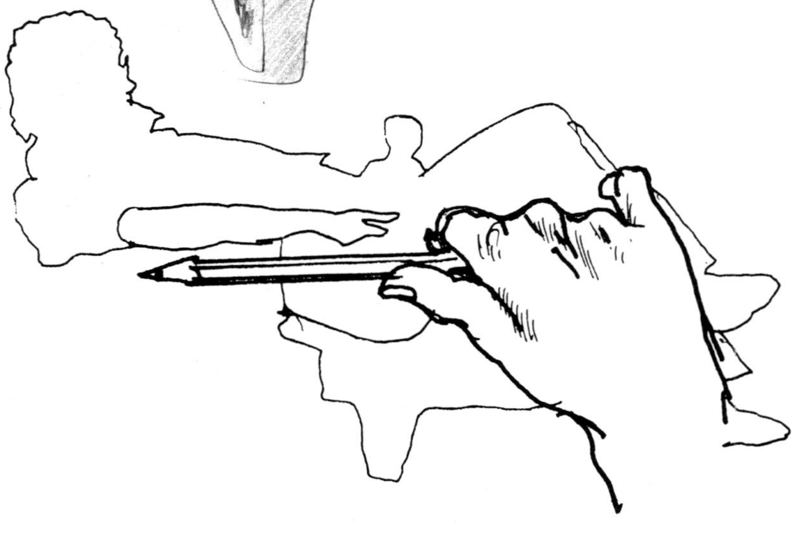

Ich benutze diesen Abschnitt des Arms, um Maße zu vergleichen.

Maße vergleichen

Beim Vergleich der Maße müssen die beiden Längen nicht genau gleich sein, um nützliche Anhaltspunkte zu liefern.

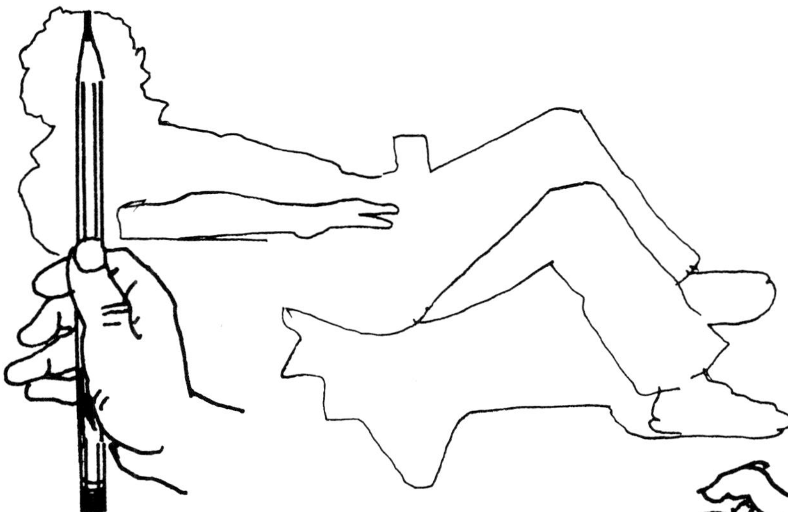

Die Länge des Unterarms entspricht fast der Entfernung zwischen Ellenbogen und dem höchsten Punkt des Kopfes.

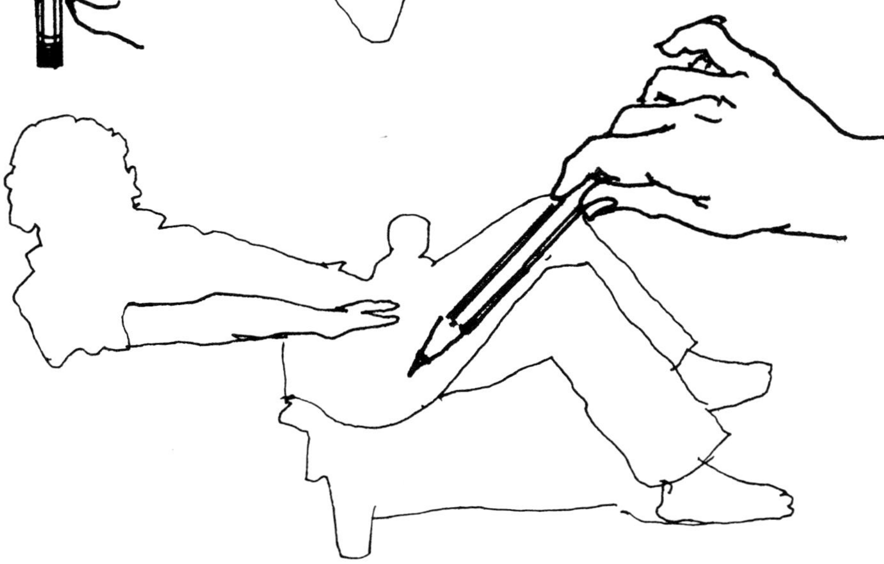

Er hat fast die gleiche Länge wie der Oberschenkel . . .

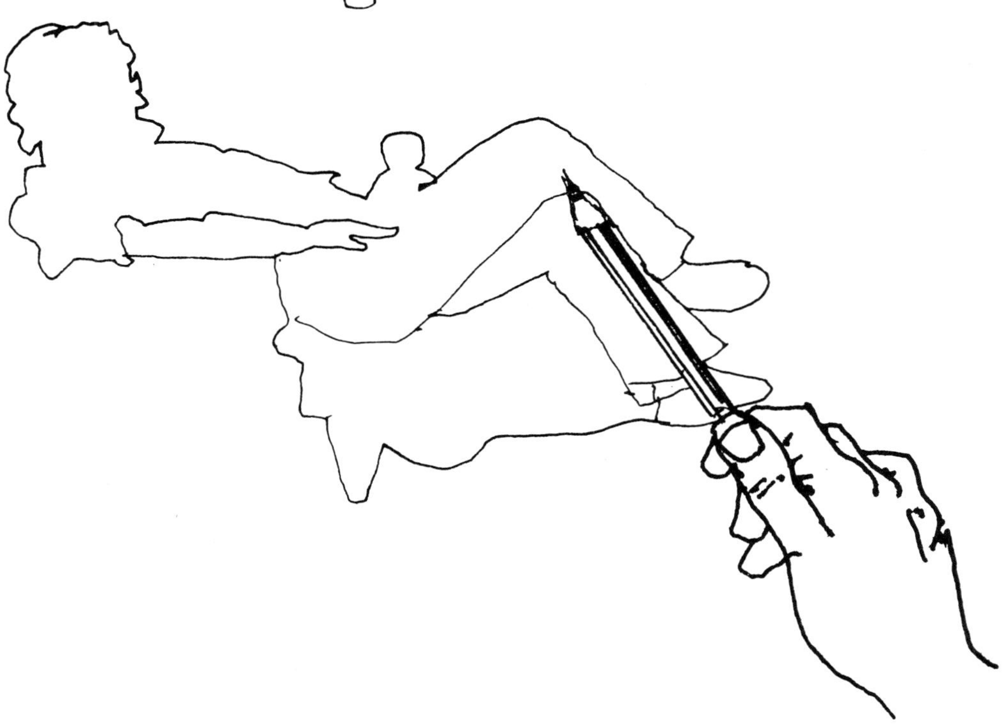

. . . und das Schienbein mit Fuß.

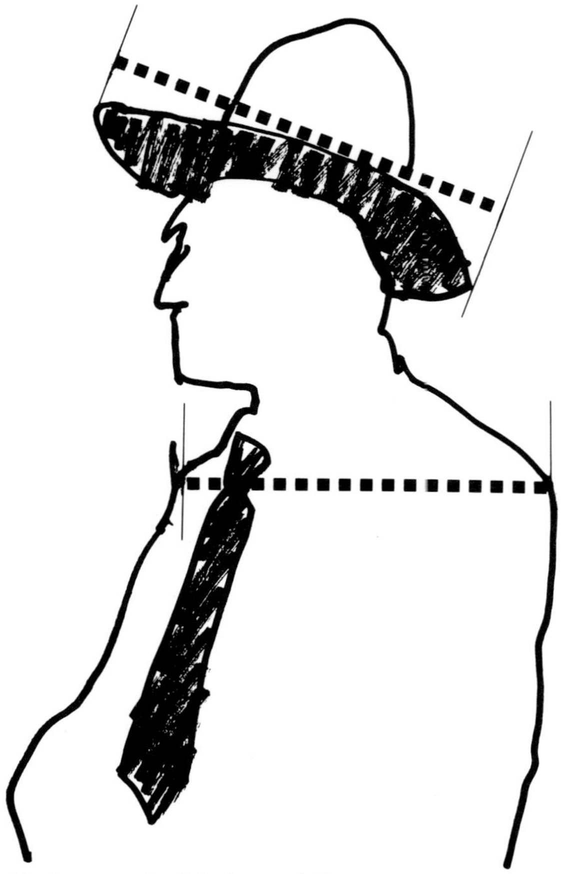

Die Hutkrempe, die Schulter und die Krawatte haben alle etwa die gleiche Länge bzw. Breite.

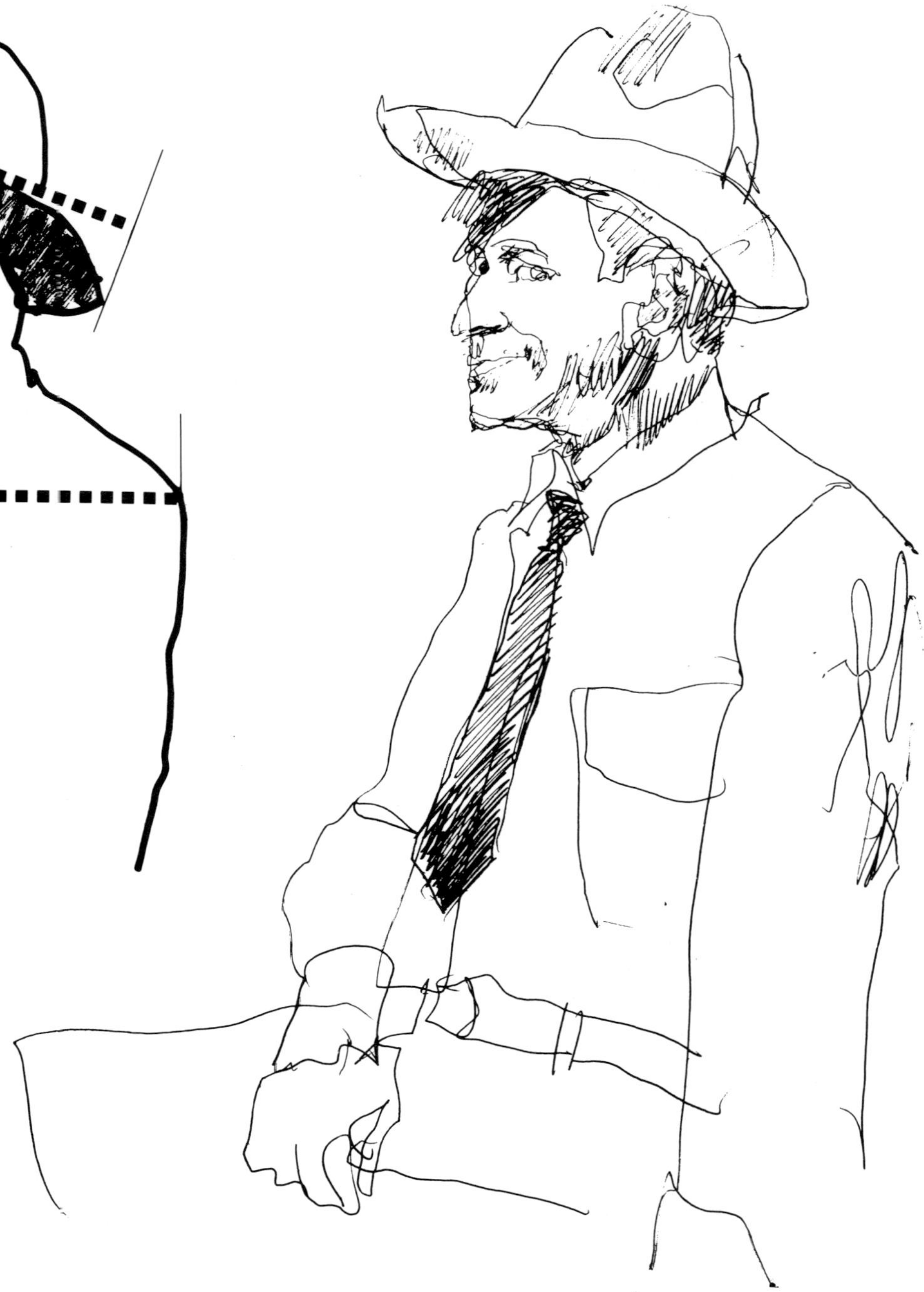

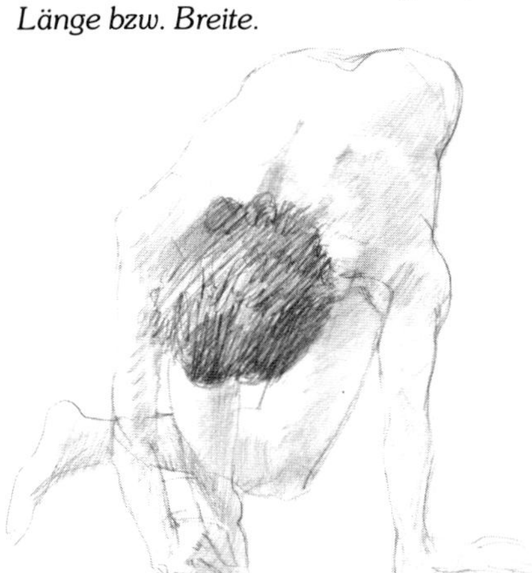

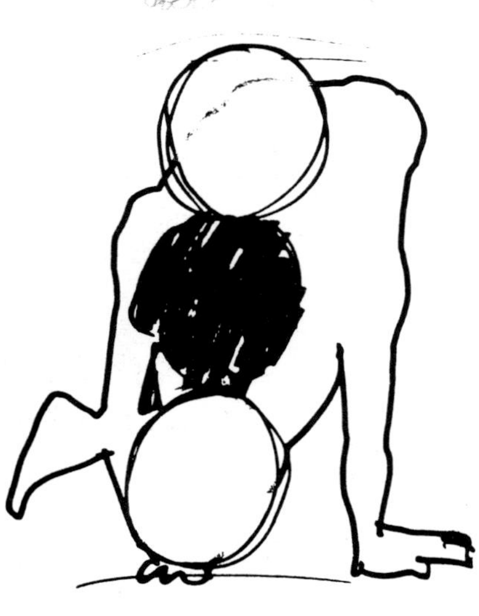

Größenvergleiche können nicht nur für einzelne Körperteile angestellt werden, sondern für jede beliebige Breite oder Länge des Gegenstandes. Ich arbeite gerne mit dieser Technik, um Formen zu vergleichen, die in etwa die gleiche Größe zu haben scheinen. Es kann sich herausstellen, daß sie gleich groß sind, oder sie können sich als unterschiedlich erweisen. Aber die Information, die man auf diese Weise erhält, ermöglicht es mir, die richtigen Größenverhältnisse zu wahren. Immer wenn Sie Proportionen überprüfen müssen, sollten Sie diesen praktischen Hinweis befolgen.

Die Diagramme und Unterschriften auf dieser und der gegenüberliegenden Seite verdeutlichen die Vorgehensweise, aber ich möchte meine Warnung wiederholen, daß hier nur die Technik isoliert von dem Zeichenvorgang, der zwischendurch stattfinden sollte, dargestellt werden soll. Der Vergleich der Maße ist ein Vorgang, der den Zeichenprozeß voranbringen, ihn aber nicht beherrschen sollte.

Der Kopf wird als Maßeinheit genommen. In dieser Ansicht hat die Figur eine dreifache Kopfhöhe.

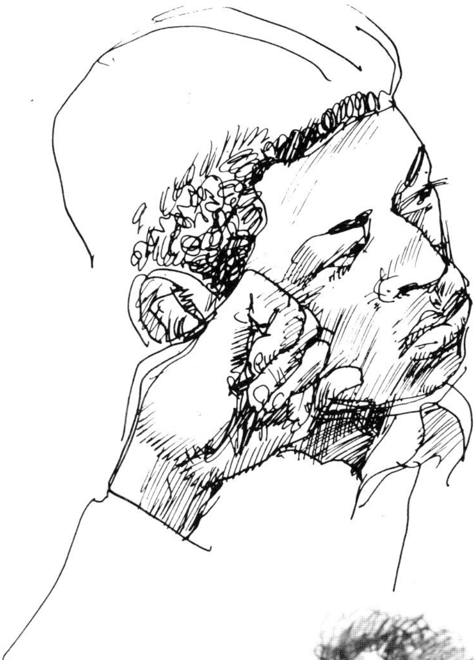

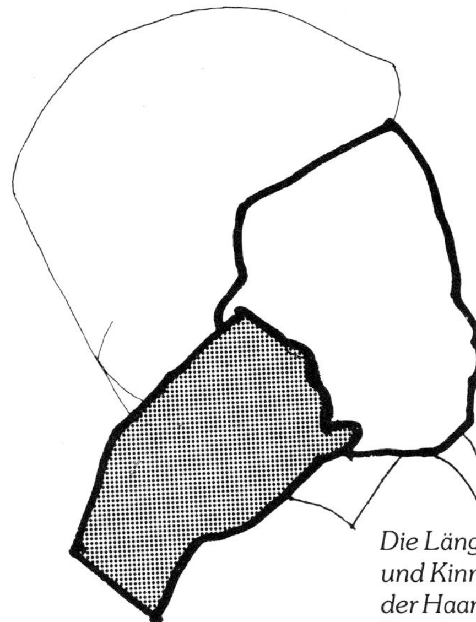

Die Länge des Gesichts zwischen Stirn und Kinn ist etwas größer als die Länge der Haarmasse, von der Stirn bis zur Haarkrone gemessen. Vergleichen Sie die Länge der Hand mit jener des Gesichts.

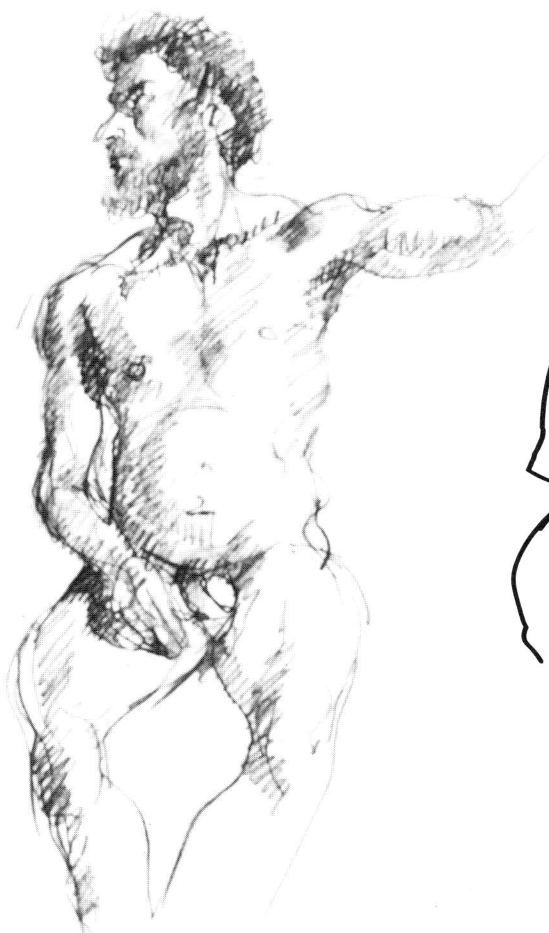

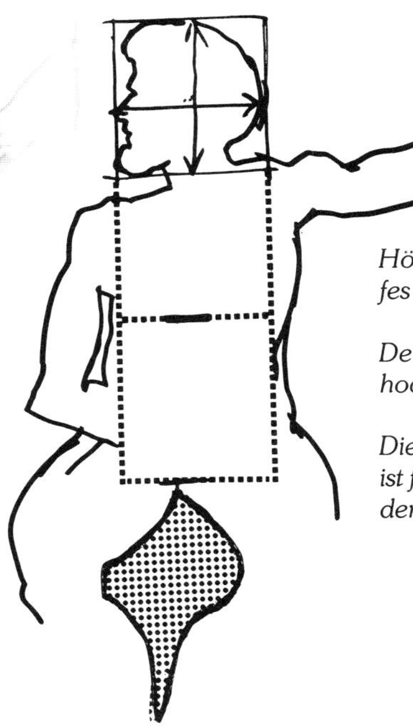

Höhe und Breite des Kopfes sind fast gleich.

Der Rumpf ist doppelt so hoch wie der Kopf.

Die eingeschlossene Form ist fast genauso lang wie der Kopf.

Der Fuß, die eingeschlossene Form und das Gesicht sind in ihrer Größe vergleichbar.

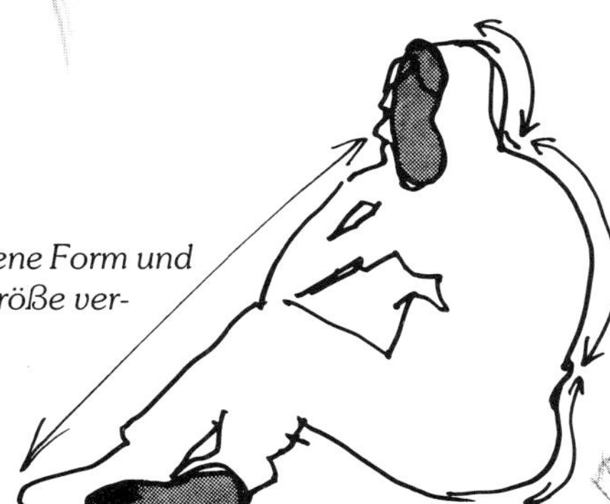

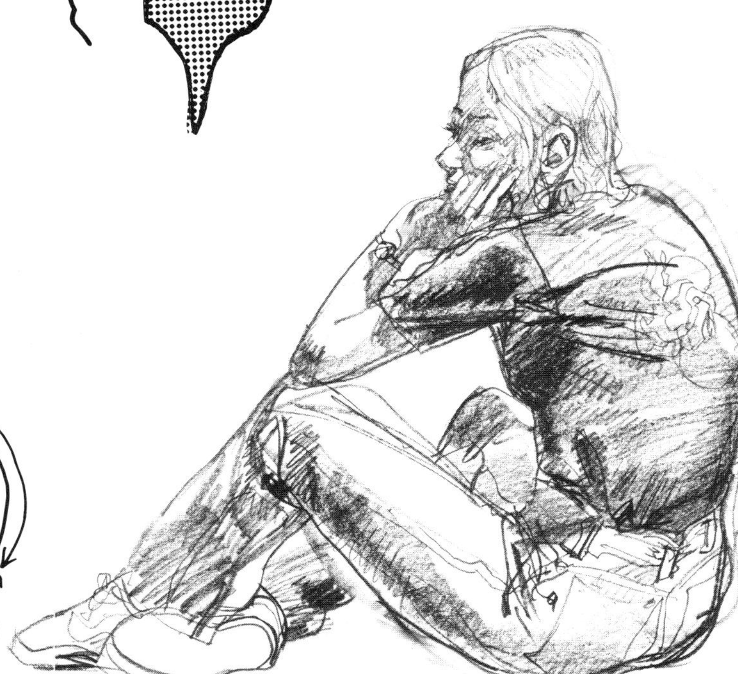

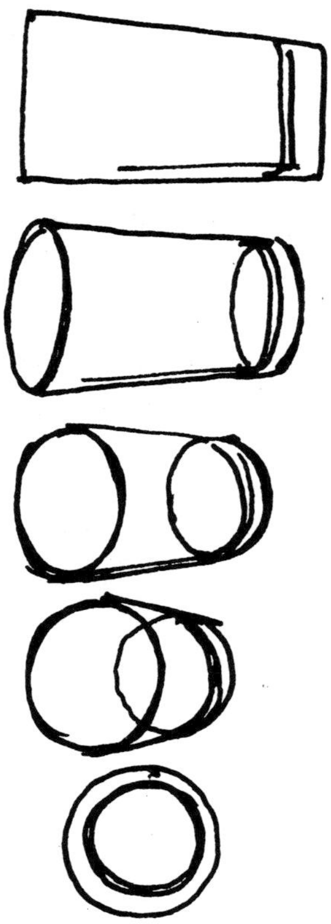

Je weiter das Glas zu uns gedreht wird, um so weniger sehen wir von seiner Seite. Das gleiche gilt für den menschlichen Körper.

Perspektivische Verkürzung

Wenn man eine Person oder ein Objekt perspektivisch zeichnet, wird die Darstellung verkürzt. Im Grunde geht es dabei um ein einfaches Prinzip: Je mehr wir vom Ende einer Sache sehen, um so weniger sehen wir etwas von den Seiten. Die perspektivische Verkürzung bedeutet, daß man Sachverhalte, die man kennt, ignoriert, um das zu zeichnen, was man sieht. Aber Sie sollten sich inzwischen allmählich daran gewöhnt haben. So werden Sie vielleicht gezwungen sein, eine Person, die Sie als groß und schlank kennen, gedrungen und klein zu zeichnen. Natürlich sieht die Zeichnung am Ende richtig aus, aber beim Arbeiten hat man vielleicht ein komisches Gefühl.

Perspektivisch verkürzte Formen wirken oft absurd. Die ungewöhnliche, kleine Form, die auf der gegenüberliegenden Seite extra hervorgehoben wird, sieht nicht wie ein Kopf aus. Wenn Sie sie selbst gezeichnet hätten, wären Sie nicht versucht gewesen, die Form zu verändern, damit man sie besser erkennen kann? Die perspektivische Verkürzung erfordert jedoch Vertrauen in die Fähigkeiten des eigenen Auges. Man muß davon ausgehen, daß nach dem Einfügen aller Gesichtszüge ein überzeugender Kopf herauskommt.

Alle drei Strategien des Peilens sind von großem Wert, wenn man von einem Ende aus ein liegendes Objekt zeichnet. Ich möchte besonders die Bestimmung der Mitte empfehlen. Bei einer perspektivisch verkürzten Figur befindet sich die Mitte selten dort, wo man sie vermuten würde. Bei der Figur auf Seite 87 liegt die Mitte etwas oberhalb vom Knie – also viel tiefer als man erwarten würde. Wenn man dieselbe Figur vom oberen Ende aus zeichnen würde, befände sich die Mitte irgendwo im Bereich des Oberkörpers.

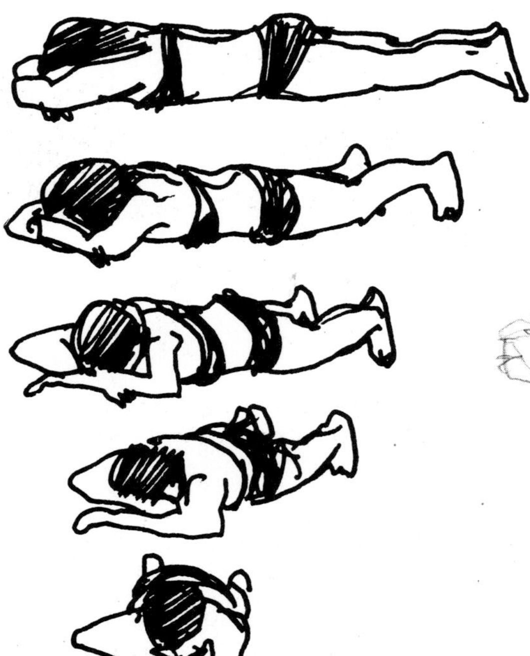

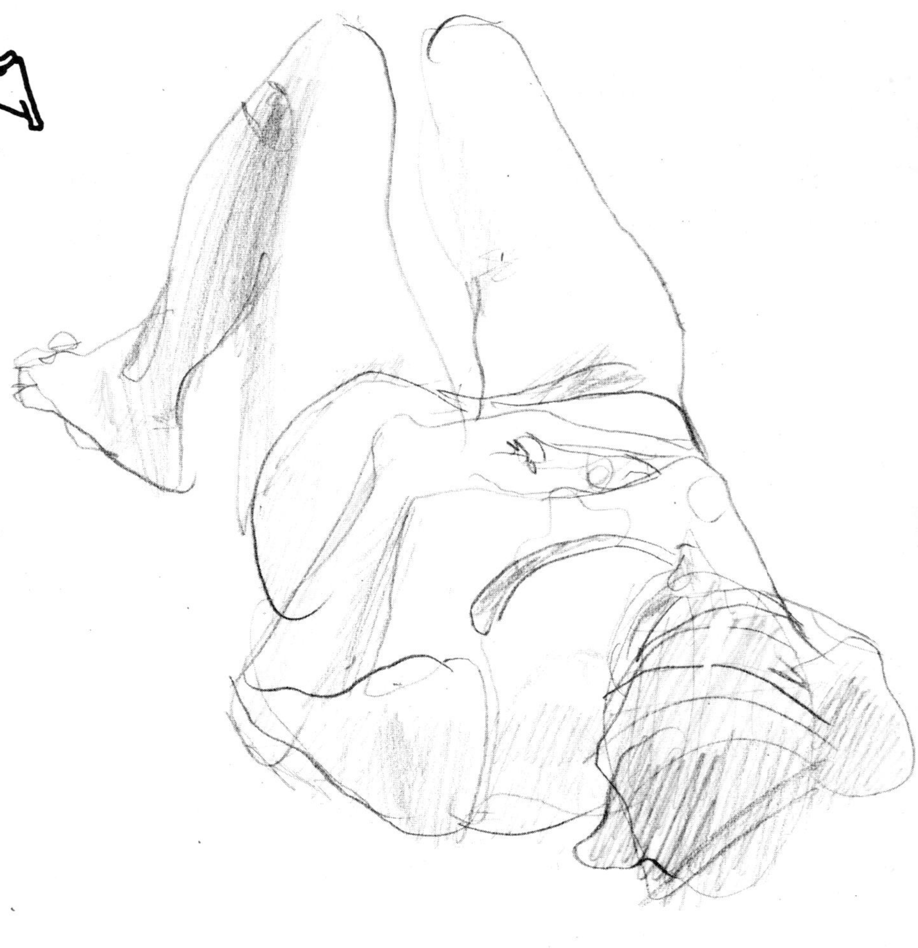

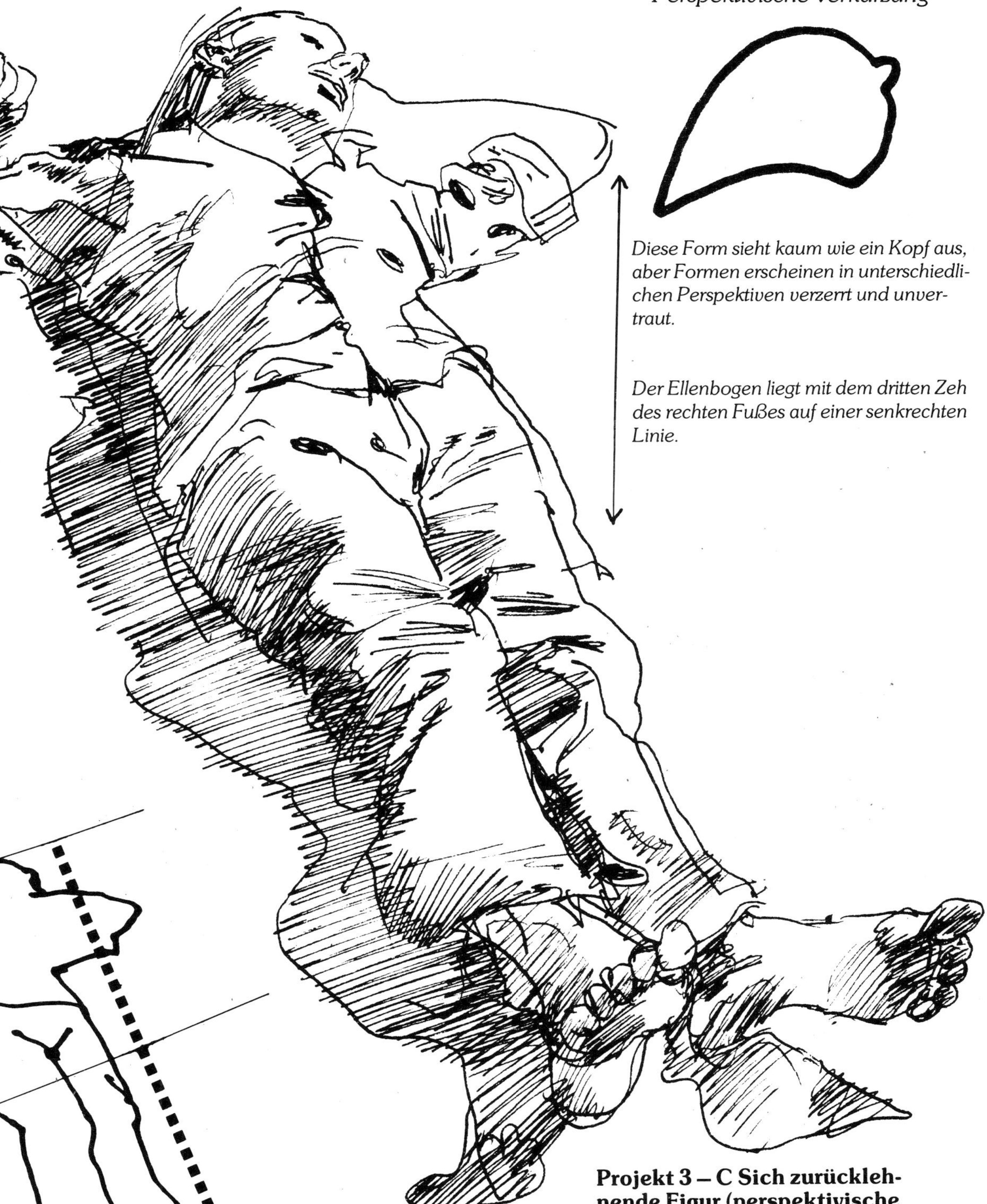

Diese Form sieht kaum wie ein Kopf aus, aber Formen erscheinen in unterschiedlichen Perspektiven verzerrt und unvertraut.

Der Ellenbogen liegt mit dem dritten Zeh des rechten Fußes auf einer senkrechten Linie.

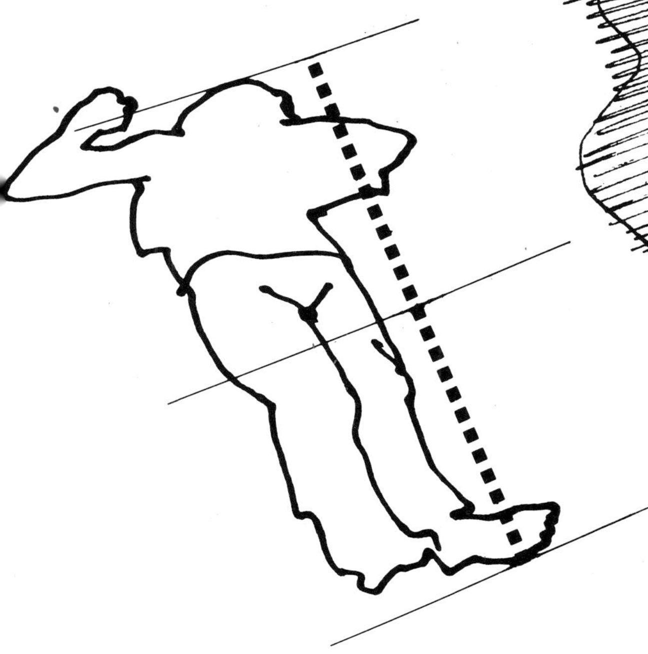

Die Mitte liegt tiefer als man vermuten würde. In diesem Fall befindet sie sich etwas oberhalb der Knie. Die Entfernung zwischen den Ellenbogen entspricht der Distanz vom Kopf zum unteren Knie.

Projekt 3 – C Sich zurücklehnende Figur (perspektivische Verkürzung)

Zeichnen Sie eine sich zurücklehnende Figur direkt nach Augenmaß. Prüfen Sie dabei aber immer wieder die Proportionen mit Hilfe der drei Peilmethoden. Die Bestimmung der Mitte ist bei perspektivisch verkürzten Zeichnungen besonders wichtig. Es wird sich auch als hilfreich erweisen, die beiden Hälften noch einmal in der Mitte zu unterteilen. Arbeiten Sie mindestens jeweils zweimal mit senkrechten und waagerechten Linien und dem Vergleich der Maße. Man kann einen Bleistift oder Zeichenkohle nehmen und nach Bedarf überarbeiten. Zeit: 30 bis 40 Minuten.

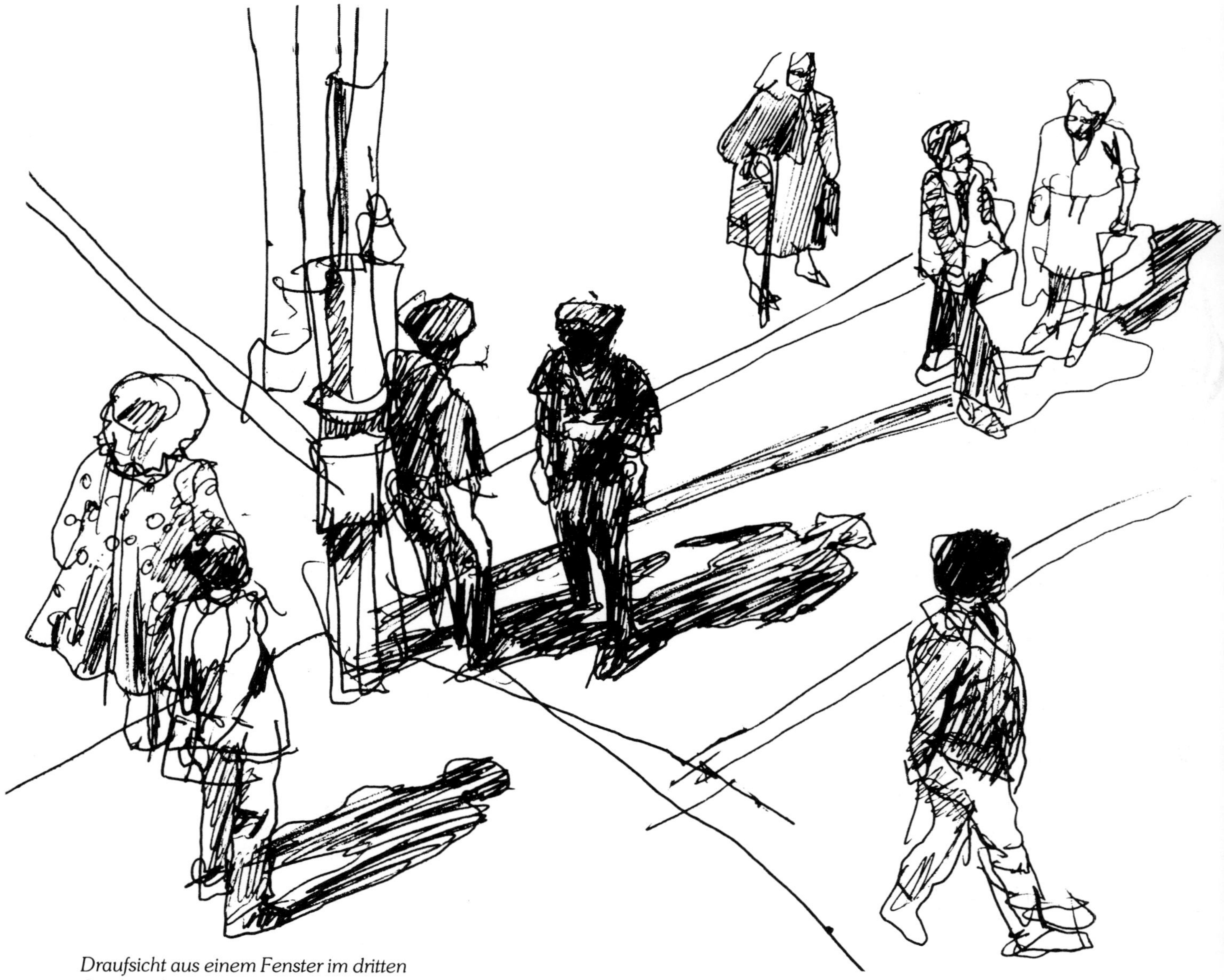

Draufsicht aus einem Fenster im dritten Stockwerk.

Die perspektivische Verkürzung ist beim Zeichnen von Menschen unvermeidbar. In nahezu jeder Haltung erscheint ein Teil des Armes oder der Beine oder des Oberkörpers verkürzt. Sie werden feststellen, daß Sie diese Teile überzeugend darstellen können, wenn Sie sich auf die Verfahren des Peilens verlassen. Wenn Sie die gleiche Einstellung haben wie ich, dann werden Ihnen die Probleme der perspektivischen Verkürzung Spaß machen, weil sie die Chance bieten, die eigenen Zeichenfähigkeiten zu demonstrieren.

Einer der Orte, an denen ich am liebsten entsprechende Zeichnungen anfertige, ist der Strand, auf dem Badende kreuz und quer liegen. Eine andere gut geeignete Stelle ist ein Fenster im zweiten Stockwerk, das eine herausfordernde Ansicht von oben bietet. In beiden Situationen muß man vielleicht schnell die Formen festhalten und auf die zeitaufwendigen Peilverfahren verzichten. Wenn man sich länger mit einem Problem perspektivischer Verkürzung auseinandersetzen möchte, dann sind schlafende Freunde oder Familienmitglieder ein dankbares Motiv.

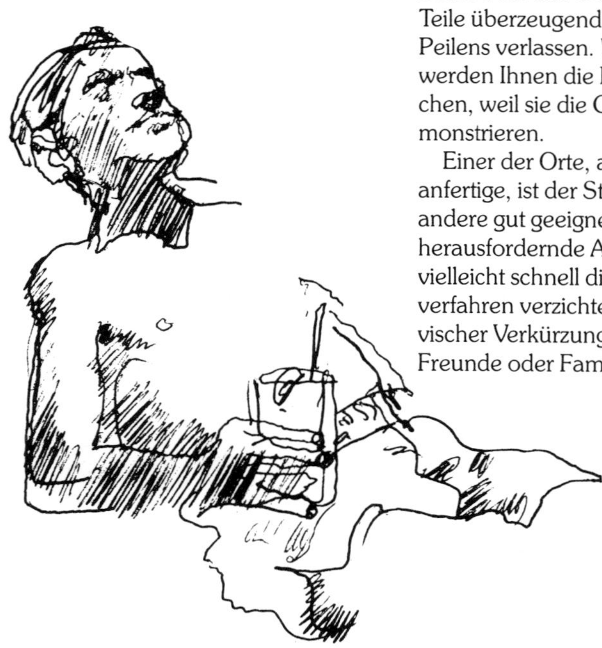

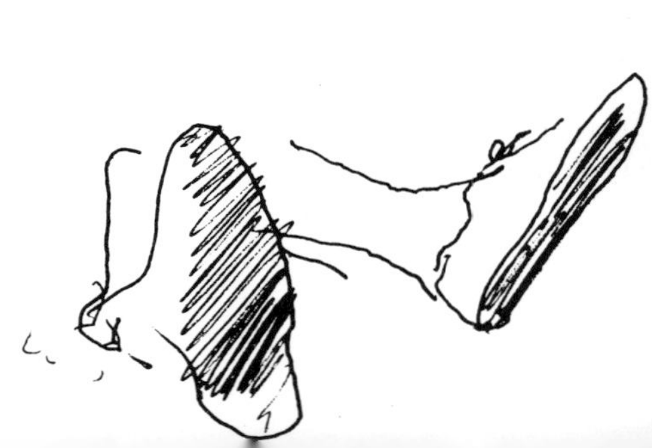

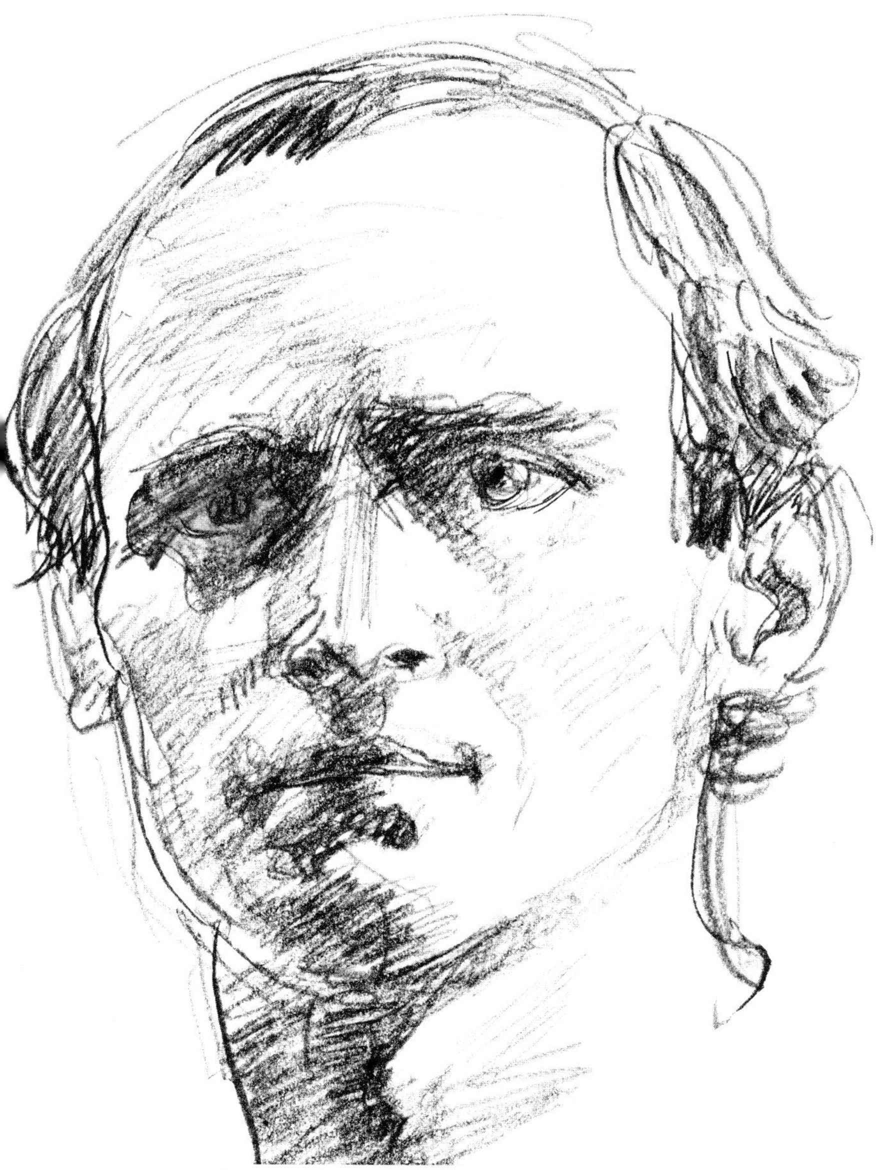

Die drei ersten Schritte.

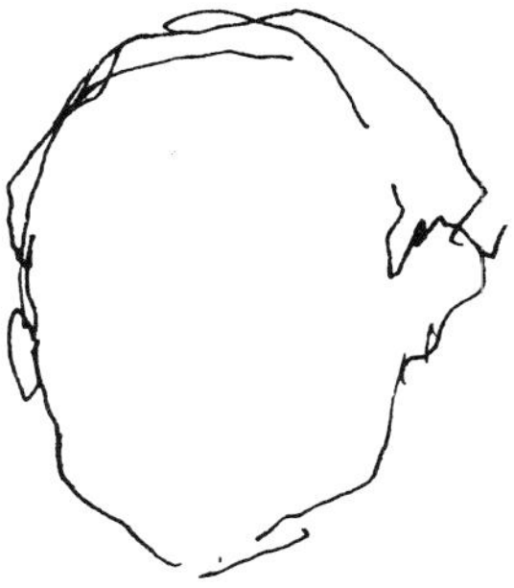

Die Umrißform skizzieren.

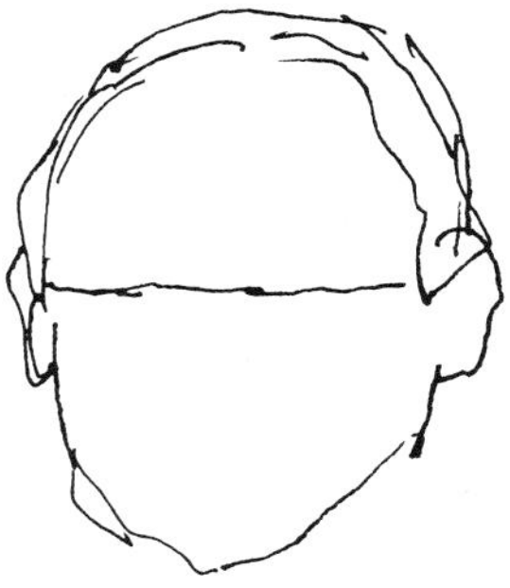

Die Mittellinie leicht eintragen

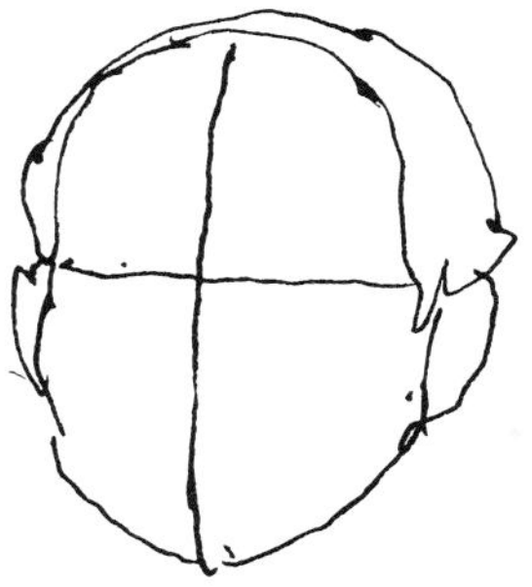

... und die Mittelachse.

Porträts

Viele Zeichenkurse bringen den Zeichenschülern bei, zuerst die Grundform zu zeichnen, um dann zu den Besonderheiten überzugehen. (»Lernen Sie den Kopf als eine Grundform mit vereinfacht dargestellten Partien zu zeichnen, dann werden Sie in der Lage sein, ein Porträt zu zeichnen.«) Dies ist ein vernünftiger Ansatz, und ich habe daraus einige Anregungen abgeleitet. Im wesentlichen fordert dieses Buch dazu auf, das Besondere und Individuelle gleich von Anfang an zu zeichnen. Das gründliche Wissen von den Dingen, die unter der Oberfläche liegen, geht bei meiner Methode leicht verloren. Ich glaube allerdings, daß das Abenteuer des intensiven Zeichnens diesen Verlust mehr als kompensiert. Indem wir uns an ein lebendes, individuelles Subjekt heranwagen, zeichnen wir wahrscheinlich besser als wir uns selbst zutrauen. Und bei dem Vorgang werden wir viel über die zugrundeliegende Struktur lernen.

Wir sind nun bereit, die drei Peiltechniken auf Köpfe und Porträts anzuwenden. Diese Messungen sind eine heikle Aufgabe, weil ein individuelles Gesicht als ein Gefüge subtiler Beziehungen zu betrachten ist. Ein hohes Maß an Genauigkeit ist erforderlich, um eine Ähnlichkeit zu erreichen. Weil die Formen und die Entfernungen zwischen ihnen klein sind, muß man sehr präzise arbeiten. Wenn die Formen eine falsche Größe oder Plazierung erhalten, verliert die Zeichnung ihre Ähnlichkeit. John Singer Sargent hat die Schwierigkeiten zusammengefaßt: »Ein Porträt ist ein Bild einer Person, in dem der Mund nicht ganz richtig dargestellt wird.«

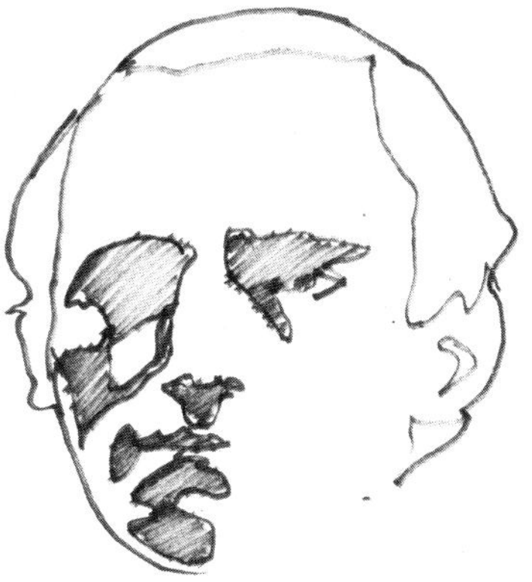

Die Schatten auf dem Gesicht lassen kleine Formen entstehen, die das Zeichnen erleichtern.

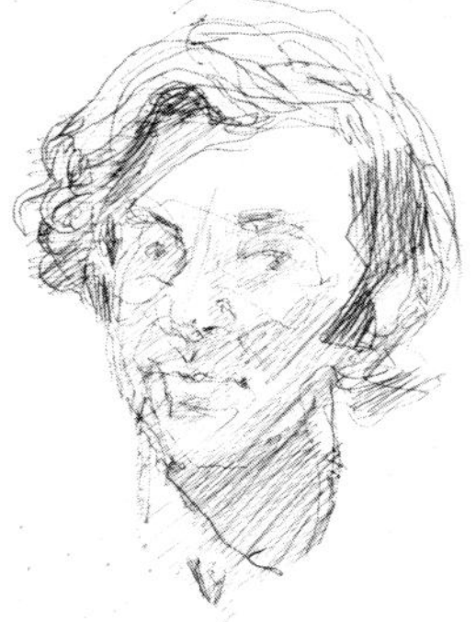

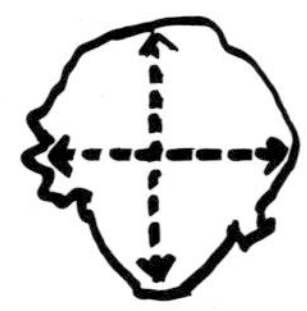

(a)

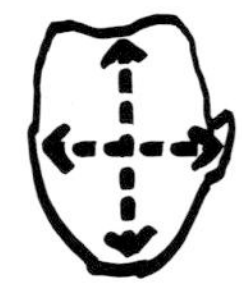

(b)

Die Höhe und Breite des ganzen Kopfs (a) und nur des Gesichts (b) werden verglichen.

Vorderansicht

Sie werden jemanden brauchen, der bereit ist, vielleicht eine Stunde lang Modell zu sitzen. Der Abstand zwischen dem Modell und Ihnen soll etwas mehr als einen Meter betragen. Die Person soll bequem und entspannt sitzen. Machen Sie etwa alle zehn Minuten Pause. Wenn Sie kein Modell, das gerne mitmacht, finden, müssen Sie sich selbst zeichnen. In diesem Fall setzen Sie sich in Armlänge vor einen Spiegel. Bei der Veränderung der Blickrichtung vom Spiegel zur Zeichnung werden Sie Ihren Kopf bewegen, so daß Sie jedes Mal die ursprüngliche Haltung einnehmen müssen, wenn Sie wieder in den Spiegel schauen. Nehmen Sie Maß, indem Sie ein Auge schließen und den Bleistift vor den Spiegel halten.

Wir werden den Kopf in Vorderansicht zeichnen. Aber bevor Sie mit dem Zeichnen oder Abmessen beginnen, halten Sie einen Augenblick inne, um Ihr Modell – oder Ihr Spiegelbild – zu betrachten. Lassen Sie Ihre Augen über den ganzen Kopf wandern, um ihn als Ganzes zu erfassen. Welche zwei bis drei Dinge fallen Ihnen sofort auf? Dunkle Gesichtszüge? Kleines Kinn? Ausgeprägte Wangenknochen? Sie stellen geeignete auslösende Wörter dar. Wiederholen Sie für sich sogar Eindrücke, die nichts mit physischen Eigenschaften zu tun haben: müde Augen, innere Stärke. Blinzeln Sie so lange, bis der Kopf eine vage Form erhält. Verfolgen Sie die Umrisse dieser Form und merken Sie sich die hellen und dunklen Flächen innerhalb dieser Form.

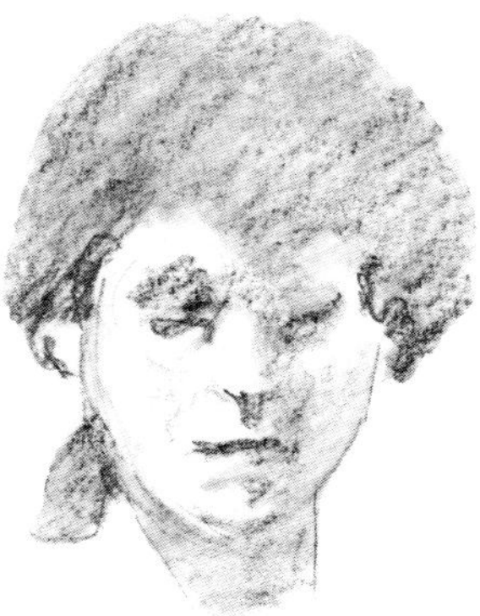

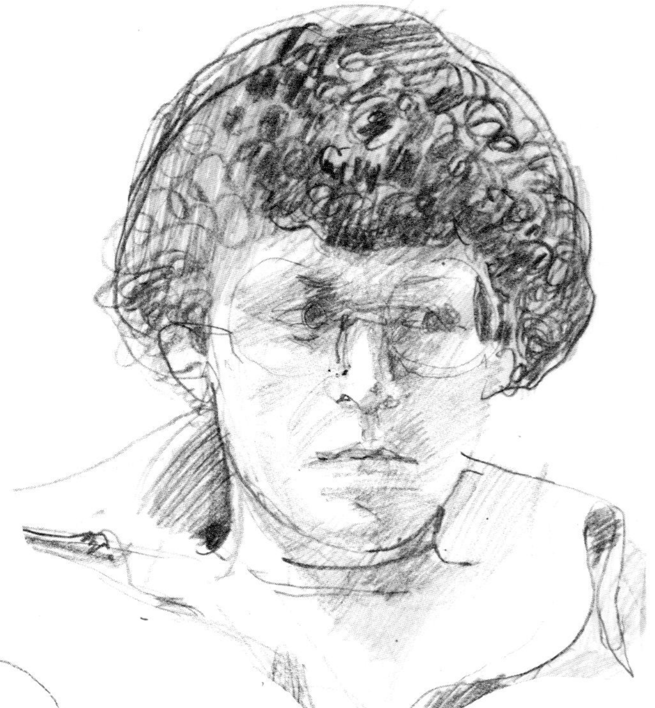

Blinzeln, um einen vagen Überblick zu erhalten . . . und auch während des Arbeitens wird häufig geblinzelt. Dies erleichtert das Erkennen der Beziehungen zwischen allen Punkten.

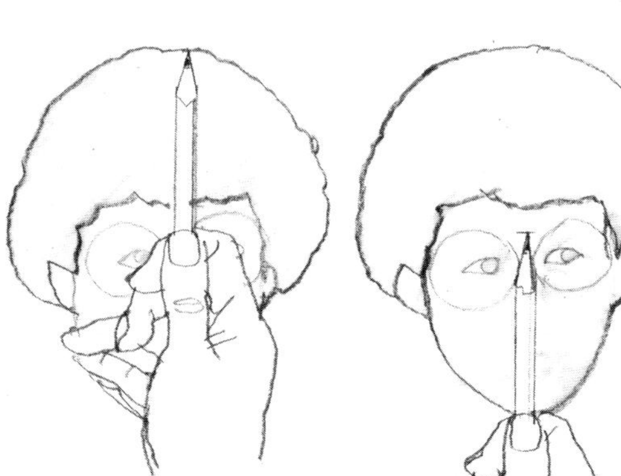

Die Augen werden in der Nähe der Mittellinie plaziert. Durch Messen wird die Lage überprüft.

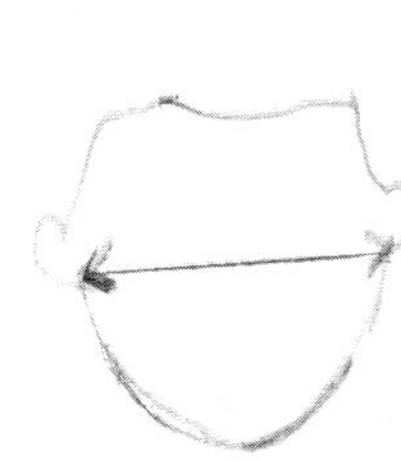

Wo ist die breiteste Stelle des Gesichts? Normalerweise findet man sie bei den Wangenknochen.

Am Anfang wird die gesamte Kopfform leicht skizziert. Danach wird die Mitte zwischen dem höchsten und tiefsten Punkt mit Hilfe der Methoden, die wir bereits beschrieben haben, bestimmt. Die Mitte wird irgendwo in der Nähe der Augen liegen, aber Sie sollten sie so genau wie möglich eintragen. Statt dort einfach einen Punkt zu machen, zeichnen Sie eine horizontale Linie über das Gesicht. Nun wird eine senkrechte Achse von oben nach unten durch das Gesicht gezogen. Diese Linie bietet eine grobe Orientierung für die Plazierung von Gesichtszügen.

Inzwischen sollten Sie etwas zu Papier gebracht haben, das Ähnlichkeit mit den Beispielen auf Seite 89 hat. Das Zeichnen der Umrißform, der Mittellinie und der zentralen Achse hat wahrscheinlich nur einige Minuten gedauert, aber Sie haben drei wertvolle Bezugslinien aufgebaut.

Von jetzt an werden Sie sowohl die Peiltechniken anwenden als auch nach Augenmaß zeichnen, wobei Sie immer wieder von der einen zur anderen Arbeitsweise wechseln. Dabei gibt es keine festgelegte Vorgehensweise. Ich bevorzuge es, zuerst nach Augenmaß zu zeichnen und dann mit Hilfe der Meßtechniken zu korrigieren. Typischerweise deute ich die Formen der Augen, der Nase und des Mundes mit leichten Strichen an. Dann wird gemessen und korrigiert. Die richtige Stelle der Augen findet man durch ihre Beziehung zur Mittellinie.

Man mißt die Breite der Augen und prüft, ob sie genau so groß ist wie der Abstand zwischen ihnen, was wahrscheinlich ist. Die Mitte zwischen Nasenrücken und Kinn wird festgestellt. Liegt der untere Rand der Nase darunter oder darüber? Korrigieren Sie Ihre Zeichnung, wenn es erforderlich ist. Liegt der Mund näher an der Nase oder näher am Kinn? Legen Sie eine senkrechte Linie durch die Pupillen nach unten, um die Mundwinkel zu lokalisieren. Vergleichen Sie die Breite der Oberlippe und der Unterlippe. Der Bleistift wird waagerecht gehalten, um zu erkennen, in welcher Beziehung der Mund zum Kiefer steht.

Es ist allerdings noch zu früh, um schon große Ähnlichkeit mit dem Modell zu erwarten. Aber geduldiges Abmessen, verbunden mit gelegentlichem Zurücktreten, wird die Ähnlichkeit ständig erhöhen. Die subtilen Verfeinerungen, die hier notwendig sind, erfordern einen größeren Einsatz des Radiergummis und mehr Korrekturen als von mir bisher propagiert. Aber scheuen Sie sich nicht, die eine oder andere Überarbeitung in der fertigen Zeichnung stehen zu lassen.

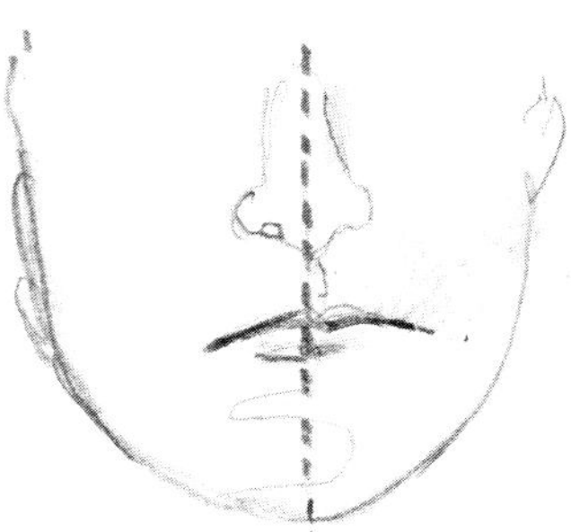

Die Mitte des Mundes und die Nasenspitze liegen normalerweise auf der Mittelachse. In diesem Fall führen der Blickwinkel und ein etwas vorstehendes Gebiß dazu, daß sich die Mitte des Mundes etwas neben der Achse befindet.

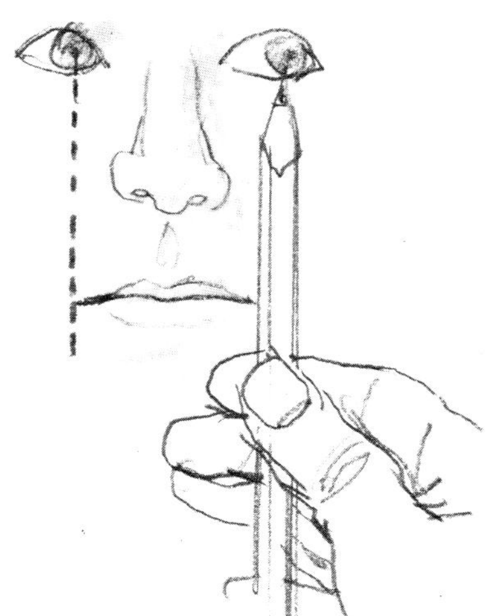

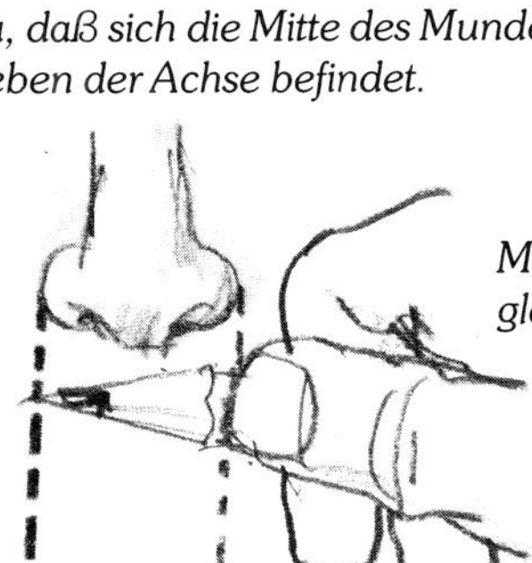

Man mißt die Breite der Nase und vergleicht sie mit der Breite der Augen.

Projekt 3 – D Porträt in Vorderansicht

Zeichnen Sie einen Kopf direkt von vorne, zeichnen Sie nach Augenmaß und setzen Sie auch die drei Peiltechniken ein. Sie werden – jeweils mindestens dreimal – sowohl Ausrichtungen mit der Senkrechten und Waagerechten als auch vergleichende Messungen vornehmen müssen. Zeichnen Sie ein Modell oder ein Selbstporträt vor dem Spiegel. Befolgen Sie die Schritte, die im Text genannt werden. Zeichnen Sie langsam und sorgfältig und führen Sie während der Zeichenarbeit Korrekturen und subtile Veränderungen durch. Überarbeiten und radieren Sie, um die Zeichnung schrittweise zu verfeinern. Benutzen Sie einen Bleistift oder Zeichenkohle. Das Projekt erfordert mindestens eine Stunde. Das Modell darf alle 15 bis 20 Minuten eine Pause machen.

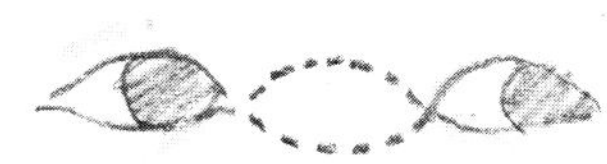

Der Abstand zwischen den Augen wird gemessen. Er entspricht im allgemeinen der Breite eines Auges.

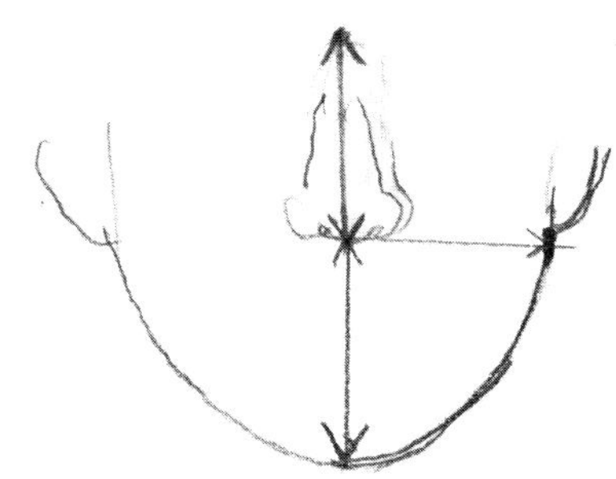

Die Länge der Nase wird mit den Entfernungen vom unteren Rand der Nase zum Kinn und zum Ohr verglichen.

Zu beachten sind aus dem jeweiligen Blickwinkel die genauen Punkte, an denen Hals und Kiefer zusammenkommen. Man neigt dazu, den Hals zu dünn darzustellen.

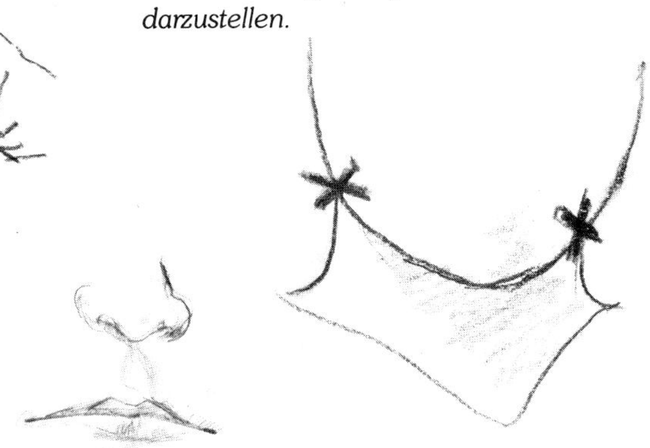

Man sollte auf besondere, unterscheidbare Gesichtszüge achten. Hier sind die Lippen dünn, und die Mundwinkel sind leicht nach unten gezogen.

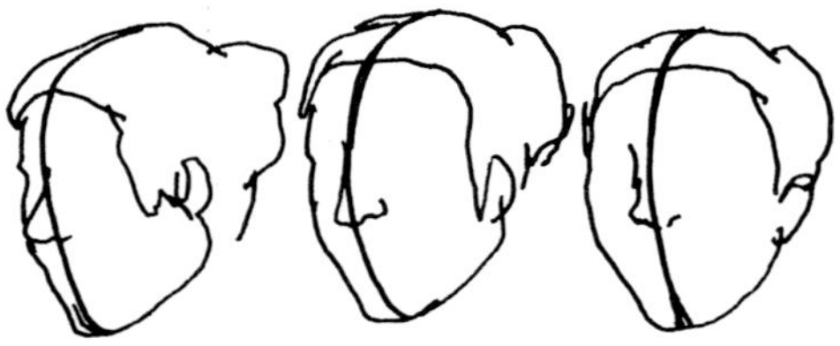

Man sollte versuchen, ein Gespür für die Lage der mittleren Achse bei der Dreiviertel-Ansicht zu entwickeln. Sie hängt davon ab, wie weit der Kopf gedreht wird.

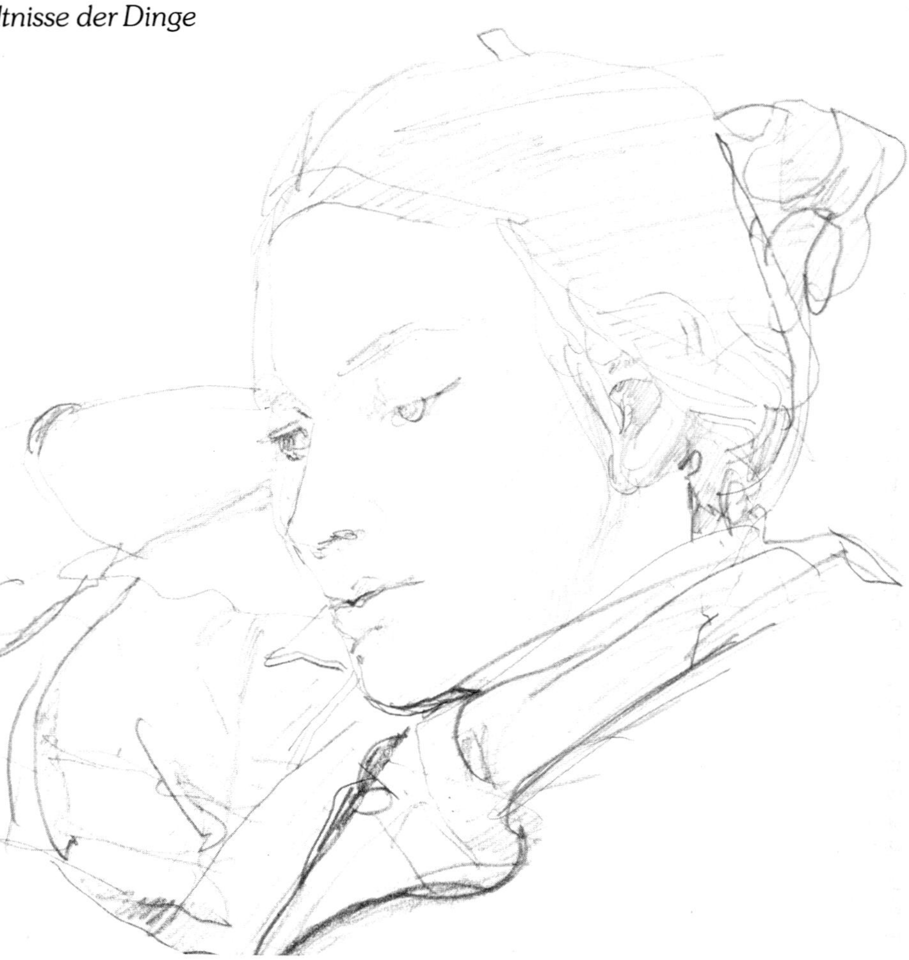

Die Dreiviertel-Ansicht

Beim Zeichnen des Kopfes in einer Dreiviertel-Ansicht werden viele der Messungen vorgenommen, die wir auch bei der Vorderansicht durchgeführt haben. Es gibt allerdings einige beachtenswerte Variationen.

Wenn man den Kopf direkt von vorne betrachtet, hat er im wesentlichen die Form eines Eies, das heißt: er ist länglich geformt und weniger breit. Wenn er jedoch zur Seite gedreht wird, zeigt sich mehr vom Hinterkopf, bis beim vollen Profil der Abstand zwischen der Stirn und dem hinteren Rand des Kopfes etwa die gleiche Größe hat wie die Entfernung zwischen Schädeldecke und Kinn. Zeichenschüler schneiden oft den Hinterkopf ab, wenn sie nicht sorgfältig vergleichende Messungen durchführen. Man sollte nicht vergessen, auch die Entfernung vom zugewandten Ohr zum Kinn mit dem Abstand zwischen Auge und hinterem Rand des Ohrs zu vergleichen.

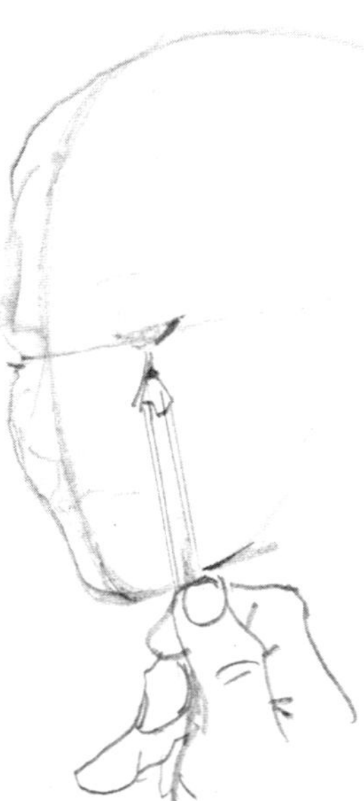

Die Lage der Pupillen wird mit der Lage der Mundwinkel verglichen.

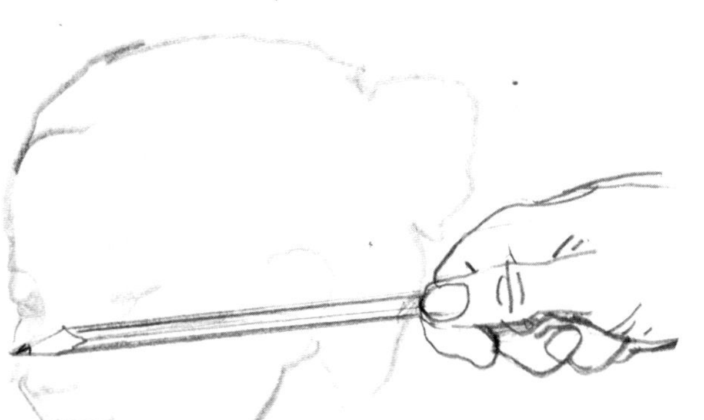

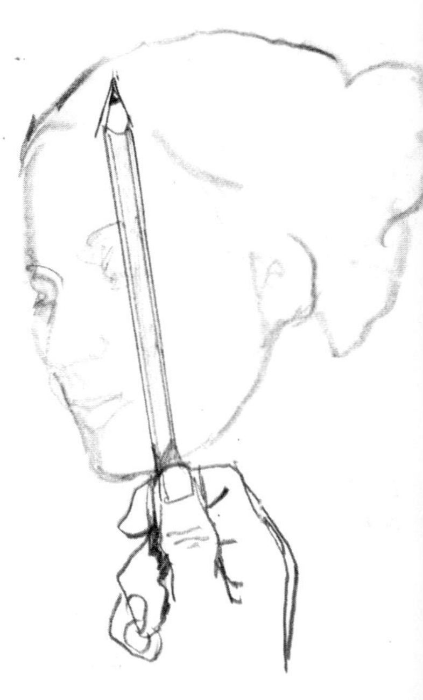

Länge und Breite des Kopfes werden miteinander verglichen.

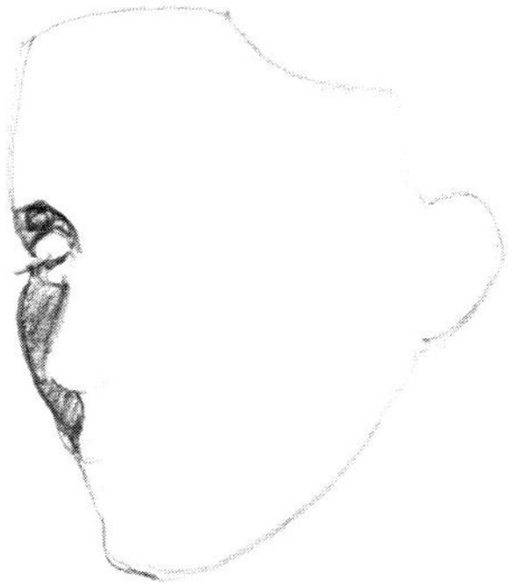

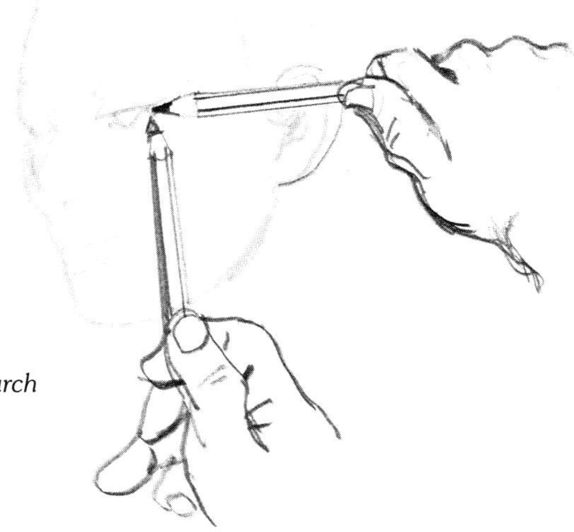

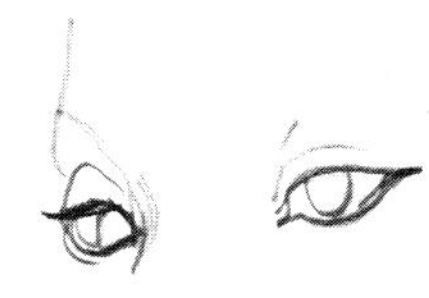

Die Augenformen unterscheiden sich, besonders wenn sie in einer Dreiviertel-Ansicht gesehen werden.

Die eingeschlossenen Formen, die durch das Zusammentreffen von Nase und Wange entstehen, werden sorgfältig gezeichnet (dunkle Fläche in dem Schema).

Der Abstand zwischen dem Augenwinkel und dem äußeren Rand des Ohrs ist etwa so groß wie die Entfernung vom Auge zum Kinn.

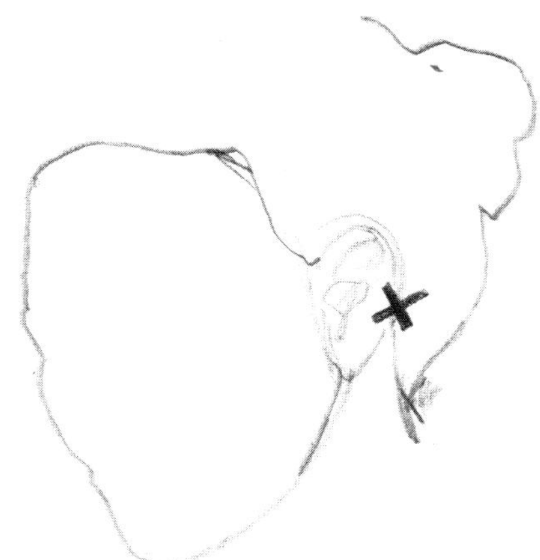

Genau zu beobachten ist der Punkt, an dem der Hals hinter dem Ohr verschwindet.

Weil das Gesicht eine Dreiviertel-Drehung zeigt, ist die zentrale Achse, an der die Gesichtszüge auf beiden Seiten angeordnet sind, zu der einen oder anderen Seite verlagert, wie dies im Diagramm auf der linken Seite zu sehen ist. Das bedeutet, daß alle Teile des Gesichts gleichmäßig in diese Richtung verschoben sind. Daraus ergibt sich, daß die Nasenspitze und die hintere Wange näher zusammenrücken. Sie können sogar eine Tangente bilden. Diese Beziehung zeigt jedenfalls an, wie weit der Kopf gedreht wurde. Diese Stellung der Nase zur Wange erzeugt auch eine eingeschlossene Form auf der vom Betrachter abgewandten Seite. Sie erinnern sich: »Wenn Sie eine eingeschlossene Form sehen, zeichnen Sie sie.« In dem gezeigten Beispiel sind mehrere eingschlossene Formen entstanden. Der Abschnitt, der zwischen Nasenspitze und Augenbraue liegt, enthält mehrere kleinere Formen. Außerdem wird ein weiterer Bereich zwischen Nasenspitze und Oberlippe abgegrenzt. Nehmen Sie sich die Zeit, diese Formen sorgfältig zu zeichnen.

In der Dreiviertel-Ansicht liegen die Augen nicht eine Augenbreite auseinander. Und Sie unterscheiden sich deutlich in Größe und Form. Wenn Sie sich an unsere Ausführungen über Augen im ersten Kapitel erinnern, werden Sie wissen, daß das hintere Auge als eine kleinere und offenere Form erscheint.

Wie man an den Beispielen erkennen kann, ist ein »verrutschter« Mund ein häufiges und schwieriges Problem von Zeichenschülern. Wenn sich die Mitte des Mundes nicht auf einer Senkrechten mit der Nasenspitze befindet, dann ist wahrscheinlch alles andere in der unteren Partie des Gesichts auch falsch. Die zentrale Achse wird Ihnen dabei helfen, diese beiden Punkte richtig anzuordnen, so daß Sie dann die Mundlinie einzeichnen können. Die dunklere, wichtigere Mundlinie wird zuerst gezeichnet und dient der Orientierung bei der Plazierung der Lippen.

Die Anordnung von Nase und Mund muß sorgfältig betrachtet werden.

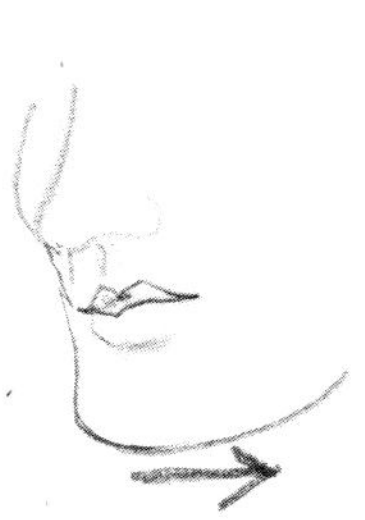

Der Mund befindet sich zu weit rechts.

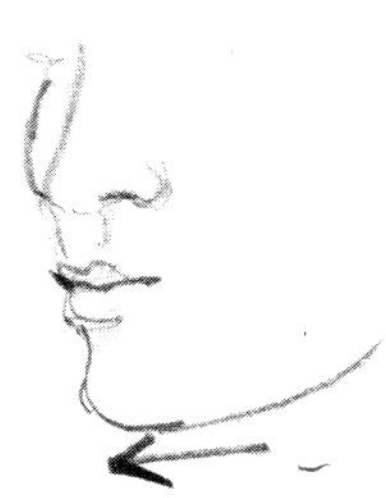

Der Mund befindet sich zu weit links.

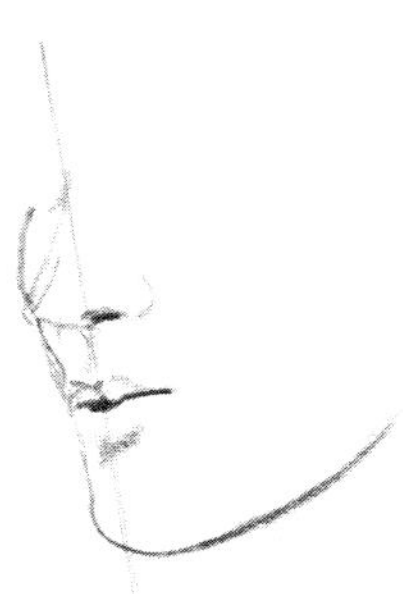

Richtige Anordnung.

Projekt 3 – E Porträt in Dreiviertel-Ansicht

Folgen Sie der Anweisung von Projekt 3 – D für ein Porträt in Vorderansicht. Dabei sollen Sie besonders auf die Lage der mittleren Achse achten, so daß Sie die Gesichtszüge richtig anordnen können. Beachten Sie auch die Größe und die Merkmale der eingeschlossenen Formen auf der hinteren Gesichtshälfte.

Profil

Bei der Seitenansicht beziehen sich die Messungen auf die eine Hälfte des Gesichts, die im Profil gesehen wird. Hier werden wir eine besonders subtile Individualisierung unseres Modells vornehmen. Studieren Sie Ihren Gegenstand, wie immer, zunächst einen Augenblick. Für dieses Projekt benötigen Sie unbedingt ein Modell. Mit dem eigenen Spiegelbild können Sie nicht arbeiten, auch nicht mit zwei Spiegeln.

Zunächst kann man seinen Eindruck mit wenigen leichten Strichen zu Papier bringen. Natürlich gibt es beim Profil eines Kopfes keine Mittelachse. Im Augenblick wollen wir auch Überlegungen zur Mittellinie zurückstellen. Sie sollten sich zunächst ganz auf die Kontur konzentrieren, die Stirn, Nase, Mund und Kinn umfaßt. Ich empfehle, sie nach Augenmaß zu zeichnen. Stellen Sie sich darauf ein, daß nach dem Abmessen und Ausrichten einige Revisionen erforderlich sind.

In diesem Stadium ist es ein nützliches Verfahren, das Modell mit einem senkrechten Bleistift, der an die Nasenspitze gehalten wird, anzupeilen. Schauen Sie, ob Sie die Besonderheiten der eingeschlossenen Formen unterhalb und oberhalb der Nase erkennen können. Gibt es einen besonders ausgeprägten Nasenrücken? Welche Form hat die Stirn? Studieren Sie die Lage der Stirn und des Kinns und prüfen Sie, ob sie mehr oder weniger eine Parallele zum Bleistift bilden oder ob sie zurücktreten und in welchem Winkel.

Legen Sie das Kinn und die Schädeldecke fest. Bestimmen Sie die Mitte, die sich beim Auge oder in seiner Nähe befinden sollte. Beim Zeichnen des Auges ist darauf zu achten, daß es weit genug vom Nasenrücken plaziert wird. Man vergleicht den Abstand mit der Breite der Augenform.

Die Mundlinie ist im allgemeinen etwa auf einem Drittel der Strecke vom Nasenloch zum Kinn zu finden. Vergewissern Sie sich durch Abmessen. Eine Senkrechte, die an den vorderen Rand des Auges gelegt wird, ermöglicht es, die Mundwinkel zu lokalisieren. Halten Sie den Bleistift senkrecht an das Nasenloch. Ragen die Lippen über diese Linie hinaus? Wenn nicht, wie weit weichen sie zurück? Prüfen Sie die Lage des Kinns auf gleiche Weise. Es gibt noch andere feine Messungen, die Sie vornehmen können, z. B. die der relativen Dicke der Ober- und Unterlippe, des Abstandes zwischen dem Auge und der Augenbraue, der Breite der Nasenflügel. Obwohl Sie die Spontaneität nicht vergessen sollten, wird jede zusätzliche Messung, die Sie vornehmen, zu einer genaueren Gesamtdarstellung führen.

Es ist wichtig, nicht die besonderen Anstrengungen in den schwierigen Partien des Gesichts durch oberflächliche Beobachtung in den einfacheren Teilen zunichte zu machen. Wir befassen uns nun mit dem Rest des Kopfes. Es wurde bereits auf den häufigen Fehler, den Hinterkopf zu klein zu zeichnen, hingewiesen. Man mißt die Länge des Kopfes und vergleicht sie mit der Breite – einschließlich der Haare. Dadurch wird vermieden, daß man einen Teil des Schädels abschneidet. Es ist darauf zu achten, daß die Haarpartie groß genug und genau gezeichnet wird. Sie hat häufig die gleiche Größe wie das Gesicht.

Damit das Ohr richtig plaziert wird, sollte man den Abstand zwischen dem Augenwinkel und der Ohrmuschel vergleichen mit der senkrechten Entfernung zwischen Augenwinkel und Kiefer. Auch der Hals ist genau zu betrachten. Der obere Rand ist leicht nach vorne geneigt; der höchste Punkt liegt im Nacken. Die Breite des Halses läßt sich gut durch einen Vergleich mit dem Abstand zwischen Augenwinkel und Kiefer feststellen.

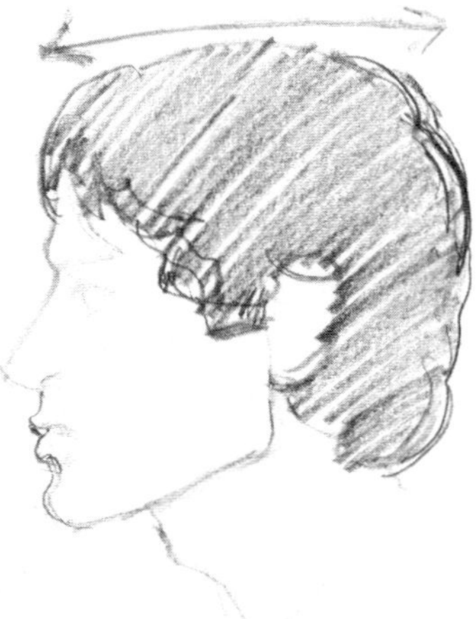

Höhe und Breite der Haarpartie wird gemessen.

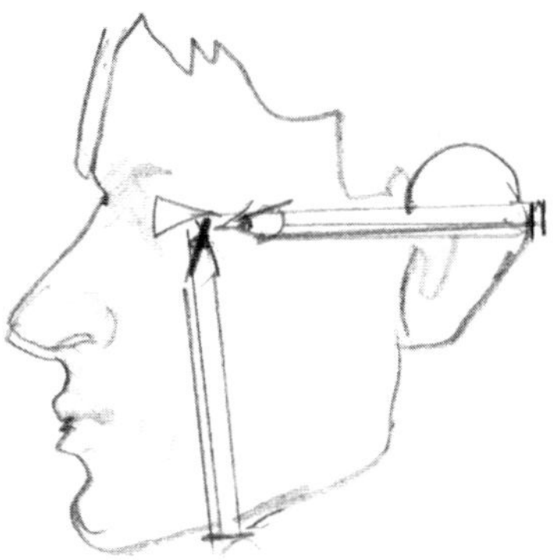

Vergleich der Entfernungen zwischen Augenwinkel und Ohrmuschel sowie zwischen Augenwinkel und Unterkiefer. Sie sollten etwa gleich sein.

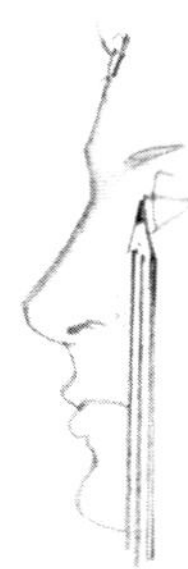

Die Anordnung von Auge und Mundwinkel wird mit Hilfe einer Senkrechten geprüft.

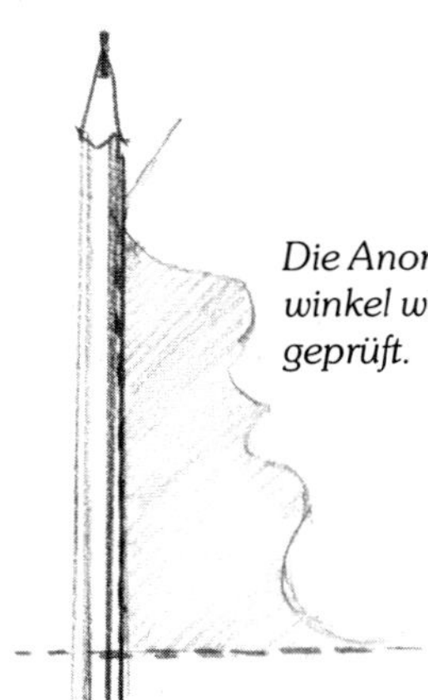

Die eingeschlossenen Formen zwischen Bleistift und unterer Gesichtspartie sind zu untersuchen. Liegen Kinn und Nasenlöcher auf einer Senkrechten?

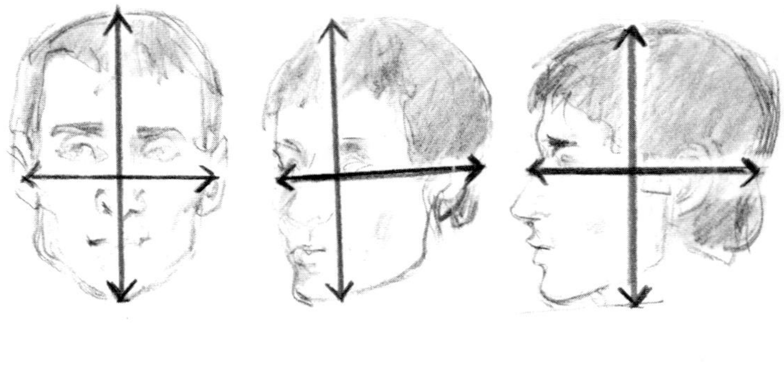

Bei der Vorderansicht ist der Kopf viel länger und nicht so breit. Bei der Dreiviertel-Ansicht ist die Länge etwas größer als die Breite. Bei der Seitenansicht sind Länge und Breite fast gleich groß.

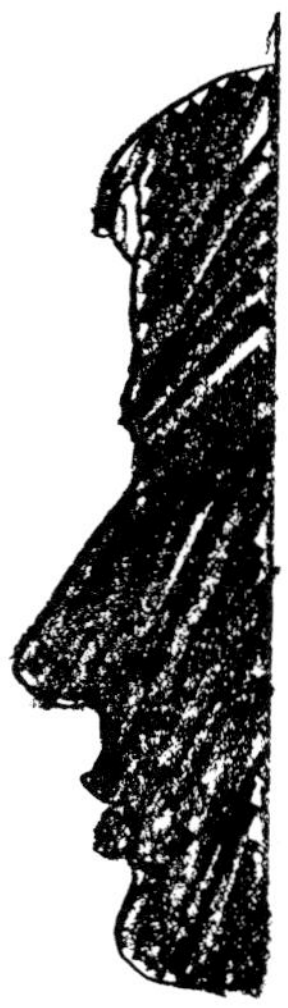

Die schwierigsten Meßprobleme treten in der vorderen Partie auf.

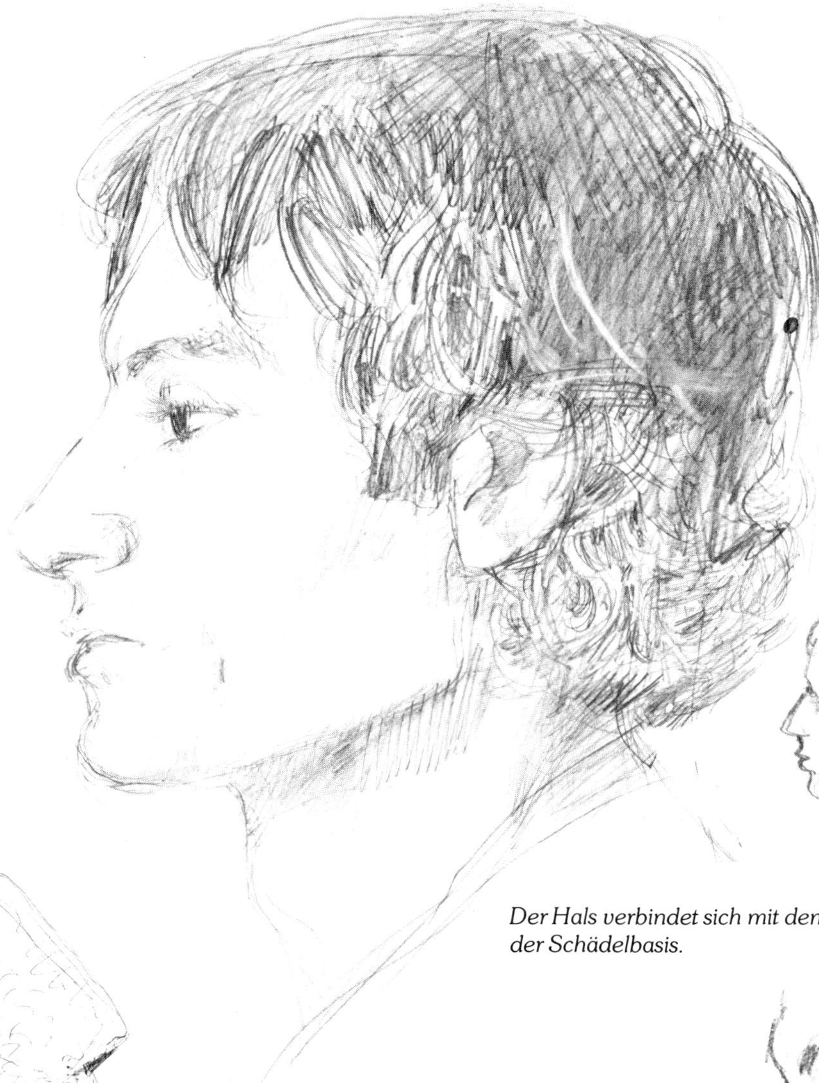

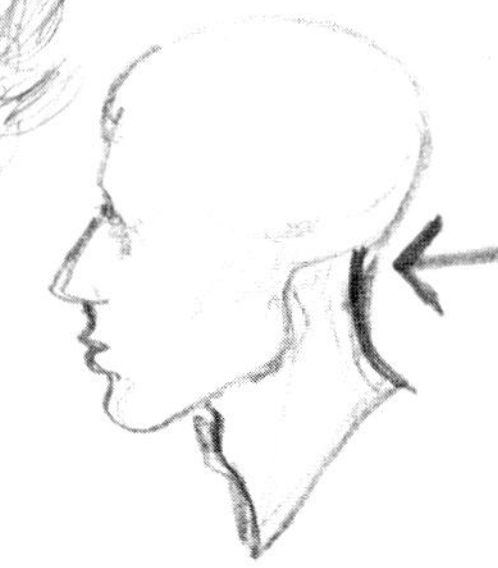

Der Hals verbindet sich mit dem Kopf an der Schädelbasis.

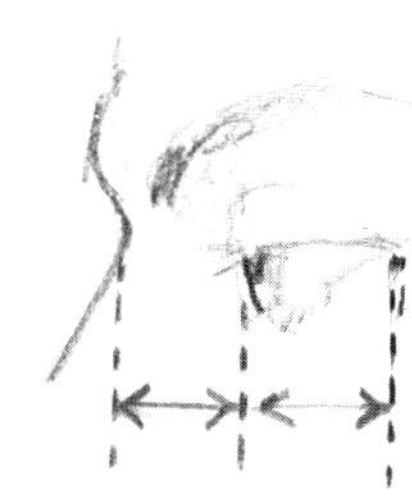

Gemessen wird der Abstand zwischen dem vorderen Teil des Auges und dem Nasenrücken. Er wird mit der Breite des Auges verglichen.

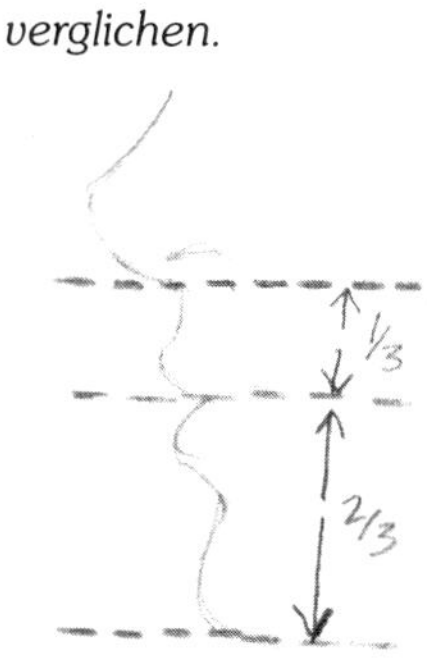

Vergleich des Abstands vom Mund zur Nase mit der Entfernung zwischen Mund und Kinn.

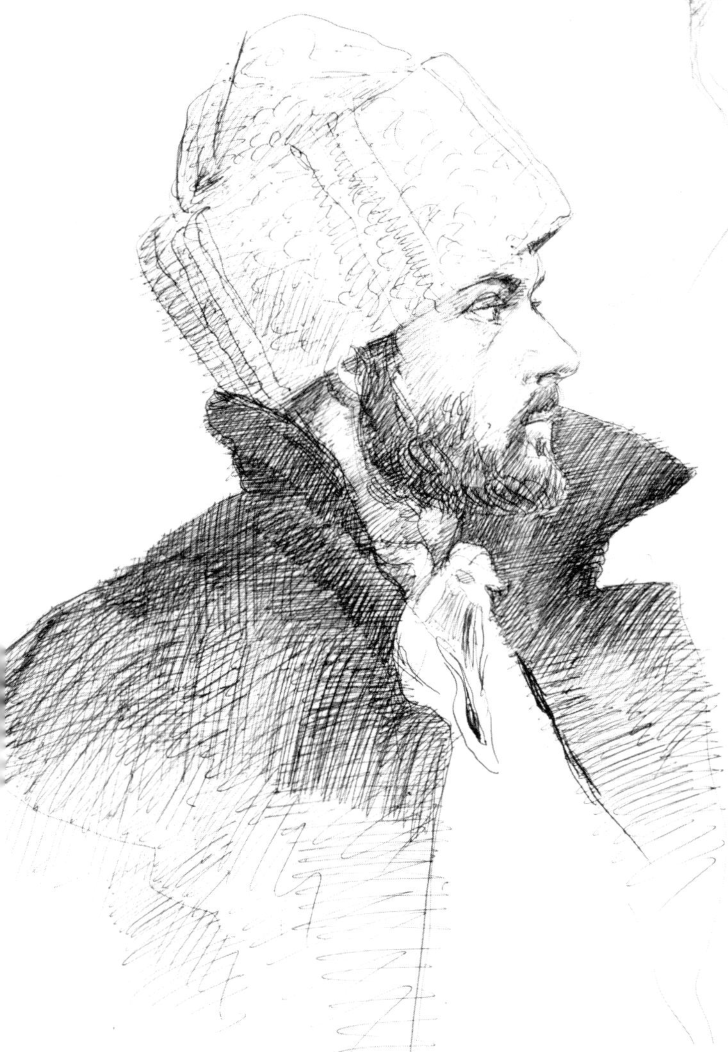

Dies ist das gleiche Modell mit Bart und Mütze.

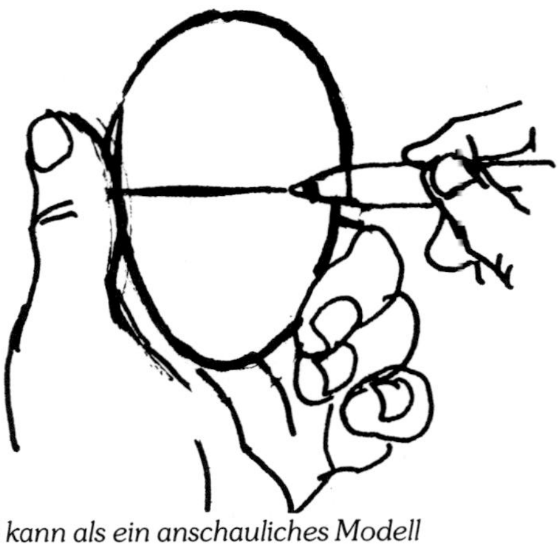

Ein Ei kann als ein anschauliches Modell benutzt werden. Eine Mittellinie wird gezeichnet.

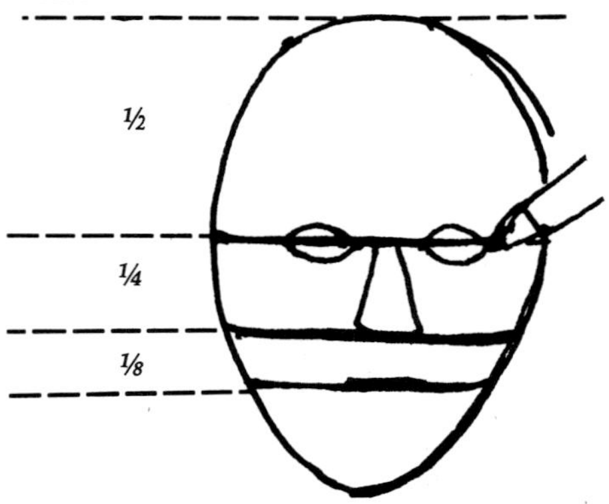

Die Nasenlinie liegt auf halber Höhe zur Augenlinie. Darunter wird der Mund beim ersten Drittel der Entfernung zum Kinn gezeichnet. Die Gesichtszüge werden als einfache Formen eingefügt.

Perspektivische Verkürzung der Köpfe

Wir haben die Art der Form und die proportionalen Verzerrungen gesehen, die auftreten, wenn der Kopf von einem Ende aus betrachtet wird. Das Zeichnen kann in solchen Fällen schwierig sein, weil die Verzerrungen viel zu stark erscheinen, um sie zu akzeptieren. Anfänger neigen oft dazu, die Zeichnungen zu verändern, damit sie »vernünftig« aussehen; sie sind dann aber erstaunt, wenn das Ergebnis kaum noch überzeugend ist.

Manche von Ihnen werden mir vertrauen, wenn ich sage: »Zeichnen Sie, was Sie sehen.« Und Ihre Ergebnisse werden sich sehen lassen. Jenen unter Ihnen, die noch nicht überzeugt sind, möchte ich etwas zeigen, was mir sehr geholfen hat, dieses Problem in den Griff zu bekommen: den Eierkopf.

Es müssen drei waagerechte Linien auf ein Ei gezeichnet werden. Auf diese Linien werden die Augen, die Nase und der Mund gesetzt. Die Linie der Augen befindet sich auf halber Höhe des Eis, die Nasenlinie auf halber Strecke darunter und die Mundlinie in etwa einem Drittel der restlichen Entfernung. An der Mittellinie werden zwei kleine mandelartige Formen, die die Augen darstellen, gemalt. Zwischen dieser Linie und der Nasenlinie zeichnet man eine lange, keilförmige Nase. Auf der unteren Linie wird der Mund aufgetragen. Wenn man auch die Augenbrauen zeichnet, können die Ohren leichter plaziert werden. Man dreht das Ei auf die jeweilige Seite und zeichnet das Ohr zwischen der Nase und den Augenbrauen.

Sie können mehr bei dieser Übung lernen, wenn sich jemand in etwa 1,5 m Entfernung von Ihnen hinsetzt und seinen Kopf nach vorne und nach hinten neigt, während Sie das Ei in die gleiche Richtung bewegen. Schließen Sie ein Auge und halten Sie das Ei hoch und neben das Gesicht des Modells. Verändern Sie die Entfernung des Eies so lange, bis Sie es genauso groß sehen wie den Kopf.

Wenn man direkt auf das Ei schaut, erscheinen die Züge proportional angeordnet. Die Linien, die Sie auf das Ei gezeichnet haben, sind als Waagerechte zu sehen. Wenn Sie das Ei neigen, haben Sie ein Beispiel für perspektivische Verkürzung. Ist das eine Ende zu Ihnen geneigt, werden die Merkmale zusammengedrückt. Sie verschieben sich zum anderen

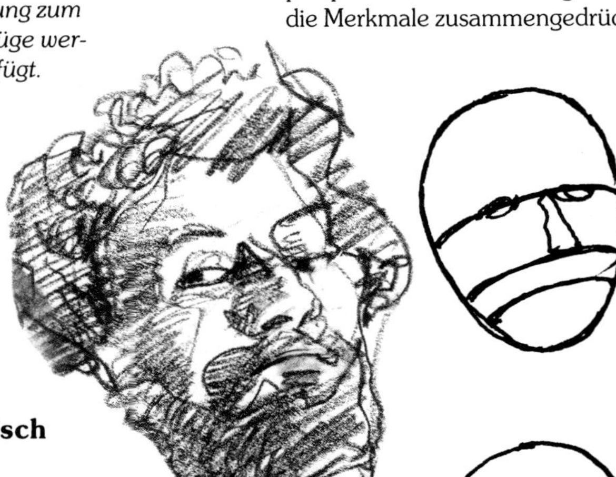

Vergleich eines Eies mit einer realen Person.

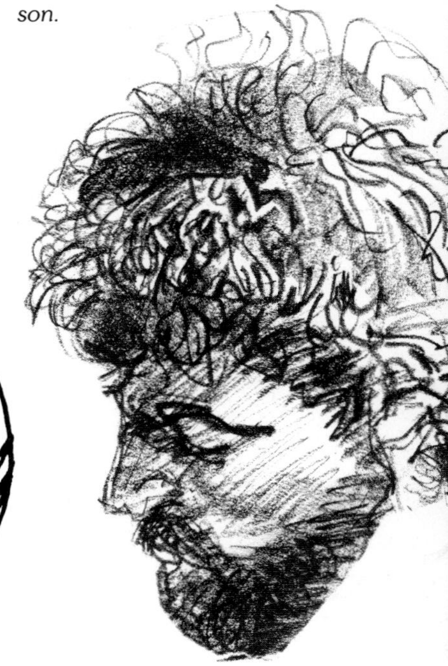

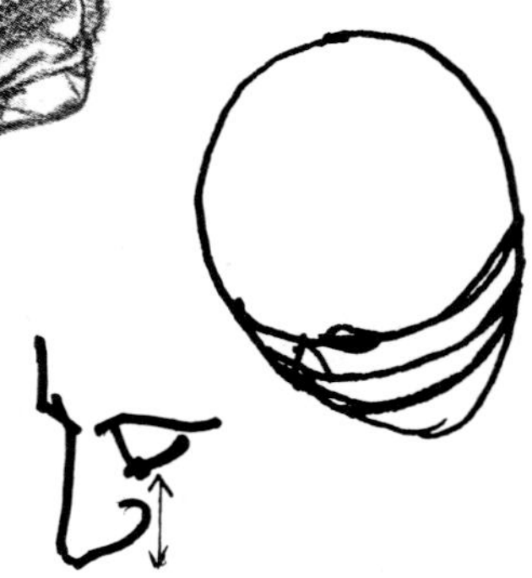

In dieser verkürzten Perspektive liegt das Auge in der Nähe des Nasenflügels.

Projekt 3 – F Perspektivisch verkürzter Kopf

Zeichnen Sie einen perspektivisch verkürzten Kopf, der entweder nach vorne oder nach hinten geneigt ist, nach einem Modell. Arbeiten Sie in einer gemischten Arbeitsweise sowohl nach Augenmaß als auch mit den drei Peilmethoden. Versuchen Sie dabei aber vor allem, die genaue Mitte zu finden. Zwingen Sie sich dazu, exakt und nur das zu zeichnen, was Sie sehen. Arbeiten Sie mit der Waagerechten, damit deutlich wird, daß die Gesichtszüge bogenförmig der Oberfläche des Kopfes folgen. Führen Sie vergleichende Messungen bei Augen, Nase und Haarpartie durch. Arbeiten Sie mit einem Bleistift oder mit Zeichenkohle und überarbeiten oder radieren Sie bei Bedarf. Zeit: mindestens eine Stunde.

Ende. Beachten Sie, daß das gleiche auf dem Gesicht Ihres Modells passiert. Neigen Sie das Stirnende nach vorne und bitten Sie das Modell, das gleiche zu tun. Nun scheinen sich die Merkmale am Kinn zu konzentrieren. Wird das Ei wieder in die andere Richtung gekippt, sammeln sie sich im Bereich der Stirn. Auffallend ist, daß die Gesichtszüge immer bogenförmiger werden, je weiter der Kopf geneigt wird. Hier wird die zugrundeliegende Form deutlich.

Obwohl sich ihre Form verändert, wenn der Kopf geneigt ist, dienen die Ohren als Dreh- und Angelpunkt, da sie an der gleichen Stelle bleiben. Sie scheinen jedoch viel höher zu liegen als die Augen, wenn der Kopf nach vorne geneigt ist, und viel tiefer, wenn der Kopf nach hinten gekippt ist.

Anhand des Eimodells kann man sehr gut verstehen, was man sieht, wenn man einen perspektivisch verkürzten Kopf betrachtet. Aber es zeigt keine vorspringende Nase und Augenhöhlen. Um diese besonderen Probleme zu verstehen, müssen wir das menschliche Modell betrachten. Wenn der Kopf weit nach vorne geneigt ist, reicht die Nasenspitze bis an den Mund oder verdeckt ihn sogar. Es klingt zwar komisch, aber es ist logisch, wenn Sie es so sehen. Wenn der Kopf weit nach hinten gekippt ist, kann sich die Nase vor den Augen und den Augenbrauen befinden.

Die Vertiefungen der Augenhöhlen stellen eine andere ungewöhnliche Situation dar. Von oben betrachtet befinden sich die Augenbrauen dicht bei den Augen. Von unten betrachtet kann sich der Abstand zwischen Augen und Augenbrauen tatsächlich verdoppeln im Vergleich zur Vorderansicht.

Zeichenschüler finden es im allgemeinen schwierig, sich dazu zu zwingen, diese Sachen zu zeichnen, wenn sie auftreten und sie kein Verständnis für die zugrundeliegenden Prinzipen haben. Mit dem Ei besitzen wir ein anschauliches Modell, das verdeutlicht, was passiert, wenn der Kopf entweder von oben oder von unten betrachtet wird. Ist das Abmessen beim Zeichnen des Gesichtes schon nicht einfach, so ist es besonders schwierig beim Zeichnen eines perspektivisch verkürzten Gesichts. Weil die Merkmale so stark zusammengedrückt werden, sind die Abstände viel kleiner. Sie sollten sich nun jedoch in der Lage sehen, die Peilverfahren ohne vorgefaßte Ansichten vom Gesicht einzusetzen.

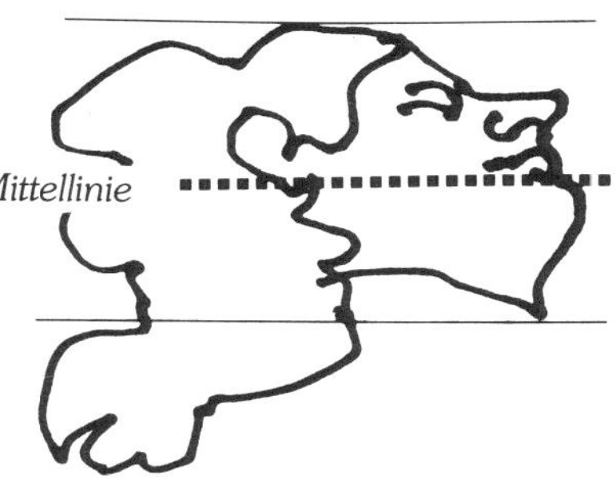

Kinn und Ohr liegen auf einer Waagerechten.

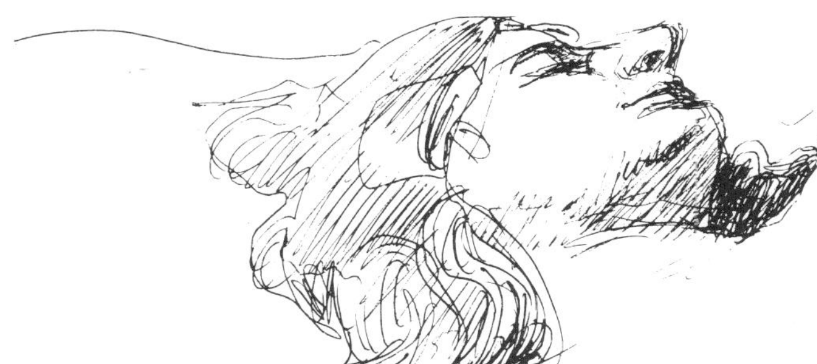

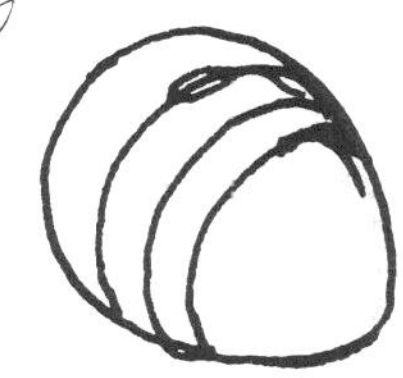

Beim zurückgelegten Kopf liegen die Gesichtsmerkmale weiter oben.

Man muß darauf achten, daß die Haarpartie groß genug dargestellt wird. Sie ist oft größer als das Gesicht.

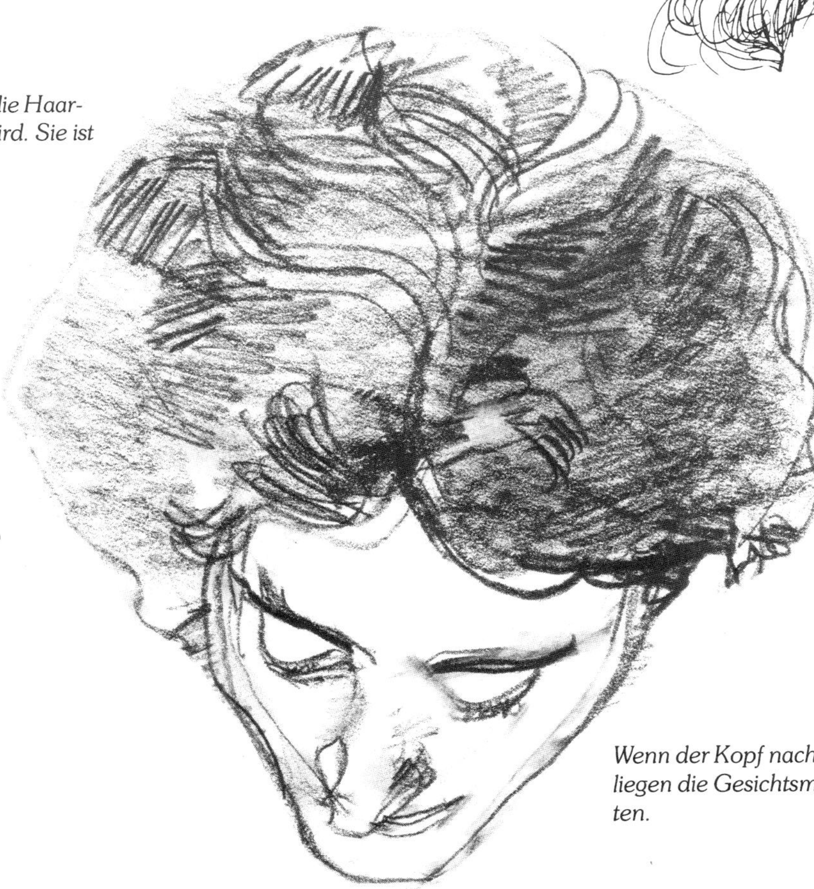

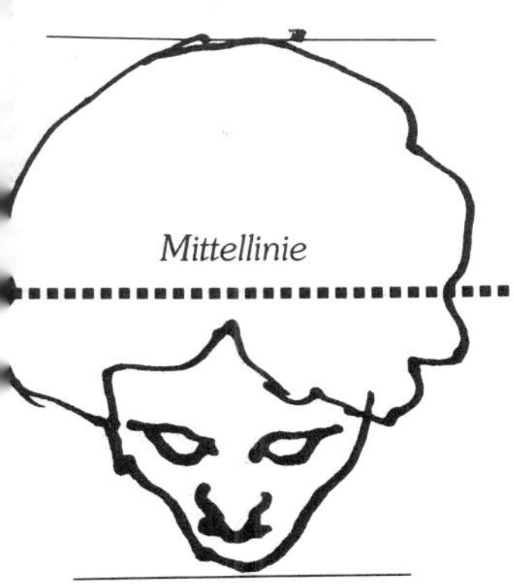

Wenn der Kopf nach vorne geneigt ist, liegen die Gesichtsmerkmale weiter unten.

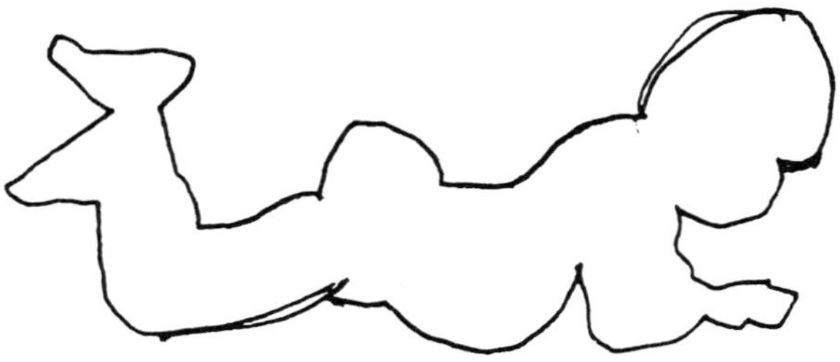

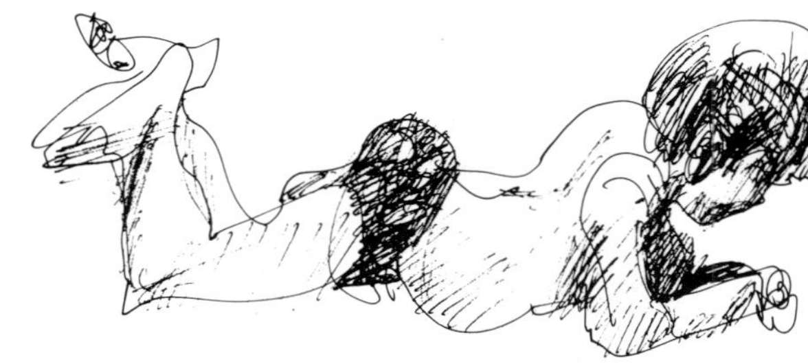

Proportionen eines Kindes werden betont: Kugelbauch und rundes Hinterteil.

Übertreibung der Proportionen

Falls Sie sich durch diese Ausführungen über »Genauigkeit und Präzision« und durch die Aufforderung, »nur zu zeichnen, was Sie sehen«, eingeengt fühlen, empfehle ich, gelegentlich einfach auszubrechen und bestimmte wichtige Merkmale Ihrer Gegenstände besonders zu betonen. Zeichnen Sie, was Sie sehen – nur deutlicher. Wenn etwas rund ist, zeichnen Sie es noch runder. Wenn sie spitze Ecken sehen, stellen Sie sie noch spitzer dar.

Ich glaube, daß sich die meisten von uns, sowohl Anfänger als auch Künstler, weniger damit befassen sollten, was wir für die richtige Art und Weise des Zeichnens halten, sondern daß wir unsere Gefühle mehr durch die Hand wirken lassen sollten. Auf diese Weise betonen wir unsere dynamische Eigenart. Unser höheres Ziel sollte es sein, so zu zeichnen, daß unsere Sichtweise zum Ausdruck kommt. Wir werden andere Möglichkeiten der Betonung in späteren Kapiteln behandeln. Aber im Augenblick schlage ich vor, daß Sie gelegentlich spielerisch an Ihre Zeichnungen herangehen und eine Dimension der Übertreibung einfügen.

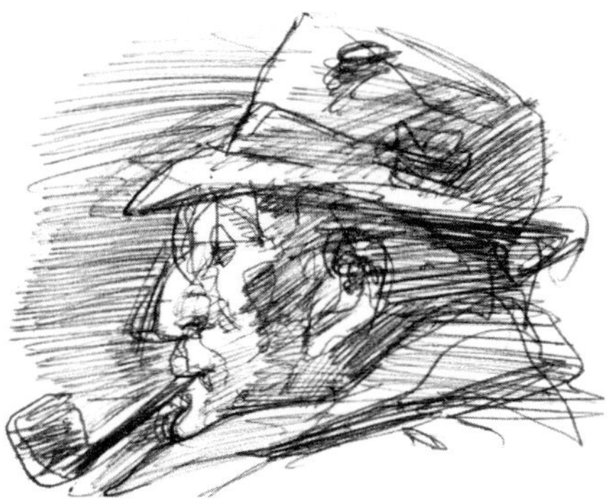

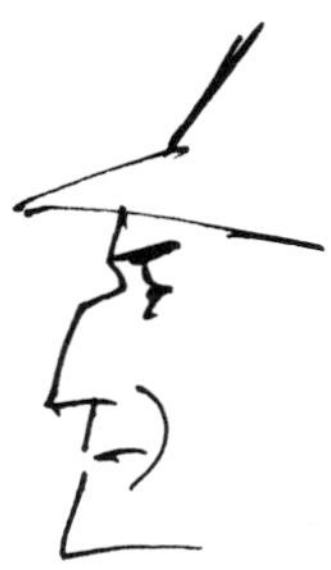

Dieses Profil war sehr kantig. Ich habe es noch stärker betont.

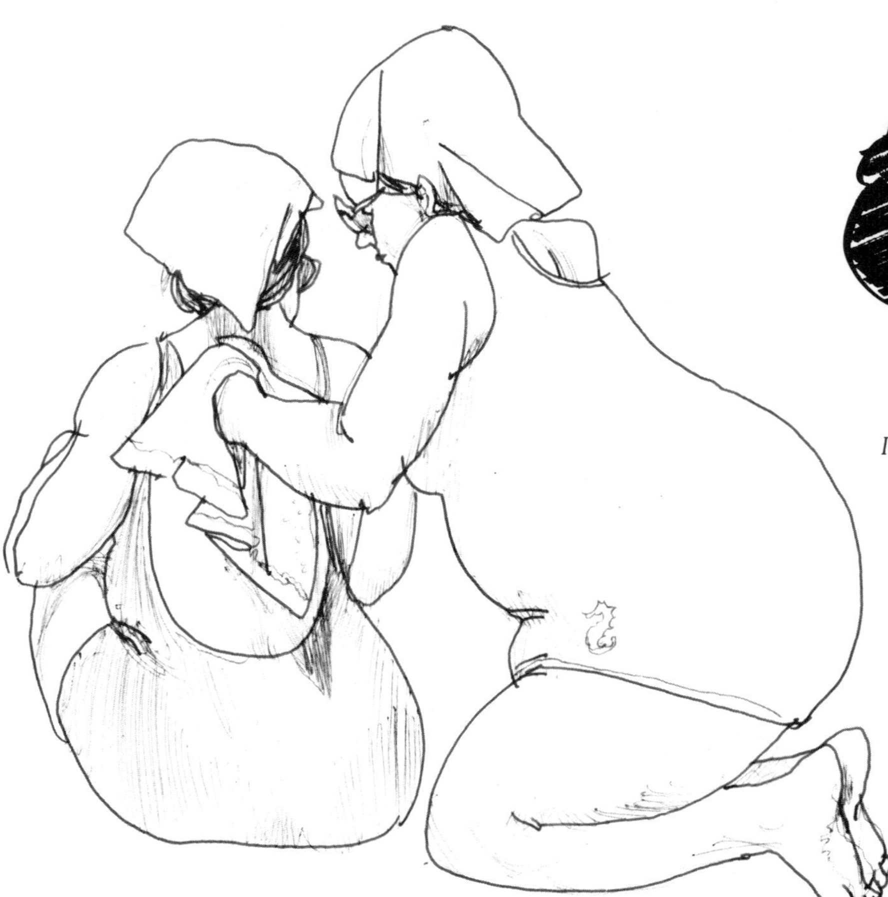

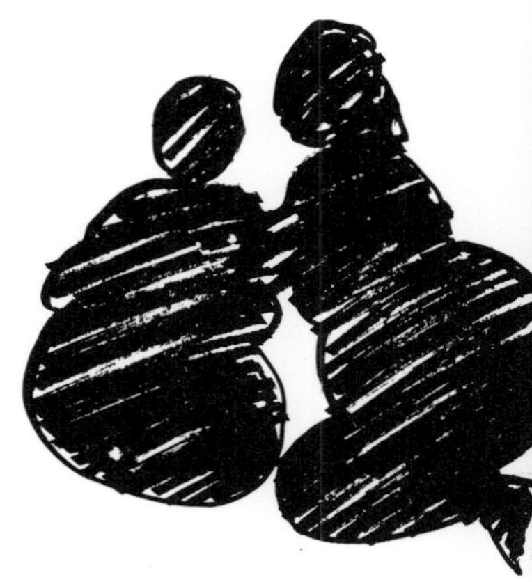

Ich habe die schweren, runden Formen betont.

Übertreibung der Proportionen

Groß, lange Beine, rechtwinklige Schultern. Zeichnung des Regisseurs John Huston

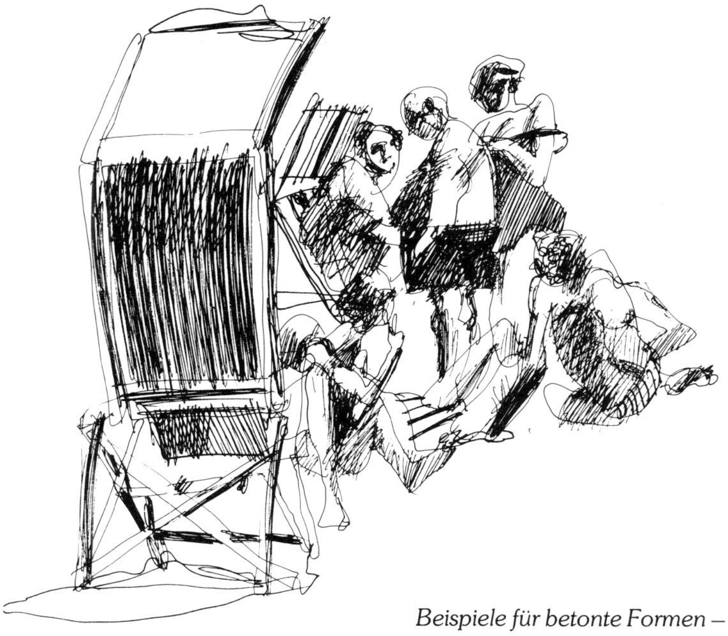

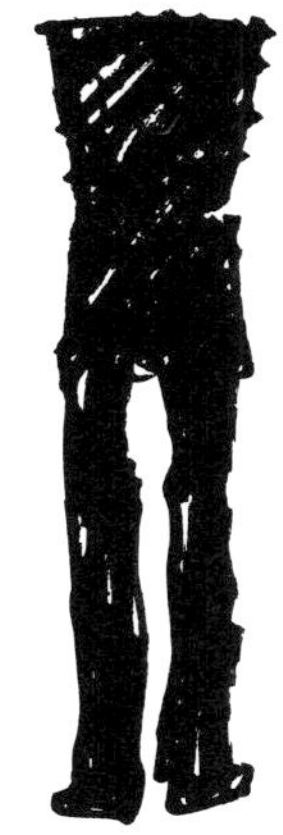

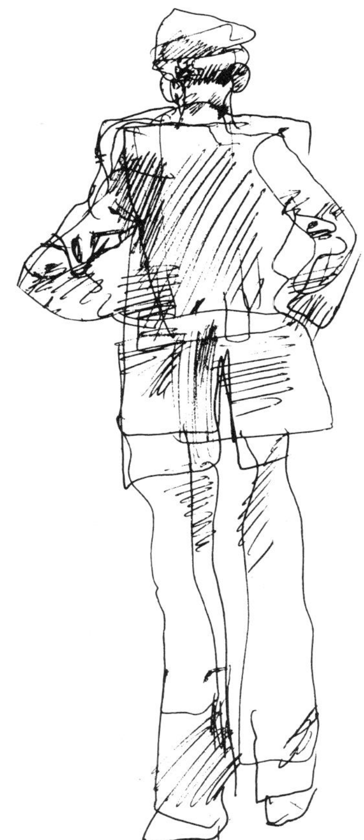

Beispiele für betonte Formen –

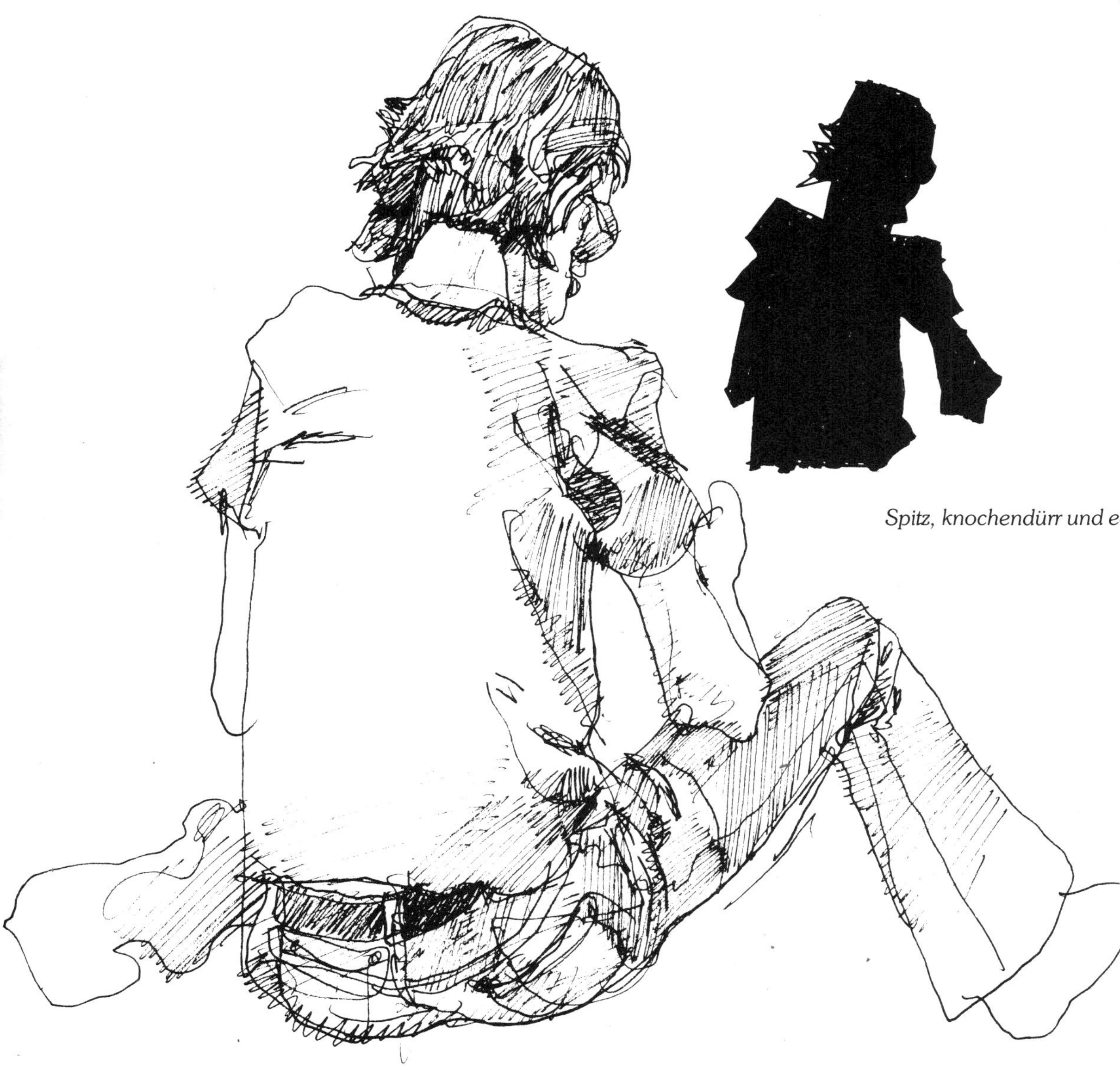

Spitz, knochendürr und eckig.

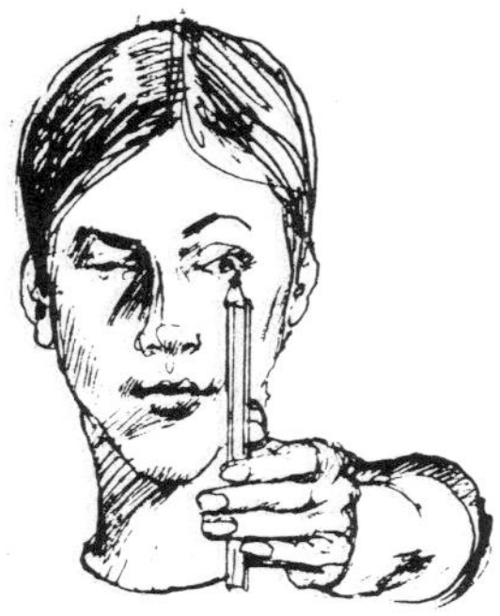

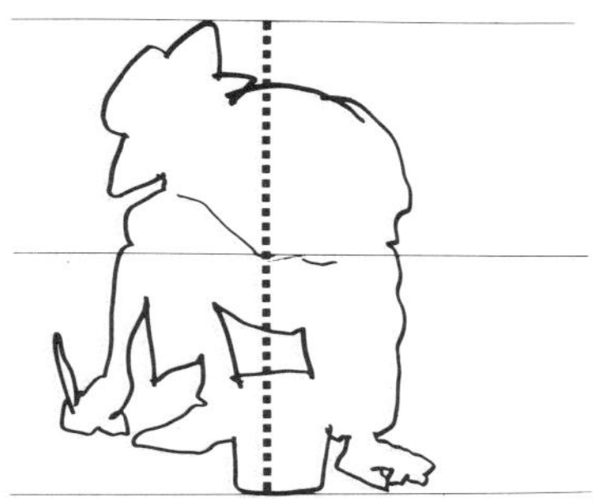

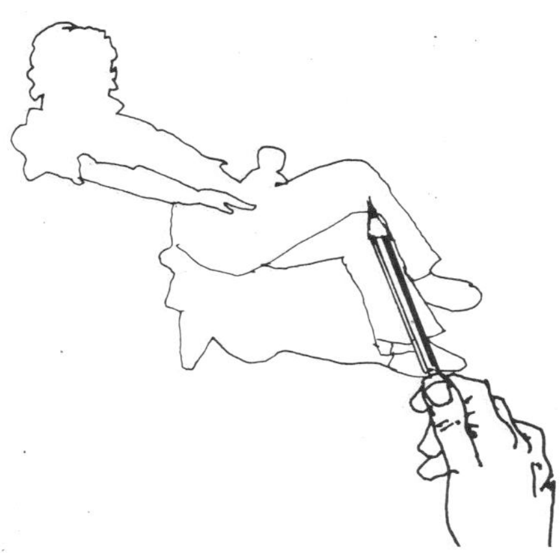

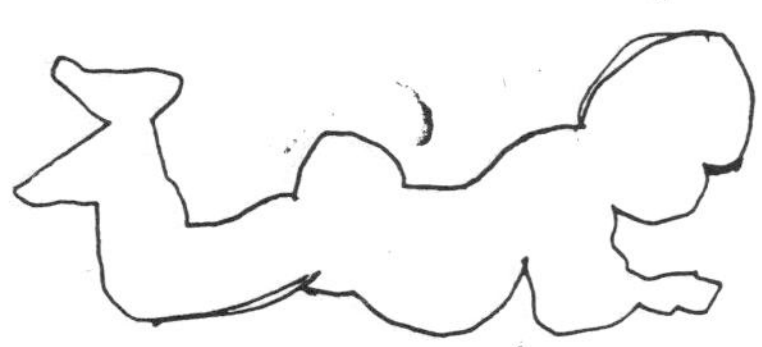

Schritte im Kapitel 3

Proportionen: Die Größenverhältnisse der Dinge

- Peilen. Benutzen Sie Ihren Bleistift als Meßinstrument, indem Sie ihn vor sich mit ausgestrecktem Arm halten, ein Auge geschlossen. Nehmen Sie zwischen Bleistiftspitze und Daumen Maß.
- Bestimmung der Mitte. Nutzen Sie diese Methode, um einen schnellen Gesamteindruck von den Proportionen zu bekommen. Sie wird Ihnen auch dabei helfen, den Gegenstand auf dem Blatt Papier zu plazieren.
- Senkrechte und Waagerechte. Indem Sie den Bleistift entweder waagerecht oder senkrecht halten, können Sie Anordnungen feststellen, die nicht nur die richtige Wiedergabe der Proportionen ermöglichen, sondern auch Hinweise auf die Haltung der Positur geben.
- Vergleichende Messungen. Verschiedene Teile Ihres Gegenstandes sollten durch Vergleich mit anderen gemessen werden. Achten Sie besonders auf Teile, die mehr oder weniger die gleiche Länge zu haben scheinen.
- Perspektivische Verkürzung. Je weiter Sie einen Gegenstand von einem Ende aus sehen, um so weniger sehen Sie von den Seiten. Ein Gegenstand in dieser Situation sollte so gezeichnet werden, auch wenn er beim Zeichnen verzerrt erscheint.
- Schwierige Messungen. Wo Genauigkeit von großer Bedeutung ist, wie bei Porträtzeichnungen, sollten Sie häufiger Messungen mit größerer Sorgfalt durchführen.
- Betonung der Proportionen. Achten Sie auf ausgefallene Merkmale und betonen Sie diese. Dieser gelegentliche Ausdruck des Wechselspiels zwischen Ihrer Reaktion auf den Gegenstand und dem Gegenstand selbst stimuliert Ihre Fähigkeiten.

Selbstkritik Ihrer Projekte

Projekt 3 – A Stehende Figur

	JA	NEIN
• Haben Sie abwechselnd nach Augenmaß und nach Messungen gezeichnet?	☑	☐
• Hat Ihre Zeichnung das Blatt von oben bis unten ausgefüllt?	☑	☐
• Haben Sie die Peiltechnik genutzt, um die Mitte zu finden?	☑	☐
• Befindet sich die Mitte der Figur in der Nähe der Mitte des Blattes?	☑	☐
• Haben Sie eine weitere Mitte für die jeweilige Hälfte ermittelt?	☑	☐

Projekt 3 – B Figur im Liegestuhl

	JA	NEIN
• Haben Sie mit einer groben Umrißskizze begonnen?	☑	☐
• Haben Sie Veränderungen und Korrekturen nach vergleichenden Messungen vorgenommen?	☑	☐
• Haben Sie abwechselnd nach Augenmaß und nach Messungen gezeichnet?	☑	☐
• Haben Sie mindestens zweimal die Anordnung mit einer Senkrechten festgestellt?	☑	☐
• Haben Sie mindestens zweimal die Anordnung mit einer Waagerechten festgestellt?	☑	☐
• Haben Sie die Mitte bestimmt und füllt Ihre Zeichnung das Blatt aus?	☑	☐

Projekt 3 – C Sich zurücklehnende Figur (perspektivische Verkürzung)

	JA	NEIN
• Haben Sie eine Position eingenommen, in der Sie wirklich eine perspektivisch verkürzte Ansicht hatten?	☑	☐
• Haben Sie die Formen gerade so gezeichnet, wie Sie sie gesehen haben?	☑	☐
• Haben Sie die Mitte mit der Peilmethode bestimmt?	☑	☐
• Haben Sie mindestens jeweils zweimal mit der Senkrechten und der Waagerechten gearbeitet?	☑	☐
• Haben Sie mit Hilfe von mindestens zwei vergleichenden Messungen korrigiert und überarbeitet?	☑	☐
• Haben Sie sich besonders darum bemüht, die Kopfform genau zu zeichnen?	☑	☐

Projekt 3 – D Porträt in Vorderansicht

	JA	NEIN
• Haben Sie zuerst einen Gesamteindruck gewonnen und auslösende Wörter gebraucht, um sich die besonderen Merkmale des Modells einzuprägen?	☑	☐
• Haben Sie den Umriß der Kopfform leicht skizziert und die Gesichtszüge angedeutet?	☑	☐
• Haben Sie eine Mittelachse bestimmt, um die Gesichtszüge richtig anzuordnen?	☑	☐
• Haben Sie die Mittellinie festgestellt und ihre Beziehung zu den Augen beachtet?	☑	☐
• Haben Sie mindestens dreimal vergleichende Messungen vorgenommen?	☑	☐
• Haben Sie subtile Korrekturen durch Radieren und Überarbeiten durchgeführt?	☑	☐

Projekt 3 – E Porträt in Dreiviertel-Ansicht

	JA	NEIN
• Haben Sie zuerst einen Gesamteindruck gewonnen und auslösende Wörter gebraucht, um sich die besonderen Merkmale des Modells einzuprägen?	☑	☐
• Haben Sie den Umriß der Kopfform leicht skizziert und die Gesichtszüge angedeutet?	☑	☐
• Haben Sie eine Mittelachse bestimmt, um die Gesichtszüge richtig anzuordnen?	☑	☐
• Haben Sie die Mittellinie festgestellt und ihre Beziehung zu den Augen beachtet?	☑	☐
• Haben Sie mindestens dreimal mit der Senkrechten und der Waagerechten gearbeitet.	☑	☐
• Haben Sie mindestens dreimal vergleichende Messungen vorgenommen?	☑	☐
• Haben Sie die eingeschlossenen Formen auf der hinteren Seite des Gesichts beobachtet und sorgfältig gezeichnet?	☑	☐

Projekt 3 – F Perspektivisch verkürzter Kopf

	JA	NEIN
• Haben Sie sowohl nach Augenmaß als auch mit den Peilmethoden gearbeitet?	☑	☐
• Haben Sie die Mitte sorgfältig und genau bestimmt?	☑	☐
• Haben Sie sich dazu gezwungen, nur das zu zeichnen, was Sie sahen?	☑	☐
• Haben Sie waagerechte Linien angelegt, um sicherzugehen, daß die Merkmale bogenförmig der Kopfform folgen?	☑	☐
• Wurden Augen, Nase und Haarpartie der vergleichenden Messung unterzogen?	☑	☐
• Haben Sie sich Mühe gegeben, die Form des Gesichts sorgfältig zu zeichnen?	☑	☐
• Wurde der Lage der Nasenspitze besondere Aufmerksamkeit geschenkt?	☑	☐
• Haben Sie leichte Korrekturen durch Radieren und Überarbeiten durchgeführt?	☑	☐

4 Die Illusion des Lichts

Kartierung • Modellieren • Ränder • Untersuchung der Lichtverhältnisse • Stimmung betonen • Formen verbinden • Mit Licht gestalten

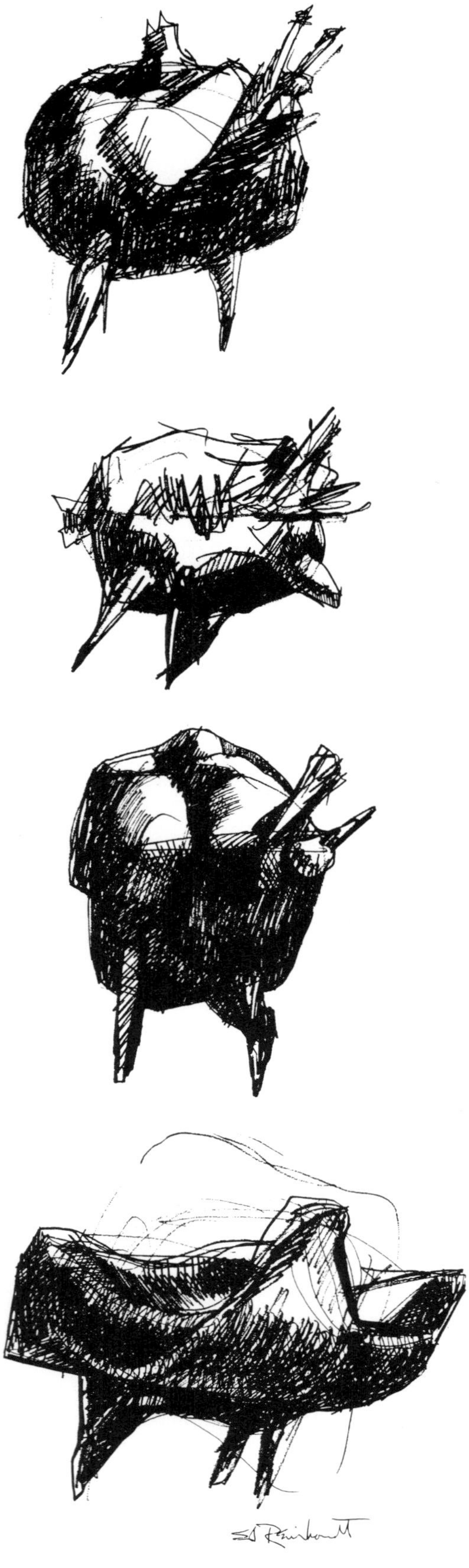

Licht und Schatten lassen alle Formen körperlich und dreidimensional erscheinen, sogar abstrakte Gebilde wie diese Skulpturstudien von Ed Reinhardt.

Als Künstler wollen wir, daß die Betrachter an unserer Erfahrung teilhaben, wenn sie sich unser Werk anschauen. Wir tun dies teilweise, indem wir mit den Sinneswahrnehmungen der Betrachter spielen und den Eindruck von Licht, Tiefe und Oberflächen, den wir bei unserem Originalgegenstand vorgefunden haben, vermitteln. Der Betrachter *weiß*, daß er auf eine Zeichnung schaut, aber er spürt die Gegenwart des abgebildeten Gegenstandes. Wissenschaftler und Philosophen mögen gegen Illusionen kämpfen, aber Künstler bemühen sich darum, sie entstehen zu lassen und sie zu erhalten. Das ist unsere Aufgabe.

Von den verschiedenen Illusionen ist die künstlerische Darstellung des Lichts sicherlich die eindrucksvollste. Dies ist so, weil das Licht ein beherrschendes Element unserer Sinneswahrnehmungen und emotionalen Erfahrungen ist. Der größte Teil unserer Informationen wird visuell aufgenommen. Licht ist auch eine Metapher des Geistes – wir »sehen das Licht«, wir »werfen Licht auf einen Gegenstand«, wir sind »erleuchtet«, wir haben eine »trübe« Stimmung, und so weiter.

Eine wunderbare Eigenschaft der Illusion des Lichts besteht darin, daß es nicht schwer ist, sie herzustellen, wenn wir genau beobachten und gefühlvoll zeichnen. Es ist sehr hilfreich zu wissen, daß Licht und Schatten logischen Regeln und gleichbleibenden Mustern unterliegen. Wenn wir erst einmal das Licht- und Schattenmuster (das sogenannte L/S-Muster) verstehen, kennen wir das Prinzip der Illusion.

In diesem Kapitel lernen wir, wie man Körper durch den Gebrauch des L/S-Musters realistisch modellieren kann. Außerdem werden Möglichkeiten gezeigt, wie man mit Hilfe von Beleuchtung und Lichtverhältnissen eine Stimmung schaffen und betonen kann. Schließlich werden wir die Form und die Rolle des Lichts sowie der Schattenformen bei der Verbesserung der gestalterischen Qualitäten und Steigerung der Aussagekraft der Zeichnung behandeln.

Die Herstellung der Illusion von Licht ist zu einem großen Teil eine Aufgabe, die in der einfühlsamen Beobachtung von Formen, Tönungen und Kanten besteht. Zu beachten sind die »Lichtstücke« in dieser Zeichnung von Robert Baxter.

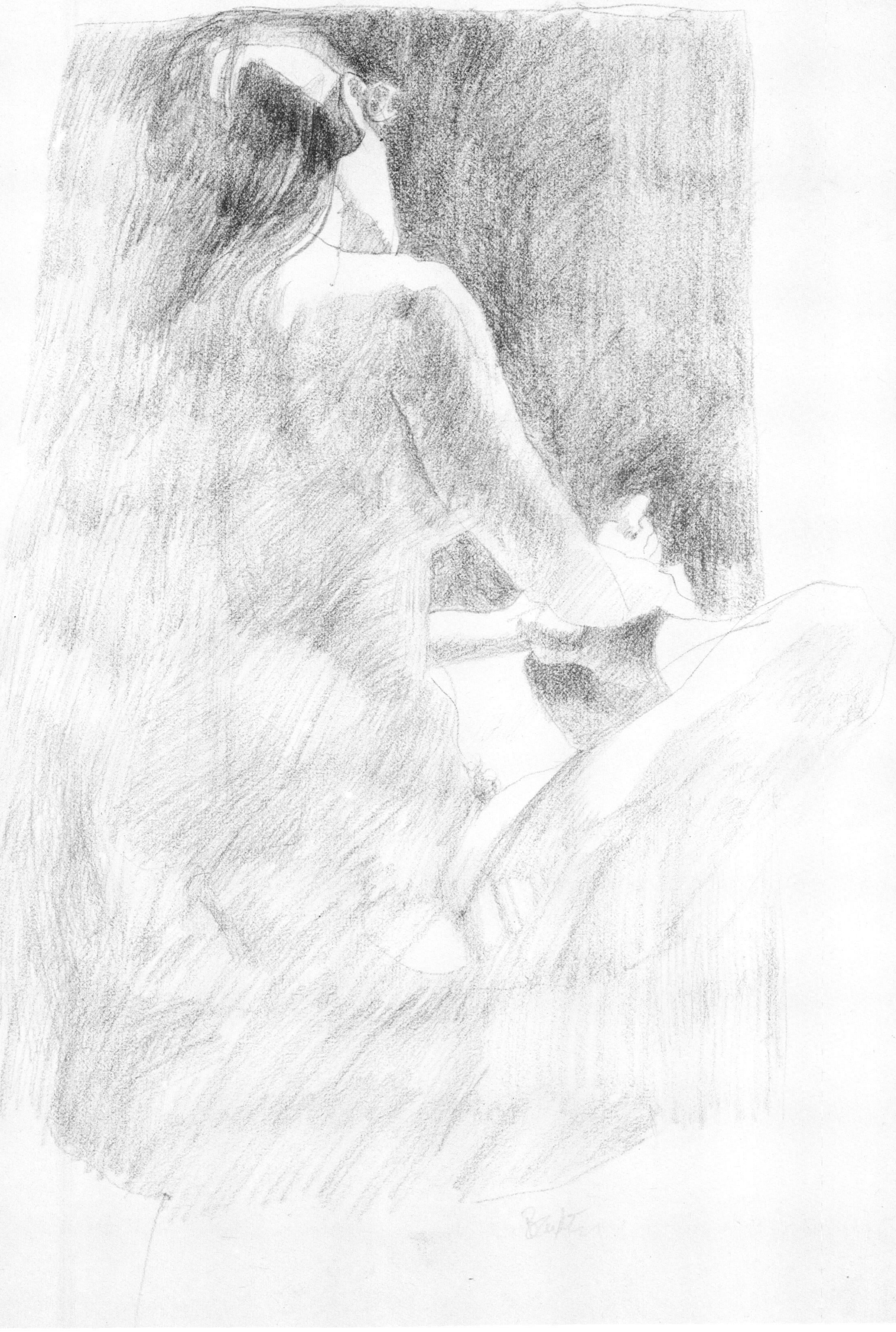

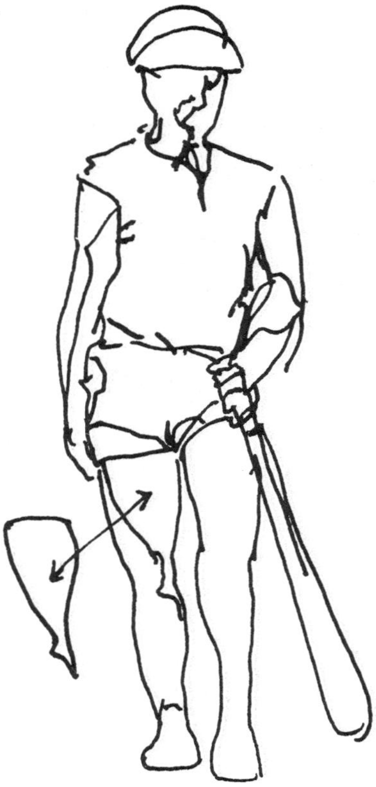

Beim Kartieren unterteilt man die Form in Licht- und Schattenflächen, die eindeutige Grenzen haben.

Kartieren

Licht ist eine Täuschung. Es ist manchmal grell und leuchtend und erzeugt harte Kontraste mit den scharfen Schatten, die es wirft. Ein anderes Mal wirkt es gedämpft und füllt einen Raum mit diffuser Präsenz. Um das Licht in seinen verschiedenen Stimmungen zeichnen zu lernen, muß man zuerst ein Gefühl für seine Muster bekommen und dann verstehen, wie diese Muster wirken. Der erste Schritt wird durch ein Verfahren erreicht, das ich *Kartierung* nenne.

Bei dieser Technik unterteilt man alle hellen Bereiche und Schatten in genau abgegrenzte Formen, so als wären sie Gebiete auf einer Landkarte. Jede Form muß durch eine eindeutige Grenzlinie festgelegt werden. Auch wenn Schatten verschwommen erscheinen, werden Grenzen notfalls willkürlich gezogen. Auf diese Weise entsteht eine Karte, die als Grundlage für spätere Verfeinerungen dient.

Das Kartieren ist eine schnelle Sache. Wie man an den Beispielen erkennen kann, sind die kartierten Muster bewußt einfach gestaltet. Es wird nicht versucht, Feinheiten darzustellen. Manchmal hat man am Ende eine Karte mit nur zwei Formen, eine helle Form und eine dunkle Form. In anderen Fällen gibt es bis zu acht oder zehn Formen auf der Karte, je nachdem , wie Licht und Schatten auf dem Gegenstand spielen.

Man kann sofort kartieren, ohne Theorie und Übung. Anfangs sollten Sie diese Technik nur in solchen Situationen einsetzen, in denen das Licht stark ist, wie zum Beispiel im direkten Sonnenlicht. Wenn Sie mit ihr vertraut werden, entdecken Sie die weiteren Anwendungsmöglichkeiten. Das Kartieren kann in schnellen Skizzen als Selbstzweck erfolgen, oder als Basis für eine ausführliche Zeichnung. Im zweiten Fall müssen die Linien der Kartierung leichter gezeichnet werden. Aber in jedem Fall ist die eindeutige Aufteilung das Hauptmerkmal.

Bei schnellen Skizzen gibt es einen kleinen Trick, den ich benutze, um harte und weiche Kanten unterschiedlich darzustellen. Bei harten Kanten gehe ich mit den ausfüllenden Strichen bis an die Grenzlinie. Bei weichen Kanten laß ich die Striche in Zacken über die Grenzlinie laufen. Wenn man mit einem Bleistift arbeitet, kann man mit Schwarz oder auch mit zwei oder drei mittleren Tönungen kartieren.

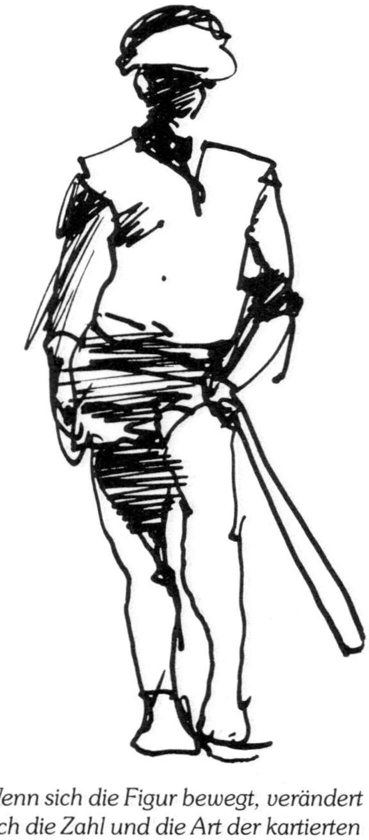

Wenn sich die Figur bewegt, verändert sich die Zahl und die Art der kartierten Formen.

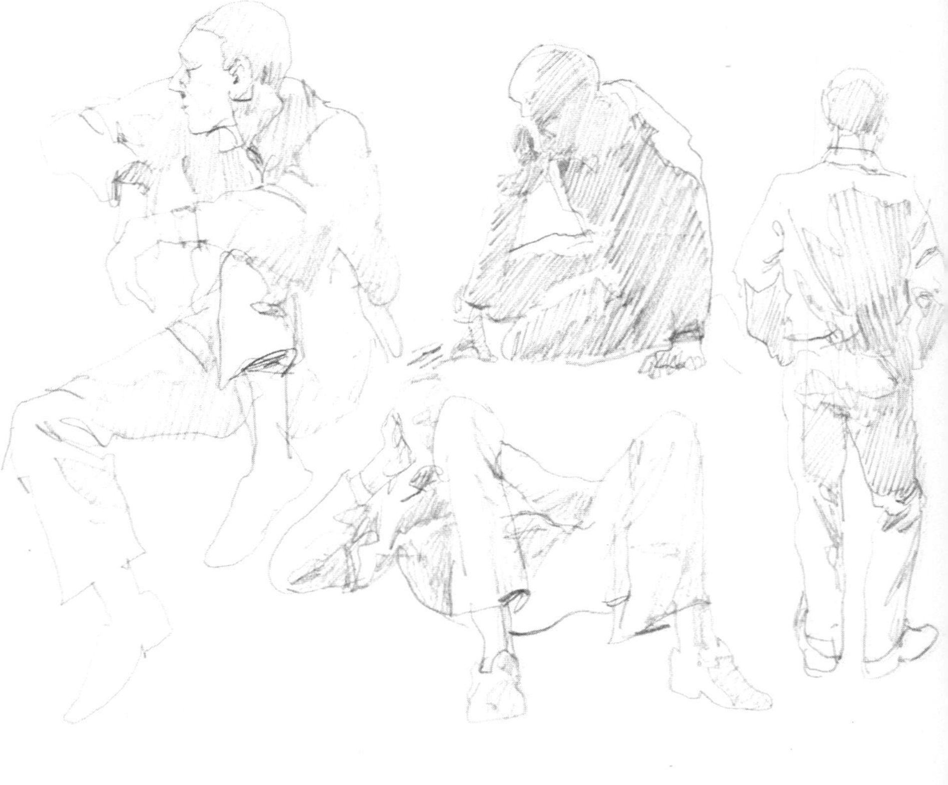

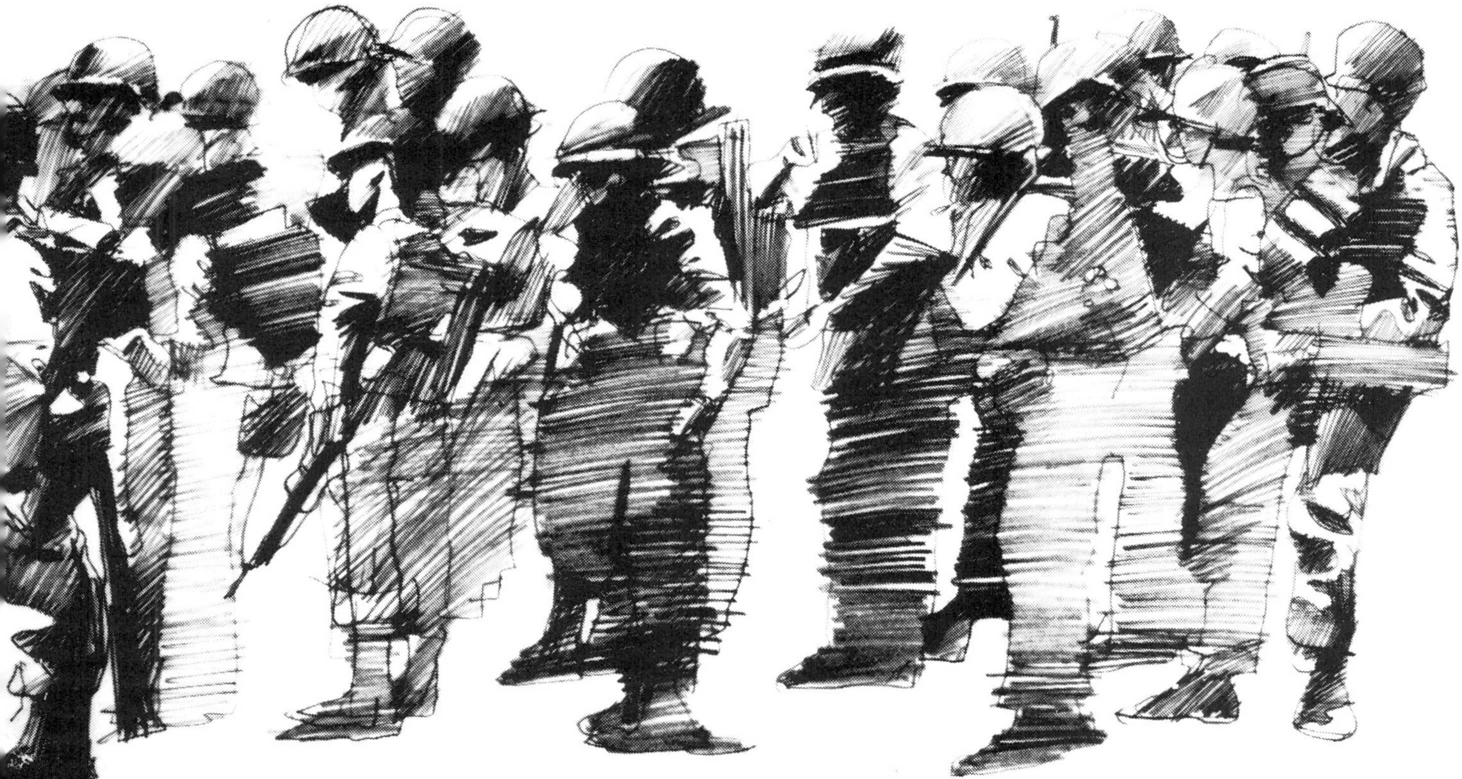

Diese Zeichnung (nach einem Foto) ist einfach eine Gruppe von kartierten Formen.

Die Logik des Lichts

Die Lichtmuster auf einem Objekt folgen einer gleichbleibenden Logik, auch wenn sie manchmal fein und verwirrend wirken. Die Logik kann einfach dargestellt werden: Wenn Licht auf ein dreidimensionales Objekt trifft, läßt es eine helle Seite, eine dunkle Seite und einen geworfenen Schatten entstehen. Wenn man genau beobachtet, dann sieht man, daß die schattige Seite nicht gleichmäßig dunkel ist. Reflektiertes Licht wird von anderen Objekten in den schattigen Bereich zurückgeworfen. Wir wollen jetzt diese vier Elemente – die beleuchtete Seite, die dunkle Seite, der Schattenwurf und das reflektierte Licht – betrachten. Dafür legen wir eine Grapefruit oder eine leicht gefärbte Kugel in etwa 30 Zentimeter Entfernung von einer Schreibtischlampe auf ein weißes Stück Papier. Schalten Sie die Lampe ein und untersuchen Sie das Muster – die beleuchtete Seite, die Schattenseite, den Schatten und das reflektierte Licht. Sie bilden das L/S-Muster. Wenn Sie dieses Muster kartieren sollten, würden Sie jedes der vier Elemente mit einer Grenzlinie umreißen. Verändern Sie nun die Position der Lichtquelle und schauen Sie sich den Gegenstand wieder an. Man kann feststellen, daß alle Elemente noch vorhanden sind, auch wenn sich ihre Formen verändert haben. Sie können davon ausgehen, daß diese Elemente immer vollzählig sind, wenn es ein starkes Licht gibt.

Blinzeln Sie bei der weiteren Verlagerung der Lichtquelle. Achten Sie auf die weiche Kante, die dort zu sehen ist, wo die beleuchtete Seite und die Schattenseite aufeinandertreffen. Der Übergang von der hellen zur dunklen Seite ist abgestuft, verglichen mit den etwas schärferen Rändern des geworfenen Schattens. So wirkt das Licht auf runden Formen. Das reflektierte Licht hellt Partien der Schattenseite etwas auf, am deutlichsten am äußeren Rand der Form. Es ist sehr hilfreich bei der Herstellung einer dreidimensionalen Illusion; deshalb sollte man auf das reflektierte Licht achten.

Wenn man das L/S-Muster kennenlernt, ergibt sich der Vorteil, eine Grundlage für ein weitergehendes Verständnis zu haben. Es ist keine Formel für das Zeichnen, sondern eine Formel für die Beobachtung. In Verbindung mit dem Kartieren setzt sie Sie in die Lage, komplexe Probleme zu begreifen.

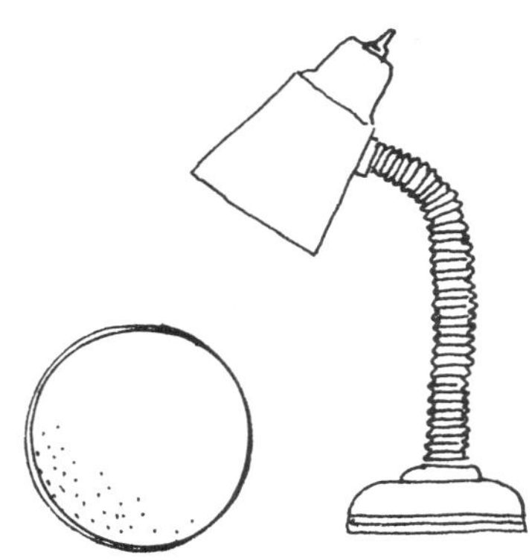

Eine einfache Anordnung für die Untersuchung des L/S-Musters.

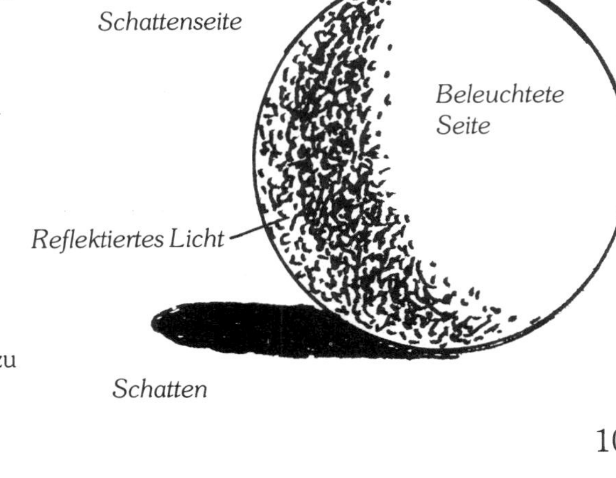

Projekt 4 – A Drei Zeichnungen mit Kartierungen

Bei diesem Projekt werden drei Zeichnungen eines Modells im Freien bei hellem Sonnenlicht angefertigt. Nach einer flüchtigen Skizze der Umriße der Figur sollen Sie die Muster der Licht- und Schattenformen kartieren. Blinzeln hilft dabei, die Muster vereinfacht zu sehen. Umreißen Sie diese Formen klar, so als handele es sich um Gebiete auf einer Landkarte. Sie werden nur mit hellen, mittleren und dunklen Tönungen ausgefüllt. Für die hellsten Flächen wird das Weiß des Papiers genutzt. Zeichnen Sie drei verschiedene Haltungen aus drei unterschiedlichen Richtungen. Für jede Zeichnung sollten Sie fünf Minuten benötigen. Sie können mit einem beliebigen Zeichenmedium arbeiten.

Modellieren mit Licht

Das Zeichnen von Licht auf Körpern erfordert nicht nur sorgfältige Beobachtung, sondern auch den Einsatz der kontrollierten Hand. Folgen Sie beim Zeichnen meinen Anweisungen. Lesen Sie zunächst einmal diesen Abschnitt durch.

Das Licht fällt seitlich von oben auf die Grapefruit. Versuchen Sie zuerst, die Frucht zu kartieren. Es werden einfach die dunklen und hellen Flächen abgegrenzt und die dunklen Stellen ausgefüllt.

Beim nächsten Schritt versuchen wir, methodischer vorzugehen. Beginnen Sie mit einer sehr leichten Kartierung wie bisher. Dieses Mal werden die Tönungen aber langsam aufgebaut. Anstelle einer scharfen Trennung zwischen der beleuchteten Seite und der Schattenseite sollen Sie jetzt einen weichen Übergang zeichnen. Fügen Sie das reflektierte Licht ein, indem Sie die anderen Stellen der Schattenseite dunkler darstellen. Um die richtige Tönung des reflektierten Lichts zu treffen, muß man sorgfältig beobachten. Sie ist nie so hell wie die beleuchtete Seite und nie so dunkel wie der Rest der Schattenseite. Heben Sie die dunkelste Tönung für den Schattenwurf auf, besonders für die Stelle am unteren Rand der Grapefruit. Der Rand des Schattens sollte wahrscheinlich etwas schärfer sein als der Rand der Schattenseite auf der Grapefruit. Schließlich muß noch die geeignete Tönung für den Hintergrund der Tischplatte aufgetragen werden. Diese Tönung sollte sich mit einer harten und präzisen Kante von der Grapefruit absetzen.

Treten Sie zurück und schauen Sie sich Ihre Studie an. Suchen Sie die vier Elemente des L/S-Musters. Suchen Sie den weichen Übergang von der hellen zur dunklen Seite, das subtile reflektierte Licht und die dunkleren Töne des Schattens sowie den klaren Rand, an dem der Hintergrund mit der Grapefruit zusammentrifft. Sofern es Ihnen gelungen ist, diese Elemente richtig wiederzugeben, haben Sie erfolgreich eine dreidimensionale Illusion geschaffen.

Licht auf anderen regelmäßigen Körpern

Das L/S-Muster tritt auf jedem Körper in Erscheinung. Was das Licht betrifft, liegt der einzige Unterschied zwischen einer Grapefruit und einem Klotz bei der Andersartigkeit der Ränder. Die weichen Ränder des Schattens auf einer Grapefruit stehen in einem deutlichen Kontrast zu den eindeutig festgelegten Ebenen eines Klotzes. Dies ist ganz offensichtlich. Weni-

Wechselndes Licht auf einfachen Körpern

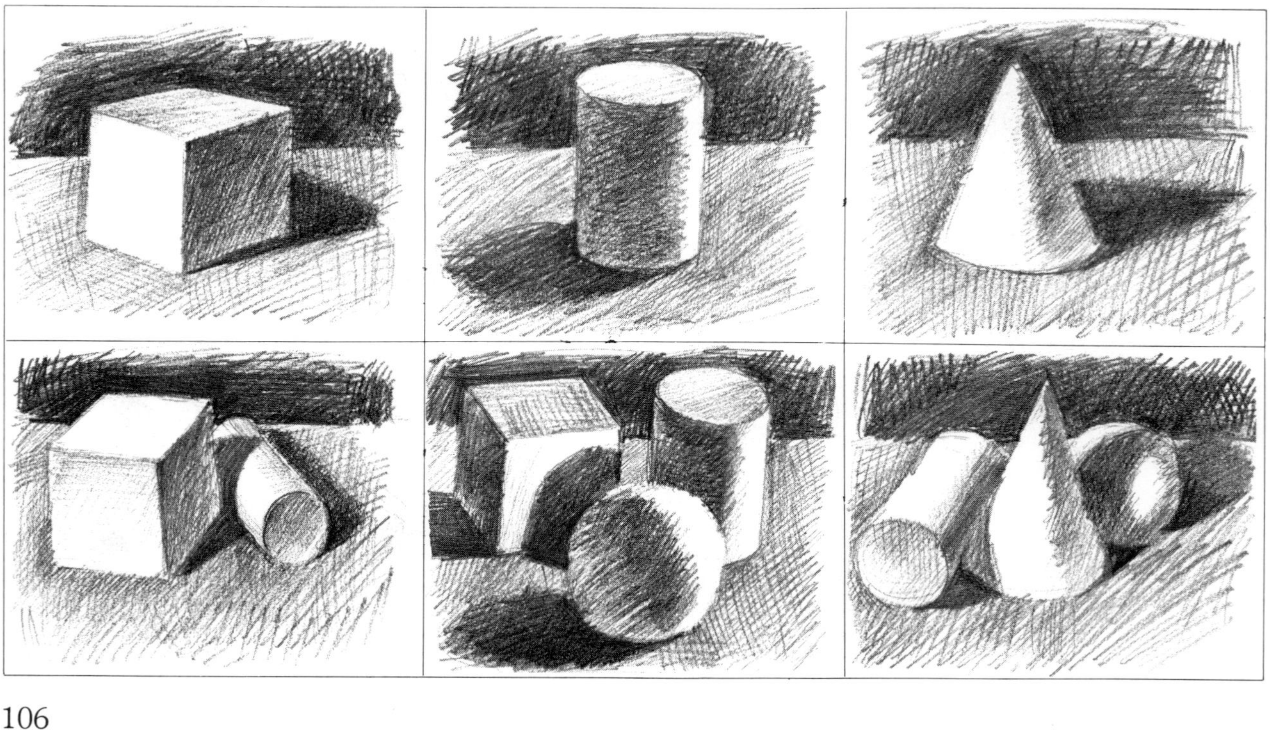

ger augenfällig ist das reflektierte Licht. Auf der Kugel sahen wir, wie sich das reflektierte Licht am unteren Rand in der Nähe des Schattens sammelte. Dies ist auch beim Würfel der Fall. Die Ebene auf der Schattenseite ist am Rand am dunkelsten, dort wo sie auf die helle Seite trifft. Ich merke mir das so: Wo die Form ihre Richtung ändert, ist der Kontratst am größten.

Die Kugel, der Würfel, der Zylinder und der Kegel waren als regelmäßige Körper für Cézanne die vier Grundformen – die grundlegenden Bauteile, aus denen sich alle Dinge der Natur zusammensetzen. Wenn das Zeichnen von Licht neu für Sie ist, sollten Sie sich diese regelmäßigen Körper besorgen und sie bei hellem Licht zeichnen. Ein paar Beispiele werden unten gezeigt. Als Zylinder können Sie eine Dose benutzen. Sie wird mit Papier umwickelt, damit man das störende Etikett nicht sieht. Ein Kegel läßt sich aus weißem Papier zusammenkleben. Der Würfel könnte ein einfacher Klotz sein, der weiß angestrichen wurde.

Diese regelmäßigen Körper erscheinen in unterschiedlicher Gestalt bei allen Dingen, die wir zeichnen. Ein Gebäude ist im wesentlichen ein Würfel, ein Baum und die Zweige sind eigentlich Zylinder, ein Berg stellt eine Variation des Kegels dar. Sogar die Figur des Menschen kann als eine Reihe von Zylindern gesehen werden. Üben Sie etwas das Zeichnen des Lichts auf den regelmäßigen Körpern. Es hilft, die L/S-Muster zu verstehen und ist nützlich beim Zeichnen komplizierter Gegenstände.

Ich habe bereits erwähnt, daß der beste Wege, Licht zu zeichnen, in einer zweifachen Strategie besteht: Zuerst denkt man an das L/S-Muster und dann kartiert man. Wenn es zum Beispiel um einen Kopf geht, stelle ich ihn mir zunächst als ein Ei vor. Ich erkenne, daß das komplizierte Muster des Gesichts vor mir kaum Ähnlichkeit mit der Oberfläche eines Eies hat, aber ich benutze das Ei-Konzept, um das Problem zu vereinfachen. Ich möchte die Einteilung in Licht- und Schattenseite verstehen. Mit diesem fest eingeprägten Bild im Kopf kartiere ich den Kopf so wie ich ihn sehe und halte die Abschnitte von Licht und Schatten fest, die von Augenhöhlen, Nase, Wangenknochen und Lippen gebildet werden. Ich blinzle häufig, um die Dinge vereinfacht zu sehen. Der ganze Vorgang dauert nur eine oder zwei Minuten, aber er schafft die Grundlage für die folgenden Schritte.

Projekt 4 – B Licht und Körper

Stellen Sie drei einfache Körper auf: eine Grapefruit, einen Pappkarton beliebiger Größe, eine Kaffeedose oder sonstige Dose. Die drei Gegenstände werden in einem interessanten Arrangement auf dem Tisch oder Boden plaziert. Richten Sie ein helles Licht einer Lampe von links auf die Gruppe. Das Licht muß hell genug sein, damit ein deutliches Muster der beleuchteten und schattigen Stellen auf den Körpern entsteht.

Fertigen Sie eine sorgfältige Zeichnung der drei Objekte in beliebiger Größe und mit einem Schwarz-Weiß-Zeichenmedium, das Sie frei wählen können, an. Richten Sie Ihre Aufmerksamkeit besonders darauf, wie die Schatten fallen. Benutzen Sie das Licht- und Schatten-Muster, um die Körper aller Objekte herauszuarbeiten. Vergessen Sie nicht, alle Elemente des L/S-Musters darzustellen: beleuchtete Seite, Schattenseite, Schatten und reflektiertes Licht. Zeichnen Sie sowohl die harten als auch die weichen Ränder genau. Beschriftungen und Verzierungen, die sich eventuell auf den Oberflächen befinden, sollen nicht wiedergegeben werden. Lassen Sie sich 40 Minuten bis eine Stunde Zeit.

Ergänzung zu Projekt 4 – B

Fertigen Sie eine zweite Zeichnung derselben Gruppe in derselben Position an, aber lassen Sie das Licht aus einer anderen Richtung kommen.

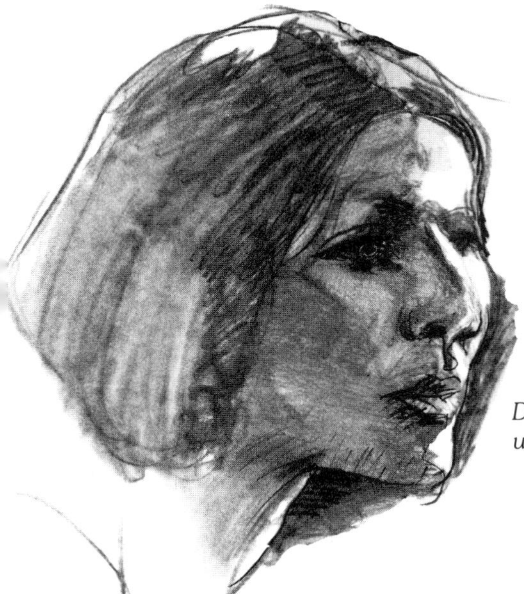

Das Licht kommt von rechts und von hinten.

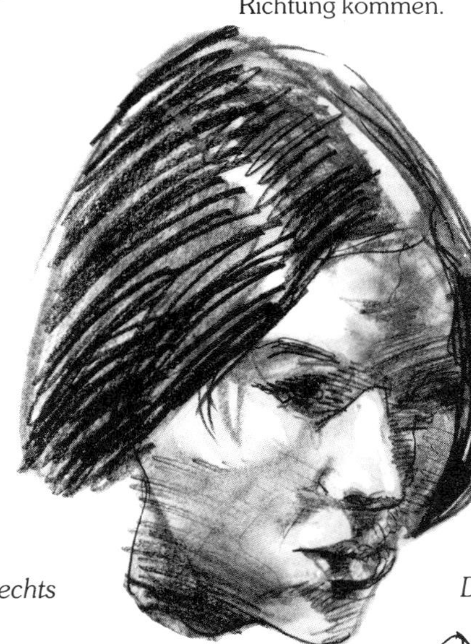

Das Licht kommt von oben links.

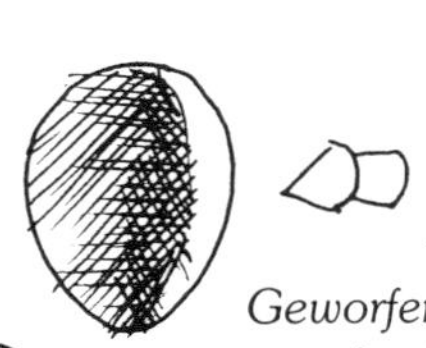

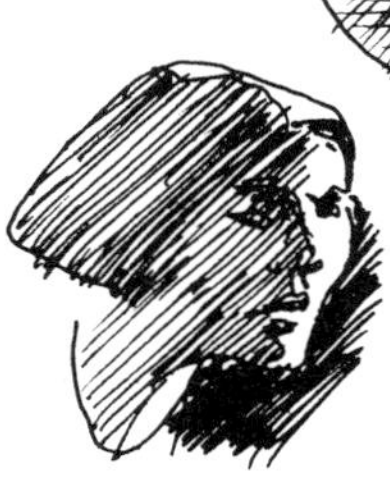

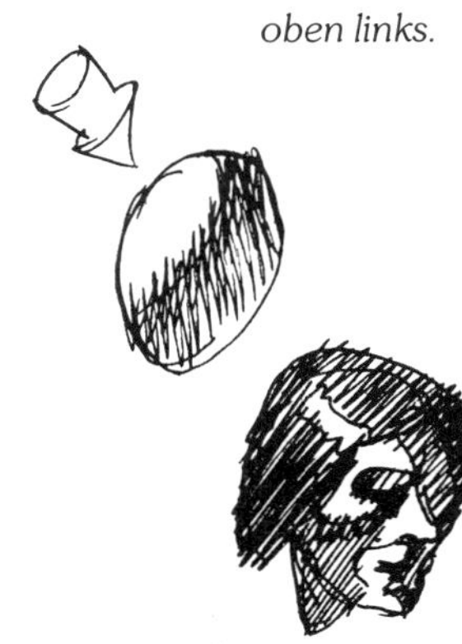

Geworfene Schatten haben im allgemeinen ziemlich harte Ränder. Diese weicheren Schatten beschreiben die Oberflächenform. Mit Bleitift oder mit Holzkohle gezeichnete Ränder lassen sich wirkungsvoll weicher darstellen, wenn man sie mit dem Finger oder dem Papierwischer verreibt.

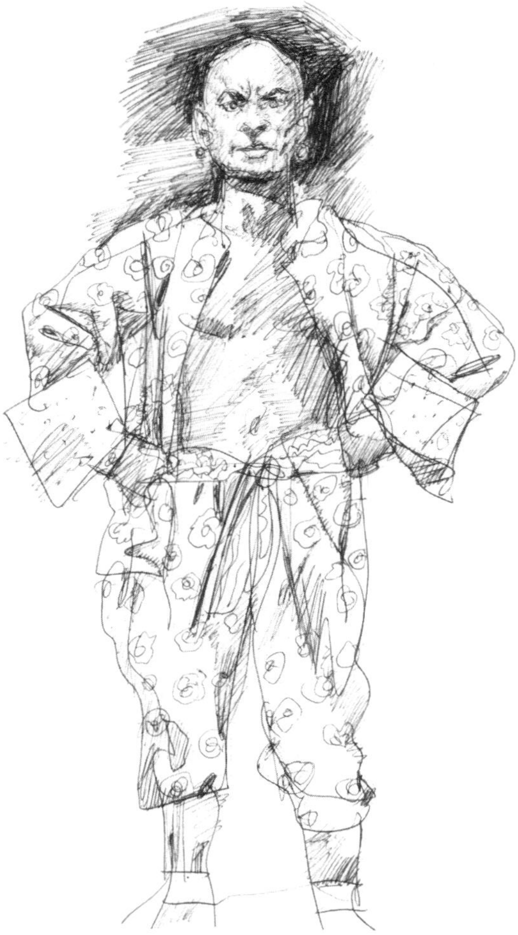

Kontraste erregen Aufmerksamkeit. Dadurch, daß Yul Brynners glattrasierter Kopf von einem dunklen Hintergrund umgeben wird, wird unsere Aufmerksamkeit dorthin gelenkt. Die härtesten Ränder sehen wir bei den leicht schraffierten Seiten des Kopfes und der Schulter. (Gezeichnet im Wachsfigurenmuseum von Hollywood.)

Harte und weiche Ränder

Das Wort »Rand« bezieht sich normalerweise auf etwas Scharfes und genau Festgelegtes, wie zum Beispiel die Tischkante. Beim Zeichnen ist der Rand jedoch eine Grenze, an der sich zwei Formen treffen. Ränder können entweder wie z. B. Tischkanten deutlich mit einer Linie gezeichnet oder wie eine Figur im Nebel nur verschwommen angedeutet werden. Die geschickte Gestaltung dieser beiden Arten von Rändern macht einen großen Teil der Qualität aus, die wir in einer schönen Tönungszeichnung bewundern.

Als Jugendlicher habe ich in der Schule gerne Flugzeuge des 2. Weltkriegs auf mein Notizbuchpapier gezeichnet. Durch das Kopieren von Freunden habe ich einen Trick des Schattierens gelernt, der meinen Flugzeugen Ähnlchkeit mit der Wirklichkeit verlieh. Auf allen Teilen zeichnete ich den äußeren Rand dunkler und ließ die Tönung nach innen langsam heller werden. Ohne die ausführliche Anwendung dieses Gestaltungsmittels war eine Zeichnung für mich nicht vollständig! Ich mochte diesen Effekt so sehr, daß ich anfing, ihn auf allen Gegenständen, die ich zeichnete, zu nutzen, auch bei Gesichtern, Figuren und Tieren. Ich erkannte damals noch nicht, daß ich eigentlich nicht richtig schattierte, obwohl ich meine kontrollierte Hand entwickelte. Später lernte ich, wie man harte und weiche Ränder zeichnet, ohne darüber nachzudenken. Nachdem ich die handwerklichen Fertigkeiten erworben hatte, war ich in der Lage, es zweckdienlicher einzusetzen. Mit Übung wird Ihnen dies auch gelingen.

Ein harter Rand erfordert ein scharfes Zeichengerät. Er kann durch eine deutliche Linie oder durch eine Tönung, die einfach abrupt an der Grenze der Form endet, ausgedrückt werden. Harte Ränder sollen scharfe Kanten, plötzliche Richtungsänderungen und Flächen mit starkem Kontrast beschreiben. Weiche Ränder zeigen verschwommene Grenzen, leicht geschwungene Oberflächen und Flächen mit schwachem Kontrast. Sie erfordern die verschiedenen Techniken der weichen Darstellung von der Kreuzschraffur über leichte Schrägstriche bis zum Verreiben und Radieren. Ein weicher Rand ist eigentlich eine abgestufte Tönung. Deshalb ist etwas Zeit und Geduld erforderlich, um ihn aufzubauen.

Im allgemeinen gilt, daß die Kante um so härter ist, je stärker und direkter das Licht scheint. Dieses Phänomen kann mit gutem Erfolg genutzt werden, wie zum Beispiel in der Zeichnung unten, in der das Licht die oberen Teile der Walnuß intensiv beleuchtet und die unteren Teile, bei denen es nachläßt, weicher zeichnet. Man kann dies als eine Art des

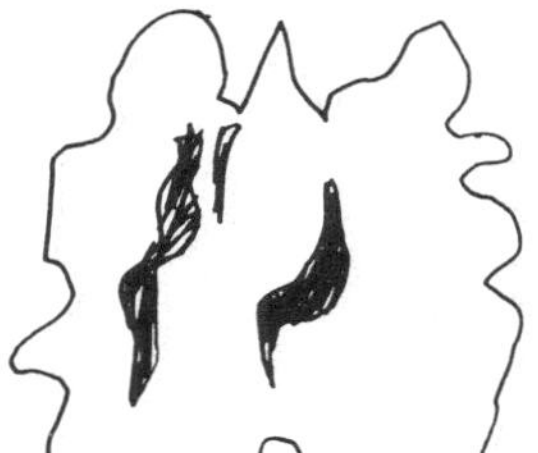

Harter Rand

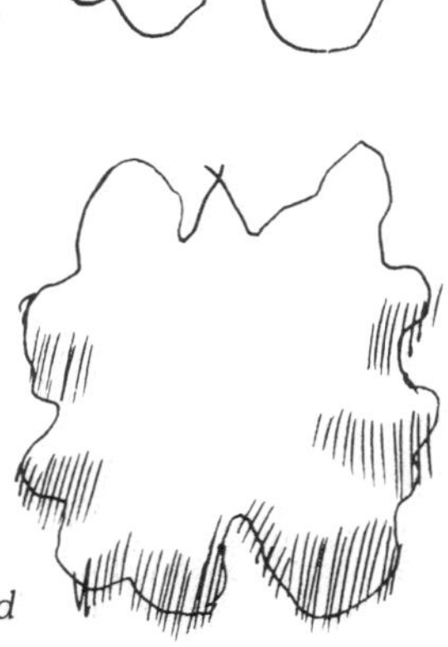

Weicher Rand

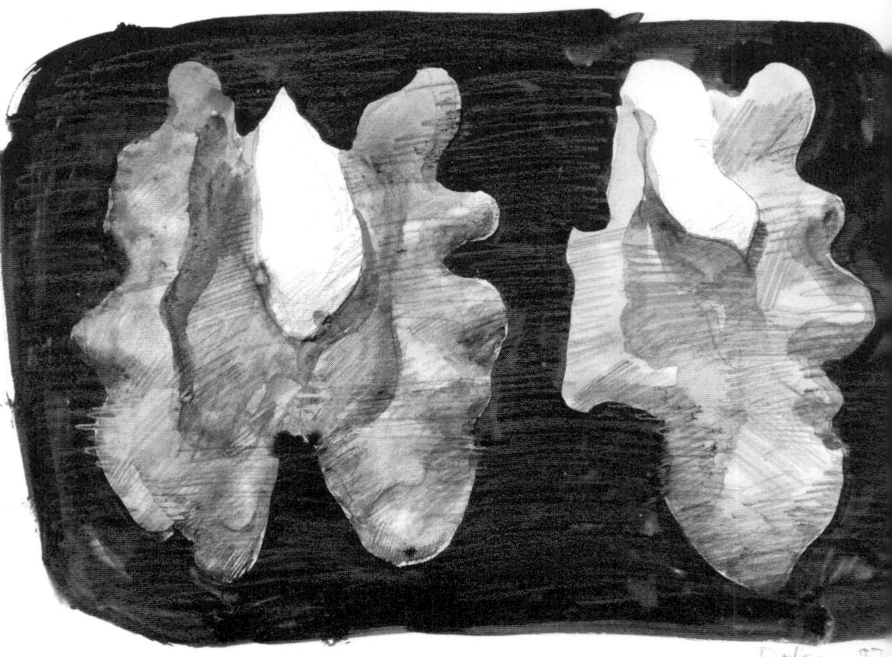

Wenn man Tusche als Medium verwendet, muß man mit Kreuzschraffuren oder Tuschelasuren arbeiten.

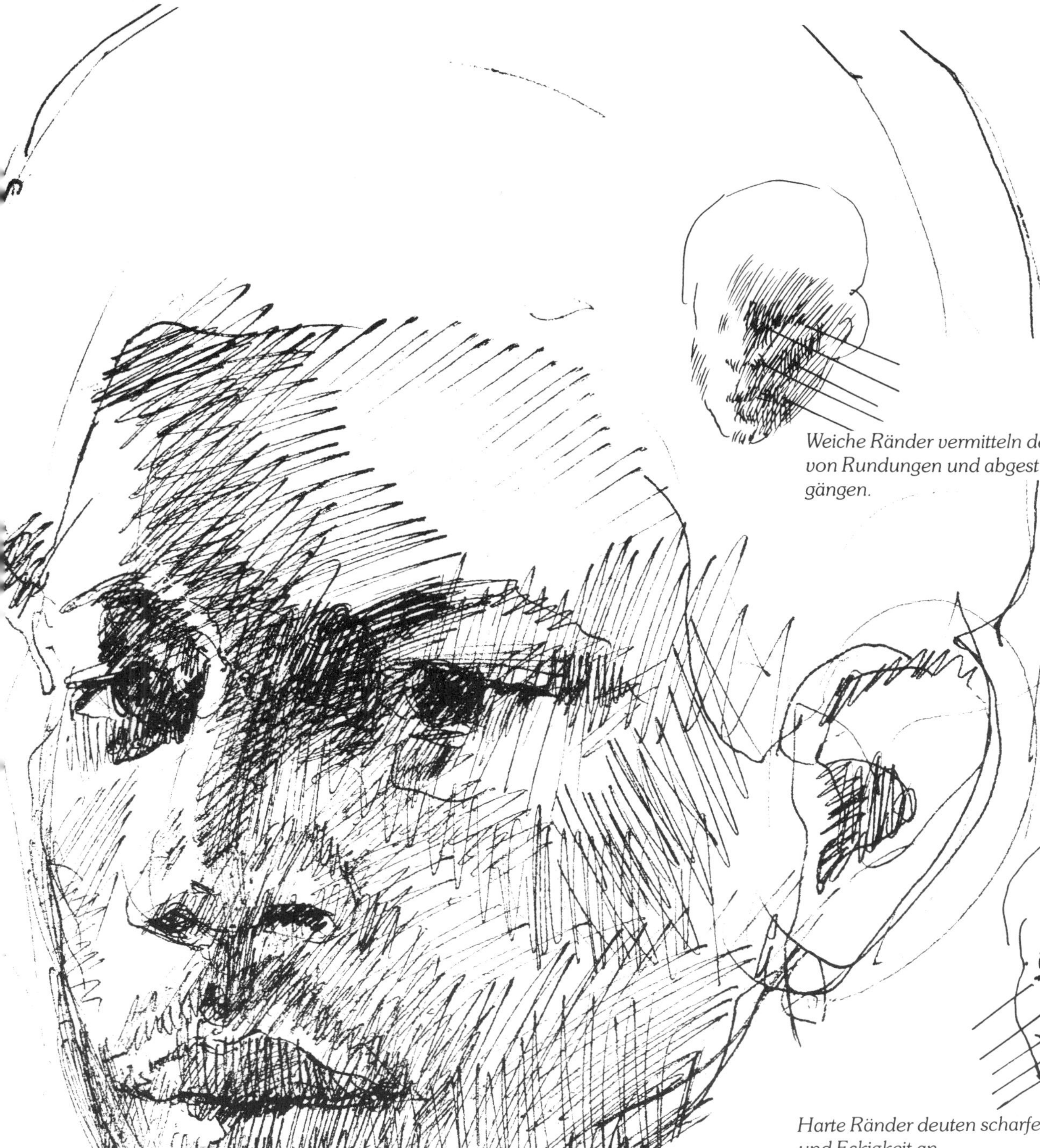

Fokussierens betrachten. Sie können diese Möglichkeit gezielt einsetzen, um die schärfsten Kontraste an den Stellen herzustellen, die für Sie die wichtigsten sind, und die Kontraste in den Bereichen zu verringern, die in den Hintergrund treten sollen.

Ein menschliches Gesicht, wie in dem Beispiel oben, ist ein wirklicher Katalog harter und weicher Ränder. Harte Ränder treten vor allem auf der angestrahlten Seite auf, an den Vorsprüngen der Knochen und an ausgeprägten Falten. Der Nasenrücken, der Rand des Mundes und der Oberlippe und der äußere Rand des Gesichtes sind Beispiele für harte Ränder. Die weichen Ränder sind zum größten Teil auf der Schattenseite im reflektierten Licht auf der Wange und auf der Wölbung der Stirn zu finden. Die Augen werden unterschiedlich dargestellt.

Auf der hellen Seite sind beim Auge harte Ränder zu beobachten und auf der Schattenseite weiche Ränder. Man kann einer Zeichnung Aussagekraft und Schönheit verleihen, indem man diese Kontraste geschickt einsetzt.

Weiche Ränder vermitteln den Eindruck von Rundungen und abgestuften Übergängen.

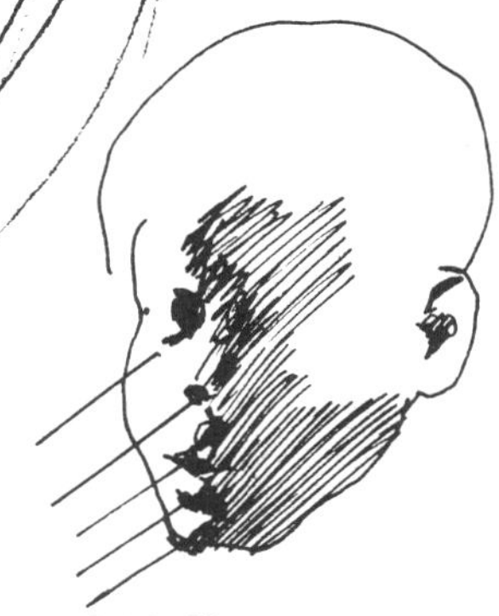

Harte Ränder deuten scharfe Kanten und Eckigkeit an.

Projekt 4 – C Kopf mit starker Beleuchtung

Zeichnen Sie einen Kopf in Dreiviertel-Ansicht. Eine Seite soll von einer starken Lichtquelle beleuchtet werden, während die andere Seite in einem dunklen Schatten liegt. Setzen Sie die Peiltechniken, die in Kapitel 3 besprochen wurden, ein, um die Proportionen richtig wiederzugeben. Das L/S-Muster wird mit leichten Strichen kartiert. Fügen Sie sorgfältig die Tönungen des Gegenstands ein. Gehen Sie besonders auf die Ränder ein und unterscheiden Sie deutlich zwischen jenen, die scharf und klar sind, und solchen, die feiner und weniger deutlich sind. Die Züge sollen auf der Schattenseite weich gestaltet werden und auf der beleuchteten Seite deutlicher zum Ausdruck kommen. Achten Sie auf weiche Übergänge auf der Schattenseite. Aber blinzeln Sie gelegentlich, damit Sie einen ausgeprägten Gesamteindruck behalten. Benutzen Sie einen Bleistift oder Zeichenkohle. Zeit: mindestens eine Stunde.

Die Lichtquelle

Es passiert etwas Aufregendes, wenn Sie sich der Betrachtung des Lichts zuwenden. Wir sehen das Licht, wenn unsere Aufmerksamkeit nicht mehr auf den Gegenstand gerichtet ist, sondern auf das Licht, das auf ihn fällt. Es bildet tatsächlich kleine Flächen auf dem Körper, den wir zeichnen.

Die Eigenschaften des Lichts hängen von seiner Quelle ab. In einem Raum, der gleichmäßig von einer Leuchtstoffröhre beleuchtet wird, müssen alle Formen flach und weich modelliert gezeichnet werden. Natürliches Licht, das durch ein Fenster fällt, erzeugt dagegen deutlichere Formen und stärkere Kontraste. Am Anfang jeder Tönungszeichnung sollte die Frage stehen: Wo befindet sich die Lichtquelle? Sobald Sie das geklärt haben, können Sie auf die Logik des Lichts zurückgreifen und das L/S-Muster erkennen.

Um sich die Sache klar zu machen, stellen Sie sich vor, daß das ganze Licht von einer einzigen Lichtquelle kommt. Mit Hilfe der Grapefruit und eines hellen Lichts waren Sie in der Lage, die vier Elemente des L/S-Musters festzustellen. Auch wenn das Licht selten nur aus einer Richtung kommt, so sollten Sie doch versuchen, diese einfachen Zusammenhänge auf Ihren Gegenstand zu übertragen. Mit etwas Übung können Sie die Richtung der wichtigsten Lichtquelle erkennen und sogar das Muster vorhersagen. Diese Kenntnisse geben Ihnen genügend Sicherheit, das zu zeichnen, was Sie sehen.

Bitten Sie einen Freund, sich so hinzusetzen, daß Sie sich direkt ins Gesicht sehen können. Dabei verändern Sie die Position einer Lampe im Umkreis des Kopfes. Zuerst wird die Lampe über den Kopf gehalten. Beobachten Sie das S/L-Muster. Bewegen Sie die Lampe dann seitlich nach rechts und beachten Sie, wie sich das Muster verändert. Während sich die Lampe im Uhrzeigensinn um das Gesicht bewegt, sollen Sie versuchen, vorherzusagen, welche Teile beleuchtet sein werden und welche Teile im Schatten liegen werden. Lassen Sie das Licht von der Seite und von unten scheinen und beobachten Sie die Unterschiede. Schließlich soll sich die Lichtquelle direkt hinter dem Kopf befinden. Vielleicht waren Ihre Vorhersagen beim ersten Versuch nicht ganz richtig. Sicherlich werden sie beim zweiten Mal stimmen.

Im folgenden Test sollen Sie die Zeichnungen, die unten abgebildet werden, den entsprechenden Lichtquellen zuordnen:

a. Das Licht kommt fast direkt von vorne.
b. Die Lichtquelle befindet sich hinter der Vase.
c. Das Licht kommt von rechts oben.
d. Die Lichtquelle befindet sich rechts unten.
e. Indirekte Beleuchtung. Das Licht kommt gleichmäßig aus mehreren Richtungen.

(Die Antworten finden Sie unten.) Falls Sie mehr als zwei Fehler gemacht haben, sollten Sie das Kartieren von Zeichnungen üben. Benutzen Sie die regelmäßigen Körper unter einer hellen Lampe, wie auf Seite 105 beschrieben.

1d, 2b, 3c, 4a.

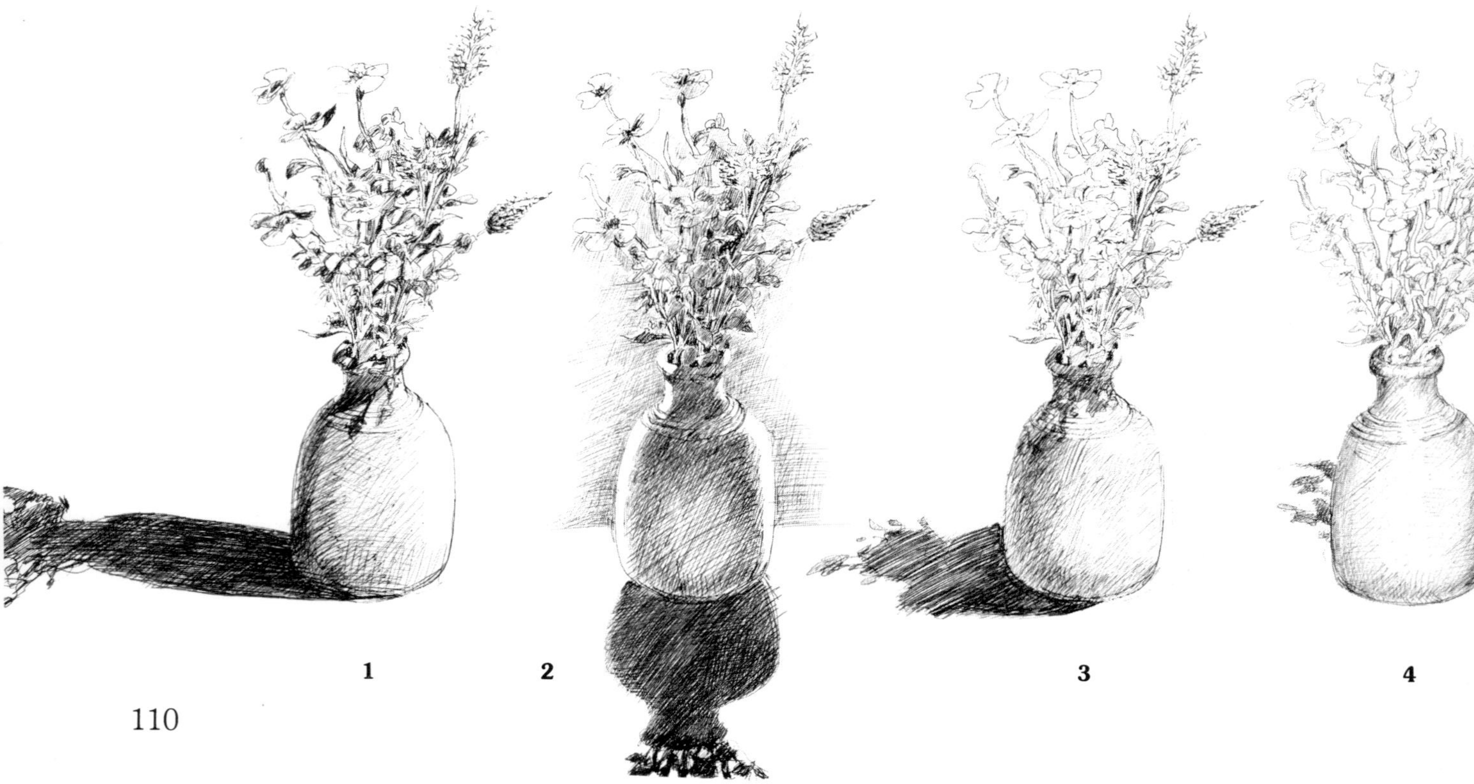

1 **2** **3** **4**

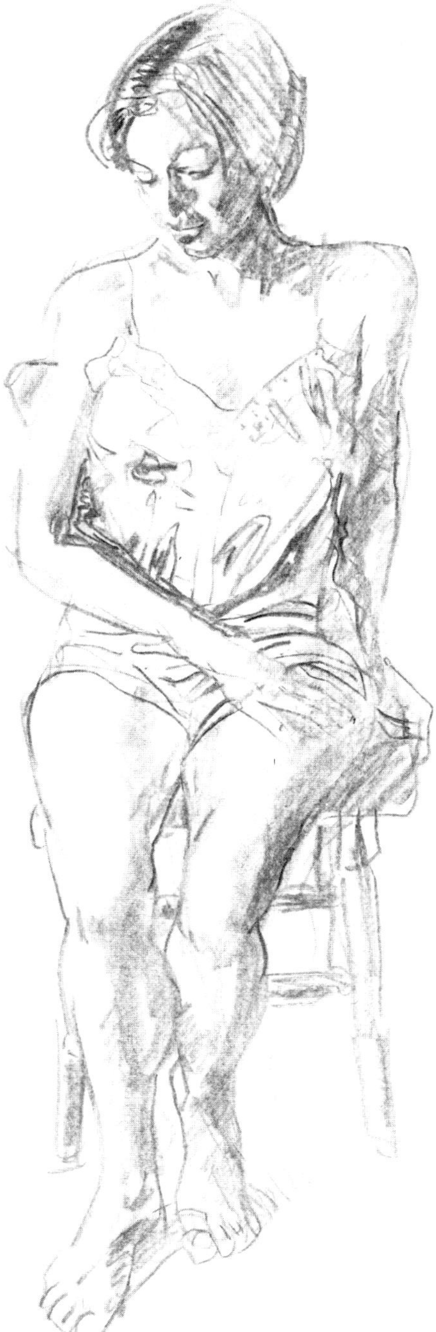

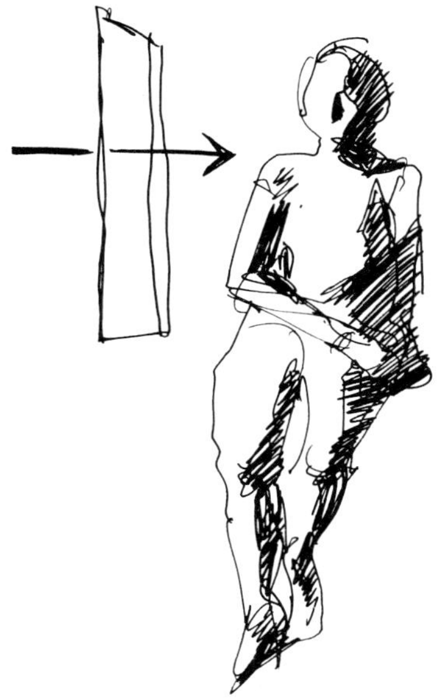

Bei dieser Zeichnung saß das Modell in der Nähe des Fensters.

Beleuchtung von hinten. Hier habe ich die Position verändert und das Modell vor das Fenster gesetzt. Die starken Kontraste ergeben sich zum Teil dadurch, daß ich direkt zum Fenster blicke.

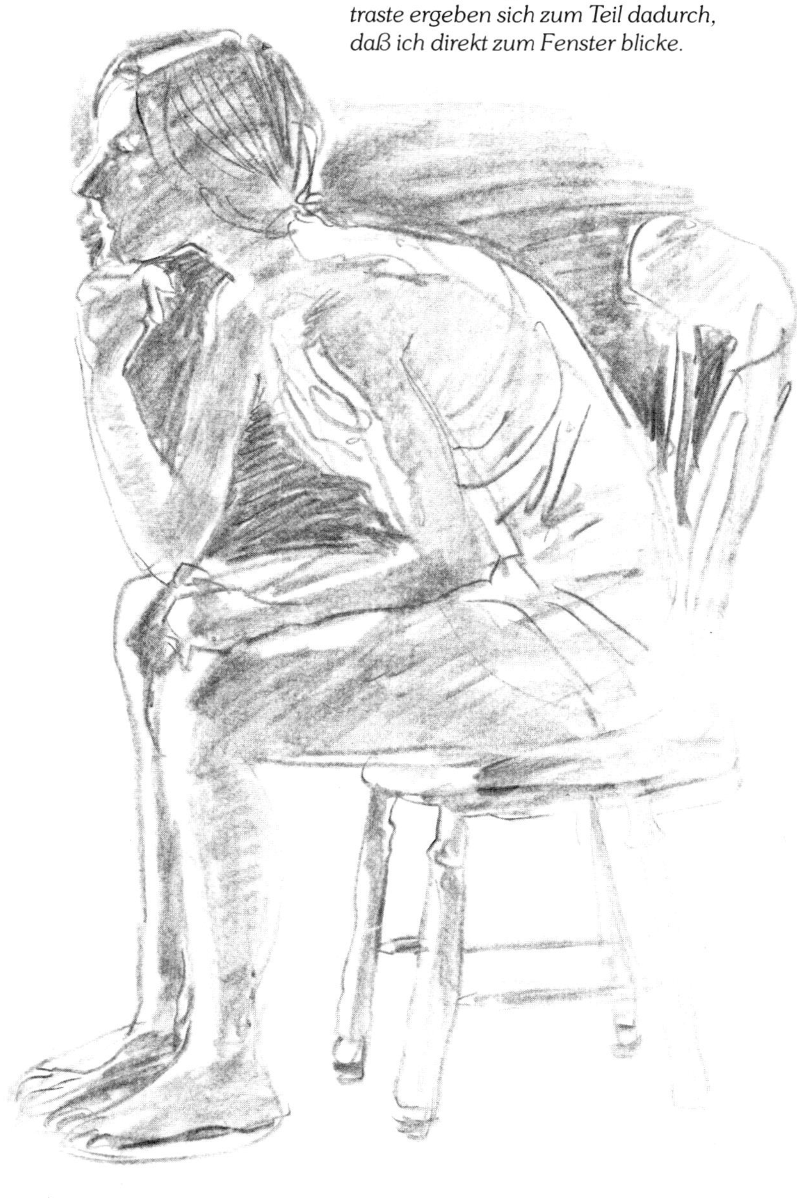

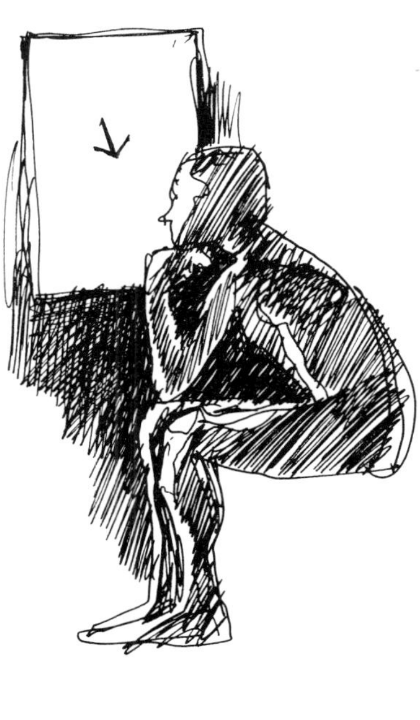

Projekt 4 – D Licht und Stimmung

Folgen Sie Monets Beispiel und zeichnen Sie eine einfache Szene in Ihrem Hof oder in einem Park in der Nachbarschaft. Ein Motiv könnte ein Baum sein, der eine Silhouette vor einem weiten Himmel bildet. Fertigen Sie mit einem beliebigen Medium drei Bilder des Motivs mit jeweils anderen Lichtverhältnissen an. Halten Sie den Gegenstand zu drei verschiedenen Zeiten fest und versuchen Sie, drei der folgenden Stimmungen einzufangen:
a. Ein heller, sonniger Morgen
b. Ein trüber, wolkenverhangener Tag
c. Ein heraufziehendes Gewitter
d. Abenddämmerung.
Dies wird ein längerfristiges Projekt sein, weil man auf wesentlich andere Lichtverhältnisse warten muß. Sie können sich von dem Maler J. M. W. Turner inspirieren lassen. Er band sich nach eigenen Angaben an den Mast eines Boots fest, um einen Sturm zu malen. An jederZeichnung sollten Sie etwa 45 Minuten bis eine Stunde arbeiten. Die Wahl des Mediums steht Ihnen frei. Verwenden Sie aber bei allen Zeichnungen das gleiche Medium.

Die Wirkung der Lichteigenschaften auf die Stimmung

1890 malte Claude Monet mehrere Bilder von Heuschobern in der französischen Landschaft. Die Kompositionen sind ähnlich, aber die Bilder unterscheiden sich auf verblüffende Weise durch ihre Lichtverhältnisse. Manche Gemälde entstanden am frühen Morgen, andere am Mittag und weitere am späten Nachmittag oder bei Sonnenuntergang. Einige der Szenen wurden im Winterdunst gemalt. Ein Teil der Bilder wurde im heißen, grellen Sonnenlicht gezeichnet. Für Monet waren nicht die Heuschober das Thema, sondern das Licht. In einem Brief an einen Freund schrieb er: ». . . je weiter ich gehe, um so mehr erkenne ich . . . was ich suche: die Momentaufnahme, die Hülle der Dinge, mit dem überall fließenden Licht.«

Die Eigenschaften des Lichts rufen Erinnerungen wach. Bestimmte Lichtverhältnisse lösen Gefühle aus, die man nicht mit Worten ausdrücken kann. Wenn ich in einen hellen Sommertag hinaustrete, werde ich manchmal kurz an die vergangenen Tage meiner Kindheit in Phoenix (Arizona) erinnert. Bei grellem Sonnenlicht und hellen Schatten denke ich an die verblaßten Fotos im Familienalbum.

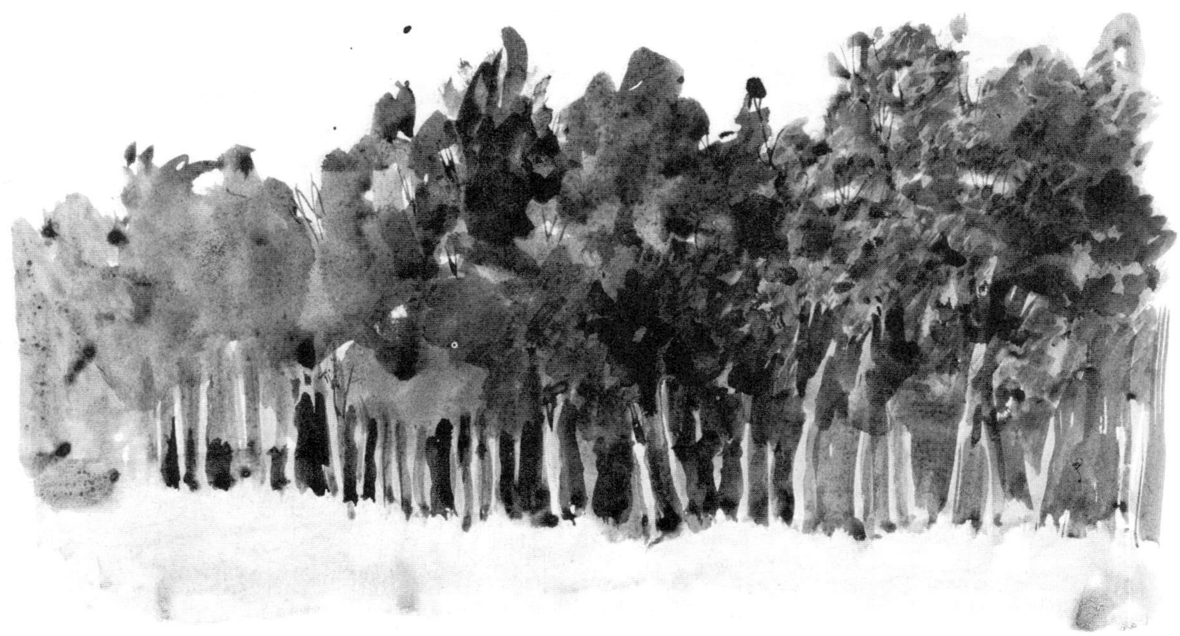

Eine gute Möglichkeit, Erfahrungen mit Licht und Stimmung zu sammeln, ist Monet nachzuahmen. Es wird ein einfacher Gegenstand als Ausdrucksmittel genommen, um Licht zu untersuchen und zu zeichnen. Die Bilder auf diesen Seiten wurden mit dieser Absicht angefertigt. Eine einfache Komposition aus Himmel, Bäumen und Feldern wurde zu drei verschiedenen Zeiten des Tages gezeichnet. Ein dunstiger Nachmittag, der im ersten Bild gezeigt wird, löst fast das L/S-Muster auf. Das ist typisch für die Wirkung der indirekten Beleuchtung. Die Bäume bilden eine flache, dunkle Form, fast eine Silhouette.

Ein ausgeprägtes L/S-Muster tritt an einem späten, sonnigen Nachmittag in Erscheinung. Die Bäume werden stark durch die von links oben einfallende Sonne gesprenkelt. Statt in einer einzigen Waldmasse unterzugehen, hat jeder einzelne Baum eine deutliche Sonnen- und Schattenseite. Die geworfenen Schatten wurden deutlich ausgeführt, obwohl sie ineinander übergehen.

Ein verdunkelter Himmel in der Ferne und direktes Sonnenlicht, das durch die Wolken bricht und die Bäume und den Vordergrund anstrahlt, bieten eine dramatische Umkehr des üblichen Musters mit dunkler Erde und hellem Himmel. Das flimmernde Licht der Blätter (mit einer Rasierklinge herausgekratzt) vermittelt den Eindruck vom Wind vor dem Sturm.

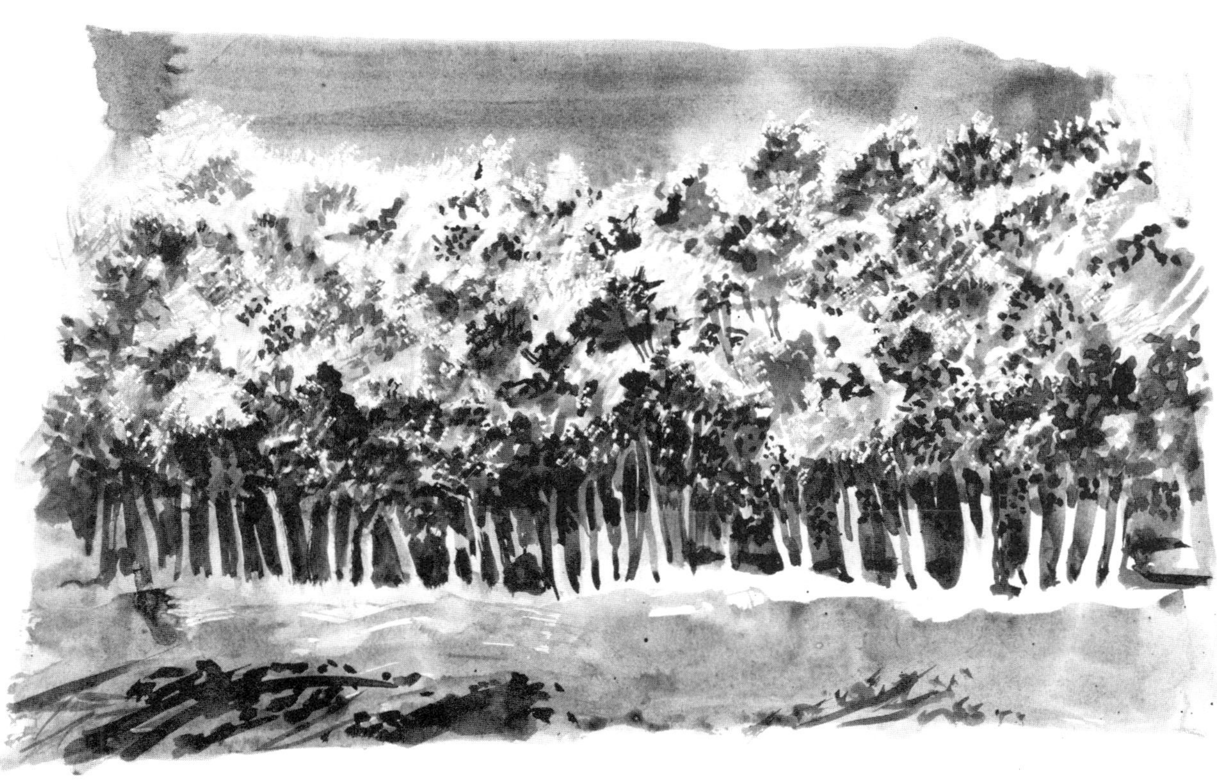

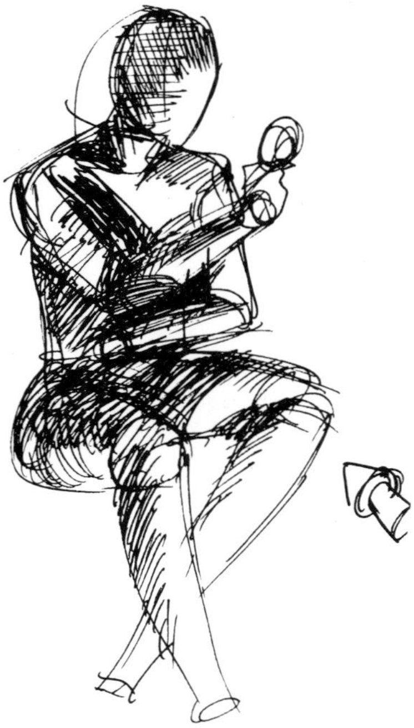

Die Beleuchtung von unten hat eine ungewöhnliche Wirkung. Die Bereiche, die im Schatten liegen, sehen wir normalerweise beleuchtet – Oberlippe, Stirn und Nasenrücken.

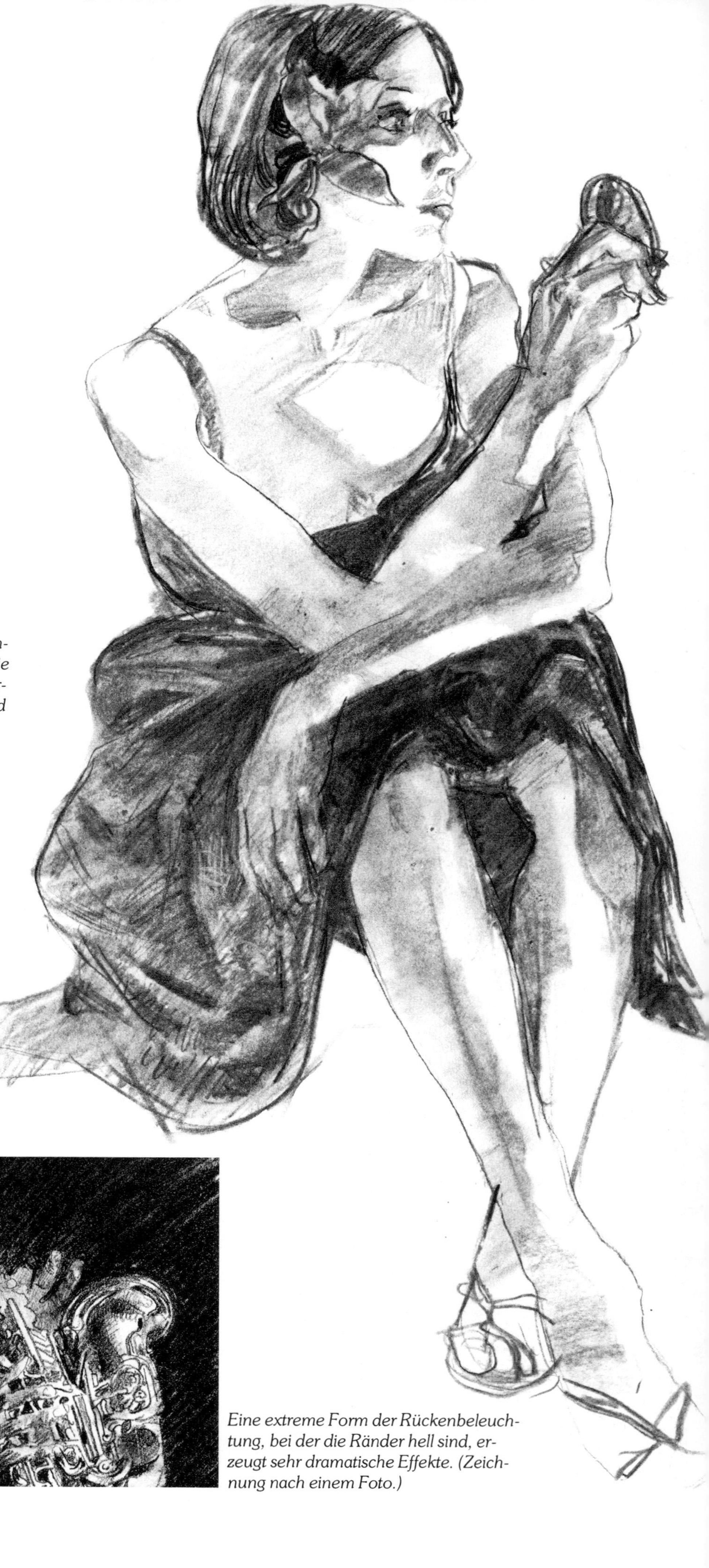

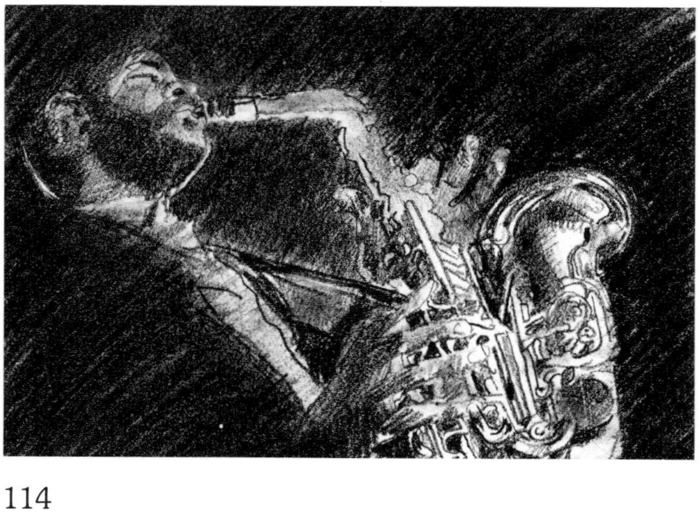

Eine extreme Form der Rückenbeleuchtung, bei der die Ränder hell sind, erzeugt sehr dramatische Effekte. (Zeichnung nach einem Foto.)

Verstärkung der Stimmung durch außergewöhnliche Beleuchtung

Das Außergewöhnliche hat etwas, das zum Lernen anregt. Das Merkwürdige zwingt uns, die Dinge genauer und mit wachem Auge zu betrachten. Deshalb möchte ich dazu anregen, Dinge unter überraschenden und ungewöhnlichen Lichtverhältnissen zu zeichnen. Der Gegenstand könnte zum Beispiel aus einem niedrigen Winkel oder vielleicht direkt von oben angestrahlt werden. Man könnte auch bei Kerzenlicht zeichnen oder zwei starke Lichtquellen aus entgegengesetzten Richtungen strahlen lassen. Denkbar wären auch dunkle Schatten, die auf den Gegenstand fallen.

Mit Hilfe des gezielten Aufbaus ungewöhnlicher Lichtverhältnisse können wir das Erkennen jener Bedingungen üben, auf die Sie durch Zufall stoßen. Es ist eine gute Idee, einige Seiten des Skizzenblocks nur der Darstellung dramatischer Lichtverhältnisse zu widmen. Eine gute Übung ist es, ungewöhnlich beleuchtete Fotos abzuzeichnen. Sie werden erkennen, daß außergewöhnliche Beleuchtungen nicht schwieriger zu zeichnen sind als konventionelle Lichtverhältnisse, wenn man an die bereits besprochenen Prinzipien denkt.

- Fragen Sie sich: »Wo befindet sich die Lichtquelle?«
- Achten Sie auf das L/S-Muster: Beleuchtete Seite, Schattenseite, reflektiertes Licht, Schatten.
- Kartieren Sie diese Flächen am Anfang der Zeichnung.
- Modellieren Sie mit harten und weichen Rändern.
- Setzen Sie den stärksten Kontrast für den wichtigsten Bereich ein und nehmen Sie den Kontrast an anderen Stellen zurück.

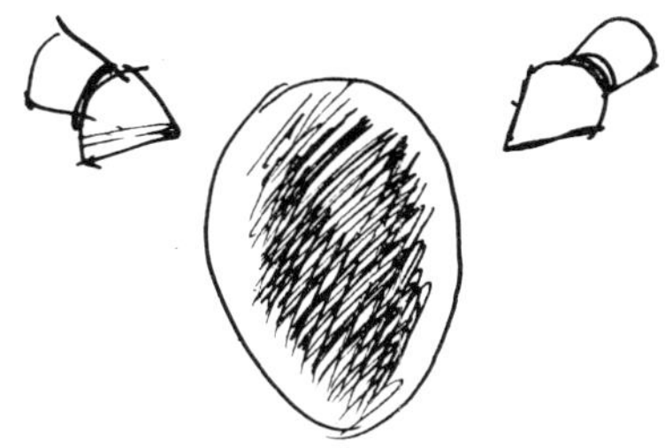

Wenn das Licht von hinten und von beiden Seiten kommt, entsteht ein Schatten im vorderen Teil des Gesichtes, in dem die Gesichtszüge auf unheimliche Weise verschwinden.

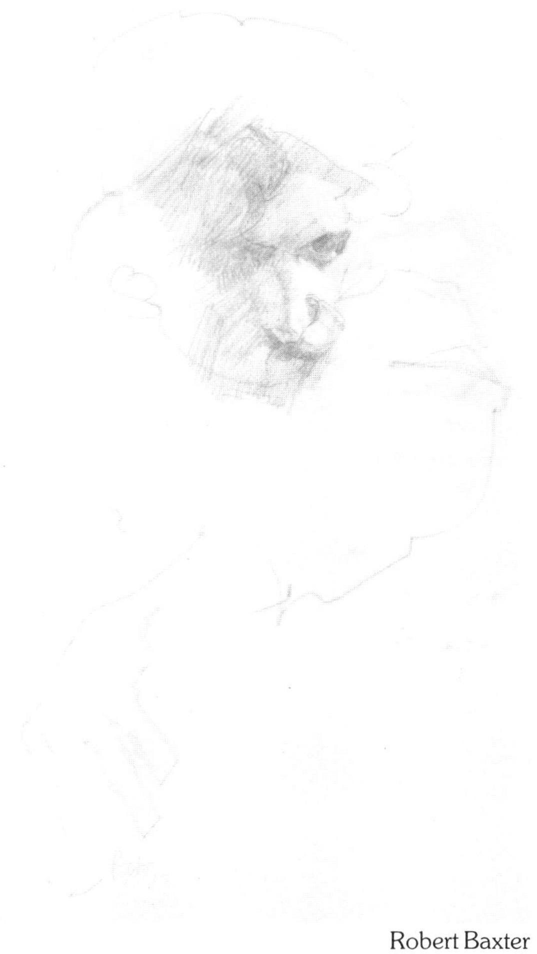

Robert Baxter

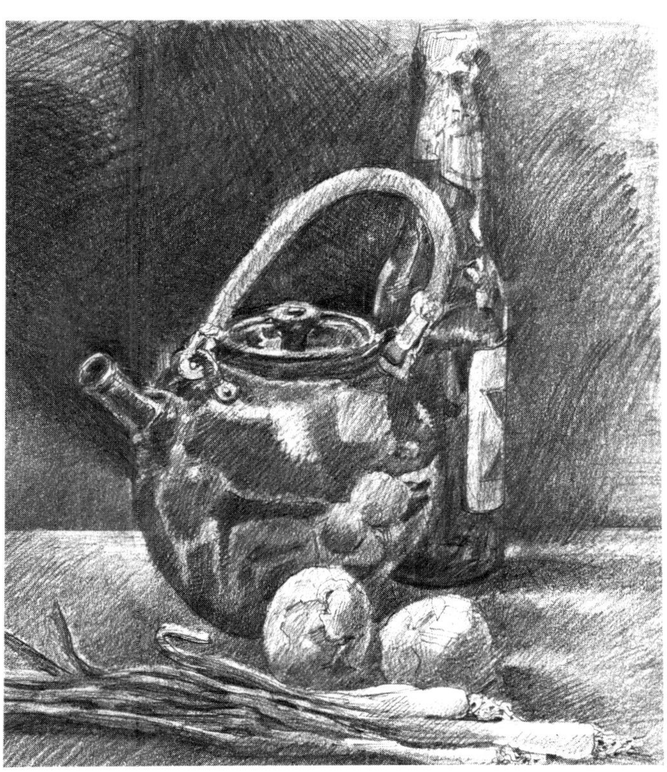

Ginnys Teekanne. Diese Zeichnung ist gekennzeichnet durch dunkle Tönungen und geringe Kontraste. Das Aufbauen der Tönungen erfordert Geduld und Zeit. Weil reines Weiß fast ganz fehlt, entsteht eine weiche und subtile Stimmung.

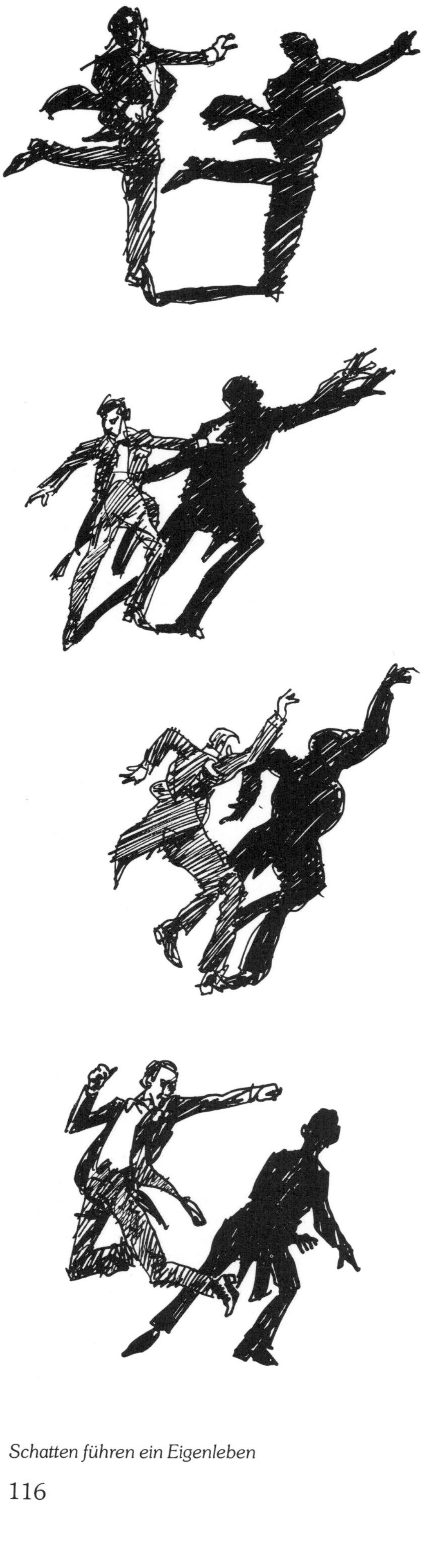

Verstärkung der Stimmung durch Schattenwurf

Eine mir unvergeßliche Filmszene ist jene, in der Fred Astaire mit seinem eigenen Schatten tanzt. Zuerst folgte der Schatten Astaire Schritt für Schritt, aber an einem bestimmten, magischen Zeitpunkt befreite er sich und glitt dahin, drehte sich und neigte sich gegenläufig zu Astaires Bewegungen. In einem anderen Film, *Die Abenteur von Robin Hood*, kommt es zu einem denkwürdigen Duell zwischen Errol Flynn und Basil Rathbone. Während einer speziellen Sequenz wurde die Auseinandersetzung dadurch noch dramatischer dargestellt, daß nur die beiden sich duellierenden Schatten auf der Burgmauer in ihrem gigantischen Kampf bis zum Tod gezeigt wurden.

Diese Szenen deuten die dramatischen Möglichkeiten an, die in der fast unabhängigen Erscheinung der Schatten liegen. Sie deuten die Formen und Größe ihrer Besitzer an, ohne diese nur zu wiederholen. Dieses Potential hat einen großen Wert für uns Künstler, denn wir können die geworfenen Schatten leicht verschieben, dunkler darstellen, verlängern, vergrößern und verformen, um dramatische oder emotionale Effekte zu erzielen.

Studieren Sie einen Schatten und beachten Sie die Beziehung, in der er zu dem ihn produzierenden Gegenstand steht. Wenn sich ein Licht direkt über unserer Grapefruit befindet, liegt der Schatten kreisförmig unter der Kugel. Wenn das Licht von der Seite einfällt, wird der Schatten zu einer gestreckten Ellipse verlängert. Obwohl beide von der gleichen Grapefruit stammen, bietet der längere Schatten mehr Gestaltungsmöglichkeiten. Mit der ausgestreckten Form kann man besser arbeiten. Aus diesem Grund ziehen es viele Landschaftsmaler vor, am frühen Morgen oder am späten Nachmittag statt am Mittag zu arbeiten.

Schatten erleichtern die Beschreibung des Ausdrucks der Körperformen, auf die sie fallen. Das Beispiel rechts oben wurde nach einem Standbild aus dem Film *Viva Mexico!* des russischen Regisseurs Sergej Eisenstein gezeichnet. Die Schatten der Palmwedel laufen über die Konturen der Figuren und werden zu einer fließenden Beschreibung der Liebhaber. Neben der Steigerung der dreidimensionalen Wirkung lassen die gestreiften Schatten auch eine tropische Stimmung entstehen. Tageslicht, Wärme, Intimität, Rhythmus und Entspannung werden durch diese geworfenen Schatten vermittelt.

Wir haben uns bisher auf die unterstützende und gestaltende Funktion der Schatten konzentriert. Mit einer leichten Verlagerung des Akzents und mit etwas Mut können Sie sie jedoch zum Mittelpunkt des Interesses machen. Stellen Sie sich vor, Sie seien ein Regisseur, der einen Schatten zum Hauptdarsteller macht. Seine Rolle ist es, die beherrschende Kraft in Ihrem Bild zu sein. Der Gegenstand, der den Schatten wirft, sollte sich nicht auf der Bühne und im Bild befinden. Vielleicht wollen Sie mit Hilfe der Umrisse des Schattens mitteilen, worum es sich bei dem Gegenstand handelt, oder Sie möchten es unklar lassen.

Damit der Schatten einen komplexeren Charakter erhält, könnte man ihm etwas zu tun geben. Wenn er sich über andere Formen hinwegbewegt, erweckt er beim Gehen Interesse. Wenn der Schatten auf den Boden und an eine Wand fällt oder sich über die Decken eines ungemachten Bettes legt, verrät er nicht nur etwas über sich, sondern auch etwas über die Gegenstände unter ihm. Als eine besonders knifflige Herausforderung könnten Sie einmal versuchen, den Schatten einer Zimmerpflanze auf einer Schreibmaschine zu zeichnen oder die Schatten einer Jalousie auf einem Gesicht.

Diese Anregungen sind nur verbale Ideen. Damit dieses Projekt auch funktioniert, müssen Sie etwas experimentieren, das Licht bewegen und schauen. Wenn Sie auf ein interessantes Motiv stoßen, werden Sie es merken. Achten Sie auf die Schatten in Ihrer Wohnung. Etwas, was Sie vielleicht schon tausendmal gesehen haben, könnte plötzlich Ihr Interesse wecken und Sie als Motiv reizen. Vergessen Sie nicht, mit der Elastizität und dem Fließen der Schatten zu spielen.

Schatten führen ein Eigenleben

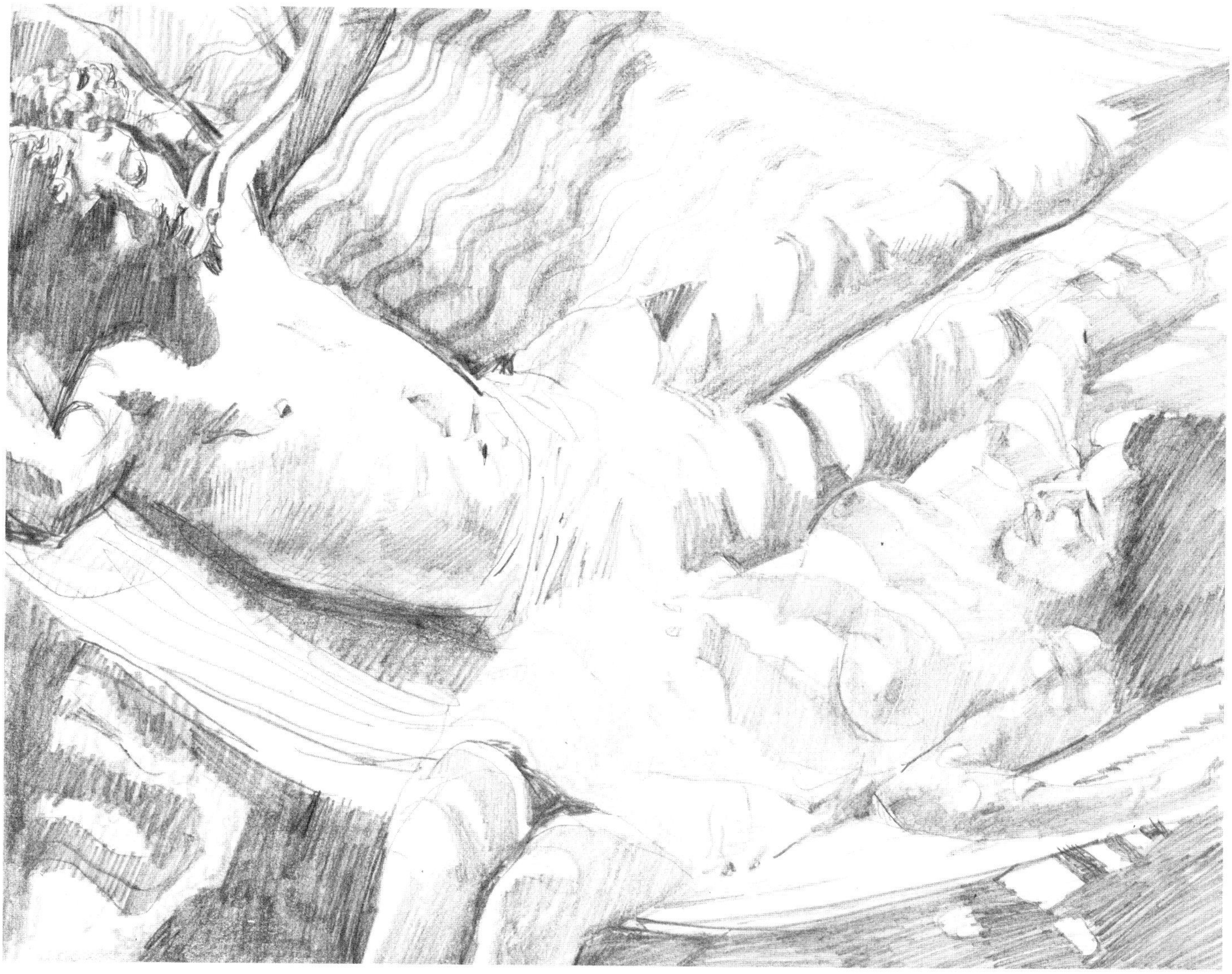

Wogende Schatten in Eisensteins Film »Viva Mexico!« (Nach einem Standfoto gezeichnet.)

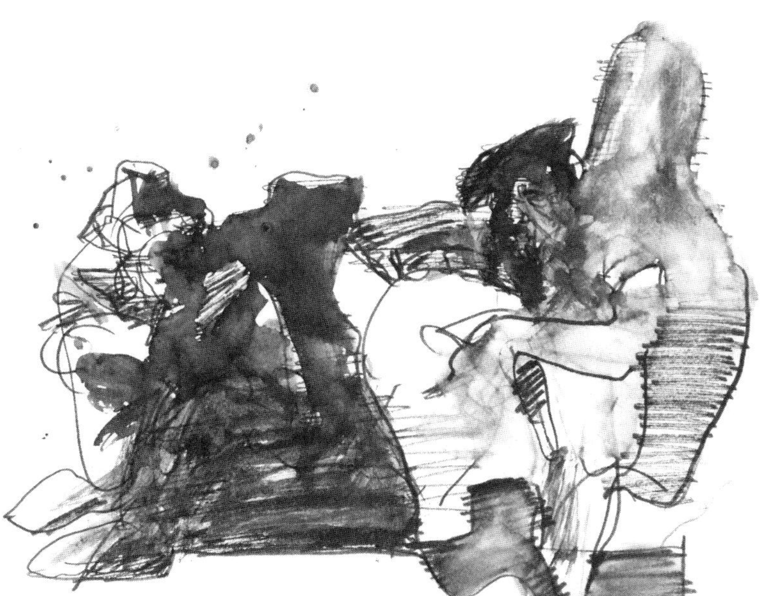

Ein überwältigender Schatten kann tatsächlich der Gegenstand einer Zeichnung werden.

Projekt 4 – E Der geworfene Schatten

Zeichnen Sie ein Bild, in dem ein oder mehrere Schatten die wichtigsten Elemente sind – vielleicht wollen Sie warten, bis sie auf einen Schatteneffekt treffen, der Ihnen als Mittelpunkt interessant zu sein scheint. Andernfalls müssen Sie erfinderisch sein und etwas aufbauen, entweder im hellen Sonnenlicht oder in einem starken Scheinwerfer. Nutzen Sie die Anregungen von Seite 116, um eigene Ideen zu entwickeln. Denken Sie daran, daß der geworfene Schatten selbst einen deutlichen Umriß besitzt und daß er die Eigenschaften der Objekte zeigt, auf die er fällt. Dieses Projekt könnte 30 Minuten bis zwei Stunden dauern. Benutzen Sie ein beliebiges Medium.

Beziehungen der Tönungen: Techniken einer vollständigen Tönungszeichnung

Das Anfertigen einer vollständigen Tönungszeichnung ist eine lohnende, aber komplizierte Aufgabe. Tönungen basieren auf Beziehungen; d. h. Töne sehen heller oder dunkler aus in bezug auf andere Töne. Wenn man nur das Weiß des Papiers als Kontrast hat und sonst nichts zum Vergleichen, sind tonale Beziehungen schwer aufzubauen.

Ein Anfänger, der mit einer Landschaft, wie der im unteren Bild, konfrontiert wird, wird häufig schnell Probleme bekommen. Im Unterschied zu diesem Foto hat man beim Arbeiten im Freien eine wandernde Lichtquelle, verwirrende Farben und keinen Rahmen. Sie können sich die Schwierigkeiten vorstellen. Außerdem ist es kalt.

Nach dem leichten Skizzieren der wichtigsten Formen steht unser Anfänger vor dem Problem, die Tönungen zeichnen zu müssen. Inzwischen ändern sich die Schatten mit der fortschreitenden Tageszeit. Wagemutig wird der erste Ton aufgetragen. Er erscheint sofort zu dunkel, weil es nur das Weiß des Papiers zum Vergleichen gibt. Unsicherheit entsteht. Tatsächlich wird sich die erste Tönung als zu hell erweisen, aber ohne einen dunklen Bereich auf dem Papier, mit dem man die Bandbreite abschätzen kann, ist es nicht leicht, die ersten Tönungen einzustufen.

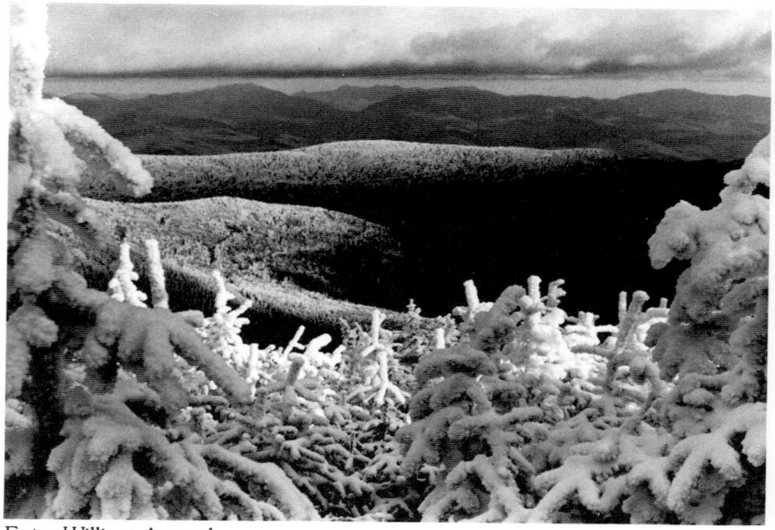

Foto: William Arrand

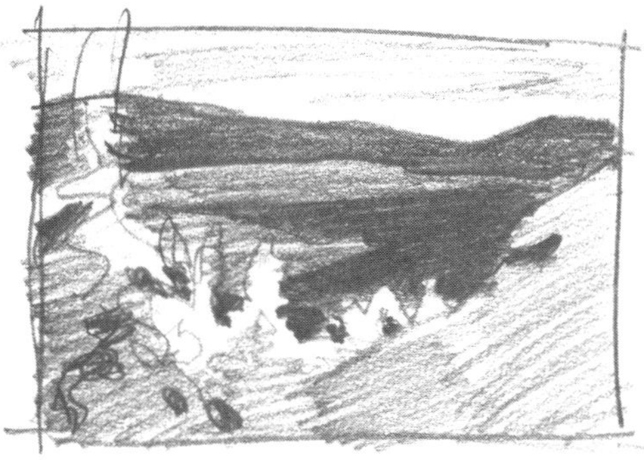

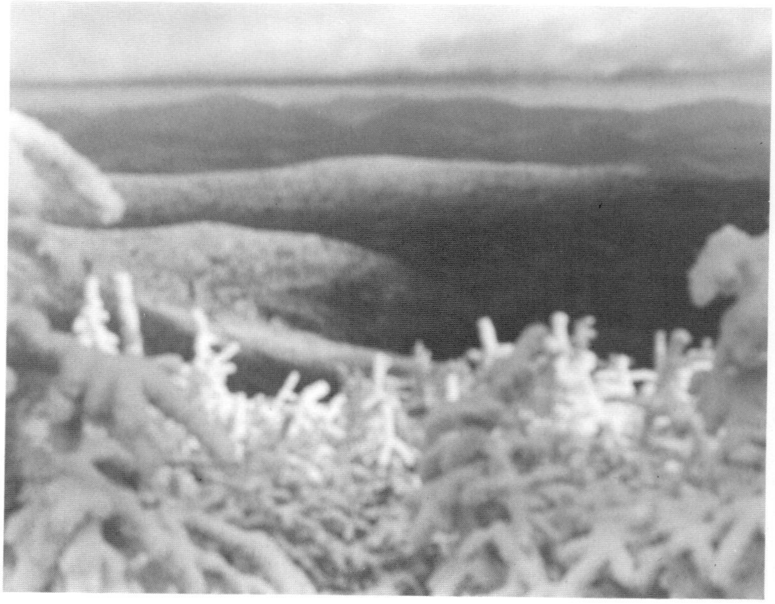

Mit Hilfe des Blinzelns läßt sich das Motiv auf zwei oder drei Töne reduzieren, so wie es dieses unscharfe Foto zeigt. Eine einfache Tonwert-Skizze läßt sich leichter aufbauen, wenn man nur mit wenigen Tönungen arbeitet.

Ein anderes Problem wird bedingt durch bestimmte Vorstellungen. Da er weiß, daß Schnee weiß ist, widerstrebt es dem Anfänger, überhaupt irgendeine Tönung für seine Darstellung zu verwenden. Eine genauere Betrachtung des Fotos zeigt jedoch, daß es nur wenig reines Weiß in einer Schneeszene gibt. Die Wiedergabe eines anspruchsvollen Motivs wird nahezu unmöglich, wenn man an Vorstellungen festhält und die Tönungen nicht dunkel genug anlegt. Zu früh stellen Erwartungen eine zusätzliche Schwierigkeit dar. Eine vollständige Tönungszeichnung erfordert ein geduldiges Aufbauen der Tonwerte. Der Zeichenschüler, der fertige Ergebnisse haben möchte, ohne vorher die grundlegenden Arbeiten durchzuführen, wird entmutigt werden. Wenn alle diese Probleme allmählich zusammenkommen, dauert es nicht mehr lange, bis der Anfänger seine Sachen packt und nach Hause geht.

Sie müssen nicht die Erfahrung machen, vor einer komplizierten Landschaft zu kapitulieren, denn es gibt fünf Strategien, die das Problem vereinfachen:

1. Lassen Sie das Sonnenlicht nicht direkt auf das Papier fallen.
2. Arbeiten Sie mit der Blinzeltechnik.
3. Verwenden Sie einen Motivsucher.
4. Fertigen Sie eine einfache Skizze mit den Tonwerten an.
5. Entwickeln Sie die Tönungen langsam und mit Geduld.

Indem Sie eine Position einnehmen, bei der das Sonnenlicht nicht direkt auf das Papier fällt, verringert sich das Problem, daß völlig weißes Papier einen extremen Kontrast bietet. Das Blinzeln vereinfacht die Beobachtung und ermöglicht es, einen gesamten Überblick zu erhalten, wenn es unsere Gewohnheit ist, die Teile getrennt zu betrachten. Beim Blinzeln durch einen Motivsucher (ein kleines Rechteck, das in ein weißes Stück Pappe geschnitten wird) können Sie das ganze Muster der Töne erkennen. Außerdem kann man die Helligkeitsverhältnisse, die man sieht, mit dem Weiß des Rahmens vergleichen. Sie werden von der Dunkelheit der Töne überrascht sein.

Durch das Blinzeln werden diese Töne auf drei Hauptwerte reduziert: hell, mittel, dunkel. Machen Sie das Weiß des Papiers zum vierten Wert: In der Zeichnung wird es davon nicht viel geben. Dann wird das Muster festgehalten, indem Sie eine *Tonwertskizze* anfertigen. Eine Tonwertskizze ist eine knappe Aufzeichnung der Hauptverteilung dieser drei Töne. Wenn Sie eine oder zwei Stunden in eine vollständige Zeichnung mit Tönungen investieren wollen, werden Sie Ihre Erfolgsaussichten verbessern wollen, indem Sie am Anfang eine Tonwertskizze anlegen.

Wenn Sie anfangen, die Zeichnung in voller Größe zu zeichnen, sollten Sie die Tonwertskizze zur Orientierung griffbereit haben. Beim Benutzen des Motivsuchers werden Sie an das große Bild und die Anordnung der drei Haupttöne erinnert. Blinzelnd werden die drei Haupttöne angelegt. Dann blinzeln Sie nur noch halb; so können Sie mehr von den dazwischen liegenden Tönen wahrnehmen. Merken Sie, wie der Vorgang vom allgemeinen zum spezifischen kommt?

Am Ende geht es darum, die subtileren Tönungen und Details zu entwickeln. Arbeiten Sie mit Ihrer kontrollierten Hand das L/S-Muster sowie die harten und weichen Ränder aus. Obwohl es hier nur mit einem Satz erwähnt wird, ist das letzte Stadium der Abschnitt der Zeichenarbeit, der die meiste Zeit erfordert. Wenn Sie die Arbeit am Anfang gut gemacht haben, ist dieser Teil ein reines Vernügen, weil Ihre Gedanken wandern können und die Zeit wie im Fluge vergeht. Verstärken Sie die dunklen Bereiche mit den auslösenden Wörtern »dunkel« und »schwarz«. Sollte es einmal zu Unklarheiten kommen, können Sie ihren Motivsucher zur Hand nehmen, um noch einmal Vergleiche mit dem Weiß des Papiers anzustellen. Treiben Sie Ihre Ausarbeitungen in den einzelnen Bereichen nicht zu weit voran, weil der Rest der Zeichnung sonst nicht zu den ausgearbeiteten Tönungen passen könnte. Treten Sie zurück, um einen Eindruck von dem ganzen Bild zu bekommen. Vergleichen Sie Gegenstände in Ihrer Zeichnung und fragen Sie sich: »Welcher ist dunkler?« und »Welcher ist heller?«

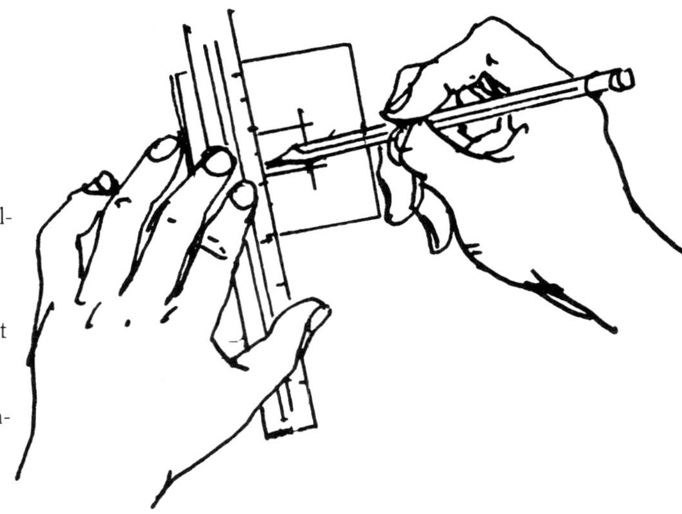

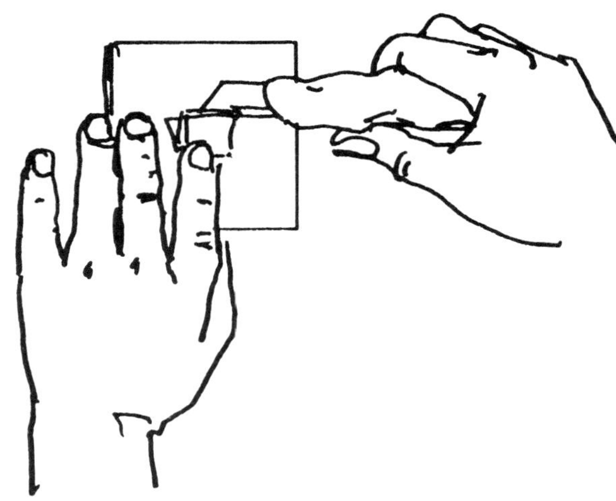

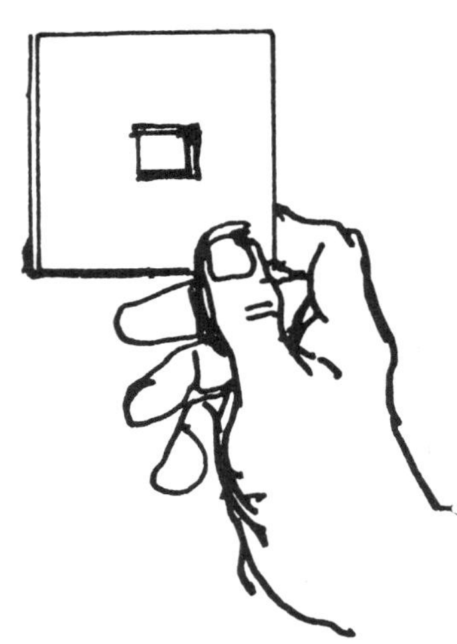

Stellen Sie einen Motivsucher aus einem quadratischen Stück Pappe mit etwa 10 cm Seitenlänge her. Schneiden Sie in der Mitte ein kleines Quadrat (etwa 3 x 3 cm) aus. Halten Sie den Motivsucher vor die hellen Töne Ihres Gegenstandes und schauen Sie durch das Fenster, um diese Tonwerte mit dem Weiß es Papiers zu vergleichen.

Lokale Tonwerte

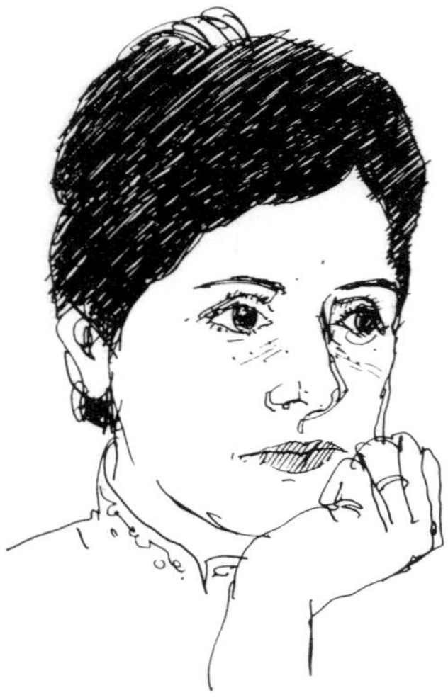

L/S-Muster

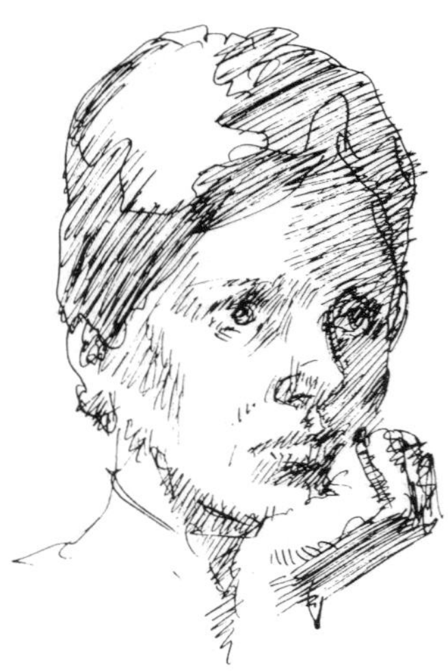

Das Tonwertmuster

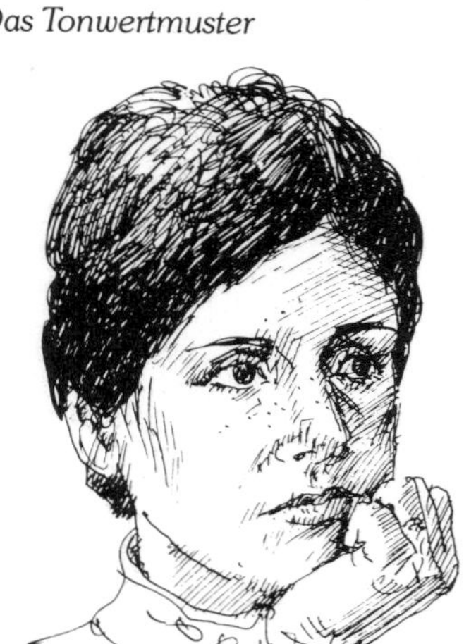

Nach einer Fotographie gezeichnet

Das Muster der Tonwerte

Das L/S-Muster läßt sich nicht auf *alle* Tönungen, die man beim Gegenstand sieht, anwenden. Eine zusätzliche Schwierigkeit ist, daß manche Farben mehr Licht absorbieren als andere. So ist zum Beispiel ein roter Apfel dunkler als eine gelbe Grapefruit, ein marineblauer Pullover wirkt dunkler als eine gelbbraune Hose. Wir nennen diese tonale Eigenschaft eines Objekts seinen lokalen Tonwert (ich verwende dafür die Begriffe Tonwert und Tönung mit gleicher Bedeutung). Die ganze Bandbreite der Tonwerte von Dingen, die man betrachtet – das Tonwertmuster –, ergibt sich aus der Kombination von Licht- und Schattenmuster mit lokalen Tonwerten.

Wir arbeiten mit dieser Kombination in folgender Weise. Nehmen wir an, Sie zeichnen einen Kopf unter einem hellen, direkten Licht. Wie wir bereits in Kapitel 1 gesehen haben, ist es für Zeichenaufgaben zweckmäßig, den Gegenstand als eine Anordnung von Formen zu betrachten, wobei jede Form ihren eigenen Tonwert besitzt: helle, dunkle und Zwischentöne. Das Modell des Beispiels hat eine makellose Haut und dunkelbraune Haare. Das bedeutet, daß der lokale Tonwert des Gesichtes hell und jener des Haares dunkel ist. Dies wird in der ersten Abbildung illustriert.

Wegen einer starken Beleuchtung hat das Gesicht und Haar des Modells jedoch ein deutliches L/S-Muster, das in der zweiten Abbildung skizziert wird.

Die Verbindung von lokalen Tonwerten und L/S-Muster ergibt das Tonwertmuster. In der dritten Abbildung sehen wir, wie diese beiden Elemente zusammen wirken.

Obwohl das Licht sowohl auf das Haar als auch auf die Haut fällt, sind die Lichtflecken des Haares nicht so hell wie die Lichtflecken der Haut, weil sich die lokalen Tonwerte auswirken. Entsprechend ist die Schattenseite des Haares dunkler als die Schattenseite der Haut. Wenn die Beleuchtung außergewöhnlich stark und direkt ist, scheinen diese beiden Bereiche den gleichen Tonwert zu besitzen. Sie werden ineinander übergehen. Das L/S-Muster verschwindet, wenn die Beleuchtung flach und diffus ist.

Das Tonwertmuster ist einfach nur die Aufteilung des Gegenstandes in die Formen der tonalen Komponenten: helle, dunkle und Zwischentöne, unabhängig davon, ob sie sich aus Schatten oder Eigenwerten ergeben. Wir setzen unser Bild zusammen, das auf dem Tonwertmuster basiert. Es umfaßt das L/S-Muster, ist aber nicht das gleiche. Unter bestimmten Lichtverhältnissen (zum Beispiel flaches, indirektes Licht, wie man es an einem dunstigen Tag oder bei Leuchtstofflampen antrifft) gibt es kein wahrnehmbares L/S-Muster. In diesem Fall bestimmen die lokalen Tonwerte das Tonwertmuster alleine. Aber je heller und direkter das Licht ist, um so mehr beeinflußt das L/S-Muster das Tonwertmuster.

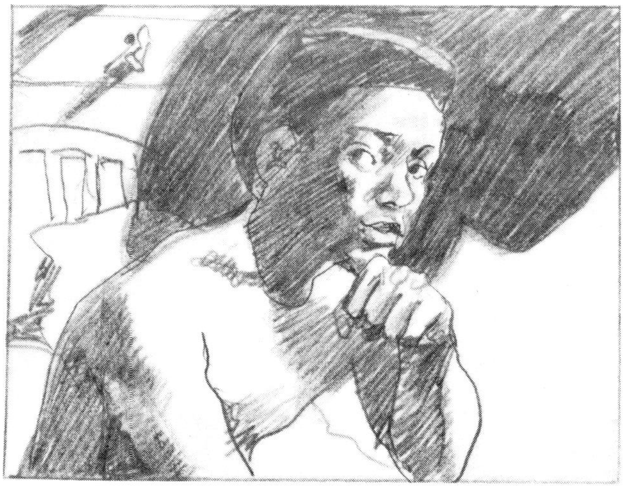

Das L/S-Muster . . .

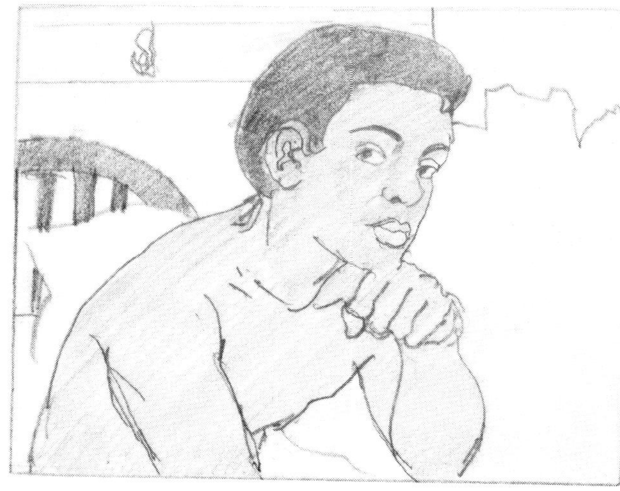

. . . und die lokalen Tonwerte . . .

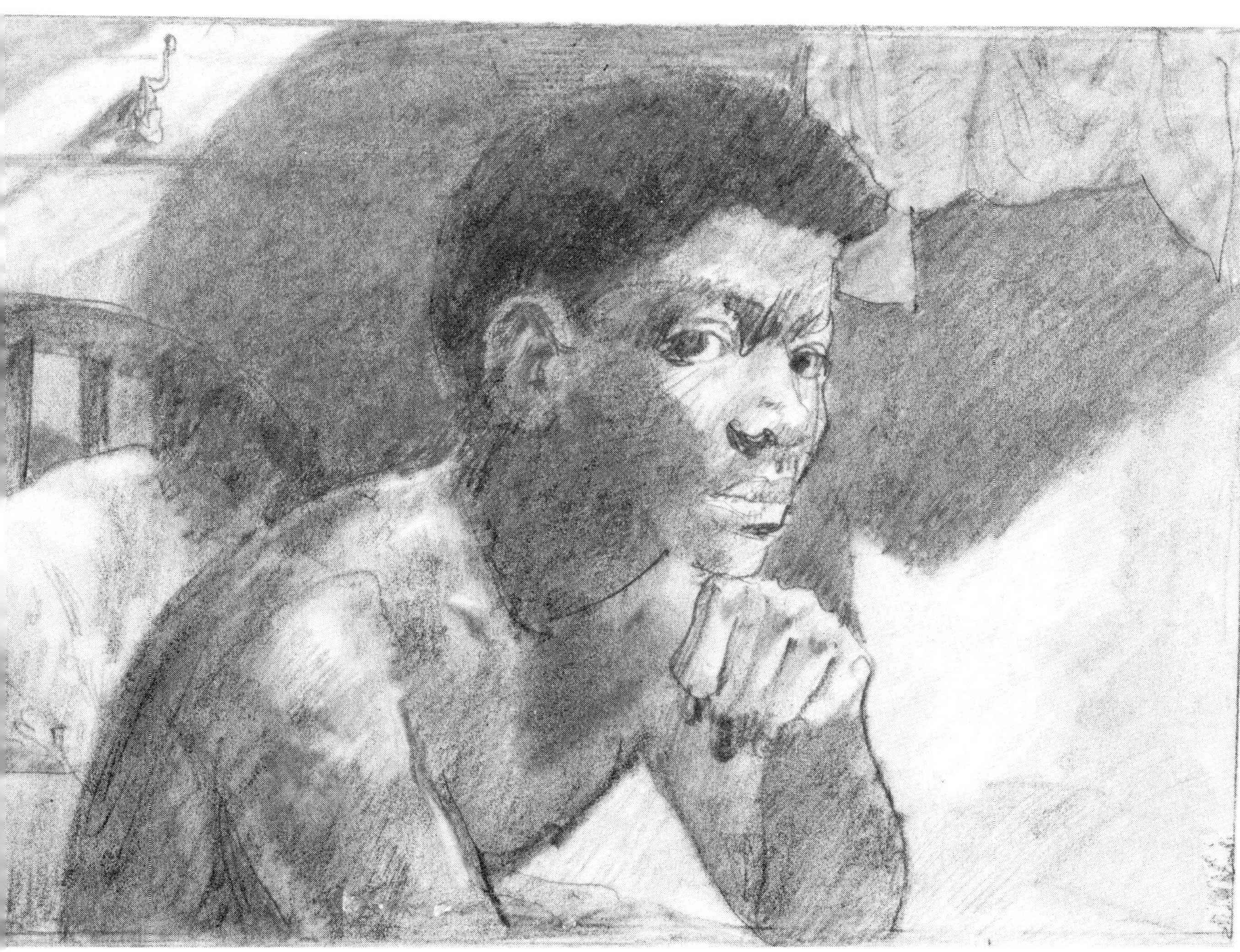

. . . ergeben zusammen das Tonwertmuster.

Nach einer Fotographie gezeichnet

Projekt 4 – F Verschmelzende Schatten

Folgen Sie den Beispielen, die auf diesen Seiten zu sehen sind. Zeichnen Sie mit einem beliebigen Medium einen Menschen in hellem, direktem Licht. Achten Sie auf Möglichkeiten, einen dunklen lokalen Tonwert, zum Beispiel schwarzes Haar oder dunkle Kleidung, mit einem Schatten zu verschmelzen. Suchen Sie auch helle lokale Tönungen, die mit Lichtflecken im Hintergrund verbunden werden können. Beim Verschmelzen sollen die Grenzlinien zwischen den beiden Formen entfernt werden, so daß sie zu einer großen Form miteinander verbunden werden. Verbinden Sie in Ihrer Zeichnung mindestens zwei Formen auf diese Weise. Arbeiten Sie 45 Minuten bis eine Stunde an dem Bild.

Verschmelzen von Licht und Schatten

Licht- und besonders Schattenformen können wirkungsvoll als verbindende Elemente eingesetzt werden. In der Zeichnung der alten spanischen Frau (rechts) gehen das Schwarz ihres Kleids und das Schwarz des Schattens hinter ihr ineinander über und bilden eine ununterbrochene Form. Man könnte das Bild interpretieren und eine Verbindung von Schatten und Totenhemd, von Omen und Tod hineindeuten. Als ich diese Zeichnung anfertigte, hatte ich allerdings nicht die Absicht, eine solche Verbindung bewußt auszudrücken. Ich fügte diese Formen bloß zusammen, weil sie beide dunkel waren. Ich liebe es, Formen zu einer Einheit zu verbinden.

Das Verschmelzen von Formen gibt dem Bild einen Zusammenhalt. In dem Gesicht des Kartenspielers verbinden die Schattenformen die Gesichtszüge miteinander. Sie wirken wie kleine Pfützen, die sich hier und da gebildet haben und die isolierten Teile vereinigen. Paradoxerweise können solche Verschmelzungen der kleinen Schattenformen einem Gesicht mehr Ausdruck verleihen als eine detaillierte Zeichnung des Gesichtsausdrucks.

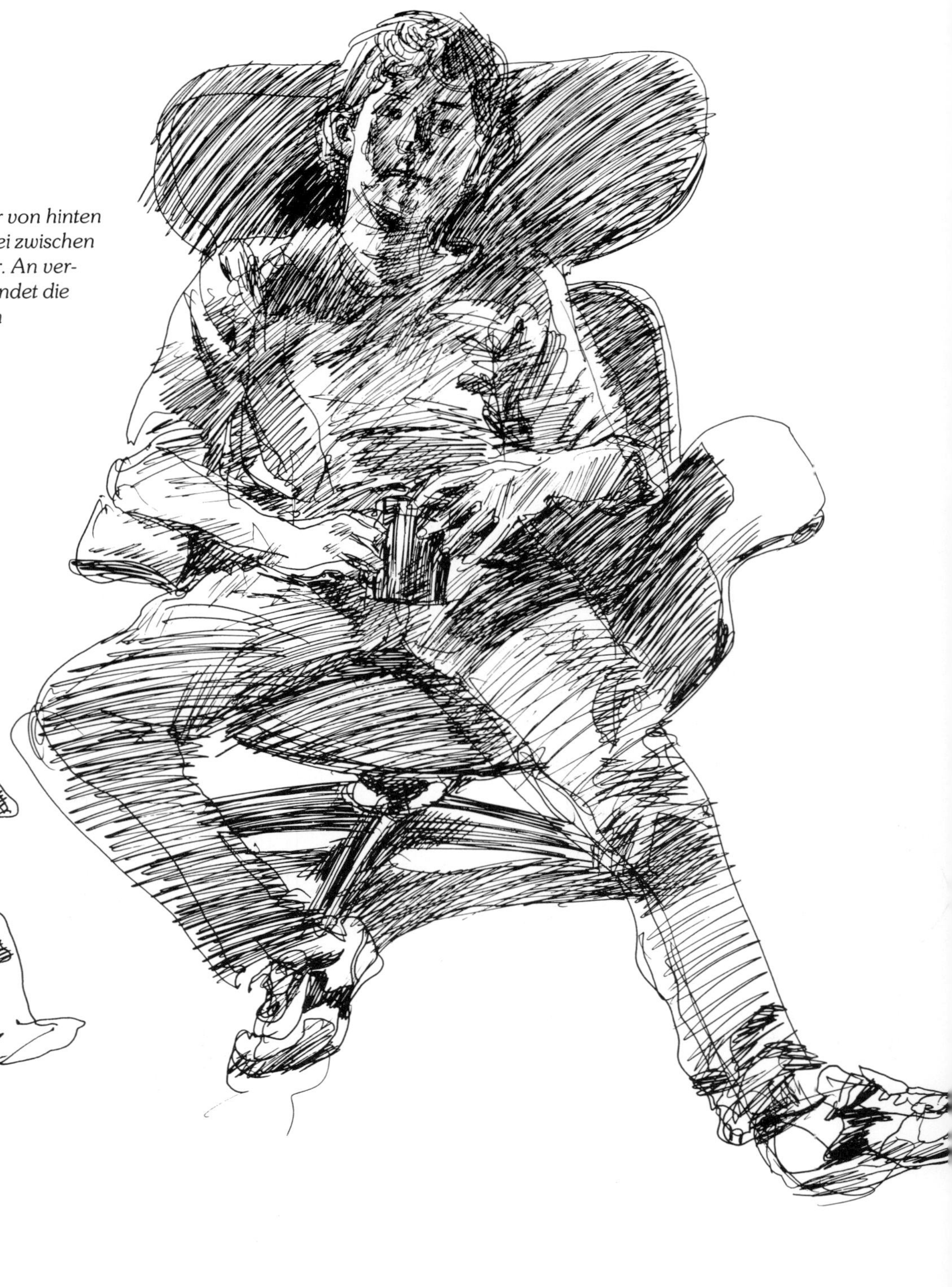

Der große Schatten in dieser von hinten beleuchteten Ansicht läuft frei zwischen Figur und Sessel hin und her. An verschiedenen Stellen verschwindet die Grenze zwischen den beiden Gegenständen.

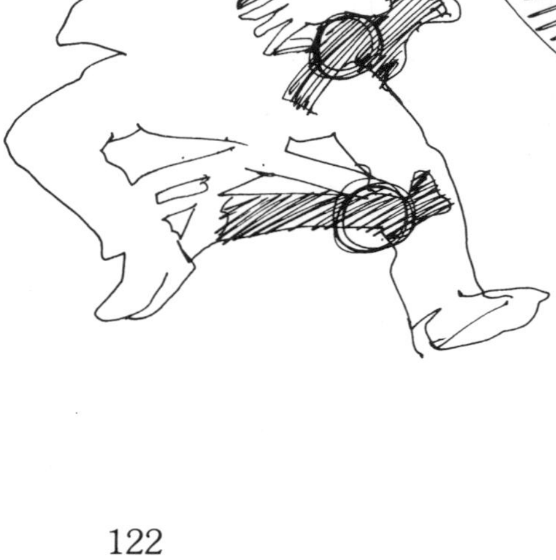

Wenn Sie Formen miteinander verschmelzen, beseitigen Sie die Getrenntheit der Dinge. In der Zeichnung auf der linken Seite läßt das von hinten kommende Licht die Unterscheidung zwischen Junge und Sessel verschwimmen. Die Grenzen zwischen ihnen sind verschwunden und werden an verschiedenen Stellen durch eine einheitliche Tönung überlagert. Junge und Sessel vereinigen sich zu einer einheitlichen Erscheinung. Kleine Verbindungen wie diese lassen uns das nahtlose Gewebe der Wirklichkeit erahnen, das alle Dinge miteinander verbindet.

Denken Sie an die Regel des Verschmelzens: Wenn Tonwerte gleich oder fast gleich sind, sollte man sie miteinander verbinden. Sie müssen nicht an allen Stellen ihrer gemeinsamen Grenzen verschmolzen werden; manchmal ist eine gelegentliche Verbindung ausreichend. Es ist wie bei der Aquarellmalerei, wenn zwei sehr feuchte Farbflächen auf dem Papier nebeneinander gelegt werden. Wenn sie etwas auseinander gehalten werden, behalten sie ihre Unabhängigkeit. Wenn sie aber zusammenkommen, vermischen sie sich schnell. Jeder Aquarellist weiß, daß so einige der schönsten Passagen entstehen.

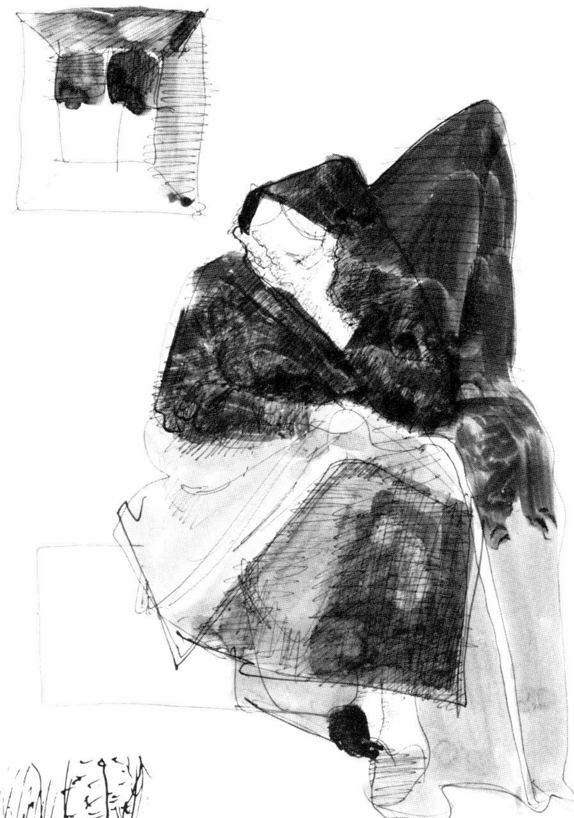

Das schwarze Kleid verschmilzt mit dem Schatten des Hintergrunds.

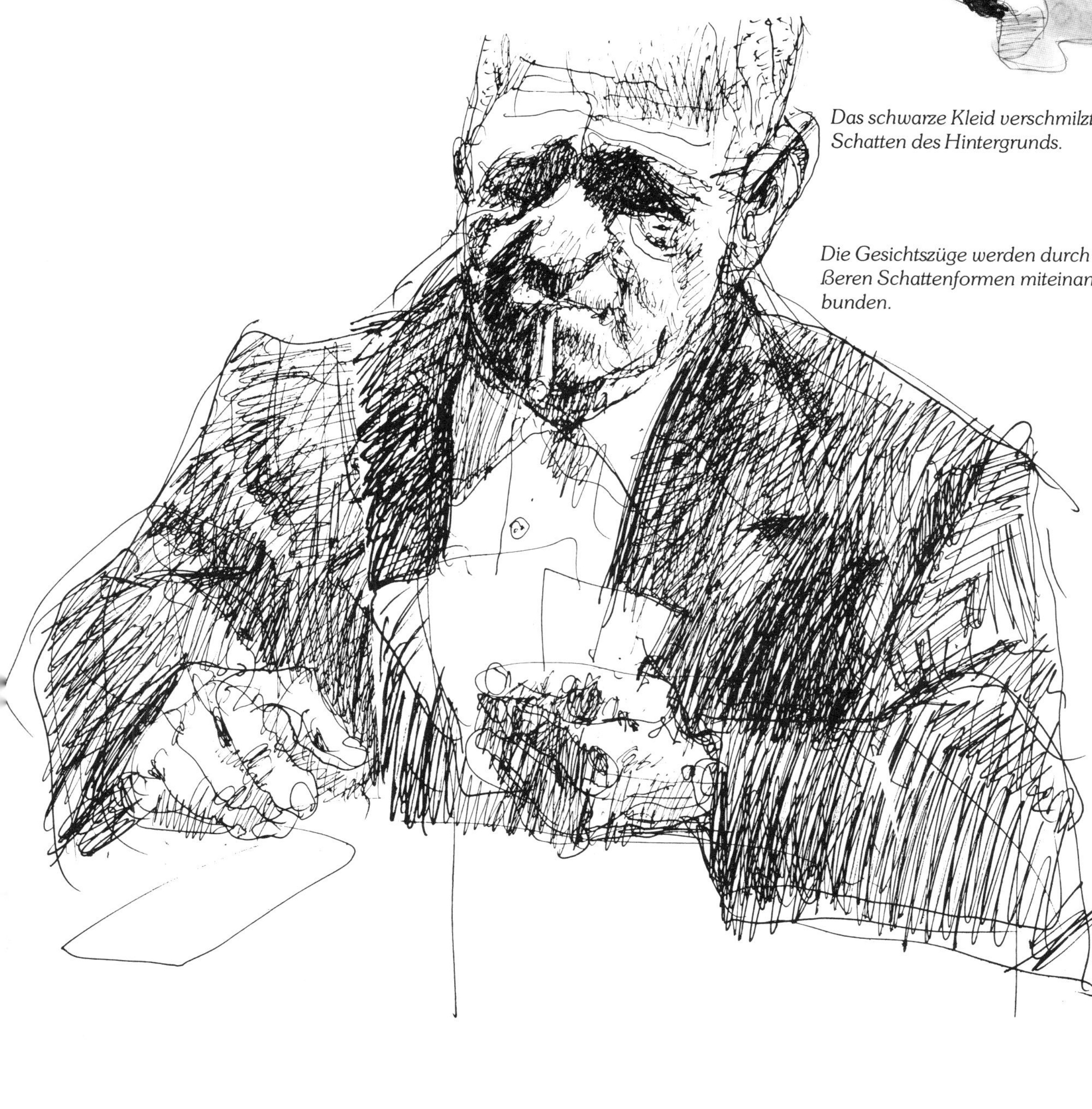

Die Gesichtszüge werden durch die größeren Schattenformen miteinander verbunden.

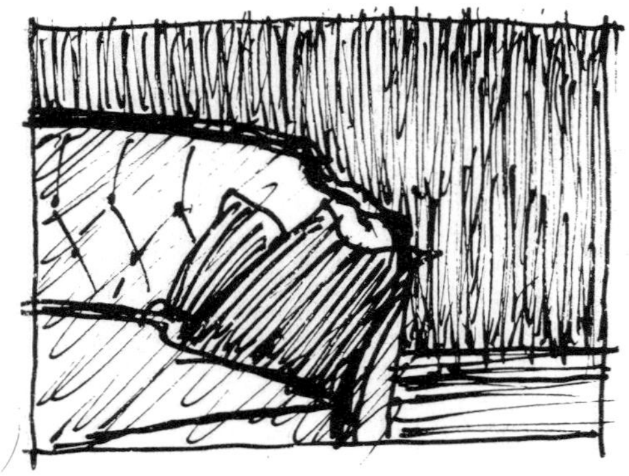

Lichtstrahlen treffen auf die Wand und die Couch. Sie lassen eine dynamische diagonale Form in einer Komposition entstehen, die sonst statisch gewirkt hätte.

Licht, Schatten und Gestaltung

Eine der Aufgaben der Künstler ist es, aus Dingen Muster herzustellen oder jene Muster zu betonen, die bereits bestehen. Dies ist nicht schwer, wenn man erst einmal die sichtbare Welt in die Sprache der Formen überträgt. Wir wollen hier das Thema der bewußten Wahrnehmung der Formen, das bereits in Kapitel 1 angesprochen wurde, fortsetzen. Stellen Sie sich vor, daß jeder Gegenstand vor Ihnen eine Form darstellt. Ferner sollen auch die Zwischenräume als Formen betrachtet werden. Das bedeutet, daß alles, was Sie umgibt, als eine Reihe von ineinandergreifenden Formen gesehen werden kann. Alle Gegenstände und Zwischenräume passen zusammen wie die Steine eines Puzzles. Mit zusätzlichen Licht- und Schattenformen haben sie weitere Puzzlesteine, mit denen Sie spielen können – Stücke, die fesselnd sind und Erinnerungen wachrufen, sogar überraschen.

In Catherine Murphys Bild *Stilleben mit Kissen und Sonnenlicht* werden wir durch Lichteffekte auf die Gegenwart eines Gegenstandes aufmerksam gemacht, der nicht im Bild zu sehen ist – ein Fenster. Wenn sich die Künstlerin dazu entschlossen hätte, das Sonnenlicht wegzulassen, wäre so etwas wie das Diagramm oben links übrig geblieben. Das Bild hätte einen großen Teil seines Reizes verloren. Die besondere Schönheit und Bedeutung dieser Zeichnung ergeben sich vor allem aus der rechteckigen Lichtform an der Wand, verbunden mit den subtilen Schattenformen auf Couch und Kissen. In Kapitel 1 sprachen wir von Formen, die den Ausdruck verstärken. Tatsächlich können wir feststellen, daß die Zeichnung durch sie an Ausdruck gewinnt.

Die drei Zeichnungen auf der gegenüberliegenden Seite entstanden

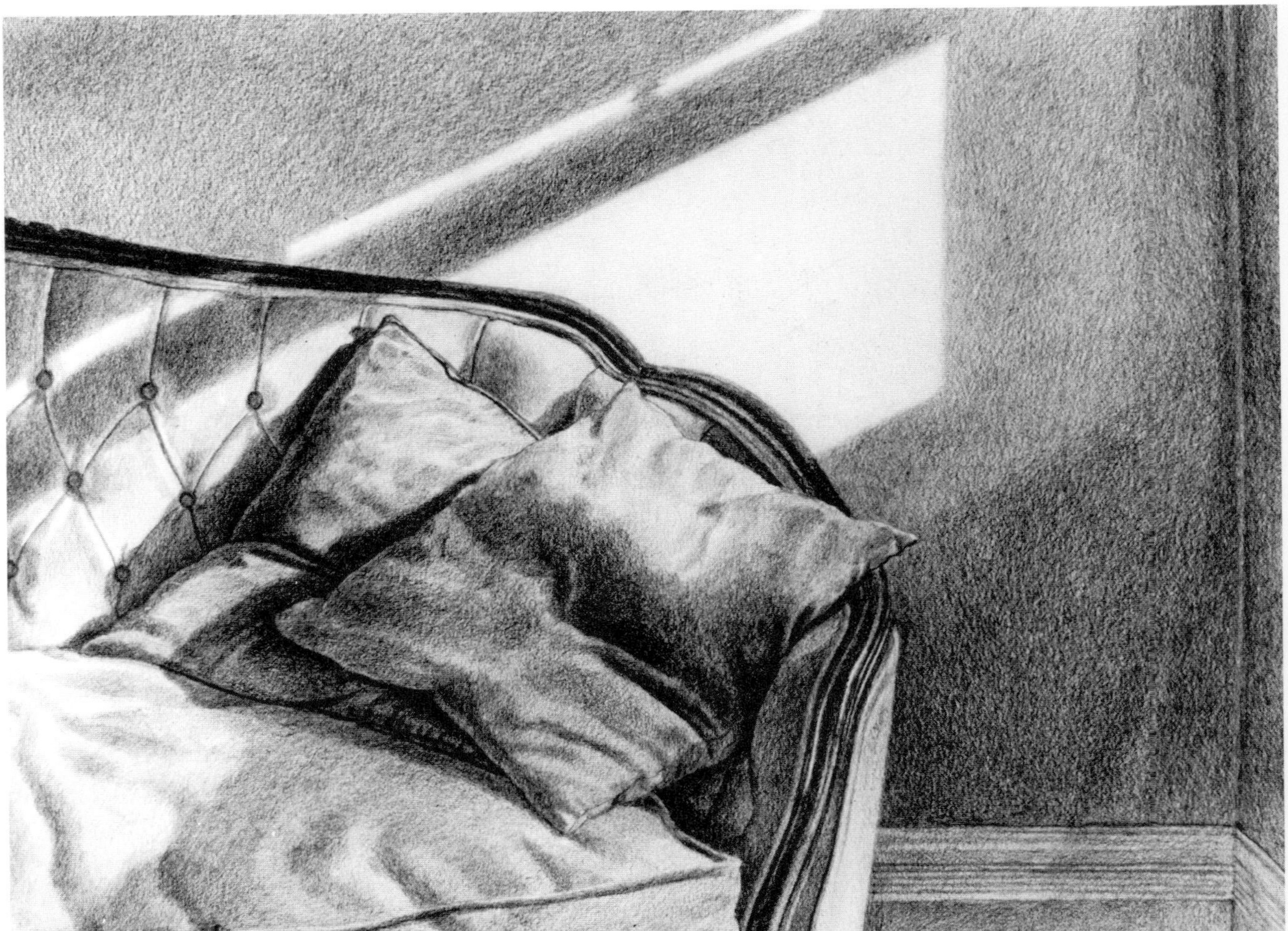

Catherine Murphy, *Stilleben mit Kissen und Sonnenlicht.*

Xavier Fourcade, Inc., New York.

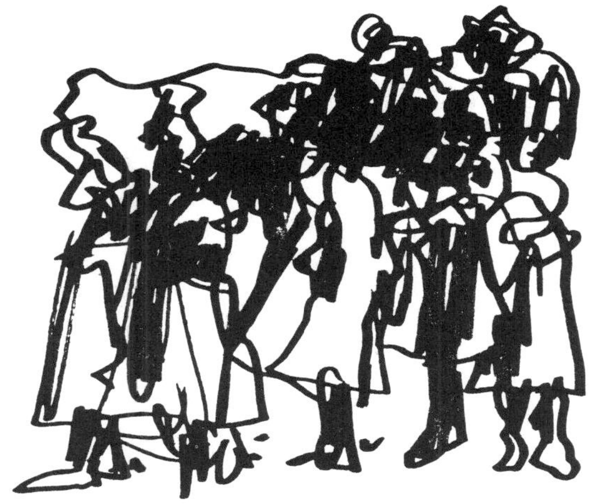

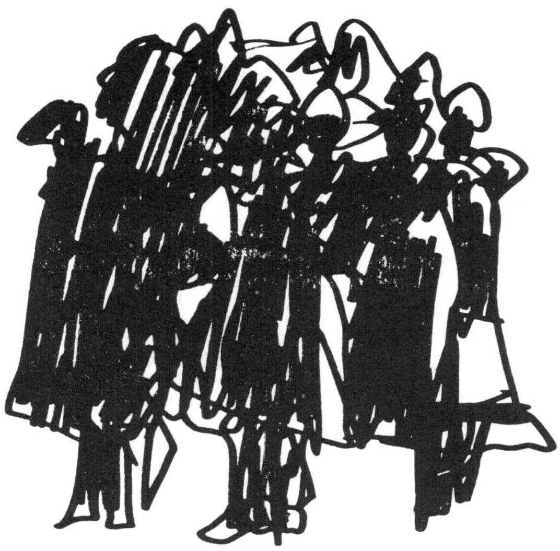

nach dem Denkmal von Ferdinand Foch, einem Marschall aus dem Ersten Weltkrieg. Wahrscheinlich werden Sie es auf meiner Zeichnung nicht erkennen, aber die Skulptur ist eine realistische Darstellung eines gefallenen Heerführers, der von seinen Soldaten getragen wird. Bei der Anfertigung dieser Studien in meinem Skizzenbuch betonte ich jedoch nur das Muster, das durch das von oben kommende Licht erzeugt wurde. Ich zeichnete keine genaue Kopie des Denkmals. Statt dessen wurden die dunklen Schattenformen noch dunkler dargestellt und das Papier für die im Licht liegenden Formen weiß gelassen, so daß das Bild in viele kleine Stücke zerfällt.

Licht und Schatten bieten als bereichernde Formen und als verschmolzene Formen Möglichkeiten der Bildgestaltung. In Kombination eingesetzt, können beide unsere normale Sichtweise, Dinge zu betrachten, vollkommen verändern. Am Anfang werden Sie vielleicht etwas zaghaft sein, wenn es darum geht, den Formen des Lichts das gleiche Gewicht zu geben wie normalerweise den Formen eines Gegenstandes. Wenn Sie aber die Wirkung der Lichtfelder auf der Wand in der Zeichnung von Catherine Murphy mögen, sind Sie gezwungen, diese Hemmungen abzubauen.

Das vereinfachende Kartieren dieser Skulptur des Marschall Foch läßt eine Ansammlung zerfallender weißer und schwarzer Formen entstehen, die eine abstrakte Qualität erreicht.

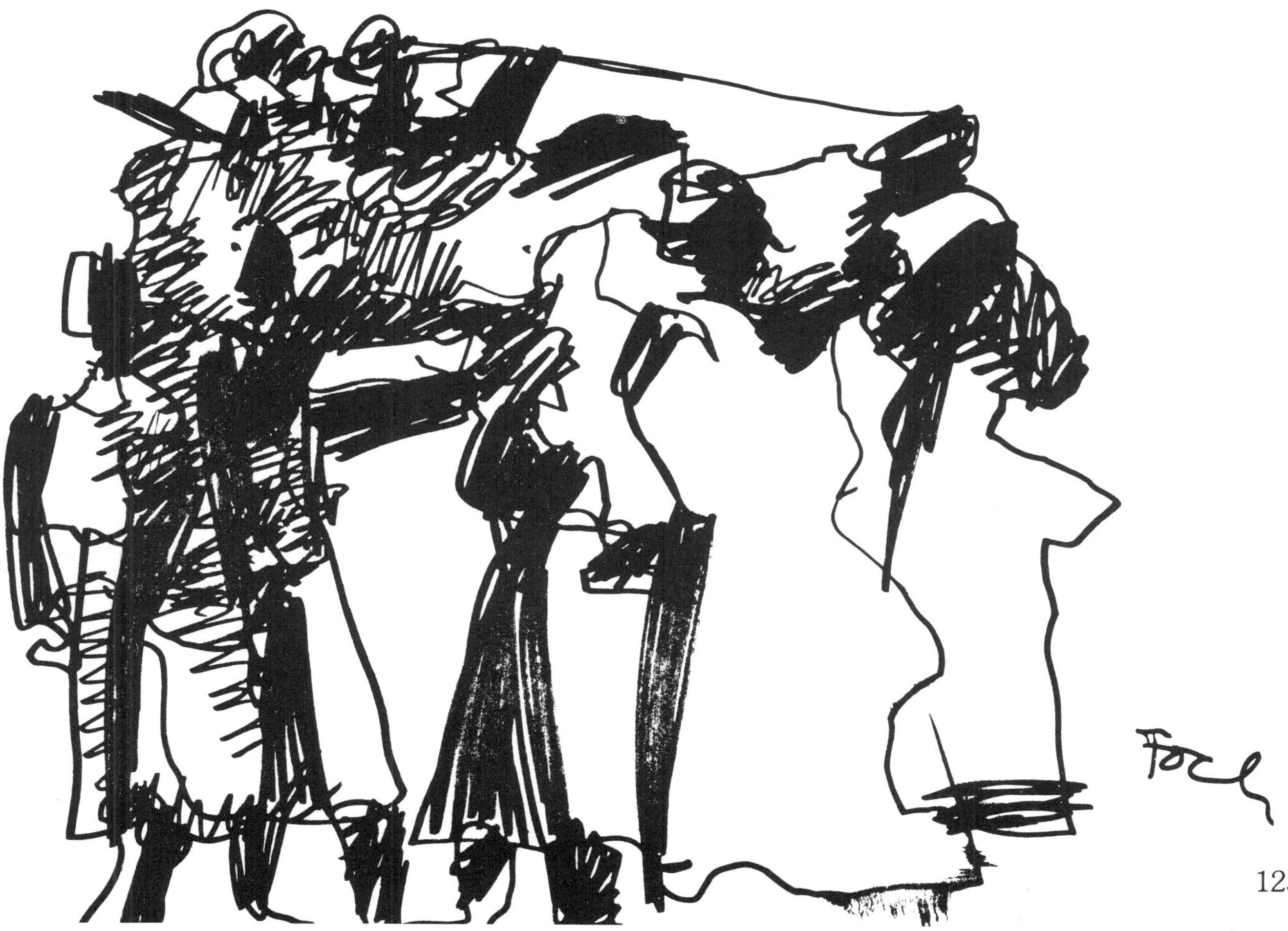

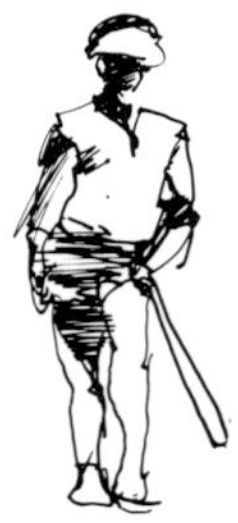

Schritte im Kapitel 4

Die Illusion des Lichts

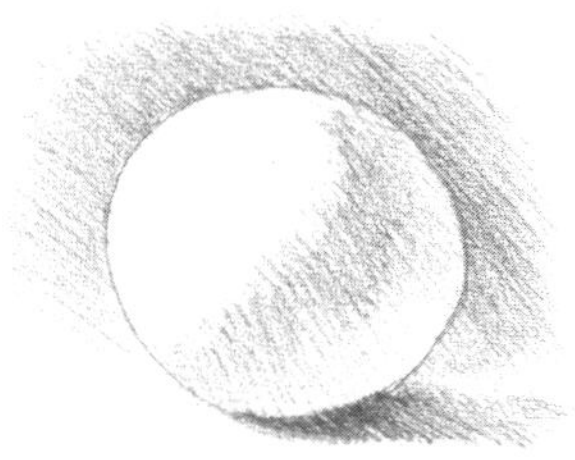

- Kartieren Sie helle und dunkle Flächen so als wären sie Gebiete auf einer Landkarte. Grenzen Sie zuerst die Schatten genau ein. Später können Sie einige dieser Grenzlinien etwas weicher gestalten und verändern.
- Modellieren Sie mit dem L/S-Muster. Achten Sie auf die vier Elemente des Licht- und Schattenmusters: beleuchtete Seite, Schattenseite, Schatten und reflektiertes Licht. Wenn sie mit Gefühl gezeichnet wurden, bewirken die vier Elemente eine dreidimensionale Illusion.
- Zeichnen Sie harte und weiche Ränder. Harte Ränder sind eindeutig, weiche Ränder bilden keine klare Grenze. Das einfühlsame Wechselspiel zwischen beiden garantiert einen hohen Grad von Wirklichkeitsnähe.
- Untersuchen Sie die Lichtverhältnisse, indem Sie die Quelle und die Eigenschaft des Lichts feststellen.

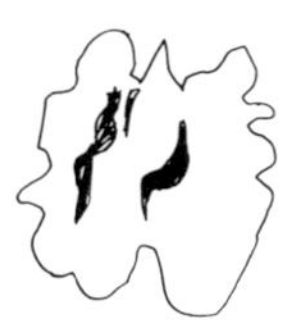

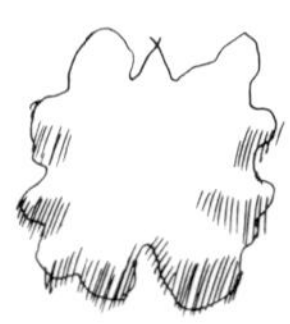

- Betonen Sie die Stimmung. Sie können Ihrer Zeichnung eine tiefere, emotionalere Qualität verleihen, indem Sie überraschende Lichtverhältnisse, ungewöhnliche Schatten einsetzen oder das Lichtspiel in wichtigen Teilen vor dunklem Hintergrund nutzen.
- Bilden Sie Kontraste und vergleichen Sie Tönungen, um tonale Beziehungen herzustellen. Je nachdem, in welcher Beziehung sie stehen, wirken Töne hell oder dunkel.
- Verschmelzen Sie Schattenformen miteinander. Schatten bieten großartige Möglichkeiten der Vereinigung; sie verbinden die verschiedenen Teile einer Zeichnung. Eine einzelne Schattenform kann eine ganze Gruppe von kleineren Formen zusammenfügen. Es wird das Detail untergeordnet, der gesamten Zeichnung aber eine Struktur gegeben.
- Gestalten Sie mit Licht. Wenn Sie beginnen, Lichtflächen und Schatten als eigenständige Formen zu sehen, werden sie zu Gestaltungsmitteln, mit denen man Muster herstellen kann.

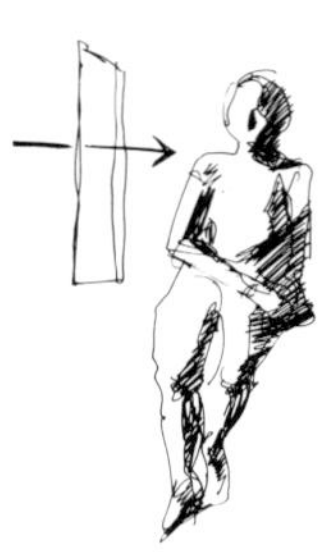

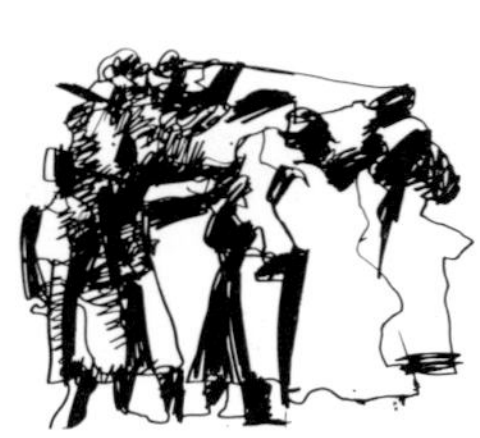

Selbstkritik Ihrer Projekte

Projekt 4 – A Drei Zeichnungen mit Kartierungen	JA	NEIN
• Haben Sie die Licht- und Schattenformen mit eindeutigen Grenzen gezeichnet, so als wären sie Gebiete auf einer Landkarte?	☒	☐
• Haben Sie geblinzelt, um Ihren Gegenstand vereinfacht zu sehen?	☒	☐
• Haben Sie nur drei Töne in Ihrer Zeichnung verwendet?	☒	☐
• Ist es Ihnen gelungen, drei ganz verschiedene Kartiermuster herzustellen?	☒	☐
• Ist es Ihnen gelungen, zumindest grob einen starken Eindruck von Licht und Schatten zu vermitteln?	☒	☐

Projekt 4 – B Licht und Körper	JA	NEIN
• Haben Sie Ihr Stilleben richtig beleuchtet, um die Formen deutlich zu zeigen?	☐	☐
• Haben Sie Ihr Stilleben mit leichten Strichen kartiert, um das gesamte Muster aufzubauen?	☐	☐
• Haben Sie alle vier Elemente des L/S-Musters erfaßt: Lichtseite, Schattenseite, Schatten und reflektiertes Licht?	☐	☐
• Sehen die Formen Ihrer Zeichnung körperlich und dreidimensional aus?	☐	☐
• Haben Sie die Tönungen mit Geduld aufgebaut?	☐	☐
• Haben Sie sowohl harte als auch weiche Ränder dargestellt?	☐	☐

Projekt 4 – C Kopf mit starker Beleuchtung	JA	NEIN
• Weist Ihre Zeichnung ein deutliches L/S-Muster auf?	☐	☐
• Haben Sie das Muster zuerst nur mit leichten Strichen kartiert?	☐	☐
• Haben Sie die Tönungen mit Geduld aufgebaut?	☐	☐
• Haben Sie sorgfältig zwischen harten und weichen Rändern unterschieden?	☐	☐
• Haben Sie die Gesichtszüge im schattigen Bereich relativ weich gehalten?	☐	☐
• Sind die Gesichtszüge in den beleuchteten Teilen scharf und deutlich?	☐	☐

Projekt 4 – D Licht und Stimmung	JA	NEIN
• Haben Sie Ihren Gegenstand unter drei verschiedenen Lichtverhältnissen gezeichnet?	☐	☐
• Haben Sie in Ihren Zeichnungen harte und weiche Ränder dargestellt?	☐	☐
• Haben Sie gelegentlich geblinzelt, um einen Gesamteindruck von den Eigenschaften des Lichts zu gewinnen?	☐	☐
• Haben Sie auslösende Wörter gesprochen, um die Stimmung leichter festhalten zu können?	☐	☐
• Vermitteln Ihre drei Zeichnungen drei verschiedene Stimmungen?	☐	☐

Projekt 4 – E Der geworfene Schatten	JA	NEIN
• Hatten Sie Glück und haben Sie ein geeignetes Schattenmotiv gefunden oder hatten Sie zumindest eine Inspiration?	☐	☐
• Stellt der geworfene Schatten das wichtigste Element der Zeichnung dar?	☐	☐
• Verrät der Schatten etwas von der Oberfläche, auf die er fällt?	☐	☐
• Haben Sie in Ihrer Zeichnung neben den Schatten andere Tönungen sorgfältig entwickelt? Hat Ihre Zeichnung etwas Rätselhaftes oder gar Abstraktes?	☐	☐

Projekt 4 – F Verschmelzende Schatten	JA	NEIN
• Ist es Ihnen gelungen, Elemente Ihres Bildes dadurch zu vereinen, daß Sie helle oder dunkle Schatten miteinander verschmolzen haben?	☐	☐
• Haben Sie mindestens zwei miteinander verbundene Formen oder eingebundene Formen?	☐	☐
• Konnten Sie folgende Techniken einsetzen:		
Kartieren?	☐	☐
Das L/S-Muster?	☐	☐
Harte und weiche Ränder?	☐	☐
• Mußten Sie die Tonwerte, die Sie sahen, ändern, um die Verschmelzungen zu ermöglichen?	☐	☐

5 Die Illusion der Tiefe

Sich verdeckende Formen • Sich verringernde Größen • Zusammenlaufende Linien • Verschwimmende Ränder und Kontraste • Durchzeichnen • Winkel anpeilen • Augenhöhe und Fluchtpunkte • Ellipsen

Neulich bat ich einen Anfänger, eine Ecke seines Wohnzimmers für mich zu skizzieren. Er begann selbstsicher und zeichnete zuerst die senkrechte Linie, an der sich die Wände treffen. Als nächstes zeichnete er die Stelle, an der einer der Deckenbalken auf die Wand stößt. Dann wußte er nicht mehr weiter. Er hatte beobachtet, daß der Balken anscheinend schräg verläuft, aber jedes Mal, wenn er ihn zeichnen wollte, wurde er durch seine Kenntnis, daß der Balken eigentlich waagerecht ist, davon abgehalten. Er konnte sich nicht entscheiden, wie er ihn zeichnen sollte.

Ich habe diesen lähmenden Konflikt zwischen Wahrnehmung und Wissen oft bei Zeichenschülern beobachtet. Oft würden sie gerne das Blatt umdrehen und noch einmal anfangen, in der Hoffnung, daß sich die Probleme bei einem neuen Versuch von selbst auflösen. Ich bestand dann jedoch darauf, daß er bei der Originalzeichnung bleibt. Er sollte sein Wissen, daß ein Balken eine waagerechte Lage hat, verwerfen und sich dafür auf die Beobachtung, daß der Balken eine Neigung hat, verlassen. Um diese Entscheidung noch zu unterstützen, ließ ich ihn den Bleistift waagerecht vor sich hin halten und ihn mit dem Winkel des Balkens vergleichen. Der Balken schien wirklich geneigt zu sein. Diese Beobachtung gab ihm das Vertrauen, das er brauchte, um ihn so zu zeichnen. Indem er sich auf seine Augen verließ und gelegentlich die Lage mit dem waagerechten Bleistift überprüfte, gelang es ihm, einen dreidimensionalen Raum überzeugend darzustellen.

Dem Bild eine räumliche Tiefe zu geben, ist vor allem ein Problem der Beobachtung. Für die Fälle jedoch, bei denen Sie einfach nicht verstehen, was Sie sehen, oder Exaktheit wünschen oder die Illusion der Tiefe verstärken wollen, brauchen Sie ein paar Konzepte, die Ihre Beobachtungen gezielt unterstützen. In diesem Kapitel werden wir Mittel kennenlernen, die die Illusion der räumlichen Tiefe entstehen lassen und sie steigern. Sie werden das Prinzip der Perspektive und einige schnelle Methoden zur Überprüfung der Beobachtung kennenlernen.

Richard Haas, *18. Straße und Broadway.* Nach einem Foto.

Brooke Alexander, Inc., New York.

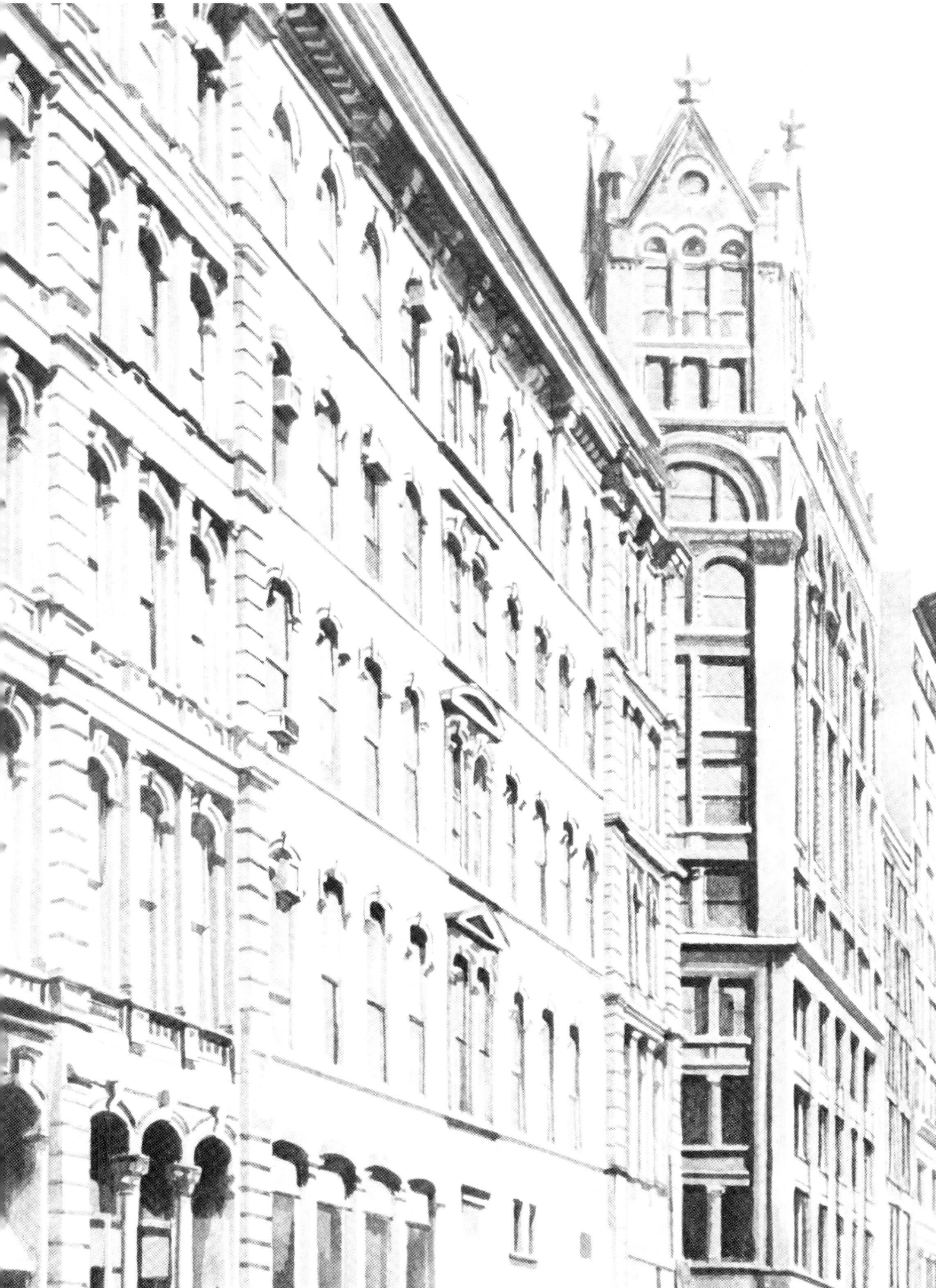

Vier Möglichkeiten, räumliche Tiefenwirkung zu erzeugen

Die Illusion der Tiefe entsteht durch Mittel, die die Art und Weise, mit der das Auge den dreidimensionalen Raum sieht, nachahmen. Zum größten Teil sind diese Kunstgriffe einfach und sofort zu verstehen. Hier werden vier Tricks gezeigt.

Sich verdeckende Formen – Wenn sich zwei Formen überlagern, nimmt das Auge wahr, daß sich eine Form hinter der anderen befindet. So entsteht eine dritte Dimension.

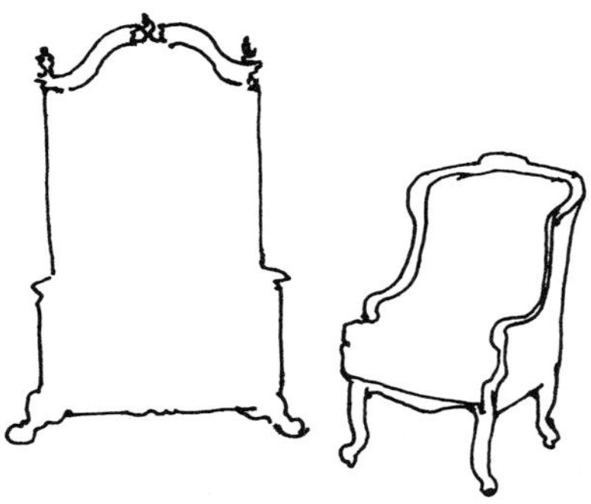

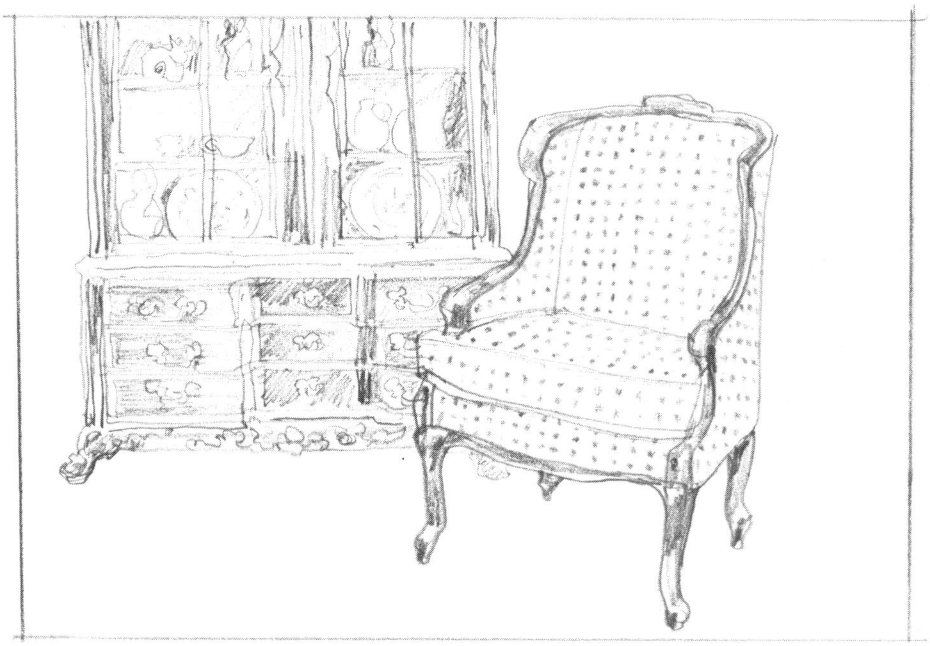

Durch Verdecken kann zwischen Stuhl und Geschirrschrank leicht der Eindruck von Räumlichkeit erzielt werden.

Sich verringernde Größen – Objekte gleicher Größe, die sich immer weiter entfernen, scheinen kleiner zu werden. Sogar Objekte mit unregelmäßiger Größe, wie zum Beispiel Wolken, können besser den Eindruck von räumlicher Tiefe vermitteln, wenn jene, die sich näher am Horizont befinden, kleiner gezeichnet werden.

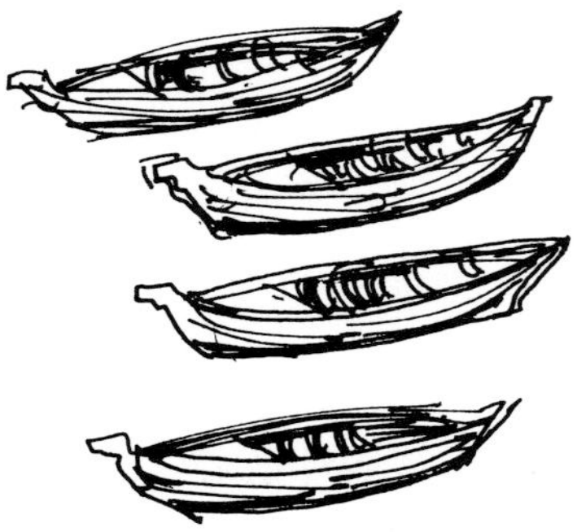

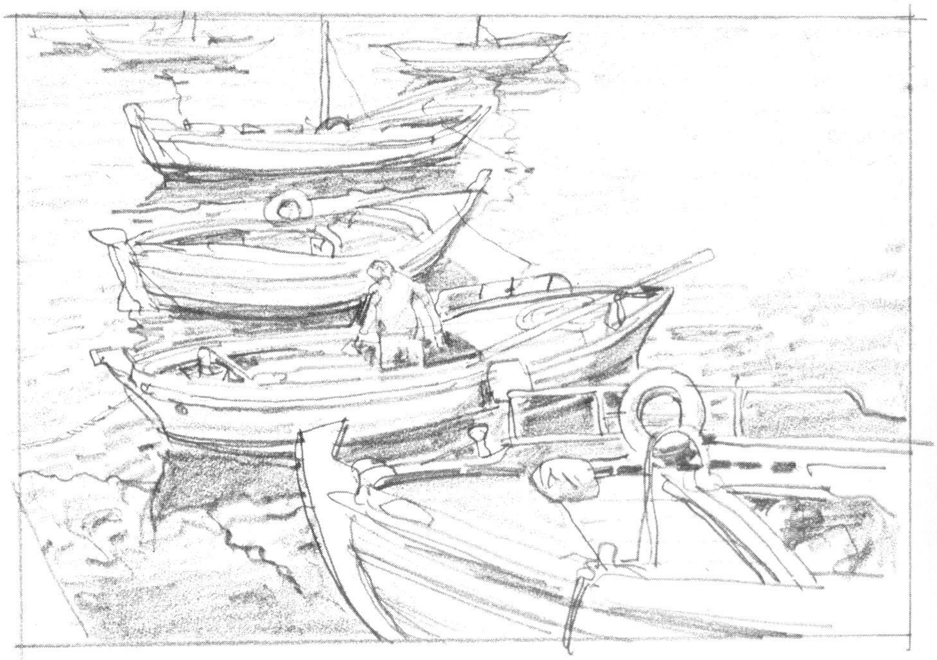

Indem man diese Boote unterschiedlich groß zeichnet, plaziert man sie im Raum.

Zusammenlaufende Linien – Gruppen paralleler Linien wie Schnellstraßen, Eisenbahnschienen und Überlandleitungen scheinen am Horizont zusammenzulaufen. Dieses Phänomen bildet die Grundlage der linearen Perspektive.

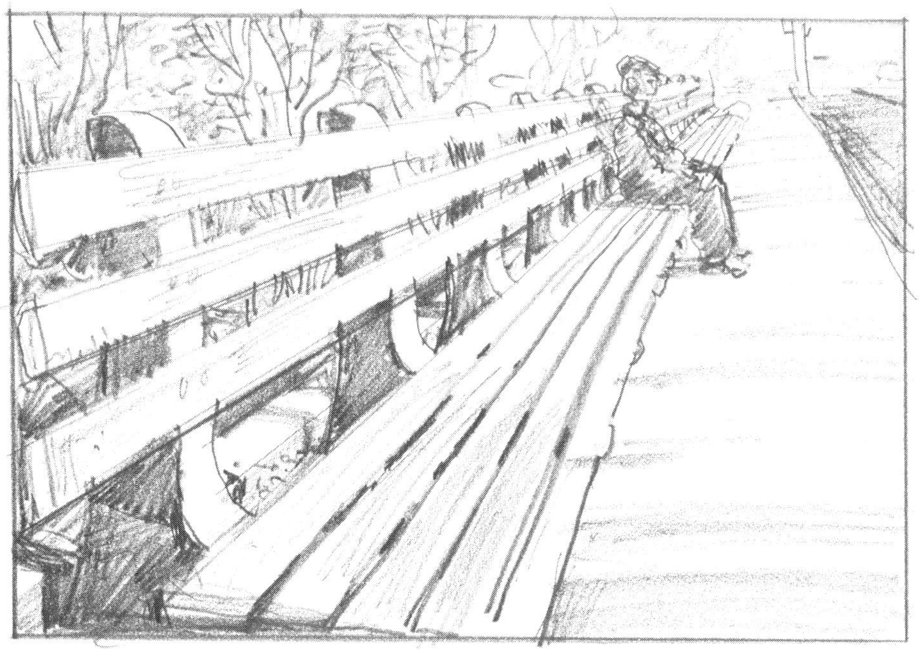

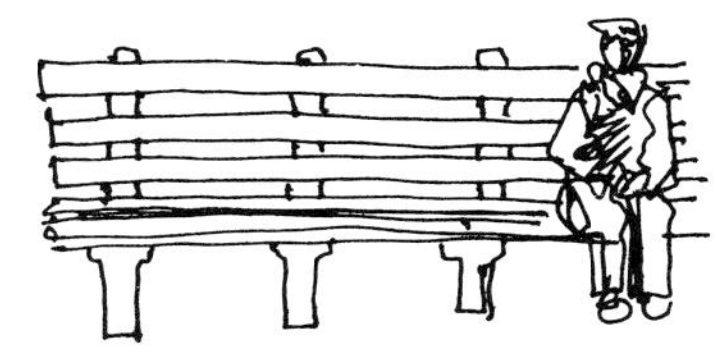

Wir wissen, daß die Bretter dieser Bank parallel angeordnet sind, aber wenn man sie von einem Ende aus betrachtet, scheinen sie in großer Entfernung zusammenzulaufen.

Schwächer werdende Ränder und Kontraste – Wenn Gegenstände im Hintergrund liegen, läßt die dazwischentretende Atmosphäre die Ränder weicher und die Kontraste schwächer werden.

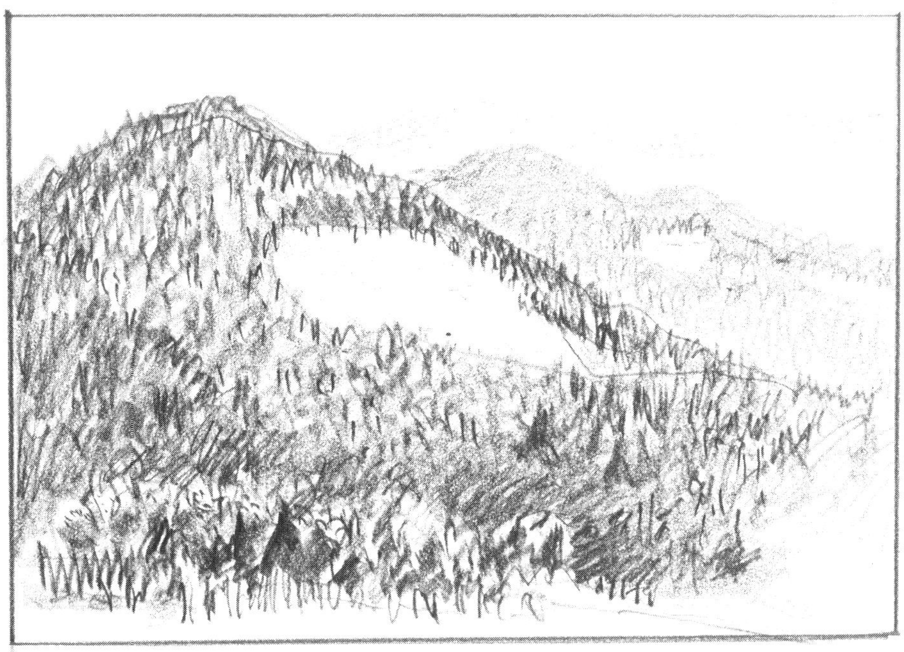

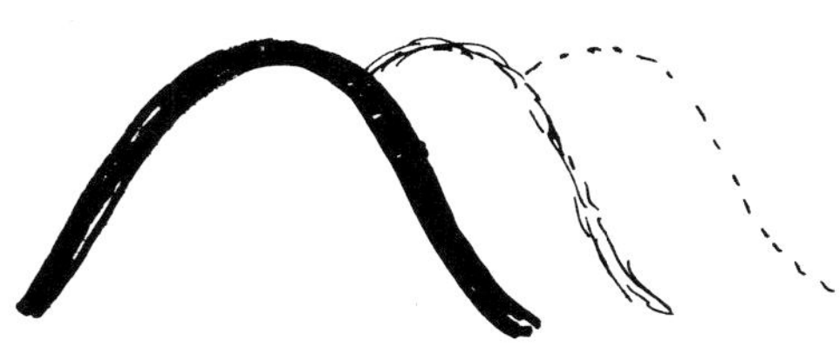

Wegen der dazwischenliegenden Atmosphäre erscheinen diese Hügel immer weicher und verschwommener, je weiter sie in den Raum zurücktreten.

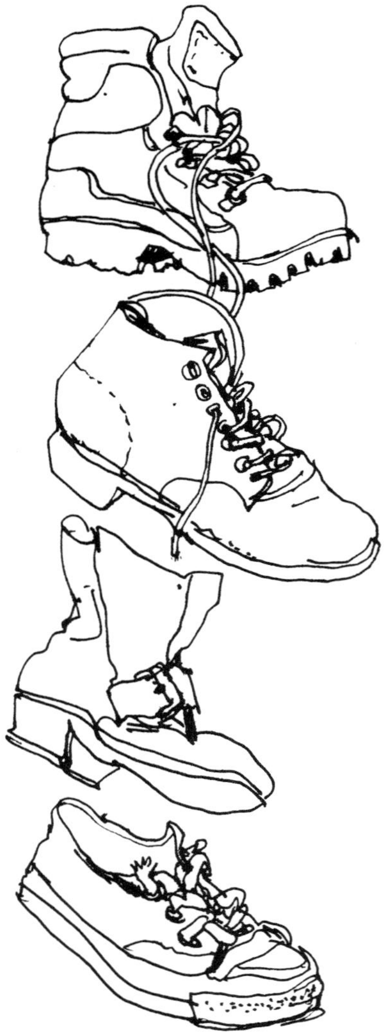

Betonung der Tiefenwirkung

Die vier Eigenschaften der räumlichen Tiefenwirkung, die wir auf den vorhergehenden Seiten dargestellt haben, sind nicht nur Prinzipien, die das Sehen von Entfernungen betreffen, sondern auch Mittel, sie darzustellen. Da sie leicht zu behalten sind und keine besonderen Vorkenntnisse erfordern, sind sie besonders praktisch bei der Steigerung der Tiefenwirkung. Die subtile Betonung dieser Eigenschaften läßt den Bildraum tiefer wirken und vermittelt dem Betrachter einen intensiveren Eindruck. Um dies zu erreichen, sollten wir uns die Freiheit nehmen, zu übertreiben oder sogar zu erfinden, falls es erforderlich ist.

Wenn sich Objekte verdecken, entsteht sofort ein dreidimensionaler Effekt. Beim Aufbau eines Stillebens sollten Sie die Gegenstände so plazieren, daß sie sich überlappen. Eine Form kann auch einfach nur auf dem Papier so dargestellt werden, als würde sie teilweise hinter einer anderen verschwinden. Wenn Sie eine weit entfernte Landschaft zeichnen, können Sie die räumliche Wirkung dadurch steigern, daß Sie einen Gegenstand in den Vordergrund stellen, der einen Teil der Szene verdecken soll. Wenn es dort keinen Baum gibt, könnten Sie einen von einer anderen Ansicht übernehmen.

Sich verringernde Größe ist ein bekannter Aspekt der Wahrnehmung räumlicher Tiefe. Sie können dieses Phänomen betonen, indem Sie Gegenstände des Hintergrunds absichtlich weiter schrumpfen lassen, um eine Tiefenwirkung zu erzielen.

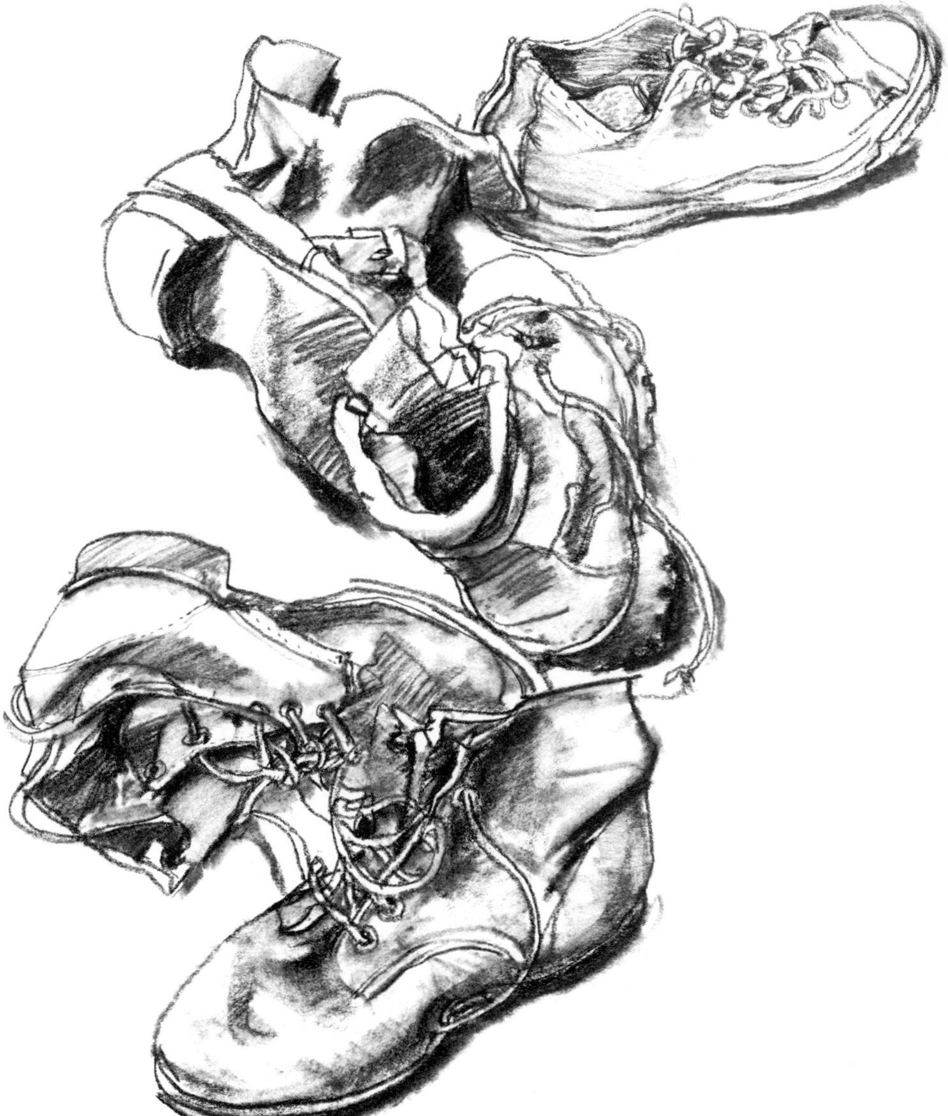

Eine zufällige Ansammlung von Schuhen.
Werden sie in Positionen gebracht, in denen sie sich teilweise verdecken, entsteht der Eindruck räumlicher Tiefe.

Auch zusammenlaufende Linien tragen einen großen Teil dazu bei, daß der Eindruck eines zurücktretenden Raums ensteht. Schon ein paar fächerförmig verlaufende Linien, wie jene der Dielen oder der Tischplatte, können dem Bild eine andere Wirkung geben. Der Umgang mit zusammenlaufenden Linien, auch bekannt als Perspektive, wird in diesem Kapitel später detaillierter behandelt.

Die Darstellung weicher werdender Ränder und Kontraste ist normalerweise für entfernte Hintergründe reserviert, wo Details und Farbe verloren gehen. Sie können das gleiche Prinzip aber auch bei den Rändern eines Raums oder einem flachen Stilleben anwenden. In diesen Fällen kann man räumliche Tiefenwirkung dadurch erreichen, daß man die Ränder und die etwas weiter hinten liegenden Bereiche leicht verschwimmen läßt und die Details in der Nähe schärfer darstellt, auch wenn es sich bei dem Abstand nur um wenige Zentimeter handelt.

Von den genannten Dingen ist nicht viel erforderlich, um die Illusion der räumlichen Tiefe zu verstärken. Eine leichte Betonung hier, eine weichere Darstellung dort, eine geringe Vergrößerung, eine kleine Veränderung der Anordnung – kombiniert erreichen diese Mittel sich gegenseitig verstärkend eine besondere Wirkung. Diese Art der Erfindung lädt den Betrachter ein, sowohl auf das Bild als auch in die Tiefe des Bildes zu schauen.

Projekt 5 – A Anwendung der Prinzipien der Tiefenwirkung

Stellen Sie sechs oder acht Kartons, Zeitschriftenstapel, alte Spielsachen usw. auf. Ordnen Sie die Gegenstände wahllos an, aber so, daß sie sich im Raum verteilen. Fertigen Sie eine Zeichnung davon an und verstärken Sie die Tiefenwirkung mit Hilfe der vier Prinzipien. Wenn Sie diese Dinge nicht auf einen Fußboden mit Fliesen oder mit Dielen stellen können, müssen Sie auf die Anwendung des Prinzips der zusammenlaufenden Linien verzichten. Zeichnen Sie die Formen nach Augenmaß. Sie haben aber freie Hand, das, was Sie sehen, zu übertreiben, anzupassen und zu verändern, um den Eindruck der Räumlichkeit zu vertiefen. Wenden Sie die Techniken des Radierens und Verreibens an, um die am weitesten entfernten Objekte weicher darzustellen. Zeichnen Sie keinen Hintergrund. Arbeiten Sie mit Bleistift oder Zeichenkohle. Zeit: eine Stunde.

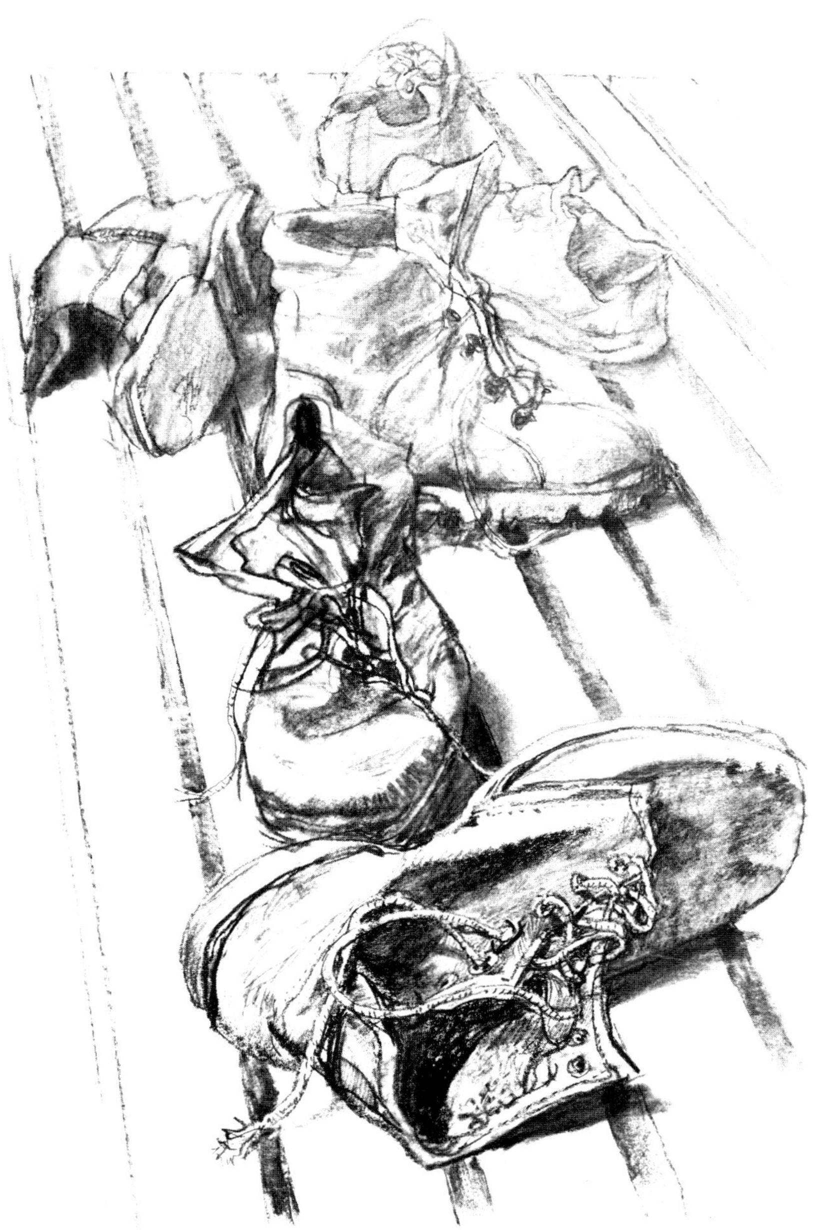

Die Illusion der Tiefe wird gesteigert durch sich verringemde Größen der Gegenstände, zusammenlaufende Linien und schwächer werdende Ränder und Kontraste.

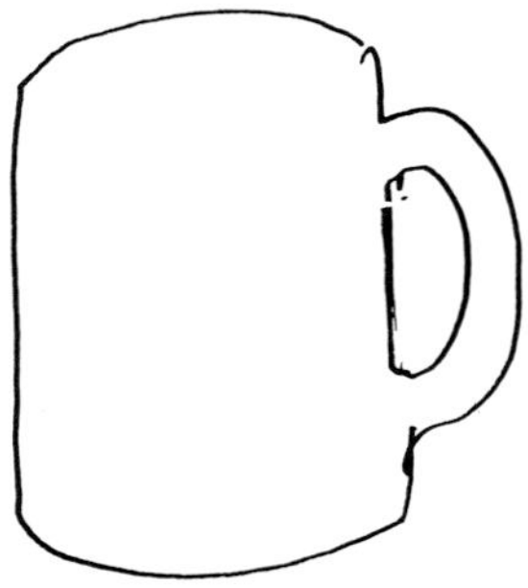

Umrißzeichnung einer Kaffeetasse . . .

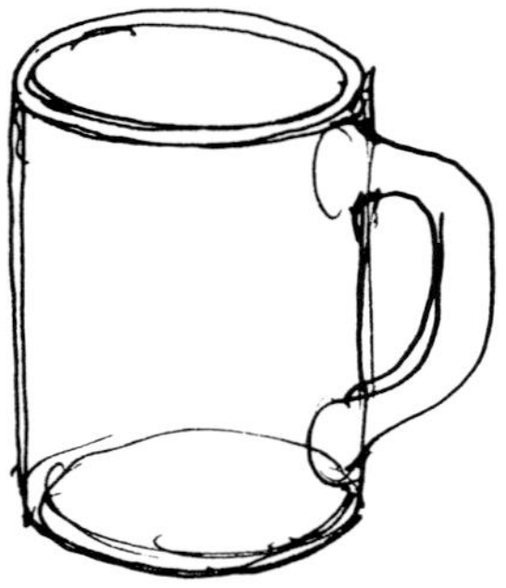

. . . und eine »durchgezeichnete« Kaffeetasse.

Durchzeichnen – eine Methode zum Erfahren der Tiefe

Eine der besten Wege, eine überzeugende dreidimensionale Wirkung zu erzielen, ist das tatsächliche Erfahren der dritten Dimension beim Zeichnen mit Hilfe einer Methode, die ich *Durchzeichnen* nenne. Beim Durchzeichnen tun wir so, als wäre unser Gegenstand transparent. Wir zeichnen das, was gesehen wird und was nicht gesehen wird, und gehen dabei über das Zeichnen der äußeren Form hinaus, um die zugrundeliegende Struktur zu erfassen. Auf diese Weise bekommen wir ein Gefühl für Volumen und Tiefe im Raum.

Aus Kapitel 4 wissen Sie, daß sich alle Objekte auf die vier regelmäßigen Körper reduzieren lassen: Kugel, Würfel, Zylinder und Kegel. Beim Durchzeichnen gehen wir einen Schritt weiter und behandeln diese vereinfachten Körper so, als wären sie gläsern. Wenn Sie einen Kuchen, der aus zwei Schichten besteht, zeichnen müßten, würden Sie nicht die obere Ellipse zeichnen, sondern auch die untere und die mittlere. Wenn es um die Darstellung eines Stuhls ginge, würde man sich vorstellen, daß die Sitzfläche, die vier Beine und der Boden einen Würfel bilden. Man würde, wenn auch leicht, direkt durch die Sitzfläche zeichnen und alle sechs Seiten ganz darstellen. Dadurch wird eine schiefe Lage und der Eindruck, daß ein Teil des Objekts schwebt, vermieden. Wenn ich sichergehen will, daß ein Gegenstand wie eine Schachtel, ein Krug oder die Räder eines Autos so aussehen, als würden sie senkrecht auf der Oberfläche stehen, zeichne ich durch. So kann man leicht eine schiefe Schachtel, einen zu flachen Krug oder einen schwebenden Reifen vermeiden.

Der menschliche Körper ist ein weiterer Gegenstand, der sich gut für das Durchzeichnen eignet. Sein Hals, Rumpf und seine Glieder können als leicht veränderte Zylinder betrachtet werden. Ich zeichne besonders gerne Gürtel, Halsketten, Armbanduhren, Kragen und alles, was meinen Bleistift ermutigt, um die zylindrische Form herum zu gehen und nicht darüber hinweg. Wenn Sie sich die Mühe machen, auf diese Weise leicht durchzuzeichnen, werden Sie überrascht sein über den Ausdruck der Körperlichkeit und Dimension, den Sie damit erreichen. Wenn Sie versuchen, jede Form in Ihrem Bild durchzuzeichnen, wird natürlich ein hoffnungsloses Gewirr von Linien dabei herauskommen. Das Durchzeichnen ist eine Methode, die möglichst sparsam und dann eingesetzt werden sollte, wenn Symmetrie und Struktur wichtig sind. Mit etwas Übung werden Sie in der Lage sein, dieses Prinzip zu nutzen, ohne eine Linie zu zeichnen.

Vor mehreren Jahren arbeitete ich als Zeichenlehrer an der Famous Artists School in Connecticut. Bei einer der Aufgaben, die ich regelmäßig korrigierte, sollten die Zeichenschüler eine Scheune und ein Silo als modifizierten Würfel und Zylinder zeichnen. In mehreren Jahren korrigierte ich Tausende von Scheunen und Silos unterschiedlicher Typen und aus allen denkbaren Winkeln gezeichnet. Das wiederholte Überarbeiten der Fehler festigte meine Überzeugung vom großen Vorteil des Durchzeichnens. Mein Auge lernte, die regelmäßigen Formen zu sehen, die allen Strukturen zugrunde liegen. Auch wenn ich diese Methode nicht benutze, sehe ich Dinge nun als dreidimensionale Körper. Das erleichtert das Zeichnen beträchtlich.

Projekt 5 – B Durchzeichnen

Fertigen Sie eine Bleistiftzeichnung eines Stuhls nach direkter Beobachtung aus einem beliebigen Blickwinkel an. Konstruieren Sie zuerst mit Hilfe des Durchzeichnens einen Würfel, der zu den Beinen und der Sitzfläche des Stuhls paßt. Die vier Punkte, auf denen die Beine stehen, entsprechen den Ecken der Grundfläche des Würfels. Die Sitzfläche stimmt mit der oberen Seite des Würfels überein. Setzen Sie nun den Stuhl auf den Würfel und kombinieren Sie dabei das Zeichnen von Formen mit dem Durchzeichnen. Zeichnen Sie das, was Sie sehen und, in diesem Fall, was Sie nicht sehen, zum Beispiel die Stellen, an denen die Stuhlbeine an der Unterseite der Sitzfläche befestigt sind. Zeichnen Sie die eingeschlossenen Formen, die durch die Streben des Stuhls gebildet werden. Wenden Sie die Peiltechniken an, um Winkel zu messen und die Höhe und Breite von Teilen zu vergleichen. Es soll eine Strichzeichnung ohne Berücksichtigung von Licht und Schatten entstehen. Überarbeitungen sind möglich. Lassen Sie sich 20 bis 30 Minuten Zeit.

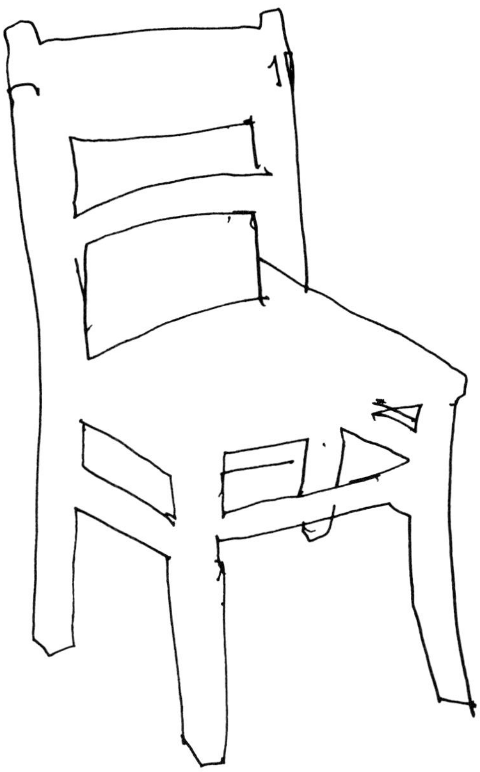

Diese Umrißzeichnung eines Stuhles gibt uns zwar einen guten Eindruck von dem Aussehen des Stuhles, ist aber nicht ganz zutreffend konstruiert.

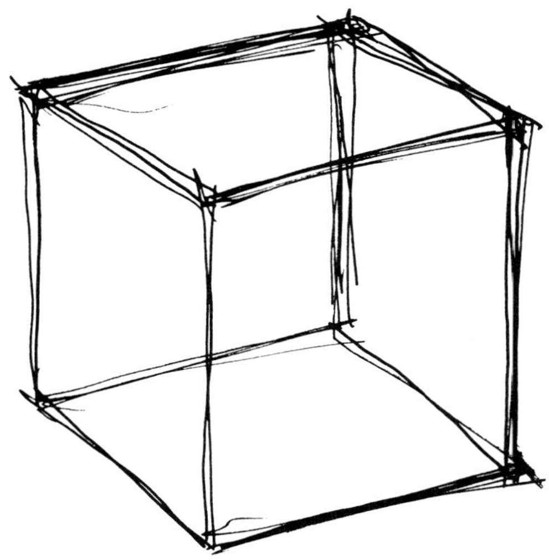

Wir können den Stuhl im Raum aufbauen, wenn wir einen Würfel als Grundform aufzeichnen und alle sechs Seiten »durchzeichnen«.

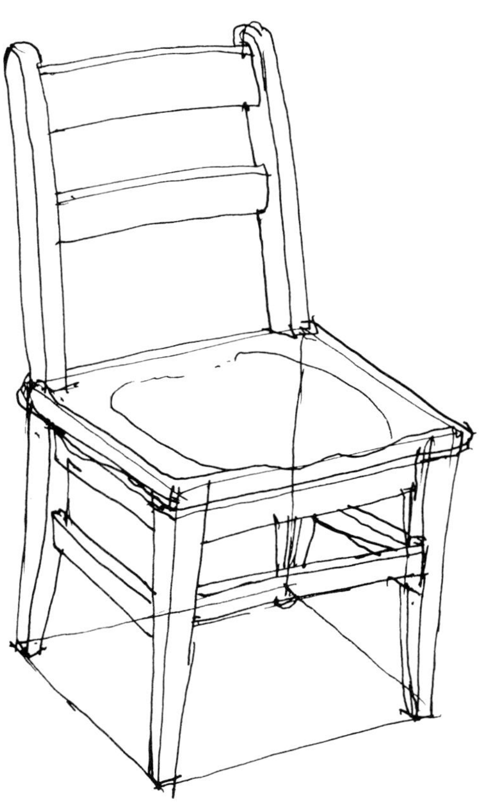

Sitzfläche und Stuhlbeine umfassen den Würfel. Nun steht der Stuhl fest auf dem Boden.

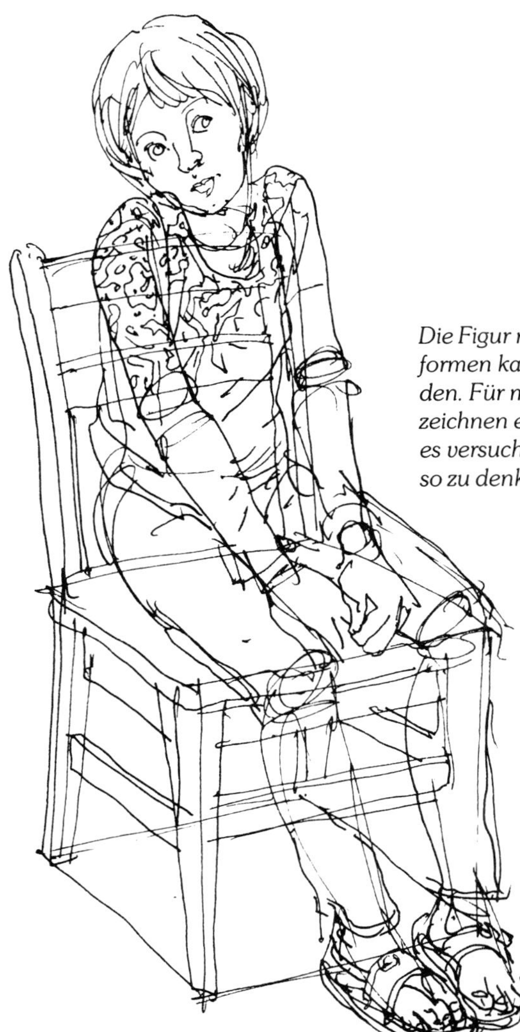

Die Figur mit ihren zylindrischen Grundformen kann auf den Stuhl gesetzt werden. Für manche geht dieses Durchzeichnen etwas zu weit, aber wenn man es versucht, wird man allmählich lernen, so zu denken.

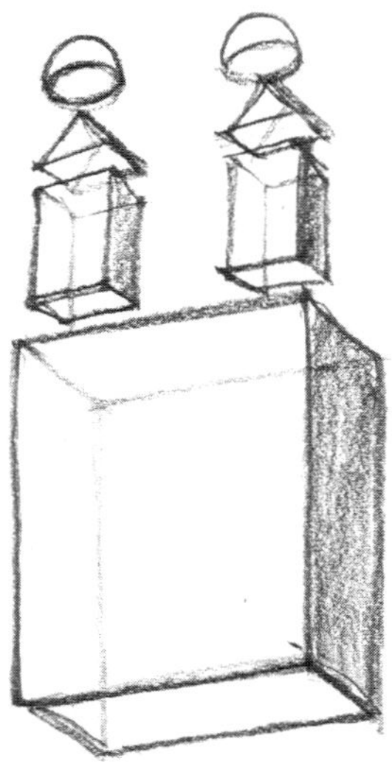

Jede geometrische Struktur kann in regelmäßige Körper zerlegt werden. Es ist nützlich, sich die Konstruktion vorzustellen, auch wenn man nicht durchzeichnet.

Strukturen

In vielen Situationen des Skizzierens, besonders bei architektonischen Motiven, versucht man einfach nur so viele Informationen wie möglich in kürzester Zeit auf dem Papier festzuhalten. Man hat keine Zeit für langwierige Untersuchungen oder die Konstruktion der Perspektive. Ein großer Teil der Architektur ist eine Anordnung veränderter Würfelformen. Das Durchzeichnen wird in diesem Fall eher verwirrend wirken und den Reiz der Skizze beeinträchtigen. Dann ersetze ich gerne das Durchzeichnen durch das *Durchdenken*.

Ich stelle mir das Gebäude als eine Gruppe von Schachteln vor, die in unterschiedlichen Anordnungen gestapelt und zusammengesetzt sind. Oft bewege ich meinen Bleistift so durch die Luft, als würde ich durchzeichnen. Wenn ich es nicht so eilig habe, fertige ich vielleicht eine Vorstudie der Schachteln an, um wirklich zu verstehen, was ich betrachte. Meistens stürze

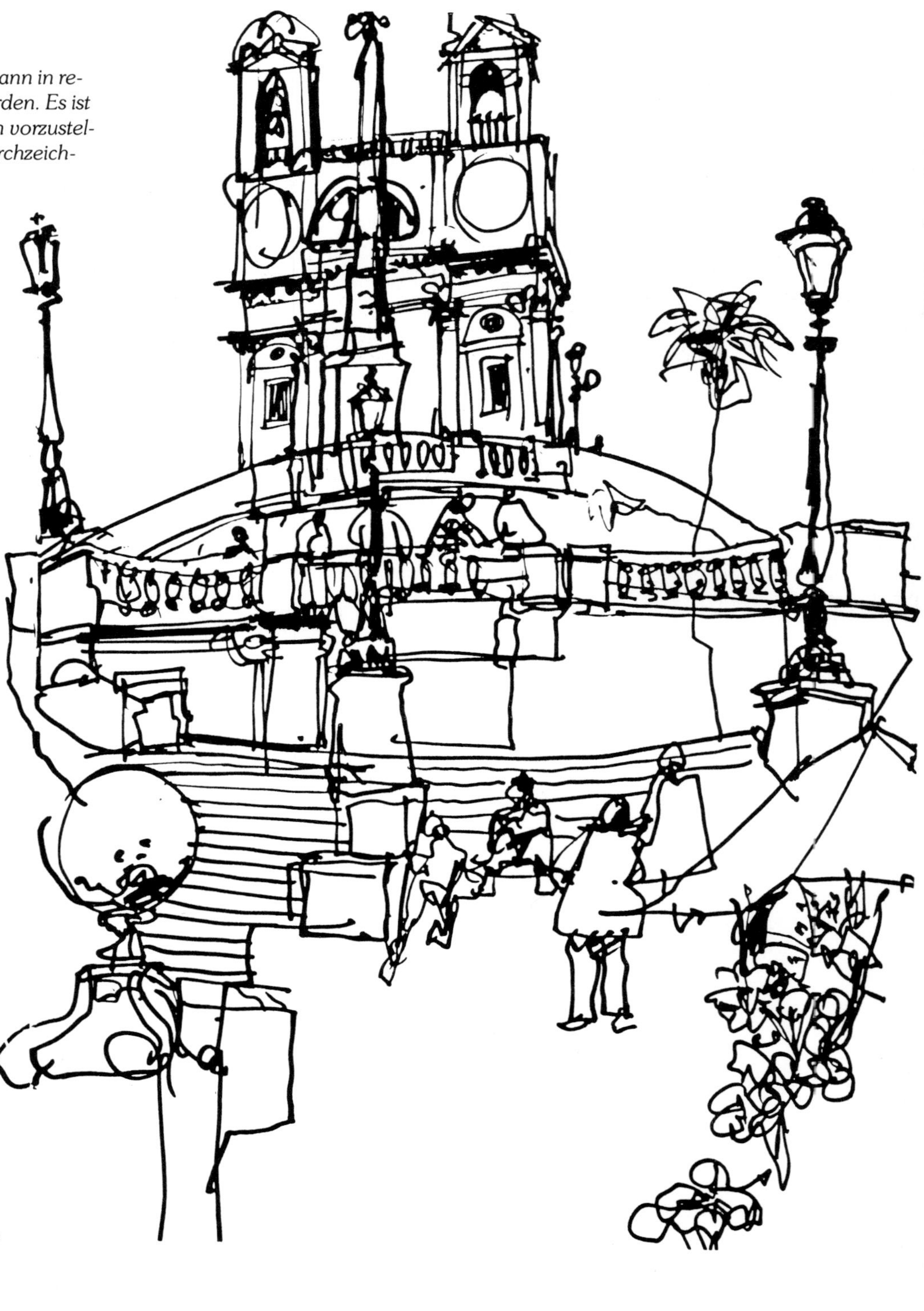

Die Spanische Treppe in Rom

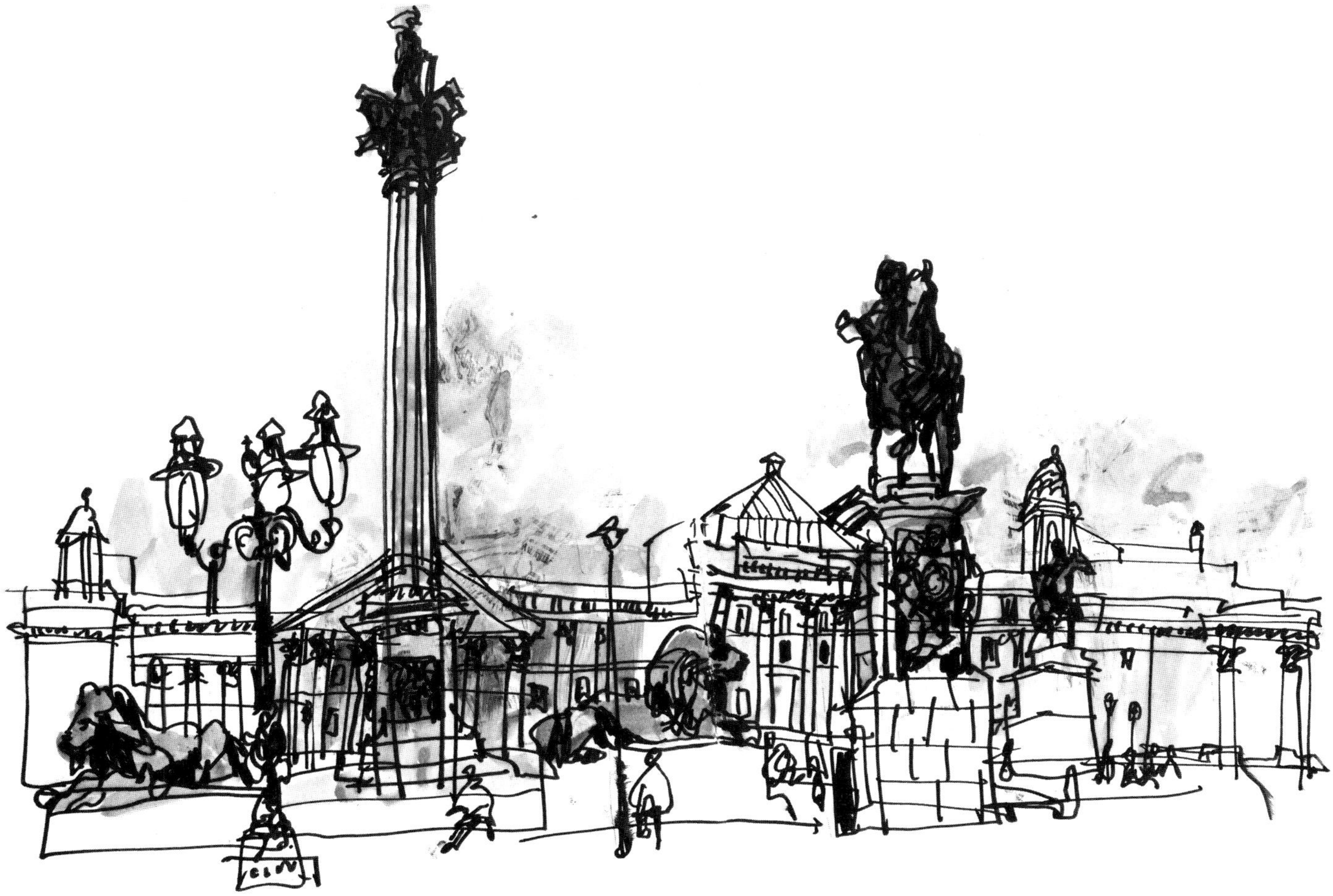

ich mich allerdings gleich in die Arbeit, mit dem Prinzip der Würfel im Kopf. Wenn Sie die Skizzen auf dieser Seite betrachten, werden Sie feststellen, daß sie offensichtlich mit freier Hand gezeichnet wurden. Auch wenn Sie nicht immer so locker arbeiten möchten, ist es eine gute Möglichkeit, das Zeichnen von Gebäuden nach Augenmaß und ohne die Notwendigkeit gerader Ränder zu lernen. Dieser Ansatz ist hilfreich, wenn man üben will, präzisere Studien anzulegen.

Trafalgar Square, London

Unter strukturellen Gesichtspunkten ist eine Gruppe von Gebäuden nur ein Durcheinander von Blöcken. Blöcke in größerer Entfernung erscheinen flacher als jene in der Nähe.

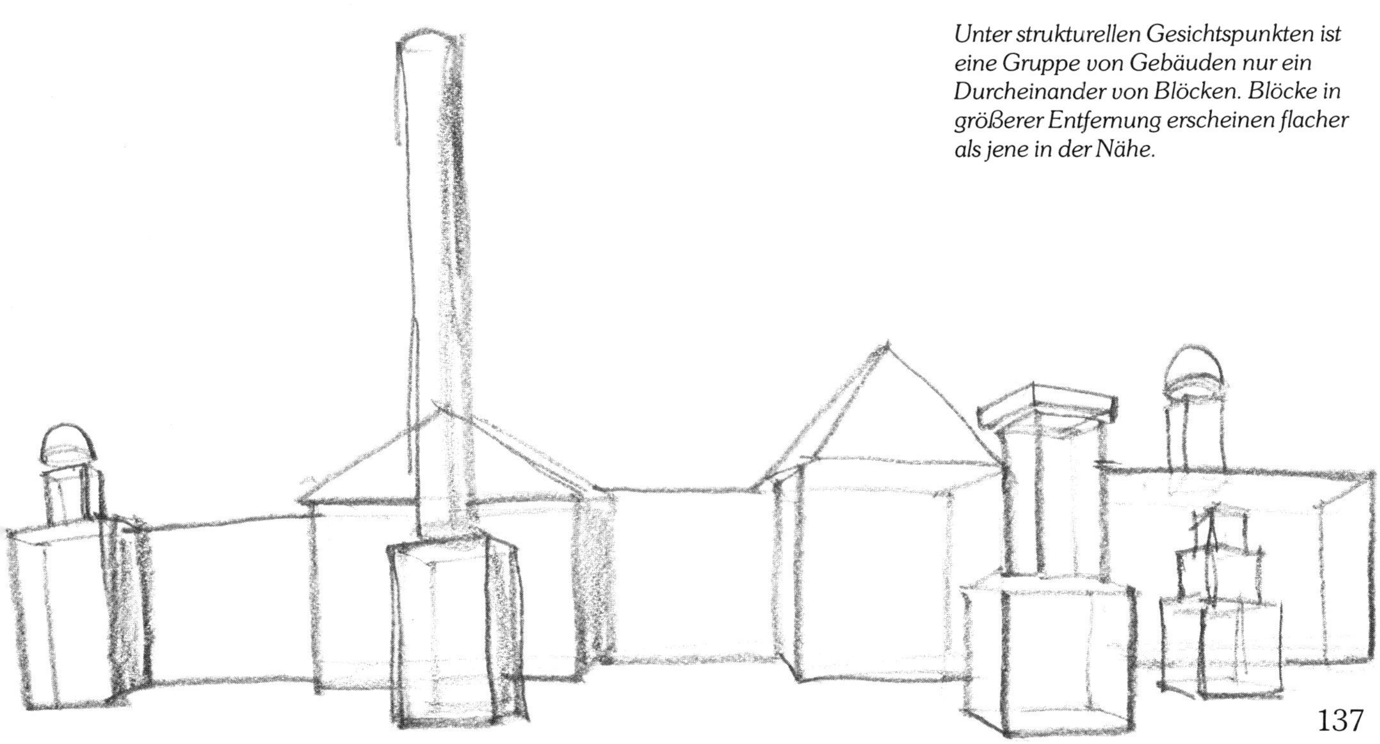

Alle Bestandteile des Bildes werden auf die Augenhöhe bezogen.

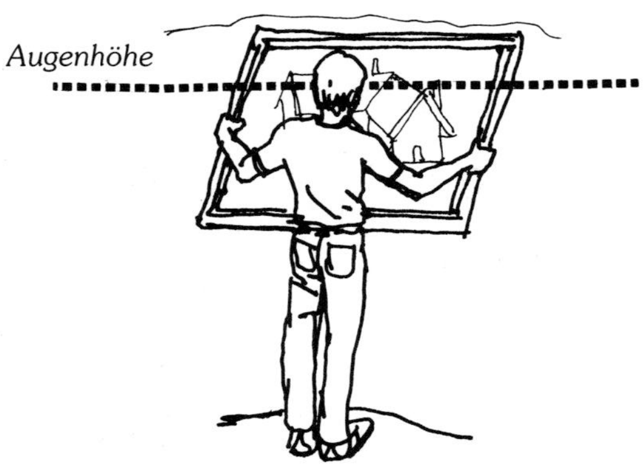

Hohe Augenhöhe – man schaut auf einen Gegenstand hinab.

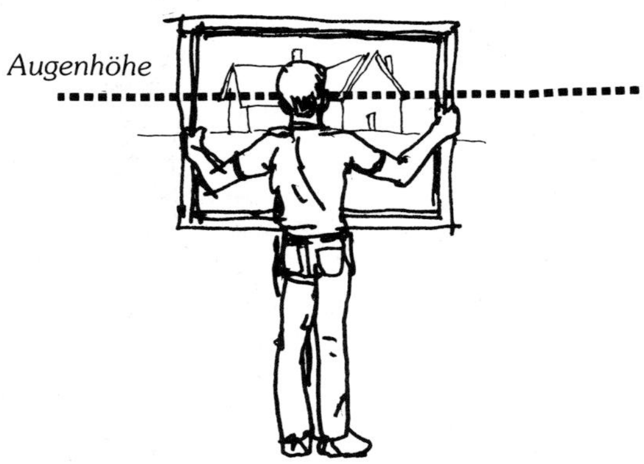

Mittlere Augenhöhe – man schaut frontal auf einen Gegenstand.

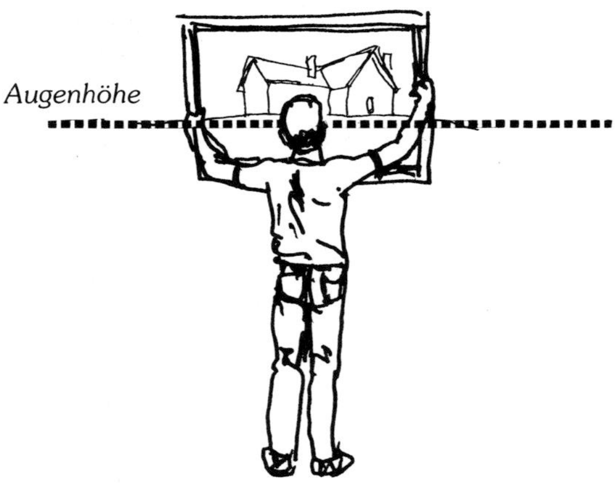

Niedrige Augenhöhe – wenn man von unten zu Objekten hochschaut, ist die Augenhöhe niedrig.

Perspektive – ein visueller Ansatz

Die lineare Perspektive ist ein formalisiertes System, das dem Zeichnen eines dreidimensionalen Raumes dient, besonders wenn es um gerade und parallele Linien geht. Es handelt sich um ein umfassendes System, das offen ist für ein breites Spektrum von Studien. Auf der einen Seite gibt es einen festen Satz von Regeln, die präzise Berechnung und mechanische Zeichengeräte erfordern. Auf der anderen Seite des Spektrums finden wir ein paar einfache Prinzipien, die die Beobachtung ergänzen.

Dieses Buch wählt den zweiten, etwas zwangloseren Zugang zur Perspektive. Ich möchte, daß Sie in der Lage sind, nach draußen zu gehen und mit Erfolg ein altes Gebäude oder eine Straße darzustellen. Jene unter Ihnen, die sich für komplizierte Architekturdarstellungen und die Wissenschaft der Perspektive interessieren, können sich Bücher besorgen, die die Formeln im Detail erläutern. Für die anderen reichen Grundkenntnisse der Prinzipien der Perspektive, um sie wirkungsvoll zu nutzen. Die meisten aktiven Künstler kommen mit einem Grundwissen und genauer Beobachtung aus.

Augenhöhe und Fluchtpunkte

Nehmen Sie sich einen Augenblick Zeit und betrachten Sie eine Ecke Ihres Zimmers. Schauen Sie geradeaus, so als würden Sie an den Wänden entlang zum Horizont starren. Stellen Sie sich die Horizontlinie vor, die die Ecke im rechten Winkel schneidet. Dies ist Ihre Augenhöhe.

Alle waagerechten Linien oberhalb der Augenhöhe, wie Fenstersturz, Oberteil eines Türrahmens und Deckenleiste, scheinen sich nach unten zu neigen, wenn sie vom Betrachter weg laufen. Alle waagerechten Linien unterhalb der Augenhöhe, zum Beispiel Tischkanten, Fensterbänke und Fußleisten, scheinen nach oben geneigt zu sein. Wenn eine horizontale Linie zufällig genau in Augenhöhe liegen sollte, ist sie nicht schräg. Die senkrechten Linien der Türen, Fenster und Wände bleiben senkrecht, weil sie mehr oder weniger an allen Punkten ihrer ganzen Länge die gleiche Entfernung zum Betrachter haben. Dies ist das Wesentliche der Perspektive.

Wenn Sie locker zeichnen, können Sie die Winkel der zusammenlaufenden Linien einfach nach Augenmaß abschätzen und das Gesehene durch gelegentliches Anlegen der Waagerechten, wie in Kapitel 3 dargestellt, überprüfen. Um eine größere Präzision zu erreichen und das Ganze in ein schlüssiges Schema zu bringen, sollten Sie auf das Perspektivensystem der Fluchtpunkte bauen.

Ein Fluchtpunkt ist die Stelle, an der sich parallele Linien zu treffen scheinen. Alle parallelen waagerechten Linien, die in den Raum hinein laufen, scheinen an einem Punkt in Augenhöhe zusammenzulaufen. Diese Punkte bieten die Möglichkeit, den Winkel aller zurücktretenden horizontalen Linien genau zu bestimmen.

Manchmal befinden sich Augenhöhe und Fluchtpunkte auf dem Blatt und manchmal nicht. Manchmal hat man nur eins von beiden. Wenn die Augenhöhe und beide Fluchtpunkte auf dem Papier liegen, ist die Aufgabe recht leicht. Bei einer extremen Ansicht von oben oder unten befindet sich die Augenhöhe oberhalb bzw. unterhalb des Blattes; und häufiger kommt es vor, daß einer oder beide Fluchtpunkte außerhalb neben den Seiten liegen.

Wenn Sie auf einem großen Tisch arbeiten, können Sie die Oberfläche als eine Erweiterung des Zeichenblattes nutzen und die Augenhöhe dort festlegen. Mit Hilfe von Stecknadeln oder Klebepunkten kann man Fluchtpunkte auf der Tischplatte markieren. Wenn man jedoch mit dem Skizzenblock auf den Knien im Freien sitzt, muß man sich ihre Lage vorstellen und die Neigung der zusammenlaufenden Linien abschätzen. Das Arbeiten mit Fluchtpunkten außerhalb des Blattes erfordert Übung, ist aber möglich.

Hohe Augenhöhe: Die Linie der Augenhöhe befindet sich im oberen Teil des Bildes oder sogar oberhalb des Bildrandes. Es fällt auf, wie die Dielen des Fußbodens scheinbar zusammenlaufen.

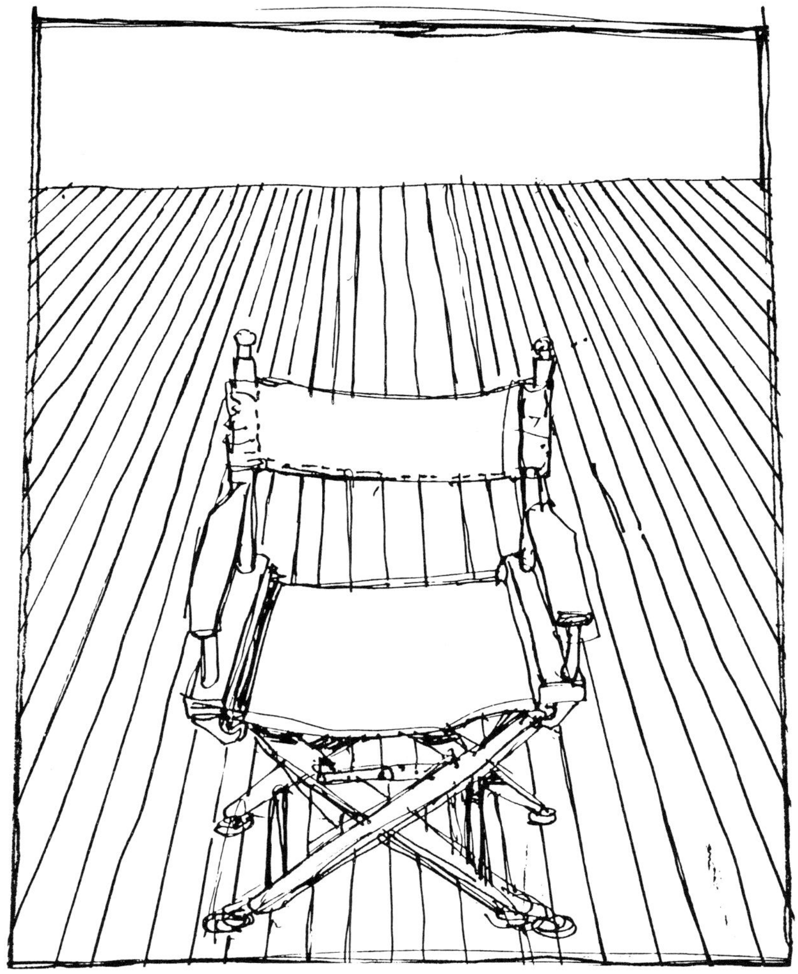

Mittlere Augenhöhe: Die Linie der Augenhöhe läuft mehr oder weniger in der Mitte über das Blatt. Die Linien der Decke laufen nach unten und die Linien des Fußbodens laufen nach oben auf einen gemeinsamen Fluchtpunkt zu.

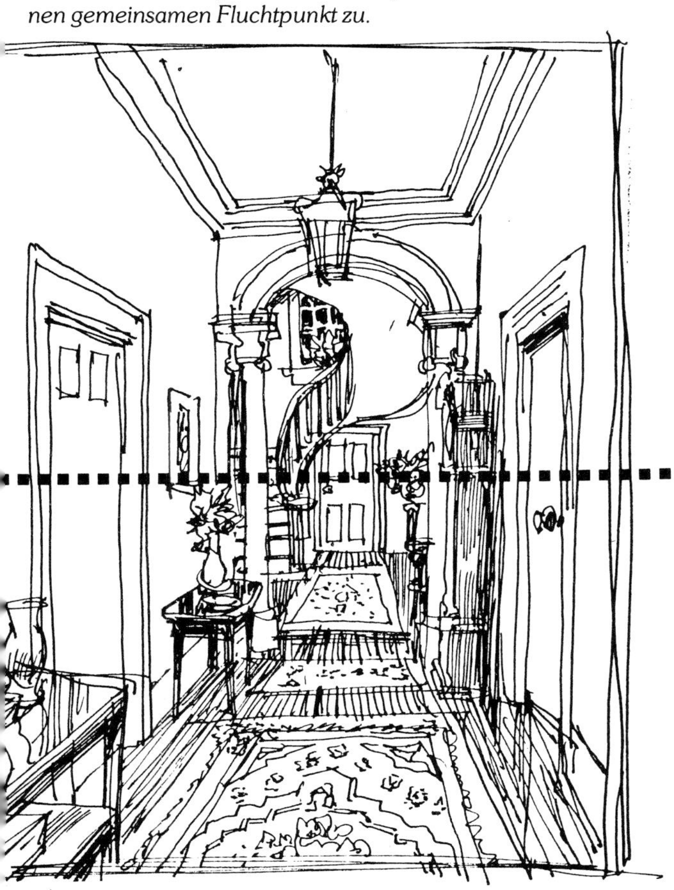

Niedrige Augenhöhe: Hier befindet sich die Linie der Augenhöhe weit unten oder manchmal auch unterhalb des Bildes. Parallele Linien scheinen nach unten geneigt zu sein.

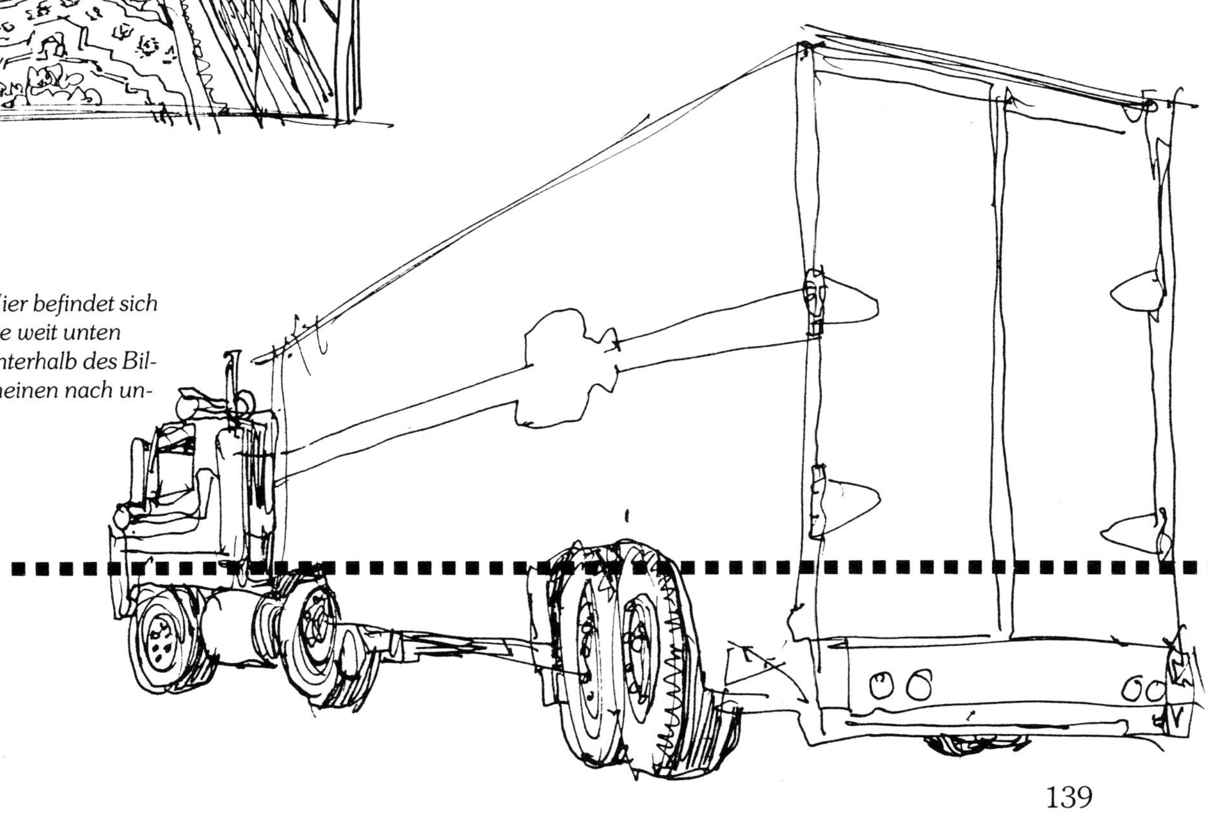

Projekt 5 – C Zeichnung mit einem Fluchtpunkt

Fertigen Sie eine Zeichnung an, die einen Blick zum hinteren Ende eines langen Raumes, einer Kirche oder Halle zeigt. Stellen Sie die Seiten des Raumes mit allen Fenstern, Türen und dem Mobiliar dar. Legen Sie die Augenhöhe mit einem leichten Strich auf dem Papier fest. Schätzen Sie die Lage des Fluchtpunktes ab und tragen Sie ihn auch ein. Alle Linien, die parallel zu den Seitenwänden laufen, scheinen sich in ihrer Verlängerung in dem Fluchtpunkt zu treffen. Zeichnen Sie mit freier Hand und nach Augenmaß. Falls erforderlich, kann überarbeitet werden. Zeit: eine Stunde.

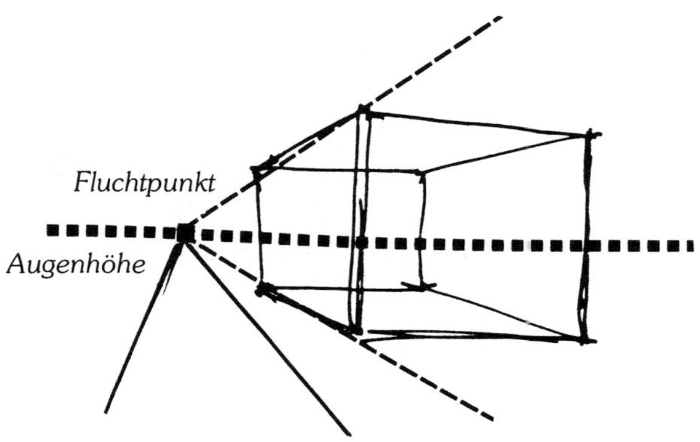

Parallele Linien scheinen immer in Augenhöhe zusammenzulaufen, egal ob sie eine große, mittlere oder geringe Höhe hat.

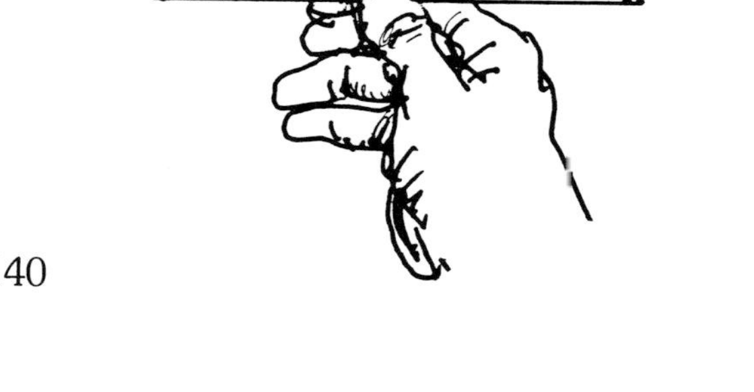

Perspektive mit einem Fluchtpunkt

Wir brauchen nur einen Fluchtpunkt, wenn wir uns an einer Straße entlang oder an der Längsachse einer Halle oder eines Raumes orientieren oder bei der Vorder- oder Seitenansicht eines Stuhls, Gebäudes oder Fahrzeugs.

Wir benötigen keine mathematische Formel, um die Augenhöhe und den Fluchtpunkt zu bestimmen. Wir stellen sie einfach durch Beobachtung fest. Wenn man an einer Bahnlinie entlang schaut, wie in dem Beispiel auf dieser Seite, kann man deutlich sehen, wie die parallelen Schienen am Horizont zusammenlaufen. Wenn sich sowohl Augenhöhe als auch Fluchtpunkt in der Bildfläche befinden, wie in diesem Fall, fällt das Zeichnen viel leichter. Die Linien, die wie die Vorderseite der Station, die Bahnsteigkante, die Dachkante, die Fenster und Eingänge parallel zu den Schienen verlaufen, sind auf denselben Fluchtpunkt ausgerichtet. Wir könnten ein Lineal an diese Teile und den Fluchtpunkt legen und sie mit beträchtlicher Präzision zeichnen. Oder wir könnten die Winkel einfach abschätzen und den Fluchtpunkt dabei als Orientierungshilfe nutzen. Diese Möglichkeit würden wir in den meisten Skizziersituationen wählen.

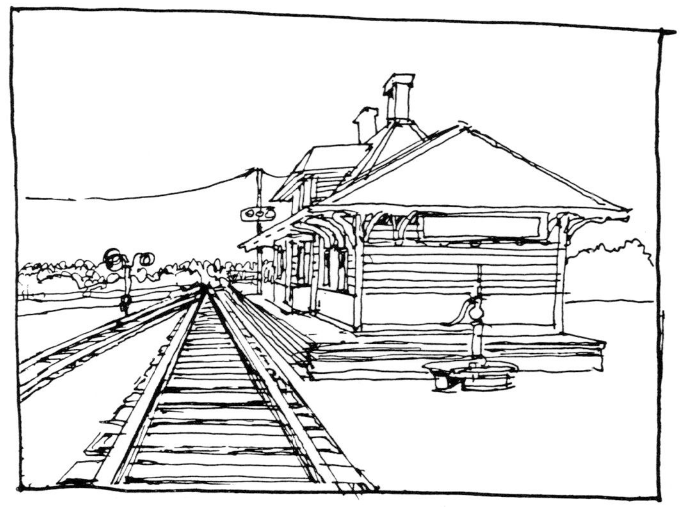

In diesem Bild verlaufen die Eisenbahnschwellen und die Seite des Gebäudes nahezu parallel zum Horizont, so daß sie wie horizontale Linien behandelt werden können. Beachten Sie die kleiner werdenden Schwellen. Beim Zurücktreten werden sie nicht nur kürzer und schmaler; sie rücken auch immer weiter zusammen, so wie die Türen und Fenster des Gebäudes.

Die Senkrechten bleiben senkrecht und parallel zueinander, weil ihre Entfernung vom Betrachter auf ihrer ganzen Länge gleich bleibt.

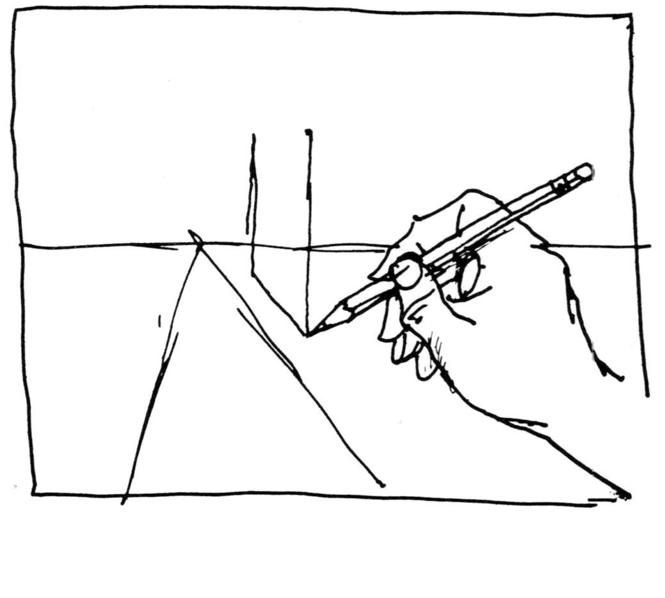

Perspektive mit zwei Fluchtpunkten

Wenn zwei Fluchtpunkte vorliegen, zum Beispiel, wenn wir direkt in die Ecke eines Gebäudes, Raumes oder geometrischen Objektes schauen, können wir ziemlich sicher sein, daß sich mindestens ein Fluchtpunkt, manchmal auch beide, außerhalb der Bildfläche befindet. Dies macht mehr Raterei erforderlich, weil man sich den Fluchtpunkt im Raum außerhalb der Seite vorstellen muß. Deshalb wollen wir die Peiltechnik aus Kapitel 3 anwenden.

Um die Winkel anzupeilen, wird der Bleistift einfach waagerecht hoch gehalten. Man schließt ein Auge und vergleicht die Winkel des Gegenstandes mit der waagerechten Linie des Bleistiftes. Wenn man den entsprechenden Winkel zeichnet, kann man sich an den waagerechten Rändern des Zeichenblattes orientieren. Gelegentlich prüft man die Genauigkeit der Winkel. Alle parallelen Linien einer Ebene müssen auf denselben Punkt gerichtet sein. Dies kann man mit ausreichender Genauigkeit beurteilen, auch wenn sich der Punkt nicht auf dem Zeichenblatt befindet.

Bei den ganzen Überlegungen zum Messen und Prüfen sollten wir nicht aus den Augen verlieren, daß wir zum größten Teil nach Augenmaß zeichnen und dabei die drei Schritte, schauen, behalten und zeichnen, wie in Kapitel 1 dargestellt, durchführen. Man sollte erst Maß nehmen, nachdem schon einige Linien skizziert wurden. Es ist einfacher, zuerst das gesamte Bild locker zu erfassen und es dann zu verändern, als gleich jeden Strich zu planen noch bevor er zu Papier gebracht wird. Diese Arbeitsweise ist auch weniger mechanisch. Das Messen durch Peilen und das Überprüfen mit Hilfe der Perspektive sollten als Grundlage für die Überarbeitungen und Verfeinerungen dienen.

Projekt 5 – D Eine Zeichnung mit zwei Fluchtpunkten

Fertigen Sie eine Zeichnung an, bei der Sie auf eine Ecke eines Hauses schauen. Zeigen Sie das gesamte Haus. Stellen Sie sich beim Zeichnen vor, es sei ein großer, einfacher Würfel. Die Augenhöhe wird mit einem leichten Strich auf das Blatt Papier gezeichnet. Sie werden beobachten, daß die Dachkante und die Unterkante beider Seiten jeweils in einem Fluchtpunkt in Augenhöhe zusammenlaufen. Stellen Sie sich die Lage dieser beiden Punkte im Raum auf jeder Seite außerhalb des Blatts vor. Prüfen Sie die Winkel mit Hilfe der Waagerechten. Nehmen Sie einen Bleistift oder Federhalter. Die Zeichnung kann überarbeitet werden. Das Projekt braucht eine Stunde.

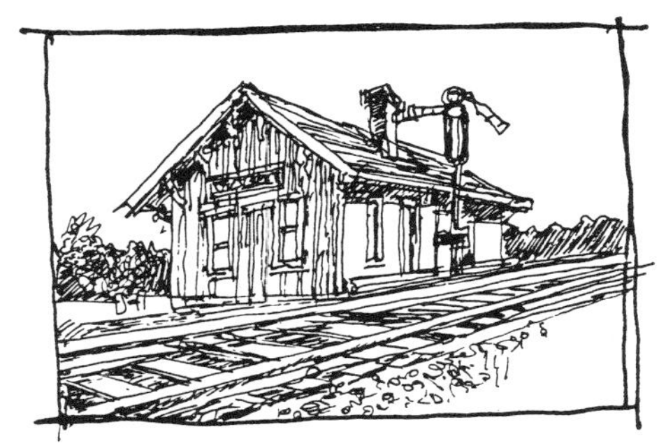

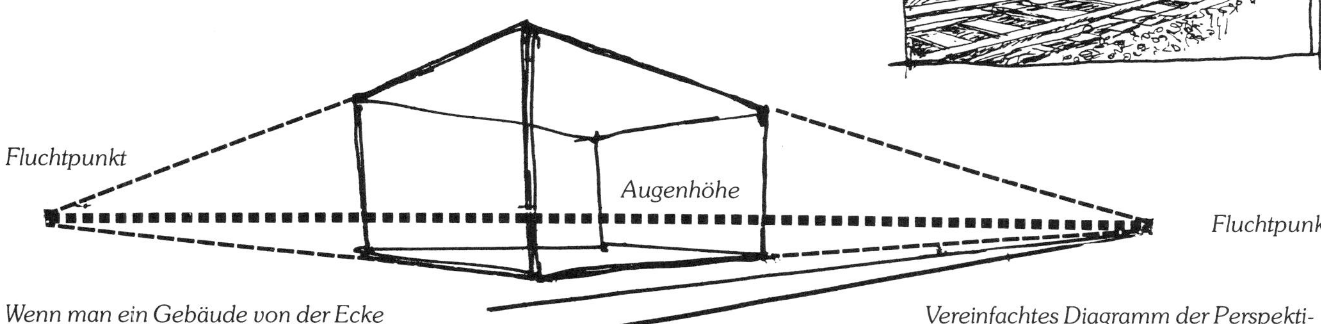

Wenn man ein Gebäude von der Ecke aus betrachtet, scheint jede Seite in einem Fluchtpunkt auf Augenhöhe zusammenzulaufen.

Vereinfachtes Diagramm der Perspektiven

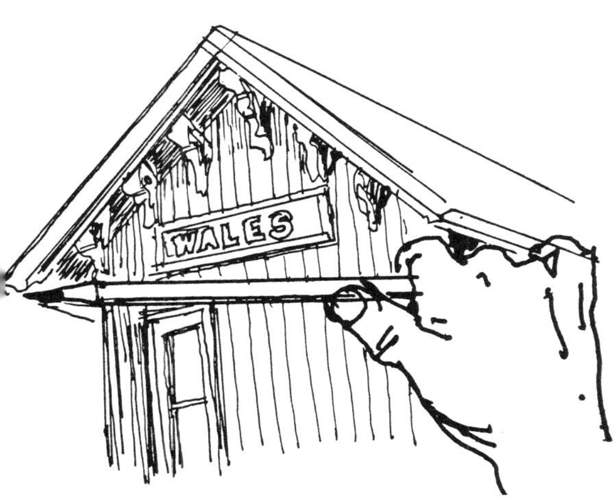

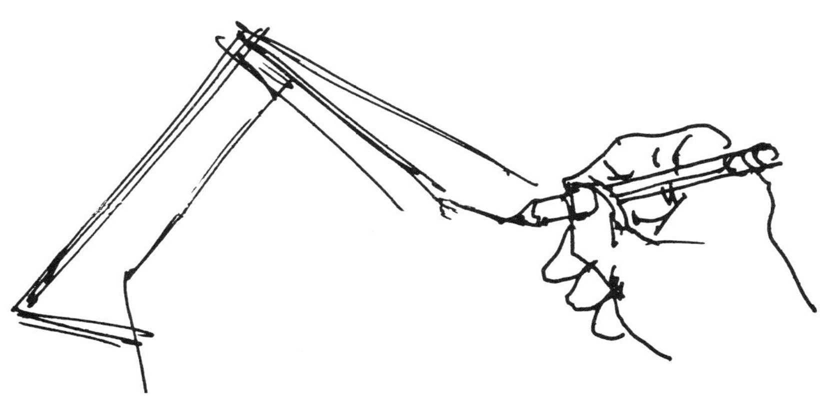

Man kann Winkel mit Hilfe des Peilens abschätzen oder mittels Perspektivenmethode bestimmen, bei der die Parallelen auf den Fluchtpunkt ausgerichtet werden.

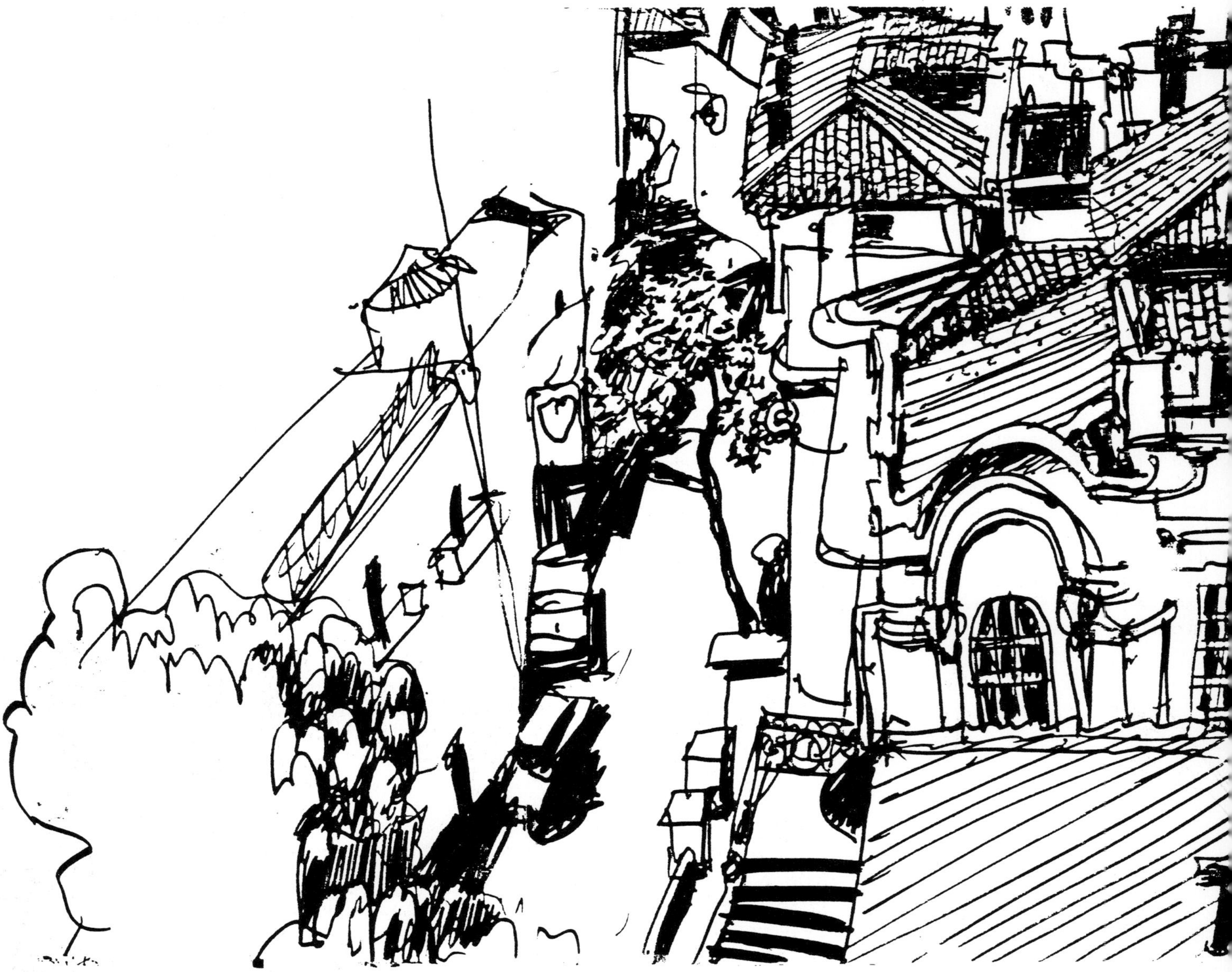

Der Fluchtpunkt liegt nicht auf Augenhöhe

Bisher haben wir perspektivische Ansichten behandelt, bei denen man direkt auf die Dinge schaut. In solchen Fällen scheinen nur die horizontalen Linien zusammenzulaufen, während die senkrechten Linien parallel und senkrecht bleiben. Was passiert aber zum Beispiel bei hohen Gebäuden, wenn wir an einem nahen Objekt hinauf- oder hinabschauen müssen?

Hier haben wir es mit einem neuen Problem zu tun. Wenn wir an einem Gebäude hinaufschauen, treten auch die parallelen Seiten zurück, so daß sie auch in einem Fluchtpunkt *oberhalb* des Gebäudes zusammenzulaufen scheinen. Dies erfordert einen weiteren Fluchtpunkt, da wir immer noch ein oder zwei Fluchtpunkte auf Augenhöhe haben. Die gleiche Situation tritt ein, wenn wir an einem Gegenstand hinabschauen und sich ein weiterer Fluchtpunkt unterhalb des Objektes befindet.

In einem dritten Fall, in dem sich die Ebenen in unterschiedlichen Winkeln nicht parallel zum Boden neigen, wie es zum Beispiel in einer Dachlandschaft zu sehen ist, kann man mehrere Fluchtpunkte haben, die nicht auf Augenhöhe liegen. Für unsere Zwecke ist es nicht so wichtig, ihre genaue Lage zu bestimmen. Wir müssen nur lernen, das Zusammenlaufen der Linien zu beobachten. Schon der Gedanke an den im Raum liegenden Fluchtpunkt kann bewirken, daß man beim Zeichnen spürt, wie er die Linien anzieht. Die senkrechten Linien der Schranktüren und des Herdes in der Skizze rechts unten laufen kaum wahrnehmbar zusammen.

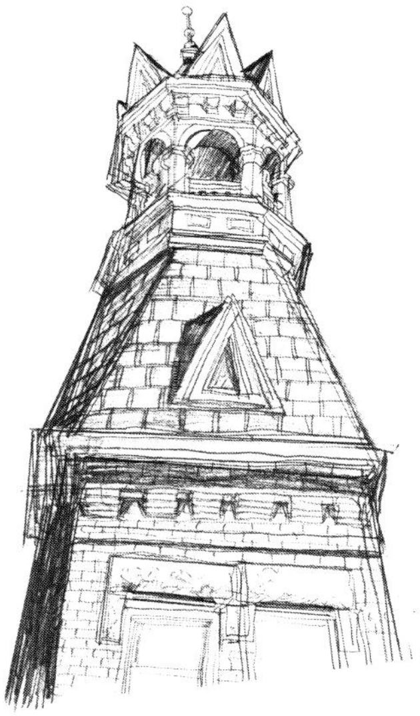

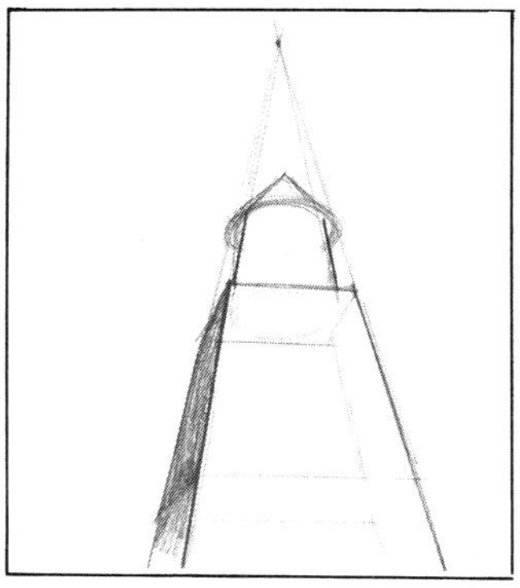

Es ist schwer zu zeichnen, während man so zu einem Gegenstand hochschaut . . .

. . . aber man kann erkennen, daß der Turm ein Rechteck darstellt, dessen Seiten in einem irgendwo oben gelegenen Fluchtpunkt zusammenlaufen.

Projekt 5 – E Auf Objekte herabschauen

Fertigen Sie eine Zeichnung an, bei der Sie von einem hohen Aussichtspunkt auf Objekte blicken. Sie können zum Beispiel von einem hohen Fenster auf niedrige Häuser hinabschauen oder von einem Balkon in einen darunter gelegenen Raum. Halten Sie den Bleistift senkrecht vor sich hin, um zu sehen, wie alle senkrechten Linien anscheinend in einem weiter unten gelegenen Punkt zusammenlaufen. Stellen Sie sich die Lage dieses Punktes vor. Obwohl Sie nach Augenmaß zeichnen, sollten Sie versuchen, allen senkrechten Linien eine solche Neigung zu geben, daß ihre Verlängerungen durch diesen Punkt laufen. Das Bild kann mit Bleistift oder Federhalter in etwa einer Stunde gezeichnet werden. Überarbeitungen sind möglich.

Augenhöhe und Fluchtpunkte sind grundlegend für das Verständnis der linearen Perspektive. Sie sollten die entsprechenden Stellen noch einmal durchlesen, die Illustrationen untersuchen, weiterhin durchzeichnen und architektonische Gegenstände als Schachteln betrachten. Sie werden bald feststellen, daß Sie Gebrauch von diesen beiden wichtigen Instrumenten machen, um das zu bestätigen, was Sie bereits gesehen haben.

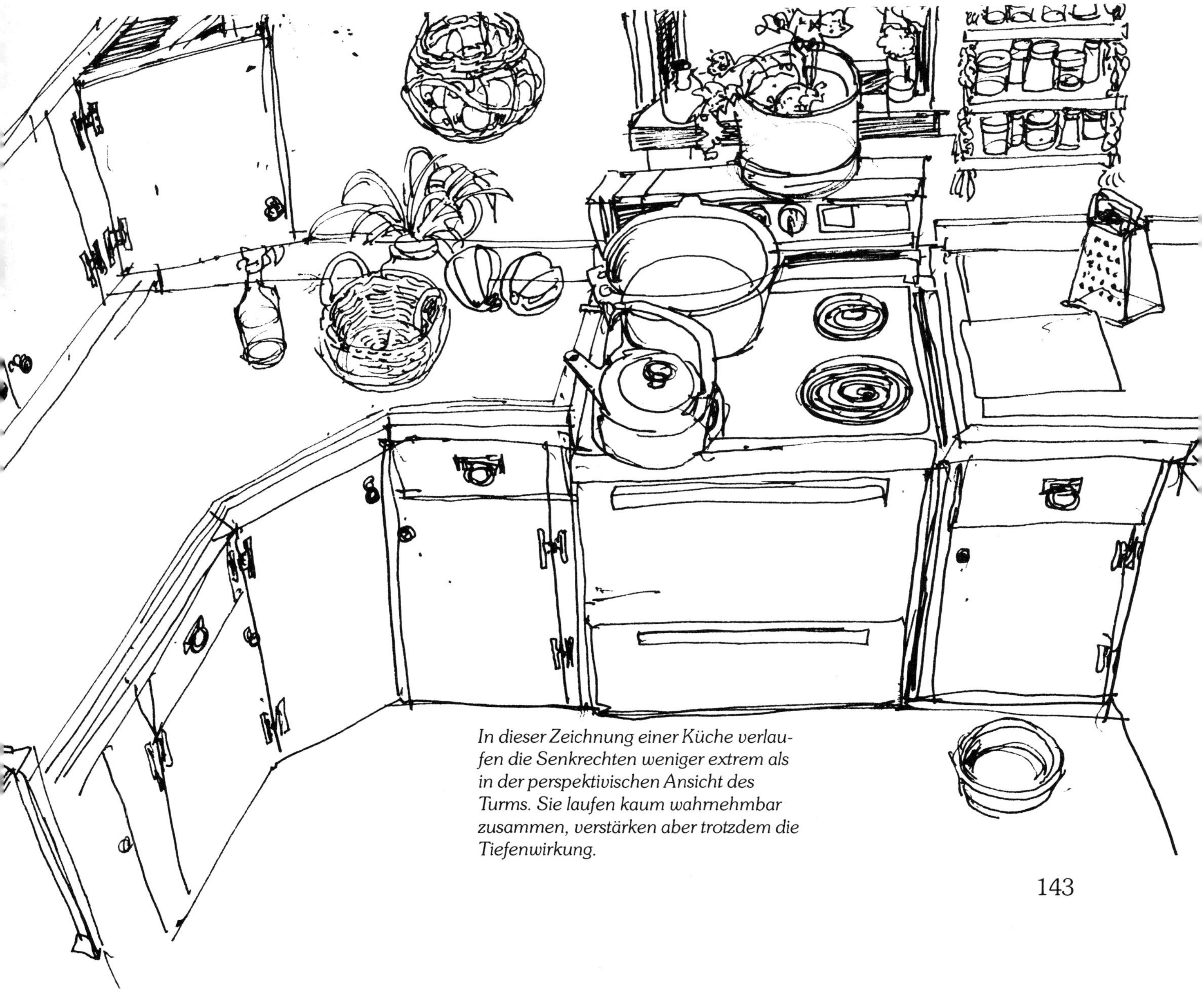

In dieser Zeichnung einer Küche verlaufen die Senkrechten weniger extrem als in der perspektivischen Ansicht des Turms. Sie laufen kaum wahrnehmbar zusammen, verstärken aber trotzdem die Tiefenwirkung.

Augenhöhe

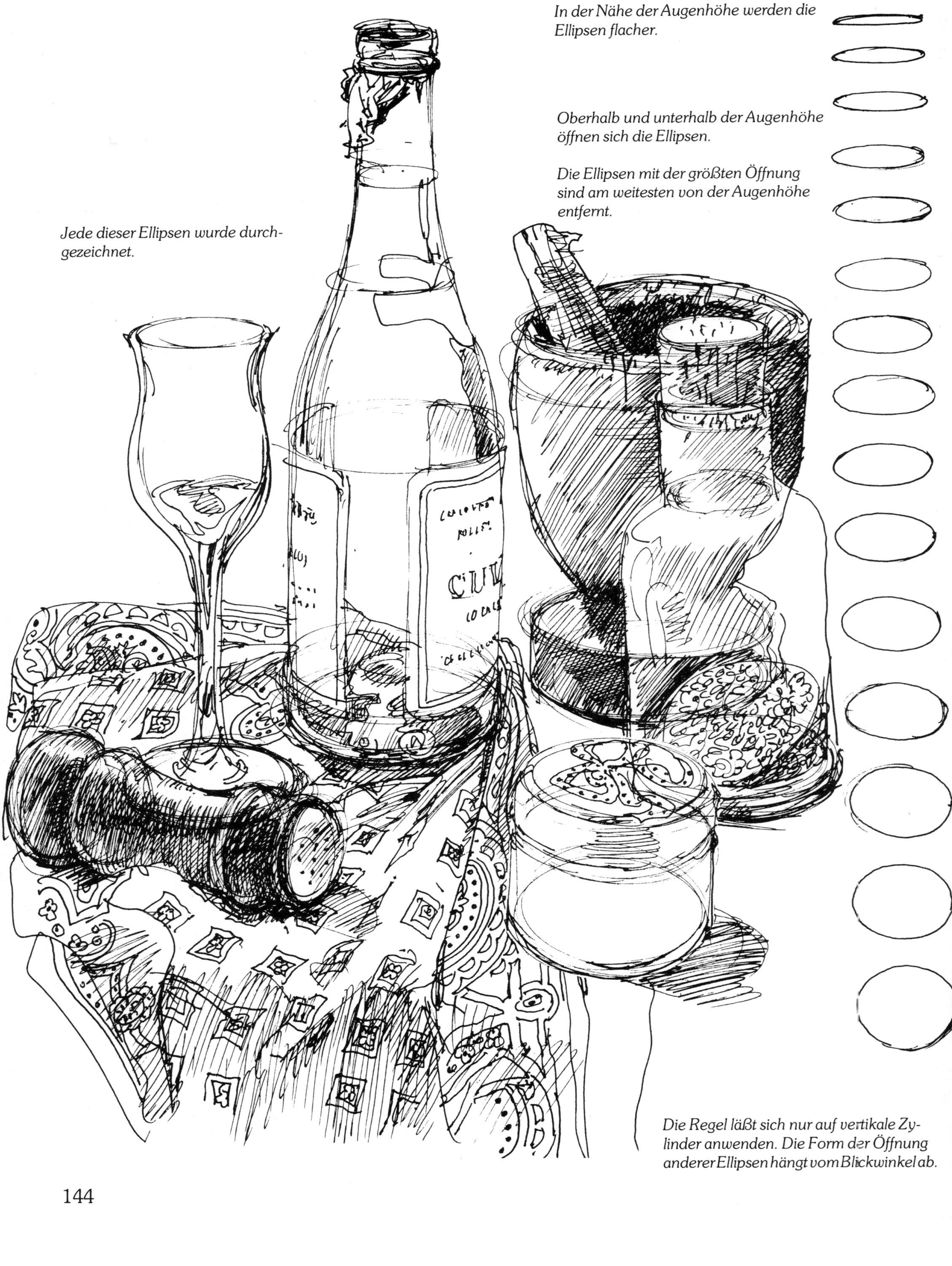

In der Nähe der Augenhöhe werden die Ellipsen flacher.

Oberhalb und unterhalb der Augenhöhe öffnen sich die Ellipsen.

Die Ellipsen mit der größten Öffnung sind am weitesten von der Augenhöhe entfernt.

Jede dieser Ellipsen wurde durchgezeichnet.

Die Regel läßt sich nur auf vertikale Zylinder anwenden. Die Form der Öffnung anderer Ellipsen hängt vom Blickwinkel ab.

Ellipsen

Eine Ellipse ist ein Kreis, der perspektivisch gesehen wird. Immer wenn man eine Flasche, ein Glas, eine Kuppel, einen Pfahl, eine Münze, ein Rad oder ein anderes zylindrisches, kugel- oder halbkugelförmiges Objekt zeichnet, hat man es mit Ellipsen zu tun. Die Regeln für Ellipsen sind relativ einfach, werden aber häufig von Anfängern mißachtet.

Sie haben vielleicht schon Zeichnungen wie diejenige der Flasche rechts außen gesehen. Die Öffnung der Flasche wurde so gezeichnet, als würde man von oben schauen, während der Boden der Flasche flach ist. Es gibt also zwei verschiedene Augenhöhen beim gleichen Gegenstand. Es ist zwar nicht so schlimm, daß dies falsch ist – die Kubisten haben Dinge regelmäßig auf diese Weise dargestellt – aber es ist unmöglich aus der Sicht einer einzigen Perspektive. Wenn wir die Blickrichtung wählen, aus der wir die obere Ellipse sehen, dann befindet sich die Augenhöhe oberhalb der Flasche. Wenn wir die Blickrichtung nehmen, die durch den Boden der Flasche dargestellt wird, ist die Augenhöhe niedriger – auf gleicher Höhe wie der Boden.

Damit kommen wir zur Regel Nr. 1 für das Zeichnen von Ellipsen: Legen Sie die Augenhöhe fest. Wir müssen wissen, ob die Ellipse offen (eher rund) oder geschlossen (flacher) werden soll. Wir bestimmen dies, indem wir feststellen, wie weit die Ellipse von der Augenhöhe entfernt ist. Daraus ergibt sich Regel Nr. 2: Die Ellipse schließt sich oder wird immer flacher, je weiter sie sich der Augenhöhe nähert.

In der Zeichnung auf der gegenüberliegenden Seite können wir erkennen, wie das funktioniert. Die Flasche weist mehrere Ellipsen auf. Sie sind alle parallel – am Flaschenhals, am oberen und unteren Rand des Etiketts, am Boden der Flasche. Wir stellen die Flasche auf den Tisch, folgen Regel Nr. 1 und legen die Augenhöhe als eine Linie fest, die sich knapp oberhalb des Etiketts befindet. Regel Nr. 2 sagt uns, daß der obere Rand des Etiketts fast flach sein wird, wegen seiner Nähe zur Augenhöhe. Sie sagt uns außerdem, daß sich die Ellipsen allmählich öffnen, je weiter wir uns von der Augenhöhe entfernen. An den beiden äußeren Enden der Flasche sind sie am weitesten geöffnet. (Bei guter Beobachtung würden wir genau das gleiche feststellen, aber diese kleinen Regeln sind hilfreich, wenn das Auge unsicher ist.)

Genaue Ellipsen

Man braucht etwas Übung, damit eine Ellipse gut gelingt. Sie werden viel mehr Erfolg haben, wenn Sie daran denken, daß sie absolut symmetrisch ist. Die Enden sind immer abgerundet und niemals spitz, so wie es in den Beispielen der Gläser rechts gezeigt wird. Wenn Sie präzise arbeiten wollen, können Sie die Ellipse in ein Rechteck zeichnen. Denken Sie dabei daran, daß sich eine Ellipse in vier gleiche Quadranten aufteilen läßt. Schließlich sollten Sie jedoch lernen, eine Ellipse mit einer lockeren Bewegung freihändig zu zeichnen. Sie müssen viele Ellipsen zeichnen, bis Ihnen eine gute Ellipse gelingt.

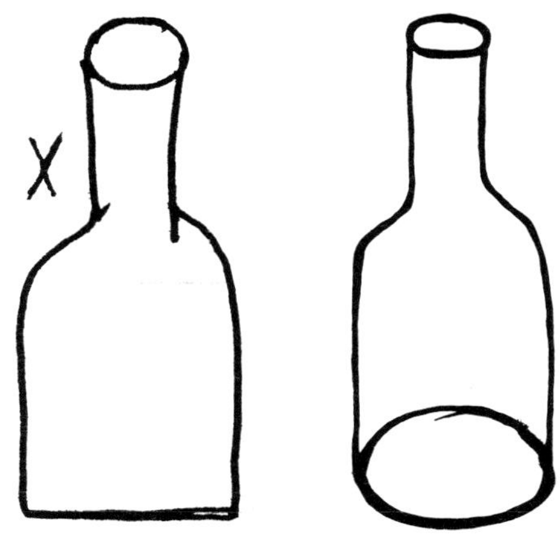

Wenn wir eine Position einnehmen, von der wir auf die Öffnung der Flasche herabblicken, wird der Boden der Flasche auch als Ellipse erscheinen.

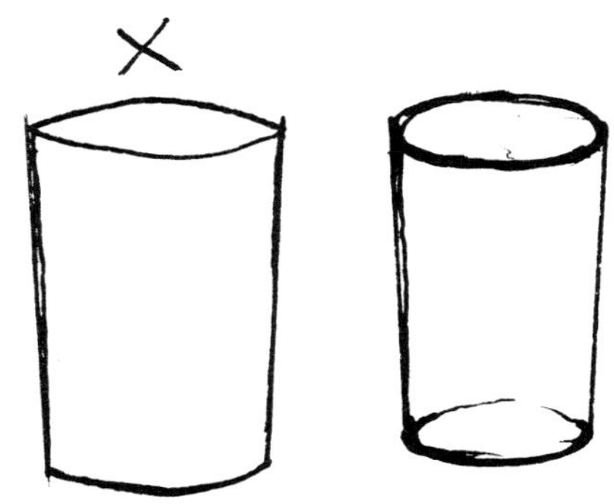

Die Enden von Ellipsen sind immer abgerundet, nie spitz.

Projekt 5 – F Ellipsen

Zeichnen Sie eine Gruppe von Flaschen, Gläsern und Dosen, die auf einem Tisch stehen. Nehmen Sie mindestens fünf dieser Gegenstände mit unterschiedlichen Höhen und Breiten. Als Beispiel kann das Stilleben auf Seite 144 dienen. Zeichnen Sie mit einer Augenhöhe, die knapp oberhalb der größten Flasche liegt. Deuten Sie die Augenhöhe mit einem leichten Strich auf dem Papier an. Es ist darauf zu achten, daß die Ellipsen symmetrisch und mit abgerundeten Enden gezeichnet werden. Jede Ellipse ist unterschiedlich weit geöffnet, je nach der Entfernung zur Augenhöhe. Zeichnen Sie alle Ellipsen durch, selbst jene, die Sie am Boden der Dosen und Flaschen nicht sehen können. Das Projekt kann mit einem beliebigen Medium in 45 Minuten bis einer Stunde durchgeführt werden.

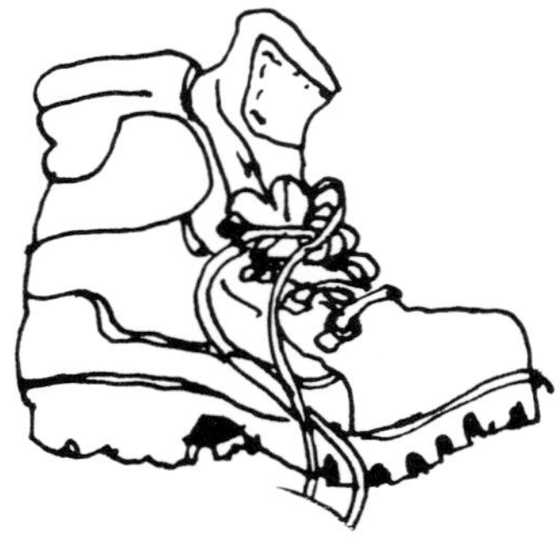

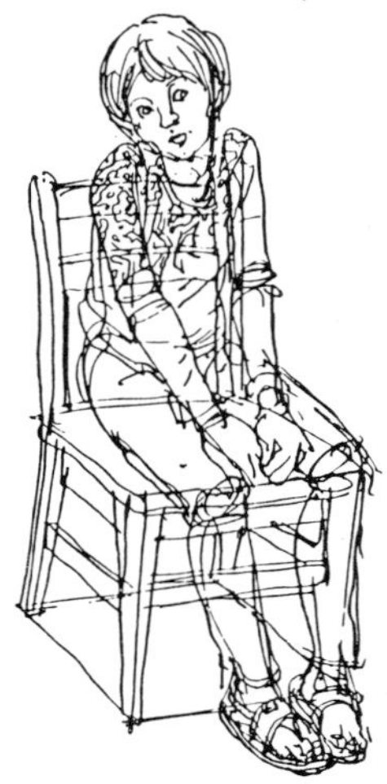

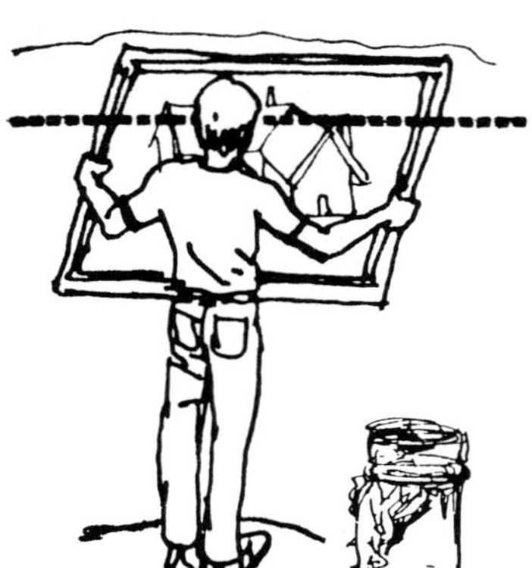

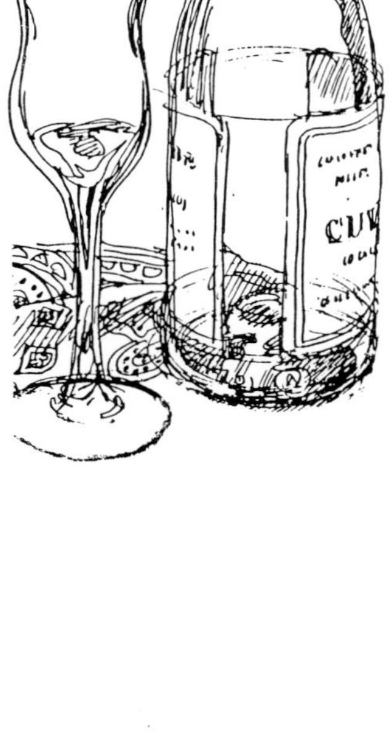

Schritte im Kapitel 5

Die Illusion der Tiefe

- Setzen Sie die vier Prinzipien der Tiefendarstellung ein. Sich verdekkende Formen, sich verringernde Größen, zusammenlaufende parallele Linien und schwächer werdende Ränder und Kontraste können die Illusion eines dreidimensionalen Raumes verstärken.
- Zeichnen Sie körperliche Objekte durch, so als wären sie durchsichtig, um Verständnis für ihren Aufbau zu gewinnen.
- Peilen Sie Winkel an. Arbeiten Sie mit der Waagerechten und der Senkrechten. So können Sie die Winkel der Objekte, die Sie aus der Perspektive sehen, schnell messen.
- Legen Sie die Augenhöhe und die Fluchtpunkte fest. Bestimmen Sie zuerst Augenhöhe und Fluchtpunkte, wenn Sie einen architektonischen oder mechanischen Gegenstand zeichnen wollen. Dies ist hilfreich, auch wenn sie sich nicht auf dem Zeichenpapier befinden.
- Zeichnen Sie Ellipsen. Perspektivisch gezeichnete Kreise sind symmetrisch, haben abgerundete Enden. Sie stehen in Beziehung zur Augenhöhe.

Selbstkritik Ihrer Projekte

Projekt 5 – A Anwendung der Prinzipien der Tiefenwirkung	JA	NEIN
• Scheinen die Elemente Ihrer Zeichnung in den Raum zurückzutreten?	☐	☐
• Haben Sie einige der Objekte so angeordnet, daß sie sich teilweise verdecken?	☐	☐
• Haben Sie die am weitesten im Hintergrund liegenden Objekte durch Radieren und Reiben abgetönt?	☐	☐
• Haben Sie die Größenunterschiede zwischen den nahe gelegenen und weiter entfernten Objekten übertrieben?	☐	☐

Projekt 5 – B Durchzeichnen	JA	NEIN
• Haben Sie die Formen beim Durchzeichnen so dargestellt als wären sie durchsichtig?	☐	☐
• Hat man den Eindruck, daß die Stuhlbeine fest auf dem Boden stehen?	☐	☐
• Scheint die Sitzfläche parallel zur Ebene des Bodens zu verlaufen?	☐	☐
• Haben Sie einige der eingeschlossenen Formen gezeichnet?	☐	☐
• Haben Sie Peiltechniken eingesetzt?	☐	☐
• Haben Sie überarbeitet?	☐	☐

Projekt 5 – C Zeichnung mit einem Fluchtpunkt	JA	NEIN
• Haben Sie direkt auf die hintere Wand geschaut?	☐	☐
• Wurden die Seitenwände dargestellt?	☐	☐
• Haben Sie die Augenhöhe auf dem Papier festgelegt?	☐	☐
• Haben Sie den Fluchtpunkt festgelegt und lag er auf Augenhöhe?	☐	☐
• Scheinen alle Linien, die parallel zur Seitenwand liegen, im Fluchtpunkt zusammenzulaufen? Überprüfen Sie es mit einem Lineal.	☐	☐

Projekt 5 – D Zeichnung mit zwei Fluchtpunkten	JA	NEIN
• Haben Sie das Haus in der Grundform des Würfels gezeichnet und dabei auch die Seiten dargestellt, die man nicht sieht?	☐	☐
• Haben Sie die Augenhöhe auf dem Papier festgelegt?	☐	☐
• Haben Sie sich je einen Fluchtpunkt für jeden Satz paralleler Linien, der durch die beiden sichtbaren Wände repräsentiert wird, vorgestellt?	☐	☐
• Scheinen die parallelen Linien jeder Wand mit Fenstern, Eingängen und Dachkanten in einem Fluchtpunkt zusammen zu laufen?	☐	☐
• Haben Sie mit der Waagerechten gearbeitet, um die richtige Größe der Winkel besser abschätzen zu können?	☐	☐

Projekt 5 – E Auf Objekte herabschauen	JA	NEIN
• Haben Sie sich einen weiter unten gelegenen Fluchtpunkt vorgestellt, auf den alle senkrechten Linien gerichtet zu sein scheinen?	☐	☐
• Sind die senkrechten Linien in der Nähe der äußeren Ränder des Blattes stärker nach innen geneigt als jene im mittleren Bereich?	☐	☐
• Haben Sie einen oder zwei weitere Fluchtpunkte auf Augenhöhe für die zusammenlaufenden horizontalen Linien festgelegt?	☐	☐
• Haben Sie mit der Senkrechten gearbeitet, um die Winkel besser abschätzen zu können?	☐	☐

Projekt 5 – F Ellipsen	JA	NEIN
• Haben Sie die Augenhöhe auf dem Papier festgelegt?	☐	☐
• Sind die Ellipsen in der Nähe der Augenhöhe am flachsten?	☐	☐
• Haben die Ellipsen, die am weitesten von der Augenhöhe entfernt sind, die größte Öffnung?	☐	☐
• Haben Sie alle Ellipsen durchgezeichnet?	☐	☐
• Sind die Ellipsen symmetrisch und haben sie abgerundete Ecken?	☐	☐

6 Die Illusion der Textur

Artikulation und Suggestion • Struktur der Striche • Wiederholen und variieren • Gegensätzliche Texturen • Vereinheitlichung mit Texturen • Texturen aus der Entfernung

Dieses Kapitel handelt vom Tastsinn und seiner Rolle beim Zeichnen. Kimon Nicolaides stellte in seinem Buch *The Natural Way to Draw* folgendes fest: »Bloß zu sehen . . . ist nicht genug. Man braucht einen frischen, lebendigen, körperlichen Kontakt mit dem Objekt, das man zeichnet, über so viele Sinne wie möglich – und besonders über den Tastsinn.«

Ich liebe den Ausdruck »frischen und lebendigen Kontakt«. Er legt nahe, das Auge als ein abtastendes Organ einzusetzen. Dies klingt wie eine neue Technik, die Sie noch lernen müssen, oder wie ein Verhalten, zu dem Sie sich zwingen müssen. Tatsächlich ist es jedoch eine entspannende Sache. Das Tasten ist eine intuitive Sinneswahrnehmung, eng verbunden mit dem Fühlen. In einem gewissen Umfang haben Sie sich schon die ganze Zeit darauf verlassen, aber nun werden wir dem Tasten eine etwas aktivere Rolle geben.

Wahrscheinlich haben Sie bemerkt, daß die meisten Schritte, die in diesem Buch vermittelt werden, eher den Weg zum Ziel zeigen und keine fertigen Anleitungen geben, wie man etwas zu machen hat. Für die Schritte in diesem Kapitel gilt dies besonders. Die Textur wird nicht als ein fertiger Satz von Formeln präsentiert, sondern als ein an den Sinnen orientiertes Thema mit breiten Möglichkeiten für Inspirationen. Wir bieten mehrere zentrale Strategien an, um die eigenen Tastsinne ins Spiel zu bringen. Außerdem werden wir ein paar spezifische Textureffekte näher betrachten. Die meisten Beispiele werden begleitet von Details in Originalgröße und von Bemerkungen über die benutzten Materialien.

Bei Texturen denkt man häufig an etwas, das eingefügt oder auf eine ansonsten fertige Zeichnung aufgetragen wurde. Tatsächlich spielt die Textur eine viel wichtigere Rolle. Textur wird hier wieder in Verbindung gebracht mit vertrauten Konzepten wie Illusion, Muster, Handschrift und dem einfallsreichen Umgang mit Zeichengeräten und -verfahren.

Artikulation und Suggestion

Etwas zu artikulieren heißt, es sorgfältig zu zeichnen; wenn etwas suggeriert wird, dann wird es zusammengefaßt und angedeutet. Artikulation erfordert Zeit und ist genau durchdacht und spezifisch, während Suggestion schnell, spontan und allgemein ist. Eine erfolgreiche Texturzeichnung erfordert normalerweise eine Kombination aus Artikulation und Suggestion. Beide wirken zusammen und vermitteln dem Betrachter eine stimulierende, greifbare Erfahrung. Gerade wenn die Betrachter durch die kunstfertige Artikulation fast überzeugt wurden, daß sie das reale Objekt sehen, mischen sich Gekritzel und Flecken ein, um sie daran zu erinnern, daß alles nur Illusion ist. Irgendwo gibt es in jeder guten Zeichnung einen Hinweis, der daran erinnert, daß »dies eine Zeichnung ist«.

Susan Dowley, *Ein genauerer Blick*. Bleistift.

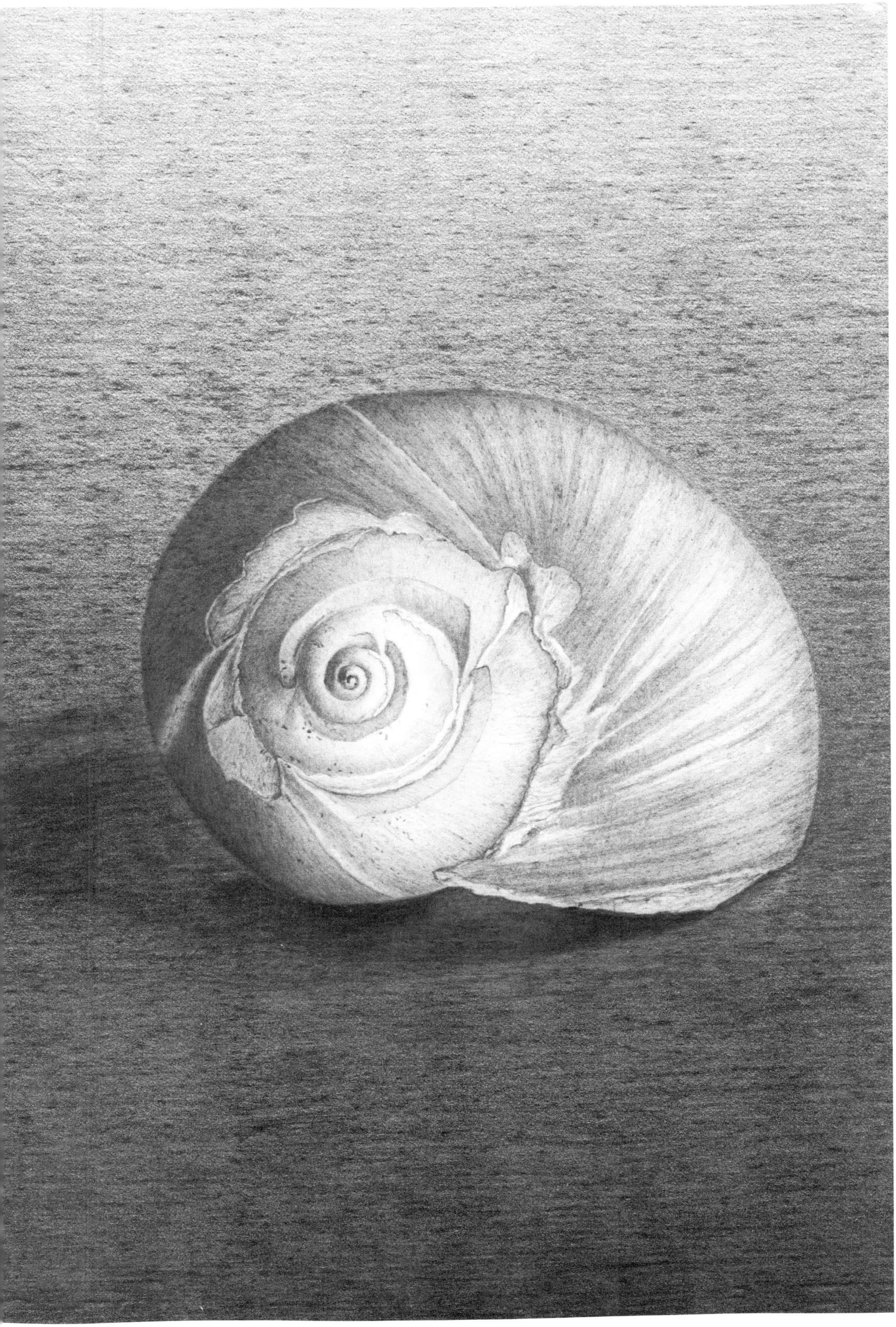

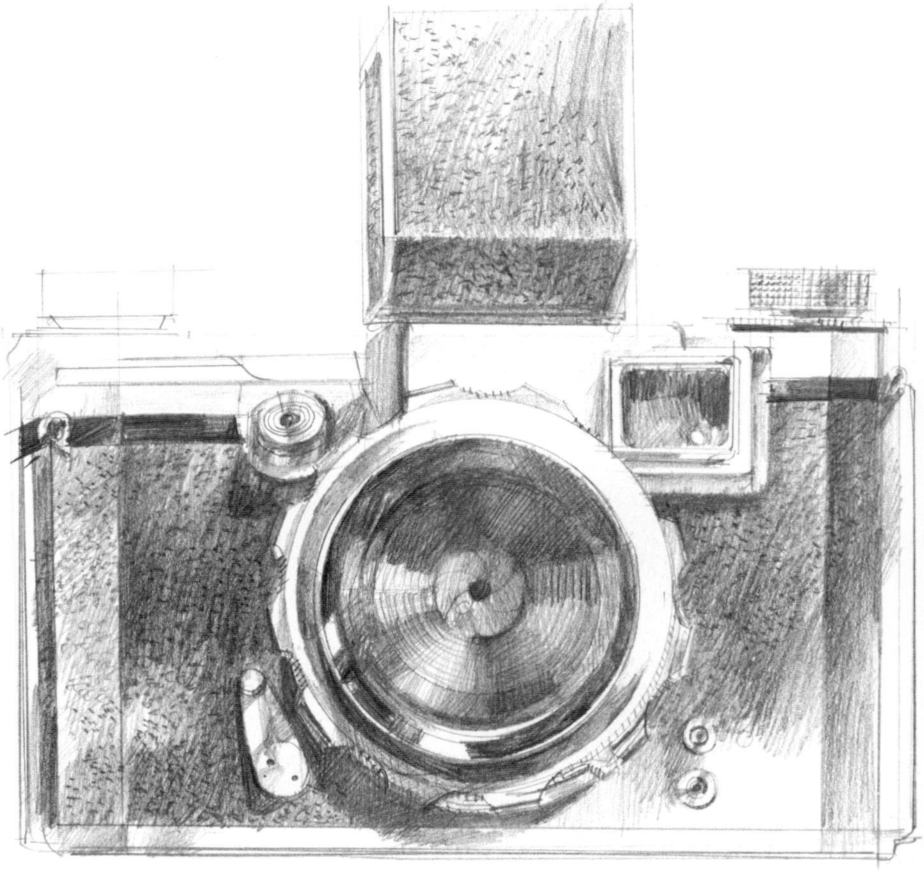

Von Anfang an haben wir Sie zur sorgfältigen Artikulation in Ihren Zeichnungen ermuntert, aber wenn es um die Textur geht, könnte damit die Aufgabe verbunden sein, ein Huhn zu zeichnen, indem jede einzelne Feder genau dargestellt wird. Selbst wenn der Künstler die erforderliche Geduld hätte, würde bei solchen bis ins Detail genauen Zeichnungen die Spontaneität geopfert. Das Einfügen weniger Suggestionen hilft dabei, die Fülle zu vieler Details zu unterbrechen und für Entspannung auf seiten der erschöpften Künstler und auch der Betrachter zu sorgen.

Die Suggestion verbindet die Textur durch einfache, sich wiederholende Striche mit dem Bereich jenseits der sorgfältigen Artikulation. Diese Striche sind im Vergleich mit den artikulierten Strichen intuitiv und stilisiert; sie sind aber dennoch ein Produkt sorgfältiger Beobachtung. Man könnte sagen, sie sind etwas experimenteller.

Struktur der Striche

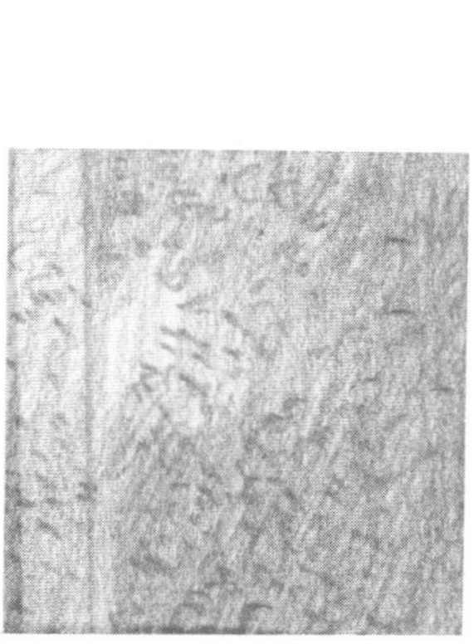

Dichte Strichstruktur, in Schichten aufgebaut, kurze Striche eingefügt. (Bleistift)

Bei der Suggestion einer Textur geht es größtenteils um die Reaktion auf Gefühle. Ich halte es für eine gute Strategie, sich auf seine Weise einzuarbeiten. Wenn Sie zunächst etwas artikulieren, finden Sie vielleicht eine visuelle Spur, die Sie zu einem wirkungsvollen, suggestiven Strich führt. Wenn dies nicht funktioniert, sollten Sie die Hand kritzelnd frei bewegen und sehen, was dabei herauskommt. Nach ein paar Strichen werden Sie zweifellos die Struktur so abändern, daß sie die Oberfläche, die man zeichnet, besser wiedergibt. Lassen Sie Ihre Augen zwischen Gegenstand und Papier hin und her wandern. Die Struktur könnte sich in kurze, abgehackte Striche oder nervöse, wogende Linien oder kleine Punkte verwandeln. In Abhängigkeit von den Möglichkeiten des Zeichengeräts, mit dem Sie arbeiten, könnten Sie damit anfangen, das Papier zu bespritzen, zu reiben, zu radieren oder zu kratzen. Weil man in der Regel innerhalb einer Form arbeitet, nenne ich diese Methode *Form und Struktur*.

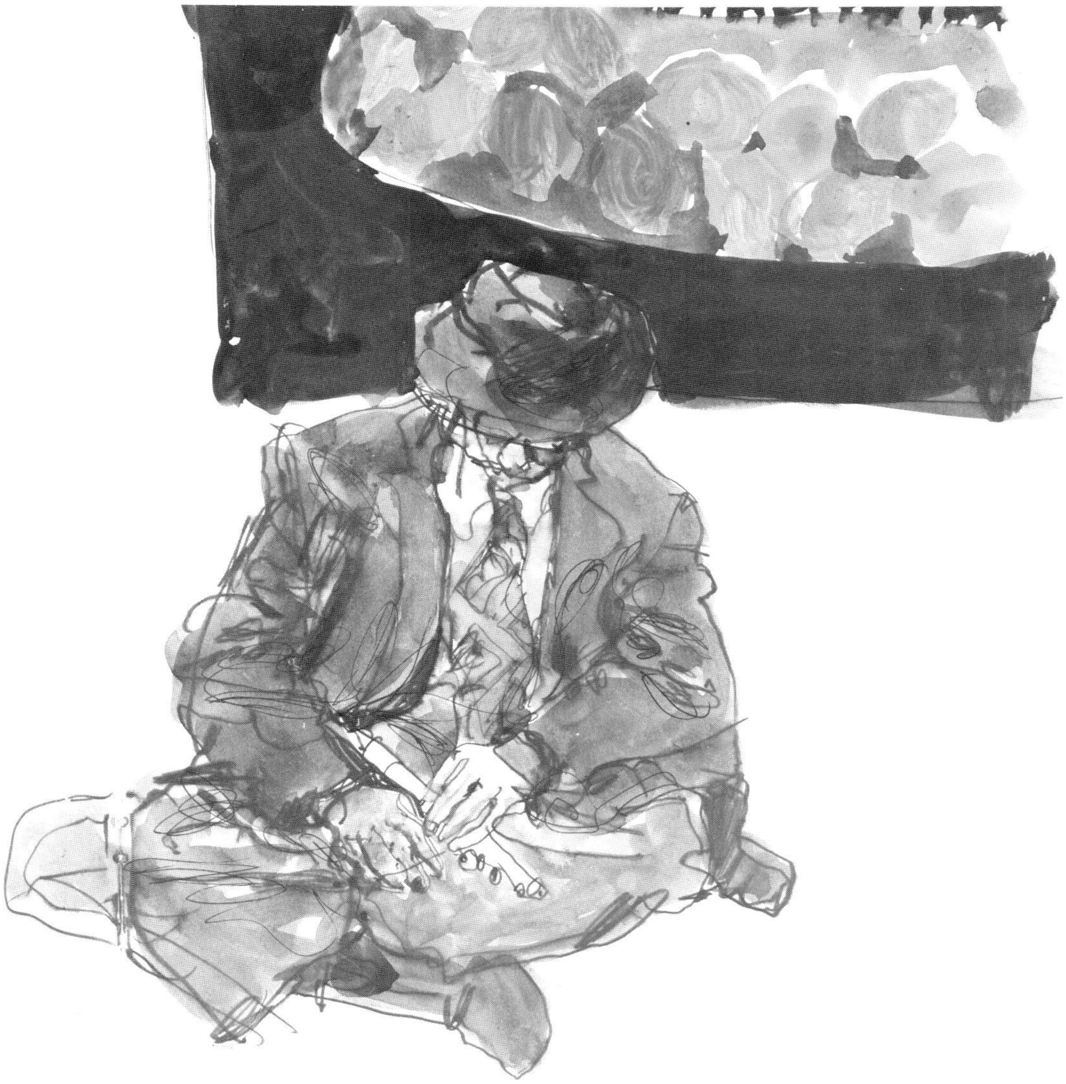

In der Zeichnung der Kamera wollte ich die Materialeigenschaften genau darstellen. Die meisten Formen habe ich mit einem Lineal gezeichnet. Mit Schraffen fing ich an, die Textur des Kamerarumpfes zu ertasten. Ich erkannte, daß ich die Tönung in Schichten aufbauen mußte, um die erforderliche Schwärze zu erreichen. In den dunkelsten Schattenbereichen wurden drei oder vier Schichten übereinander gelegt. Um das grobe Aussehen zu erzielen, punktierte ich die Oberfläche mit der Bleistiftspitze. Der Bleistift mußte immer spitz sein, damit eine gleichmäßige Punktierung entsteht. Ich legte deshalb mehrere angespitzte Bleistifte bereit. Die kontrastierenden Texturen des Objektivs und des Chromrings wurden auf gleiche Weise erkundet. Die ausgesparten Stellen sollten an das Medium erinnern und dem Betrachter die Möglichkeit geben, Informationen selbst zu ergänzen. Um Erfolg zu haben, muß man allerdings darauf achten, daß die zu artikulierenden Teile interessant und anschaulich sind.

Die Zeichnung, die oben zu sehen ist, war eine schnelle Skizze, die in einer Pariser Metrostation entstand. Hier war ich an der ausgebeulten, heruntergekommenen und etwas tragischen Erscheinung des Mannes – ein schlafender Flötist – interessiert. Ich ließ meinen Filzstift durch die Falten der Kleidung kurven, das Ergebnis fast dem Zufall überlassend. Zu Hause hatte ich das Gefühl, daß die Strichstruktur übertrieben und verwirrend ist. So legte ich eine Lasur aus grauer Wasserfarbe auf die Figur, so daß die Form wieder hergestellt wurde. Im Grunde habe ich hier vom Strukturierten zur Form gearbeitet. Die wasserlöslichen Striche des Filzstifts verschwammen etwas in der Wasserfarbe.

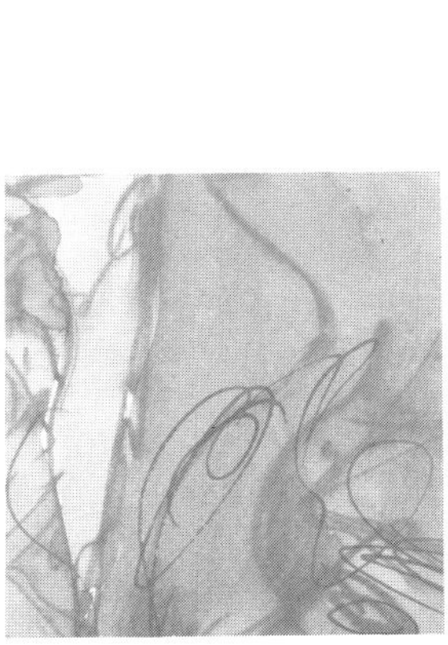

Locker strukturierte Linien, flach mit Wasserfarbe überzogen. (Filzstift mit Wasserfarbe)

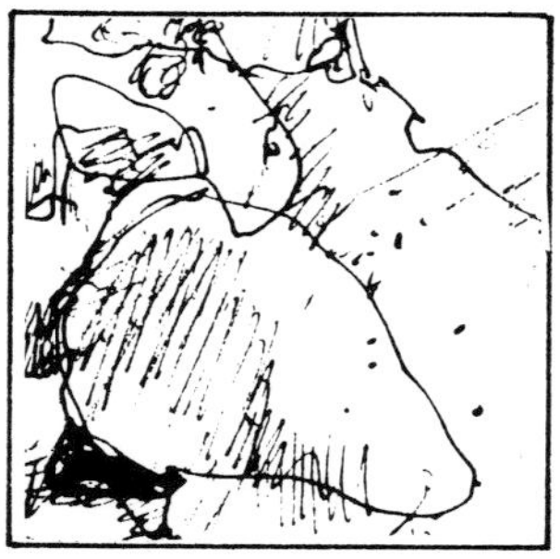

Winzige, punktierte Tupfer, gemischt mit kleinen Formen und tönenden Strichen. (Tintenkugelschreiber)

Strukturelle Inspiration

Während einer Eisenbahnfahrt weckte einmal das Profil einer Mitreisenden mein Interesse. Je länger ich beobachtete, um so mehr erkannte ich, daß es das Muster der Falten an Augen, Mund und Kinn war, was mich interessierte. Damals hatte ich nur einen Federhalter mit breiter Spitze – ein Zeichengerät, das ich für diese Aufgabe sonst nicht gewählt hätte. Aber ich war neugierig darauf, wie es wohl aussehen würde. So entstand die Zeichnung, die rechts zu sehen ist. Ich mache meinen Federhalter und auch den schaukelnden Zug verantwortlich für das grobe, etwas unrealistisch wirkende Ergebnis. Trotzdem gefallen mir die strukturellen Effekte dieser Falten.

Wiederholung mit Variationen

Wenn ich nur eine Anregung für die Darstellung von Oberflächen machen könnte, wäre es folgende: Wiederholen Sie, aber mit Variationen. Jede Oberfläche besitzt eine bestimmte Art von Textur oder Muster. Diese Struktur kann – wie wir bereits gesehen haben – auf sehr unterschiedliche Weise suggeriert werden, einschließlich kurzer Striche, Formen, Tönungen oder anderer Markierungen. Der entscheidende Punkt beim Variieren der Striche ist nicht nur die Tatsache, daß die konkrete Oberfläche wahrscheinlich nicht überall gleich ist (wenn man auch sehr genau hinsehen muß, um dies zu erkennen), sondern das Ziel, die Zeichnung dadurch interessanter zu machen. Wenn ich tatsächlich keine Variationen auf einer Oberfläche erkenne, dann erfinde ich welche.

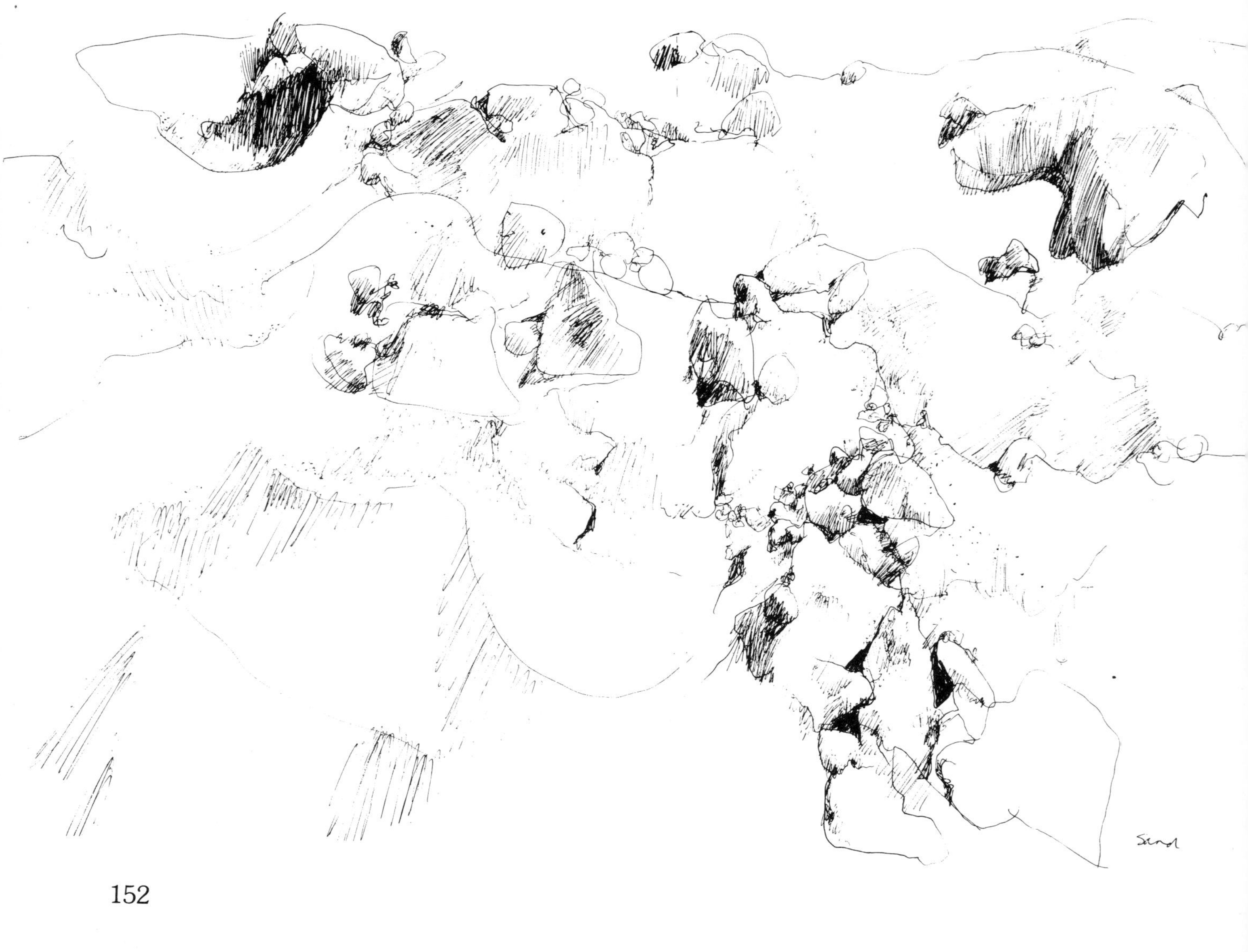

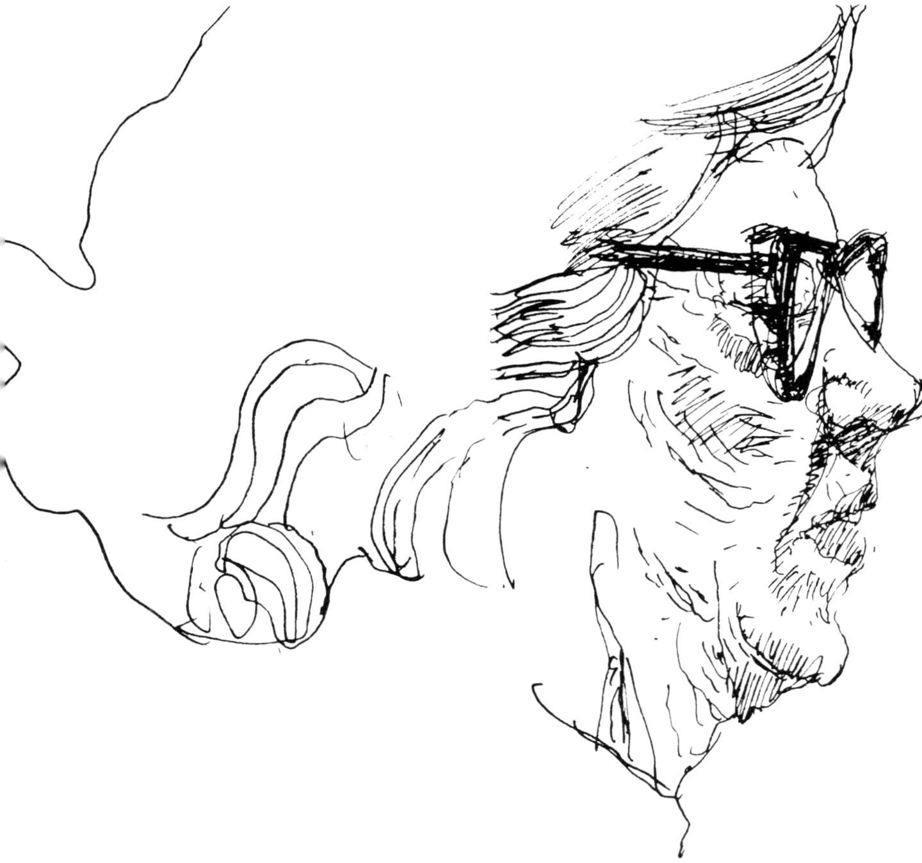

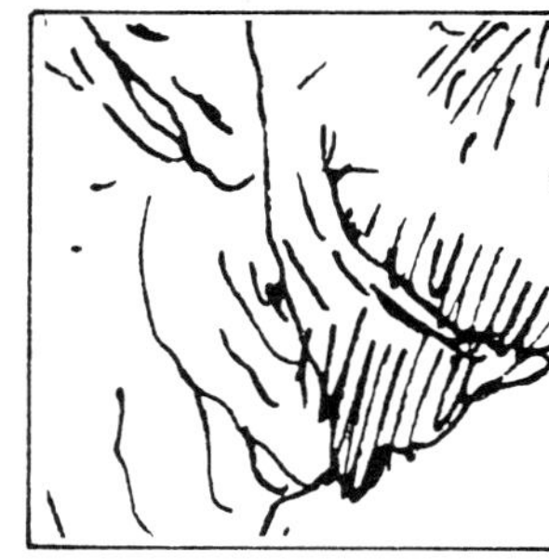

Unregelmäßige Linien mit geraden Strichen, die die Tönung bilden. (Federhalter mit breiter Spitze)

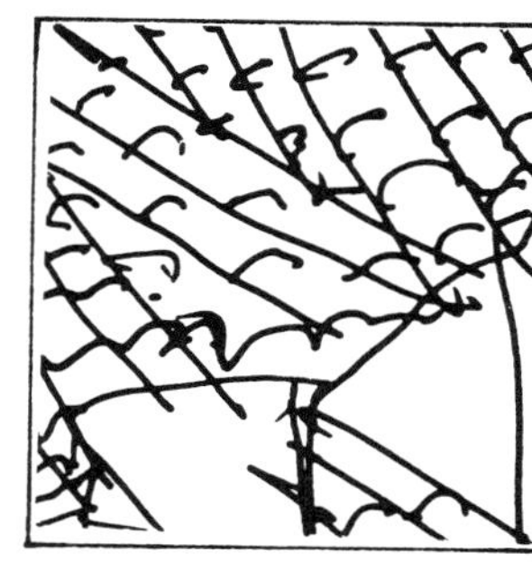

Parallele Diagonalen mit bogenförmigen Horizontalen. (Federhalter mit breiter Spitze)

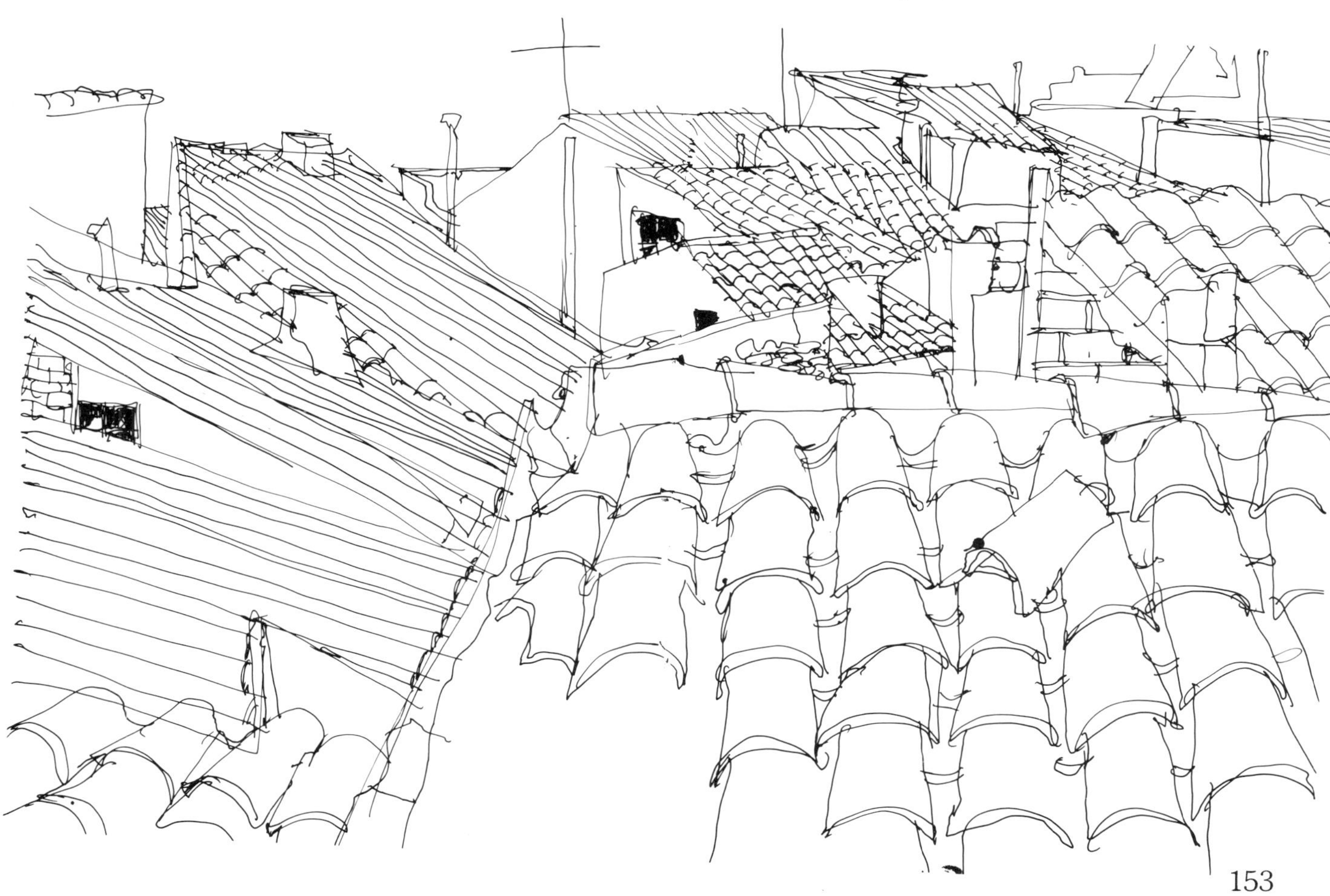

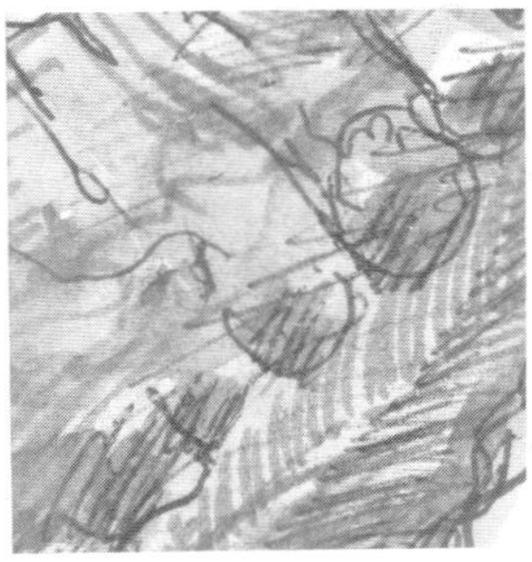

Unregelmäßige Striche mit unterschiedlichem Druck. Schattenbereiche wurden mit feuchtem Finger verrieben. (Wasserlöslicher Filzstift auf rauhem Papier)

Das Wiederholen mit Variationen ist ein Gestaltungsprinzip, das man sowohl in der Kunst als auch in der Natur findet. Wir erkennen dieses Prinzip in den wirbelnden Strichen von van Goghs Zypressen und bei den wiederkehrenden vier Noten von Beethovens Fünfter Symphonie. In der Natur offenbart es sich in jeder Struktur und in jedem Muster. Es *ist* Natur. Für den Menschen ist es eine Quelle ästhetischen Genusses. Uns beruhigt die Wiederholung, und als ruhelose Wesen werden wir auch von gewissen Variationen angesprochen.

Ich zeichne gerne seltsame und schwer faßbare Texturen der Natur (Rauch oder Wasser) oder technischer Gegenstände. Weil weder ich noch mein Publikum eine feste Vorstellung davon haben, wie diese Dinge aussehen sollten, fühle ich mich frei, mit ihnen zu experimentieren. Wiederholungen und Variationen bringen in solchen Fällen fesselnde Ergebnisse.

Beim Zeichnen von Sand benutzte ich meinen Tintenkugelschreiber, um die Oberfläche gleichmäßig mit Pünktchen zu überziehen. Variationen entstanden durch unregelmäßige Kammlinien und kleine Klumpen.

Die Dächer Spaniens sind Oberfächen, die aus kleinen, quasi-geometrischen Formen zusammengesetzt sind. Mit größerer Entfernung der Dächer ging meine Texturdarstellung von der Artikulation einzelner Formen über zu einer Andeutung, bestehend aus einer Kombination von geraden Diagonalen und wellenförmigen horizontalen Linien. Im Hintergrund ließ ich alle Horizontalen wegfallen. In dieser Zeichnung ergab sich die Wiederholung aus der Uniformität der Dachziegel selbst und die Variation durch die unterschiedliche Neigung der Dächer und die sich verändernde Struktur der Striche.

Der Elefant ist ein Tier, das für Texturzeichnungen gut geeignet ist. Interessant sind die langen, herabhängenden Falten des Ohrs, die relativ glatte Oberfläche der Stirn und die Vielfalt der Falten des beweglichen Rüssels. Beachten Sie hier, wie sich der Schatten auf die Textur auswirkt. Da die Textur in großem Maße durch Licht in Erscheinung tritt, ist es logisch, daß wir in dem Schatten weniger von ihr sehen.

Die beiden Zeichnungen auf der rechten Seite stellen Untersuchungen dar, die ich zum Thema Textur und Technik durchführte. Das obere Bild zeigt ein geöffnetes Transistorradio. Es sieht kompliziert aus, ist aber wirklich nur eine Zusammenstellung von Rechtecken unterschiedlicher Größe und Kreisen vor einem Hintergrundgekritzel. Das Ohr und der Astronaut

In den beleuchteten Partien sehen wir mehr von der Textur und in den schattigen Bereichen weniger.

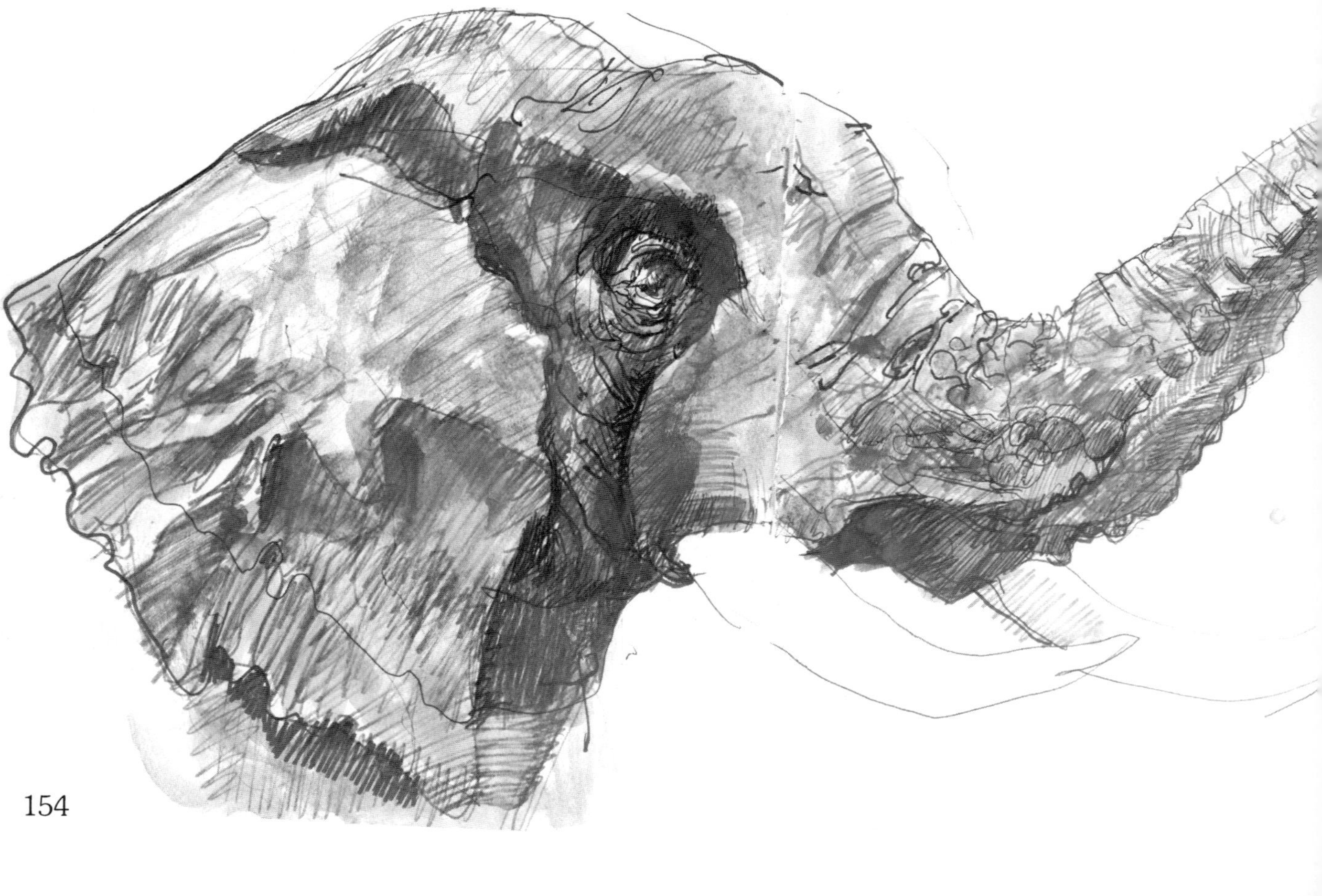

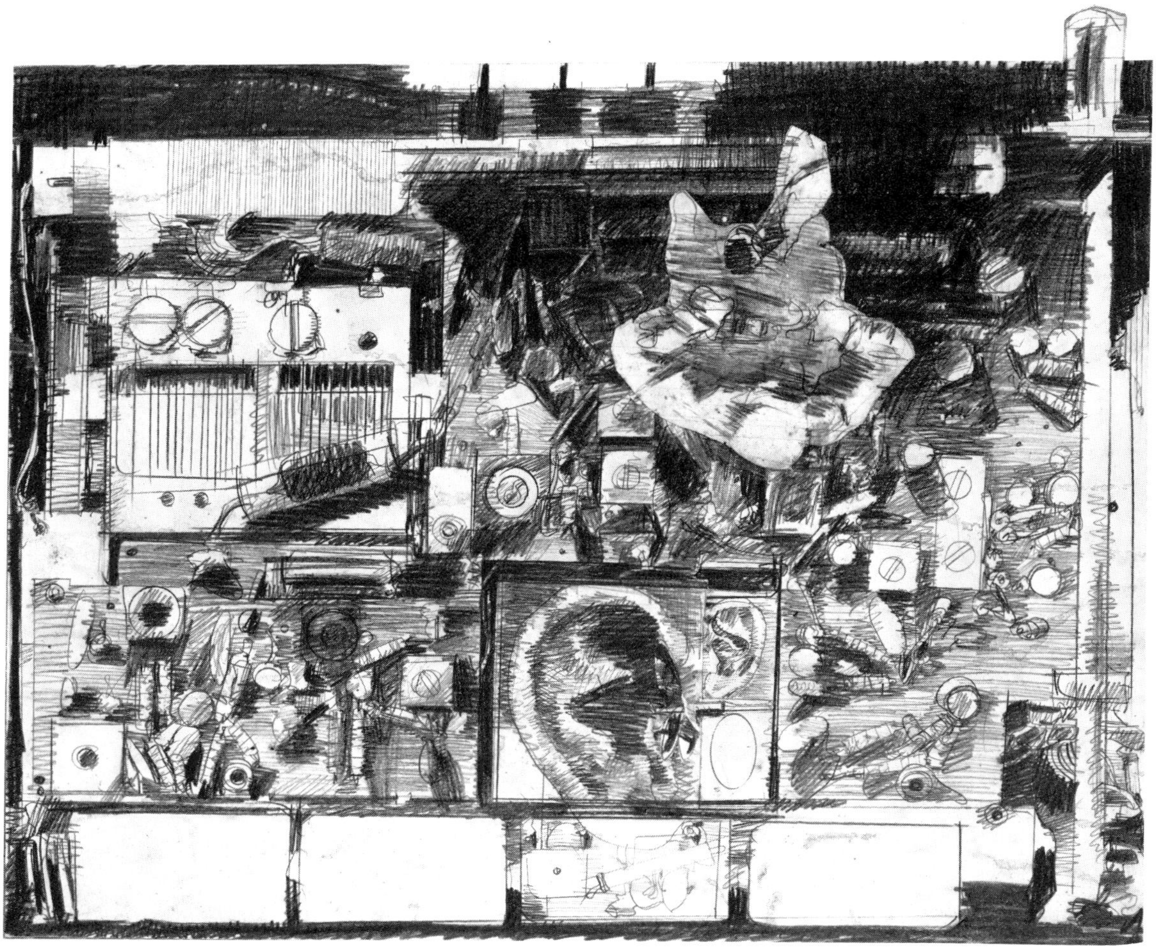

wurden aus einer anderen Zeichnung geschnitten und aufgeklebt. Die kleine Skizze, die unten zu sehen ist, wurde von einem Foto einer abgefeuerten Rakete kopiert. Die ganze Zeichnung besteht einfach aus einer Reihe von Blasen strukturierter Formen, die auf unterschiedliche Weise wiederholt werden.

Ich arbeite gerne nach Fotos, die abstrakt wirken, und dann verstärke ich diese Wirkung noch. Bei diesem Bild dachte ich an die zunehmende Abstraktion und Reichweite der modernen Kriegsführung.

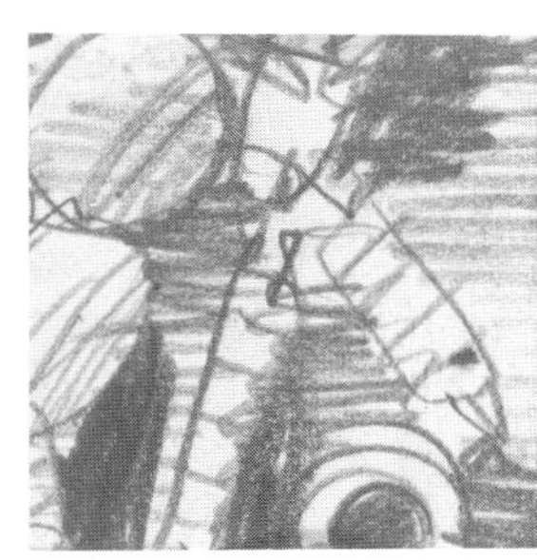

Rechtecke und Kreise mit Strukturen aus schweren schwarzen Strichen. (Bleistift)

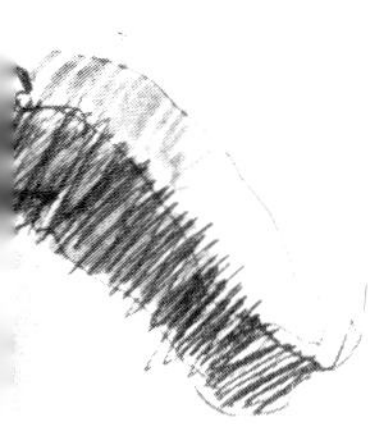

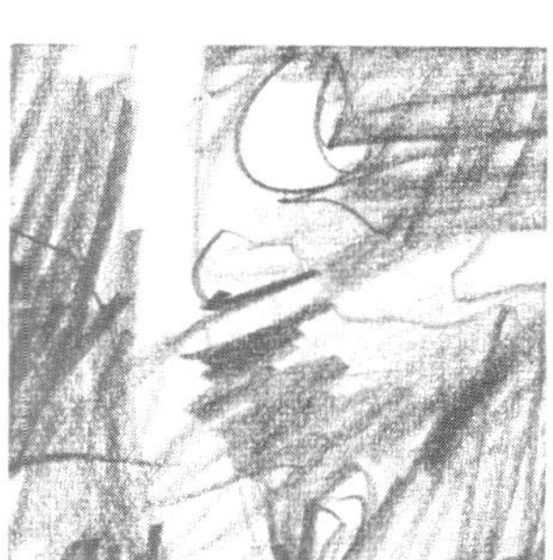

Unregelmäßige Blasen mit lockeren Schraffen. (Bleistift auf beschichtetem Papier)

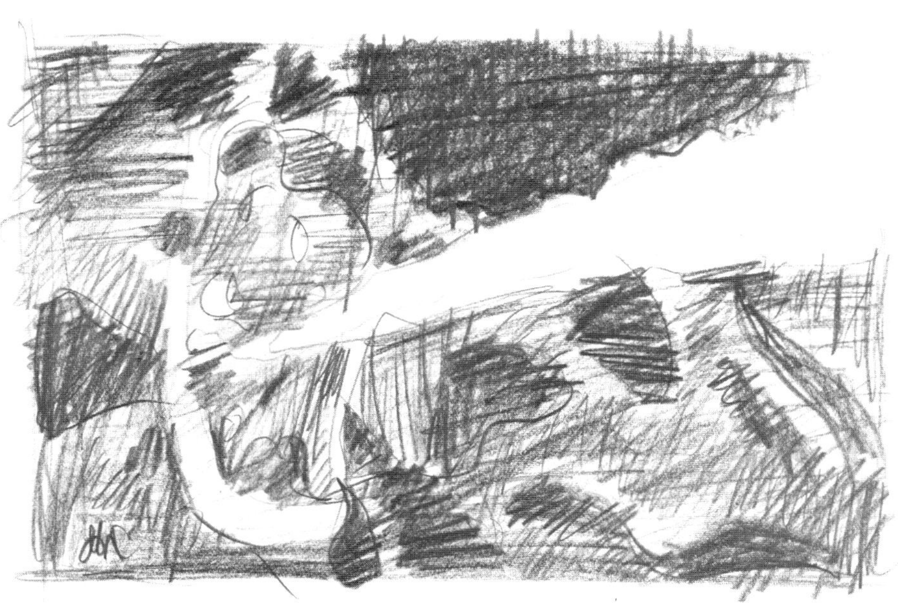

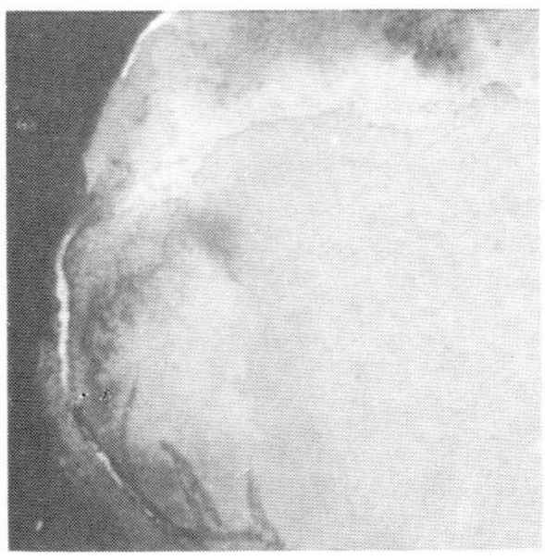

Taube: Weiche Übergänge zwischen Tönen, Naß-in-Naß-Malerei. (Wasserfarben)

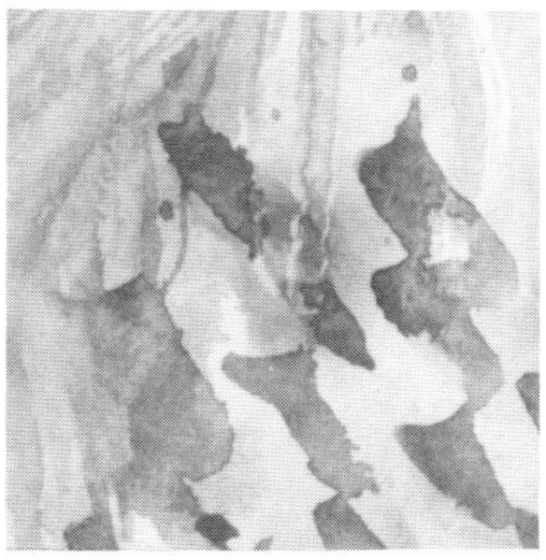

Hahn: Kräftiger Auftrag, Streifen und Spritztechnik. Papier ist feucht, aber nicht naß. (Wasserfarbe)

Kontrastierende Texturen

Texturen gefallen uns unter anderem dann, wenn eine Textur im Gegensatz zu einer anderen, andersartigen Textur steht. Jeder ernsthafte Zeichenkünstler erkennt, daß eine Zeichnung keine Gruppe von isolierten Teilen ist. Sie ist wirklich ein Gefüge von Beziehungen. Jeder strukturierte Bereich einer Zeichnung steht in einer Beziehung zu den benachbarten Texturen. Sie bringen sich gegenseitig ins Spiel. Es ist tatsächlich möglich, die Wirkung einer Textur dadurch zu steigern, daß man an einer anderen arbeitet.

Susan Dowleys Zeichnung *Ein genauer Blick*, die am Anfang des Kapitels zu sehen ist, illustriert diese Idee. Die Wirkung der glatten Oberfläche der Muschel beruht ebenso auf dem rauhen Hintergrund wie auf der hervorragenden zeichnerischen Darstellung des Gegenstandes. Das Grau der Muschel erscheint perlmutterartig vor der dunklen Umgebung.

Es verblüfft mich immer noch, wie es Meistern wie Degas und Courbet gelang, so glatte und weiche Porträts mit schwerer schwarzer Kreide und rauhem Papier zu schaffen. Eine nähere Untersuchung der zarten Gesichter zeigt, daß sie grob und körnig sind. Wenn man diese Bilder durch einen Motivsucher betrachtet, könnte man sie mit gebrauchtem Sandpapier oder einer alten Wand verwechseln, aber im Kontext, umgeben vom dunkleren und stärker strukturierten Haar, wirkt die rauhe Haut blütenzart.

Wenn man die Zeichnung als ein Gefüge von Beziehungen begreift, versteht man, warum Dinge groß oder klein wirken, rauh oder glatt im Vergleich zu einem anderen Teil des Bildes. Anfänger beenden ihre Arbeit häufig schon bevor diese erläuternden Beziehungen hergestellt wurden. Wenn Sie zum Beispiel etwas zeichnen möchten, das auf dem weißen Papier hell wirkt, sollten Sie nicht vergessen, etwas Dunkles zum Vergleich daneben zu setzen. Wenn Sie das nicht tun, werden Sie vielleicht ein Gestaltungsproblem im Mittelpunkt feststellen, ohne zu erkennen, daß die Lösung in der Umgebung liegt.

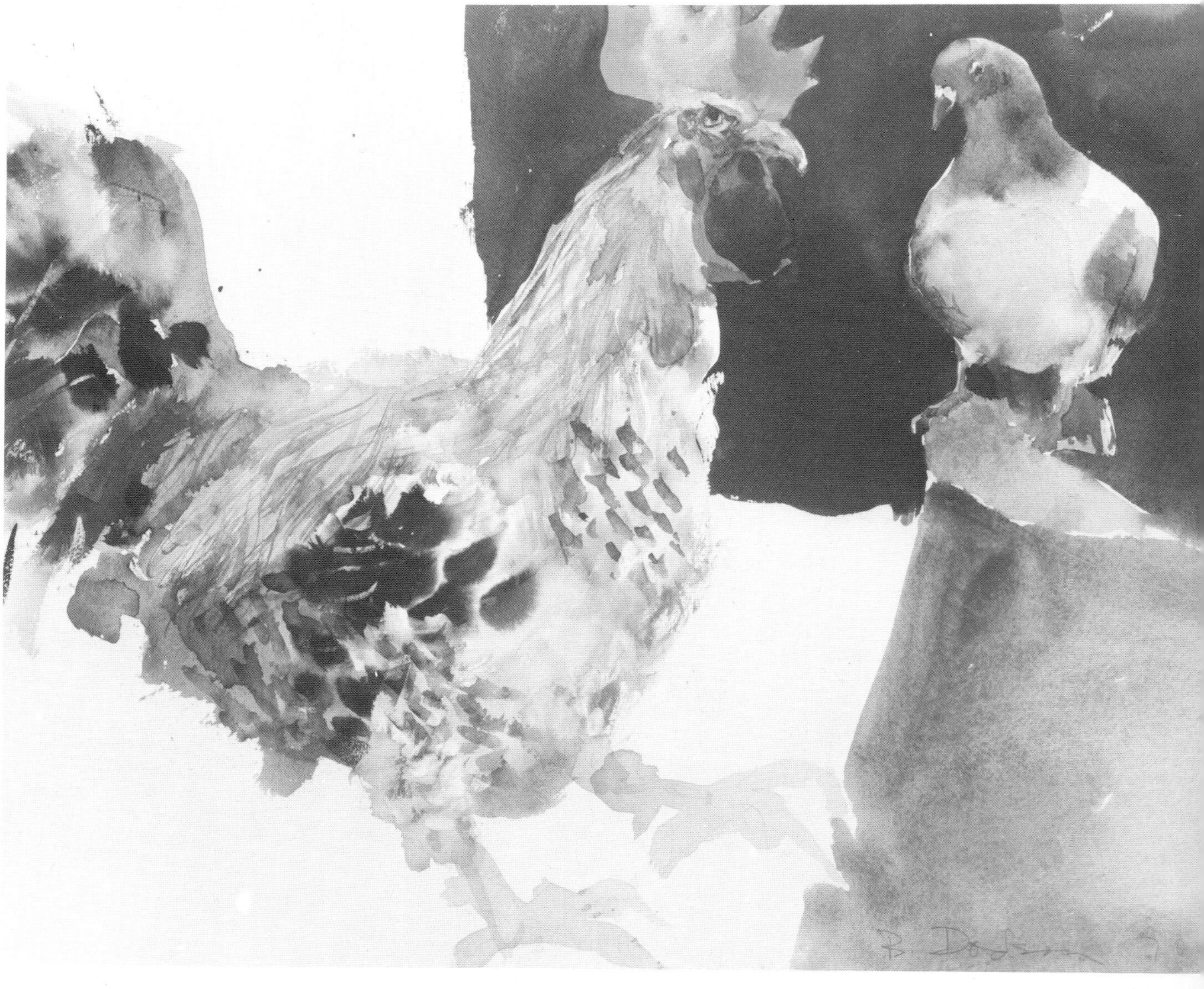

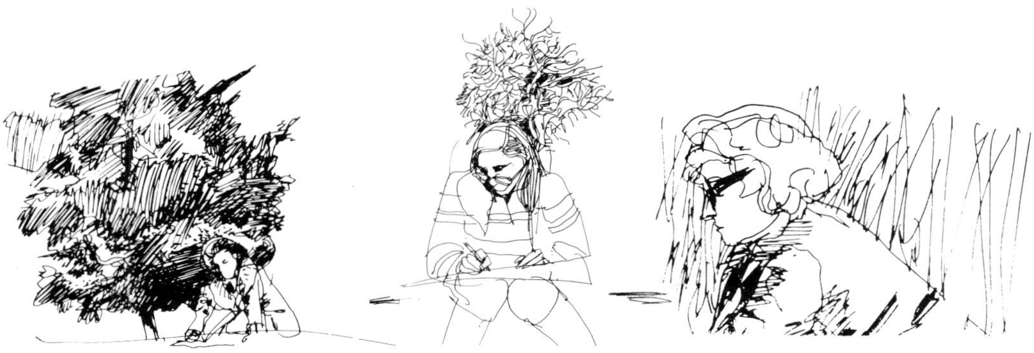

Wenn diese Gedanken über Beziehungen neu für Sie sind, möchte ich empfehlen, die Texturgestaltung in Werken, die Sie bewundern, besonders aufmerksam zu betrachten. Nehmen Sie ein Stück weißes Papier und schneiden Sie ein Loch in der Größe einer Münze aus, durch das man den einzelnen Textureffekt isoliert betrachten kann. Nach der ersten Untersuchung wird das Loch über die benachbarten Flächen bewegt, um auch diese zu analysieren. Sie werden erkennen, wie die unterschiedlichen Illusionen erreicht wurden, aber Sie werden besonders darüber erstaunt sein, wie die Texturen in ihrer Wirkung voneinander abhängig sind.

Eine andere Übung, die die Idee der Texturkontraste veranschaulicht, ist das Anfertigen einer Zeichnung, in der man gegensätzliche Texturen paarweise anordnet. Ich habe unten einige Möglichkeiten in Form von Diagrammen dargestellt. Sie können sich auch noch andere Beispiele ausdenken. Es sollen Texturen planmäßig gegen einander ausgespielt werden oder so eingesetzt werden, daß sie sich gegenseitig unterstützen.

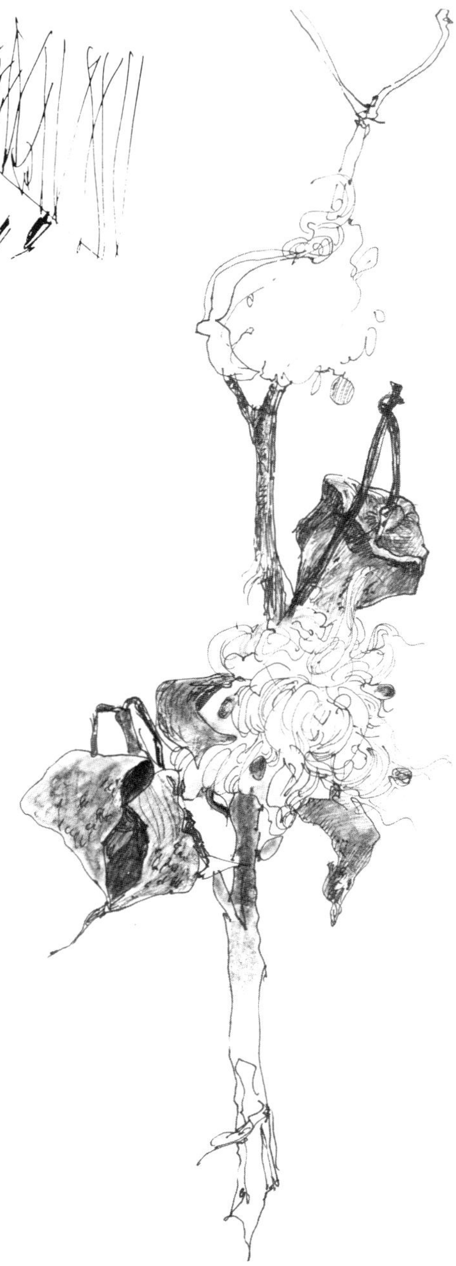

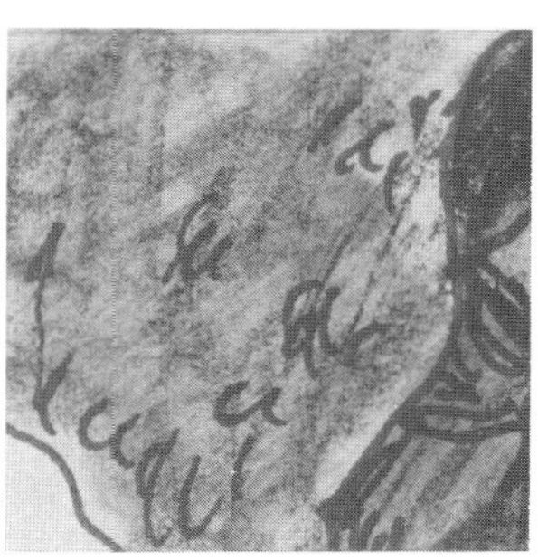

Hülse: Dicke Linie mit Tönen rauher Textur. (Filzstift, Zeichenkohle auf schwerem Zeitungspapier)

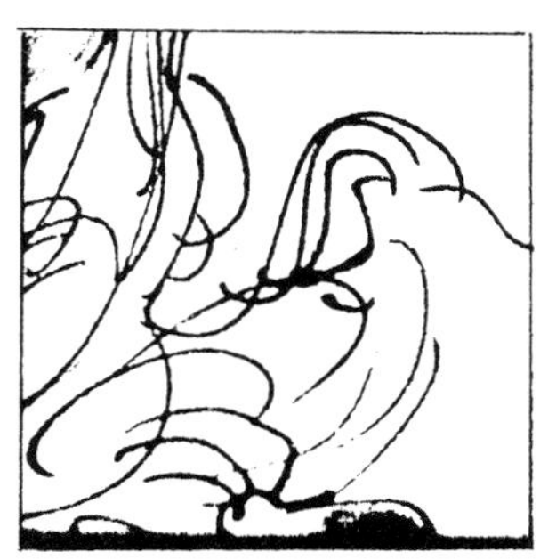

Saat: Leichte lineare Striche. (Filzstift)

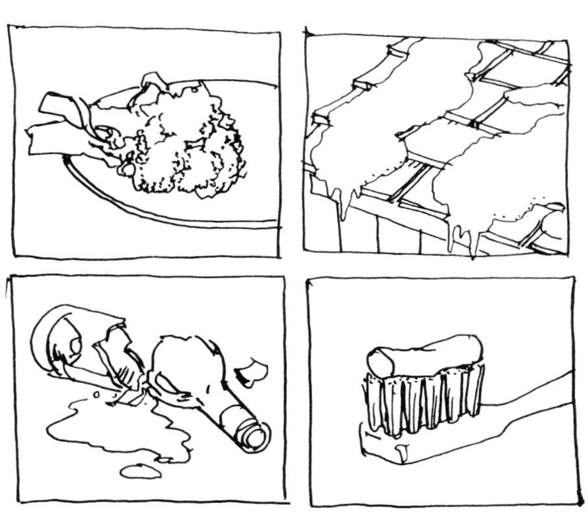

Projekt 6 – A Kontrastierende Texturen

Fertigen Sie eine Zeichnung an, in der zwei ganz unterschiedliche Texturen aufeinander stoßen. Wählen Sie einen der Vorschläge oder folgen Sie einer eigenen Idee. Auf jeden Fall soll der Gegenstand nach Beobachtung gezeichnet werden, nicht nach Erinnerung oder Vorstellung. Zeichnen Sie ein großes Bild, vorzugsweise im Format 50 x 70 cm, und stellen Sie die Gegenstände aus der Nähe dar, um alle Details der Texturen festhalten zu können.

Um die Textur mit dem Tastsinn zu erfahren, sollten Sie die Arbeit gelegentlich unterbrechen und die Gegenstände berühren. Sprechen Sie auslösende Wörter und zögern Sie nicht, den Ausdruck zu verstärken. Wenn Sie ein Vergrößerungsglas besitzen, können Sie Ihren Gegenstand damit hin und wieder näher untersuchen. Es kann ein beliebiges Medium genommen werden. Zeit: eine Stunde und zwanzig Minuten.

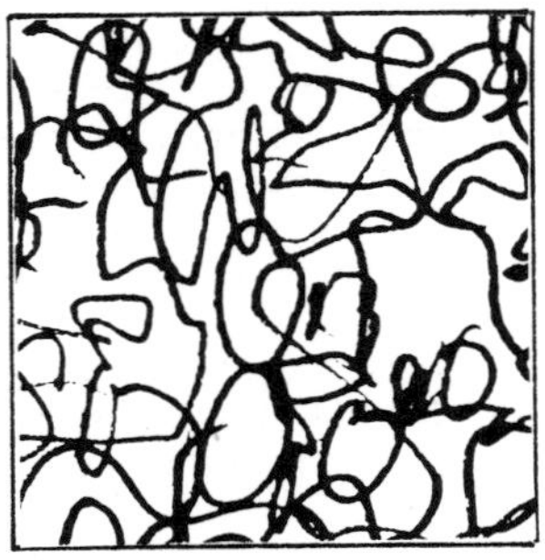

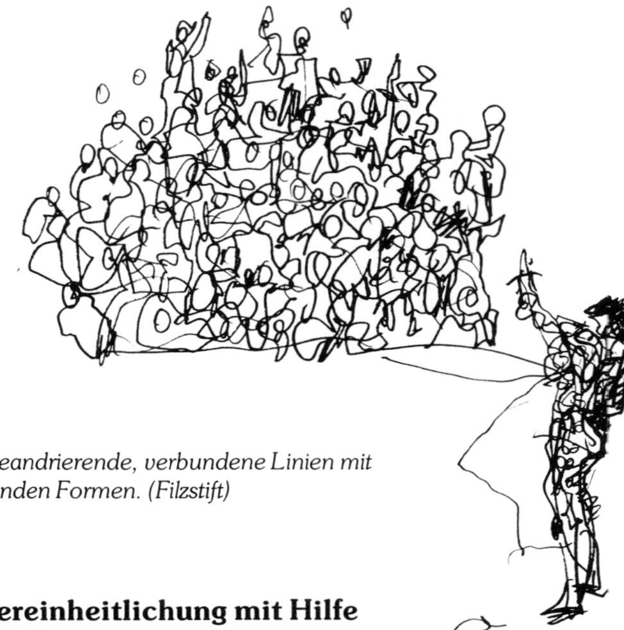

Meandrierende, verbundene Linien mit runden Formen. (Filzstift)

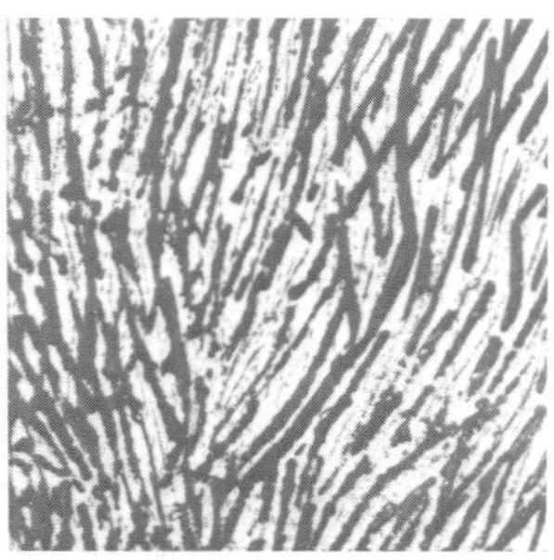

Gerade, grasförmige Striche, in Büscheln geordnet. (Radierung)

Vereinheitlichung mit Hilfe der Textur

Das Konzept der Vereinheitlichung mit Hilfe der Textur bringt uns auf einen entgegengesetzten Kurs zu den Ausführungen der letzten Seiten. Wir erkunden immer noch Beziehungen, aber wir suchen keine Kontraste mehr, sondern Ähnlichkeiten. Eigentlich suchen wir nicht nur Ähnlichkeiten, wir erzwingen sie. Dies könnte auf Kosten einer realistischen Illusion erfolgen, aber wir machen es ganz bewußt. Wenn das ehrwürdige, vom Wetter geprägte Gesicht, das wir zeichnen, an die Wand der Scheune im Hintergrund erinnert, stellen wir beides so dar, daß sich die Texturen verbinden. Die Wirkung ist oft fesselnd und manchmal erstaunlich. In manchen Fällen kann man so weit gehen, daß alle Elemente der Zeichnung so dargestellt werden, als wären sie aus dem gleichen Material gemacht. Dies ist zwar ein extrem stilisiertes Bearbeitungsschema, aber es läßt Raum für subtilen Ausdruck. Bemerkenswert ist die Erinnerungen wachrufende Zeichnung von Harold Altman (unten).

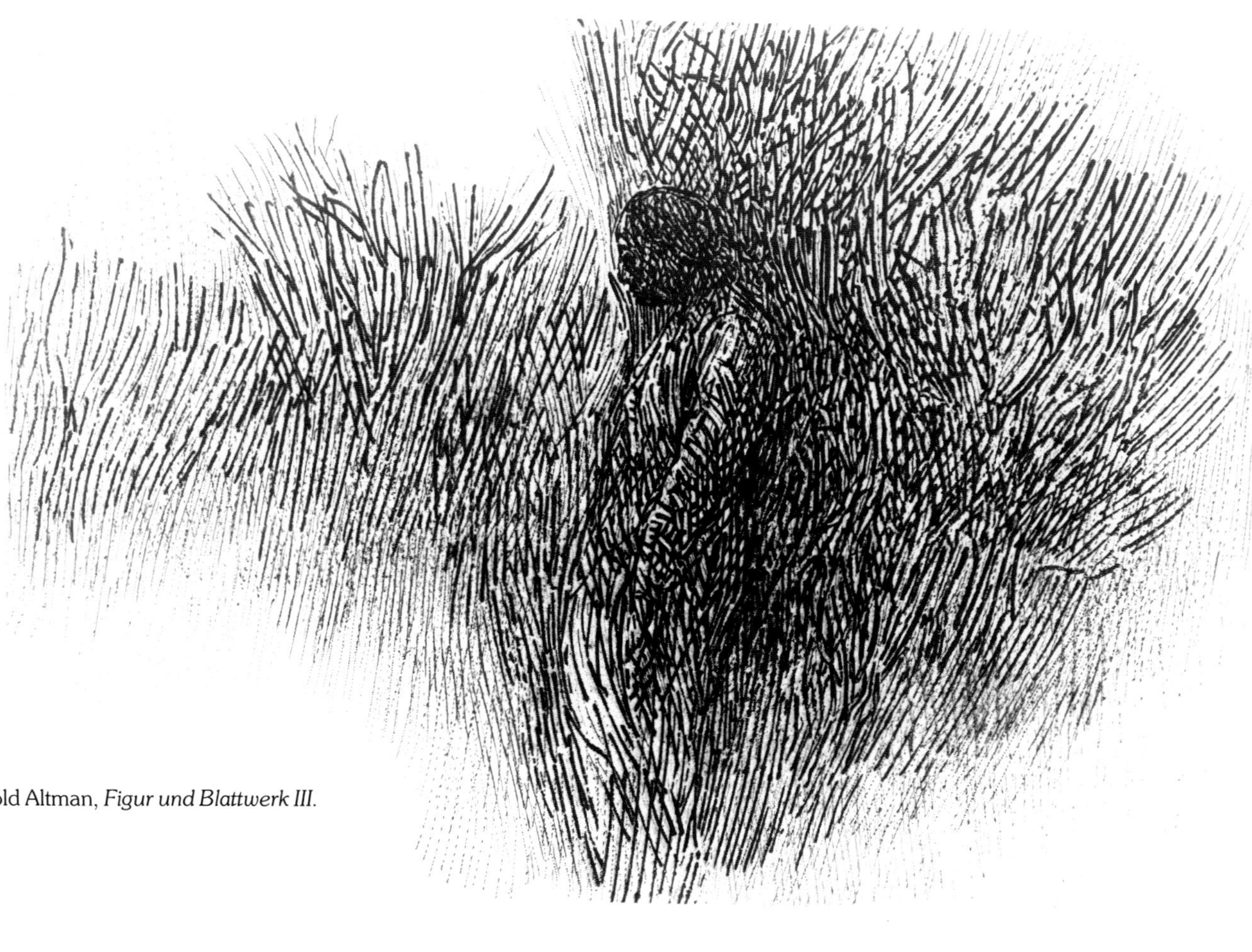

Harold Altman, *Figur und Blattwerk III.*

Das Bild der Muschel und Fischerboote war ein zufälliges Produkt von Studien auf einem Blatt des Skizzenbuchs. Zuerst zeichnete ich die Muschel, ausgeführt in einer leichten, lockeren Struktur. Später, als ich mich entschloß, die Boote und Fischer zu zeichnen, arbeitete ich einfach mit demselben Strich weiter. Es waren wirklich zwei selbständige Zeichnungen, aber die Art der Strichgestaltung verband sie.

Die Strichstruktur der Texturen kann eine Brücke bilden, die Verbindungen herstellt. Oder sie kann die Verbindungen, die wir bereits wahrnehmen, noch verstärken. Bei der kleinen Skizze des Matadors und der Menschenmenge war ich überrascht von der visuellen Einheit der beiden Teile. Es deutet die unvermeidbare Verknüpfung von Schauspiel und Zuschauern an. Ich zeichnete das Bild vor fünfzehn Jahren, lange bevor ich die verlorene Beziehung zwischen Mensch und Tier erkannte, die der Stierkampf repräsentiert.

Projekt 6 – B Vereinheitlichung mit Hilfe der Textur

Fertigen Sie eine Zeichnung an. Orientieren Sie sich an den Bildern auf diesen Seiten und vereinheitlichen Sie die Elemente des Bildes, indem Sie eine einzige Art der Strichstruktur für Texturen verwenden. Die Eigenart Ihrer Strichführung könnte sich aus einem Teil des Bildes ergeben, zum Beispiel aus der Darstellung von Gras, Blattwerk oder Wasser. Diese Art der Texturdarstellung sollte alle Bereiche der Zeichnung überziehen. Das heißt aber nicht, daß sie mechanisch oder automatisch erfolgen soll. Es ist viel besser, Möglichkeiten kleiner Variationen zu finden. Zeichnen Sie die Szene im Freien, am besten ein Motiv mit Gebäuden und Menschen. Es kann mit einem beliebigen Medium gearbeitet werden. Zeit: 30 Minuten bis eine Stunde.

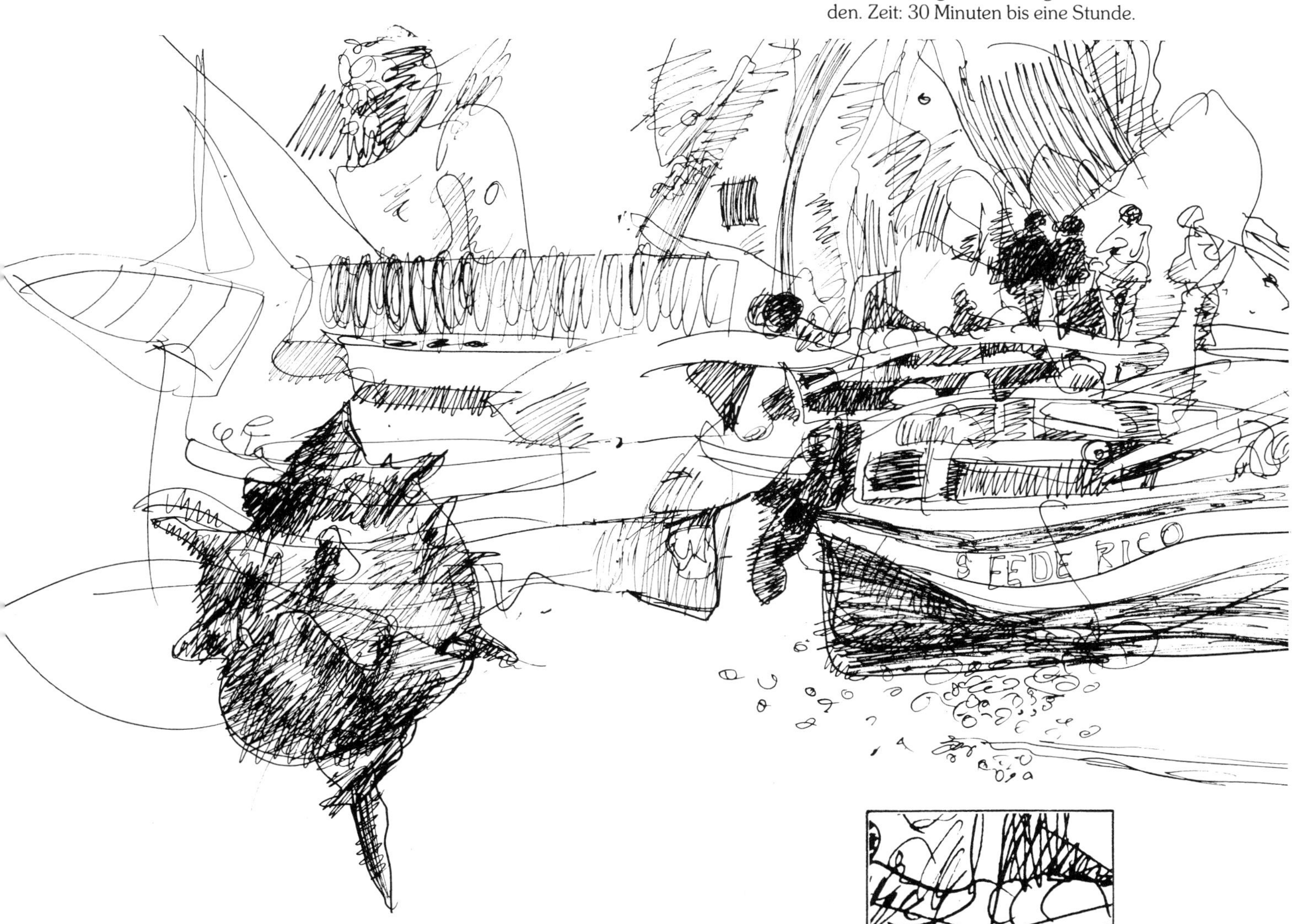

Während es für das Zeichnen der Texturen keine Formeln gibt, sollen auf den nächsten Seiten ein paar Hinweise folgen, die bei der Beobachtung hilfreich sind. Diese Tips sind zum größten Teil Variationen des bereits dargestellten Form-und-Struktur-Ansatzes. Es werden auch Anmerkungen über Artikulation gemacht. Die Informationen sollen allerdings nicht die genaue Beobachtung ersetzen, die immer die Grundlage einer guten Zeichnung ist.

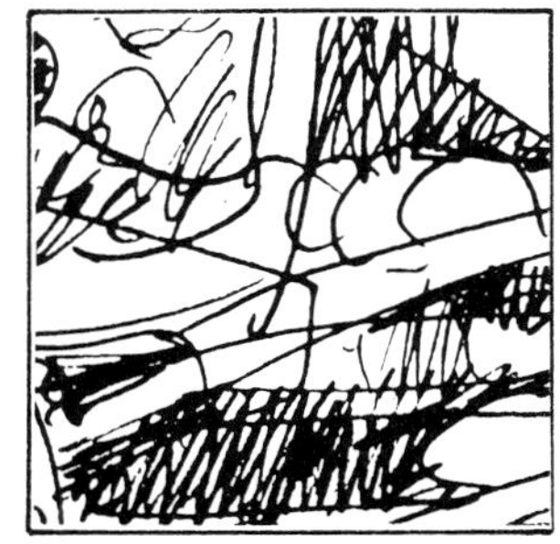

Strukturen anlegen: Der Stift wird hin und her und in verschiedene Richtungen bewegt. (Filzstift).

Strähnen werden den Formen untergeordnet, zu denen sie gehören.

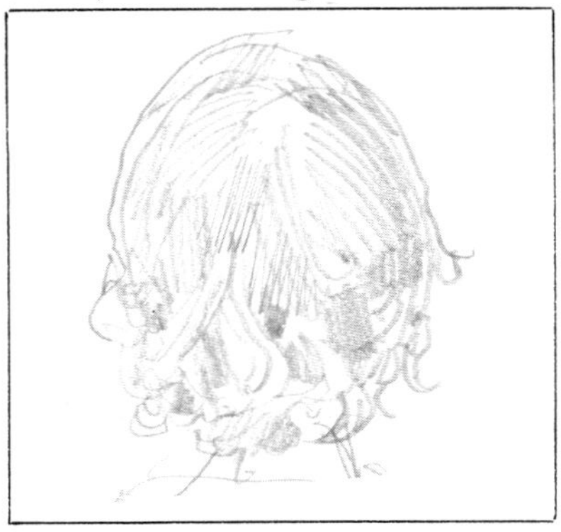

Geschwungene, seilähnliche Gruppierungen.

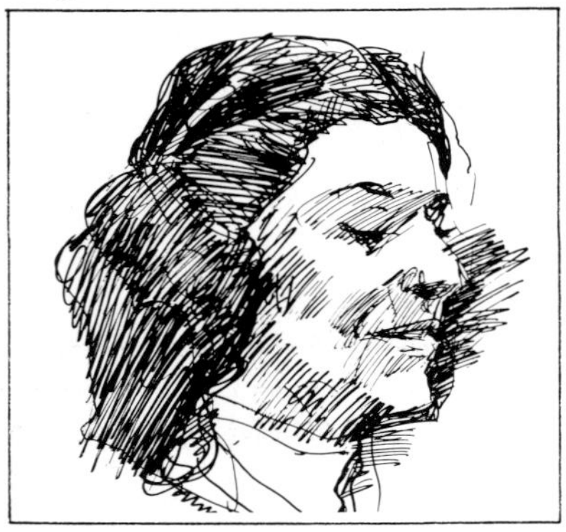

Zu einfachen Einheiten gruppiert.

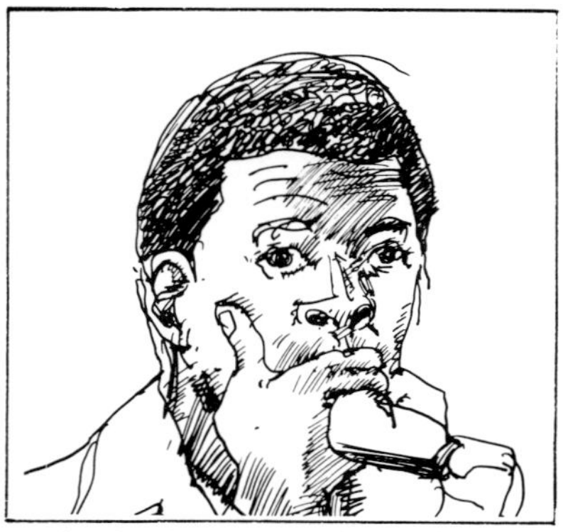

Dichte Locken vermischen sich mit tonalen Schraffuren.

Projekt 6 – C Haare

Zeichnen Sie einen Kopf aus einer Dreiviertel-Ansicht von hinten. Dabei soll die Textur der Haare besonders hervorgehoben werden. Nehmen Sie sich Zeit, um die Haare vor und mehrmals während der Zeichenarbeit zu berühren. Achten Sie darauf, wie die Haare Büschel bilden und beobachten Sie die gesamte Form der Haare. Viele Texturstriche sollen der Richtung des Haarwuchses folgen. Deuten Sie auch das L/S-Muster an. Es kann mit einem beliebigen Medium oder einer Kombination von Medien gearbeitet werden. Sprechen Sie geeignete auslösende Wörter wie »geschwungen«, »kraus«, »glänzend« oder »wuschelig«. Zeit: 30 Minuten.

Haare – Büschel feiner Linien

Der häufigste Fehler, der beim Zeichnen von Haaren gemacht wird, ist es, sofort mit der Darstellung der Strähnen zu beginnen. Die Ergebnisse sind normalerweise zwar ausreichend strukturiert, aber oft formlos. Um zu einer wirkungsvolleren Darstellung der Haare zu gelangen, muß man sich auf eine genauere Untersuchung der wahrnehmbaren Formen einlassen.

Zunächst sollte man die gesamte Form der Haare beachten. Bei schnellen Skizzen ist es ausreichend, diese Form zu zeichnen und sie mit wenigen Strichen auszufüllen. Wenn die Zeichnung anspruchsvoller werden soll, muß man beobachten, wie die Haare in kleinere Formen unterteilt werden, entweder durch die Frisur oder durch das Spiel des Lichts oder durch beides zusammen. In der Anordnung wird es kaum mehr als zwei oder drei Formen geben. Wenn es mehrere Formen geben sollte, könnte es nützlich sein, die Haare als eine Sammlung von »Stricken« oder als Büschel von Strähnen zu betrachten. Kurze Locken können als Büschel C-förmiger Striche ausgeführt werden, am Ende spitz zulaufend. Die den Ausdruck verstärkenden Formen, die durch Licht und Schatten entstehen, können zahlreich sein. Mit Hilfe des Blinzelns kann man sie leichter erfassen.

Am Ende werden ein paar gut plazierte Haarbüschel und Strähnen die Illusion vervollständigen. Vor der eher tonalen Struktur werden sie gut wirken. Bei der Ausführung einzelner Strähnen sollte man darauf achten, daß man der Richtung des Haarwuchses folgt und der Bleistift immer angespitzt ist. Die Striche sollten leicht und gefühlvoll geführt werden. Am Ende jedes Striches wird der Stift angehoben.

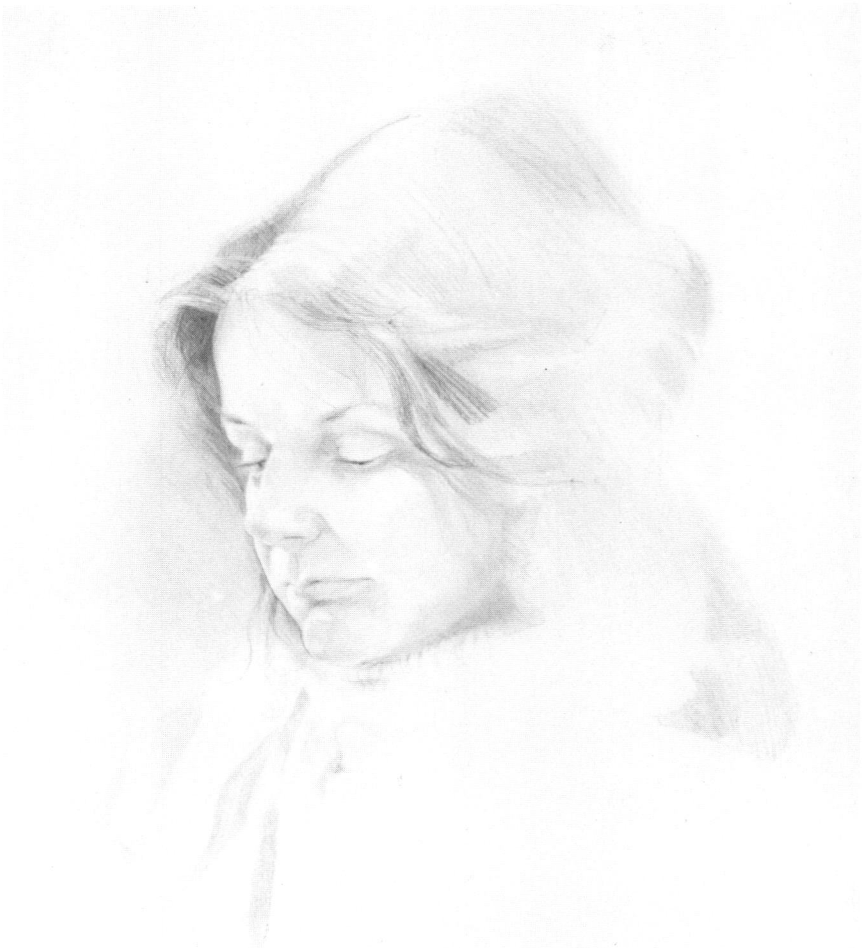

Weiche tonale Striche mit fein artikulierten Strähnen. (Bleistift)

George Dugan, *Porträt von Nina*

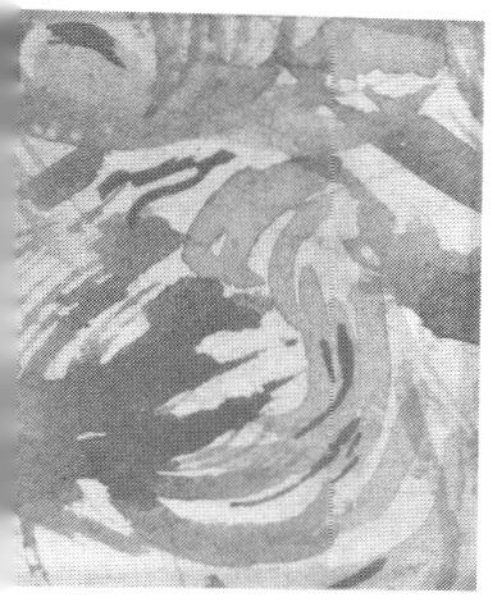

Helle Untergrundtönung mit Schichten von dunkleren, gebogenen Strichen. (Wasserfarben)

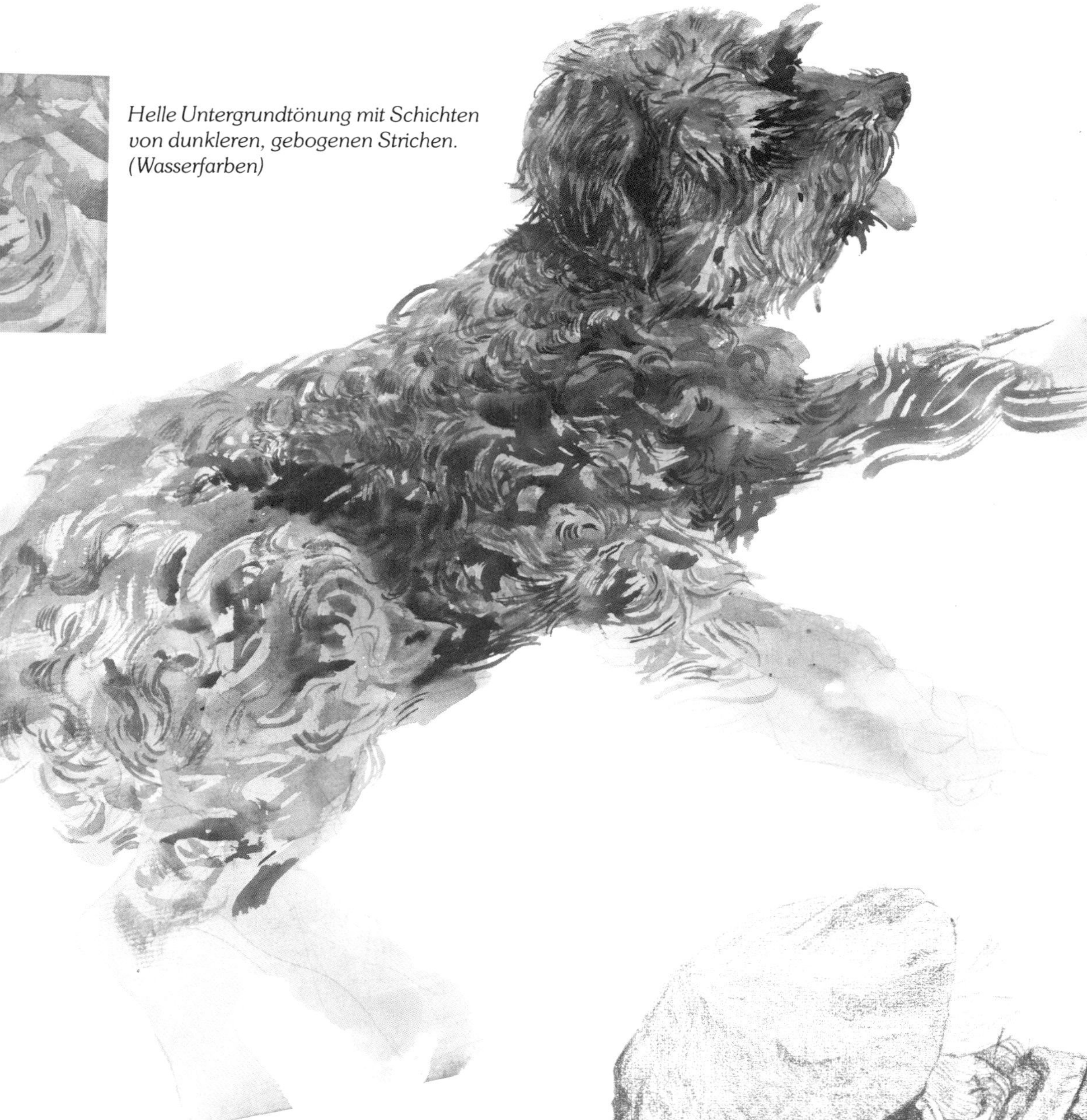

Feine, kurze Striche, zu Büscheln zusammengefaßt. (Bleistift)

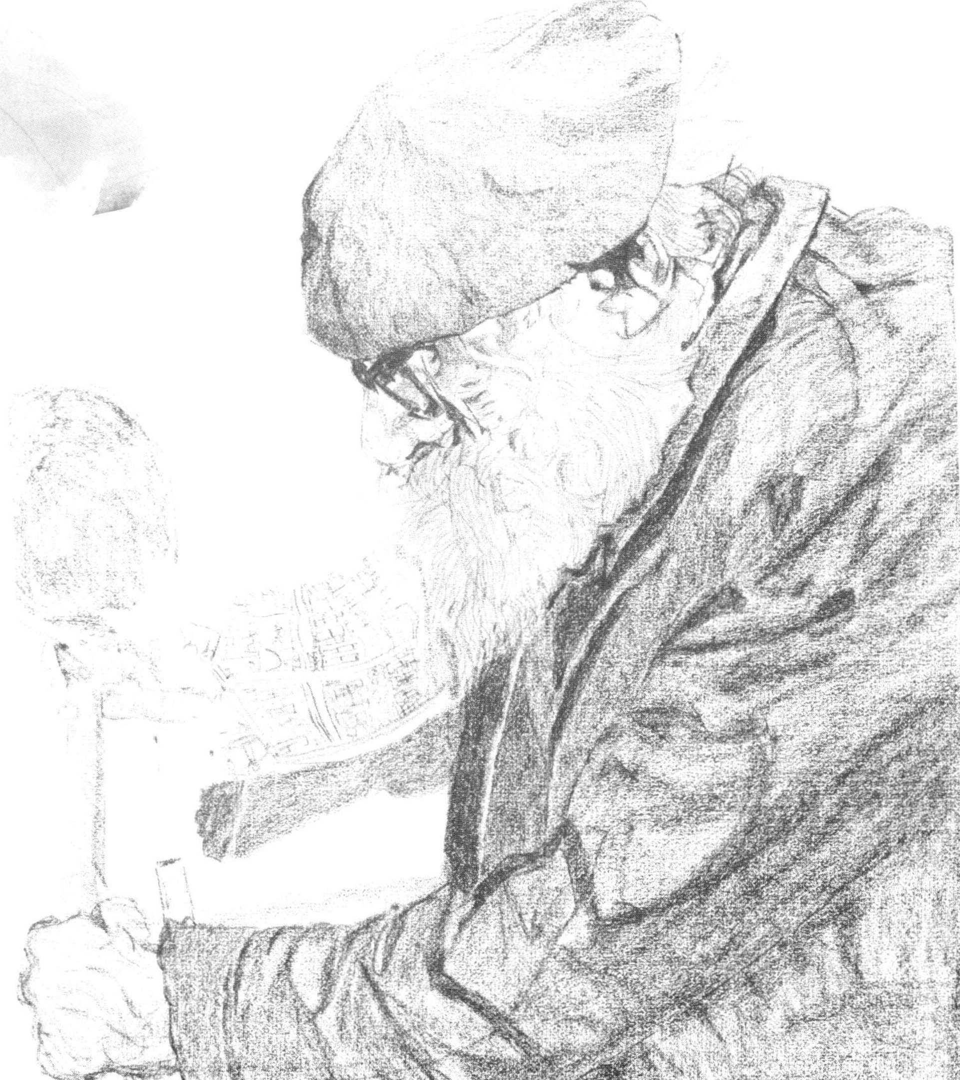

Phyllis Neuhauser, *Benno.*
Nach einer Fotographie gezeichnet.

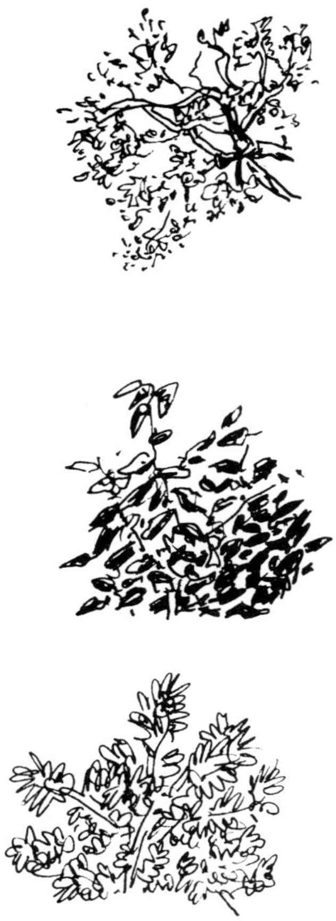

Die Art der Striche, die das Blattwerk darstellen, ist abhängig von dem Pflanzentyp.

Blattwerk – strukturierte Massen, komplizierte Muster

Wenn Sie eine Landschaft zeichnen, haben Sie es ständig mit der Herausforderung zu tun, Blätter darzustellen. Wiederum tun Sie gut daran, sie als Problem der Organisation von Formen zu betrachten. Suchen Sie zuerst die Hauptmassen. Besondere Aufmerksamkeit ist auf die hellen und dunklen Gruppierungen zu richten. Es ist eine gute Idee, diese Bereiche zu kartieren. Nützlich sind oft einfache Tönungen mit hin und her gezogenen Strichen, mit denen man die Massen anlegt, bevor man eine Struktur ausführt, die die Textur der Blätter wiedergibt.

Wiederholung mit Variation sollte die Richtlinie für die Ausarbeitung der komplizierten Oberfläche des Blattwerks sein. Natürlich sollten die Striche den Charakter des betreffenden Blättertyps, den Sie beobachten, wiedergeben, und das wird stark von der Entfernung zum Baum beeinflußt. Um die Illusion zu verstärken, könnten einige der Blätter und Zweige hier und dort artikuliert werden. Beim Zeichnen der Zweige sollten Sie versuchen, den Bleistift in Richtung des Wachstums der Zweige zu bewegen. Die eingeschlossenen Formen des Himmelslichts, das durch die Blätter blinkt, geben einen schönen Kontrast zur Struktur des Laubwerks ab.

Projekt 6 – D Blattwerk

Zeichnen Sie einen Baum oder einen Busch mit besonderer Betonung des Blattwerks. Artikulieren Sie und deuten Sie an, um die Eigenschaften des Blattwerks festzuhalten. Benutzen Sie geeignete auslösende Wörter wie »spitz«, »zackig« oder »rundlich«. Mit der Textur der Rinde des Baumes und den linearen Mustern der Zweige können hier und dort interessante Kontraste hergestellt werden. Deuten Sie auch das L/S-Muster an. Benutzen Sie ein beliebiges Medium oder eine Kombination von Medien. Sie haben 45 Minuten bis eine Stunde Zeit.

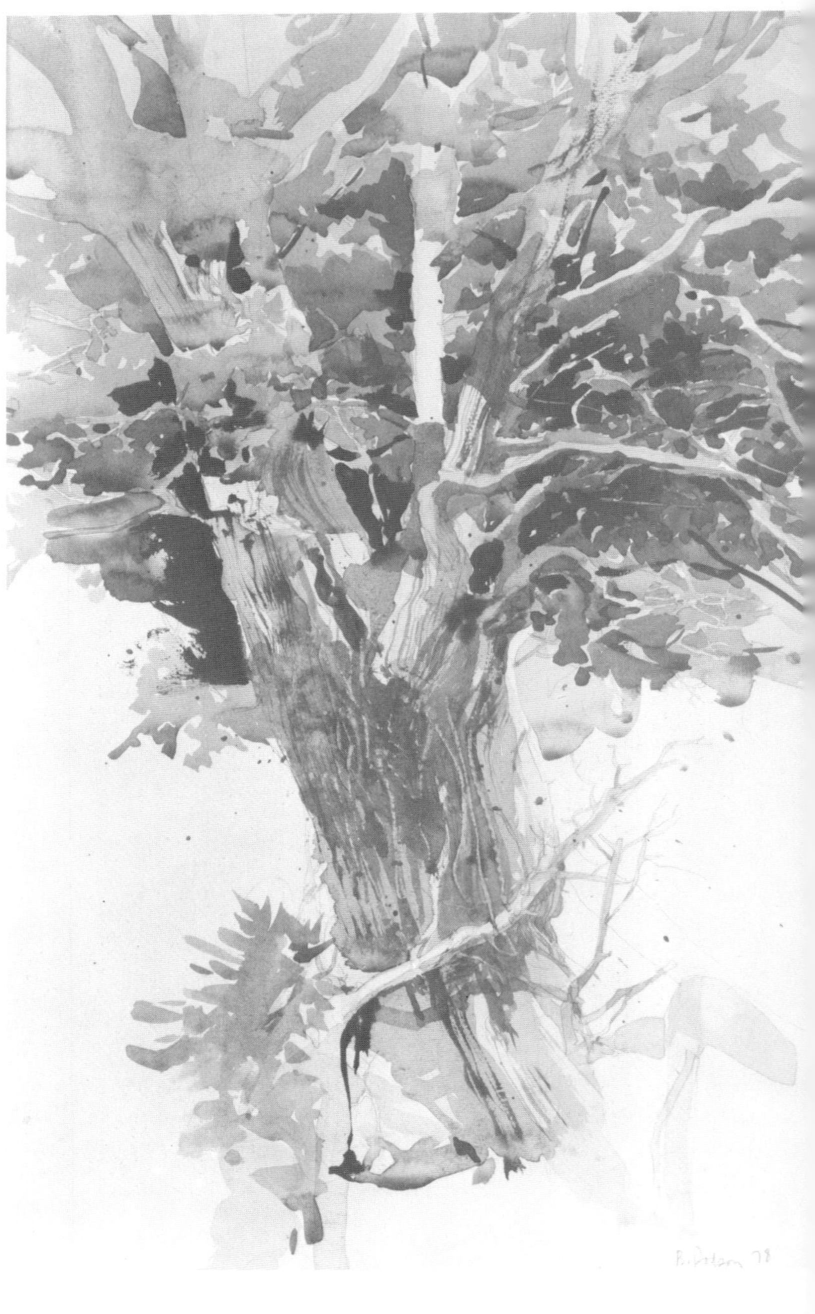

Einfache Massen mit gelegentlich artikulierten Formen. (Wasserfarbe mit Bleistift)

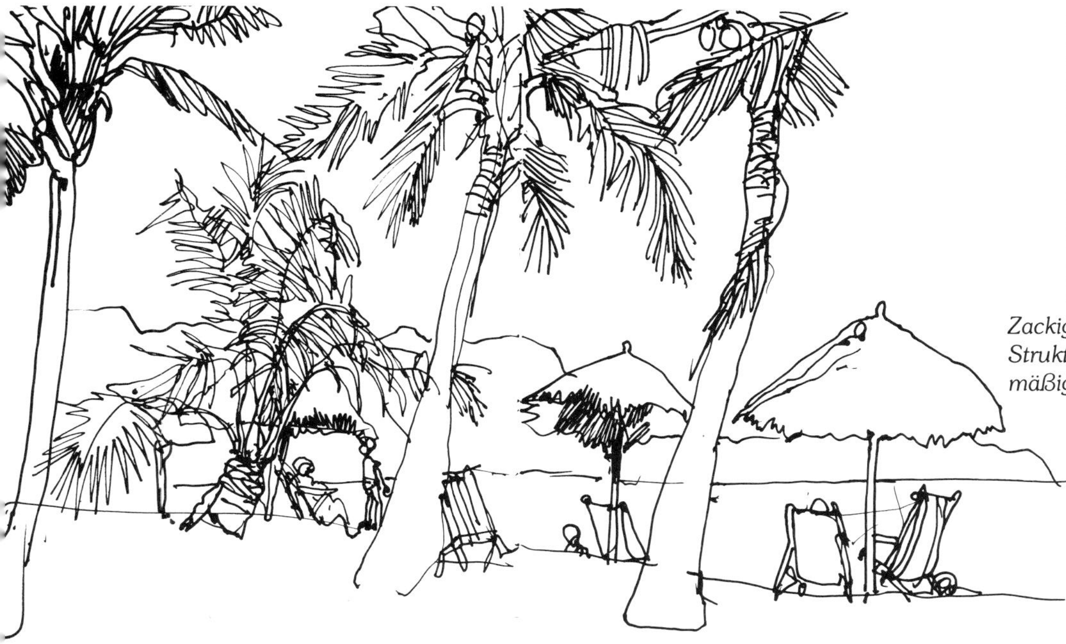

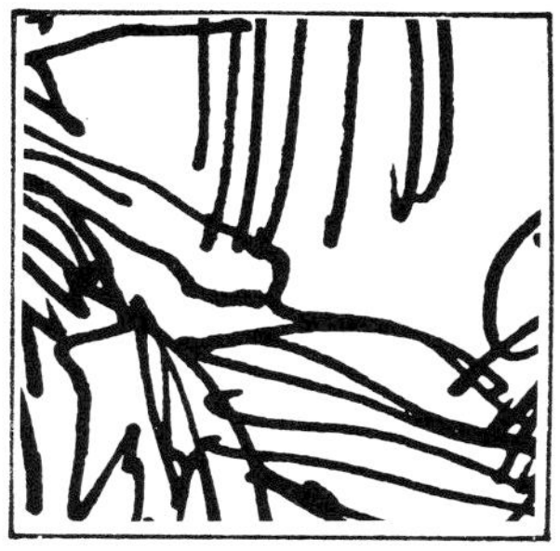

Zackige, sich teilweise verdeckende Strukturen, kombiniert mit unregelmäßigen Parallelen. (Filzstift)

Komplizierte, kritzelige Linien bauen weiche Massen auf. (Radierung)

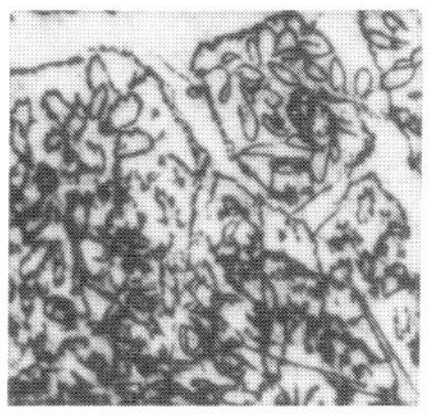

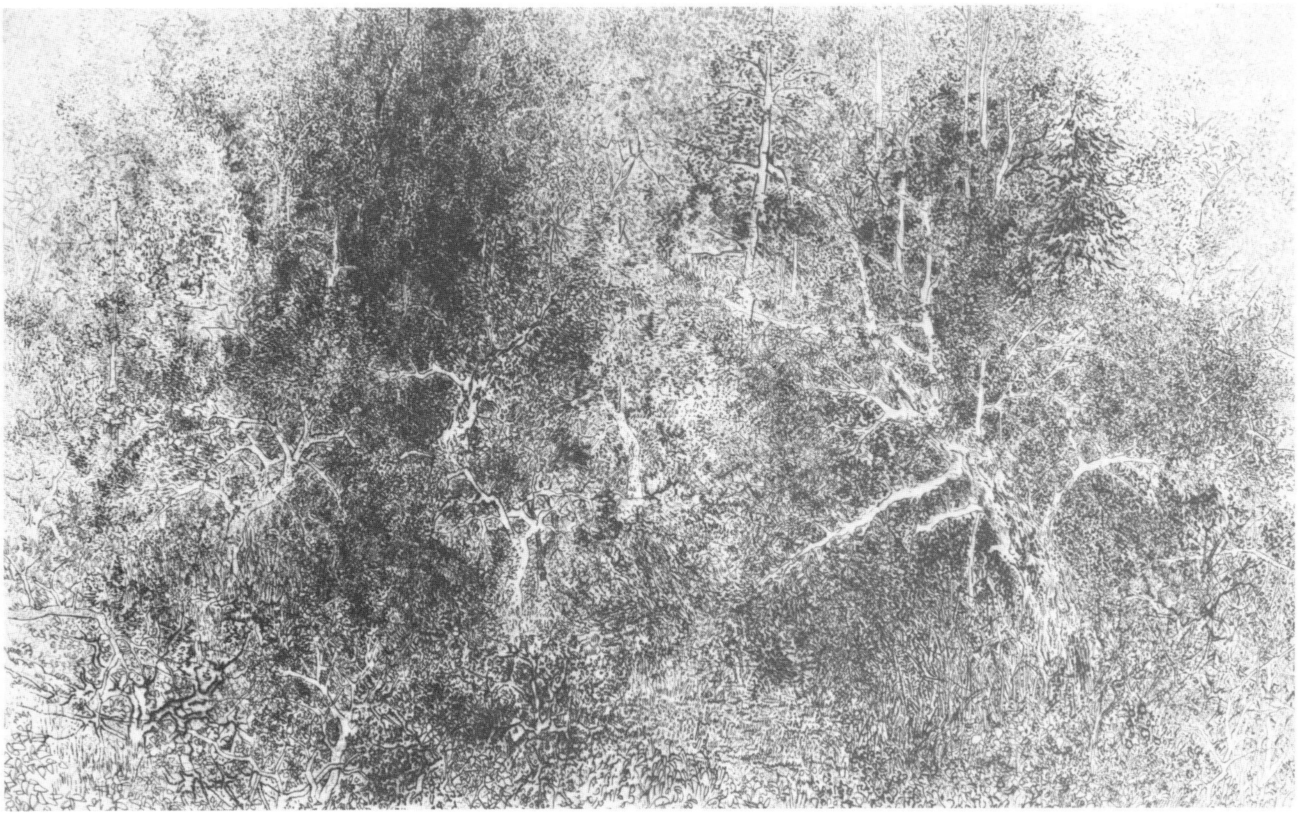

Gabor Petendi, *The Big Norfolk.*

Faltenwurf – harte und weiche Ränder

Bei der Darstellung des Faltenwurfs haben wir die Chance, wirklich zu erkennen, wie die Oberflächenform und Textur aufeinander wirken. Die ganze Vorstellung davon, was Textur und was Oberflächenform ist, ist zunächst willkürlich. In diesem Kapitel haben wir bereits Texturen so verschiedener Oberflächen wie Dächer, Menschenmenge, abgefeuerte Rakete und ausgebeulter Anzug eines Straßenmusikanten kennengelernt. Solche Gruppierungen sollten uns zeigen, daß Kunst, wie das Leben, ein Gewebe ohne Naht ist. Eine Kategorie geht in die andere über. Wir unterteilen die Dinge nur, um über sie sprechen zu können.

Mit dem Faltenwurf zeichnen wir gleichzeitig die Falten und die Oberflächeneigenschaften des Gewebes. Zuerst wollen wir die Falten betrachten. Falten sind wirkliche Formen, aber ihre weichen Ränder können irreführend sein. Wir müssen wieder verdeutlichen, daß es sich bei ihnen um

Projekt 6 – E Faltenwurf

Legen oder hängen Sie ein Tuch so hin, daß ein unregelmäßiges Muster von Falten entsteht. Man kann es über eine Stuhllehne hängen oder auf die Sitzfläche fallen lassen. Die Zeichnung kann mit einem beliebigen Medium oder einer Kombination von Medien angefertigt werden. Kartieren Sie die Formen sorgfältig. Beim Modellieren der Tönungen sollen die harten und weichen Ränder besonders einfühlsam dargestellt werden. Konzentrieren Sie die Striche der Oberflächentexturen auf wenige Bereiche. Zeit: 45 Minuten bis eine Stunde.

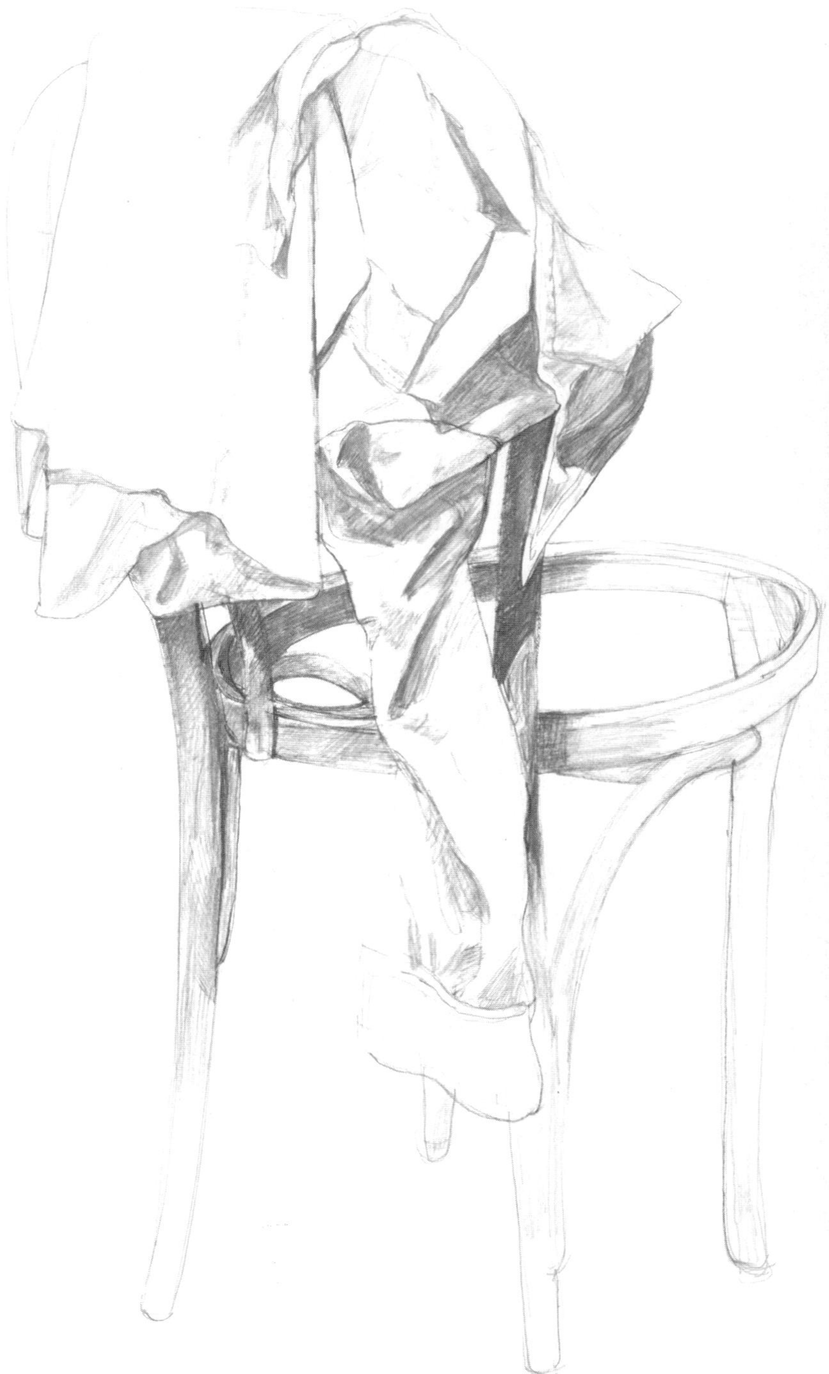

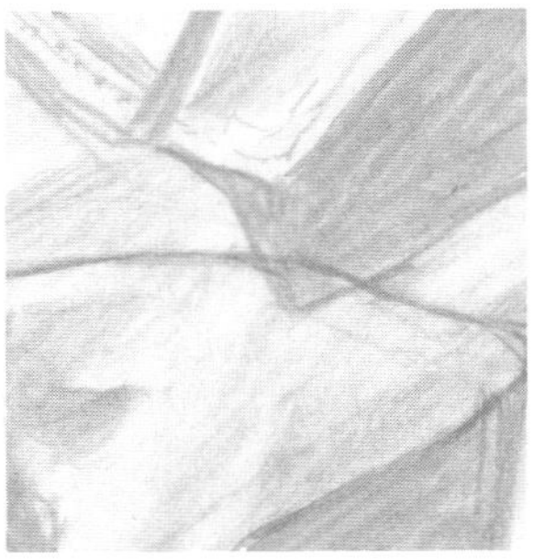

Klare, eckige Formen mit scharfen Linien. (Graphit und Buntstifte)

Formen handelt, indem wir sie kartieren. Wenn dies gemacht wurde, können Sie sie mit Strichen, die Tönungen bilden, ausfüllen. Geben Sie dabei den Grad der Dunkelheit in den einzelnen Formen und die Weichheit der meisten Ränder gefühlvoll wieder. Besonders die Ränder sind kritisch. Ob sie weich, scharf oder unförmig sind – wenn man den Faltenwurf überzeugend darstellen will, kommt es darauf an, diese Ränder gut in Beziehung zueinander zu setzen. Vernachlässigen Sie nicht den Einsatz der Radier- und Reibetechniken, die in Kapitel 2 dargestellt wurden. Sie wurden in diesen Beispielen zwanglos eingesetzt.

Es ist wichtig, den Glanz und das Gewebe des Stoffes festzuhalten, aber nicht so entscheidend wie die realistische Darstellung der Falten. Wenn Sie blinzeln, können Sie erkennen, daß das Muster der Falten alle sonstigen Eigenschaften des Stoffes in den Hintergrund treten läßt. Das bedeutet nicht, daß diese später hinzugefügt werden. Ich arbeite Falten und Stoff gerne gleichzeitig aus, indem ich abwechselnd Tönungsstriche und Texturstriche mache.

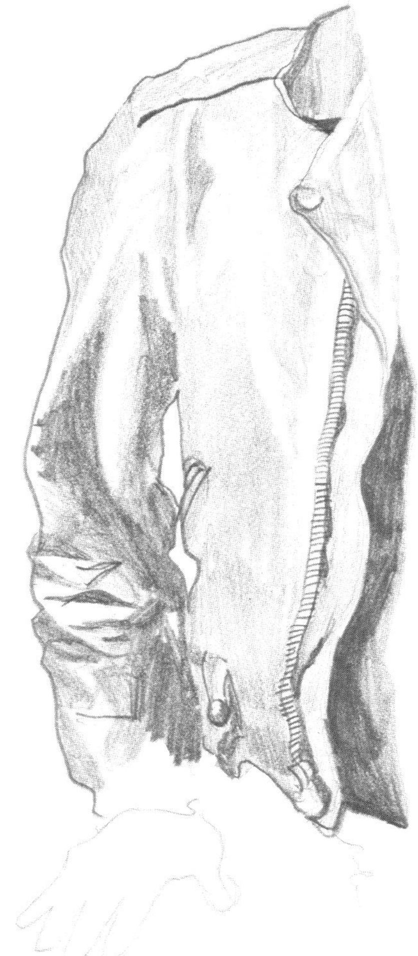

Joan Waltermire, *Lederjacke.*

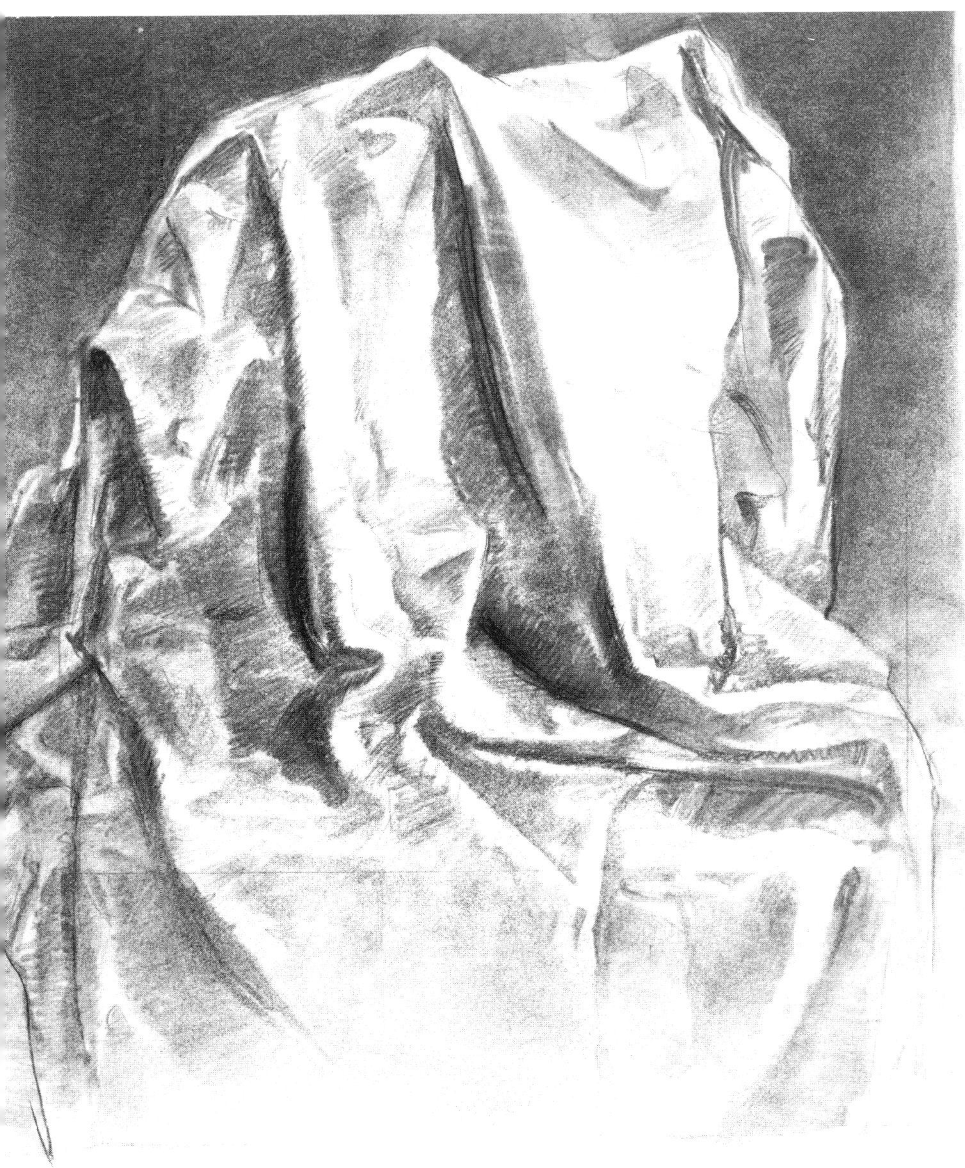

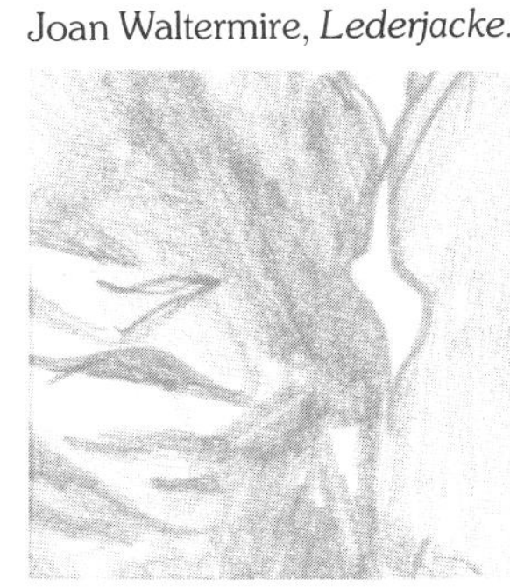

Mittlere und dunkle Formen, durch Radieren modifiziert. (Bleistift und Knetgummi)

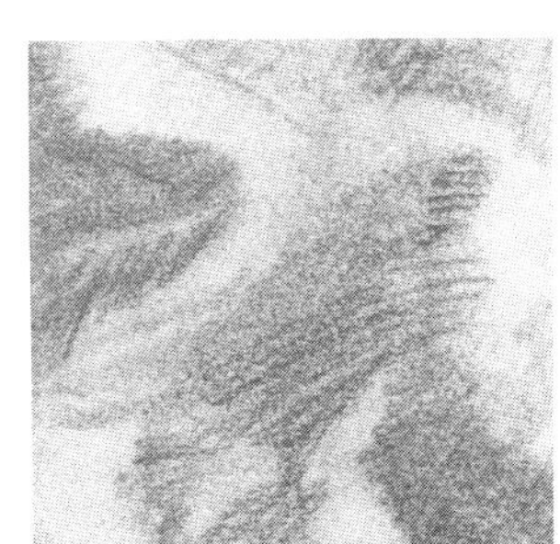

Abgerundete, unregelmäßige Formen, mit Fingern und Papierwischern abgetönt. (Zeichenkohle)

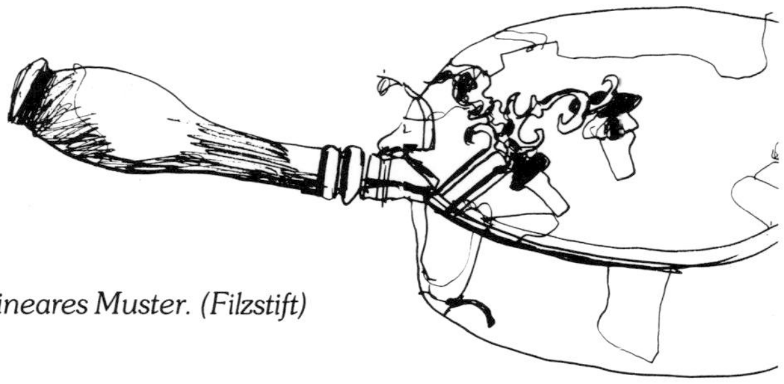

Ein einfaches lineares Muster. (Filzstift)

Projekt 6 – F Reflektierende Oberfläche

Zeichnen Sie einen glänzenden, reflektierenden Gegenstand, zum Beispiel eine verchromte Stoßstange, eine Teekanne oder ein Blechblasinstrument. Halten Sie die komplexen, unregelmäßigen Formen, die auf der Oberfläche reflektiert werden, sorgfältig fest, genau wie die weichen und harten Ränder. Fangen Sie auch die starken Kontraste ein. Die Lichtflecken sollen herausgearbeitet werden, indem sie von dunklen und mittleren Tönen eingerahmt werden. Jedes Medium oder jede Kombination von Medien ist möglich. Sie haben 45 Minuten bis eine Stunde Zeit.

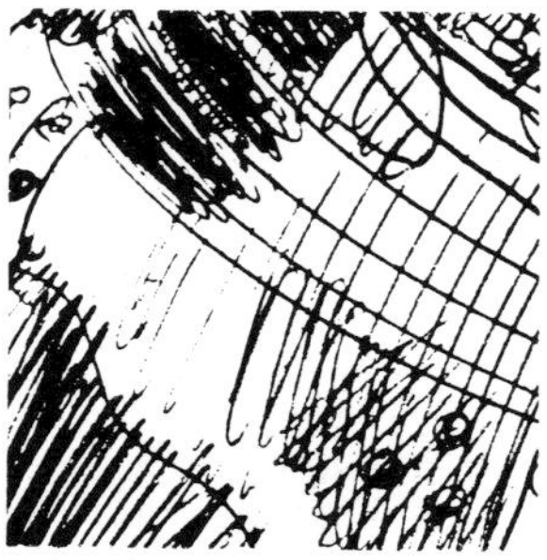

Schraffuren innerhalb kartierter Formen. (Tintenkugelschreiber)

Reflektierende Oberflächen – tropfenartige Formen und starke Kontraste

Reflektierende Oberfächen sind die Texturen, die mir am besten gefallen, weil sie so wirkungsvoll, lebendig und schwer voraussagbar sind. Als wir in Kapitel 1 von den Formen sprachen, die dem Bild zusätzlich Aussagekraft verleihen, hätten wir reflektierende Oberflächen als Musterbeispiel anführen können, weil die beteiligten Formen so zahlreich und vielfältig sind. Manchmal sind diese bereichernden Formen kleine Szenen für sich, wie zum Beispiel im Fall der Schüssel (oben) oder des Visiers des Astronauten (unten). Oft sind sie einfache, unregelmäßige Blasen dunkler oder mittlerer Tönung, die plötzlich in einen hellen, weißen Lichtfleck übergehen. Die schnelle Veränderung vom Dunklen zum Hellen ist besonders typisch für diese Oberflächen.

Der erste Schritt bei der Wiedergabe dieser Texturen ist normalerweise ein gründliches Kartieren der dunklen, mittleren und hellen Formen. Achten Sie besonders auf die hellen Lichtflecken. John Ruskin gibt folgenden Rat: »Schauen Sie sich die weißen Lücken mit der Bedenkenlosigkeit an, mit der Sie kleine Grundstücke vermessen würden, und zeichnen Sie die Karten so, als ginge es um ein wichtiges Gerichtsverfahren und als drohten hohe Strafen für das Weglassen selbst kleinster Stücke und Ecken.« Sie

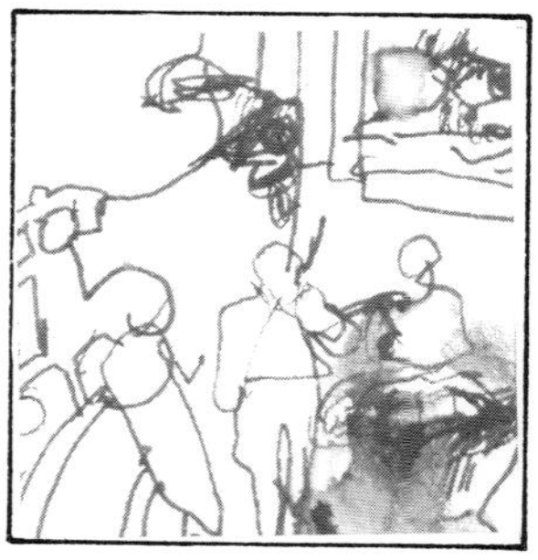

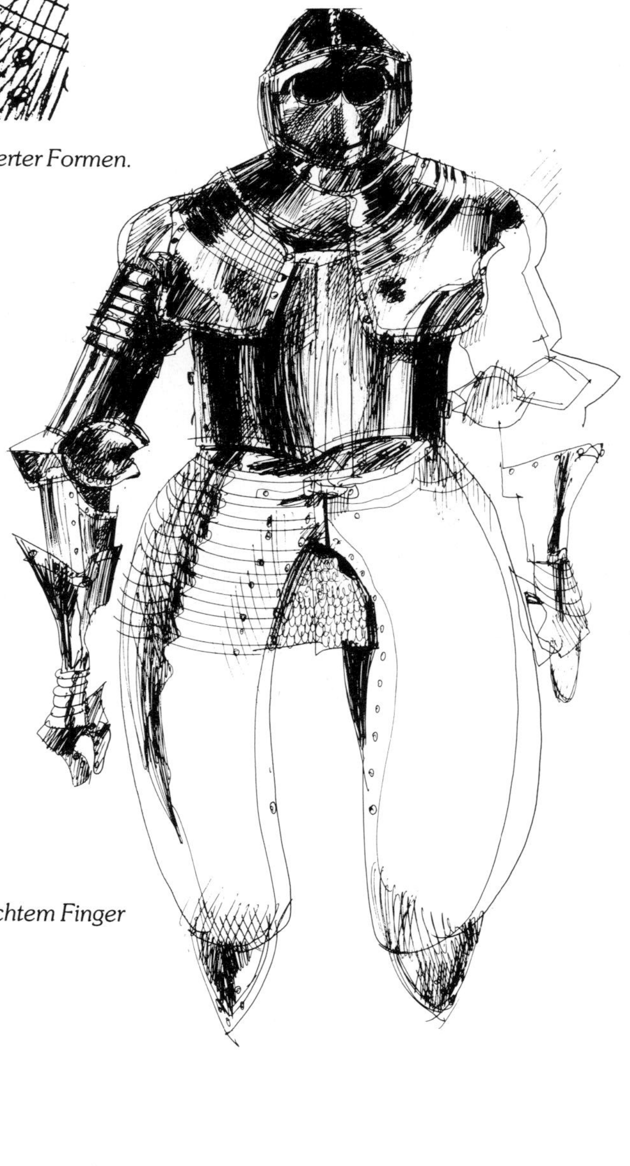

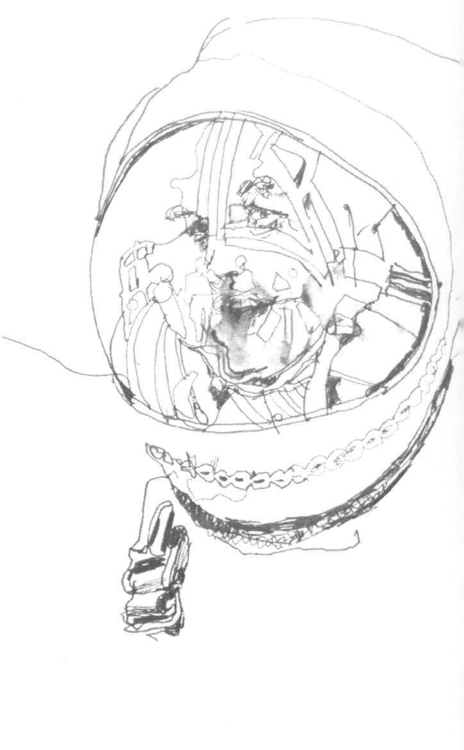

Lineare Zeichnung, mit feuchtem Finger abgetönt. (Filzstift) Nach einem Foto.

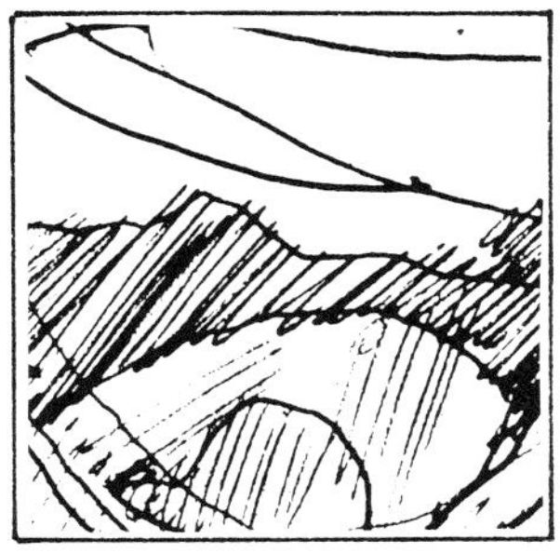

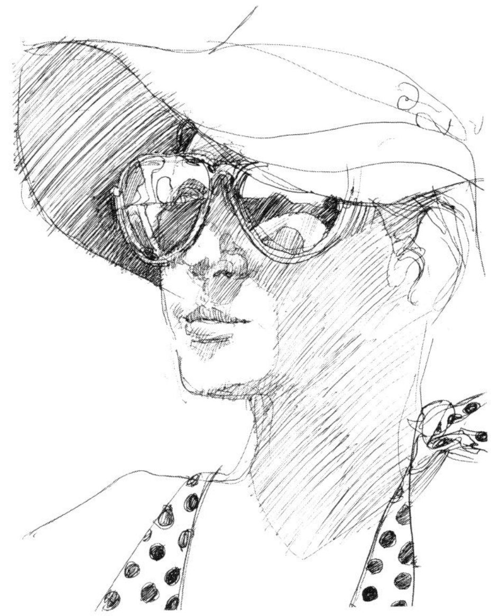

Hell-Dunkel-Strukturen innerhalb bewegter Formen. (Tintenkugelschreiber)

können sie am Ende mit der Spitze eines Knetgummis herausholen. Denken Sie daran: ein Lichtfleck wirkt um so heller und glänzender, je dunkler die benachbarten Flächen sind.

Beobachten Sie die Kombination der harten und weichen Ränder genau. An manchen Stellen werden Sie eine scharfe und deutliche Trennung zwischen hell und dunkel finden, während an anderen Stellen ein weicher Rand vorliegt. Wenn Sie mit Bleistift oder Zeichenkohle arbeiten, ist das Reiben mit einem Papierwischer eine gut geeignete Technik für die weichen Ränder. Behalten Sie die Krümmungen und Verzerrungen der Reflektionen, die den Oberflächenformen, auf denen sie liegen, folgen, gut im Auge. Auf zylindrischen Gegenständen neigen die Formen dazu, sich in die Länge zu ziehen. So entsteht ein glattes und mechanisches Aussehen, wie zum Beispiel in dem hervorragenden Bild von Michael Mitchell (unten). Auf einem runden Objekt folgen sie der Krümmung. Im Wasser sind die Reflektionen an kein Schema gebunden; sie werden von der Bewegung der Wellen und der Kräuselung beherrscht.

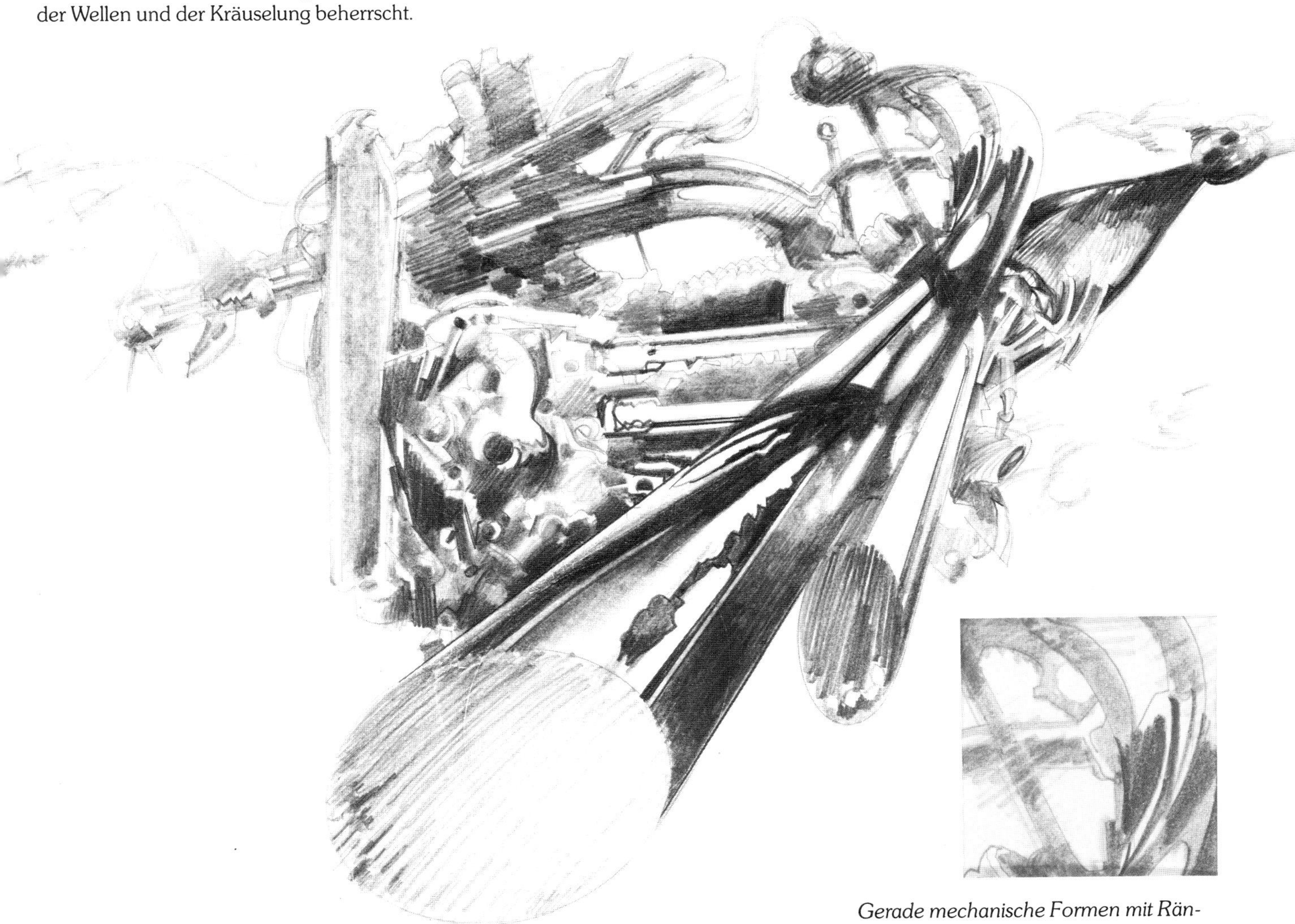

Michael Mitchell, *Studie für Frankenstein.*

Gerade mechanische Formen mit Rändern, die einen starken Kontrast bilden. (Bleistift mit Papierwischer)

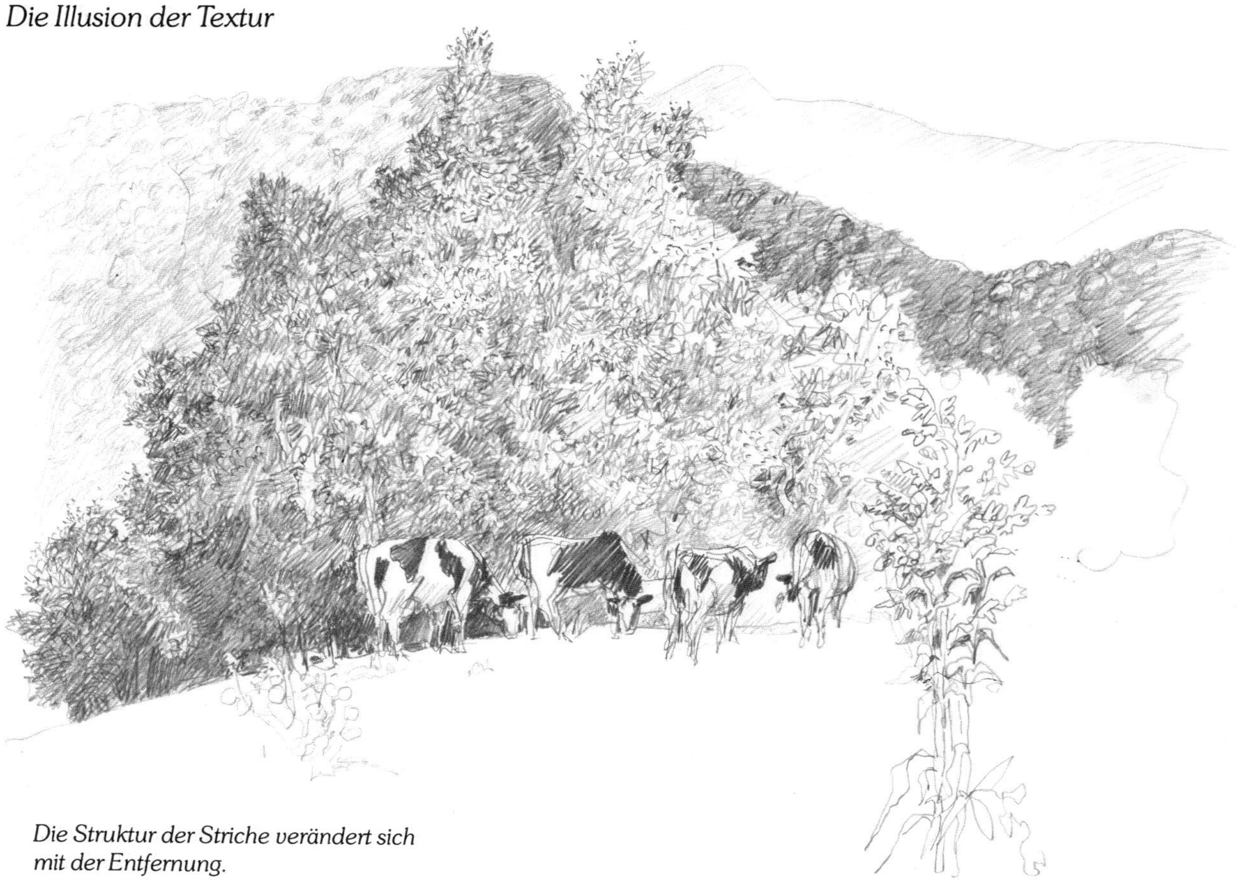

Die Struktur der Striche verändert sich
mit der Entfernung.

Vordergrund

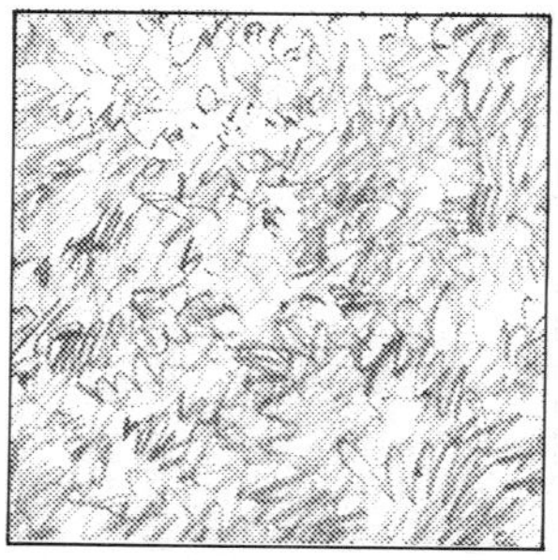

Naher Mittelgrund

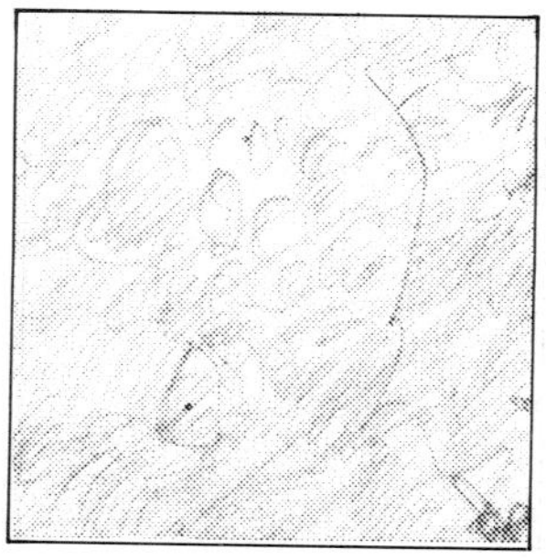

Ferner Mittelgrund

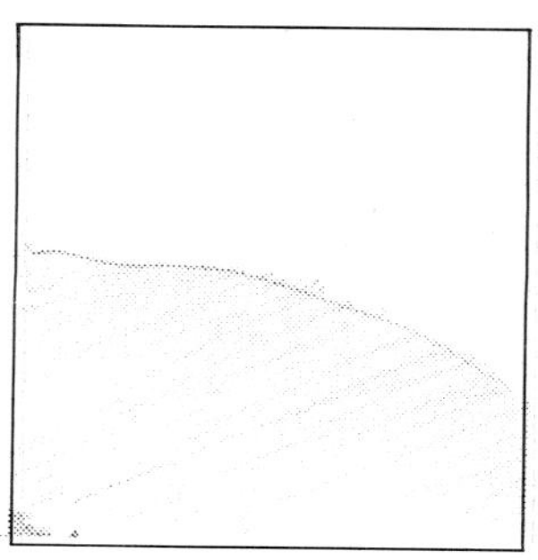

Ferner Hintergrund

Textur aus der Entfernung

Sicher haben Sie schon bemerkt, daß man mit zunehmender Entfernung von einem Gegenstand immer weniger von der Textur sieht. Dies ist eines der Prinzipien der Tiefenwirkung, die in Kapitel 5 aufgeführt wurden. Wenn wir mit zunehmender Entfernung die Möglichkeit verlieren, einzelne Gegenstände durch Kontakt abzutasten, bildet unsere Wahrnehmung der Texturen Gruppen der Objekte. Die Oberflächeneigenschaften der Betonwand eines Gebäudes verschwinden allmählich, je weiter wir uns entfernen, bis das Muster der Fenster vielleicht wie eine Textur aussieht. Aus einer noch größeren Entfernung kann die ganze Skyline den Eindruck einer strukturierten Oberfläche machen.

Der Übergang von der Wahrnehmung einzelner Gegenstände zur Wahrnehmung ganzer Gruppen erfordert eine Veränderung der Strichstruktur. Anstatt die gleiche Markierung immer weiter zu verkleinern, müssen wir zu einer ganz neuen Art von Strichen kommen. Sie sehen mehrere dieser Veränderungen in der Landschaftszeichnung auf der linken Seite.

Unten finden wir ein eindrucksvolles Beispiel für den starken Effekt angedeuteter Texturen. Der Maler Kung Hsien war ein Mitglied einer Künstlergruppe im China des 17. Jahrhunderts, die einen revolutionären neuen Stil prägte. Die traditionellen Maler hatten die Artikulation stark übertrieben. Sogar Felsen, Berge und Bäume in großer Entfernung wurden in einer kunstvollen und genauen Manier ausgeführt. Kung Hsiens Pinselstriche zeigen nicht diese Sorgfalt. Die kühne, in kreisenden Bewegungen durchgeführte Pinselarbeit behandelt die ganze Landmasse als eine einzige, vereinfachte Textur. Sie könnte in einem anderen Zusammenhang menschliche Haare oder einen Wollmantel darstellen.

Kung Hsien, *Berge und Nebel im Tal.* 1671
Tinte und leichte Farben auf Papier.
The Nelson – Atkins Museum of Art, Kansas City, Missouri (Nelson Fund).

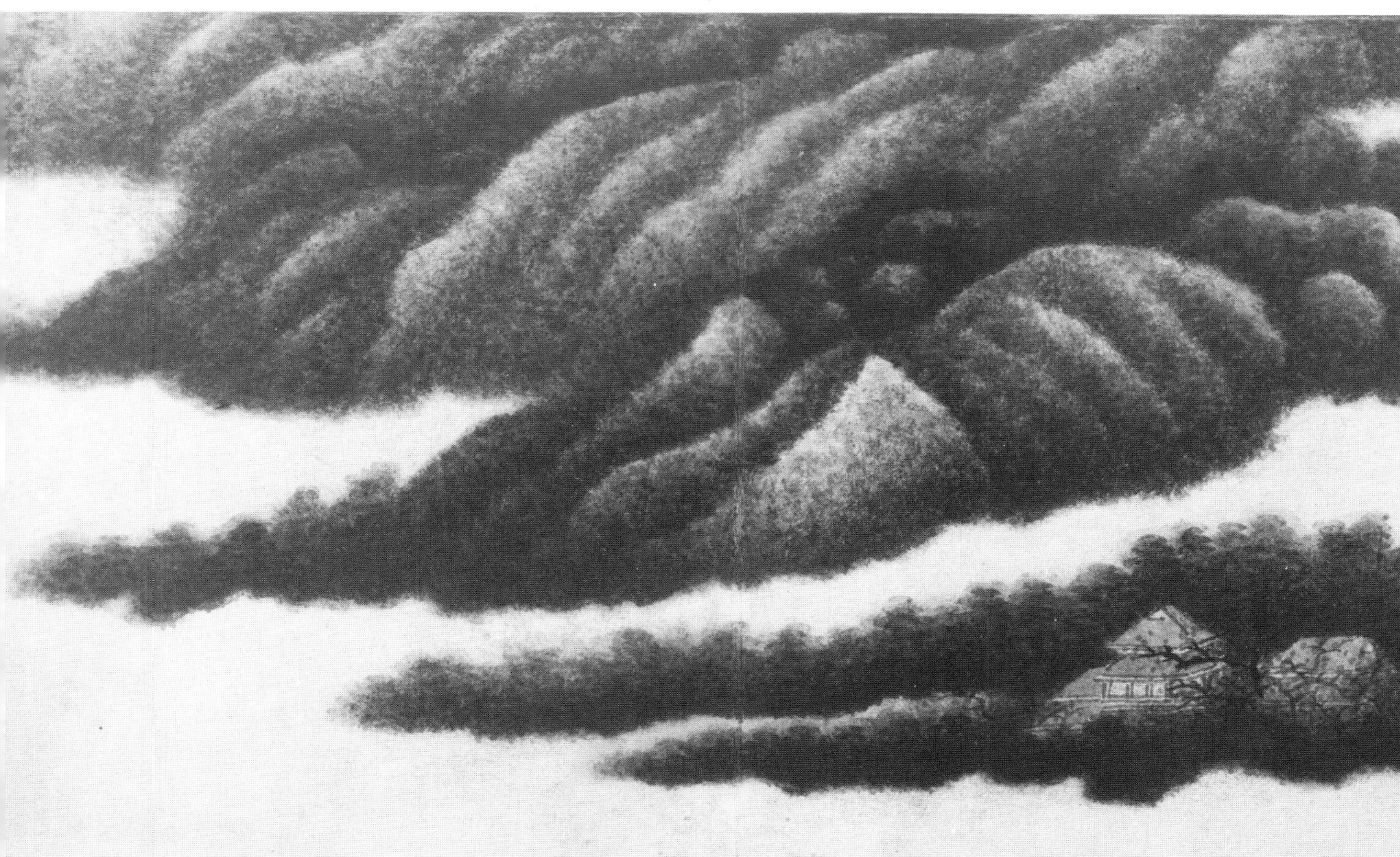

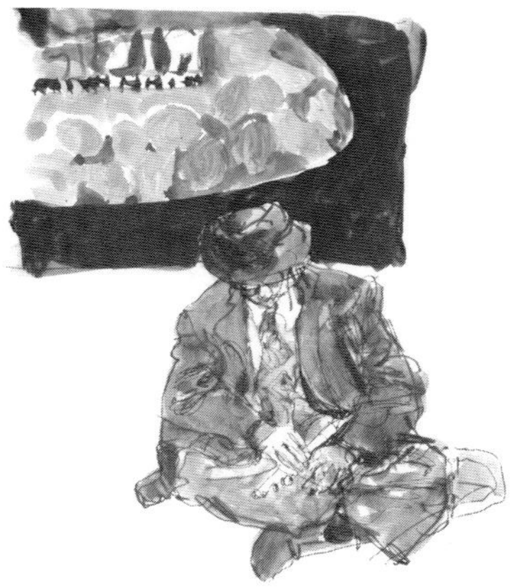

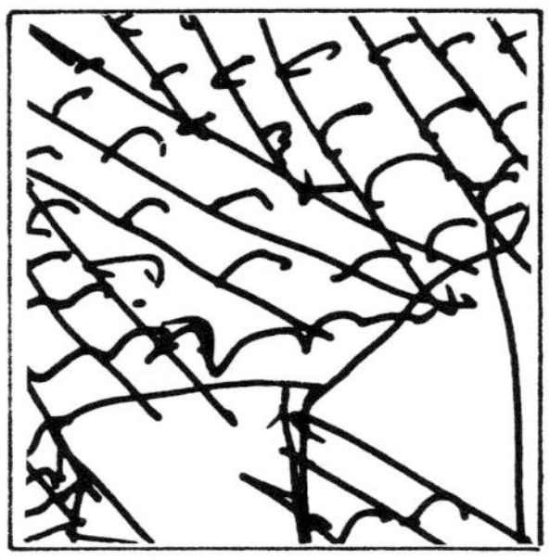

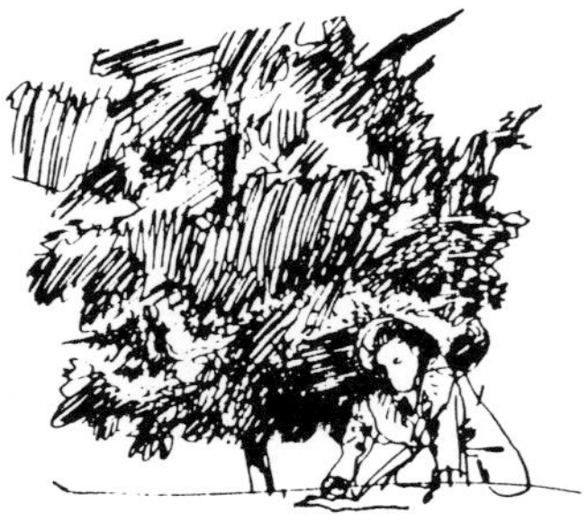

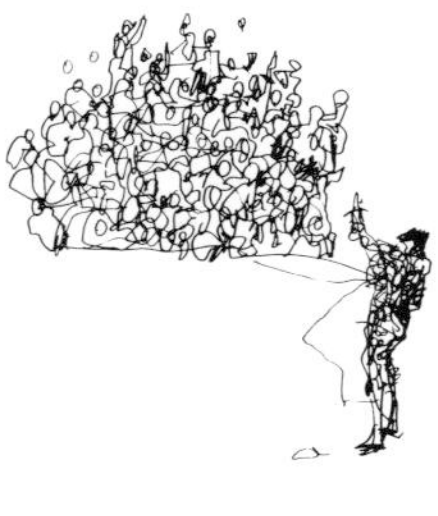

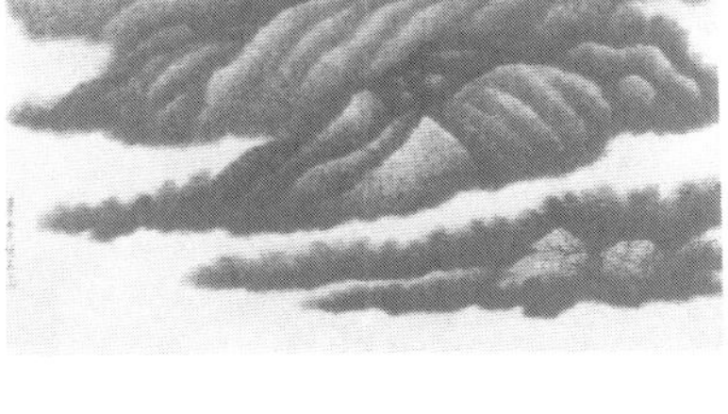

Schritte in Kapitel 6

Die Illusion der Textur

- Artikulieren und suggerieren Sie. Verbinden Sie die sorgfältige Darstellung der Oberfläche mit Strukturen, die die Textur stilisiert andeuten sollen.
- Geben Sie der Oberfläche eine Struktur. Gebrauchen Sie Ihre Sinneswahrnehmungen, um sich mit Ihrem Zeichengerät an die Oberfläche »heranzutasten«.
- Wiederholen und variieren Sie. Bemühen Sie sich darum, sowohl die wiederkehrenden Muster als auch die feinen Variationen, die bei jeder Textur auftreten, wiederzugeben.
- Bilden Sie Kontraste zwischen Texturen. Steigern Sie die Ausdruckskraft einer Textur durch die Ausgestaltung der benachbarten Textur.
- Vereinheitlichen Sie mit Hilfe der Textur. Verwenden Sie eine einzige Art der Strichstruktur, um die Beziehungen zwischen den Bildelementen zu stärken.
- Verändern Sie die Strichstruktur mit der Entfernung. Verändern Sie die Art der Striche bei Gegenständen, die weiter im Hintergrund liegen, um die sich verändernden visuellen Eigenschaften dieser Objekte wiederzugeben.

Selbstkritik Ihrer Projekte

Projekt 6 – A Kontrastierende Texturen	JA	NEIN
• Ist es Ihnen gelungen, einen starken Kontrast zwischen den beiden Texturen aufzubauen?	☐	☐
• Haben Sie die Oberflächen Ihres Gegenstandes berührt?	☐	☐
• Haben Sie Artikulation und Suggestion in den Strichstrukturen, die die Texturen darstellen, vermischt?	☐	☐
• Haben Sie auslösende Wörter gebraucht?	☐	☐
• Haben Sie den Ausdruck verstärkt?	☐	☐

Projekt 6 – B Vereinheitlichung mit Hilfe der Texturen	JA	NEIN
• Haben Sie in der ganzen Zeichnung mit der gleichen Strichstruktur gearbeitet?	☐	☐
• Haben Sie sie etwas variiert?	☐	☐
• Scheinen die Texturdarstellungen die Zeichnung zu vereinheitlichen?	☐	☐
• Wurde die Struktur von einem Element der Szene übernommen?	☐	☐
• Wurde die Strichstruktur an einem gewissen Punkt automatisch angelegt?	☐	☐

Projekt 6 – C Haare	JA	NEIN
• Haben Sie die gesamte Masse der Haare mehr oder weniger als eine Gesamtform gezeichnet?	☐	☐
• Haben Sie die Hauptstrukturen der Haare kartiert?	☐	☐
• Haben Sie, wenn auch nur leicht, das L/S-Muster angedeutet?	☐	☐
• Haben Sie auslösende Wörter gebraucht?	☐	☐
• Folgen die Texturstriche im allgemeinen der Richtung des Haarwuchses?	☐	☐
• War Ihr Zeichengerät immer spitz?	☐	☐

Projekt 6 – D Blattwerk	JA	NEIN
• Haben Sie die gesamte Hauptmasse des Blattwerks als eine Form gezeichnet?	☐	☐
• Wurde die Textur artikuliert und angedeutet?	☐	☐
• Haben Sie einen Kontrast hergestellt zwischen Blattwerk und Textur der Rinde sowie den Zweigen?	☐	☐
• Haben Sie auslösende Wörter gebraucht?	☐	☐

Projekt 6 – E Faltenwurf	JA	NEIN
• Haben Sie die Licht- und Schattenformen kartiert?	☐	☐
• Enthält die Zeichnung sowohl weiche als auch harte Ränder?	☐	☐
• Haben Sie die Tönungen mit Geduld aufgebaut?	☐	☐
• Haben Sie die Darstellung der Oberflächentexturen nur auf wenige Bereiche konzentriert?	☐	☐

Projekt 6 – F Reflektierende Oberfläche	JA	NEIN
• Haben Sie die Formen der Reflexionen durch Kartieren hervorgehoben?	☐	☐
• Enthält Ihre Zeichnung harte und weiche Ränder?	☐	☐
• Haben Sie einige der Kontraste noch verstärkt?	☐	☐
• Wurden einige der Lichtflecken betont, indem sie von dunkleren Tönen eingerahmt wurden?	☐	☐

7 Muster und Gestaltung

Mit Formen gestalten • Muster aufspüren • Einrahmen • Abschneiden • Widersprüche • Erkennen von Tangenten

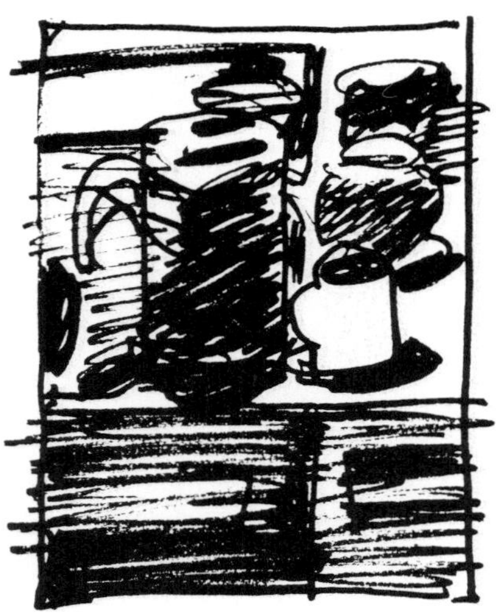

Wenn man das Bild auf ein einfaches Muster reduziert, fällt das Arrangieren leichter. Dies kann im Kopf erfolgen oder mit Hilfe kleiner Kompositionsskizzen.

Der Unterschied zwischen dem Skizzieren und dem Gestalten liegt darin, daß die erstgenannte Tätigkeit sich mit *Dingen* befaßt, während die andere es mit den *Beziehungen* zwischen den Dingen zu tun hat. Die Bildgestaltung – oder Komposition als Synonym – geht über das Zeichnen der Gegenstände hinaus; sie erfaßt das ganze Muster und berücksichtigt das ganze Blatt Papier. Wir haben alle eine vage Vorstellung davon, was es heißt, auf diese Weise zu komponieren, aber keiner weiß es genau. Und keiner muß es wissen. Wir hoffen, in diesem Kapitel eine Vorgehensweise für das Aufspüren von Mustern zu entwickeln, die das Zusammenbringen ungleicher Teile in einer formalen Komposition erleichtert.

Bei der Gestaltung von Bildern wissen Sie vielleicht genau, was Sie wollen. Andererseits können Sie eine Haltung einnehmen, bei der Sie es erst wissen, wenn Sie es sehen. Zurücktreten, um einen Überblick zu bekommen, einen Plan haben, aber zu Experimenten bereit sein – das sind die wesentlichen Voraussetzungen für das kompositorische Zeichnen.

Es ist eine Disziplin ohne Regeln. Die vielen Versuche, die Gesetzmäßigkeiten der Komposition zu formalisieren, haben uns interessante, subjektive und oft widersprüchliche Ergebnisse gebracht. Ich ziehe es vor, Ihnen einen Weg *zum* Gestalten zu zeigen, indem ich drei Gedanken zum Thema vorstelle:

1. Die Bauteile eines Bilds sind *Formen*, die jene des Gegenstands und jene des Hintergrunds umfassen.

2. Eine gute Gestaltung erwächst aus einem ganzheitlichen Verständnis und drückt sich eher in den Beziehungen der Teile untereinander und weniger in der kunstvollen Darstellung einzelner Teile aus.

3. Die Beziehungen im Bild basieren ausnahmslos auf einer bestimmten Form der Zweideutigkeit oder paradoxen Aussage.

Diese Aspekte mögen zunächst nicht vertraut erscheinen, aber die Grundgedanken kamen bereits im ganzen Text zum Tragen. Ich glaube, Sie werden sie im folgenden wiedererkennen.

Christy Gallegher, *Kaffee und Tee. Pastell*

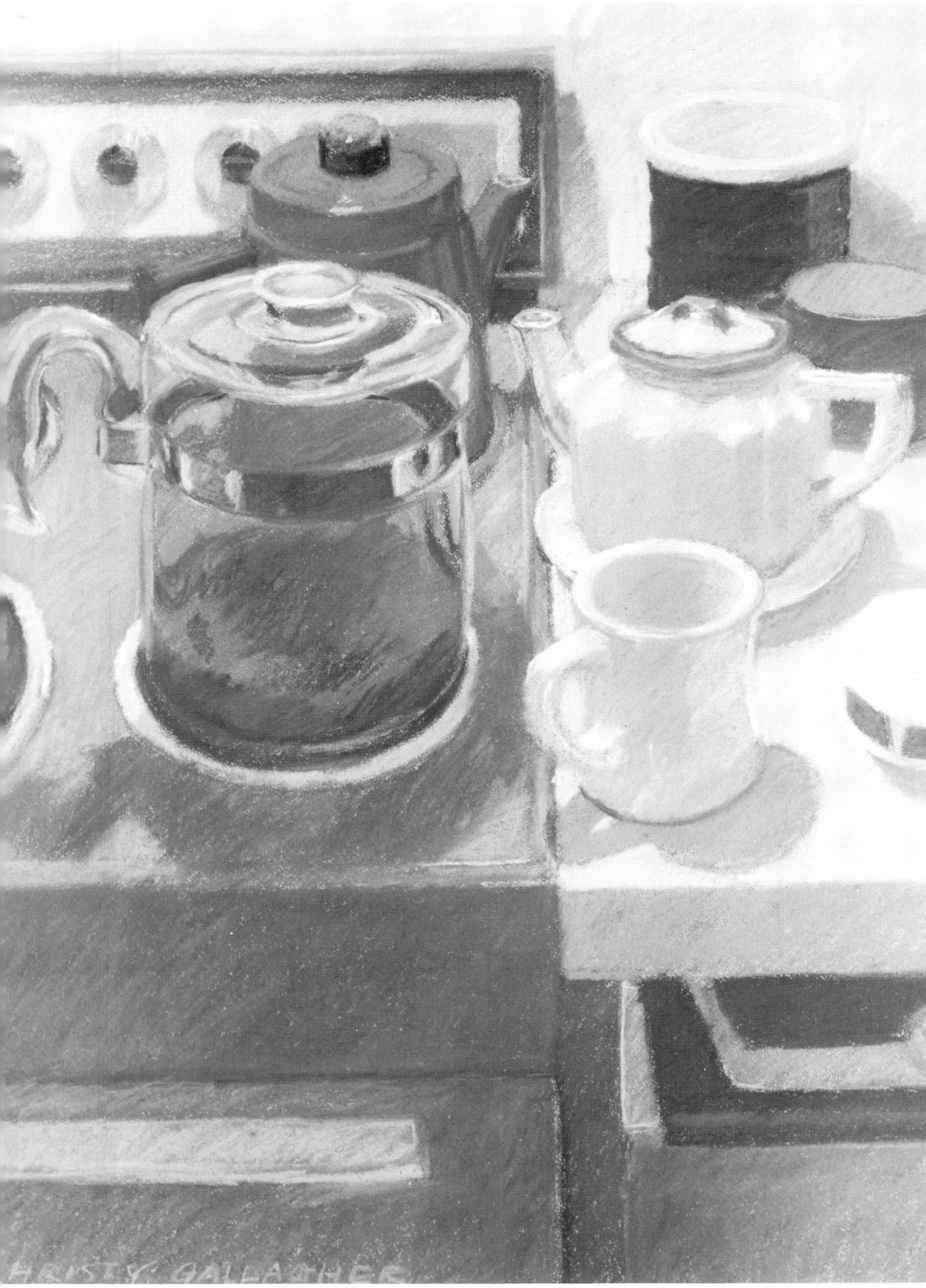

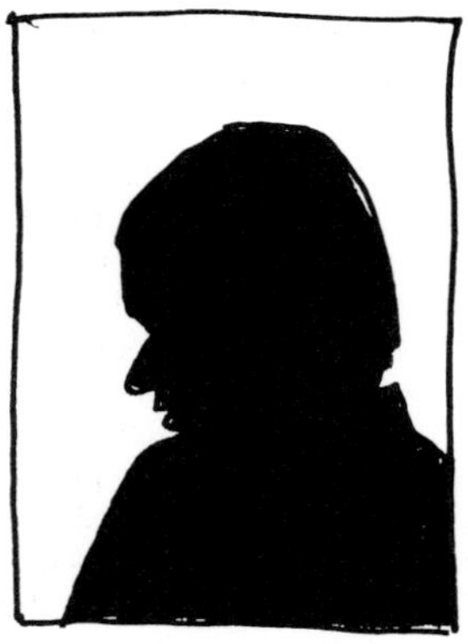

Diese Komposition besteht aus zwei Formen . . .

1

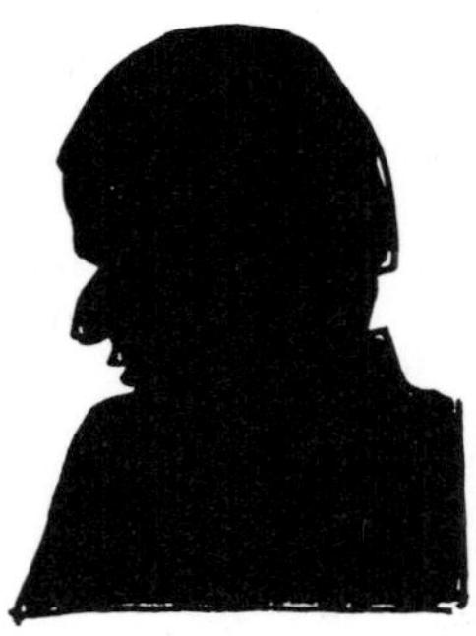

der Silhouettenform von Kopf und Schultern . . .

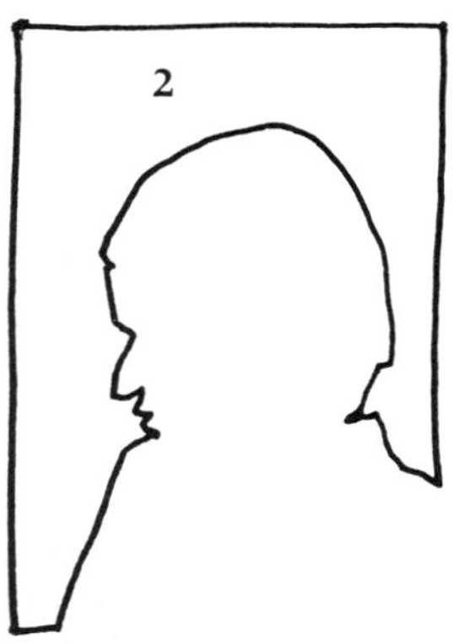

und der weißen Form des Hintergrundes.

Das Bilderpuzzle

Die visuelle Welt ist eine weite und unbegrenzte Ansammlung von Formen. Aber die zeichnerische Darstellung dieser Welt gleicht mehr einem Bilderpuzzle – eine bestimmte Zahl von Formen innerhalb einer gegebenen Umrandung. Manche dieser Formen bilden den Gegenstand, den man zeichnet, aber genauso wichtig für das Bild sind die Formen dazwischen, dahinter und jene, die sich bis zum Rand des Zeichenblattes erstrecken. Diese Hintergrundformen können leicht übersehen werden. Der Grad der Aufmerksamkeit, die Sie auf das Erkennen dieser Formen richten, zeigt, ob Ihr Verständnis für die Gestaltung wächst.

Bevor wir uns mit diesem Aspekt des Zeichnens befassen, möchte ich Begriffe definieren, die in diesem Abschnitt benutzt werden. Im allgemeinen werde ich mich auf *positive* und *negative* Formen beziehen, aber um endlose Wiederholungen zu vermeiden, wird auch gesprochen von »Figur- und Hintergrundformen«, »schwarzen und weißen« Formen, »hellen und dunklen« Formen oder »Räumen«. Stellenweise wird zwischen diesen Begriffen unterschieden, aber zunächst sollen sie als austauschbar betrachtet werden. Solange Sie daran denken, daß *alles* Form ist, wird es keine Probleme geben, diesen Definitionen zu folgen.

Formen erkennen

Als Silhouette bilden der Kopf und die Schultern eine einzige Form. Wird die Silhouette auf ein Stück Papier übertragen, entsteht eine zweite Form: die Form des Raumes hinter dem Kopf, der durch die Ränder des Blattes begrenzt wird. Dies wäre deshalb ein Puzzle, das aus zwei Steinen besteht, so wie im Beispiel zu sehen ist (links). Der Kopf der Frau (unten) bildet auch eine einzige Form. In diesem Fall berührt der Kopf jedoch den oberen Rand des Zeichenblatts, so daß auf jeder Seite eine weiße Hintergrundform entsteht. Die äußeren Ränder des Bildes begrenzen die Formen. Außerdem ist eine kleine weiße Form in der Frisur eingeschlossen. In der zerlegten Ansicht sehen wir jede Form für sich. Sie wurden numeriert, als wären sie Steine eines Puzzles: drei weiße Formen und eine schwarze – insgesamt vier Formen. Indem wir zum Beispiel auf der linken Seite zurückkommen, wollen wir uns mit den speziellen Merkmalen der einzelnen weißen Formen befassen. Die schwarze Form wird ganz und gar ignoriert. Beim Zeichnen der weißen negativen Formen werden Sie feststellen, daß Sie gleichzeitig auch die schwarzen positiven Formen zeichnen. Positive und negative Formen haben gemeinsame Grenzen.

Stellen Sie sich vor, daß Sie die gleiche Landschaft betrachten, die Christy Gallagher sah, als sie die Zeichnung auf der rechten Seite anfertigte. Stellen Sie sich außerdem vor, daß Sie die Szene durch das ausgeschnittene Fenster Ihres Motivsuchers beobachten, der die Szene auf gleiche Weise einrahmt wie sie hier dargestellt wird. Sie sehen, genau wie die

Diese Komposition besteht aus vier Formen . . .

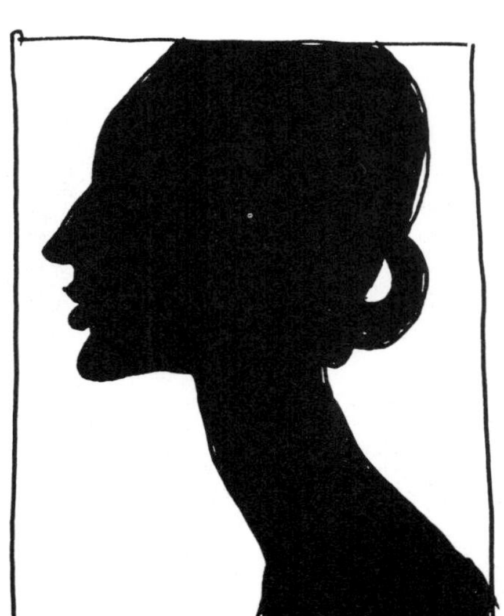

. . . der Silhouette der Frau, den weißen Formen auf beiden Seiten des Kopfes und der eingeschlossenen Form im Haar.

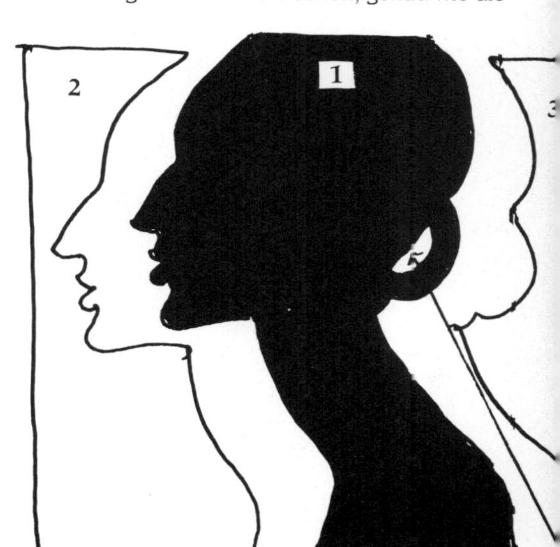

Künstlerin, die dunklen Massen der Bäume, die quer über die helleren Formen des Feldes und des Himmels laufen. Mit Hilfe des Blinzelns können Sie die Muster sogar noch deutlicher sehen, so daß die Szene auf ein zweidimensionales Plakat reduziert wird. Wenn Sie die Augen fast ganz schließen, können Sie alle Bäume und Schatten zu einer einzigen dunklen Form zusammenfassen. Diese Form wäre normalerweise ein guter Ausgangspunkt für die Zeichnung, aber wir wollen hier davon ausgehen, daß Sie aus entgegengesetzter Richtung an die Aufgabe herangehen. Richten Sie Ihre Aufmerksamkeit auf die Formen von Feld und Himmel. Blinzeln Sie durch das ausgeschnittene Fenster des Motivsuchers. Sie sehen drei große helle Formen und dann mehrere kleine. Wir unterbrechen die Arbeit für einen Augenblick. Ist es wirklich wichtig, ob diese Landschaft ein Schwarz-auf-Weiß- oder ein Weiß-auf-Schwarz-Problem ist? Warum macht man sich die Mühe, es von beiden Seiten zu sehen, wenn das Herangehen von einer Seite ausreicht?

Wir haben früher festgestellt, daß wir beim Gestalten zu einer Betrachtungsweise kommen müssen, mit der wir die Muster erfassen, so daß wir das Ganze statt seiner Teile sehen können. Um zu verstehen, was dies bedeutet, wollen wir einmal annehmen, daß eine kleine Auseinandersetzung zwischen der Figur und den Hintergrundformen stattfindet, wobei jede Seite versucht, sich zu behaupten. Wie undisziplinierte und ungezogene Geschwister kämpfen sie eifersüchtig um Ihre Aufmerksamkeit. Die Komposition leidet, wenn eine Seite gewinnt. Sie spielen die Rolle eines unparteiischen Schiedsrichters, der jeden gleich behandelt und immer zugunsten der gesamten Gestaltung entscheidet. Das bedeutet, daß weder Figur noch Hintergrund bevorzugt wird, aber beide so eingesetzt werden, daß sie sich gegenseitig unterstützen.

Formen zusammenfassen

Bisher haben wir über Figur und Hintergrund als die beiden getrennten Einheiten gesprochen, die die Welt der Formen umfassen. Es steckt jedoch mehr im Bild. Wenn Sie mit halbgeschlossenen Augen schauen, sehen Sie ein Muster heller und dunkler Formen. Während einige dieser Formen den physischen Objekten selbst und dem Hintergrund hinter ihnen entsprechen, sind andere das Ergebnis des Licht- und Schattenspiels sowie unterschiedlicher lokaler Tonwerte.

Projekt 7 – A Drei vereinfachte Landschaften

Schauen Sie sich in Ihrer Umgebung um und entscheiden Sie sich für ein Motiv mit guten Kontrasten zwischen hellen und dunklen Tönen. Die Zeichnung könnte Bäume oder Gebäude oder beides zum Gegenstand haben. Rahmen Sie Ihren Gegenstand durch den selbstgebauten Motivsucher (beschrieben in Kapitel 4) ein und blinzeln Sie so stark, daß alle Formen nur noch als schwarze oder weiße Form erscheinen. Alle Details und Texturen werden weggelassen. Geben Sie den dunkleren der grauen Schattierungen einen schwarzen Ton und den helleren Schattierungen einen weißen Ton. Fassen Sie gelegentlich größere Formen wie Tönungen zusammen. Sie können die Formen umreißen, um sie dann auszufüllen, aber lassen Sie keine Umrisse in der fertigen Zeichnung stehen. Zeichnen Sie schnell. Das Format sollte nicht größer als 10 x 13 cm sein. Zeichnen Sie nach Fertigstellung der ersten Zeichnung zwei weitere Bilder aus unterschiedlichen Blickrichtungen oder von ganz anderen Gegenständen. Für jede Zeichnung sind fünf bis zehn Minuten anzusetzen.

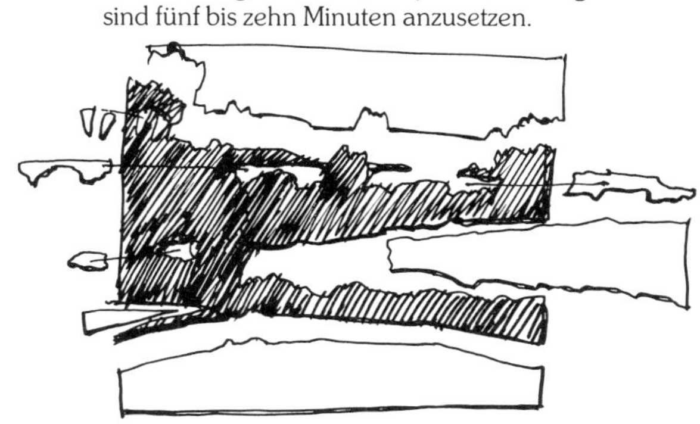

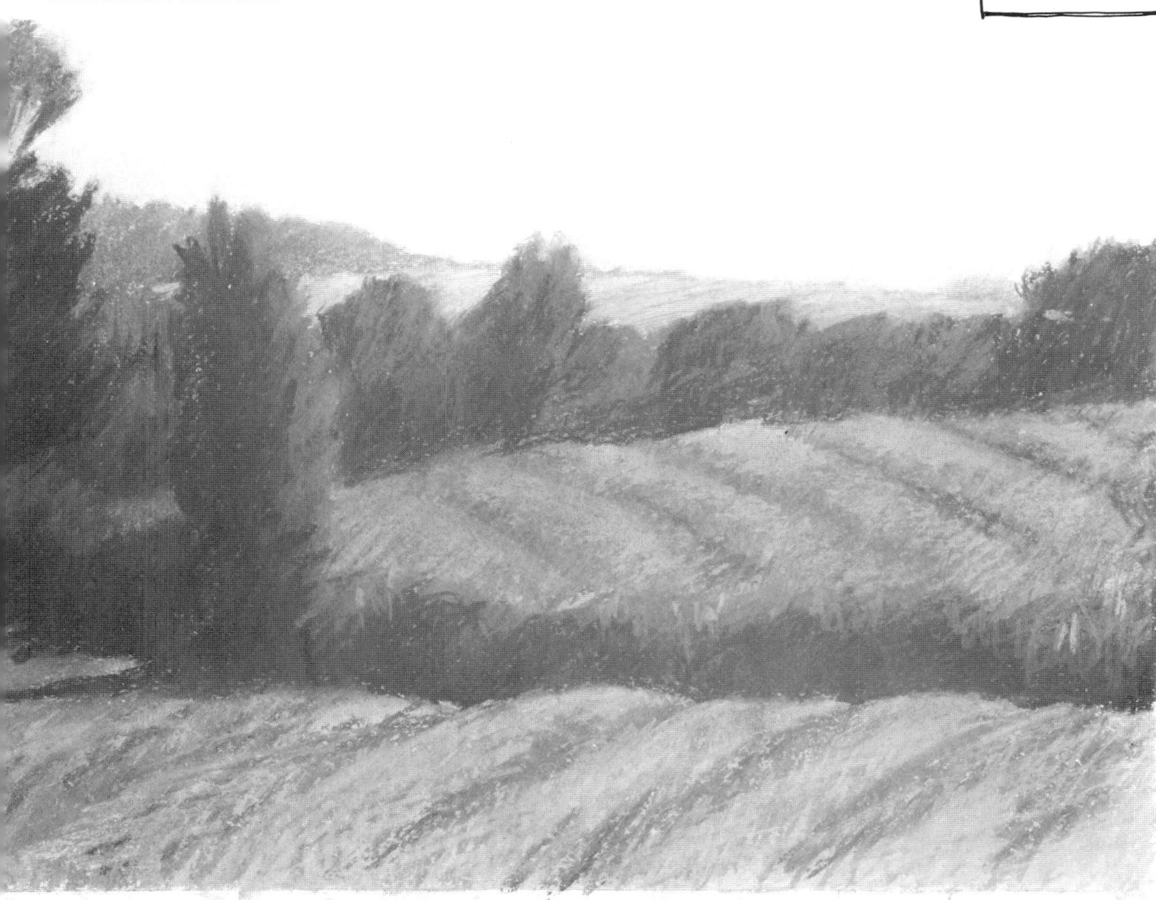

Die dunklen Formen sind in einer einzigen Form zusammengefaßt und bilden fast das Profil eines Krokodils. Die zahlreicheren weißen Formen werden davon eingeschlossen oder umgeben es.

Christy Gallagher
Pastellstifte

Schatten von Gesicht und Schulter

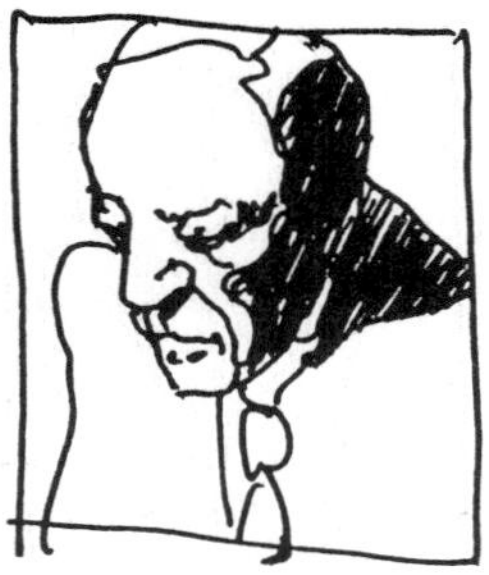

Schatten des Hintergrundes

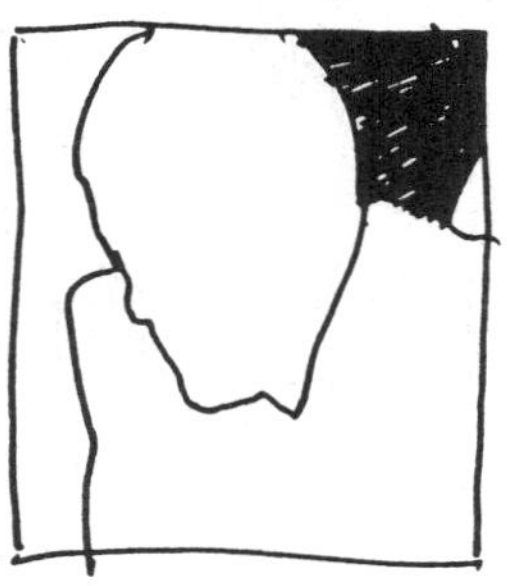

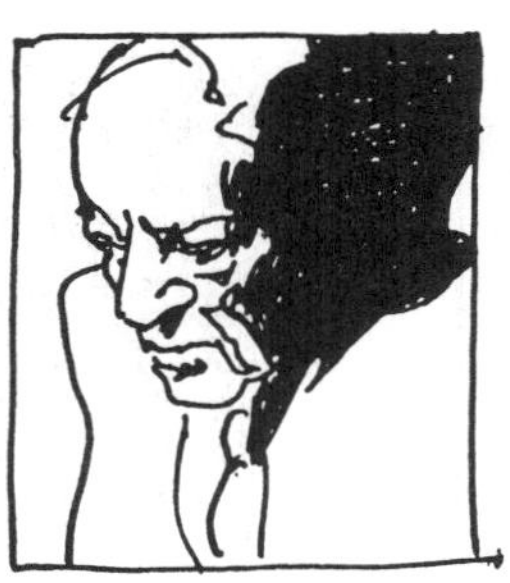

Beide Schatten zu einer Form miteinander verbunden

Beim Gestalten werden häufig unterschiedliche Formen des gleichen Tons miteinander verschmolzen, um das Bild zu vereinheitlichen. Licht, Schatten und Flächen lokaler Tonwerte werden kombiniert, um die Figur und die Umgebung miteinander zu verflechten. Dunkle Stellen verbinden sich mit dunklen Stellen, helle Flächen mit hellen Flächen und mittlere Tönungen mit mittleren Tönungen, ohne Berücksichtigung ihres unterschiedlichen Ursprungs. Die neuen Formen, die durch solche Verschmelzungen gebildet werden, sind kleine Stücke einer vereinheitlichten Gestaltung und selbst so zusammengefügt, daß ein großes, verbundenes Muster im Gesamtbild entsteht.

Wir haben bereits die verknüpfenden Funktionen von Formverschmelzungen und -verbindungen in Kapitel 4 bzw. 1 kennengelernt. Durch das Ausdehnen dieser Funktion auf alle Bereiche des Bildes, vom Zentrum des Interesses bis zu den Formen des Hintergrunds, ist es eher möglich, die Puzzlesteine enger miteinander zu verbinden und in eine Organisation mit größerem Zusammenhalt einzufügen. Außerdem erreicht man damit etwas, das für die Gestaltung wichtig ist: man führt eine Paradoxie ein.

Wir betrachten ein einfaches Beispiel für Paradoxie bei der Verbindung von Formen (links). Der erste Entwurf zeigt den Schatten des Gesichts, der in den Schatten der Schulter übergeht. Das nächste Bild zeigt den Schattenwurf auf der Wand hinter dem Mann. Im dritten Beispiel sind alle Schatten miteinander verschmolzen und nicht mehr zu unterscheiden. Es entsteht eine neue, mehrdeutige Form. Diese neue Form ist eine Verbindung aus Oberflächenformen und dem geworfenen Schatten, aber sie ist auch einfach eine flache, schwarze Form. Unbewußt neigen wir dazu, hin und her zu springen und diese Form einmal als räumliche und einmal als flache Darstellung zu sehen – aber auch als beschreibende und als abstrakte Form. Diese Paradoxien spielen mit unserer Wahrnehmung und ermöglichen es uns, an dem Werk teilzuhaben. Die Beteiligung des Betrachters spielt bei Kunstwerken eine große Rolle.

Diese Art der Formverbindung ist eine der Paradoxien, die wir im Verlauf dieses Kapitels kennenlernen werden. Zunächst wollen wir noch sehen, ob Sie die Hauptgedanken der Verbindung von Figur und Hintergrund verstanden haben. Zählen Sie die schwarzen und weißen Formen in jeder der Illustrationen unten. Sie müssen sie nicht nachzählen, wenn Ihre Antworten verdeutlichen, daß Sie eine Grundidee vom Konzept haben. Natürlichen sollen alle miteinander verbundenen Formen als eine Form gezählt werden.

Projekt 7 – B Drei Gesichter

Diese Aufgabe hat Ähnlichkeit mit Projekt 7 – A. Der Unterschied besteht darin, daß Sie diesmal Studien nach drei Fotos aus Zeitschriften von Gesichtern – je größer, um so besser – mit starken Helligkeitskontrasten anfertigen. Legen Sie ein Blatt Transparentpapier auf jedes Foto und reduzieren Sie alle Gesichtszüge auf schwarze oder weiße Formen. Füllen Sie die schwarzen Flächen aus. An den Stellen, an denen ein allmählicher Übergang vom hellen zum dunklen Ton erfolgt, soll eine willkürliche Grenzziehung erfolgen. Sie können die Formen vor dem Ausfüllen umreißen, aber lassen Sie die Umrißlinien nicht in der fertigen Zeichnung stehen. Halten Sie die Zeichnung einfach und arbeiten Sie nicht länger als zehn Minuten an jeder Zeichnung.

Zählen Sie die schwarzen und weißen Formen.

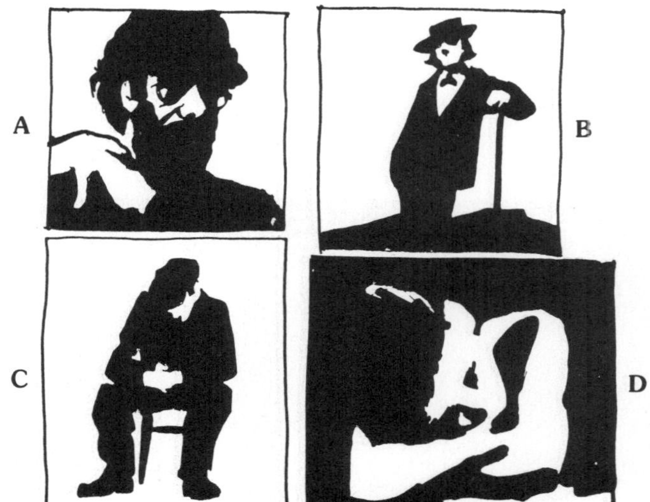

Antworten:

A. Eine schwarze Form, acht weiße Formen.
B. Zwei schwarze Formen, fünf weiße Formen.
C. Eine schwarze Form, vier weiße Formen.
D. Drei schwarze Formen, vier weiße Formen.

Muster aufspüren

Unsere Methode, Muster aufzuspüren, ist eine Art der Wahrnehmung, die sich normalerweise der Beschreibung durch Wörter entzieht. Künstler »verstehen« nicht notwendigerweise Muster. Auch müssen sie nicht wissen, warum ihnen ein Muster besser gefällt als ein anderes. Aus Erfahrung wissen sie jedoch, daß selbst der dunkelste Klumpen wahrscheinlich etwas Lohnendes bietet. Erinnerungen von Willem de Kooning, der als junger Künstler in New York lebte, haben seine intensive visuelle Neugierde beschrieben. Auf der Straße mußte er einmal pötzlich anhalten und wie gebannt auf eine Pfütze starren, auf der Öl schwamm. Dies mag zunächst exzentrisch erscheinen, aber anzuhalten und einen Sonnenuntergang zu bestaunen, ist im Grunde das gleiche Verhalten. Viele ungewöhnliche Kombinationen von Form und Farbe können die Wahrnehmung besonderer Muster auslösen, wenn wir offen für Anregungen sind.

Ihre Art der Wahrnehmung von Mustern ist im wesentlichen nonverbal, aber Sie können sie auf folgende Weise weiterentwickeln. Schauen Sie in eine beliebige Richtung und betrachten Sie alle denkbaren Stellen. Beschreiben Sie, was Sie sehen, mit einem einzigen Satz und in der Sprache der Form. Nennen Sie nicht die Gegenstände, sondern gebrauchen Sie Wörter wie »Fläche«, »Masse«, »Stück« und »Form«. Zum Beispiel könnte der Blick aus dem Fenster – ein bewaldeter Hügel in größerer Entfernung und ein schneebedeckter Acker im Vordergrund sowie ein heller Himmel im Hintergrund – beschrieben werden als eine »dunkle, unebene Masse, eingeklemmt zwischen zwei hellen Formen.«

Die Formulierung Ihrer Beschreibung mag manchmal etwas komisch klingen, aber machen Sie sich über den Satzbau keine Gedanken. »Ein dunkles, zentrales Rechteck mit unregelmäßigen kleinen dunklen und hellen Stellen auf der Oberseite und dunklen, geschwungenen Linien unten, vor einem Hintergrund mittlerer Tönung« beschreibt einen reich verzierten Tisch, auf dem Bücher stehen. Sogar solch ein überfrachteter Satz kann sehr hilfreich beim Ordnen des Gesehenen sein.

Wenn das Zusammenfassen und Vereinfachen der Gegenstände ein natürlicher Bestandteil Ihrer Sichtweise wird, werden Sie in der Lage sein, auf den Gebrauch der Wörter zu verzichten. Im Augenblick kann der ganze Versuch, solche Szenen mit Worten auszudrücken, Ihren Wunsch wecken, diese zu zeichnen, um auch das darzustellen, was sprachlich nicht beschrieben werden kann.

Manchmal springt einem das Muster sofort ins Auge, aber wenn es schwer festzuhalten ist, sollte man an das Blinzeln denken. Wenn es erforderlich ist, sollte man die Augen so weit schließen, bis man fast nichts mehr sieht. Die wenigen unscharfen schwarzen und weißen Flächen, die übrig bleiben, bilden das Muster.

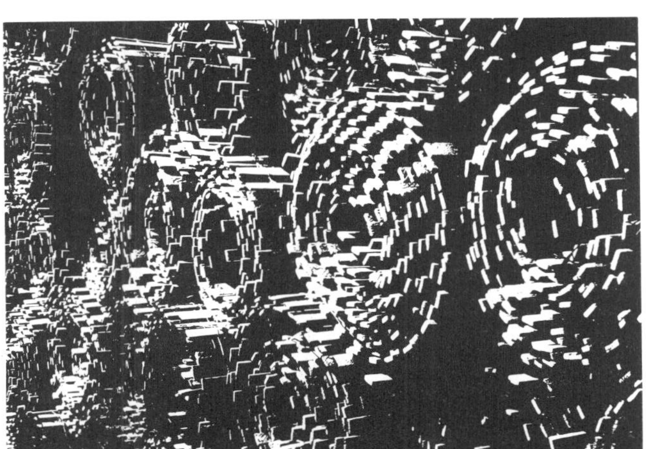

Kleine rechteckige Stücke, spiralenförmig angeordnet

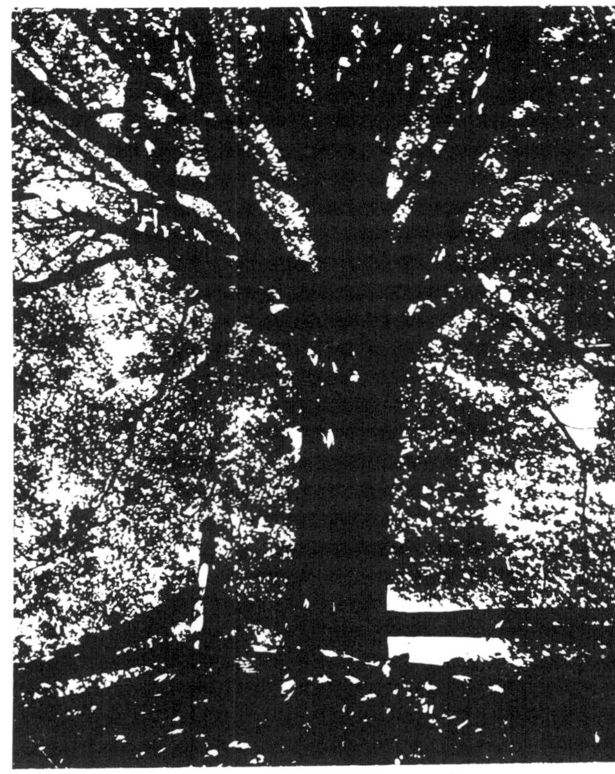

Massive dunkle Formen mit schwarzweißem Filigranring

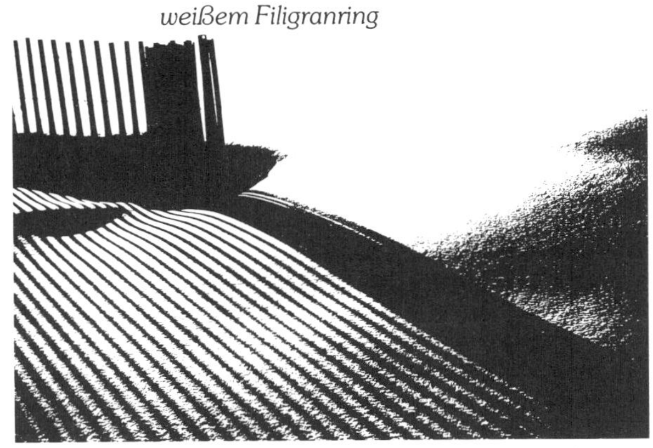

Schwarze und weiße Streifen in geraden und geschwungenen Mustern

Projekt 7 – C Ein umgekehrtes Muster

Bauen Sie nach folgender Liste ein Stilleben auf:

1. Ein Seil, in zufälliger Anordnung auf dem Fußboden liegend.
2. Ein Arrangement von verstreuten Stecknadeln in Nahaufnahme, viele der Nadeln verdecken und berühren sich.
3. Ein Teil eines Zwei- oder Dreirads.

Jedes Motiv zeigt ein ausgeprägtes Muster der Formen. Dieses soll nur mit Schwarz und Weiß gezeigt werden, wobei nur die Hintergrundformen zu zeichnen sind. Zeichnen Sie die eingeschlossenen Formen und füllen Sie sie möglichst sorgfältig aus. Die Formen der Figuren bleiben weiß. Gehen Sie nah an den Gegenstand heran. Das Format der Zeichnung ist 20 x 25 cm. Es kann ein beliebiges Medium eingesetzt werden. 40 bis 60 Minuten.

Einrahmen

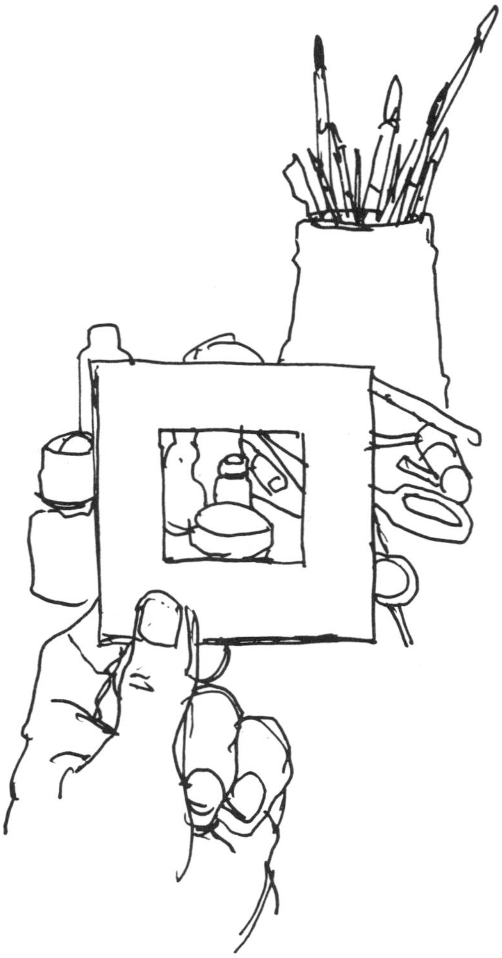

Ein selbstgebauter Motivsucher bietet eine gute Möglichkeit, entstehende Kompositionen vorher zu betrachten.

Beim Schreiben dieser Sätze schaue ich auf meinen eigenen Zeichentisch. Behälter mit Pinseln, Tuscheflaschen, Tuben, Schere, Klebeband und zwei Kaffeetassen machen nur einen Teil der Unordnung aus. Es ist sicher ein Durcheinander und typisch für die verwirrende Vielfalt der Formen in der visuellen Welt. Wenn man es sich genau anschaut, ist jedes Stück der Realität so kompliziert wie mein Zeichentisch. Wenn ich ihn zeichnen will, stehe ich vor den gleichen Problemen, mit denen ich am Anfang jeder Zeichnung konfrontiert bin. Welche Teile sollen wiedergegeben werden? Was wird weggelassen? Wie groß oder klein mache ich die Elemente? Kurz gesagt: Wie soll die Anordnung der Gegenstände und leeren Räume aussehen?

Ich kann meinen Motivsucher benutzen (vergleiche Kapitel 4), um das organisatorische Problem zu vereinfachen. (Wenn ich, was oft passiert, meinen Motivsucher nicht finden kann, halte ich meine Hände so, daß der entsprechende Ausschnitt eingerahmt wird). Das Fenster des Motivsuchers sollte etwa die Proportionen des Zeichenpapiers haben. Indem ich meinen Tisch durch den Motivsucher blickend überfliege, bin ich in der Lage, einige Gegenstände auszuwählen und andere abzuschneiden. Diese Vorgehensweise erlaubt es mir, mich auf einen Bereich zu konzentrieren. Dies macht den Gegenstand unter Gesichtspunkten der Gestaltung verständlich.

In dieser kleinen mit Tusche und Wasserfarben gezeichneten Skizze zog ich mehrere Kompositionen in Erwägung. Im horizontalen Format konnte ich eine größere Zahl der Elemente unterbringen, aber ein vertikaler Entwurf enthielt interessante Diagonalen und ungewöhnliche Schnitte. Beide Gestaltungsmöglichkeiten sind gut, aber da mein Gegenstand zum größten Teil horizontal angelegt war, zog ich diese Richtung vor. Ich probierte mehrere Augenhöhen, Blickrichtungen und Entfernungen vom Gegenstand aus. Mit jeder neuen Position veränderten die Gegenstände und Zwischenräume ihre Form. Ein ganz neues Muster entstand. Beachten Sie, daß die Gesamtzahl der Formen in jedem Fall reduziert wird, bedingt durch Abschneiden, Formverschmelzung und Verbindungen mit dem Hintergrund. Indem man die Szene einfach einrahmt, wird ein kompliziertes Problem besser bearbeitbar.

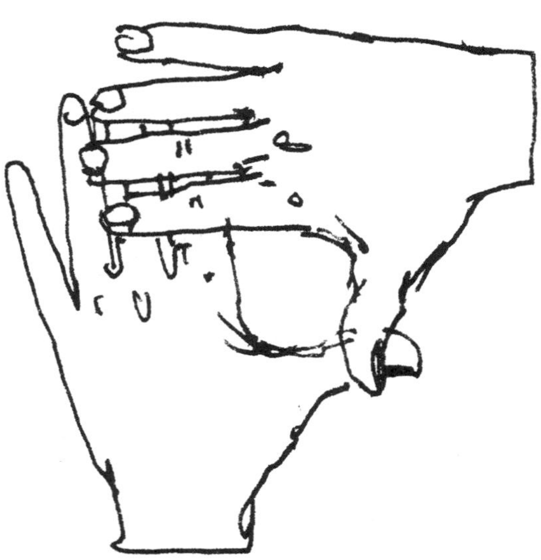

Mit den Händen kann man einen Motivsucher nachbilden.

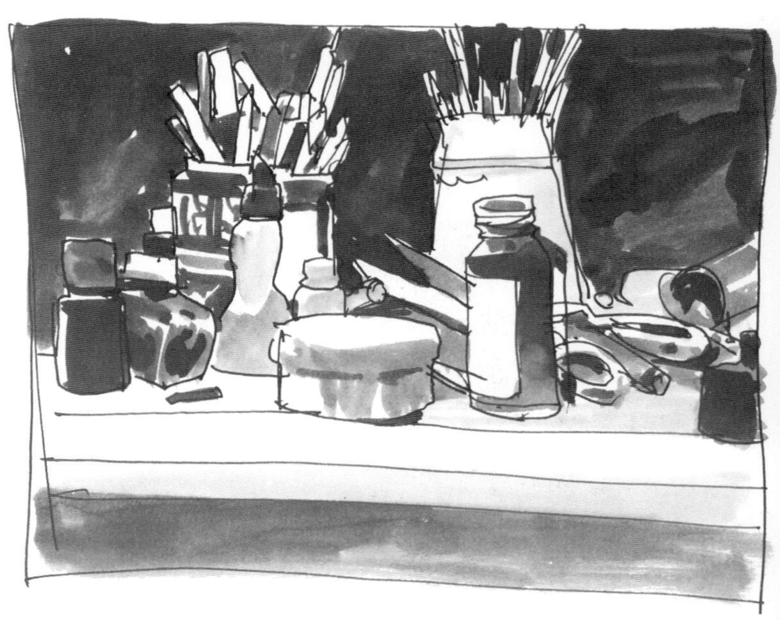

Im allgemeinen zeichnete ich die Arrangements so wie ich sie vorfand, aber bei entsprechender Gelegenheit wurden Gegenstände verschoben, um eine bessere Gestaltung zu erreichen. Wenn etwas zu verwirrend aussah, ließ ich es weg. Wenn ein Raum zu kahl wirkte, stellte ich etwas hinein. Meine Entscheidungen wurden fast unbewußt getroffen – ich spielte so lange mit den Formen, bis mir die Anordnung gefiel.

Ich habe den Vorteil schätzen gelernt, mehr als nur eine Möglichkeit der Gestaltung zu sehen. Auch wenn ich plane, nur eine einzige Zeichnung anzufertigen, suche ich das Motiv langsam mit dem Motivsucher nach möglichen Ansätzen ab, um erst dann denjenigen zu wählen, der mein Gefühl für Muster am meisten anspricht. Sich für ein bestimmtes Arrangement zu entscheiden, ist normalerweise eine Angelegenheit der subjektiven Reaktion.

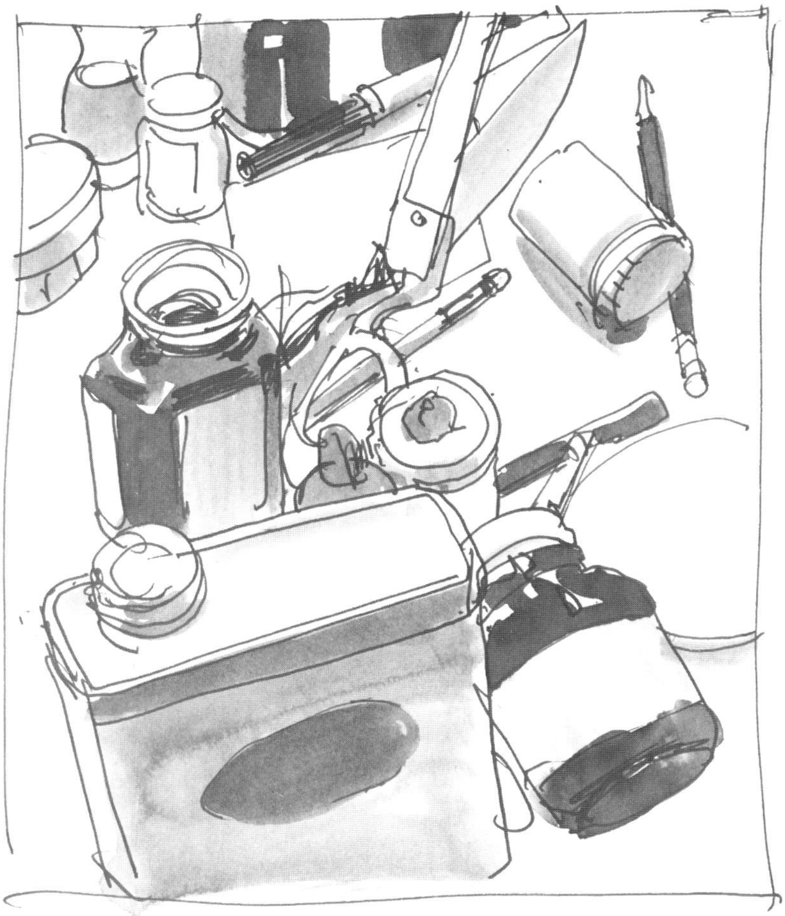

Ein dramatischer Blick von oben eröffnet weiße Räume und ermöglicht eine vertikale Komposition mit ausgeprägten Diagonalen.

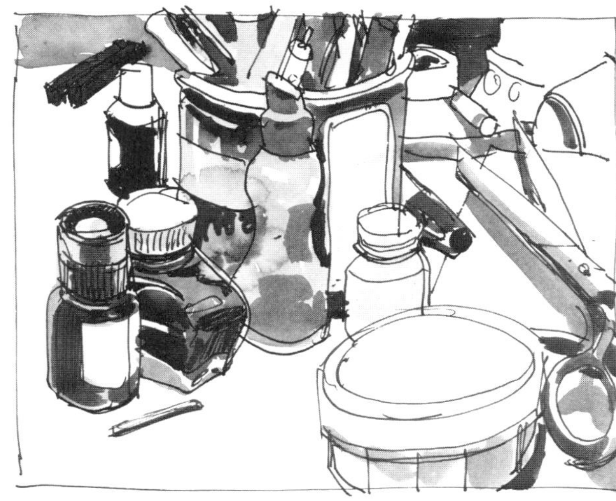

In dieser Ansicht ballen sich alle Gegenstände im Zentrum. Nur ein angedeuteter dunkler Hintergrund ist zu sehen.

Eine Abbildung, die aus der Nähe gemacht wurde, stellt die abstrakten Eigenschaften eines Gegenstandes heraus. Die Formen werden größer und rätselhafter.

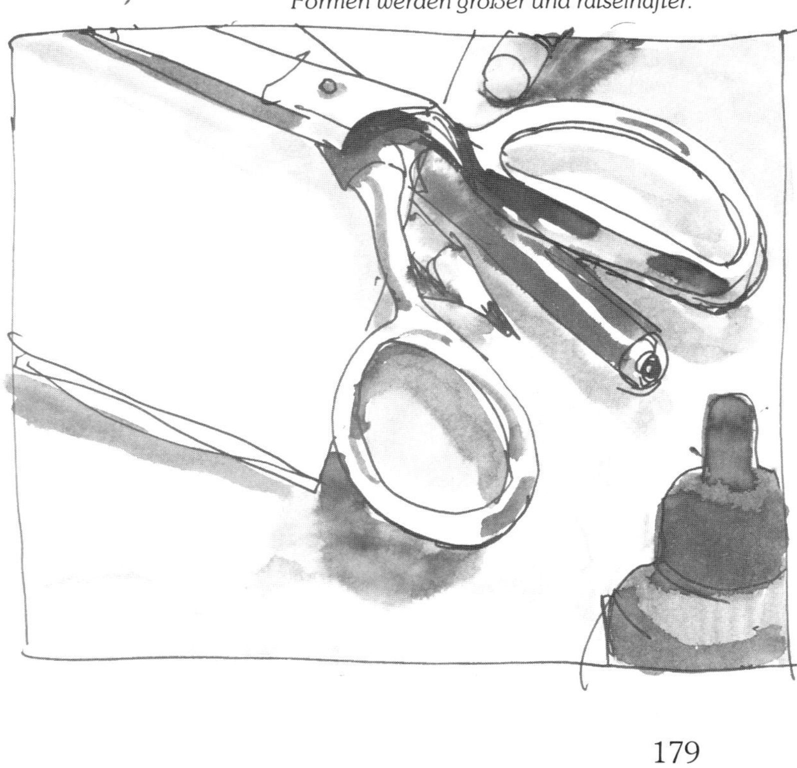

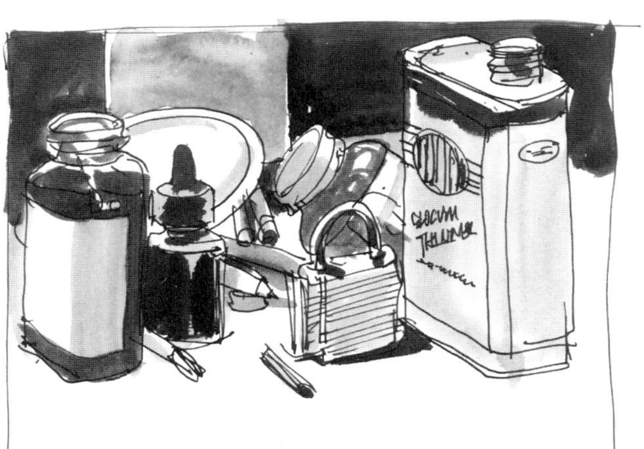

Die große offene Fläche im Vordergrund vermittelt einen zusätzlichen Eindruck von Tiefe. Am oberen Rand wird das Motiv abgeschnitten.

Abschneiden

Wir können das Abschneiden als einen Vorgang betrachten, der immer dann erfolgt, wenn der Hintergrund auf den Rand des Papiers stößt. Wir können hier aber auch von einem radikalen Mittel der Bildgestaltung sprechen. Das Abschneiden hilft, Mut zu entwickeln, weil es absolute Entscheidungen erfordert. Die Objekte befinden sich entweder innerhalb oder außerhalb des Bildes. Abenteuerliche Schnitte laufen direkt durch wichtige Aspekte des Gegenstandes. Sie lassen den Betrachter näher heranrücken und brechen den Hintergrund auf. Indem es nur Teile der Gegenstände zeigt, gibt das Abschneiden dem Kunstwerk etwas Abstraktes. Der Betrachter nimmt weniger von den Gegenständen wahr, dafür mehr von den Formen, Winkeln und Tönungen. Auf diese Weise betont das Abschneiden die Bildgestaltung.

Radikales Abschneiden ist eine neuere Entwicklung in der Geschichte der westlichen Kunst, die auf Einflüsse japanischer Holzschnittarbeiten einerseits und der Fotografie andererseits zurückgeht. Die aus dem 18. Jahrhundert stammenden Holzschnitte von Hiroshige, Hokusai und anderen zeigen schräge und fremdartige Figuren und Gebäude, die in ausgefallenen Winkeln abgeschnitten werden. Die ersten Fotografen imitierten am Anfang Maler, indem sie die Gegenstände sorgfältig in der Mitte der Bildfläche plazierten, aber sehr bald – entweder durch Fehler oder Experimentieren – kamen sie zu gewagteren Schnitten. Sie machten Großaufnahmen, ließen Figuren aus oder in den Rahmen treten und schnitten kaum definierbare Fragmente am Rand ab. Die Maler des späten 19. Jahrhunderts fanden diese neuen Ideen aufregend und begannen, sie in ihr Werk einzubeziehen. Die Neugestaltung der Formen mit Hilfe der Bildgrenzen ist seit dieser Zeit ein Bestandteil der Kunst.

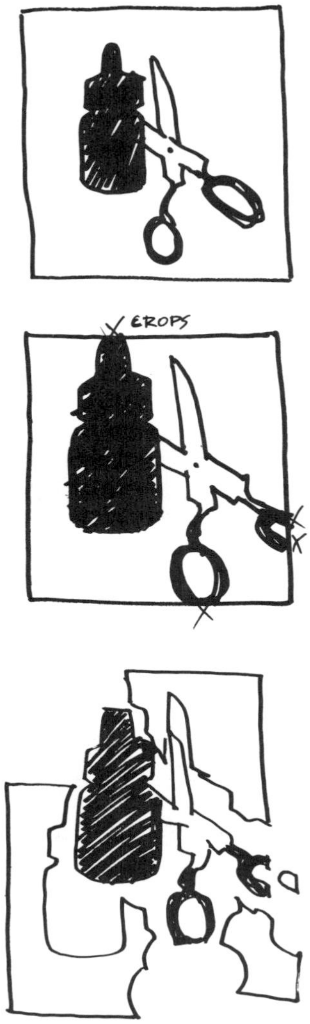

Wenn ein Gegenstand angeschnitten wird, entstehen weitere Formen im Hintergrund.

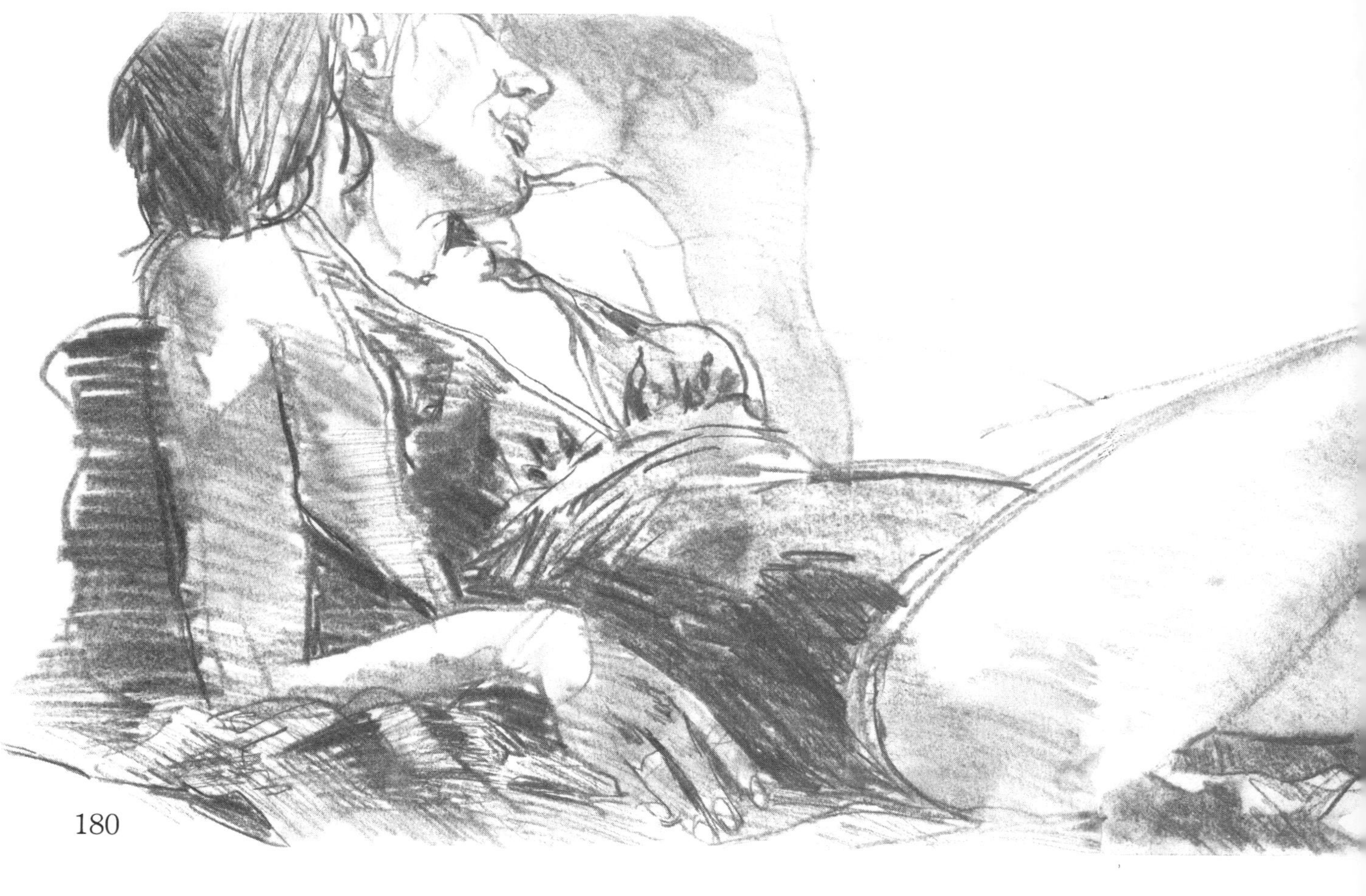

Die Gründe für das Abschneiden können variieren, aber sie lassen sich im wesentlichen zwei Kategorien zuordnen. Erstens läßt es den Betrachter näher heranrücken, so daß ein intimerer Kontakt mit dem Gegenstand entsteht. Zweitens unterteilt das Abschneiden einen großen Hintergrund in kleinere, zahlreichere und deutlichere Formen. Schauen Sie sich das Diagramm mit Schere und Flasche auf der linken Seite an. In dem oberen Bild befinden sich die Objekte in der Mitte des Bildes. Die umgebende weiße Fläche kann als eine Form betrachtet werden, aber sie ist zu groß und zu umfassend, um eine wirkliche Identität zu besitzen. Wenn wir jedoch näher herangehen und abschneiden, wie dies im zweiten Beispiel gemacht wurde, erhält der Hintergrund kräftigere und besser zur Geltung kommende Formen. Nun gibt es drei oder vier identifizierbare Formen; sie spielen eine aktivere Rolle in der Bildgestaltung.

Obwohl es keine Regeln für das Abschneiden gibt, folge ich gerne einer Formel, nach der ein Teil des Gegenstandes abgeschnitten wird, ein anderer dafür schwebt. Wenn man eine Seite eines Gegenstandes abschneidet, läßt man die andere schweben. Auch ist es besser, das Abschneiden enger Verbindungsstellen zu vermeiden. Die Körper von Menschen sollten zum Beispiel nicht an den Knöcheln, Handgelenken oder am Hals abgeschnitten werden, weil sonst der Eindruck einer Amputation entsteht. Schließlich ist das Abschneiden an Tangenten zu vermeiden, das heißt dort, wo die Ränder der Figur den Rand des Zeichenblattes berühren. Solche Schnitte verwirren das Auge.

Nehmen Sie wirkungsvolle Schnitte vor, aber vermeiden Sie Schnitte an . . .

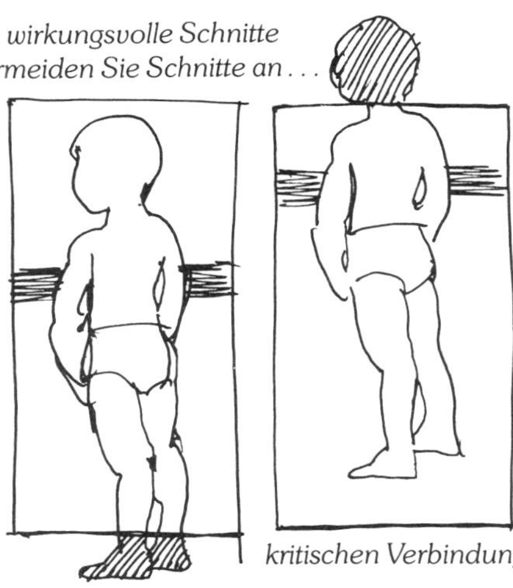

kritischen Verbindungsstellen . . .

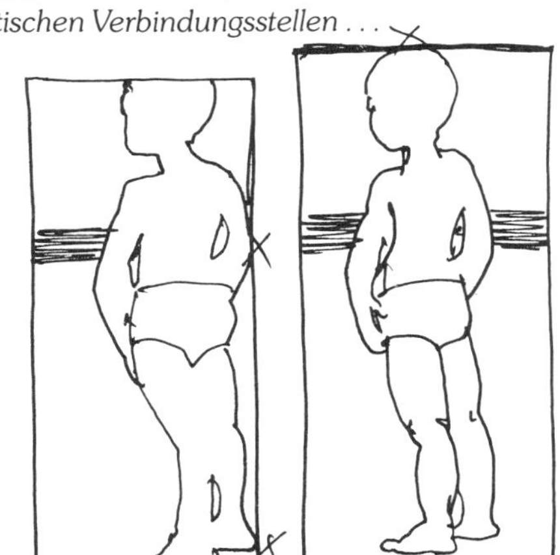

und an Tangenten.

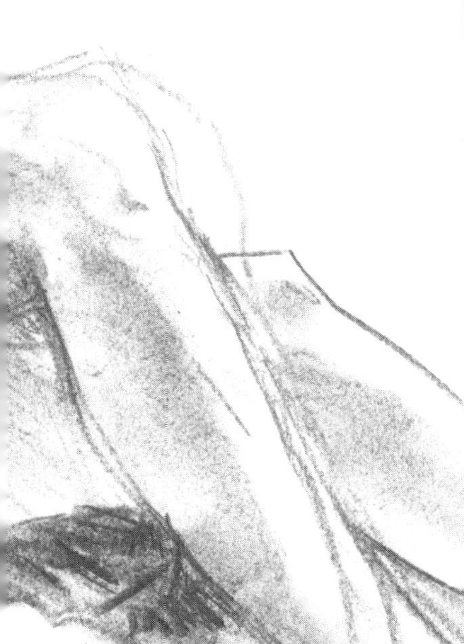

Beim Komponieren der Bilder sollte man einem Schema folgen, bei dem ein Teil der Figur abgeschnitten wird und ein anderer schwebt.

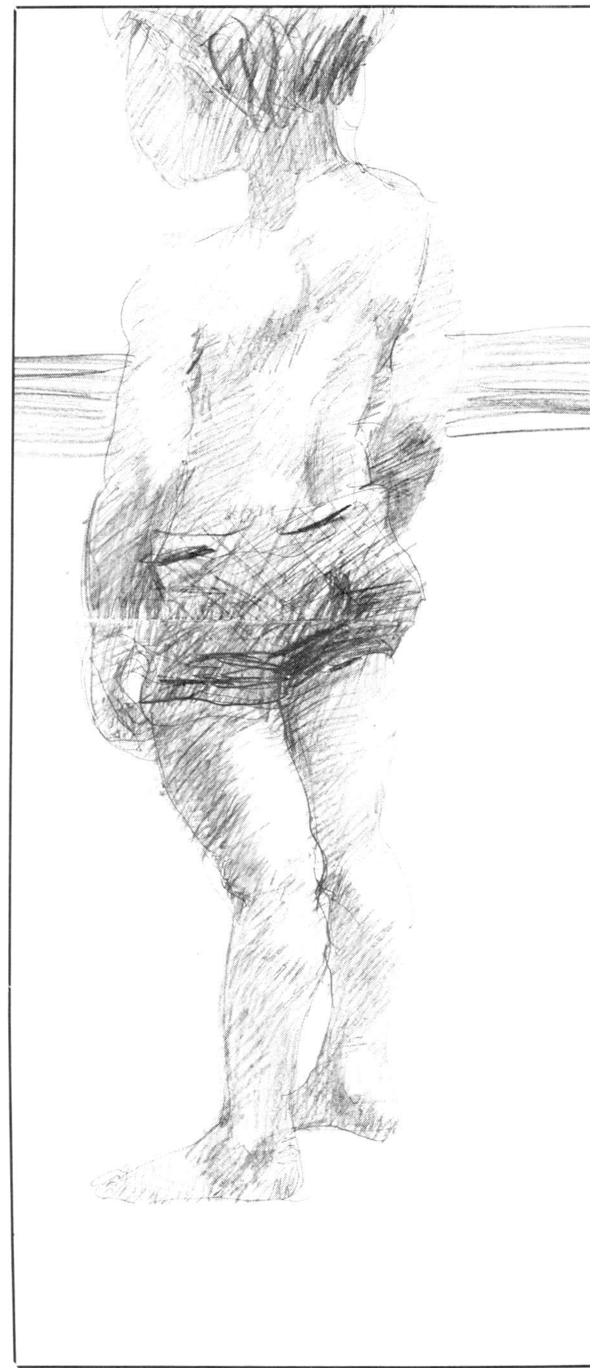

Radikales Abschneiden setzt die Aspekte der Gestaltung durch – wir werden stärker auf die hellen und dunklen Formen und die Ränder des Papiers aufmerksam gemacht. (Gegen das Abschneiden auf Höhe der Knöchel ist weniger zu sagen, als die Beine an anderen Stellen abzuschneiden.)

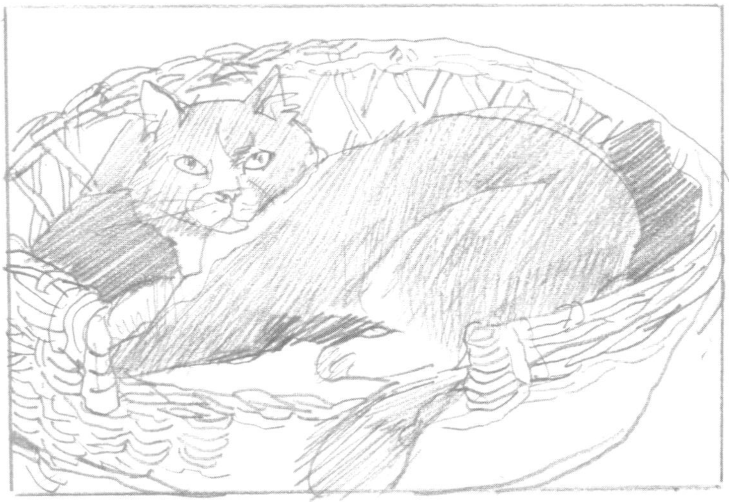

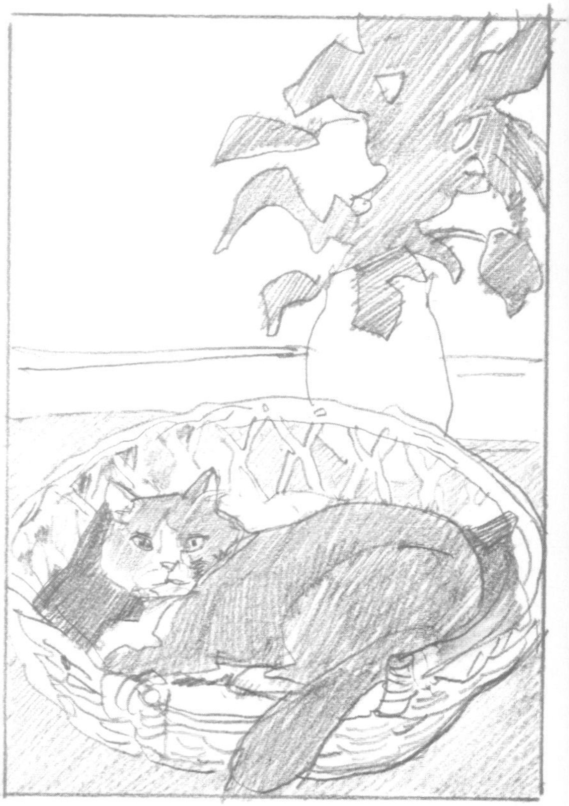

1. Horizontale oder vertikale Komposition?

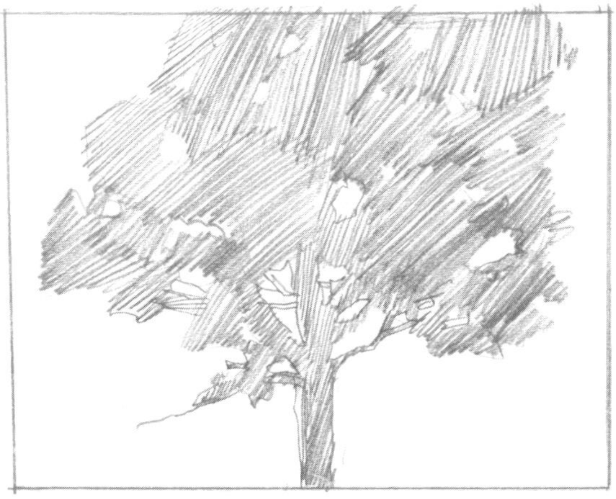

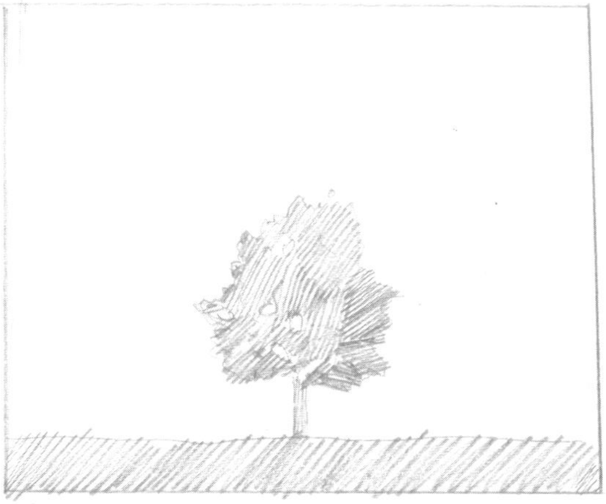

2. Mehr Hintergrund oder mehr vom Gegenstand?

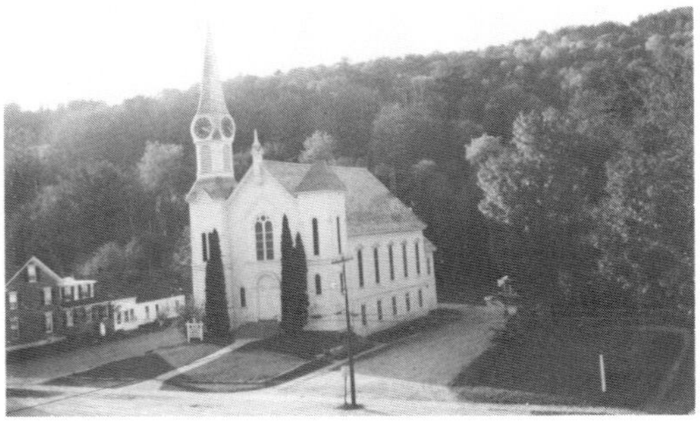

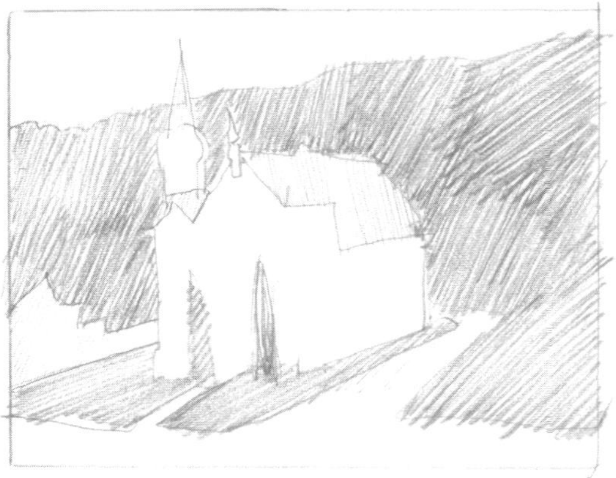

3. Kann der Gegenstand auf fünf Formen oder weniger reduziert werden?

Drei kompositorische Entscheidungen

Die meisten Entwurfsentscheidungen werden in den ersten Minuten getroffen. Bei einer Studie im Skizzenbuch werden die Weichen schnell im Kopf gestellt, vielleicht ein paar vage Striche auf das Papier gesetzt, und schon geht es los. Wenn Sie ein sorgfältig ausgeführtes Stück zeichnen wollen, sollten Sie vorher besser kompositorische Studien durchführen. Auf jeden Fall läßt man sich früh auf einen Plan ein. Natürlich führt man beim Zeichnen ständig kleine Veränderungen durch. Aber wenn diese Veränderungen gravierend sind, fängt man eine neue Zeichnung an.

Ich lege besonderen Wert auf die Art des Einstiegs. Vielleicht deshalb, weil ich oft mit dem Skizzenblock und dem Bleistift vor dem Motiv saß und nicht weiter wußte. Ich spürte den Druck, an alles denken und ein brauchbares Ergebnis zuwege bringen zu müssen. Auch der Umstand, daß ich etwas künstlerisch ausdrücken wollte, ohne zu wissen, wie ich es anstellen sollte, übte Druck auf mich aus. Ich erkannte schließlich, daß alle diese Probleme ohne Bedeutung sind, wenn ich richtig anfangen kann. Aus dieser Erfahrung leitete ich eine Strategie ab, die meinen Bleistift in Bewegung setzt. Ich stelle mir drei kompositorische Fragen, die mich schnell in die Bildgestaltung einsteigen lassen:

1. Möchte ich eine vertikale oder eine horizontale Komposition haben?
2. Soll es mehr um die Figur oder um den Hintergrund gehen?
3. Kann ich mein Motiv auf fünf oder weniger Formen reduzieren?

Wenn Sie im allgemeinen Schwierigkeiten haben, anzufangen, empfehle ich, diese Fragen im Kopf zu behalten und sie zum Teil des inneren Dialogs zu machen. Treffen Sie Ihre Entscheidungen dann schnell, fast impulsiv.

Entscheidung Nr. 1 (vertikales oder horizontales Format): Prüfen Sie vor dem Start beide Arrangements, vielleicht mit Hilfe des Motivsuchers, und treffen Sie dann eine schnelle Entscheidung. Normalerweise wird es eine klare Wahl sein. Die Logik würde zum Beispiel vorschreiben, daß man den Zeichenblock bei einer stehenden Figur hochkant nimmt und bei einer sich zurücklehnenden Figur im Querformat. Manchmal wird man auch das Gegenteil machen, nur um nicht in die gängigen Gewohnheiten zu verfallen.

Entscheidung Nr. 2 (mehr Hintergrund oder mehr vom Gegenstand): In den meisten Fällen werden Sie wahrscheinlich wollen, daß der Schwerpunkt der Zeichnung dominiert, aber das bedeutet nicht unbedingt, daß er viel Raum einnehmen muß. Manchmal können Isolation und Einsamkeit betont werden, indem man die Formen des Hintergrundes größer darstellt. (Entscheidung Nr. 2 ist eigentlich ein Trick, der Sie vor dem Start zum Nachdenken über die Hintergrundformen anregen soll.)

Entscheidung Nr. 3 (fünf Formen oder weniger): Reduzieren Sie Ihren Gegenstand auf wenige Formen. Sie werden als Grundentwurf, mit dem man arbeiten kann, zu Papier gebracht. Die Zahl Fünf hat nichts Magisches; mehr kann das menschliche Auge auf einen Blick nicht erfassen. Der Grundgedanke ist, den Gegenstand in ein einfaches Muster zu pressen, egal wie kompliziert er ist. Manchmal bedeutet dies, daß geblinzelt oder sogar eine Tonwertskizze angelegt werden muß. Eine genaue Befolgung des ursprünglichen Plans wird sich im mittleren und späten Stadium der Ausarbeitungen als vorteilhaft erweisen.

Projekt 7 – D Vier Kompositionsstudien

Nehmen Sie zwei für ein Stilleben geeignete Objekte oder ein schlafendes Haustier und zeichnen Sie mit dem Bleistift eine Reihe von Kompositionsstudien. Diese Studien sollten nur eine kleine Zahl von Formen und nur drei Tonwerte neben dem Weiß des Papiers aufweisen. Sie sollten nicht größer als 10 x 13 cm werden. Fertigen Sie die Studien in folgender Reihenfolge an:

1. eine horizontale Komposition;
2. eine vertikale Komposition;
3. eine Darstellung aus der Nähe (horizontal oder vertikal);
4. eine Darstellung aus der Ferne (horizontal oder vertikal).

Benutzen Sie den Motivsucher, um jede Komposition einzurahmen.
Jedes Bild soll in fünf bis zehn Minuten gezeichnet werden.

Bildgestaltung mit Widersprüchen

Einige der Grundgedanken dieses Buches beruhen auf Paradoxien. Ich nenne sie *Widersprüche*, weil sie anscheinend nicht miteinander vereinbar sind. Es folgen einige Beispiele:

- Manchmal, zum Beispiel wenn man blind zeichnet, zeichnet man besser, wenn man überhaupt nicht zum Bild schaut.
- Man kann seine eigenen Neigungen entdecken, indem man andere Künstler kopiert und nachahmt.
- Man bemüht sich darum, Illusionen aufzubauen, während man den Betrachter gleichzeitig daran erinnert, daß er eine Zeichnung betrachtet.
- Es ist das Ziel, möglichst genau zu zeichnen, aber dennoch ist es wünschenswert, bestimmte Aspekte übertrieben darzustellen.
- Man kann die Figur und den Hintergrund in einer gemeinsamen Form miteinander verbinden, die beides darstellt, aber dennoch weder das eine noch das andere ist.

Erkennen Sie den Widerspruch, der in jeder dieser Aussagen steckt? Überraschenderweise liegt die Stärke dieser Ideen vor allem in diesem Widerspruch.

Die Verknüpfung entgegengesetzter Vorstellungen ist ein elementarer Bestandteil der Bildgestaltung und stärker in der Kunst und im Leben verbreitet, als im allgemeinen angenommen wird. Zu oft gehen wir davon aus, daß das Zeichnen eine Disziplin ist, in der es nur richtige und falsche Wege gibt, etwas auszuführen. Die Vorstellung, daß Gegensätze direkt nebeneinander bestehen können, kann jene unter uns verblüffen, die gelernt haben, Dinge in den Kategorien von entweder/oder, wahr oder nicht wahr, richtig oder falsch zu sehen. Dies ist eine westliche Denkweise, die leider unser Verständnis für ganze Systeme im allgemeinen und für Kunst im besonderen behindert. Die Philosophie des Ostens kann uns viel über Paradoxien sagen.

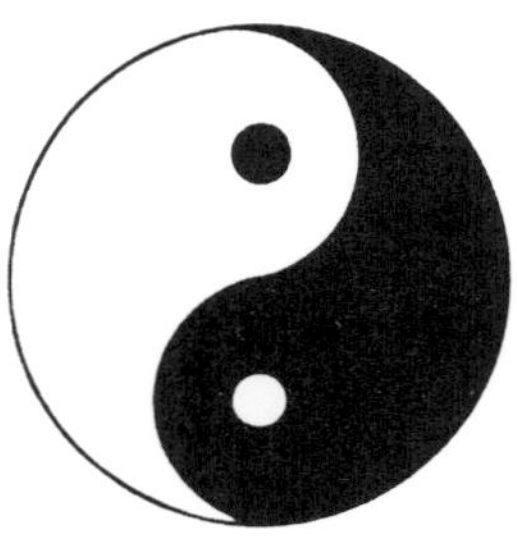

Das alte chinesische Yin/Yang-Symbol

Yin/Yang ist eine alte chinesische Vorstellung, in der die Welt zwei nebeneinander bestehende Spannungspole umschließt. Das Verständnis ergibt sich danach nicht aus der Entscheidung für einen der Gegensätze, sondern dadurch, daß man beide gleichzeitig erfaßt.

Physiker haben herausgefunden, daß sich Licht manchmal wie Wellen und manchmal wie Partikel verhält. Obwohl sich diese Merkmale gegenseitig ausschließen, nehmen Wissenschaftler an, daß beides zutrifft. Im Grunde gestehen sie ein, daß hier die alte Yin/Yang-Idee des »sowohl als auch« eher zutrifft als die alte wissenschaftliche Auffassung des »entweder/oder«.

Wenn man sie sucht, stößt man überall auf Widersprüche. Die gegensätzlichen Charaktere von Sancho Pansa und Don Quijote bilden einen Widerspruch. Der erdverbundene, realistische und zynische Charakter des einen beleuchtet die romantische, idealistische und in Illusionen gefangene Persönlichkeit des anderen. Und umgekehrt. Im Kontrast werden ihre Eigenschaften besonders deutlich. Im Grunde wurde ich beim Schreiben dieses Buches von den beiden Einstellungen geführt. Don Quijote ermutigte mich, das Zeichnen als ein Abenteuer darzustellen, eine Suche, die mit großen Risiken verbunden ist, aber auch großen Lohn in Aussicht stellt. Mit Sancho kam ich wieder zurück auf den Boden der Tatsachen. Er erklärte die kleinen Tricks, wie man was macht, das schrittweise Vorgehen beim Zeichnen. Erst als ich aufhörte, in der Kategorie des entweder/oder zu denken, konnte ich beiden zuhören.

Diese Gewohnheit ist schwer zu überwinden. Es ist nicht leicht, sich vorzustellen, daß Dinge zur gleichen Zeit sowohl einfach als auch komplex sein können oder etwas zugleich rational und emotional oder spezfifisch und allgemein sein kann. Wenn die eine Stimme sagt: »Zeichne die Formen so, daß man sie erkennen kann« und die andere Stimme sagt: »Laß den Betrachter etwas rätseln«, dann sollten Sie versuchen, beide Lösungen unter einen Hut zu bringen, statt sich nur für einen Weg zu entscheiden. Mit der neuen Denkweise geben Sie sich neue Möglichkeiten für kreative Lösungen.

Ich will hier nicht den Eindruck erwecken, daß eine widersprüchliche Darstellung ein genau in der Mitte liegender Kompromiß ist. Das wäre so, als hätte man einen Fuß in einem Eimer mit eiskaltem Wasser und den anderen in einem Eimer mit kochendem Wasser und würde sagen, daß es einem im Durchschnitt ganz gut ginge. Ganz sicher läßt sich die berühmte Anfangszeile in Dickens' Buch *Zwei Städte*: »Es war die beste aller Zeiten, es war die schlimmste aller Zeiten« nicht so übersetzen: » Es war eine mäßige Zeit«. Das Arbeiten mit Widersprüchen bedeutet, daß man das meiste aus den Eigenschaften der Gegensätze herausholt. Auf den nächsten Seiten betrachten wir einige der wichtigeren Widersprüche, die sich bei der Bildgestaltung nutzen lassen.

Wiederholung und Variation

Weiter vorne wurden Wiederholung und Variation als ein Mittel der Texturdarstellung präsentiert. Aber es ist ein Prinzip für das »ganze System« und voller Möglichkeiten. Deshalb kann es hier auch als ein Aspekt der Bildgestaltung vorgestellt werden. Indem Sie eine Methode der Wiederholung von Formen in Ihrer Zeichnung finden, entwickeln Sie einen angenehmen visuellen Rhythmus. Durch die Variation und individuelle Gestaltung der Formen entsteht ein interessanter Kontrapunkt zum Rhythmus. Hierin liegt der Widerspruch. Der Betrachter springt hin und her. Er sieht abwechselnd einmal das vereinheitlichte Ganze und dann das individuelle Teil.

Wiederholung

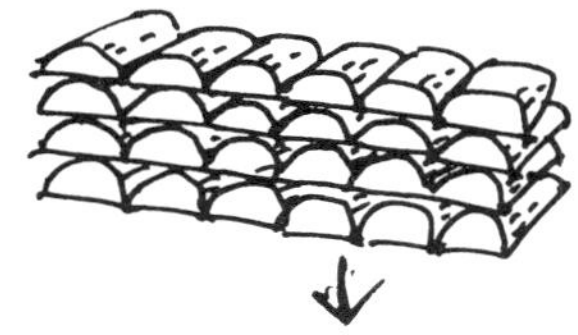

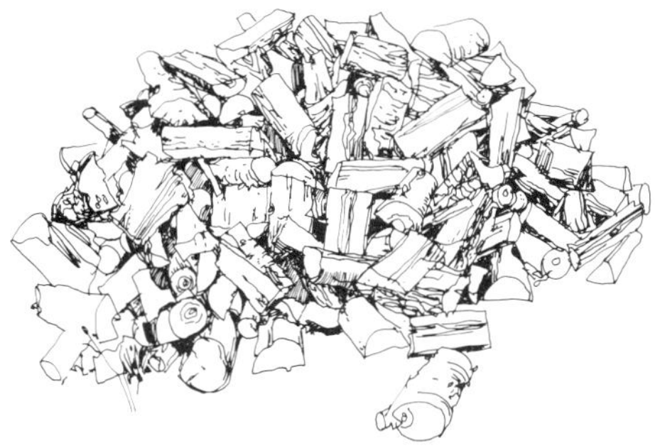

Wiederholung mit Variation, ein Gegensatz

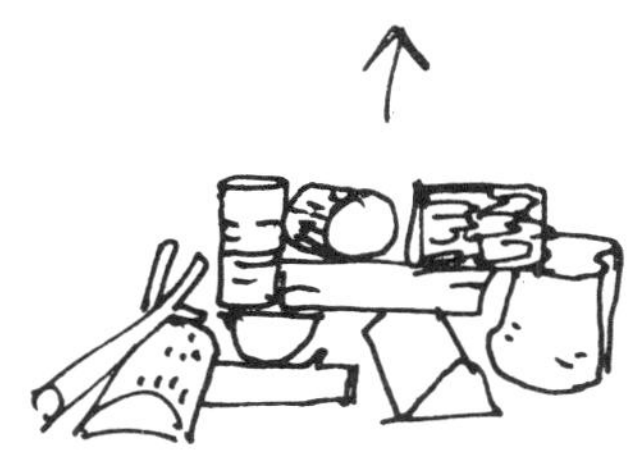

Variation

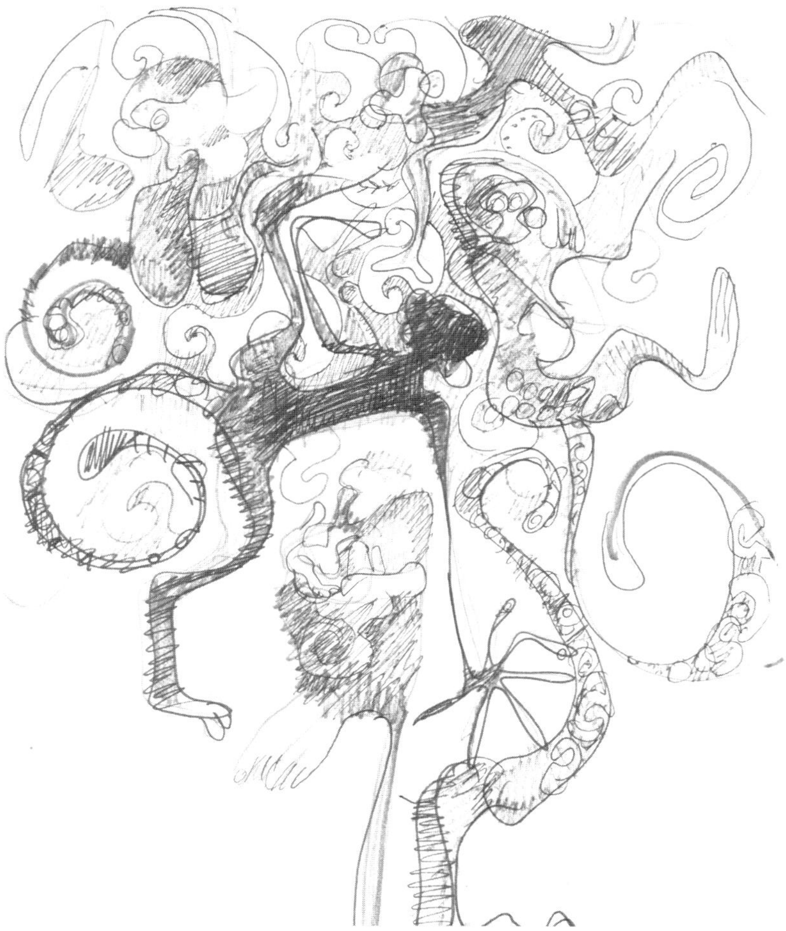

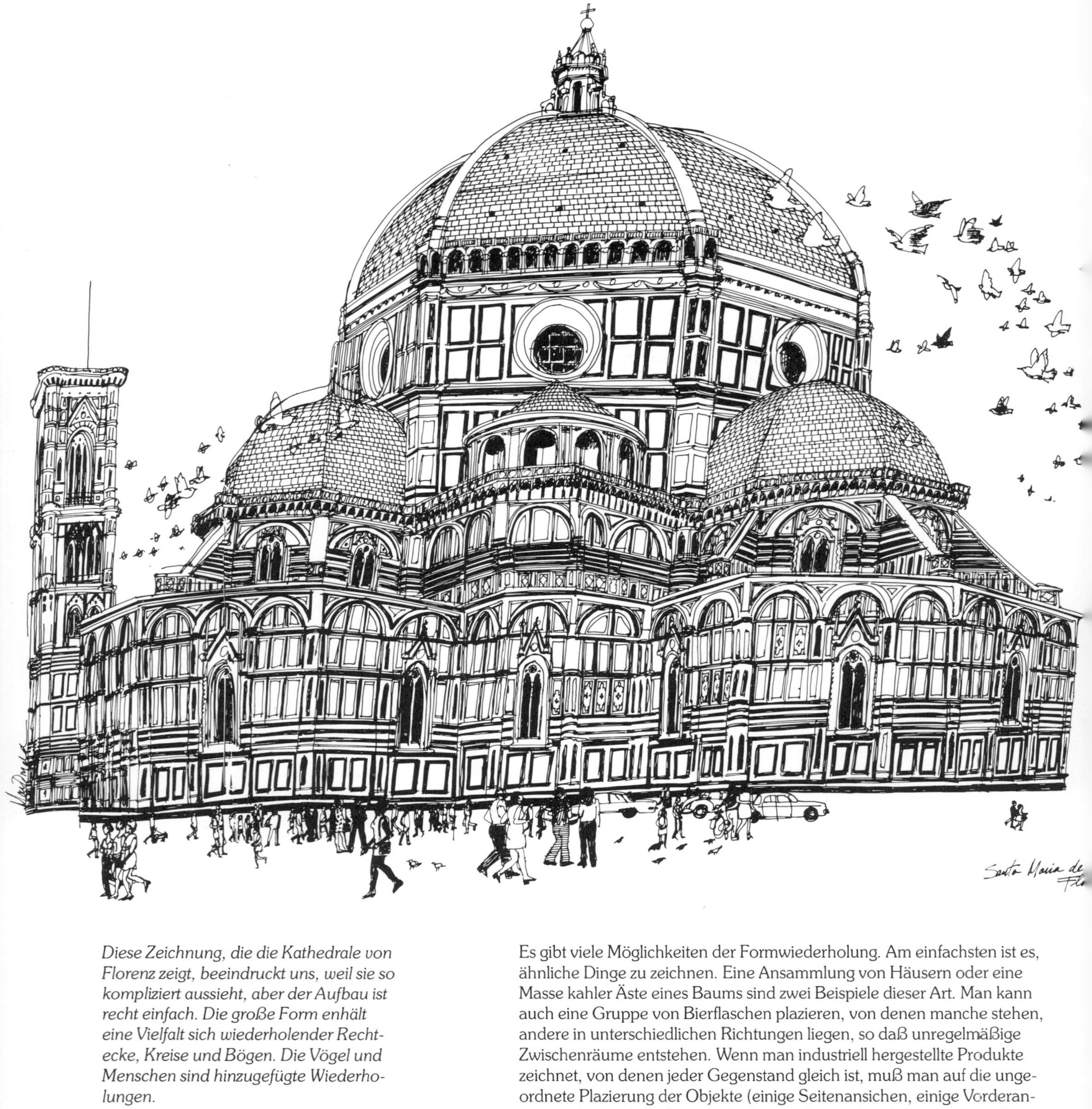

Diese Zeichnung, die die Kathedrale von Florenz zeigt, beeindruckt uns, weil sie so kompliziert aussieht, aber der Aufbau ist recht einfach. Die große Form enhält eine Vielfalt sich wiederholender Rechtecke, Kreise und Bögen. Die Vögel und Menschen sind hinzugefügte Wiederholungen.

Es gibt viele Möglichkeiten der Formwiederholung. Am einfachsten ist es, ähnliche Dinge zu zeichnen. Eine Ansammlung von Häusern oder eine Masse kahler Äste eines Baums sind zwei Beispiele dieser Art. Man kann auch eine Gruppe von Bierflaschen plazieren, von denen manche stehen, andere in unterschiedlichen Richtungen liegen, so daß unregelmäßige Zwischenräume entstehen. Wenn man industriell hergestellte Produkte zeichnet, von denen jeder Gegenstand gleich ist, muß man auf die ungeordnete Plazierung der Objekte (einige Seitenansichen, einige Vorderansichten, hin und wieder eine Dreiviertel-Ansicht) und die negativen Formen der Zwischenräume (enge und offene Räume) bauen, um Variationen zu erreichen.

Gegenstände mit einer der Grundformen, zum Beispiel Kästen und Bälle, machen es schwerer als asymmetrische Objekte, Variationen zu erzielen.

Eine andere Möglichkeit, mit dem Widerspruch von Wiederholung und Variation zu spielen, besteht darin, ein einzelnes Objekt oder ein Tier nach einem Foto oder der Phantasie so zu zeichnen, wie ich es in der Zeichnung der Affen auf Seite 185 getan habe. Der Gegenstand wird noch einmal kopiert, aber leicht verändert, indem er etwas gestreckt, gebogen und verdreht wird. Er wird direkt am ersten Objekt eingefügt. So geht es weiter, bis die Seite voll ist. Das Ergebnis erinnert fast an eine Tapete, ist aber viel persönlicher und phantasiereicher.

Außer der Darstellung ähnlicher Dinge gibt es subtilere Methoden der Verbindung von Wiederholung und Variation. Schatten können zum Beispiel die Form der zentralen Darstellung wiederholen. Negative Formen können die gleiche Wirkung haben. In einer Masse von Zimmerpflanzen neigen eingeschlossene kleine Räume des Hintergrundes dazu, Blattformen zu wiederholen.

Ungleichartige Objekte, die im selben Bild vorkommen, können sich gegenseitig in Schwingung versetzen. Ich erinnere mich an das Stilleben eines frühen holländischen Meisters, das eine halbierte Melone neben einer Mandoline zeigte. Das Auge verknüpft diese beiden Formen und stellt eine befriedigende Verbindung her.

Seurats Bild *Sonntag nachmittag an der Grande Jatte* stellt Bürger dar, die sich in einem Park erholen. Alle Gegenstände, mit denen man hier rechnet, sind vorhanden: spielende Kinder, Sonnenschirme, Bäume und Boote. Die Art, in der die Elemente zusammengesetzt wurden, ist nicht so augenfällig. Sie bilden eine Reihe von Kreisen und Bögen. Runde Bäume, halbrunde Schirme, viertelrunde Gesäßpolster und geschwungene Haltungen der Figuren auf dem Gras dienen dazu, ein Muster zu variieren, das kaum erkennbar ist. Sogar die gebogenen Schwänze der Hunde und eines Affen unterstützen diese subtile Resonanz. Obwohl sie anfangs durch die tatsächliche Szene inspiriert wurde, ist solch eine Komposition letzten Endes das Ergebnis einer sorgfältigen Organisation und Anordnung. Dieses Zurechtbiegen und Umformen der Realität ist ein weiteres Beispiel für das Übertreiben. Es geht einen Schritt über das bloße Reproduzieren des Gesehenen hinaus, um dem Muster eine stärkere Wirkung zu geben. Oft sind solche versteckten Wiederholungen die wirkungsvollsten und, wie zu vermuten ist, die am schwierigsten zu erreichenden Ausdrucksmittel.

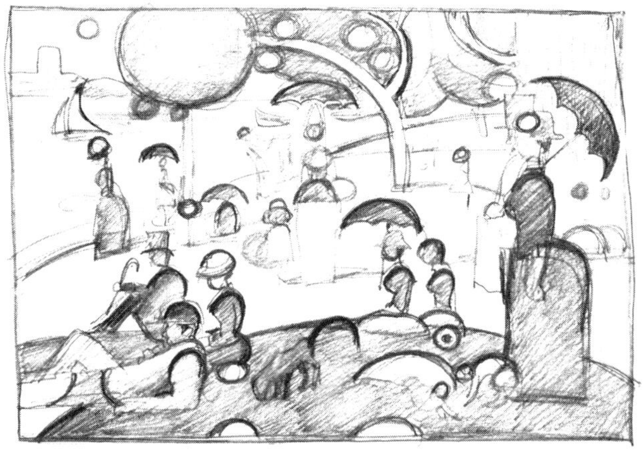

Seurat, *Sonntag nachmittag an der Grande Jatte*

Die unterschiedlichen Stimmungen der sich hin und her bewegenden Puppenköpfe bilden eine Abfolge, die an eine Melodie und den Verlauf von Musiknoten erinnert. Die Zeichnung basiert auf einem Gemälde von R. Levers.

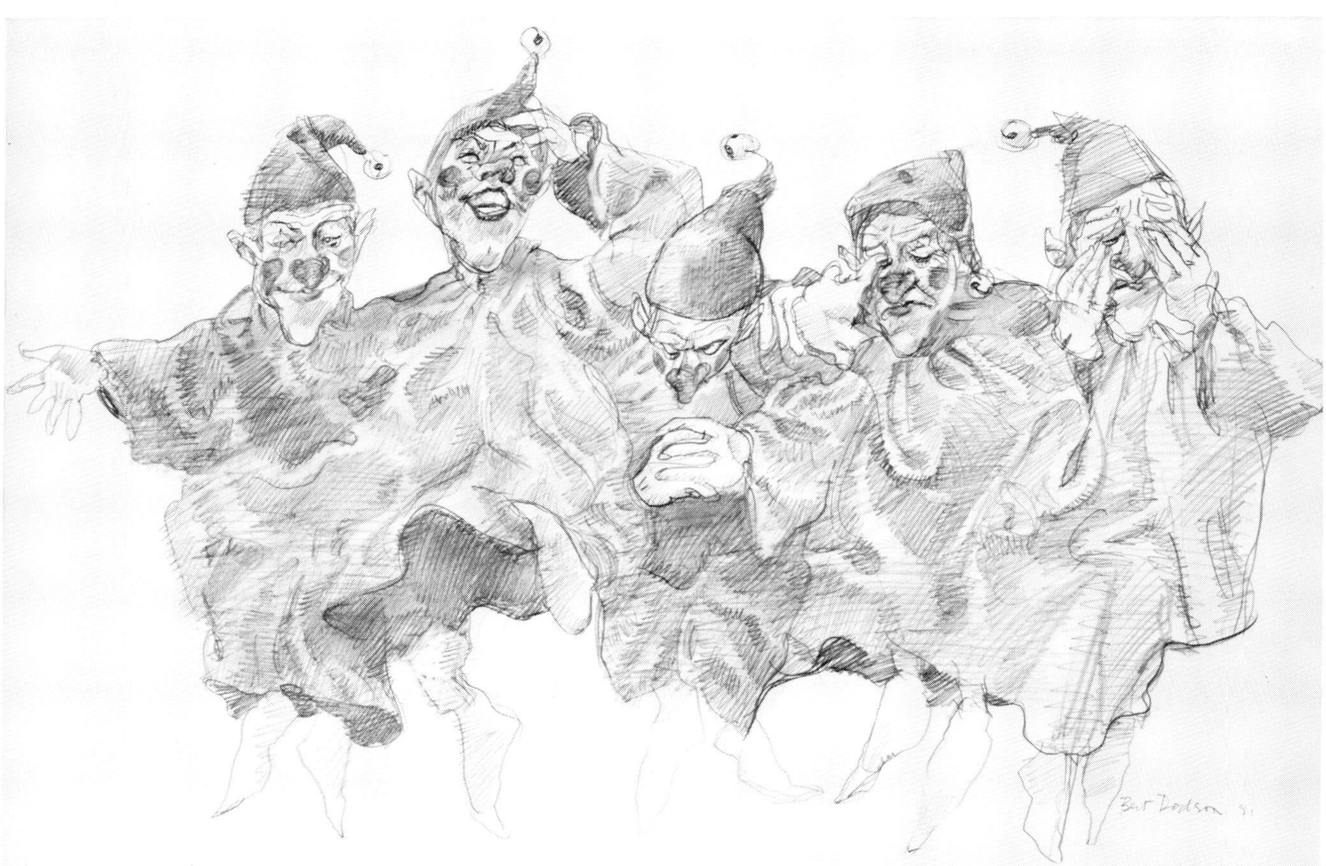

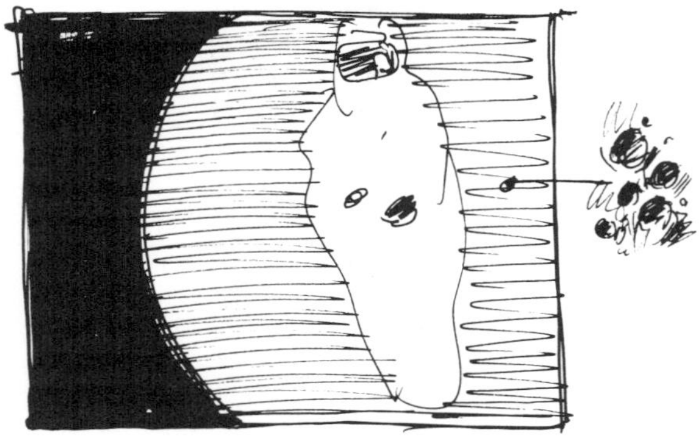

Ein einfaches Gesamtmuster mit komplexen Einzelformen.

Einfachheit und Komplexität

Die Widersprüche, von denen wir im Zusammenhang der Bildgestaltung sprechen, sind eher eine Angelegenheit der Sprache als eine der Realität. In den Augenblicken, in denen wir die Wirklichkeit voll erfahren, schauen wir durch die sichtbaren Widersprüche und finden statt dessen sich Ergänzendes.

Ein Kunstwerk kann Einfachheit und Komplexität auf vielfältige Weise gegeneinander setzen. Im folgenden wollen wir das Prinzip nur auf Muster beziehen und die beiden Extreme betrachten. In einem Fall setzt sich die Zeichnung aus sehr wenigen regelmäßigen Formen zusammen. Im anderen Extrem ist das Bild in eine große Vielfalt von Formen aufgebrochen. Eine Gestaltung mit Gegensätzen bringt Komplexität in das erste Beispiel und einfache Strukturen in das zweite Bild.

Wenn man einen Gegensatz in ein einfaches Muster bringen will, muß man die individuellen Formen und die Texturen mit besonderer Strichstruktur innerhalb der Zeichnung finden und betonen. Man stelle sich eine einfache Komposition, die nur aus zwei Formen besteht, vor: eine offene Weide und ein klarer Himmel. Solch ein Entwurf wird ohne weitere gestalterische Details nicht unser Interesse wecken. Wenn das Feld genügend

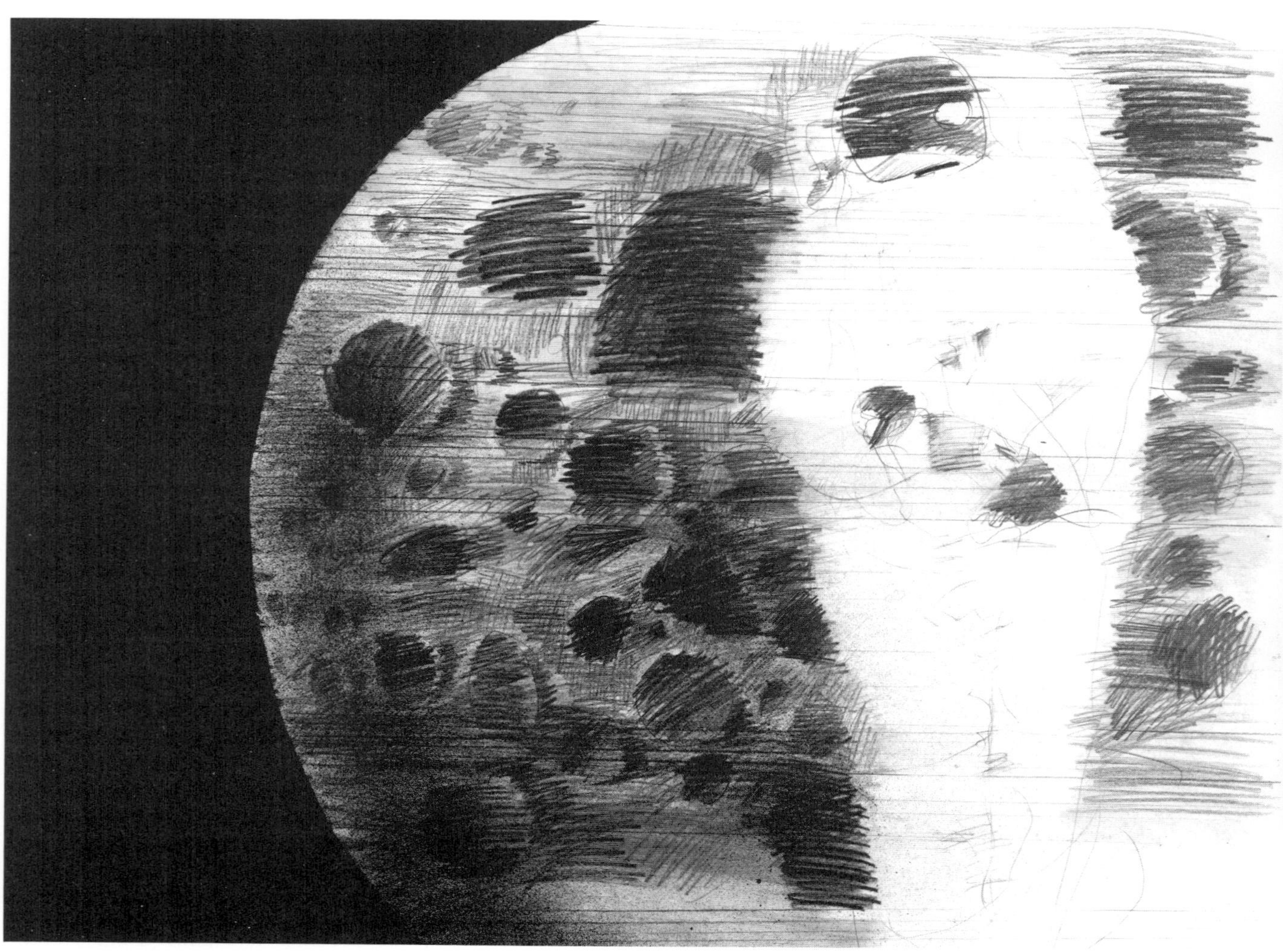

belebt wäre mit Gräsern, Kleestreifen, wilden Blumen und vielleicht einem ausgetretenem Pfad, würde die Einfachheit des Entwurfs komplexere Züge annehmen. Diese Probleme wurden von dem Maler Andrew Wyeth geschickt gelöst.

Wenn man einen komplizierten Gegenstand zeichnet, können Widersprüche Formen oder Tönungen vereinfachen und standardisieren. Nehmen wir einmal an, Sie befassen sich mit einem Gewirr unterschiedlicher Objekte eines Schrottplatzes. Um etwas Ordnung in das Bild zu bringen, werden Sie die Formen ein wenig verändern wollen, damit sie irgendwie etwas gleichförmiger erscheinen. Oder Sie könnten daran denken, die Töne etwas flacher zu gestalten, so daß der ganze Haufen mehr Gleichmäßigkeit und Ordnung zeigt. Sie werden damit die Verwirrung durch Einzelformen beseitigen, vor allem im Hintergrund. Mit anderen Worten: Sie wollen die Ähnlichkeiten verstärken und die Unterschiede verringern. Paul Cézanne war ein Meister der Reduktion komplexer Unregelmäßigkeiten auf eine vereinheitliche Gesamtstruktur.

Die Komplexität gibt einem Bild Vielfalt und Fülle, während die Einfachheit ihm Zusammenhalt und Einheit verleiht. Die mentale »Dehnung«, die eintritt, wenn wir versuchen, diese beiden Vorstellungen auf einmal zu verarbeiten, macht das Vergnügen an der Kunsterfahrung aus.

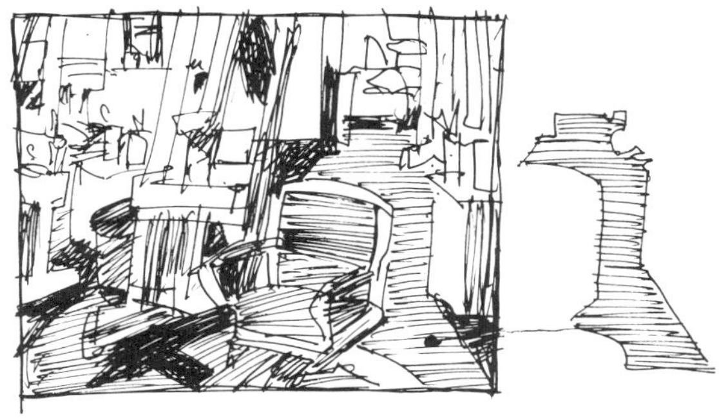

Ein komplexes Gesamtmuster mit vereinfachten, den Ausdruck verstärkenden Einzelformen.

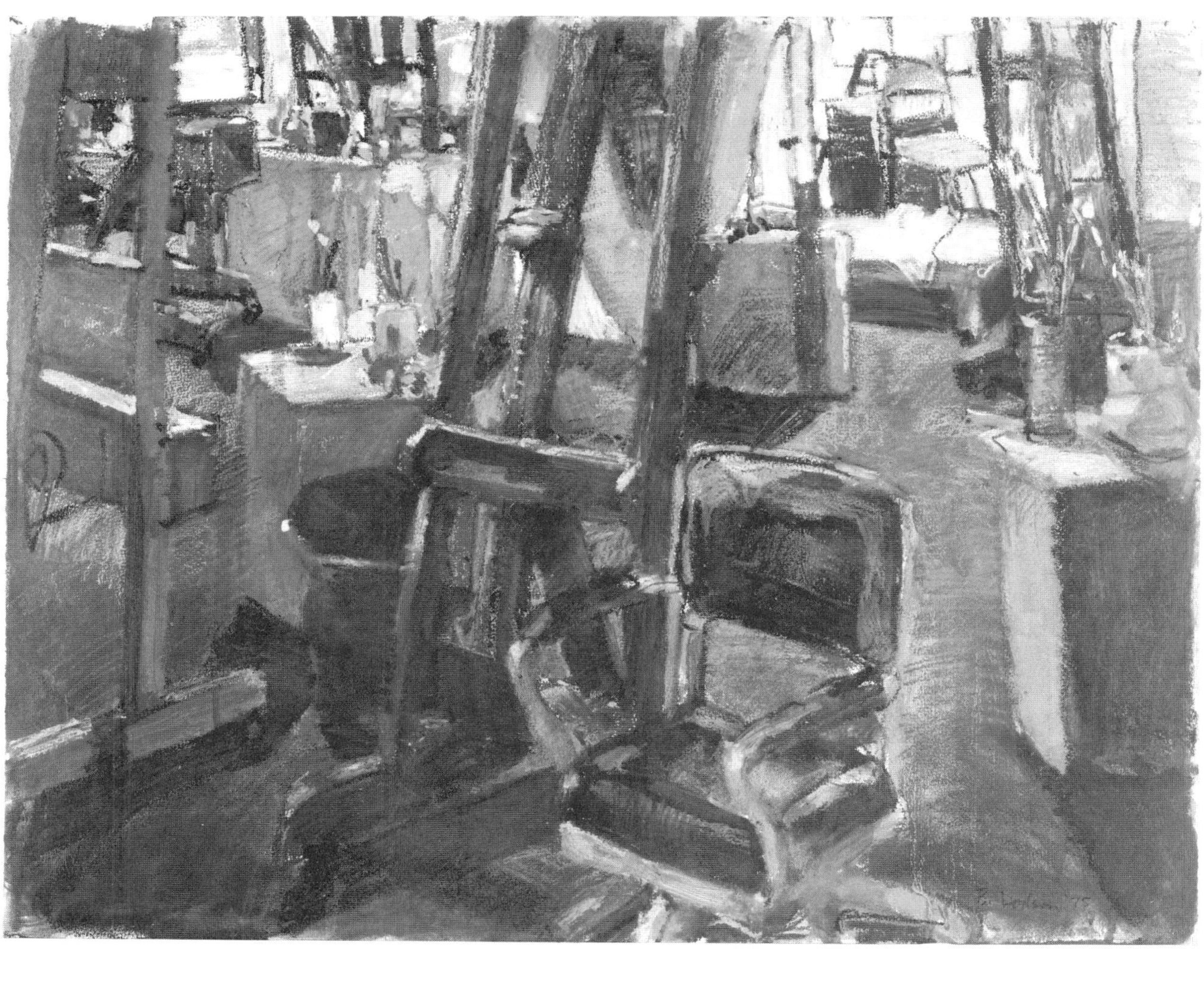

Projekt 7 – E Eindeutigkeit und Zweideutigkeit

Wählen Sie einen relativ schwierigen Gegenstand, um ihn zu zeichnen. Sie können feststellen, daß der Gegenstand aus bestimmten Blickwinkeln leicht zu identifizieren ist, während er aus anderen Richtungen kaum wiederzuerkennen ist. Bei diesem Projekt soll der Gegenstand zwar genau und sorgfältig gezeichnet werden, aber aus dem Blickwinkel, aus dem er weniger gut zu identifizieren ist. So ist es möglich, einen Gegensatz zwischen Eindeutigkeit und Zweideutigkeit aufzubauen. Bemühen Sie sich darum, beide Wirkungen in gleichem Maß zu berücksichtigen. Nach einer Stunde betrachten Sie das Ergebnis und prüfen, ob es Ihnen gelungen ist oder nicht. Wenn Sie den Eindruck haben, daß zu großes Gewicht auf die Zweideutigkeit gelegt wurde, sollten Sie die den Gegenstand charakerisierenden Texturen und Details besser herausarbeiten. Wenn das Gewicht auf der anderen Wirkung liegt, können die Lichtverhältnisse so verändert werden, daß ein Teil des Gegenstandes allmählich in der Dunkelheit verschwindet. Sie haben noch 20 Minuten Zeit, um die zweite Phase abzuschließen.

Eindeutigkeit und Zweideutigkeit

Eine Zeichnung, die das Interesse auf sich zieht, ist ein Bild, das sowohl Fragen aufwirft als auch Antwort liefert. Manchmal ist es die Frage, die das Publikum einlädt (»Was ist es?«) und es ist die Antwort, die befriedigt (»Aha, ich erkenne ein Paar alter Arbeitshandschuhe.«). Genauso oft wird das Interesse des Publikums durch ein erkennbares Objekt geweckt (»Das sieht so aus wie meine alten Handschuhe.«), und die Frage folgt (»Warum liegen sie auf dem schönen Orientteppich?«).

Die Ausrichtung auf eine Eröffnung (Fragen) und auf einen Abschluß (Antworten) ist die Grundlage für diesen Widerspruch. Der Grundgedanke ist es, bohrende Fragen durch entsprechende Anhaltspunkte entstehen zu lassen, ohne eine volle Auflösung zu liefern. Es wird etwas gezeigt, das auf den ersten Blick vage zu erkennen ist, aber insgesamt doch nicht ganz zu enträtseln ist.

Eine einfache Methode, einen Betrachter zu fesseln, ist die Darstellung des Gegenstandes aus einer außergewöhnlichen Blickrichtung, zum Beispiel aus einer extrem verkürzten Perspektive. Oder man könnte den anderen Weg gehen und sehr helle und dunkle Formen in den Gegenstand einflechten, wie es in der Aquarellskizze von Ann Toulmin-Rothe zu sehen ist.

Der Gegensatz von Ein- und Zweideutigkeit kann leichter hergestellt werden, wenn man Gegenstände zeichnet, die an sich schon schwer zu erkennen sind. Beispiele sind ein alter Apfelentkerner oder die Zahnräder einer Mischmaschine. Schließlich besteht die Möglichkeit, vertraute Gegenstände in einen ungewöhnlichen Rahmen zu setzen, wie zum Beispiel ein Ei in einem Boxhandschuh.

Solche Zeichnungen haben nicht bloß das Ziel, zu ärgern und zu frustieren. Es soll dem Publikum die Möglichkeit gegeben werden, Entdeckungen zu machen. Dabei könnte vielleicht herauskommen, daß es den Gegenstand in einem ganz neuen Licht sieht. Vielleicht gelingt es dem Zeichner, wenn auch nur für einen Augenblick, den Betrachter aus der Welt der Dinge in die Welt der Formen und Gestaltung zu entführen. Dies mag zwar wie ein kleines Verdienst erscheinen, aber es repräsentiert die Begabung, anderen den Weg aus alten Sehgewohnheiten zu zeigen. Als Künstler gibt man ein Beispiel und geht den Weg als erster.

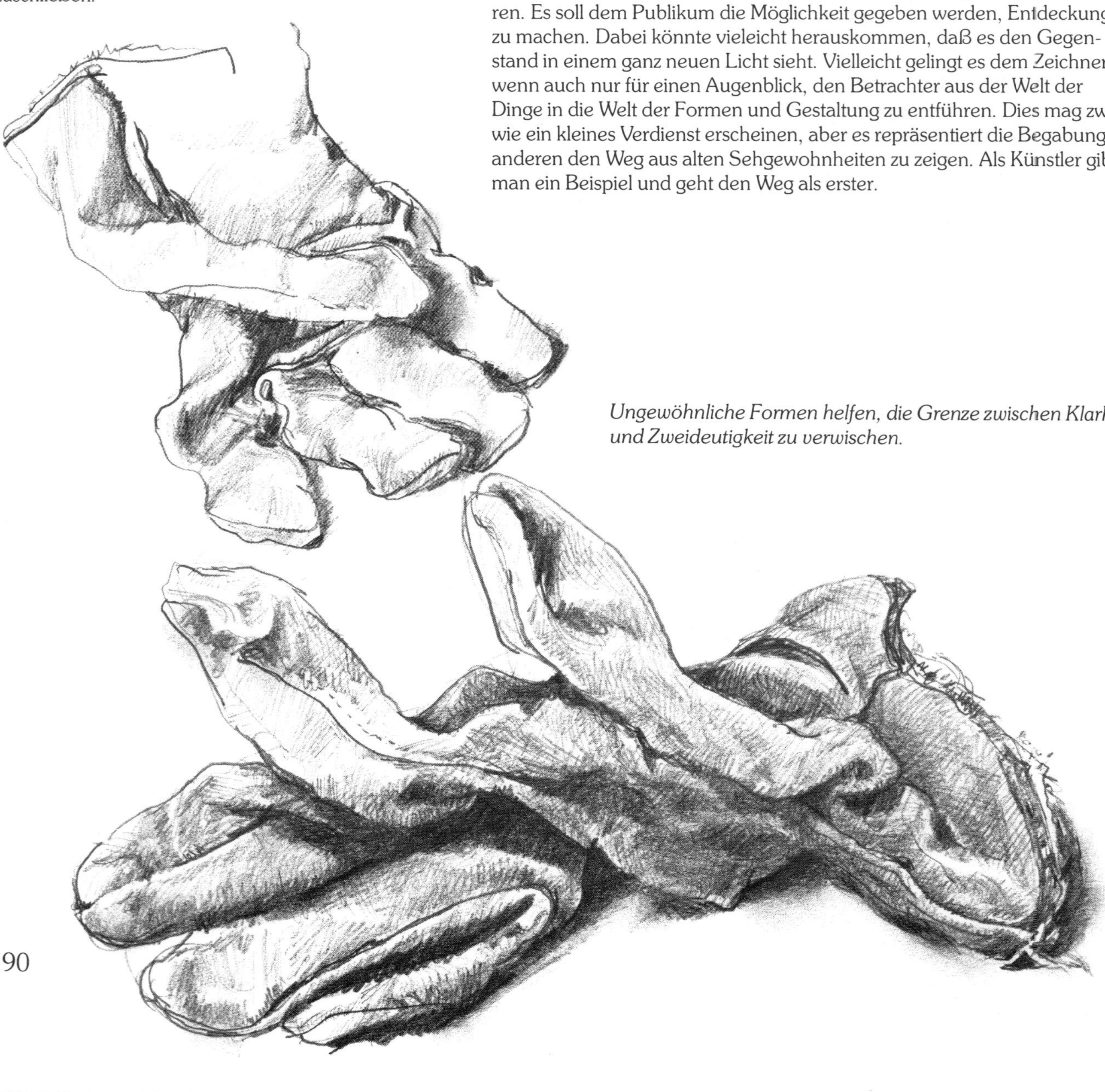

Ungewöhnliche Formen helfen, die Grenze zwischen Klarheit und Zweideutigkeit zu verwischen.

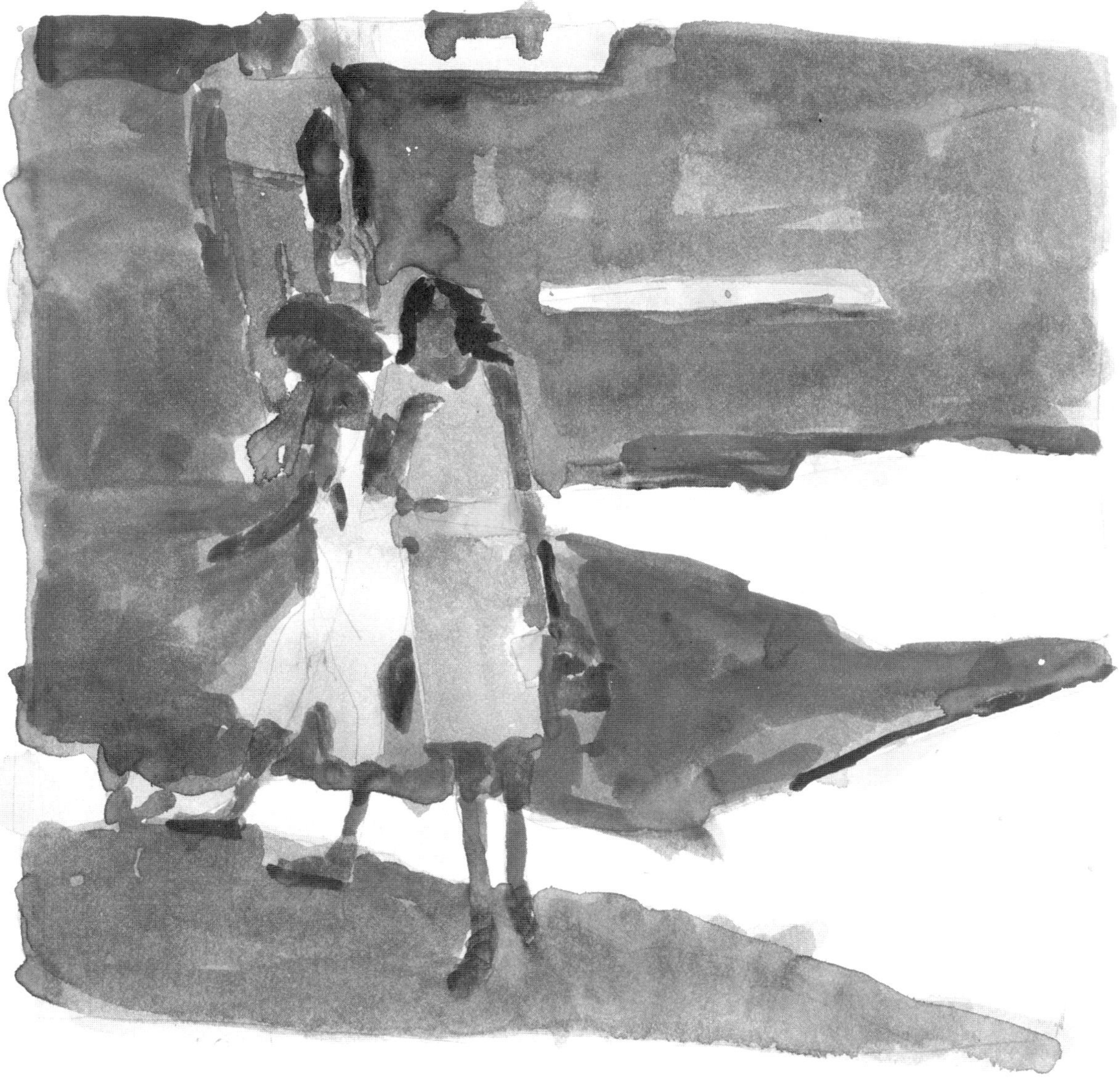

Ann Toulmin-Rothe, *Innerhalb und außerhalb des Schattens*. Aquarell.

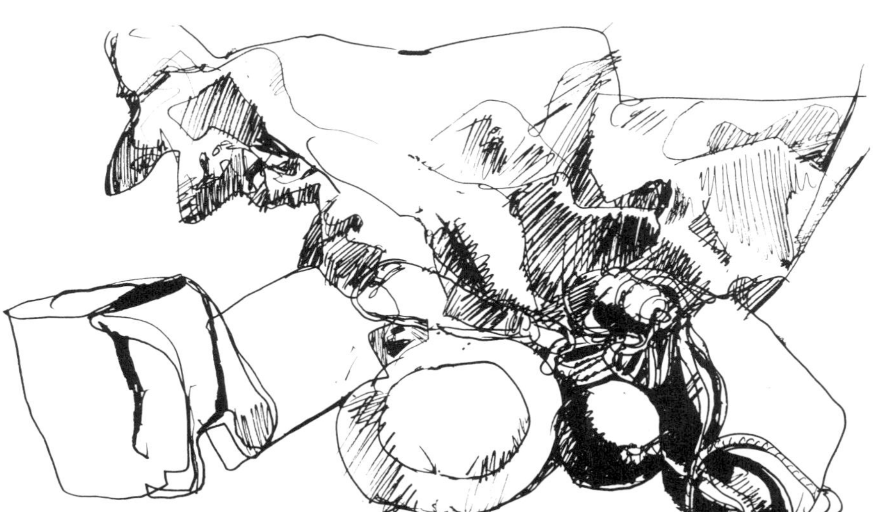

Diese Elemente sind für die meisten Menschen nicht als Angelgeräte zu erkennen.

Gleichgewicht und Ungleichgewicht

»Bewegung oder Wandel«, schrieb Ralph Waldo Emerson, »und Gleichheit oder Ruhe sind das erste und zweite Geheimnis der Natur.« Emersons Geheimnisse gelten auch für die Kunst. Wir werden von Ordnung, Stabilität und Symmetrie angezogen, während uns zur gleichen Zeit Freiheit, Dynamik und Mobilität reizen. Die Schwierigkeit, allgemeingültige Regeln für die Bildgestaltung zu formulieren, ergibt sich aus den entgegengesetzten Eigenschaften dieser Anziehungskräfte. Beim Entwerfen müssen wir einen spezifischen Weg finden, um diese beiden Bedürfnisse gleichzeitig zu befriedigen. In jedem guten Bild können wir eine kreative Spannung (oder Balance, wenn man es so ausdrücken will) zwischen Emersons erstem und zweitem Geheimnis entdecken.

Jeder Zeichenschüler wird davor gewarnt, den Schwerpunkt des Interesses genau in der Mitte des Blattes zu plazieren. Das wirkt zu statisch. Den Schülern wird im allgemeinen aber nicht erzählt, daß eine zentrale Plazierung gut ist, wenn man eine andere Möglichkeit findet, ein Ungleichgewicht einzubauen. Entsprechend wird man davor gewarnt, den Brennpunkt in die Nähe des Papierrandes zu legen. Es besteht ein zu großes Ungleichgewicht. Aber man kann diesen Ausgangspunkt wählen, wenn es einem gelingt, den Blick des Betrachters mit entsprechenden Einfällen wieder in

Formen in der Nähe des Randes sind bedenklich, . . .

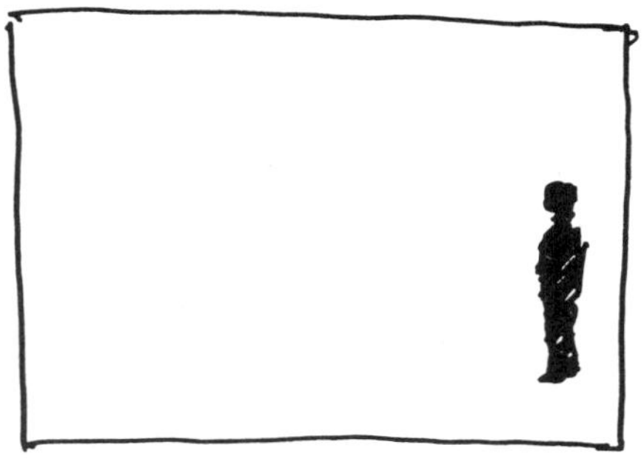

wenn man sie nicht ins Bild zurückholt.

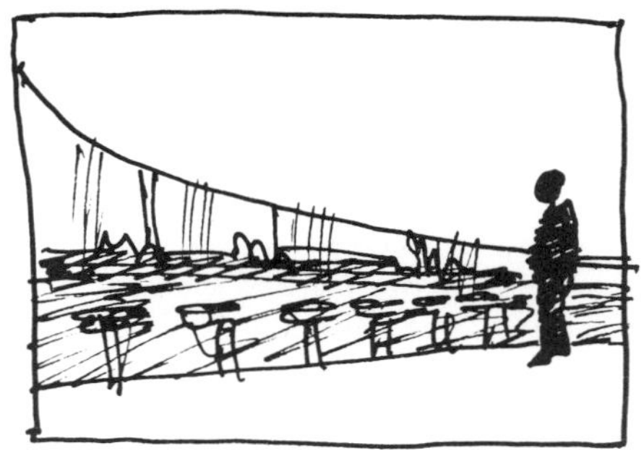

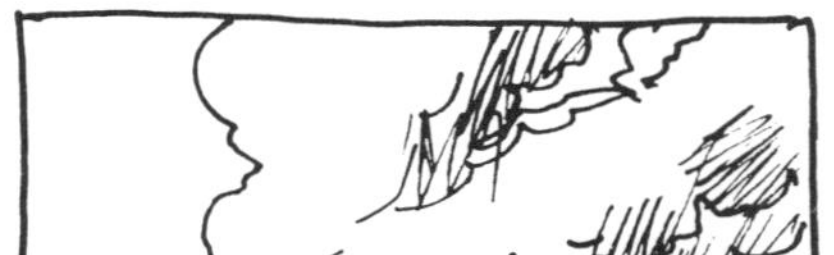

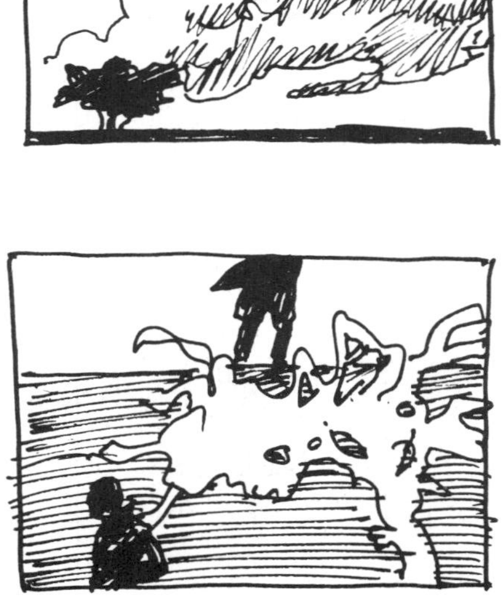

das Bild zurück zu führen und das Ordnungsbedürfnis zu befriedigen. Zugegeben, nur wenige Kompositionen beruhen auf solchen extremen Anordnungen, aber Sie müssen es einmal versuchen, um die Spannungen zwischen den beiden Polen der Bildgestaltung kennenzulernen.

Als praktische Aufgabenstellung können wir sagen, daß wir (1) das Auge des Betrachters in der Bildfläche halten und (2) es in Bewegung halten wollen. Normalerweise besteht eine kreative Spannung zwischen Elementen unterschiedlicher Größe und Form. Kleine Formen können größere Formen mit Hilfe ihrer Lage, ihres Kontrasts oder ihrer emotionalen Assoziationen im Gleichgewicht halten. Stärkere Kontraste finden unsere Aufmerksamkeit schneller als schwache Kontraste. Isolierte Elemente wirken bedeutender als gleiche Elemente, die in einer Gruppe eng zusammengefaßt sind. Manche Gegenstände sind einfach interessanter für uns – wie zum Beispiel das menschliche Gesicht.

Symmetrie/Asymmetrie, Ordnung/Unordnung, Gleichgewicht/Ungleichgewicht – jedem dieser Wortpaare liegt die gleiche Logik zugrunde. Man kann das Gewicht auf einer Seite erhöhen, bis man mit der Zunahme der Kräfte einer Richtung erkennt, daß man Gegenkräfte aufbauen muß. Beim Experimentieren mit der Plazierung geht man ein kleines Risiko ein und kämpft manchmal mit beträchtlicher Unsicherheit. Aber etwas Unsicherheit ist gut für den Entwurf.

Projekt 7 – F Gleichgewicht in extremen Kompositionen

Fertigen Sie eine vollständige tonale Zeichnung eines Stillebens mit einem beliebigen Medium an. Plazieren Sie den Schwerpunkt des Interesses an einer der folgenden Stellen auf dem Papier:

1. genau in die Mitte des Blattes;
oder

2. an die Außenseite des Blattes.

Die Aufgabe besteht darin, den Schwerpunkt des Interesses an der ungeeigneten Stelle zu lassen, aber trotzdem eine brauchbare Gestaltung zu erreichen, indem Licht, Schatten, Texturen oder andere Gegenstände eingeführt werden. Versuchen Sie, etwas Spannung in das erste Bild und etwas Stabilität in das zweite Bild zu bringen. Fertigen Sie ein paar Vorstudien denkbarer Lösungen an. Wählen Sie dann die beste Lösung aus. Zeit: etwa eine Stunde.

In gleiche Teile unterteilte Bildflächen und zentrierte Gegenstände werden im allgemeinen vermieden, weil sie statisch wirken, . . .

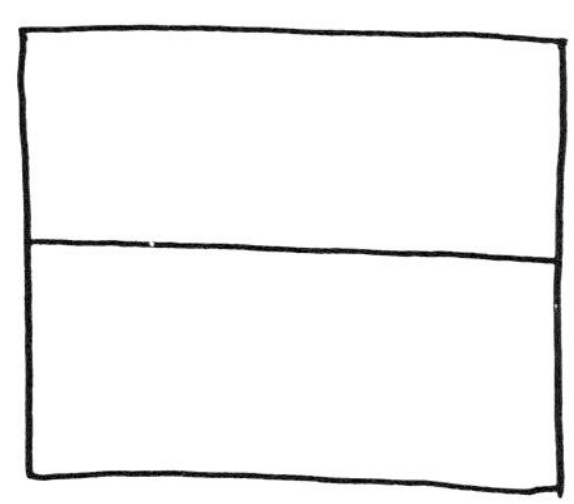

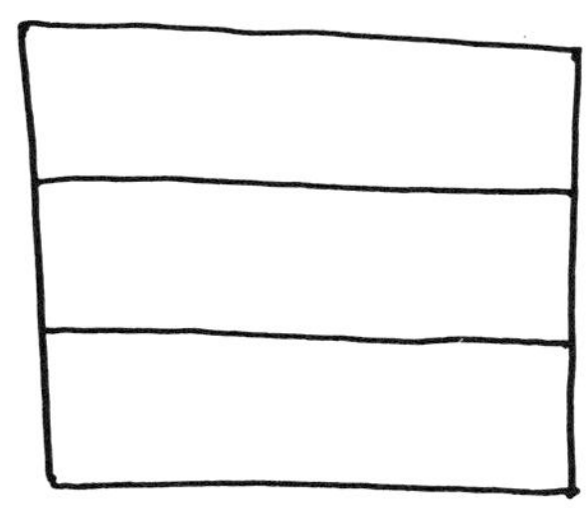

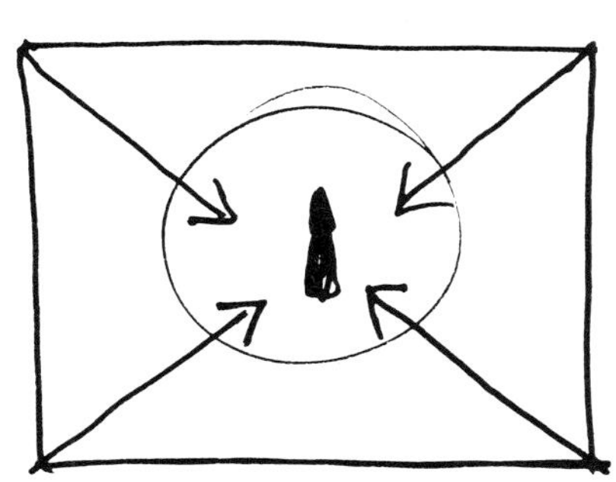

wenn man nicht eine Möglichkeit findet, für ein Ungleichgewicht zu sorgen.

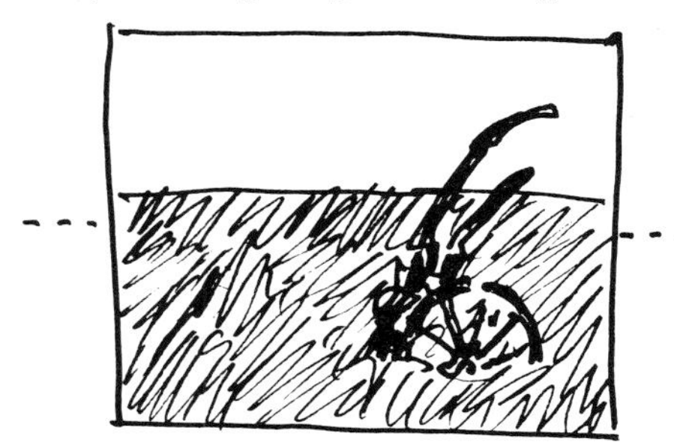

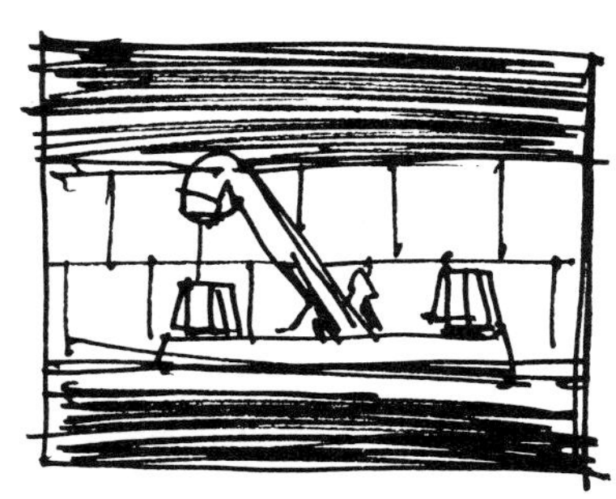

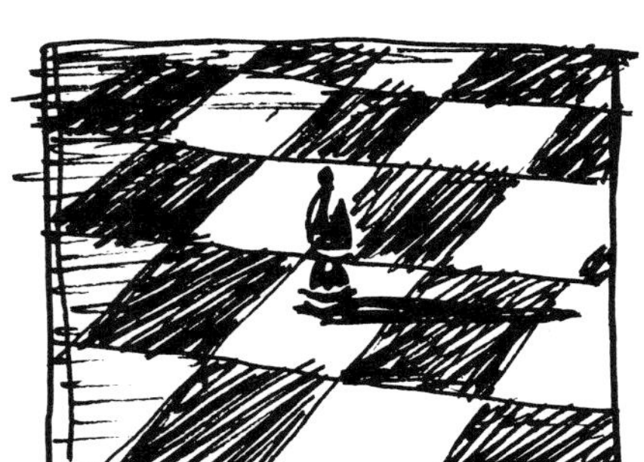

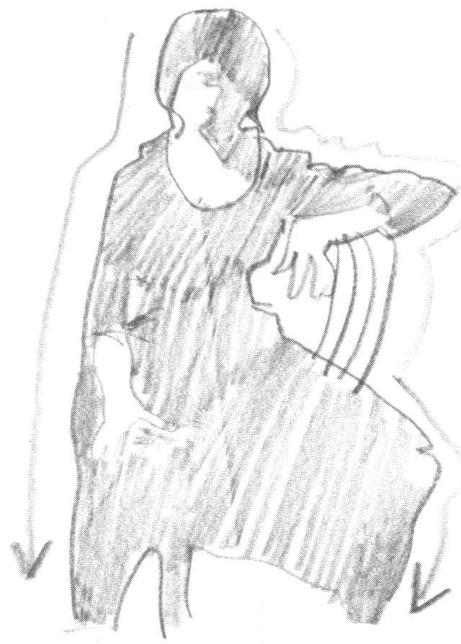

Die linke Seite dieser Form ist einfach und ruhig. Die rechte Seite ist winklig und aktiv.

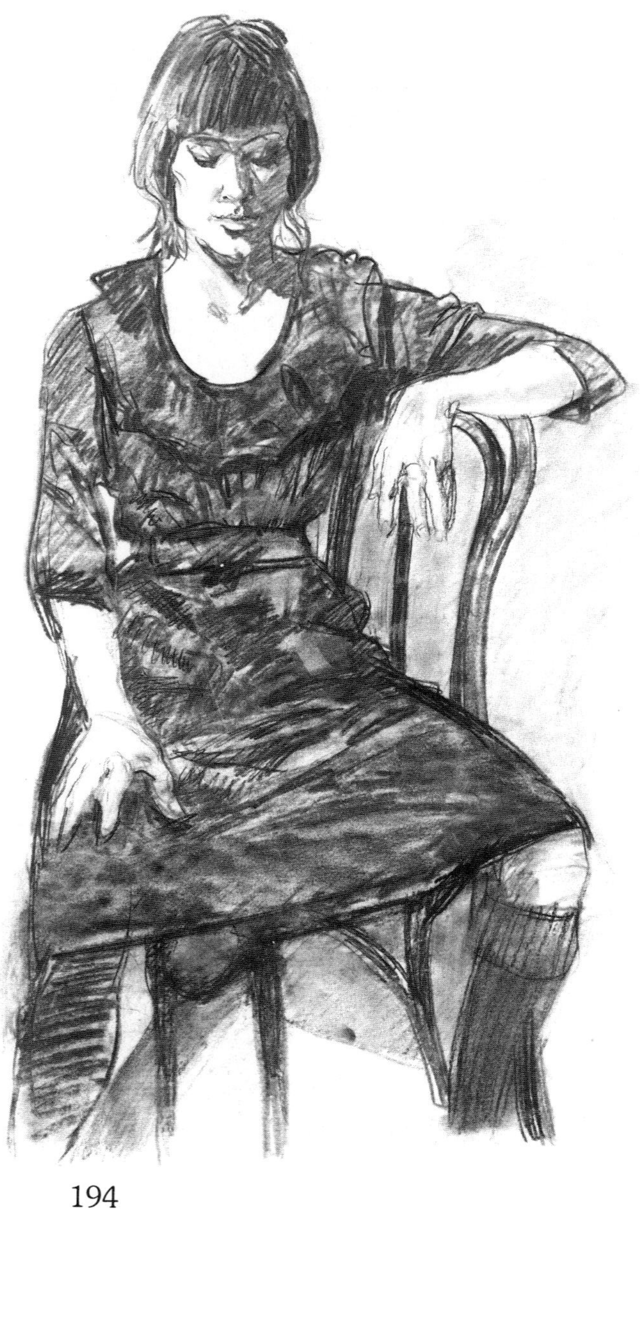

Aktive und passive Formen

Dieser Gegensatz eignet sich besonders gut für das Zeichnen von Figuren. Obwohl der menschliche Körper symmetrisch ist, sogar in Ruhehaltung, wollen wir ihn normalerweise so darstellen, daß seine dynamischen Eigenschaften gut zum Ausdruck kommen. Dies führt zwar nicht zu einer Regel, aber zu einem sicherlich nützlichen Kniff: Wenn man eine Seite einfach, zurückhaltend und passiv gestaltet, sollte man die andere komplizierter, hervortretend und aktiv gestalten.

Eine Methode, mit der man dies erreichen kann, wurde von den Griechen in der Klassik entwickelt. Sie präsentierten die stehende Figur mit einer Reihe von Gegengewichten. Das Gewicht ruht auf einem Bein, so daß eine Hüfte heraustritt und eine Schulter hängt. Durch das Hinzufügen eines herausragenden Ellenbogens oder einer ausgestreckten Hand entsteht viel Bewegung auf der einen Seite. Die andere Seite der Figur ist einfach, fast gerade. Die beiden Seiten ergänzen sich gegenseitig.

Ein anderes Beispiel dafür, wie man diesen Gegensatz zwischen Aktivität und Passivität erreichen kann, ist die unterschiedliche Darstellung zweier Hände – die eine ist offen und die andere geschlossen. Die offene Hand ist gebogen und wirkt daher als Form aktiver. Im Vergleich dazu ist die geschlossene Hand passiv.

Mit Kleidungsstücken und dem Haar kann man ähnliche Effekte erzielen. Ein weites Kleidungsstück kann auf einer Seite gerafft sein und auf der anderen Seite locker herunterhängen. Wenn es um die Silhouette der Haare geht, könnte die aktivere Seite Strähnen und Locken aufweisen, die aus der Masse hervortreten. Modisches Zubehör, zum Beispiel ein gefranster Schal, kann der aktiven Seite Geschäftigkeit verleihen. Auf der passiven Seite können – neben der Gestaltung einfacher Formen – die Verringerung der Kontraste, verschwimmende Ränder und Verschmelzen mit einem Hintergrundrechteck für ein Zurücktreten der Form sorgen.

Beim Arbeiten mit gegensätzlichen Seiten kann man erkennen, wie eine Balance durch das Gleichgewicht entgegengesetzter Kräfte erreicht wird. Es wird Ihnen wahrscheinlich aufgefallen sein, daß diese Gestaltungsmöglichkeit große Ähnlichkeit mit den Gegensätzen von Gleichgewicht/Ungleichgewicht und Einfachheit/Komplexität hat. Tatsächlich sind alle diese Kategorien, die wir betrachtet haben, miteinander verwandt, und oft umfassen sie sich gegenseitig. Sie müssen nicht alle im Kopf behalten. Wenn Sie auf Gegensätze achten und diese weiterentwickeln, ergeben sich geeignete Gestaltungsmöglichkeiten aus dem, was man sieht.

Tangenten

Eine Tangente tritt dort auf, wo sich zwei Formen berühren, aber nicht überschneiden. Tangenten ziehen die Aufmerksamkeit so stark auf sich, daß man sie in der Regel vermeiden möchte. Gelegentlich werden sie gezielt als Gestaltungsmittel eingesetzt, aber normalerweise sind sie visuelle Zufälle, die der Künstler übersehen hat.

In dem Beispiel oben rechts scheint sich die Frau mit dem Ellenbogen an den Kopf der anderen Frau zu lehnen, obwohl der Ellenbogen auf dem Sims ruht. In dem zweiten Beispiel zeigt sich die Tangente dort, wo die Nase der Frau das Fenster zu berühren scheint. Ist die rechteckige Form ein Fenster im Hintergrund oder ein anderer Gegenstand, der die Nase tatsächlich berührt? Diese Tagenten lenken die Aufmerksamkeit des Betrachters auf die falsche Stelle.

Eine andere Art der Tangenten tritt auf, wenn die gerade Kante eines der Bildelemente sich mit der geraden Linie eines anderen Elements verbindet, so daß eine gemeinsame Grenzlinie entsteht. Die Beispiele unten rechts verdeutlichen die Mißverständnisse, zu denen solche Tangenten führen.

Wenn es um Tangenten geht, sollten Sie auch an den Blattrand als eines der Bildelemente denken. Vermeiden Sie es, den Rand eines Gegenstandes dort enden zu lassen, weder in einem Punkt (wie der Ellenbogen) noch mit einer ganzen Linie (wie das Autodach). Manchmal können Tangenten interessant sein, sogar komisch, aber sie sind nur dann wünschenswert, wenn sie die Intenionen des Künstlers unterstützen.

M. C. Escher, ein holländischer Künstler mit wissenschaftlichem Interesse, war einer der wenigen, die Tangenten regelmäßig und wirkungsvoll einsetzten. Gegenstände des Hintergrunds und Vordergrunds, besonders in seinen Bildern der Vogel- und Fischschwärme, haben in einem großen Umfang gemeinsame Grenzlinien, so daß man nicht sagen kann, was wohin gehört. Wenn man sich die Bilder von Escher anschaut, pendelt die Wahrnehmung ständig hin und her zwischen negativer und positiver Form, Hintergrund und Vordergrund, weil die gemeinsamen Grenzlinien einmal so und einmal entgegengesetzt interpretiert werden.

Wenn Sie sie nicht gezielt einbauen, können Sie eine Tangente leicht korrigieren, indem Sie die Bildelemente trennen, sich verdecken lassen oder die Anordnung auf andere Weise verändern. Wenn die Tangente in der Natur auftritt, können Sie Ihre Position verändern.

Wahrscheinlich wird man keine Tangenten aus Unachtsamkeit einbauen, wenn man schon einmal ganz bewußt einige Bilder mit Tangenten angefertigt und sich mit den Ergebnissen auseinandergesetzt hat. Beim Skizzieren sollten Sie einmal zwei Gegenstände nebeneinander stellen oder ein Objekt direkt an den Rand setzen. Sie werden schnell ein Auge für Tangenten bekommen und sie nicht mehr unbeabsichtigt konstruieren.

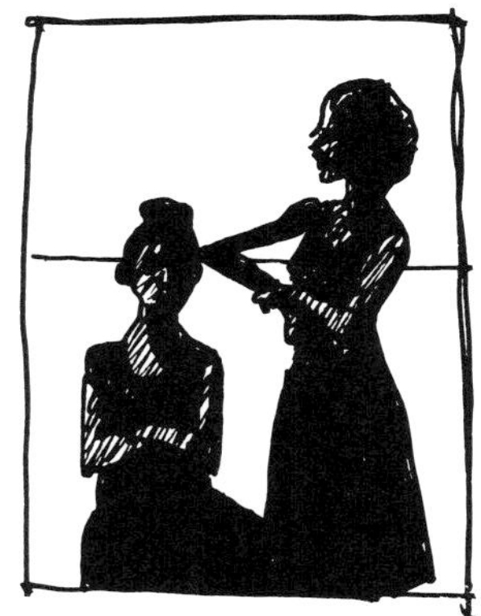

Der Ellenbogen berührt den Kopf.

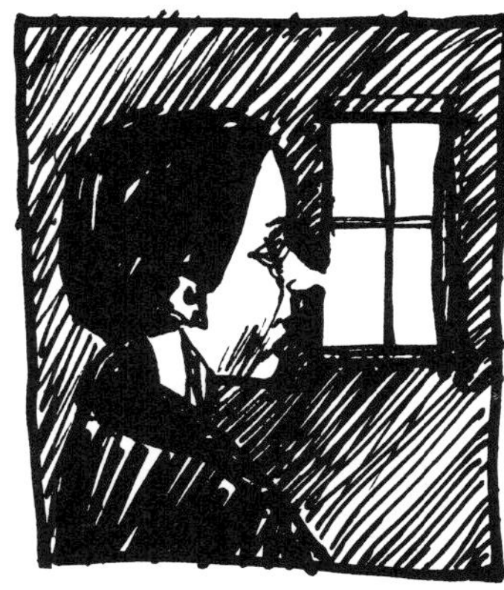

Die Nase berührt das Fenster.

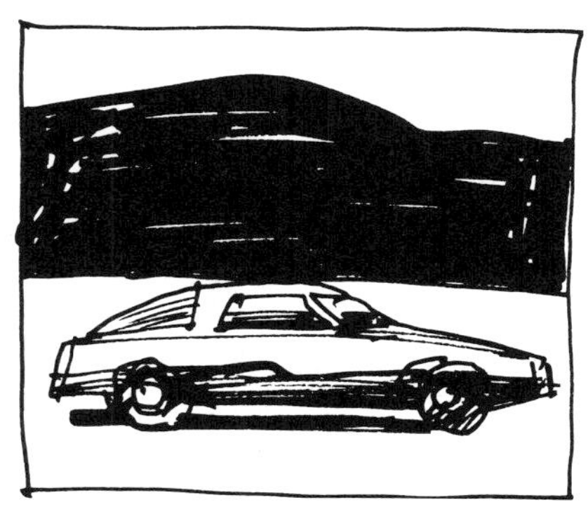

Das Auto trägt einen Berg.

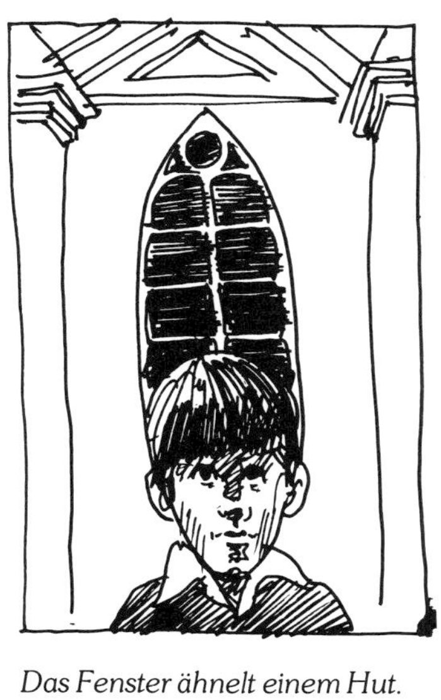

Das Fenster ähnelt einem Hut.

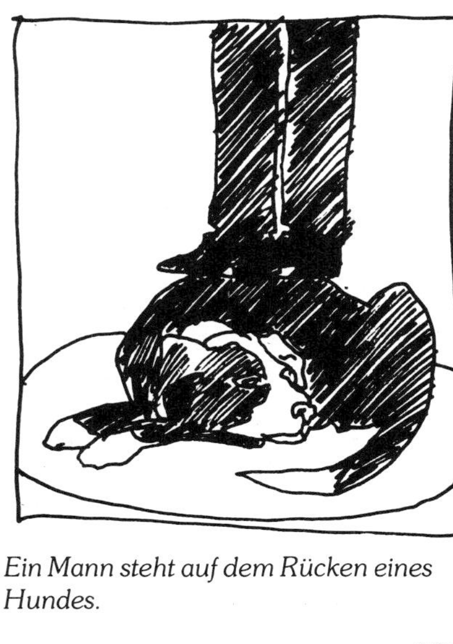

Ein Mann steht auf dem Rücken eines Hundes.

Schritte in Kapitel 7

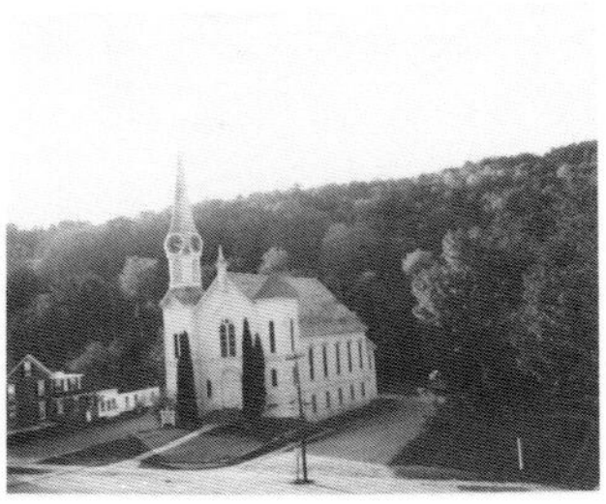

Muster und Gestaltung

- Gestalten Sie mit Hilfe der Formen. Setzen Sie die Formen als Bauteile der Bildkomposition ein.
- Spüren Sie Muster auf. Achten Sie auf die abstrakte Anordnung der hellen und dunklen Bereiche in Ihrer Szene. Verdeutlichen Sie sich dieses Muster durch Beschreibung mit Worten.
- Rahmen Sie die Szene ein. Benutzen Sie Ihren Motivsucher, um die Szene, die Sie zeichnen wollen, einzugrenzen.
- Schneiden Sie Teile der Szene ab. Schneiden Sie Teile des Gegenstandes an den Rändern ab, damit zusätzliche Hintergrundformen und eine interessante Komposition entstehen.
- Schaffen Sie Widersprüche. Bauen Sie eine kreative Spannung auf, indem Sie entgegengesetzte Vorstellungen in einem Bild unterbringen.
- Erkennen Sie Tangenten. Vermeiden Sie das unerwünschte und zufällige Zusammentreffen von Bildelementen, die sich nicht überlagern, sondern nur berühren.

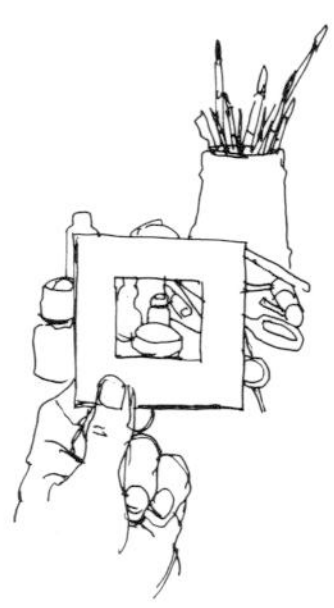

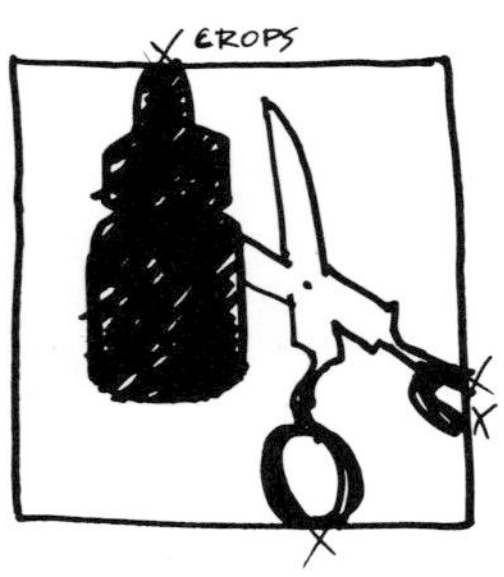

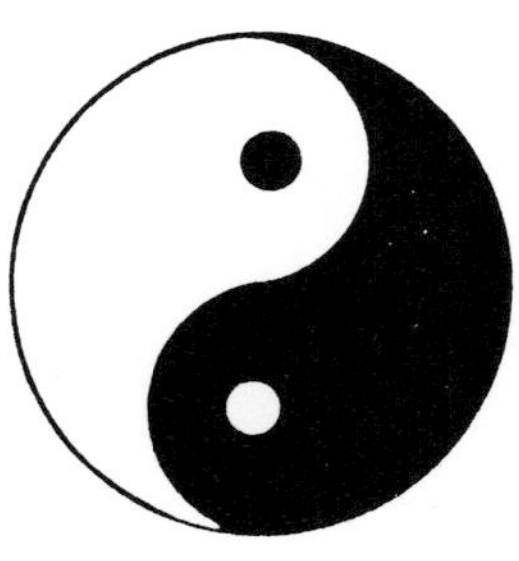

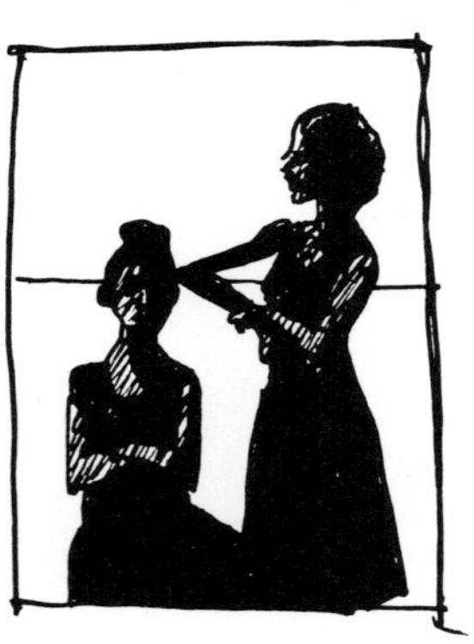

Selbstkritik Ihrer Projekte

Projekt 7 – A Drei vereinfachte Landschaften	JA	NEIN
• Sind die Formen aller Bilder entweder schwarz oder weiß?	☐	☐
• Sind Ihre Zeichnungen klar und einfach und weisen sie ein Minimum an Details auf?	☐	☐
• Ist es Ihnen gelungen, alle Umrißlinien aus der Zeichnung zu beseitigen?	☐	☐
• Vermittelt Ihre Komposition zumindest einen vagen Eindruck vom Gegenstand?	☐	☐
• Sind Sie in der Sprache der Formen geblieben, indem Sie den weißen und schwarzen Formen, der Figur und dem Hintergrund die gleiche Aufmerksamkeit geschenkt haben?	☐	☐
• Wieviele Formen kommen in dem Bild vor?	☐	☐

Projekt 7 – B Drei Gesichter	JA	NEIN
• Sind die Formen aller Bilder entweder schwarz oder weiß?	☐	☐
• Sind Ihre Zeichnungen klar und einfach und weisen sie ein Minimum an Details auf?	☐	☐
• Ist es Ihnen gelungen, alle Umrißlinien aus der Zeichnung zu beseitigen?	☐	☐
• Vermittelt Ihre Komposition zumindest einen vagen Eindruck vom Gegenstand?	☐	☐
• Waren Sie in der Lage, die Merkmale als Formen und nicht als Dinge zu behandeln?	☐	☐
• Wieviele Formen kommen in dem Bild vor?	☐	☐

Projekt 7 – C Ein umgekehrtes Muster	JA	NEIN
• Sind alle Formen des Bildes entweder vollkommen weiß oder vollkommen schwarz?	☐	☐
• Ist es Ihnen im allgemeinen gelungen, sich auf das Zeichnen der Hintergrundformen zu konzentrieren und nicht auf die Formen der Figur?	☐	☐
• Waren Sie in der Lage, die Merkmale der Figurenformen festzuhalten, obwohl Sie nur die Formen des Hintergrundes zeichneten?	☐	☐
• Wird ein Gesamtmuster sofort deutlich, wenn man sich das Bild von weitem anschaut?	☐	☐

Projekt 7 – D Vier Kompositionsstudien	JA	NEIN
• Haben Sie Ihre Studien einfach angelegt und nur drei Tonwerte eingesetzt?	☐	☐
• Haben Sie sowohl über die Größe und Merkmale der Figurenformen als auch über die Hintergrundformen nachgedacht?	☐	☐
• Haben Sie mit dem Motivsucher gearbeitet, um jede Komposition einzurahmen?	☐	☐
• Waren Sie bei der Großaufnahme in der Lage, durch Abschneiden zusätzliche Hintergrundformen zu konstruieren?	☐	☐
• Unterscheiden sich die vier Studien deutlich?	☐	☐

Projekt 7 – E Eindeutigkeit und Zweideutigkeit	JA	NEIN
• Haben Sie Ihren Gegenstand sorgfältig und detailgenau gezeichnet?	☐	☐
• Fertigen Sie eine einfache Umrißzeichnung des Bildes an. Ist diese nicht als Gegenstand wiederzuerkennen?	☐	☐
• Haben Sie es am Ende der ersten Phase nach der Prüfung für notwendig gehalten, eine der beiden Qualitäten zu verstärken?	☐	☐
• Haben Sie den Eindruck, daß Widerspruch zwischen Klarheit und Zweideutigkeit in der fertigen Zeichnung deutlich wird und die Kräfte in *beide* Richtungen wirken?	☐	☐

Projekt 7 – F Gleichgewicht in extremen Kompositionen	JA	NEIN
• Zeigt Ihre Zeichnung einen Schwerpunkt des Interesses und liegt er entweder genau in der Mitte oder in der Nähe des Blattrandes?	☐	☐
• Haben Sie andere Elemente eingebaut, um ein Gegengewicht zu schaffen?	☐	☐
• Haben Sie in Ihren Vorstudien zur Komposition mehr als eine Lösung ausprobiert?	☐	☐
• Wurden die Formen, Töne und Texturen sorgfältig ausgeführt?	☐	☐
• Haben Sie den Eindruck, daß Ihr Bild den Gegensatz zwischen Gleichgewicht und Ungleichgewicht wirkungsvoll vermittelt?	☐	☐

8 Zeichnen und Phantasie

Zwei Ideen zusammenbringen • Kreatives Spielen • Verfremden des Vertrauten • Bildfolge • Quellen • Erkundung von Themen

»Der Geist«, schrieb der Chirurg und Philosoph Wilfred Trotter, »mag fremdartige Vorstellungen genausowenig wie der Körper ein fremdartiges Protein und widersetzt sich mit ähnlicher Energie. Wenn wir uns selbst objektiv beobachten, werden wir erkennen, daß wir schon gegen eine neue Idee argumentieren, bevor sie ganz dargelegt wurde.«

Es ist zu beachten, daß Trotter nicht sagt, wir hätten keine ungewöhnlichen Ideen – bloß daß wir uns ihnen widersetzen. Dichter, Musiker, Wissenschaftler, Künstler – und eigentlich wir alle – haben unser Leben hin und wieder mit außergewöhnlichen Ideen bereichert. Für Einstein waren es fremdartige Vorstellungen, die ihn zur Relativitätstheorie führten. Für die Impressionisten war die Vorstellung neu, mit jedem Pinselstrich Teile puren Lichts zu malen. Franz Kafkas Phantasien in »Metamorphosis« darüber, wie es wohl wäre, als Insekt aufzuwachen, waren mehr als nur etwas ausgefallen. Dann gab es noch Buddhas »Erkenntnis«, daß unsere Konzepte der Realität weitgehend auf Illusionen beruhen.

Wenn wir diese »fremdartigen Vorstellungen« genauer untersuchen, erkennen wir, daß sie alle ziemlich einfach sind. Man muß kein Genie sein, um sich das Gesagte vorzustellen. Jeder einzelne von uns hat bereits auf ähnliche Weise phantasiert. Niemand muß befürchten, daß wir keine aktive Vorstellungskraft besitzen, weil sie zum größten Teil die Bereitschaft ist, sich hin und wieder mit außergewöhnlichen Ideen zu befassen.

Wir wollen hier keine Unterscheidung vornehmen zwischen Phantasie, Tagträumen, Träumen, freien Assoziationen, kreativen Gedanken und ausgefallenen Vorstellungen. Wir wollen davon ausgehen, daß diese geistigen Produkte das Mahlgut für unsere kreativen Mühlen liefern. Sie alle sollen hier unter der Überschrift »Phantasie« zusammengefaßt werden.

Per Definition verfügt jeder über Vorstellungskraft oder Phantasie. Wie kann die Phantasie uns beim Zeichnen helfen? Ein Hinweis könnte in Steven Guarnaccias Zeichnung *Happy Birthday* gefunden werden. Durch die Hinzufügung des kleinen Flugzeuges wird die Geburtstagstorte riesig, sogar monumental. Das Bild wird dadurch auch lustig und provokativ. Die »komische Idee« des Künstlers ergibt sich in diesem Fall aus dem Spiel mit den Größenverhältnissen und dadurch, daß die Schrift auf der Torte einer Schrift am Himmel ähnelt.

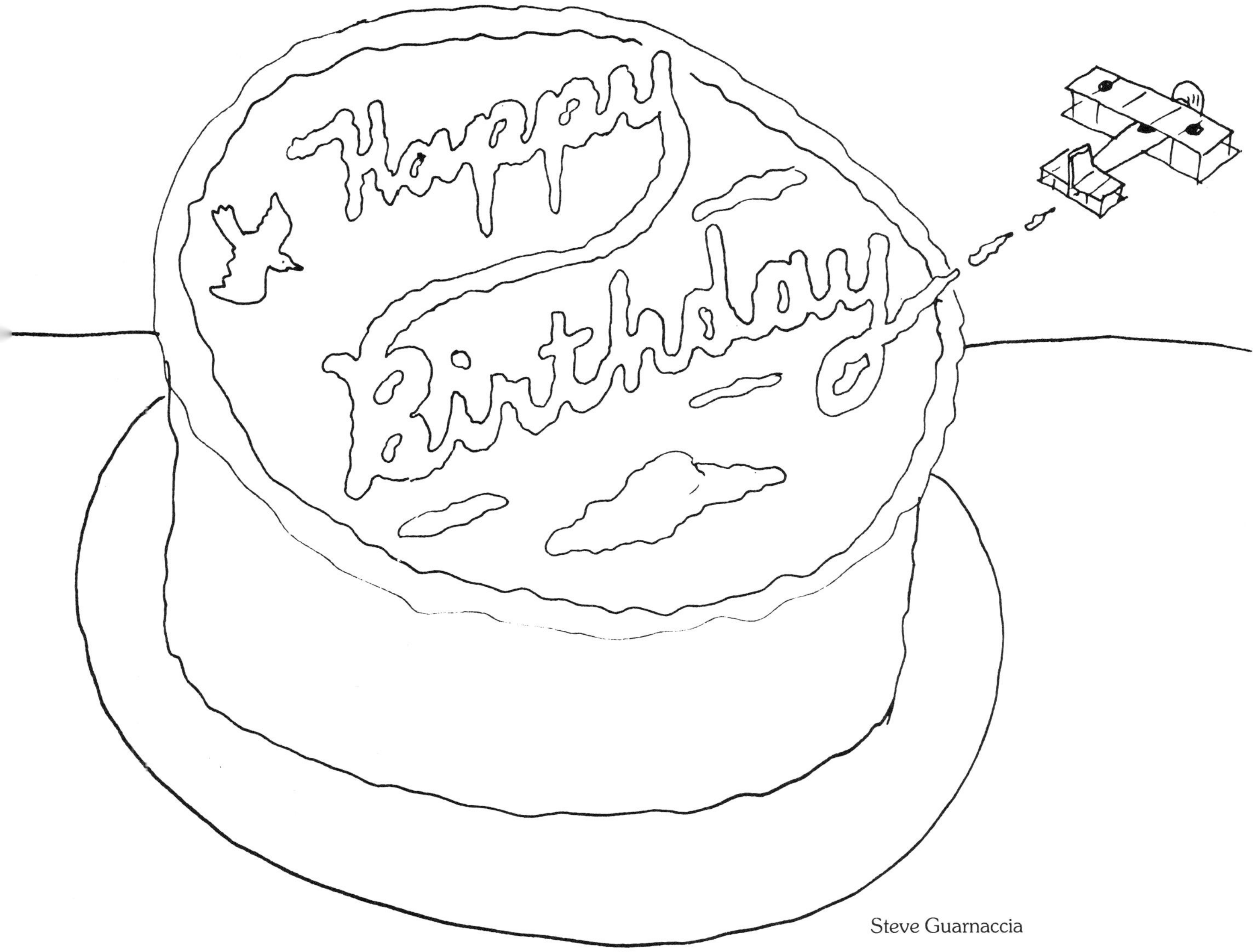

Steve Guarnaccia

Zwei Ideen zusammenbringen

Bei jedem kreativen Gedanken, bei jeder neuen Vorstellung und außergewöhnlichen Idee werden mindestens zwei Elemente in neuartiger Weise zusammengesetzt. Wir können uns das so vorstellen: ein Beutel mit einer Idee wird mit einem Beutel, der eine vollkommen andere Idee enthält, die ohne Beziehung zur ersten ist, zusammengebracht. Zwangsläufig entsteht eine »komische Idee«.

Für uns ist es nun offensichtlich, daß die Vorstellung, das Herz arbeite wie eine Pumpe, für die westliche Welt im 17. Jahrhundert vollkommen neu war. Vorher hatte man geglaubt, das Herz sei die Seele, der Sitz der Gefühle oder das Organ, das neues Blut erzeugt. Die wirkliche Funktion des Herzens wurde von William Harvey erst verstanden, nachdem er das

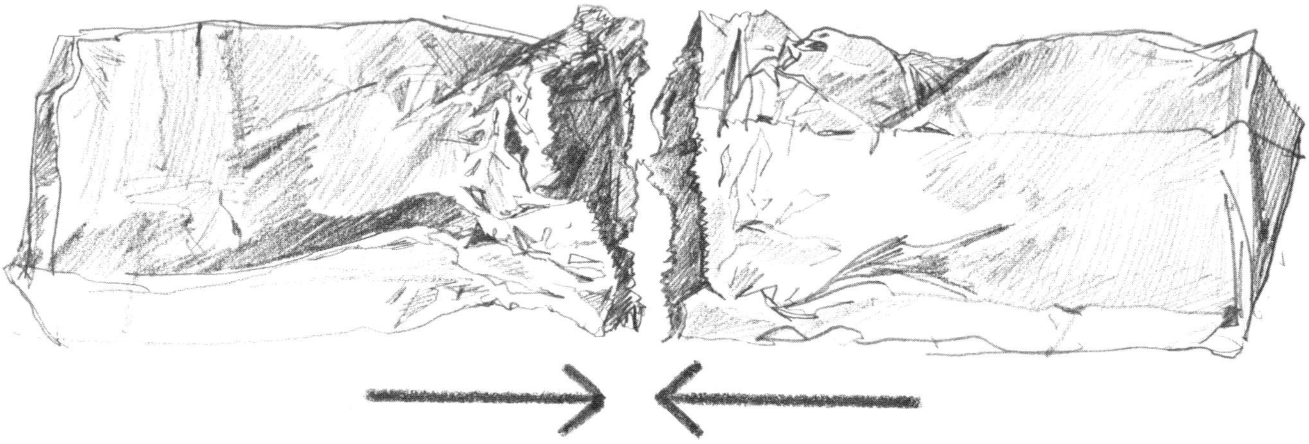

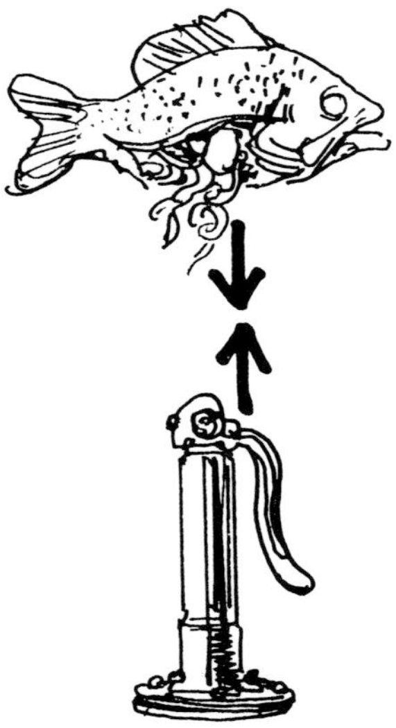

Harveys Vorstellung von der Blutzirkulation.

pulsierende Herz eines Fisches untersucht hatte. Harveys »fremdartige Vorstellung« war seine Entdeckung von Ähnlichkeiten zwischen dem Organ und der Arbeitsweise einer Wasserpumpe. Er hatte eine Beziehung zwischen zwei unterschiedlichen Gegenständen hergestellt und damit eine wahre Aussage gefunden.

In diesem Zusammenhang können wir uns an eine der berühmtesten »ausgefallenen Ideen« erinnern. Der König von Syrakus hatte eine schöne, reich verzierte Krone geschenkt bekommen. Er bat Archimedes festzustellen, ob die Krone wirklich aus Gold bestand, wie der Schenker behauptet hatte. Die einzige Möglichkeit, den Goldgehalt zu bestimmen, war der Gewichtsvergleich. Dies hätte es jedoch erforderlich gemacht, die Krone zu einem Klumpen, der einem der Goldgewichte entsprach, einzuschmelzen. Diese Methode kam für den König nicht in Frage. Archimedes wälzte dieses Problem, als er in die Badewanne stieg. Als das Wasser in der Wanne anstieg, erkannte er, daß das Volumen des verdrängten Wassers dem Volumen seines Körpers entsprach. Auf diese Weise hatte er den Mechanismus gefunden, mit dem das Volumen der Krone bestimmt werden konnte. Er hatte den Beutel mit der Aufschrift »Krone aus Gold« mit dem Beutel, auf dem »Badewasserverdrängung« stand, zusammengetan. Zwei anscheinend unzusammenhängende Ideen ergaben wichtige, kreative Resultate.

Kreatives Spiel

Der Geist des kreativen Spiels entspricht dem Gedanken des »Verbindens zweier Beutel«. Er erfordert eine lockere und wohlwollende Einstellung.

Ich zeichnete diesen Krebs, den ich am Strand fand, ohne eine bestimmte Absicht oder Idee im Kopf. Beim Zeichnen fiel mir die Ähnlichkeit mit dem Gesicht eines Menschen auf. Diese Beobachtung löste eine weitere Skizze aus, in der das Gesicht markanter dargestellt wurde. Die alten, finsteren Gesichtszüge wurden für mich immer lebendiger, und ich spürte, daß das Wort »Krebs« sich auf eine alte, verbitterte Person anwenden läßt.

Ich machte eine zusätzliche Studie nur des Gesichts, das noch mehr menschenähnliche Merkmale erhielt. Die drei Zeichnungen wurden zu einem Entdeckungsprozeß. Ich war nicht an die Arbeit gegangen, um das menschenähnliche Gesicht zu betonen. Die Idee begann beim Zeichnen in mir zu wachsen. Ich war lediglich bereit, mich von dem Gesehenen beeinflussen zu lassen. So kam es zu einer Verbindung zwischen dem Krebs und dem Gesicht eines alten Menschen.

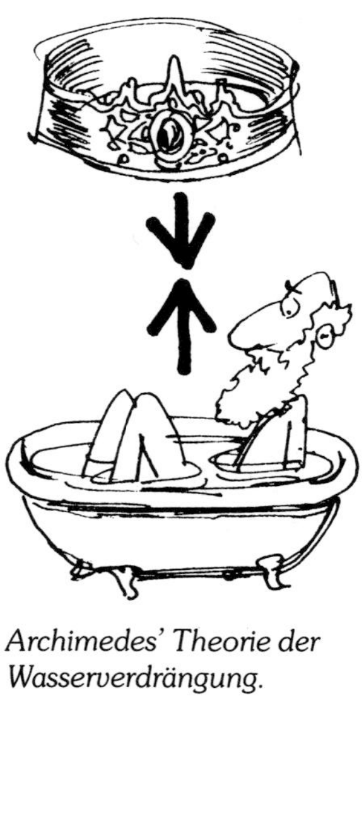

Archimedes' Theorie der Wasserverdrängung.

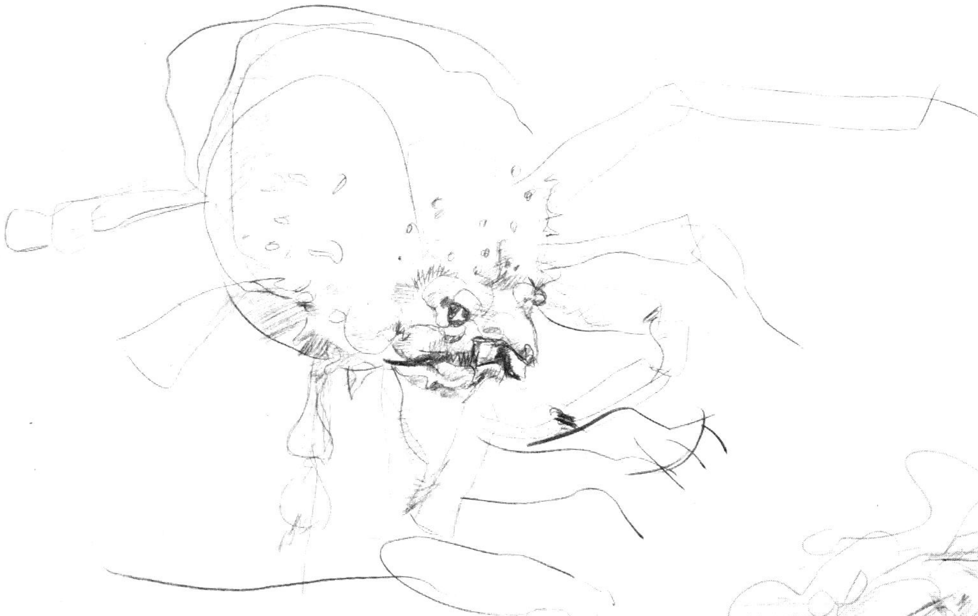

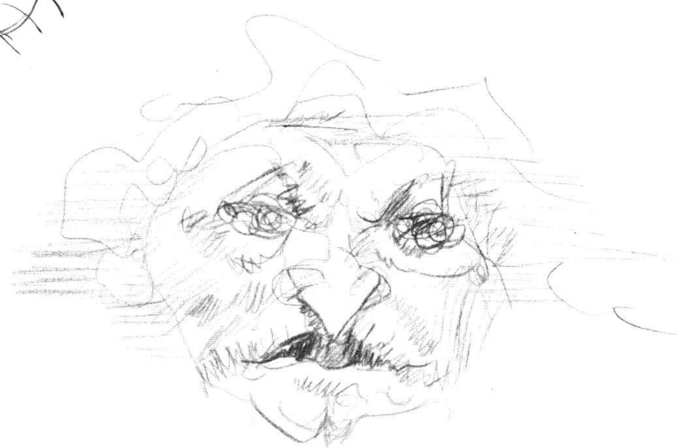

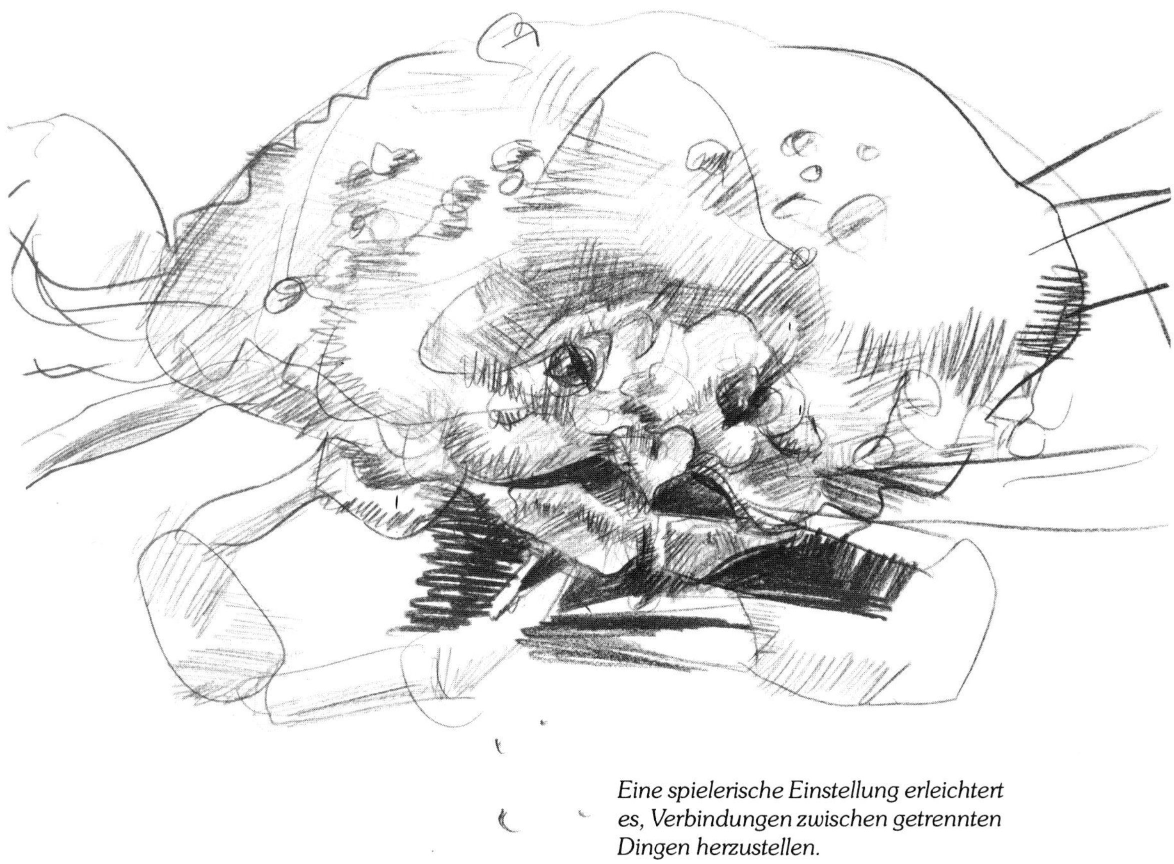

Eine spielerische Einstellung erleichtert es, Verbindungen zwischen getrennten Dingen herzustellen.

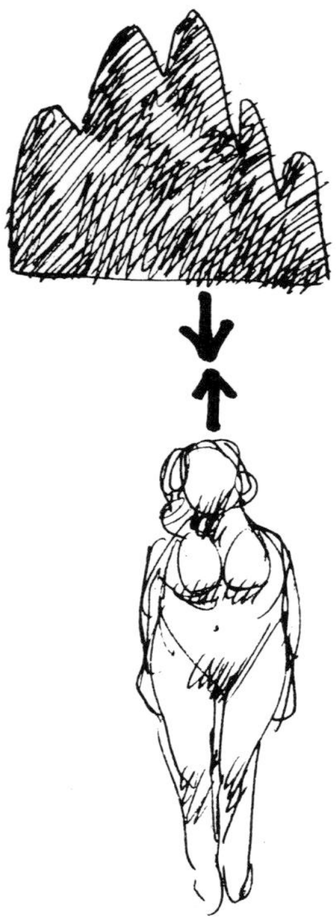

Häufig bietet das Zeichnen auf dem Skizzenblock die besten Voraussetzungen für kreative Spielereien. Befreit vom Druck ernsthafter Arbeit, erhält man auf dem Skizzenblock Aufzeichnungen der persönlichen Gedanken und Beobachtungen. In diesen Augenblicken ist die spielerische Phantasie am aktivsten.

Die Berge von Monserrat im Nordosten Spaniens überraschen durch ihre vertikalen, großen und runden Formen. Genau wie im Fall des Krebses begann ich beim Zeichnen Ähnlichkeiten mit dem menschlichen Körper zu sehen. Köpfe, Schultern, Brüste – die Berge wurden in erstaunlichem Maß zu weiblichen Formen.

Englische Grabsteine und Särge verstorbener Ritter, Damen und Edelleute wurden häufig mit dem Bildnis des Toten dekoriert. Ich zeichnete ein paar dieser Grabsteine und dachte dann, daß es komisch wäre, wenn man diesen Brauch noch heute beobachten könnte. Ich zeichnete die Bildnisse von Geschäftsleuten in dreiteiligen Anzügen und einen in der Nähe stehenden Touristen so, als würde er seinen eigenen Sarg verlassen. Dies sind vielleicht etwas verrückte Ideen, aber angeregt durch den Geist des kreativen Spiels.

Die Zeichnung von Laurel und Hardy (unten rechts) wurde in einem Wachsfigurenmuseum angefertigt. Die Figuren hatten zwar eine große Ähnlichkeit mit den beiden Komikern, ließen aber auch deutlich erkennen, daß sie aus Wachs bestanden. Ich begann, diese Eigenschaft bei der Arbeit immer stärker zu betonen. Schließlich zeichnete ich die Figuren so, als wären sie weich und kurz vor dem Zerfließen.

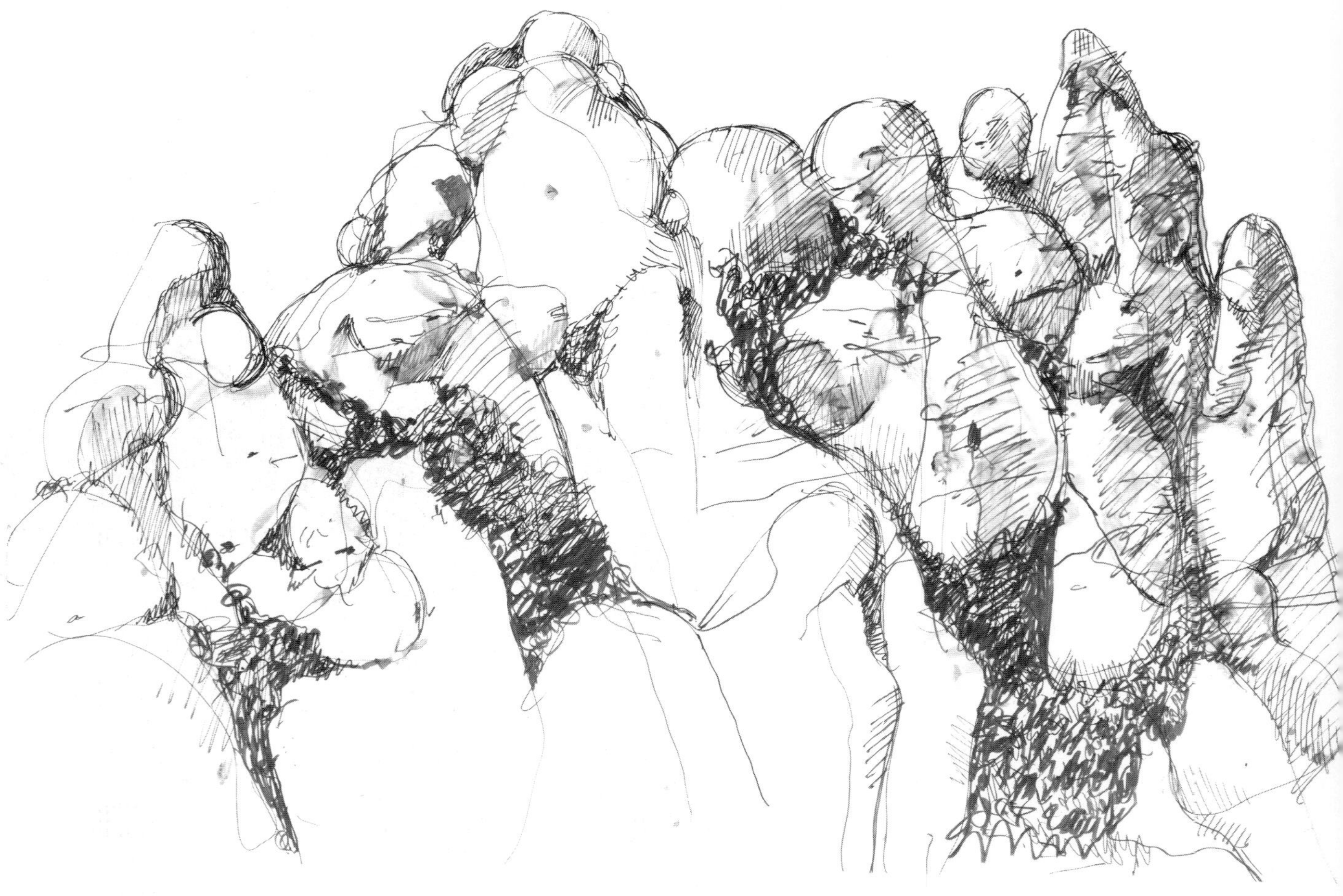

Die Berge von Monserrat und weibliche Formen

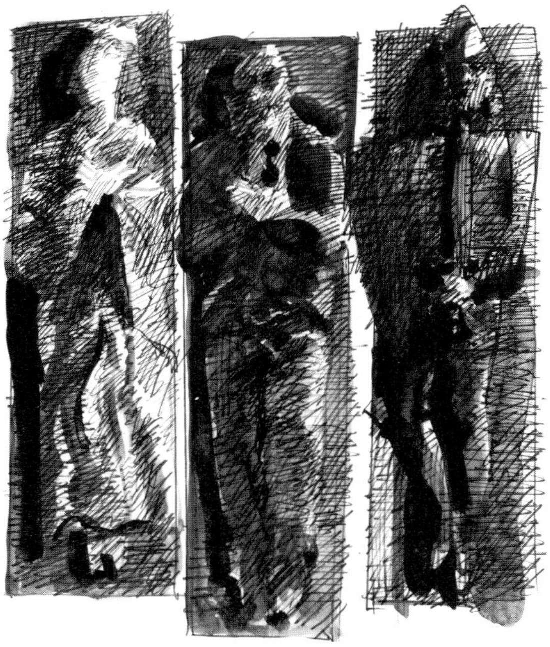

Alte englische Grabsteine und ein modernes Bildnis

Es ist wichtig, zu erkennen, daß solche Ideen durch eine experimentierfreudige Haltung gefördert werden. Oft kommen diese Ideen erst beim Zeichnen, nicht vorher. Indem man neugierig auf seinen Gegenstand und nicht zu stark »ergebnisorientiert« ist, erhält man die besten Resultate. Etwas Humor hilft auch.

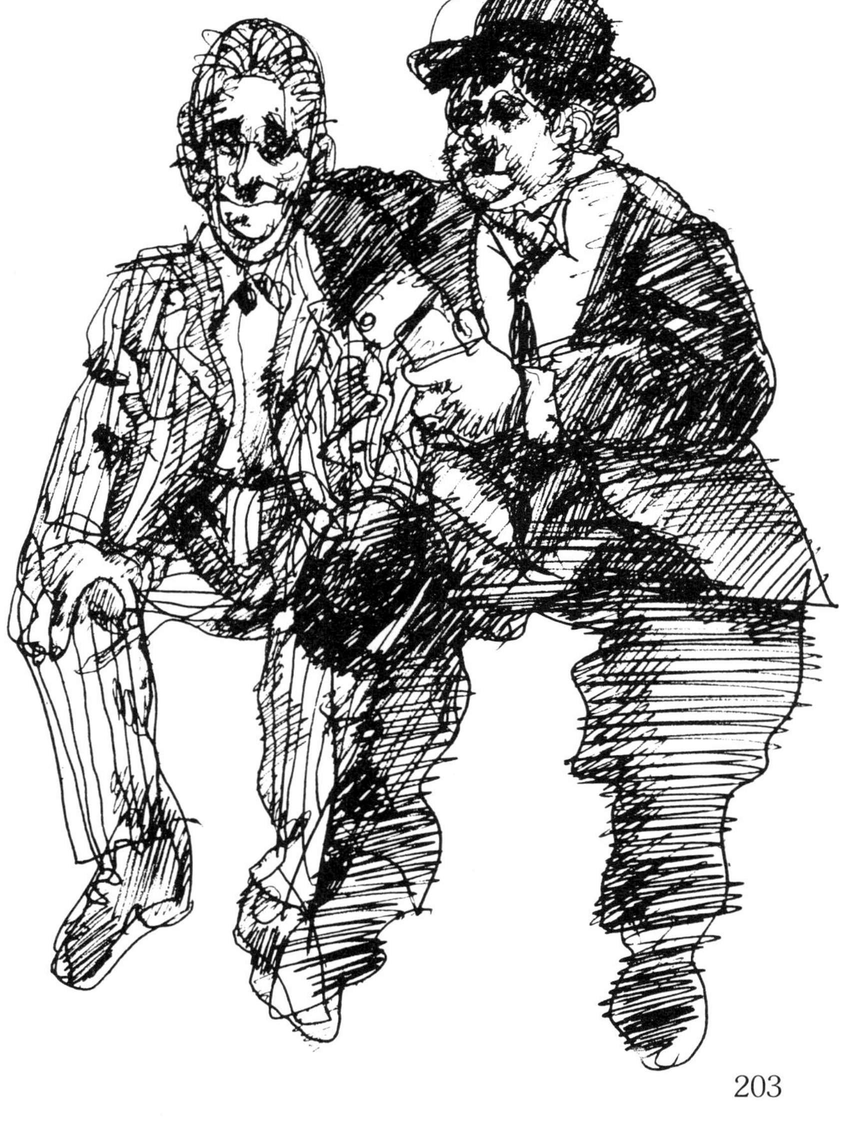

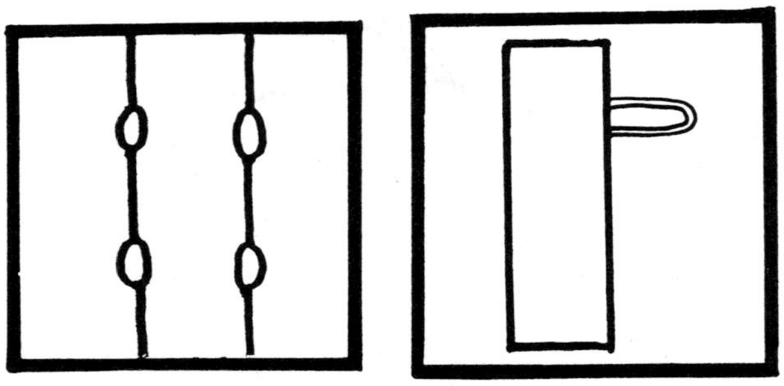

Droodles: Alltägliche Symbole in sonderbaren Situationen.

Nachdruck aus *Droodles* mit freundlicher Genehmigung von Price/Stern/Sloan Publishers, Inc., Los Angeles.

Das Verfremden des Vertrauten

Der Karikaturist Roger Price erfand eine Kunstform, die er »Droodle« nannte. Sie betrachtet alltägliche Dinge auf ungewöhnliche Weise. Price drückt das so aus: »Ein Droodle ist eine Zeichnung, die erst verständlich wird wenn man den korrekten Titel kennt.« Er erreicht seinen Effekt oft dadurch, daß er etwas aus einem ungewöhnlichen Winkel betrachtet, zum Beispiel direkt von oben. Ein anderes Mal stellt er Elemente so zusammen, daß sich seltsame oder absurde Kombinationen ergeben. Die beiden Darstellungen (oben) tragen den Titel »Auf einen Baum kletternder Bär« und »Mann, der in einer Telefonzelle Posaune spielt«. Der alternative Titel für das zweite Bild wird gefunden, wenn man die Zeichnung auf den Kopf stellt. In diesem Fall lautet der Titel »Ein Zwerg spielt Posaune in einer Telefonzelle«. Wenn man das Bild auf die linke Seite kippt, wird eine dritte Interpretation möglich: »Verstorbener Posaunenspieler«. Price behauptet, die Droodles seien die größte Erfindung seit der gefärbten Margarine. Ich stimme ihm zu. Sie erinnern uns an die kreativen Möglichkeiten, die entstehen, wenn sich die Bereitschaft zum spielerischen Umgang mit Themen mit einer außergewöhnlichen Sichtweise mischt.

Alles, was uns die Realität neu und auf ungewöhnliche Weise sehen läßt, öffnet unsere Augen. Seltsame Tangenten, sich verdeckende Formen und verzerrte Reflexionen sind nur ein Teil unserer alltäglichen Erfahrung mit visuellen Merkwürdigkeiten. Das Vertraute verfremden bedeutet, ein offenes Auge für solche Phänomene zu haben. Es sind drei Dinge erforderlich: Der glückliche Zufall, Mut und etwas Vertrauen in den Verlauf. Menschen, die glauben, den glücklichen Zufall könne man nicht herbeiführen, irren sich. Sie können Ihre Chancen auf einfache Weise verbessern – ein Skizzenbuch mitnehmen. Auch wenn Sie es nicht benutzen, werden Sie gezielter nach möglichen Gegenständen Ausschau halten. Der Mut erfordert eine gewisse Gleichgültigkeit gegenüber den Ergebnissen. Wenn es Ihnen egal ist, was beim Zeichnen herauskommt, können Sie alles Denkbare ausprobieren. In meinen Skizzenbüchern befinden sich viele Fragmente, die niemals verwirklicht wurden. Das Vertrauen in den Vorgang bedeutet einfach, daß man am Anfang nicht weiß, in welche Richtung man geht. Jede dieser drei Studien aus dem Skizzenbuch wurden in einer solchen entspannten und offenen Stimmung gezeichnet.

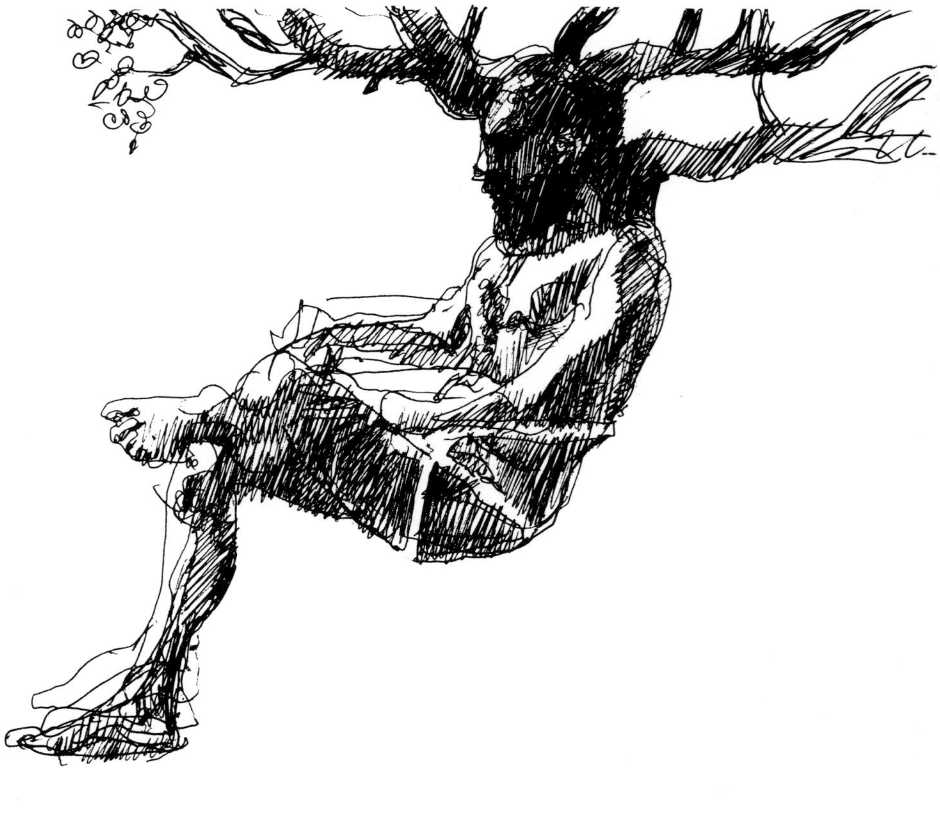

Tangenten: Ein visuelles Zusammentreffen. Ursprünglich hatte ich die Absicht, den Rest des Baumstammes und des Stuhles einzusetzen, aber die Verbindung von Mann und Baum wirkte so organisch, daß ich das Bild spielerisch extra so gestaltete.

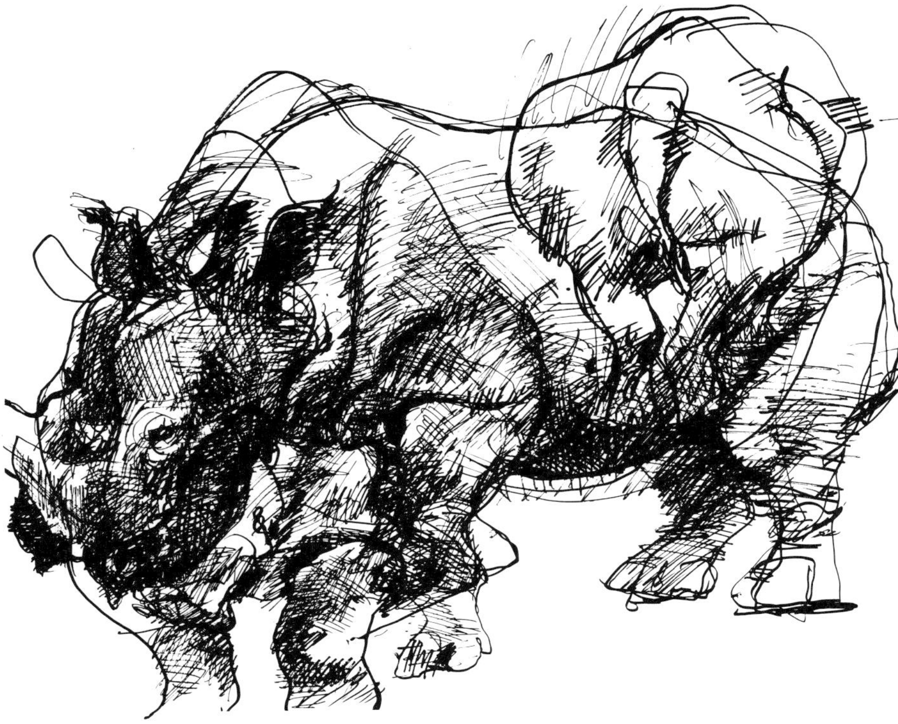

Mehrfachbilder: Merkwürdigkeiten bilden sich häufig im Verlauf des Zeichnens heraus. Als sich dieses Nashorn umdrehte, zeichnete ich einfach weiter. Ich zeichnete die Bilder übereinander.

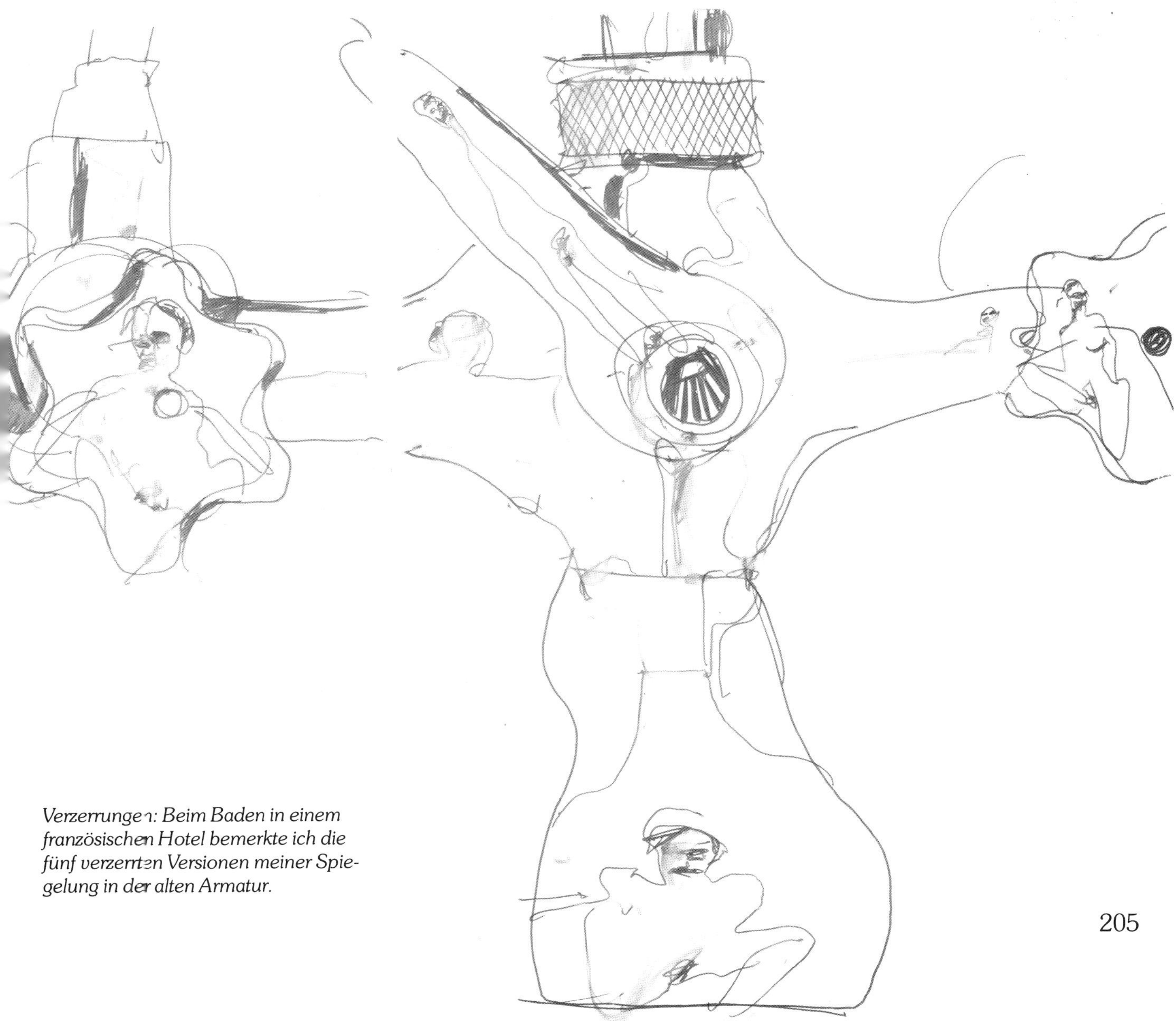

Verzerrungen: Beim Baden in einem französischen Hotel bemerkte ich die fünf verzerrten Versionen meiner Spiegelung in der alten Armatur.

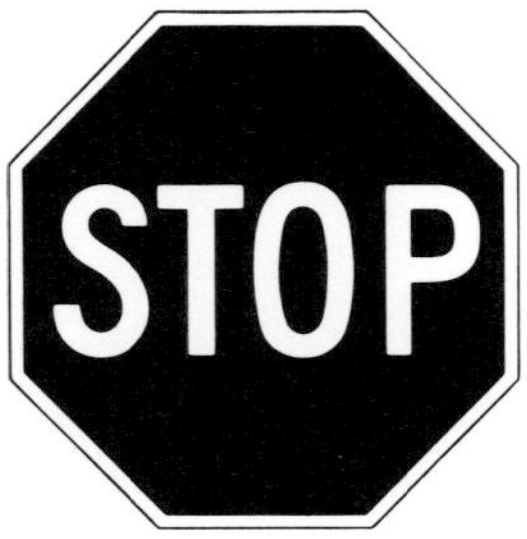

Stoppschild: Es hat nur eine Bedeutung.

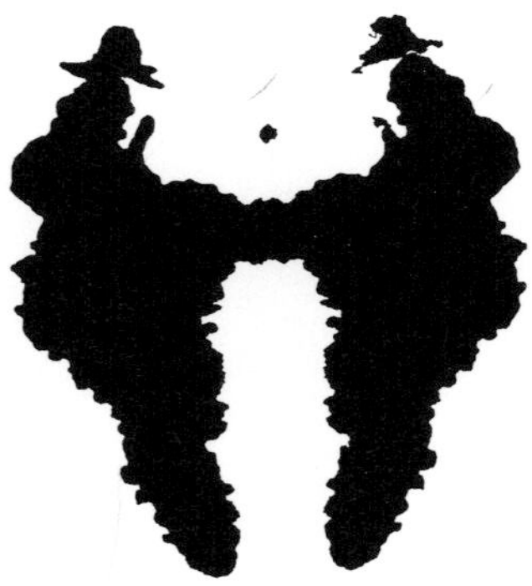

Tintenklecks: Er hat die Bedeutung, die man ihm gibt.

Stoppschild und Klecksbild

Ein rot-weißes, achteckiges Schild mit der Aufschrift STOP hat nur eine Bedeutung, und alle Autofahrer kennen sie. Das Klecksbild, das in einem besonderen psychologischen Test, dem sogenannten Rorschachtest, gedeutet werden soll, ist eine ganz andere Sache. Es ist sinnfrei und hat die Bedeutung, die der Betrachter ihm gibt.

Das Stoppschild und das Klecksbild sind zwei Aspekte der Kommunikation in der Kunst. Realistische, bis ins kleinste Detail genaue Zeichnungen von Gegenständen sind Beispiele für die Stoppschild-Kommunikation, bei der der Phantasie des Betrachters kein Spielraum gelassen wird. Teilweise verdunkelte, verzerrte und angedeutete Objekte besitzen Klecksbild-Eigenschaften, die eine Beteiligung des Betrachters erfordern.

Zum größten Teil wurden uns Kommunikationsformen beigebracht, die auf eindeutige Aussagen zielen. »Sei rational, logisch, drücke dich klar aus.« Dies waren unsere frühen Botschaften. Das schwer Faßbare, das Metaphorische und das Unvollständige gehörten nicht zu den Kommunikationsfähigkeiten. Es ist ironisch, daß wir diesen Formen keine Berechtigung zugesprochen haben, auch wenn sie uns einen Teil der fesselndsten Erfahrungen vermittelt haben.

Sie fahren auf einer Schnellstraße und sehen vor sich einen kleinen Gegenstand auf der Straße liegen. Sie denken an ein totes Tier und haben dieses plötzliche Gefühl des Unbehagens. Beim Näherkommen erkennen Sie, daß es sich um einen alten, kaputten Karton handelt. Ein Mantel, der in einem abgedunkelten Raum wie eine menschliche Figur wirkt, eine knorrige Baumwurzel, die an die Hand eines alten Mannes erinnert – dies sind Klecksbild-Erfahrungen, die so viel andeuten wie sie zeigen.

Die Wertschätzung der Klecksbild-Kommunikation ist ein Teil des Vergnügens, ein Künstler zu sein. (»Ich muß das nicht erklären, ich bin ein

Zusammenhängend und objektiv: Eine Zeichnung marokkanischer Musiker, die die Details der Kleidung und Instrumente betont.

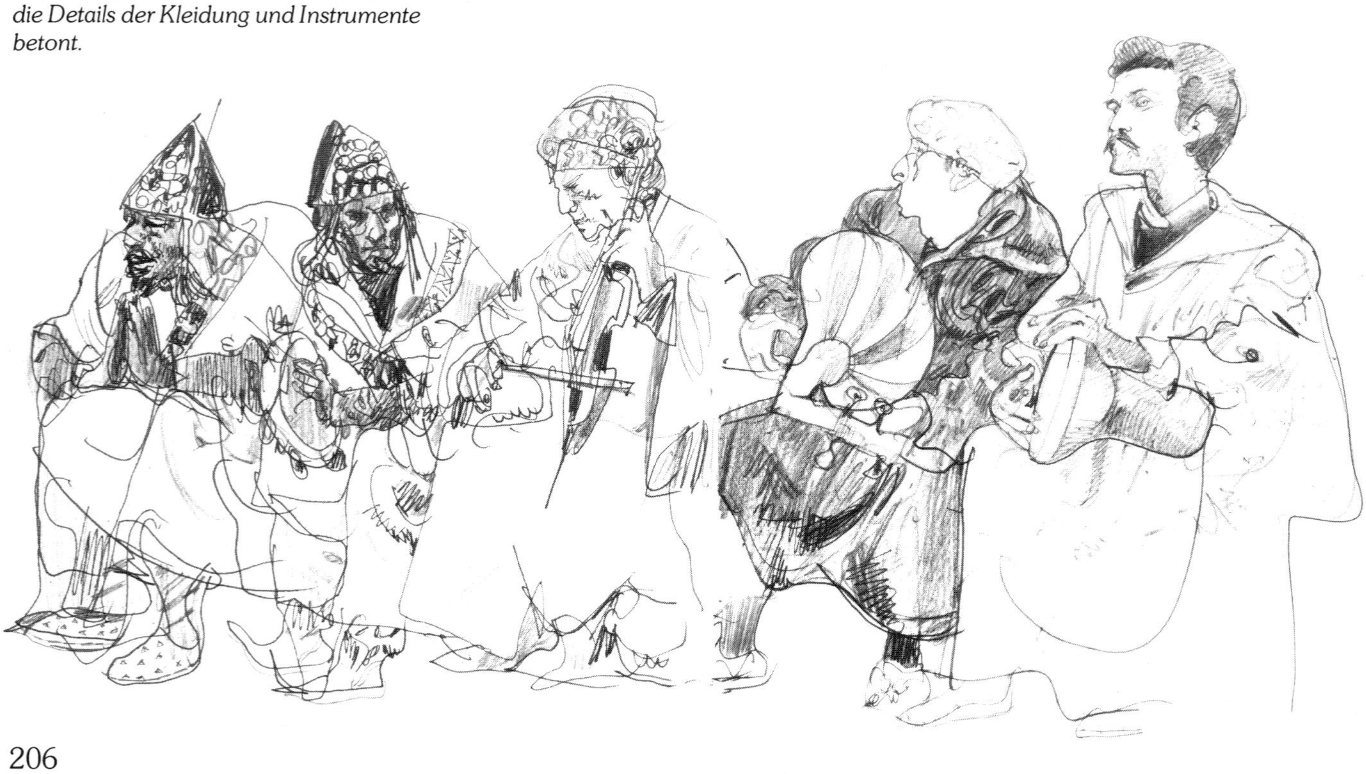

Künstler.«) Kunst wird irgendwo im Raum zwischen Eindeutigkeit und Mehrdeutigkeit gemacht, zwischen Konzept und Eingebung, Überlegung und Gefühl. Normalerweise muß man zuerst sein Publikum anlocken, indem man ihm etwas Klares und Erkennbares zeigt. Wenn die Betrachter erst einmal dabei sind, wollen sie unbedingt an Ihren Vorstellungen teilhaben; sie lassen sich auf die Folter spannen, fesseln und werden ihren eigenen Interpretationen überlassen. Es geht um die Mischung von spezifischer und wiedererkennbarer Bildersprache und fesselnden, rätselhaften Zwischentönen.

Viele der bereits diskutierten Methoden – wie zum Beispiel das Individualisieren, Fokussieren, Kontrollieren, Peilen und Artikulieren – ermöglichen eine eindeutige Zeichnung, während das Überarbeiten, Verschmelzen von Formen, Andeuten, Übertreiben und Einführen von Widersprüchen zu einer Zeichnung mit Deutungsmöglichkeiten führt.

Die beiden Zeichnungen der Musikergruppen auf diesen Seiten verdeutlichen den Unterschied. In der Darstellung der Marokkaner (links) versuchte ich, die Musikinstrumente, Kleidungsstücke und ethnische Mischung der Musiker so genau wie (in der kurzen zur Verfügung stehenden Zeit) möglich zu zeichnen. Die andere Zeichnung zeigt eine Hochzeitskapelle am Montmartre, einem Stadtteil von Paris. Hier wollte ich einen vagen, lockeren Ausdruck erreichen. Manche Stellen wurden nicht ausgeführt, Details wurden weggelassen und Proportionen übertrieben.

Ich möchte damit nicht sagen, daß ein Bild besser ist als das andere. Aber in unserem Kulturkreis wird die Stoppschild-Mentalität weitgehend durchgesetzt, oft zum Nachteil der Klecksbilder. Ich setze auf das Klecksbild als Gegenmittel gegen die »zu wörtliche« Sicht der Dinge.

Unverbunden und mehrdeutig: Zeichnung einer Pariser Hochzeitskapelle. Betont werden die unterschiedlichen Musikertypen.

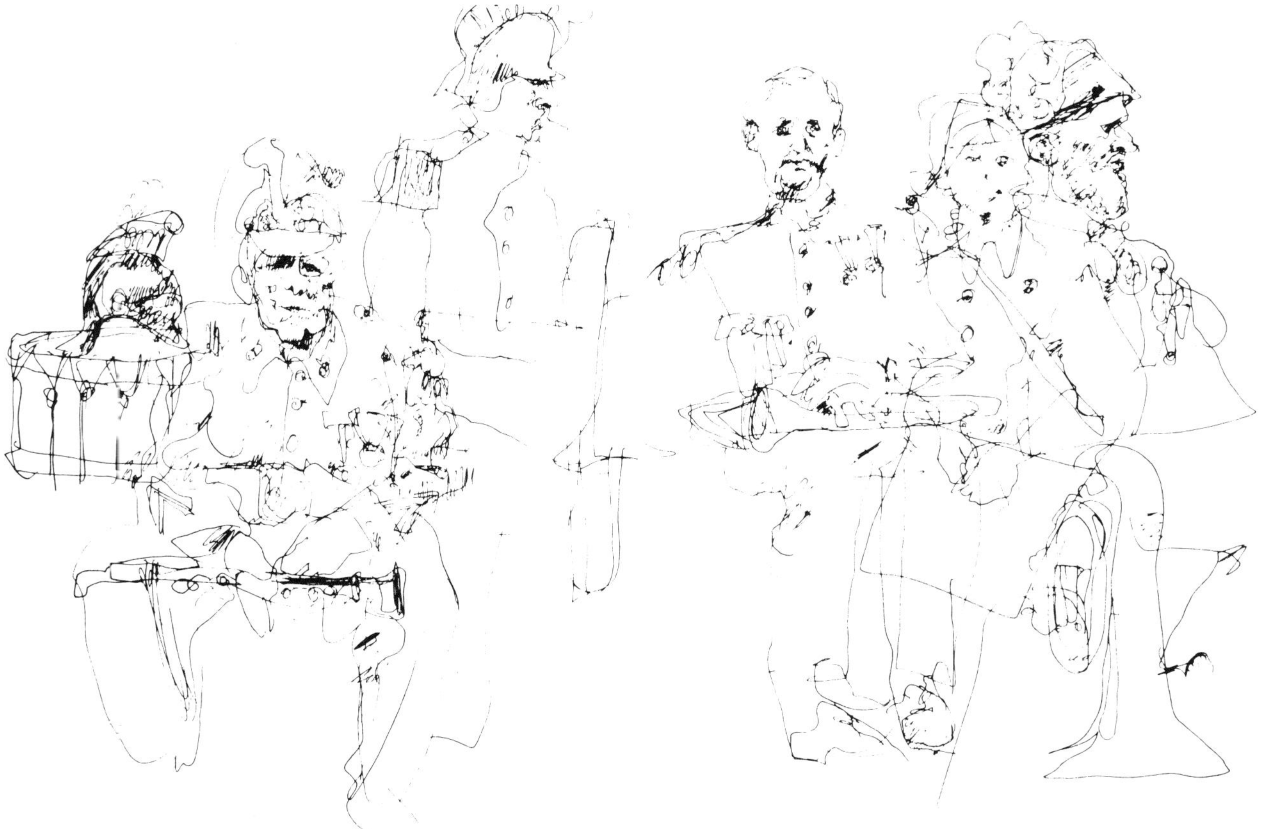

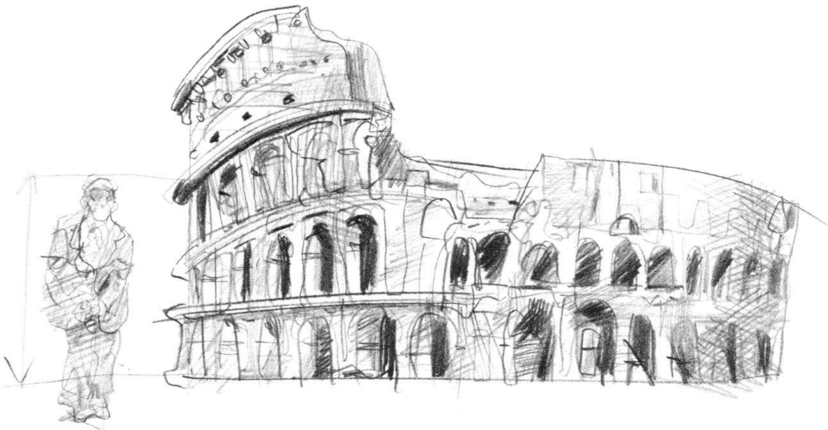

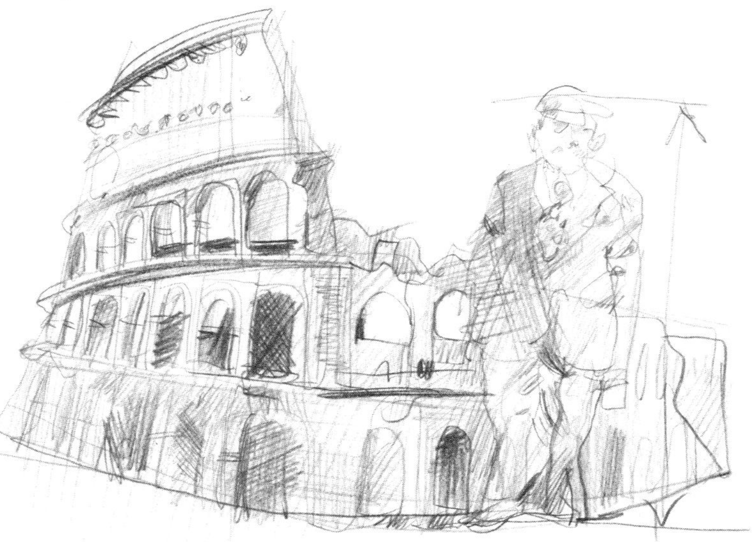

Ein Mann und ein Monument: Zufalls-
spiel mit Größen und Formen.

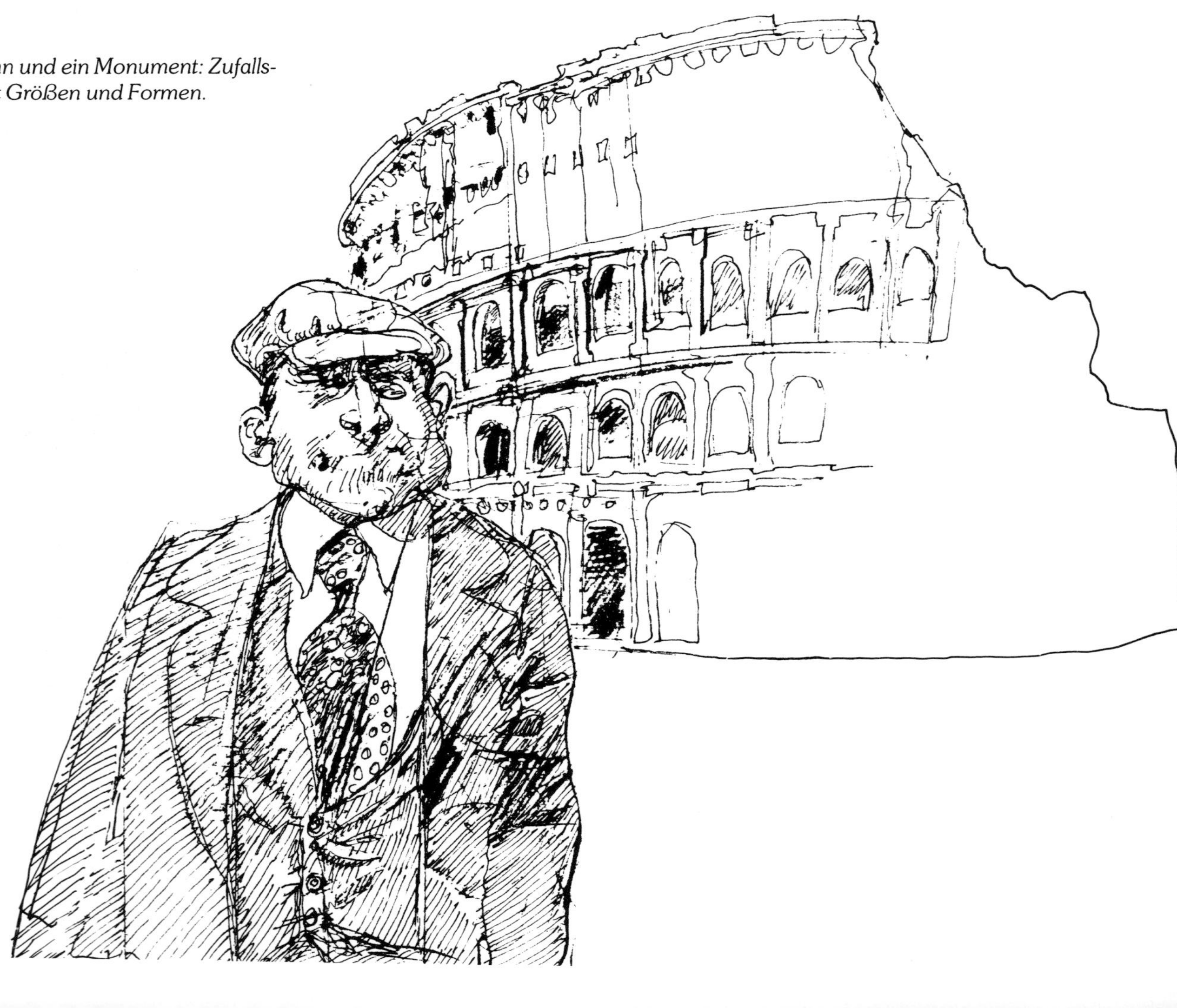

Bildfolgen

Die Phantasie wird niemals daran leiden, daß ein Mangel an Rohstoffen bestünde. Es gibt im Kopf schon genug Ideen, Bilder, Symbole und Erfahrungen, die ausreichen, damit ein ganzes Leben lang zu arbeiten. Es ist wie mit einem Auto, das eine unzuverlässige Batterie hat. Manchmal steigt man ein und das Auto springt sofort an. Ein anderes Mal, besonders wenn der Wagen eine Weile gestanden hat, dreht man den Zündschlüssel, und nichts passiert.

Eine Methode, an solchen Tagen mit Startschwierigkeiten in Fahrt zu kommen, ist das Arbeiten in Bildfolgen. Konzentrieren Sie sich nicht auf eine Zeichnung. Es ist besser, eine Reihe von drei oder vier Bildern zu planen. Wählen Sie einen Gegenstand und verändern Sie ihn schrittweise in den folgenden Zeichnungen. Wenn ich eine Zahnpastatube nehme, zeichne ich sie, drücke etwas Zahnpasta heraus, zeichne die Tube noch einmal, rolle das untere Ende auf, zeichne sie ein drittes Mal. Eine Zahnpastatube gewinnt an Charakter, wenn sie aufgebraucht wird. Die zunehmenden Falten, die Verzerrungen der Buchstaben auf dem Etikett und das aufgerollte Ende verformen ein alltägliches Industrieprodukt so, daß ein Gegenstand mit einer eigenen Persönlichkeit entsteht. Die Dokumentation dieser Transformation kann die Grundlage einer Serie sein.

Man kann auch den gleichen Gegenstand in unterschiedlichen Situationen zeichnen. Das ist eine andere einfache Idee für eine Bildfolge mit einem Objekt. Man könnte einen Hut zeichnen, der sich auf einem Stuhl in einer hellen, luftigen Hotelhalle befindet. Das nächste Bild, möglicherweise mit einem anderen Hut, könnte etwas Unheimliches zeigen, dunkle Töne und verschwindende Ränder. Weitere denkbare Variationen sind ein zerrissener Stuhl, eine Blumentapete im Hintergrund oder eine eingefügte Handschrift, die eine andere Stimmung vermittelt.

Die Phantasie kann nicht gezwungen werden, sie muß angelockt werden. Das Arbeiten mit Bildfolgen beseitigt den Druck, der lähmen kann, wenn man sich auf ein Bild konzentrieren soll. Das Problem wird in kleine Schritte zerlegt. Nachdem der gleiche grundlegende Gegenstand ein- oder zweimal gezeichnet wurde, ist der Kopf freier, um etwas zu experimentieren. Dazu schrieb Dr. Edwin Land, der Erfinder der Polaroid-Kamera: »Wirkliche Kreativität ist gekennzeichnet durch eine Abfolge von Handlungen, jede hängt von der vorherigen ab und bereitet die folgende vor.« Beim Arbeiten mit Bildfolgen befindet man sich direkt in diesem Zustand. Die Phantasie erhält Struktur und Richtung. Jede Zeichnung führt zu weiteren Entdeckungen, die sich auf die nächste Zeichnung übertragen lassen.

Die Zeichnung eines Freundes . . .

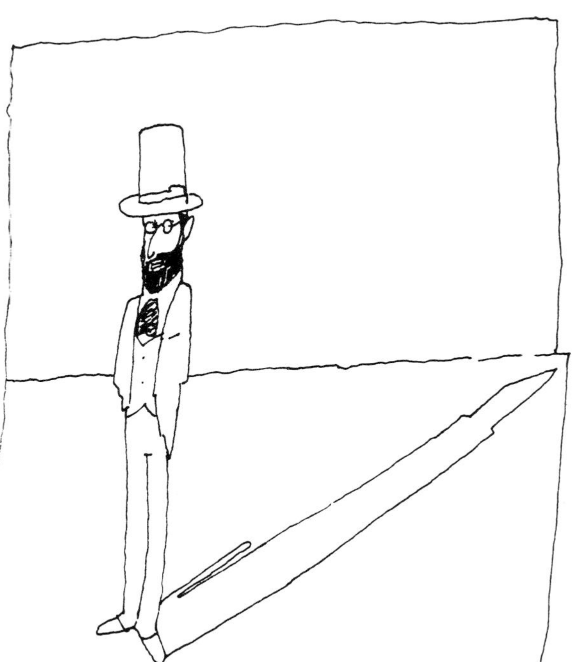

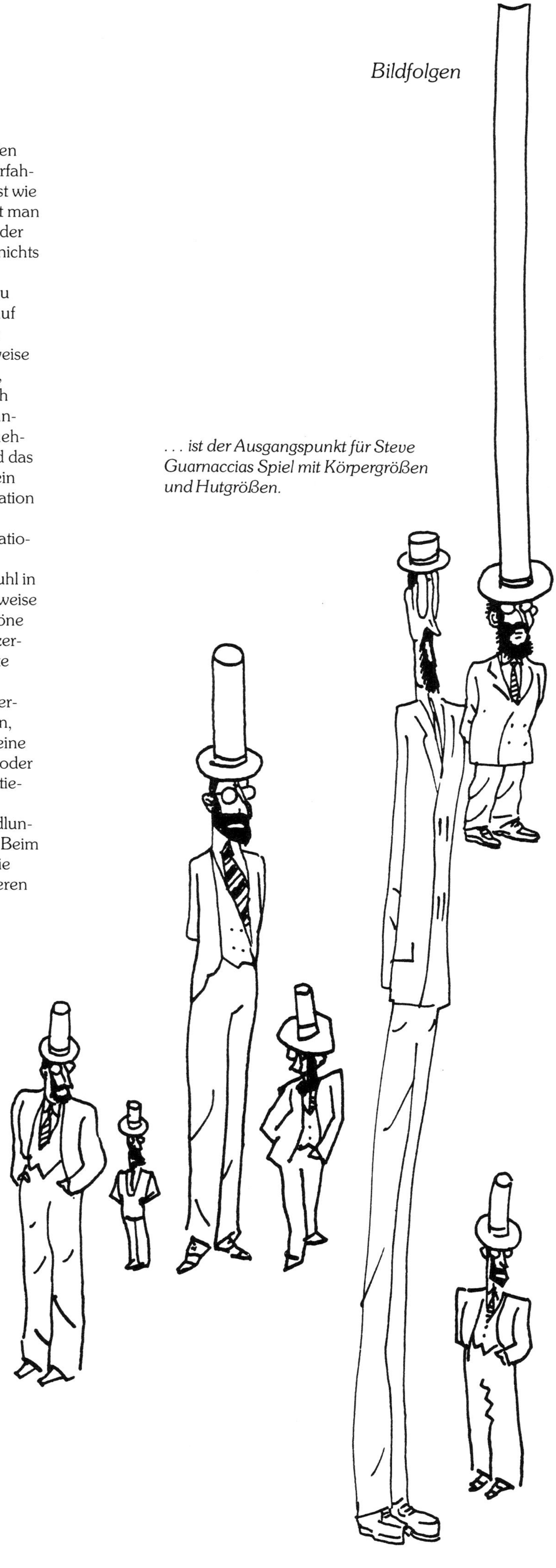

. . . ist der Ausgangspunkt für Steve Guarnaccias Spiel mit Körpergrößen und Hutgrößen.

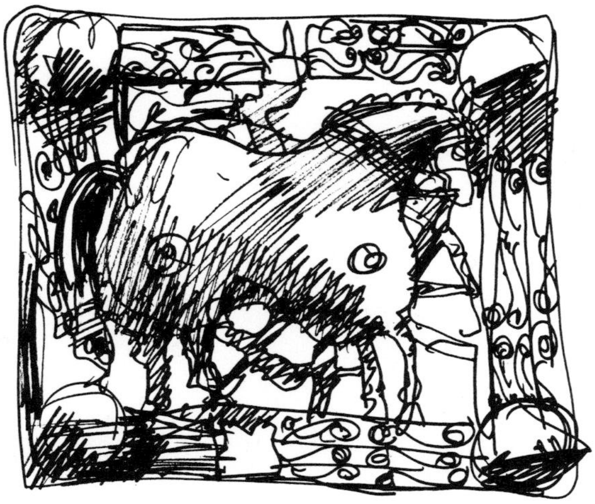

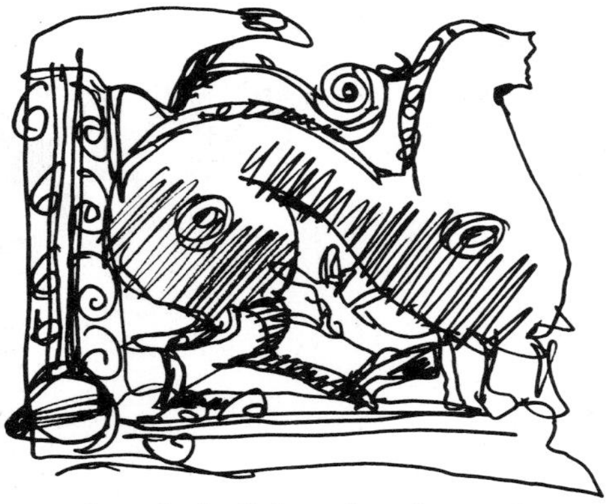

Anatolische Schmuckstücke aus dem 16. Jahrhundert . . .

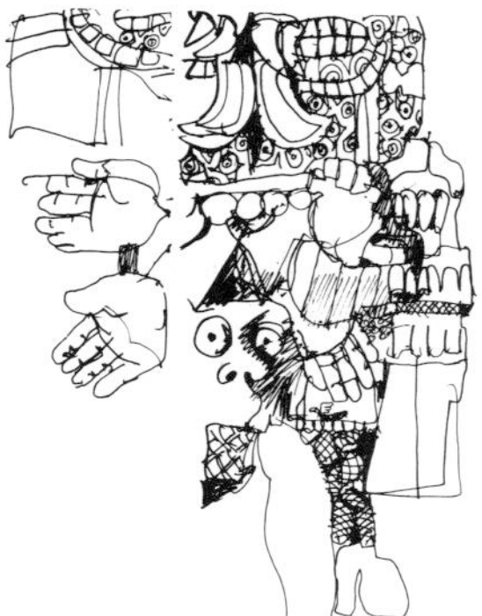

. . . und eine Aztekenskulptur aus dem 13. Jahrhundert . . .

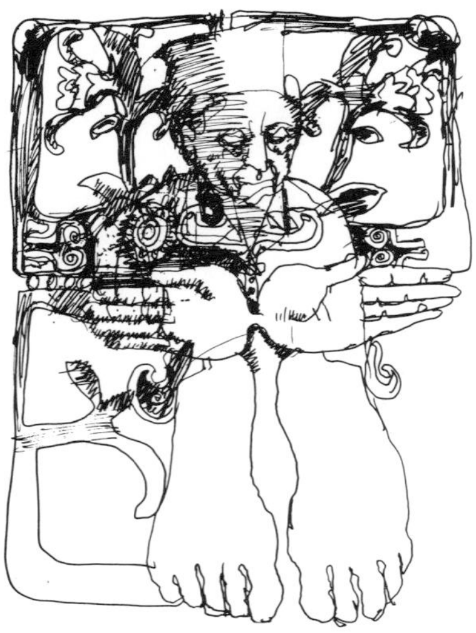

. . . werden als Quellen in einer experimentellen Zeichnung kombiniert.

Quellen

Nichts ist vollkommen neu. Man stellt im Grunde nur neue Kombinationen her. Wenn man dies erkannt hat, kann man gleich an die Arbeit gehen, skizzieren, kopieren und die Dinge kombinieren, die einen interessieren. Ihre Quellen können tiefgründig oder trivial sein.

Die Phantasie sollte so vielseitig sein wie Ihre Erfahrungen und Interessen. Ich habe mich für Kunst, Geschichte und Filme interessiert. Ich habe diese Elemente in meinen Bildern auf illustrative und persönliche Weise miteinander verbunden. Im Metropolitan Museum of Art skizzierte ich die anatolischen Schmuckstücke, die links zu sehen sind. Mir gefielen die ausgeschnittenen, negativen Formen und die Art der dekorativen Verbindung mit dem Tier in der Mitte. Ein anderes Volk mit einem besonderen Sinn für Formen waren die Präkolumbianer. Ich zeichnete diese Göttin der Azteken – Coatlicue, Göttin der Erde und Schöpferin des Menschen, Wächterin über Leben und Tod – im Mexikanischen National Museum. Ich mochte die kreative Kombination von menschlichen und tierischen Formen sehr. Hin und wieder experimentiere ich mit kleinen Zeichnungen wie jener unten links. Hier wurden die ausgeschnittenen Formen der anatolischen Kunstwerke mit den anatomischen Versuchen der Azteken verbunden.

Nachdem ich ein Buch über die Geschichte der Tudors gelesen hatte, fertigte ich eine Zeichnung von Heinrich VIII. an. Ich begann aufs Geratewohl mit einer imaginären Zeichnung vom König und einer Darstellung seiner enthaupteten Frauen. Dann umgab ich ihn mit einigen der zentralen Figuren seines Lebens. Ich kopierte zwei Porträts, die ich sehr schätze, nämlich Sebastiano del Piombos Porträt vom Clemens VII. (der Papst, der es ablehnte, seiner Scheidung zuzustimmen) und Hans Holbeins Porträt von Thomas Morus. Die kämpfenden Figuren geben vage Erinnerungen an den alten Film von Charles Laughton über *Das Leben von Heinrich VIII.* wieder.

Als mein Sohn noch ein kleines Kind war, versuchte ich häufig, seinen Zeichenstil nachzuahmen, um seine unbekümmerte Ausdrucksweise in meine Handschrift zu übernehmen. Als ich so wie er zeichnete, fühlte ich mich tatsächlich freier und offener. Heute gehe ich bewußt zu diesem Zeichenstil über, wenn ich merke, daß ich zu vorsichtig und zaghaft arbeite.

Kindliche Handschrift . . .

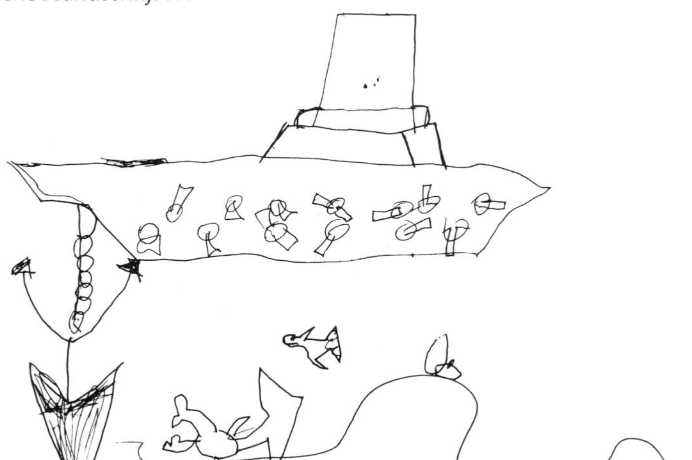

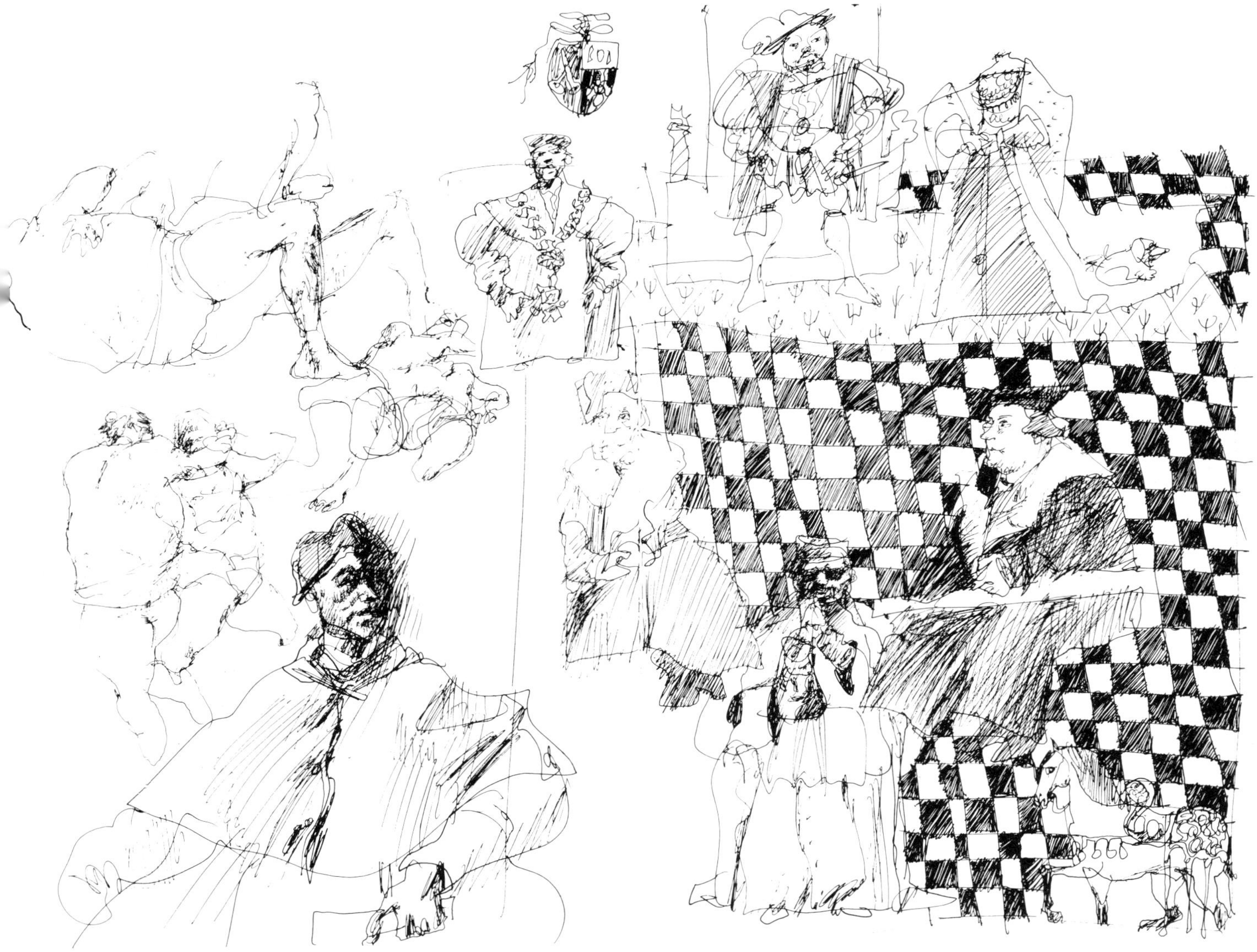

und ihre Imitation in einer Zeichnung eines Erwachsenen.

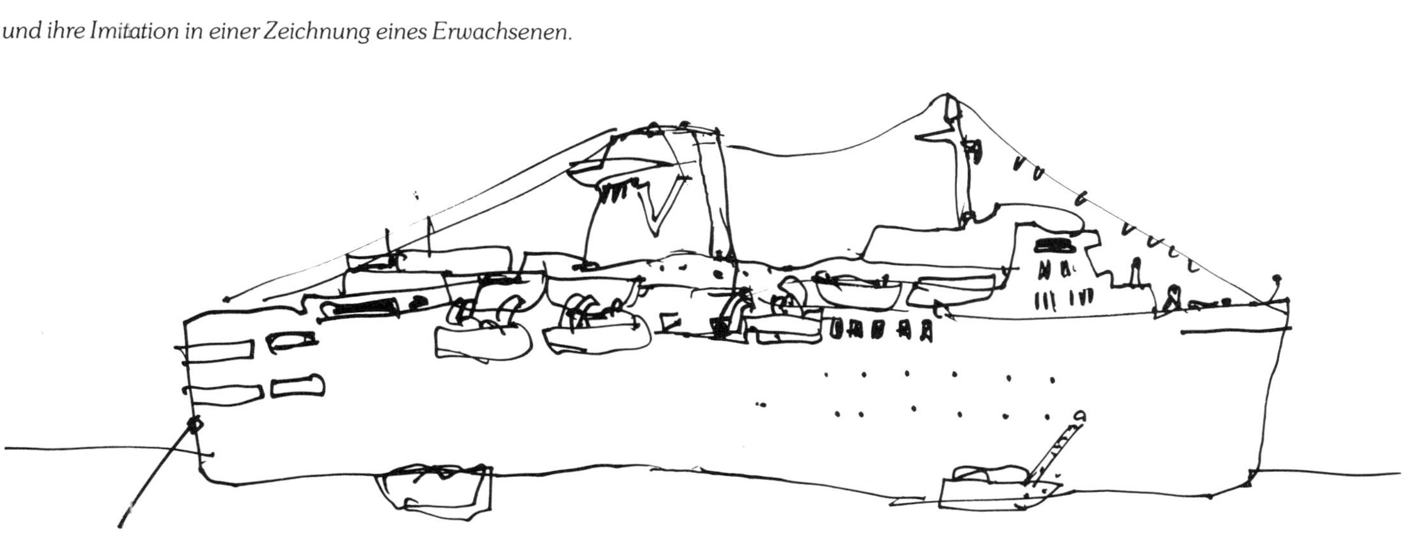

Integration persönlicher Erfahrungen

Ein Teil Ihrer Aufgaben als Künstler besteht darin, Ihre Beziehung zum Gegenstand zu intensivieren und die Distanz zwischen Ihnen und dem, was gezeichnet werden soll, zu überwinden. Das bedeutet, daß man Dinge zeichnet, zu denen man eine enge Beziehung hat, daß man persönliche Erfahrungen umsetzt, um etwas von dem wirklichen Ich zu zeigen. Es geht darum, lebenslange Sehnsüchte oder verborgene Ängste zum Thema Ihrer Zeichnung zu machen. Sie könnten auch etwas über Ihre Einstellung zum eigenen Körper sagen oder zum Tod, über Ihre Familie, Wohnung, Freunde oder Vergangenheit. Dies kann amüsant und erschreckend zugleich sein. Stellen Sie sich folgende Situationen vor: Sie kehren zurück an den alten Heimatort und zeichnen das Haus, in dem Sie als Kind lebten; Sie stehen vor dem Spiegel und zeichnen Ihren nackten Körper; Sie zeichnen Gegenstände, die Sie an jemanden erinnern, den Sie verloren haben. Wenn Sie schon immer Angst hatten, allein zu sein, stellen Sie sich vor, diese Furcht in einer Zeichnung auszudrücken. Man könnte vielleicht eine Serie mit leeren Räumen zeichnen. Diese intensiven Beziehungen zum Thema gehen mehrere Schritte über das hinaus, was wir bisher behandelt haben. Mit solchen Zeichnungen geht man ein höheres Risiko ein und macht sich verwundbarer. Als Künstler übernimmt man mehr Verantwortung und erhält mehr Anerkennung, als man bisher gewohnt war. Das bedeutet, daß man sich selbst eingesteht, daß man eine größere Veranlagung zum Künstler hat, als man bisher wissen wollte. Diese Erkenntnis kann eine sehr förderliche Erfahrung sein, aber auch riskant.

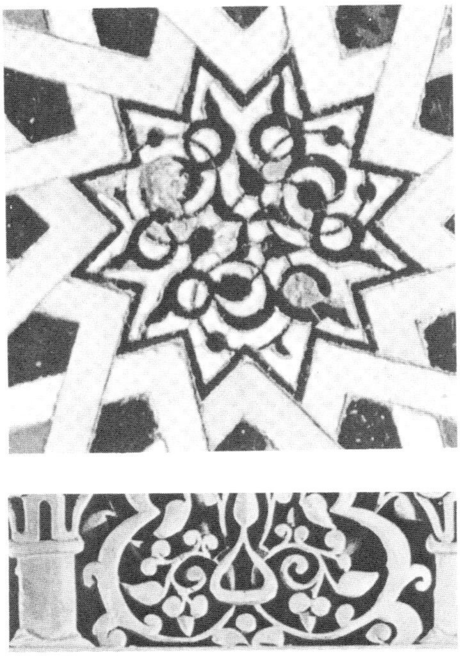

Dekorative Fliesen und Schmiedearbeiten aus der Alhambra, einem maurischen Palast in Spanien

Illustration zum Gedicht Rubaiyat

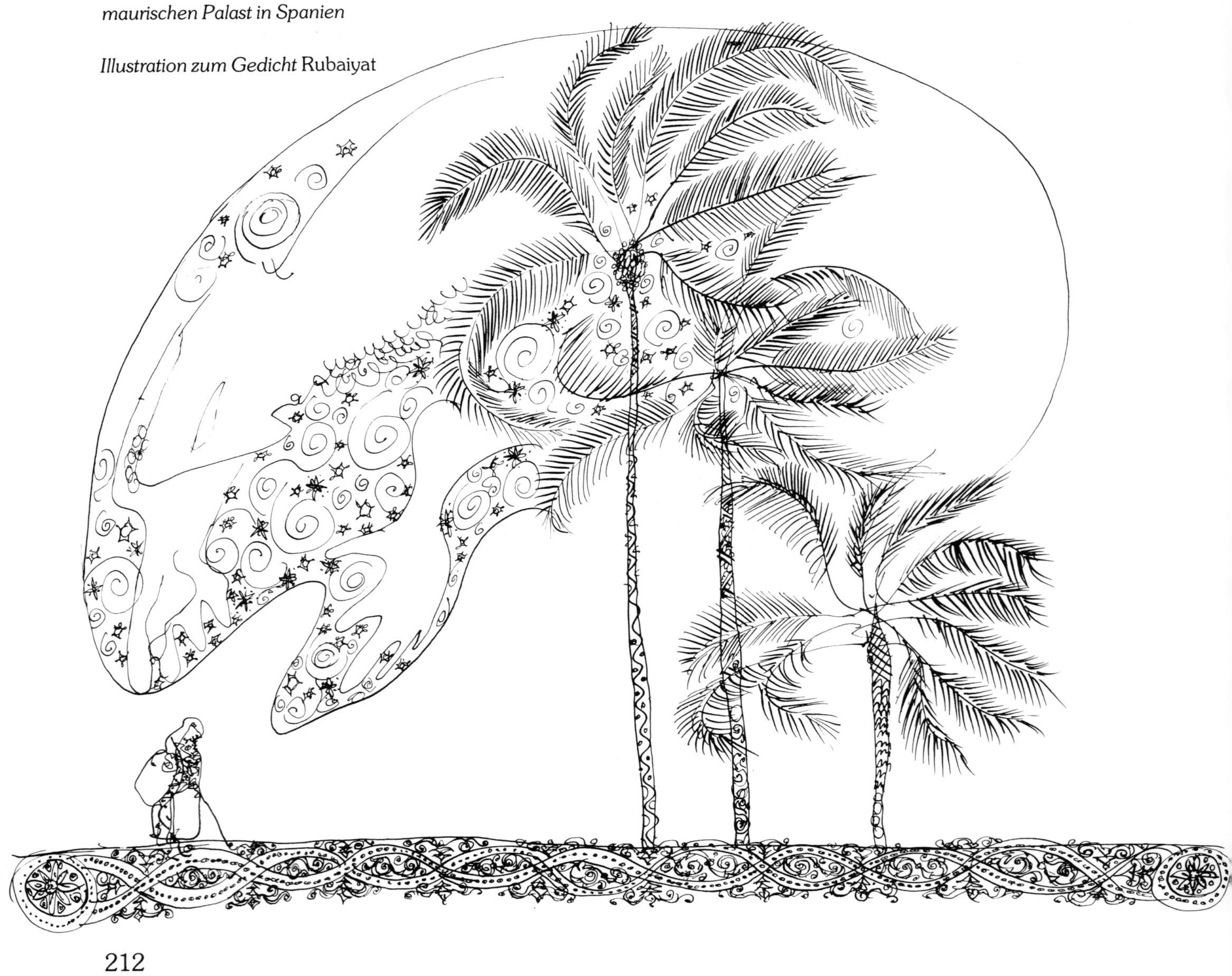

Was ist, wenn die Menschen Ihre Arbeiten nicht mögen? Was ist, wenn Ihre Ideen zu flach und zu offensichtlich sind? Was ist, wenn Sie wirklich keine Veranlagung zum Künstler haben und sich das darin zeigt? Wenn es zum kritischen Dialog dieser Art kommt, haben Sie inzwischen hoffentlich gelernt, ihn zu kontrollieren. Vielleicht haben Sie mit dem erworbenen Geschick und der Kontrolle mehr Vertrauen zu sich selbst. Vielleicht hat Ihnen das Zeichnen schon dabei geholfen, Ihre tieferen Gefühle besser kennenzulernen. Vielleicht sind Sie jetzt bereit, mehr zu riskieren.

Vor einigen Jahren erlitt ich einen schweren Autounfall, bei dem ich eine dauerhafte Behinderung davontrug. Während der langen Genesungsphase dachte ich immer wieder darüber nach. Ich hatte mich vollkommen verändert, mehr emotional als körperlich. Ich stellte mir die quälende Frage: »Warum ich?« Mit Hilfe des Zeichnens war ich in der Lage, einen großen Teil der Verzweiflung in kreative Energie umzusetzen. Ich zeichnete meine Nackenstütze, meine Röntgenaufnahmen, ich zeichnete imaginäre Bilder von verletzten Menschen. Als ich das Spielzeugauto meines Sohnes, das im hinteren Teil eingedrückt war, fand, machte ich zahlreiche Studien davon, weil der Gegenstand mich an meinen Unfall erinnerte.

Bei einem längeren Aufenthalt in Südspanien las ich *Rubaiyat*, Omar Khayyams episches Gedicht über Leben, Tod und Schicksal. Ich machte eine Reihe von Zeichnungen, die die Verse des Gedichtes mit den dekorativen Fliesen, den Schmiedearbeiten und den Stoffmustern der Region verbanden.

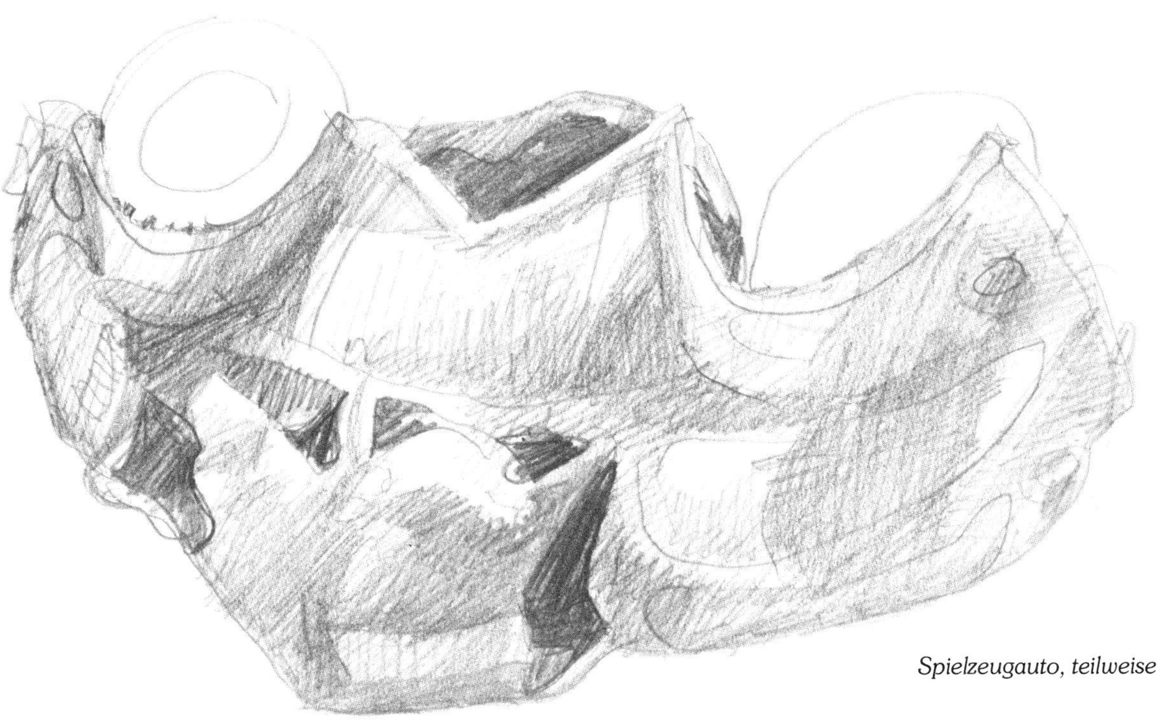

Spielzeugauto, teilweise eingedrückt

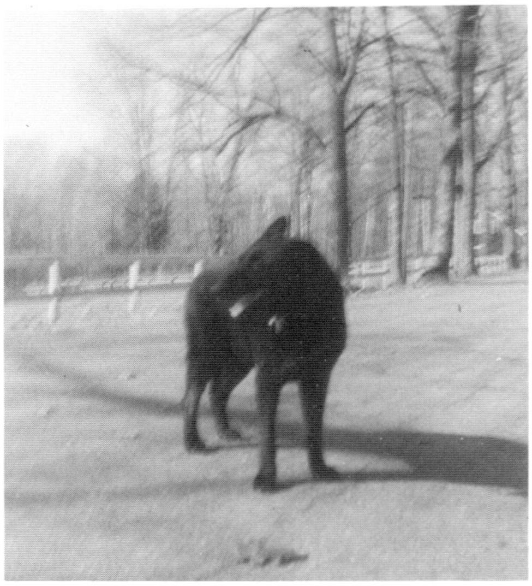

Schnappschuß

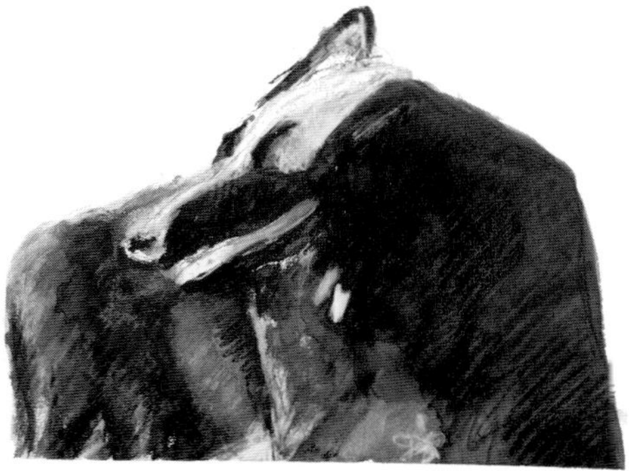

Erste Skizze

Fotos

Im ganzen Buch habe ich versucht, Sie dazu zu bewegen, nach den von mir so genannten *primären Quellen* zu arbeiten, das heißt, nach wirklichen Gegenständen und Menschen zu zeichnen. Denn ich glaube, daß der direkte Kontakt die besten Möglichkeiten zur Verbesserung der Zeichenfähigkeiten bietet. Wir leben jedoch in einer Welt voller sekundärer Quellen. Bilder in Zeitungen, Zeitschriften und Filmen bieten etwas, was wir in der wirklichen Welt nicht bekommen können. Sie nehmen uns mit an Orte, die wir noch nie gesehen haben – zum Mond, in die Tiefen des Ozeans, in das Innere des Körpers. Man kann Bewegung und Zeit einfrieren oder beschleunigen. Mit Hilfe dieser Bilder können wir bequem zu Hause arbeiten.

Aber wie jede Annehmlichkeit der modernen Gesellschaft können uns diese Möglichkeiten faul und nachlässig machen. Manche Künstler sind so sehr von Projektionen und dem Durchpausen von Fotos abhängig, daß sie ihr Vertrauen in die Fähigkeit, nach dem Leben zu zeichnen, verlieren. Angesichts dieser Gefahr möchte ich zwei Kriterien für den Gebrauch von Fotos vorschlagen:

1. als eine Übungsmöglichkeit – zum Beispiel beim Kopieren von Tönungen oder bei der Untersuchung von Proportionen; oder
2. als Ausgangspunkt für ein kreatives Vorgehen – Veränderung, Übertreibung oder Kombination von Fotos, um etwas Neues entstehen zu lassen.

Wir haben die Nützlichkeit der Fotos als Vorlagen für Übungen in den Kapiteln 2 und 4 gesehen. Die Beispiele auf diesen Seiten illustrieren ihr kreatives Potential.

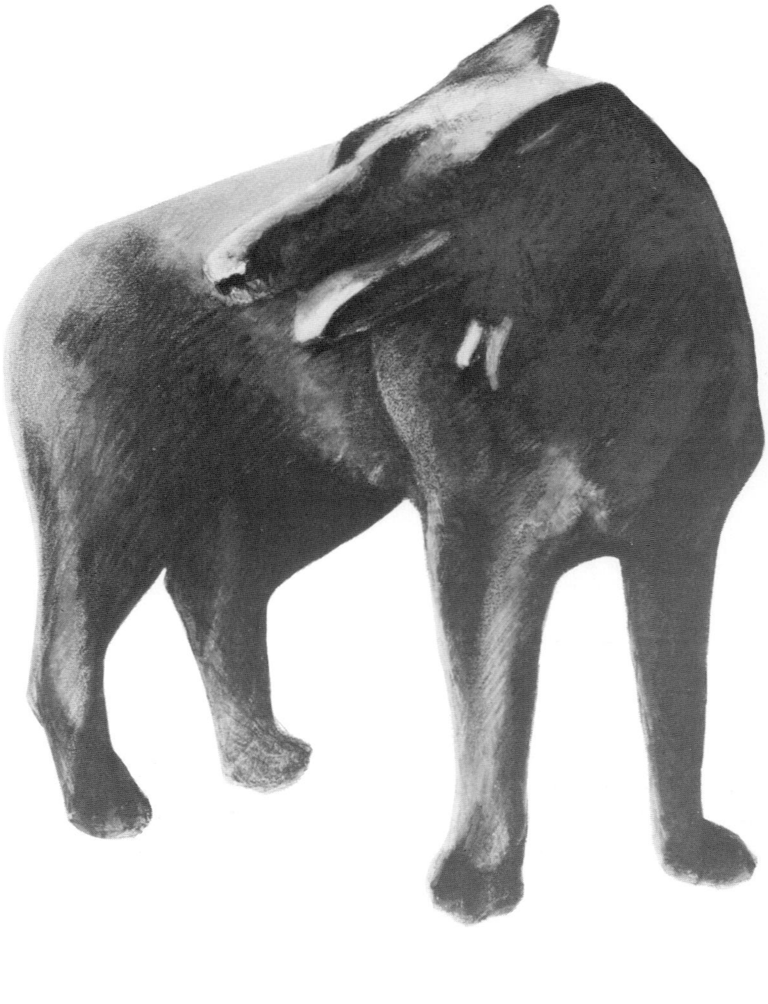

Fertige Zeichnung: Gary Hamels Zeichnung entstand nach einem alten Familienfoto. Ein schönes Merkmal dieser Arbeit ist die Art und Weise, mit der Hamel die verschwommenen und seltsamen Aspekte des Schnappschusses berücksichtigte. Der Hund erscheint in diesem fesselnden Bild unwirklich, fast von einer anderen Welt.

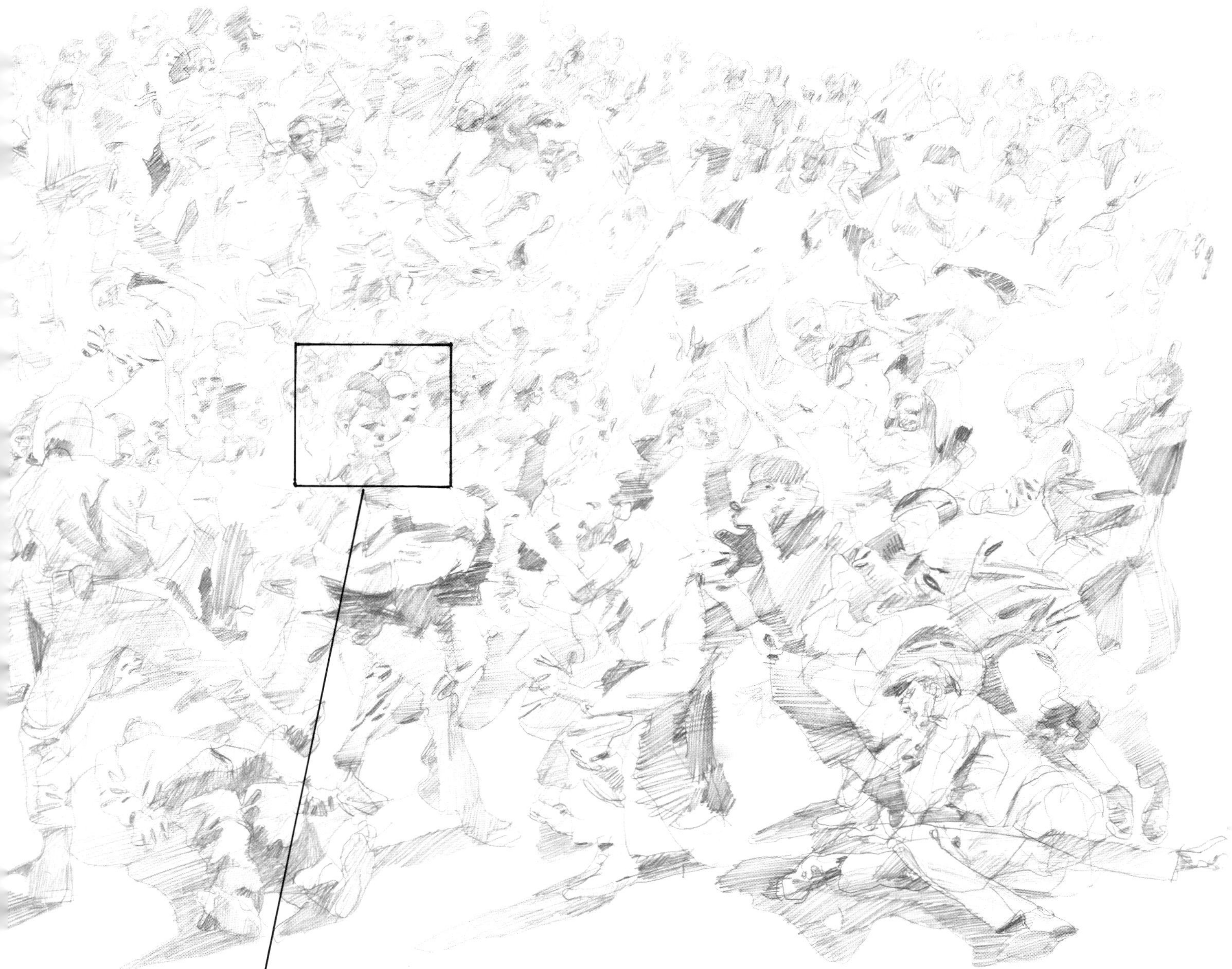

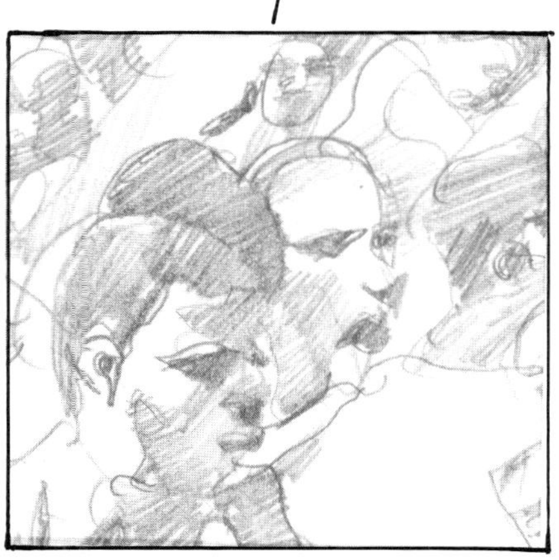

Dieses Bild gehört zu einer Reihe von Zeichnungen zum Thema Menschenmengen und Gewalt. Sie wurde nach einer Fotoserie aus der New York Times *gezeichnet, die ergänzt wurde durch Standbilder aus dem Film* Soylent Green. *Je mehr ich zeichnete, um so weniger brauchte ich die Fotovorlagen. Die Wiederholung der kleinen Formen der Figuren erfolgte mehr oder weniger automatisch.*

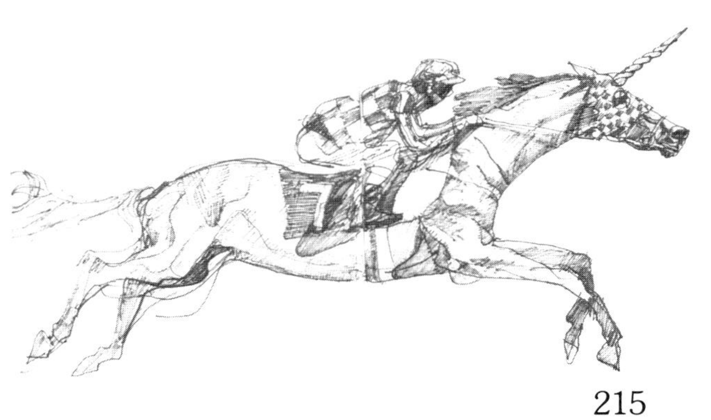

Vor der Erfindung der Fotografie hatten die Künstler keine Vorstellung davon, wie Pferde wirklich rennen. Deshalb sahen die meisten Bilder so aus, als würden die Pferde fliegen oder schweben. Bei dieser Zeichnung, die nach einem Foto aus der Zeitschrift Life *angefertigt wurde, habe ich versucht, dem Bild wieder so ein Aussehen zu geben, indem ich den gestreckten Sprung übertrieben dargestellt habe. Das hinzugefügte Horn eines Einhorns entsprang einer Laune.*

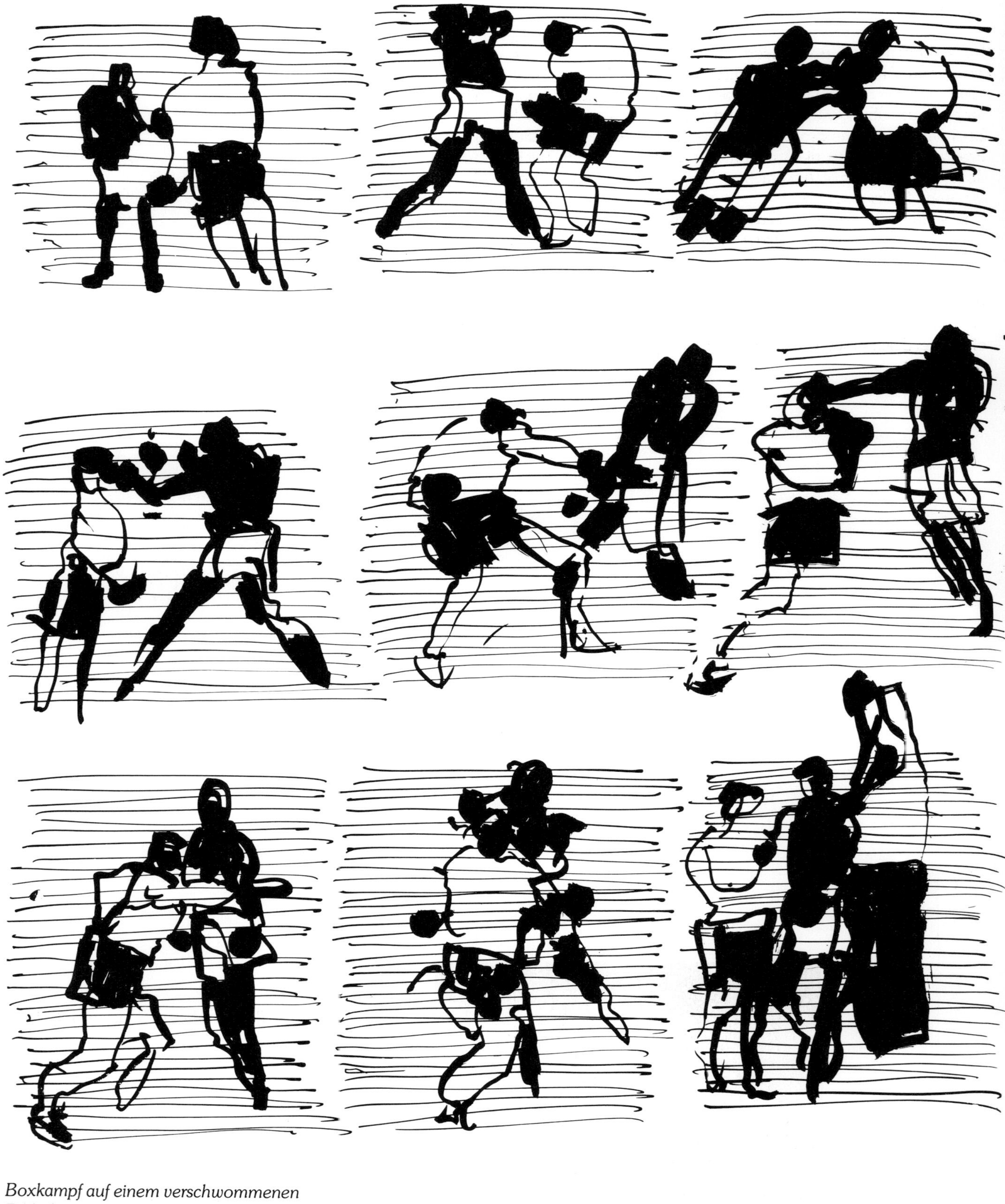

Boxkampf auf einem verschwommenen Bildschirm.

Fernsehen

Das Zeichnen von Fernsehbildern ist eine hervorragende Übung für die freie Hand. Die Bilder fliegen in einer so schnellen Folge vorbei, daß man Glück hat, wenn man einen flüchtigen Eindruck behalten kann. Ich halte es für eine gute Übung von Auge, Hand und Gedächtnis. Sie erleichtert das Zeichnen von lebendigen, sich bewegenden Gegenständen. Die besten Programme sind jene, die Aufnahmen in einer bestimmten Zeit öfters wiederholen, zum Beispiel Ansprachen, Podiumsdiskussionen, Sportsendungen und Musiksendungen.

Das Standbild des Videorecorders macht vieles leichter für den Künstler. Lynn Sweat, der lange Zeit Bilder sich bewegender Figuren malte, hat dieses Mittel mit großem Nutzen eingesetzt. Indem er die Abschnitte mit den entsprechenden Bewegungsabläufen immer wieder abspielte und das Band an bestimmten Stellen anhielt, konnte er Dutzende von Skizzen zum Film *Flashdance* anfertigen. Er schaute sie sich dann durch und wählte diese drei Zeichnungen aus, die die Grundlage für das Gemälde unten wurden.

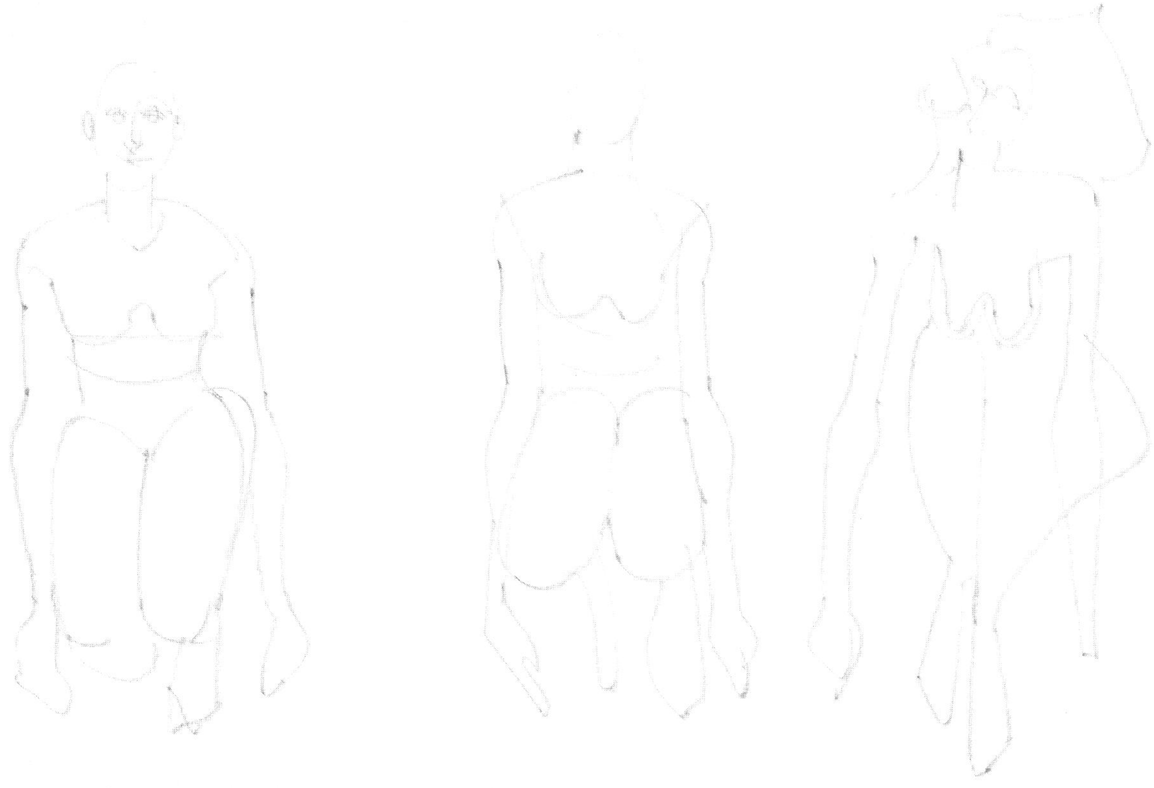

Standbild-Zeichnungen aus dem Film Flashdance

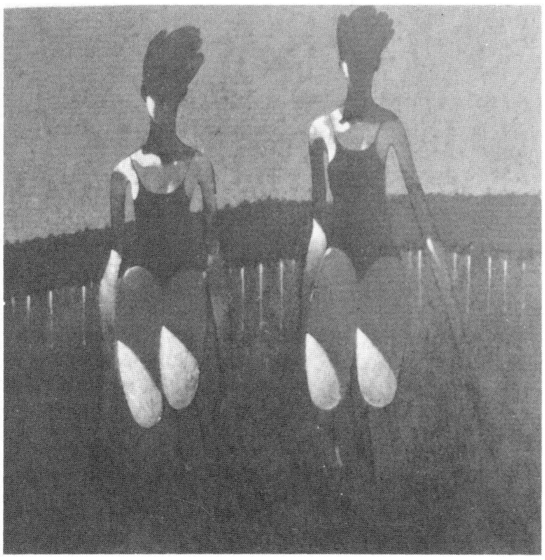

Lynn Sweat

Das fertige Gemälde

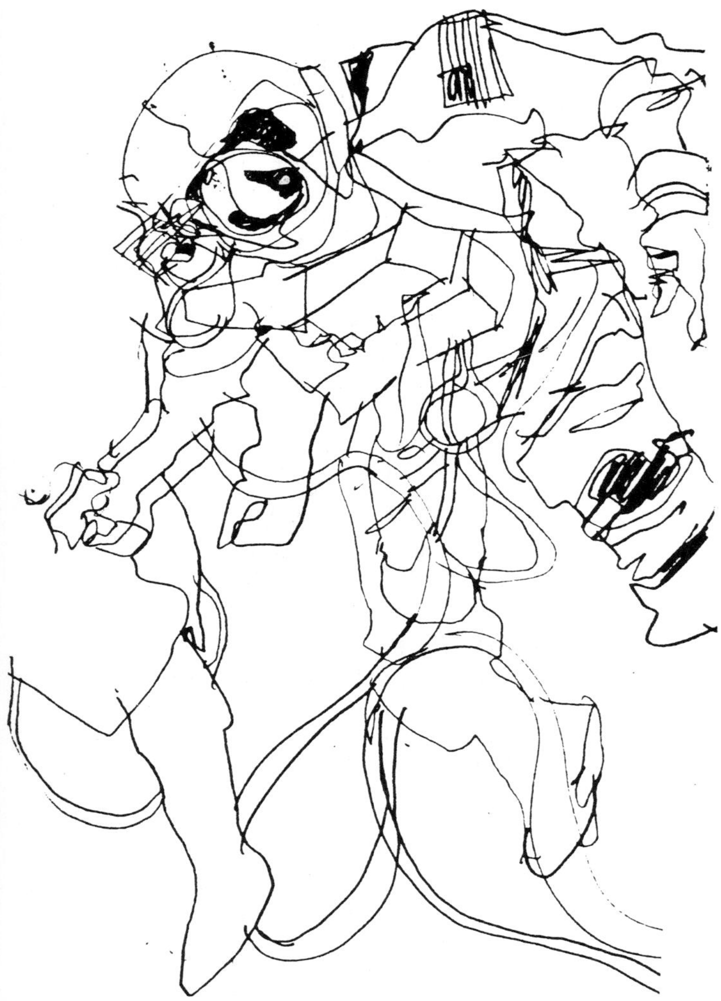

Erkundung von Themen

Früher oder später konzentriert sich jeder Künstler so lange auf ein bestimmtes Interessengebiet, bis es sein Hauptthema wird. Der Maler Claude Monet verbrachte zum Beispiel sein Leben damit, sich mit den Wirkungen von Licht auf Gegenständen auseinanderzusetzen. Käthe Kollwitz machte das menschliche Leid und die gesellschaftlichen Auseinandersetzungen zu ihrem Hauptthema, das wir in nahezu allen ihren Arbeiten finden. Andrew Wyeth zeichnet immer wieder Bilder zum Thema Einsamkeit und Isolation. Beim Maler Richard Estes sind Stadtbilder mit Gebäuden, Reklame und Reflexionen in Fensterscheiben Gegenstand seiner Arbeiten.

Häufig arbeiten sich Künstler eine längere Zeit durch ein Thema und gehen danach zu einem neuen über. In seinen 92 Lebensjahren arbeitete Picasso an einem Dutzend Themen, zu denen Mythologie, Afrikanische Kunst, Stilleben, Porträtmalerei und Zirkuskünstler gehörten. Der Stier ist häufig in Picassos Werk zu finden. Er ist oft das Symbol für Männlichkeit und brutale Kraft, aber bei anderen Bildern bietet er einfach eine interessante Form, die beim kubistischen Experiment mit Linie und Form verwendet wurde.

Im 19. Jahrhundert machte der japanische Meister Hokusai »Sechsunddreißig Ansichten vom Fuji« zu seinem Thema, ein Projekt, an dem er sechs Jahre arbeitete. Diese Reihe beschreibt den allgegenwärtigen Berg Fuji in einer verblüffenden Vielfalt der Kompositionen. In einigen Bildern ist er nur als Hintergrundelement zu sehen. »Die Schrecken des Krieges« war ein Zyklus von Francisco Goya. Er schuf eine umfangreiche Sammlung zu diesem Thema während der Besetzung Spaniens durch die Franzosen.

Bei allen diesen Beispielen sorgte das Thema für eine Intensität der Betroffenheit und der Auseinandersetzung, die mit einem einzelnen Bild nicht hätte erreicht werden können. Jede Zeichnung führte zu weiteren Entdeckungen, mit denen sich die Künstler im nächsten Bild befaßten. Man nennt diese Vorgehensweise heuristisch – eine Form der Erkenntnisgewinnung, die weitere Untersuchungen stimuliert. Die folgenden sechs Themen bieten umfangreiche heuristische Möglichkeiten:

Die leere Umwelt

Eine Umwelt, die für den Menschen geschaffen wurde, in der sich aber keine Menschen aufhalten, ruft intensive Erinnerungen und Gefühle wach. Romantische Gefühle, die mit Einsamkeit, Isolation und Geheimnissen verbunden werden, bilden den zentralen Aspekt der leeren Umwelt. Dieses Thema ist besonders für jene interessant, für die die Konstruktion der Tiefenwirkung, das Aufbauen der Töne und die genaue Wiedergabe architektonischer Details eine dankbare Aufgabe ist, die den Aufwand an Geduld und Mühe, der in der Regel erforderlich ist, lohnt. Leere Räume im Haus, in Busbahnhöfen und Büros sind Beispiele.

Hundert Stücke

Dieses Thema wurde von einem Freund angeregt. Wenn man hundert Stücke des gleichen Gegenstands zusammensetzt, ergibt sich etwas visuell Interessantes. Die Idee beruht auf dem Entwurfsprinzip der Formwiederholung. Dies sind Zeichnungen, bei denen es um die Gesamtwirkung geht. Kein Teil des Bildes ist wichtiger als ein anderer. Man könnte die Blätter eines Baumes zeichnen oder eine Menschenmenge, die das ganze Zeichenblatt ausfüllt. Es gibt keinen Schwerpunkt. Blechdosen gleicher Größe können aus unterschiedlicher Blickrichtung gesehen und gezeichnet werden. Man braucht keine hundert Stück; es reicht ein Exemplar, das immer wieder von verschiedenen Seiten dargestellt wird. Denkbare Gegenstände wären Löffel, Schuhe, Spulen, Hände oder zerknüllte Geldscheine.

Dekoratives Motiv

Die meisten von uns haben eine Neigung zum Dekorieren. Oft kritzeln wir gedankenlos auf einem Stück Papier, wiederholen und gestalten dabei bestimmte Formen, machen Schnörkel oder komplizierte Muster. Das Einflechten gewöhnlicher Gegenstände – Menschen, Tiere und Pflanzen – in ein dekoratives Motiv bietet fesselnde thematische Möglichkeiten. Ein guter

Ansatz besteht darin, die Zeichnung wie einen orientalischen Teppich anzulegen. Man kann einen dekorativen Rahmen und einen interessanten Mittelpunkt anlegen und Bildergruppen sowie überall Dekorationen einfügen. Sammeln Sie Anregungen bei der persischen und islamischen Kunst. Tapeten, Fliesen und Stoffmuster sind auch gute Quellen für Inspirationen.

Verzerrte Reflexionen

Im Spiegelkabinett auf dem Jahrmarkt sehen wir uns selbst als Zerrbild. Die Spiegel drücken den Körper zusammen, trennen und ziehen den Kopf lang, drücken die Augen nach unten und strecken die Ohren. Trotz der Verzerrungen erkennen wir uns wieder. Reflexionen sind hervorragende Motive und besonders gut für Selbstbildnisse geeignet. Ich habe das Zeichnen von Verzerrungen als sehr befreiend empfunden. Man kann lockerer und ohne den Zwang, es richtig darstellen zu müssen, arbeiten.

Stoßstangen und Kaffeetassen sind Objekte, die gut reflektieren, genau wie verzerrende Spiegel, wenn wir das Glück haben, einen zu finden. Man kann auch seine eigene Spiegelung in einer Pfütze zeichnen. Dieses Motiv bietet den zusätzlichen Reiz, daß man die unterschiedlichen Formen der Pfützen und sonstige Details mit einbeziehen kann.

Aufgeblasene Gegenstände

Nehmen Sie einen kleinen Gegenstand und blasen Sie ihn groß auf. Damit wird das Bekannte verfremdet. Der Betrachter erkennt den Gegenstand wieder. Weil das Objekt aber so stark vergrößert wurde, ist er zu einer neuen Sichtweise gezwungen. Wenn die Größe eines Gegenstandes stark verändert wird, ist ein sorgfältiger Umgang mit den Formen, Tönen und Rändern erforderlich, damit man den Gegenstand erkennen kann. Benutzen Sie ein Vergrößerungsglas, um die kleinsten Nuancen der Textur und Details wahrzunehmen. Um eine größere Wirkung zu erzielen, sollte die Zeichnung ein großes Format haben, mindestens 45 x 60 cm. Der Gegenstand sollte extrem abgeschnitten werden, so daß das Blatt nur mit einem Teil ausgefüllt wird. Ein geöffneter Granatapfel, eine Zahnpastatube, eine Walnuß oder ein Insekt sind reizvolle Objekte für vergrößerte Darstellungen.

Gebrochene und versteckte Bilder

Eine Zeichnung wird interessanter, wenn Teile eines Bildes zu sehen sind und andere verborgen bleiben. Werden die Elemente so kombiniert, daß sie teilweise im Dunkeln liegen, bekommt die Darstellung etwas Rätselhaftes und Überraschendes. Dies ist eine andere Möglichkeit, etwas Vertrautes zu verfremden, indem man »Lücken« läßt, die der Betrachter selbst ausfüllen muß. Diese Situationen mögen ungewöhnlich erscheinen, aber sie treten häufiger auf, als man bemerkt.

Eine Person, die teilweise im Schatten eines Eingangs oder Fensters steht, ein Hund, der im hellen Sonnenlicht liegt und dessen Kopf in einem dunklen Schatten verschwindet, ein Kind, das unter einer Decke schläft und dessen Arm oder Bein herausschaut, sind entsprechende Beispiele. Manchmal kann man solche Situationen gezielt konstruieren. Manchmal stößt man darauf. In jedem Fall handelt es sich um einen einfallsreichen Ansatz.

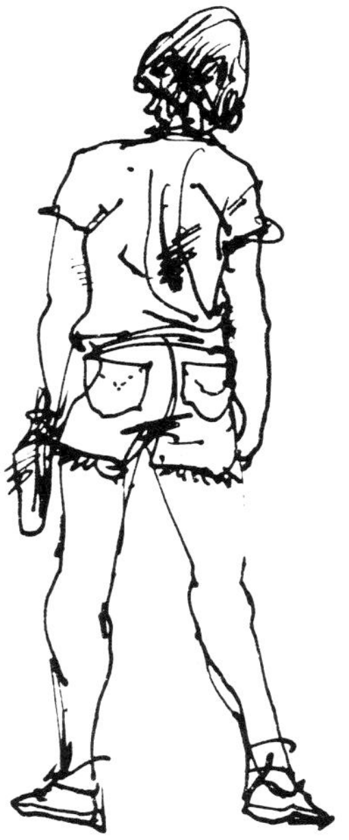

Projekt 8 – Erkunden Sie Ihr Thema mit sechs Zeichnungen

Bei diesem Projekt wird eine Reihe von Zeichnungen angefertigt, die von einem der hier aufgeführten Themen ausgeht. Sie können auch ein eigenes Thema entwikkeln. Diese Zeichnungen sollten genau durchdacht sein. Deshalb machen Sie vorher ein paar vorbereitende Notizen und Skizzen, um sich über die Richtung klar zu werden. Das heißt aber nicht, daß Sie jede Zeichnung bis ins Detail planen sollen, weil die Bereitschaft zu Erkundungen und Offenheit für Möglichkeiten entscheidend sind. Stecken Sie einige Zeit in dieses Projekt. Vielleicht können Sie es über mehrere Wochen bearbeiten. Fertigen Sie alle Zeichnungen im gleichen Format an und stellen Sie sich die Bilder als eine zusammengehörende Gruppe vor. Sie sollten durch einen gemeinsamen Faden, allerdings unsichtbar, thematisch miteinander verbunden sein.

Nach der Fertigstellung der sechs Zeichnungen sollten Sie sich nicht gleich in die Selbstkritik stürzen, sondern die Bilder in Ihrer Wohnung aufhängen und mit ihnen eine Weile leben. Lassen Sie die Einschätzung der Bilder allmählich entstehen. Da Sie sich am Anfang Ihre eigenen Ziele gesetzt haben, werden Sie Ihr Werk mit den entsprechenden Kategorien bewerten wollen.

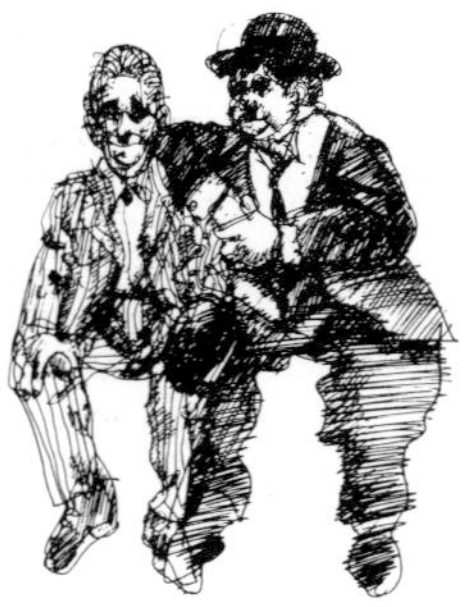

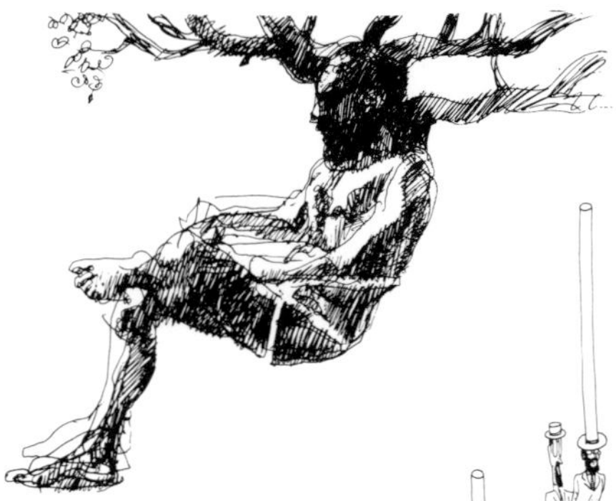

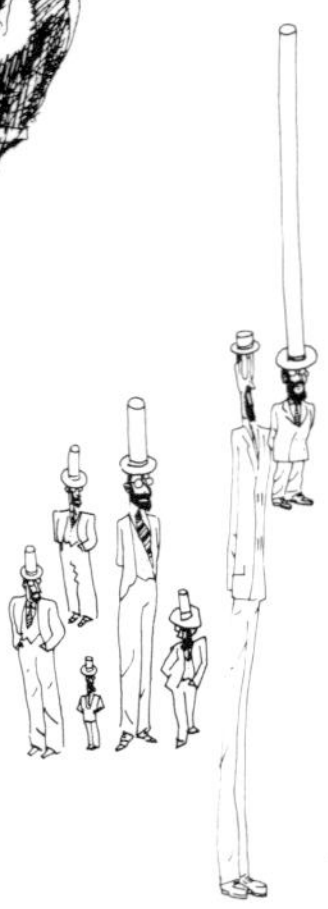

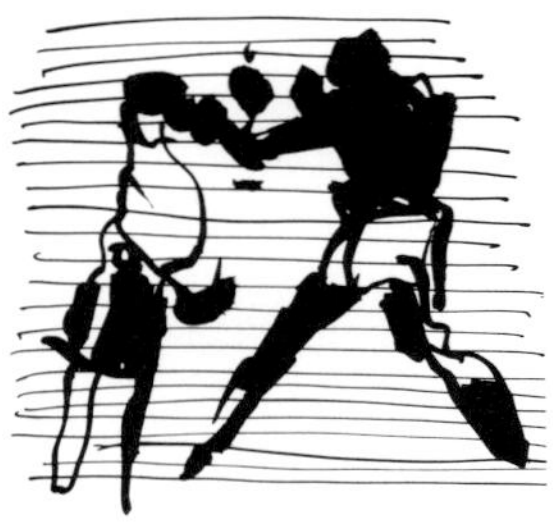

Schritte in Kapitel 8

Zeichnen und Phantasie

Die Phantasie, die Fähigkeit, auf ausgefallene Ideen zu kommen, ist Teil unserer mentalen Ausstattung. Jeden Tag entwickeln wir aktiv außergewöhnliche Vorstellungen, ob wir es merken oder nicht. Der einzige Unterschied zwischen kreativen Menschen und den sogenannten unkreativen Menschen besteht darin, daß die kreativen Menschen ihre ausgefallenen Ideen begrüßen.

- Verbinden Sie zwei verschiedene Vorstellungen. Der kreative Prozeß ist ein Vorgang, bei dem zwei Ideen, die ohne Beziehung sind, zusammengeführt werden. Beim Zeichnen bedeutet das, daß mindestens zwei verschiedene Ideen auf dem gleichen Blatt Papier kombiniert werden.
- Gehen Sie mit dem Gegenstand spielerisch um. Nehmen Sie eine lokkere und positive Haltung ein und betrachten Sie Ihren Gegenstand und sich mit Humor. Machen Sie sich keine Gedanken darüber, wie die Zeichnung am Ende aussehen wird. Besser ist es, der Eingebung des Augenblicks zu folgen. Es ist nicht notwendig und wahrscheinlich auch nicht weise, am Anfang genau zu wissen, worauf man hinaus will. Wenn Ihnen beim Zeichnen eine ausgefallene Idee in den Sinn kommt, sollten Sie ihr folgen.
- Verfremden Sie das Vertraute. Die neue Sichtweise, mit der man an vertraute Dinge und Alltäglichkeiten herangeht, ist die Grundlage für phantasievolles Zeichnen. Dies könnte bedeuten, daß man etwas aus einer außergewöhnlichen Richtung betrachtet, fremde Elemente miteinander verbindet, die Größenverhältnisse der Elemente verändert, verzerrt, neu anordnet oder symbolisiert.
- Arbeiten Sie mit Bildfolgen. Beim Herstellen einer Reihe von Zeichnungen, zwischen denen nur kleine Veränderungen vorgenommen werden, schaffen Sie die anregendste Atmosphäre für die Phantasie. Jede Zeichnung führt zu weiteren Entdeckungen, die in der nächsten Zeichnung umgesetzt werden können. So kommen Ihre kreativen Fähigkeiten ins Spiel.
- Nutzen Sie unterschiedliche Quellen. Visuelle und ebenso nicht-visuelle Quellen bieten eine Fülle von Inspirationen. Nehmen Sie Anregungen aus der Kunst, von Fotos, Fernsehen und auch aus Dichtkunst, Literatur und Musik in Ihr Werk auf. Und nutzen Sie vor allem die ergiebigste Quelle: Ihre eigenen persönlichen Erfahrungen.
- Erkunden Sie Themen. Machen Sie viele Zeichnungen über einen längeren Zeitraum von einem bestimmten Gegenstand oder mit einer bestimmten Vorgehensweise. Es ist paradox: Wenn man seinen Blickwinkel auf diese Weise verengt, vergrößert man das Potential für neue Entdeckungen.

Schlußbetrachtung

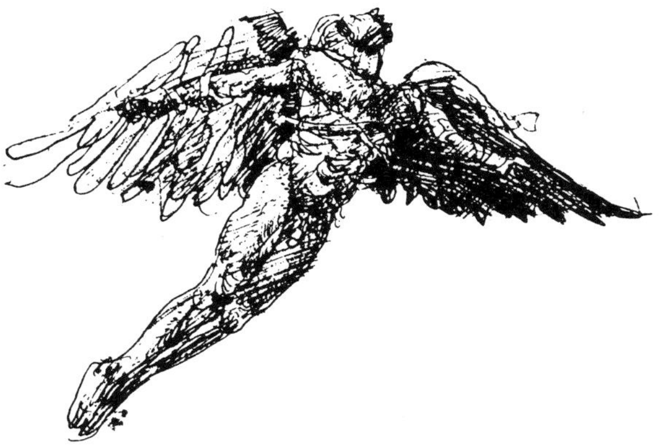

Ich habe in den letzten Kapiteln besonders die Kreativität und die assoziativen Eigenschaften wie Phantasie, Neugierde, Offenheit, Spontaneität und Sinn für Humor besonders betont. Ich glaube, daß diese Eigenschaften die besten Teile unserer Persönlichkeit sowohl in der Kunst als auch im Leben repräsentieren. Sie erlauben es uns, in einer sich immer wieder neu darstellenden Gegenwart zu leben, statt in der Vergangenheit oder der Zukunft. Sie befreien uns von hemmenden Regeln und Positionen und erlauben uns, die Freude, unsere eigenen Entdeckungen zu machen, zu erfahren.

Ich hoffe, daß ich Ihnen meine Überzeugung darlegen konnte, daß das Zeichnen nicht nur eine Möglichkeit der Selbst-Entdeckung ist, sondern auch der Erkenntnis der Wechselbeziehungen zwischen allen Dingen. Wenn wir dies erkennen, erleben wir das reinste Vergnügen, das das Zeichnen zu bieten hat.

Ja, das Zeichnen kann auch frustierend und schwierig sein – eine Erfahrung, die wir alle machen. Es mag beruhigen, an die Fälle von Mozart und Beethoven zu denken. Mozart war sehr begabt. Er schrieb 48 Symphonien und mehr als 40 Konzerte in seinem kurzen Leben (35 Jahre). Er soll Konzerte in kürzester Zeit komponiert haben.

Ludwig van Beethoven war dagegen ein Kämpfer. In seinen 56 Lebensjahren schrieb er nur neun Symphonien und kaum halb soviele Werke wie Mozart. Er schien an allen Werken sehr schwer gearbeitet zu haben, mit ständigen Änderungen, Streichungen und Neuanfängen. Freunde berichteten, daß sein Arbeitszimmer gefüllt war mit zusammengeknüllten Seiten.

Wenn wir die Wahl hätten, würden wir, glaube ich, gerne so sein wie Mozart – tadellose und schöne Bilder, die uns ohne Mühe aus der Feder fließen. Aber obwohl ich glaube, daß in jedem ein Genie steckt, wird es für die meisten von uns so sein wie für Beethoven. Wir müssen viele zusammengeknüllte Blätter produzieren bis wir Spitzenergebnisse erreichen.

Bert Dodson

Weiterführende Literatur

Birker, Stefan: Pflanzen zeichnen nach der Natur. Augsburg: Augustus Verlag 1989.
Birker, Stefan: Zeichnen und Malen mit Buntstiften. Augsburg, Augustus Verlag 1990.
Dunkelberg, Klaus, und Linke, Ulf: Aktzeichnen. Übungen und Ziele. Augsburg: Augustus Verlag 1990.
Gordon, Luise: Anatomie und figürliches Zeichnen. Augsburg: Augustus Verlag, 1989.
Gordon, Luise: Porträtzeichnen – anatomisch richtig. Augsburg: Augustus Verlag, 1989.
Guptill, Arthur L.: Aquarellmalerei. Schritt für Schritt. Augsburg: Augustus Verlag, 1989.
Heuser, Karl Chr.: Freihändig zeichnen und skizzieren. Neuauflage, Augsburg: Augustus Verlag, 1989.
Huntly, Moira: Stilleben. Zeichnen und malen. Augsburg: Augustus Verlag, 1989.
Krick, Maureen: Die Federzeichnung. Bauten und Landschaften. Augsburg: Augustus Verlag, 1989.
Krick, Maureen: Die Federzeichnung. Menschen und Tiere. Augsburg: Augustus Verlag, 1989.
Robertson, Bruce: Intensivkurs Zeichnen in 500 Übungen. Augsburg: Augustus Verlag, 1989.
Schmidt, Rudolf: Lehre der Perspektive und ihre Anwendung. Augsburg: Augustus Verlag, 1989.
Schmidt, Rudolf: Perspektive – Schritt für Schritt. Augsburg: Augustus Verlag, 1989.

Stichwortverzeichnis